PUBLIÉ SOUS LA DIRECTION DE LA SECTION HISTORIQUE DE L'ÉTAT-MAJOR DE L'ARMÉE

MÉMOIRES ET JOURNAUX

DU

GÉNÉRAL DECAEN

Publiés avec Introduction, Notes et Cartes

PAR

ERNEST PICARD

LIEUTENANT-COLONEL D'ARTILLERIE BREVETÉ
CHEF DE LA SECTION HISTORIQUE DE L'ÉTAT-MAJOR DE L'ARMÉE

ET

VICTOR PAULIER

LIEUTENANT D'INFANTERIE

TOME PREMIER
1793-1799

SIÈGE DE MAYENCE — ARMÉE DE RHIN-ET-MOSELLE
ARMÉES DU DANUBE ET DU RHIN

Troisième édition

PARIS
LIBRAIRIE PLON
PLON-NOURRIT ET Cⁱᵉ, IMPRIMEURS-ÉDITEURS
8, RUE GARANCIÈRE — 6ᵉ

1910

MÉMOIRES ET JOURNAUX

DU

GÉNÉRAL DECAEN

DU MÊME AUTEUR, A LA MÊME LIBRAIRIE

Bonaparte et Moreau. *L'Entente initiale — Les Premiers dissentiments — La Rupture.* Un vol. in-8° accompagné de cinq cartes. 7 fr. 50
(Couronné par l'Académie française, prix Furtado.)

1870. La Perte de l'Alsace. Un vol. in-16. 4° édition. . . 3 fr. 50

PUBLIÉ SOUS LA DIRECTION DE LA SECTION HISTORIQUE DE L'ÉTAT-MAJOR DE L'ARMÉE

MÉMOIRES ET JOURNAUX

DU

GÉNÉRAL DECAEN

Publiés avec Introduction, Notes et Cartes

PAR

ERNEST PICARD

LIEUTENANT-COLONEL D'ARTILLERIE BREVETÉ
CHEF DE LA SECTION HISTORIQUE DE L'ÉTAT-MAJOR DE L'ARMÉE

ET

VICTOR PAULIER

LIEUTENANT D'INFANTERIE

TOME PREMIER
1793-1799

SIÈGE DE MAYENCE — ARMÉE DE RHIN-ET-MOSELLE
ARMÉES DU DANUBE ET DU RHIN

Troisième édition

PARIS
LIBRAIRIE PLON
PLON-NOURRIT ET Cie, IMPRIMEURS-ÉDITEURS
8, RUE GARANCIÈRE — 6^e
—
1910

Droits de reproduction et de traduction
réservés pour tous pays.

INTRODUCTION [1]

Decaen (Charles-Mathieu-Isidore) est né à Caen, le 13 avril 1769. Son père, qui occupait l'emploi d'huissier au bailliage de cette ville (2), mourut le 24 juin 1781, et ce fut un ami de la famille, Ducoudray, qui s'occupa de l'éducation de l'orphelin et lui fit faire de bonnes études. A dix-huit ans, Decaen s'engageait au corps royal des canonniers matelots, et il y servit, à Cherbourg, du 27 juillet 1787 au 1ᵉʳ juillet 1790. Muni de son congé, il entra dans l'étude d'un avocat renommé de Caen, Mᵉ Lasseret, et y acquit une science juridique qui lui fut très utile pendant son commandement à l'île de France (3). Mais bientôt, suivant son expression même, « la voix de la Patrie en danger et le besoin pressant de marcher à sa défense » allaient changer sa vocation.

Les exhortations des députés de la Législative, Albitte et

---

(1) Documents et ouvrages consultés :
a) Archives historiques et administratives de la Guerre (les documents de ce Dépôt seront indiqués par les abréviations A. H. G. et A. A. G.); Papiers Decaen.
b) Notice sur le lieutenant-général comte Decaen, grand-croix de l'ordre de la Légion d'honneur, non signée, s. d.; L. E. GAUTHIER, *Biographie du général Decaen;* G. LAVALLEY, *Catalogue des Manuscrits de la Bibliothèque municipale de Caen;* la belle thèse de M. H. PRENTOUT, *l'Ile de France sous Decaen.*
(2) Et non d'avocat comme l'a écrit par erreur la comtesse Decaen.
(3) PRENTOUT, *l'Ile de France sous Decaen,* Préface, XV.

Lecointre, arrivés à Caen le 8 septembre 1792, déterminent Decaen à reprendre les armes. Inscrit le premier sur les registres du 4ᵉ bataillon du Calvados, il est élu sergent-major à la 2ᵉ compagnie de canonniers. Envoyé à Mayence, son bataillon est placé aux environs de la ville, sous les ordres de Kléber qui, dès le début, remarque le zèle et l'activité de Decaen, et l'appelle à servir auprès de lui en qualité d'adjudant sous-officier.

D'abord adjudant de place au commencement du célèbre siège de Mayence, Decaen est chargé spécialement d'établir les postes à l'extérieur. Le 8 avril 1793, au moment même où il reçoit le baptême du feu, il aperçoit un bataillon troublé par le tir de l'artillerie ennemie; il dirige son cheval sur le front et montre la plus belle assurance : « Il ne convient point aux braves, s'écrie-t-il, de se courber au passage d'un boulet. » Faisant preuve d'autant d'intelligence que de bravoure, il est nommé, le 1ᵉʳ mai, sous-lieutenant adjoint à l'état-major; puis, à la suite de sa belle conduite dans une attaque des tranchées ennemies, il est, sur la proposition de Kléber, promu capitaine adjoint sans passer par le grade de lieutenant.

Aux termes de la capitulation, la garnison, sortie de la place avec les honneurs de la guerre, ne devait plus être employée pendant un an contre les puissances coalisées. Les Mayençais furent envoyés en Vendée. Decaen, toujours employé à l'état-major de Kléber, se distingua à plusieurs reprises et fut nommé, le 6 frimaire an II (26 novembre 1793) adjudant général à titre provisoire. Dans la poursuite des royalistes de Pontorson sur Laval, puis sur la Loire, il commande l'avant-garde de l'ardent Westermann, dont il a acquis toute la confiance. Au dire d'un de ses contemporains, il se montra, au cours de cette terrible guerre, « chef intrépide et doué des plus rares qualités militaires (1) ». Il s'efforça d'ailleurs de ramener à la République, plutôt que de les exterminer, les Vendéens que son devoir l'obligeait à combattre. Après la défaite des armées vendéennes, définitivement rejetées au delà de la Loire, la division Kléber reste en Bretagne pour réduire la Chouannerie. Le pays est divisé en arrondissements militaires. Le 14 germinal an II (3 avril 1794), Decaen est appelé au commandement de l'arrondissement de La Gravelle (bourg situé à 8 kilomètres à l'ouest de Laval). « C'est le plus dangereux, lui écrit Kléber ; j'ai pensé qu'il sera plus digne de ton courage. »

Appelé à l'armée du Nord, Kléber laissa à Decaen un certificat des plus élogieux, et fut remplacé par Humbert, puis par Hoche. C'est à ce dernier que Decaen proposa le système des colonnes mobiles comme un des moyens les plus sûrs de se débarrasser des « brigands » ; il accepta de le mettre en pratique. Mais il en coûtait trop au jeune adjudant général de n'avoir à exercer sa valeur et ses talents militaires que contre des Français. Aussi sollicita-t-il comme une grâce d'être employé de nouveau contre l'étranger. Hoche essaya de retenir un subordonné aussi précieux ; mais Decaen, faisant valoir l'attachement qu'il vouait à Kléber, obtint enfin de partir pour l'armée du Rhin, le 12 nivôse an III (1ᵉʳ janvier 1795). A la suite d'une mission à Rheinfelden et dans la région du Mont-Terrible, Decaen fut nommé adjudant général chef de brigade le 26 fructidor suivant (12 septembre 1795). Peu après, à l'attaque de Frankenthal, ayant pénétré dans la ville à la tête d'une colonne, il fut entouré d'ennemis et fait prison-

---

(1) CHASSIN, les Pacifications de l'Ouest, t. I, p. 102.

nier. Rendu sur parole, puis échangé, le 1ᵉʳ avril 1796, contre le baron de Brabeck, colonel du régiment de Thurn-Infanterie, il fut compris sur la liste des adjudants généraux employés à l'armée de Rhin-et-Moselle, pour la campagne qui allait s'ouvrir.

Dans la nuit du 5 messidor an IV, Decaen prend une part importante au passage du Rhin. Il commande ensuite avec tant de distinction l'avant-garde de la division Beaupuy que, le 5 thermidor, Moreau demande pour lui le grade de général de brigade. La nomination est faite dix jours après : Decaen a vingt-sept ans. L'affaire d'Ingolstadt lui vaut une lettre de félicitations du Directoire. Pendant la belle retraite de Moreau, il commande l'extrême arrière-garde, se signale ensuite à la défense de Kehl et, le 20 brumaire an V, Moreau lui remet un sabre d'honneur « comme un témoignage éclatant du courage et des talents » dont il a « donné tant de preuves dans cette campagne ». Destitué pour avoir fait saisir dans la caisse du payeur de Neustadt un arriéré de frais de table dû à un certain nombre d'officiers généraux, il fut réintégré peu après, le 6 germinal an VI.

En l'an VII, Decaen est employé à l'armée du Danube placée sous les ordres de Jourdan. Mécontent des dispositions prises à Stockach, il se laissa aller à les blâmer à haute voix : il réprouva de même certaines dilapidations, et ses propos parvinrent au général en chef. Des dissentiments se produisirent également entre le chef d'état-major Ernouf et le jeune et « pétulant » général de brigade. Accusé de s'être laissé surprendre à Triberg et de n'avoir pas obéi lorsqu'on lui avait donné l'ordre de réoccuper cette position, Decaen fut déféré à un conseil de guerre, par un arrêté du Directoire en date du 9 floréal. Il se contenta de présenter au ministre de la Guerre un exposé sincère et loyal de tous ses actes. Les allégations relevées contre lui furent si complètement détruites, sa conduite si entièrement justifiée, que dès le 30 messidor (18 juillet 1799) il fut informé par le ministre que l'arrêté le concernant avait été rapporté. Decaen prit part aux dernières opérations de Muller en l'an VII; puis, sous les ordres de Lecourbe, il se distingua dans les nombreux combats qui se livrèrent au sud-est de Mannheim, au début de l'an VIII, avant la retraite de l'armée sur la rive gauche du Rhin.

La mémorable campagne de 1800 en Allemagne assura définitivement la renommée de Decaen. Au combat de Sonderbuch, il charge à la tête d'un escadron de chasseurs; à Delmensingen, il se distingue par une grande habileté manœuvrière et mérite d'être cité dans le rapport du chef d'état-major général.

Dès le 26 floréal an VIII, Moreau le nomme divisionnaire « en récompense de son zèle, de ses connaissances militaires et de sa bravoure dans toutes les occasions qui ont eu lieu depuis l'ouverture de la campagne (1) ». Decaen prend part à la victoire de Höchstädt et se porte ensuite à marches forcées sur Munich où il entre le 9 messidor. Chargé d'occuper cette ville après l'armistice de Parsdorf, il maintient l'ordre dans l'électorat, s'y révèle excellent administrateur, et réunit des renseignements très complets à l'égard de la situation, de la valeur des forces autrichiennes, et aussi du théâtre possible des opérations futures. Il reconnaît la zône de rassemblement de l'armée « sur les débouchés de Braunau et de Wasserbourg » et propose de la fixer, la droite, à Ebersberg, le centre à Hohenlinden, la gauche vers Forstern. Ces positions furent

---

(1) Dessolle au Ministre de la Guerre, Illereichen, 26 floréal an VIII. (A. H. G.) — Le 19 thermidor, un arrêté des Consuls confirme Decaen dans ce grade.

occupées en effet dès la rupture de l'armistice. Decaen signalait à ce propos d'une manière toute particulière « le point de Hohenlinden » qu'il considérait comme « très essentiel, pour l'offensive et la défensive (1) ».

Decaen prit une part brillante à la dernière campagne de Moreau. Le 11 frimaire (2 décembre), veille de Hohenlinden, il arrive au grand quartier général pour demander des instructions, et le général en chef, le voyant entrer, l'embrasse tout joyeux : « Ah ! voilà Decaen, la bataille sera gagnée demain. » Decaen fut chargé de suivre Richepance dans le mouvement tournant que Moreau faisait exécuter sur la gauche de l'armée autrichienne. Il remplit sa mission avec tant d'intelligence et d'initiative que le général en chef lui écrivit le 16 frimaire : « Je vous prie de témoigner à votre division combien j'ai à me louer de sa conduite à l'affaire du 12. Sa récompense la plus douce sera sûrement la reconnaissance nationale pour les services importants que l'armée vient de rendre à la République. » Et ce patriotique langage, ces nobles appels à l'abnégation honorent le chef autant que le subordonné.

Après la magnifique victoire de Hohenlinden, l'armée du Rhin franchit l'Inn de vive force et, poursuivant les Autrichiens, se heurte à la Salzach, où ils ont pris position. L'impétueux Lecourbe les attaque de front sans succès. Decaen, arrivé à Laufen, jette quelques hommes puis un détachement sur la rive droite, se rend maître du point de passage et, se rabattant ensuite sur Salzbourg, oblige l'archiduc Jean à battre en retraite. A la suite de cette belle manœuvre, Dessolle écrivait au ministre : « Dans cette brillante opération, on ne saurait assez apprécier la saga-

---

(1) Decaen à Moreau, Nymphenburg, 14 fructidor an VIII. (A. H. G.)

cité et la promptitude avec lesquelles le général Decaen a su saisir les plus légères circonstances pour arriver aux plus beaux résultats (1). »

En 1801, Decaen fut du nombre des officiers généraux chargés par le Premier Consul de l'inspection des troupes d'infanterie. Bientôt après, le 29 prairial an X (18 juin 1802), Bonaparte qui le jugeait, dès cette époque, « officier d'un grand mérite (2) », le nomma capitaine général des établissements français dans l'Inde que le traité d'Amiens nous avait rendus. Le 15 ventôse an XI, Decaen quittait Brest. A peine est-il arrivé à Pondichéry qu'il apprend, par une lettre du ministre de la Marine, que l'Angleterre fait des armements extraordinaires, inquiétants pour le gouvernement français, et il est prévenu que le contre-amiral Linois reçoit en même temps l'ordre de conduire immédiatement l'expédition à l'île de France. Sans différer, Decaen, trompant la surveillance de la flotte anglaise, regagne l'île de France où il débarque le 16 août 1803.

Pendant près de huit ans, à dater de ce jour, il devait y déployer de rares talents d'administrateur et même de jurisconsulte. Il fut nommé grand officier de la Légion d'honneur, le 25 prairial an XII (14 juin 1804). Laissé sans secours par la métropole, il chercha à créer un centre d'organisation navale et militaire capable de susciter des embarras aux possessions anglaises de l'Inde; il résista à toutes les tentatives des flottes envoyées contre lui et fit même assez de prises sur la marine ennemie pour solder ses troupes et pour réparer et ravitailler ses forces navales. Mais à la fin de l'année 1810, il fut attaqué par 20 000 Anglais débarqués dans la journée du 29 novembre et aux-

---

(1) Rapport de Dessolle, du 18 au 24 frimaire an IX. (A. H. G.)
(2) *Correspondance de Napoléon*, n° 5596.

quels il pouvait à peine opposer 1 200 hommes. Blessé à la jambe dès le début de l'action, Decaen, malgré de cruelles souffrances, resta à la tête de sa faible garnison. « Il faut l'avoir vu, dit un témoin oculaire, pour se faire une juste idée du sang-froid et de l'intrépidité qu'il déploya dans cette circonstance. Cela passe toute croyance. Seul, arrivant au petit pas de son cheval, calme, impassible, sous le feu roulant d'une ligne d'infanterie d'un demi-mille, il semblait moins au milieu des ennemis qu'à une promenade (1). » Le nombre l'emporta. Le 3 décembre, avant d'être réduit aux abois, Decaen demanda et obtint une capitulation honorable. Les troupes de terre et de mer ne furent point prisonnières; elles emportèrent tous leurs effets et leurs bagages, et furent dirigées vers la métropole sur les bâtiments de guerre et de transport attachés à la colonie. A son retour en France, Decaen fut remis, le 16 avril 1811, à la disposition du département de la Guerre et nommé commandant en chef de l'armée de Catalogne. Dans cette province, une des plus belliqueuses de l'Espagne, il soutint pendant deux ans l'honneur de nos armes et sut gagner l'estime des habitants par la justice de son administration et par l'exacte discipline de ses troupes. Il conquit la reconnaissance de la population catalane et mérita d'elle cette appréciation rapportée par un témoin, le colonel Le Prévost : « Si l'on pouvait faire un présent à un général français, il faudrait donner à Decaen une madone couverte d'or (2). »

Les armées de Catalogne et d'Aragon ayant été réunies sous les ordres du maréchal Suchet, Decaen fut rappelé à Paris le 2 novembre 1813 et nommé un mois après au

---

(1) *Biographie*, par Saint-Elme le Duc, citée par G. Lavalley, p. 124.
(2) Gautier, *Biographie du général Decaen*, p. 64

commandement en chef du corps d'occupation de Hollande. Dès son arrivée à Anvers, il constata que le pays brûlait de recouvrer son indépendance, que l'organisation militaire des troupes mises à sa disposition était à peine ébauchée, enfin que la pénurie était extrême. Il n'hésita pas à présenter à l'Empereur un tableau exact de la situation : ses observations n'eurent d'autre effet que de le faire rappeler et tomber en disgrâce.

Cependant, en 1814, à la nouvelle de l'entrée des Anglais à Bordeaux, Decaen fut envoyé à Libourne avec mission de réunir dans cette ville un corps de 6000 hommes, destiné à arrêter les progrès de l'ennemi. Il préparait l'exécution de ce projet, lorsqu'il apprit de l'abdication de l'Empereur. Le 3 avril, le duc d'Angoulême prenait possession de Bordeaux au nom de Louis XVIII. Onze jours après, Decaen conclut une suspension d'armes avec le commandant de la division anglaise qui lui était opposée.

Le gouvernement de la Restauration lui confia, le 21 juin 1814, la direction de la 11ᵉ division militaire. A l'époque du retour de l'île d'Elbe, Decaen ne s'écarta en aucun point des devoirs que lui prescrivaient les convenances et l'honneur, tant que la duchesse d'Angoulême resta à Bordeaux. Après l'entrée dans cette ville des troupes du général Clausel, il se rendit à Paris, et Napoléon, qui appréciait toutes les délicatesses et générosités du cœur, sut, suivant un biographe de Decaen, rendre justice à sa conduite loyale : « Général, lui dit familièrement l'Empereur, on a eu bien de la peine à vous faire entendre raison à Bordeaux ! — Sire, répondit Decaen, j'avais prêté serment au Roi, et j'aurais suivi partout Mme la duchesse d'Angoulême si elle me l'eût permis. — Et vous auriez bien fait, reprit Napoléon en lui serrant la main; je vous en estime davantage; mais il faut maintenant servir votre Empereur avec la même fidélité! » Pour l'y déterminer, Napoléon fit appel à son patriotisme : « Si vous n'y consentez pas pour moi, lui dit-il, que ce soit pour votre pays, auquel vous avez toujours été si dévoué. Les puissances étrangères viennent nous attaquer, et leurs intentions ne vont à rien moins qu'à démembrer la France (1). » C'étaient là des arguments auxquels Decaen ne savait pas résister. Le 28 mai 1815, il fut nommé au commandement supérieur des 9ᵉ et 10ᵉ divisions militaires et placé à la tête du corps d'observation des Pyrénées-Orientales. On peut regretter que Napoléon ne lui ait confié, encore une fois, qu'un rôle secondaire : toute la carrière de Decaen permet de penser qu'il eût été plus digne du commandement d'un corps d'armée que certains lieutenants de l'Empereur.

A la seconde Restauration, Decaen invité, le 13 juillet, par un officier royaliste au nom du duc d'Angoulême, à faire arborer le drapeau blanc à Toulouse et à reconnaître l'autorité du Roi, fit une proclamation en faveur de celui qu'on appelait déjà « l'usurpateur » et ne céda que le 17 juillet, au moment où la publication des actes du gouvernement provisoire et l'arrivée du maréchal Pérignon lui apprirent que l'Empire était définitivement tombé. Compris dans l'ordonnance de proscription du 24 juillet 1815, il fut arrêté à Paris le 13 décembre suivant et incarcéré dans les prisons de l'Abbaye. Une ordonnance royale du 29 décembre 1815 le traduisit devant le conseil de guerre de la 1ʳᵉ division militaire. Après une longue captivité de quatorze mois qui altéra sa santé et épuisa ses

---

(1) GAUTIER, *loc. cit.*, p. 71.

ressources, Decaen fut amnistié par une nouvelle ordonnance du 23 février 1817. Ainsi, suivant une juste expression, « on sortait d'une monstrueuse injustice par un faux-fuyant (1) ».

Mis en disponibilité, puis admis à la retraite à dater du 1er janvier 1825, Decaen vécut à l'écart à Ermont et occupa ses loisirs à rédiger ses *Mémoires*. Après la Révolution de juillet, le nouveau gouvernement le nomma (13 août 1830) président de la commission instituée pour examiner les droits des officiers de l'ancienne armée à de nouveaux emplois, puis de la commission de législation coloniale au ministère de la Marine. Une mort prématurée le frappa au milieu de ces importants travaux; il succomba le 9 septembre 1832 à une violente attaque de choléra. Il ne laissait pas de quoi payer les frais de ses obsèques auxquels l'État dut subvenir (2). Sa veuve, qui n'avait droit qu'à une pension de 1 500 francs, obtint par une loi du 18 février 1834, de la voir portée à 3 000 francs à titre de récompense nationale. Il se trouva 86 membres de la Chambre des députés, 86 voix françaises, pour voter contre la proposition (3).

Des circonstances de carrière ont tenu Decaen éloigné de Napoléon. Ainsi l'un des plus jeunes et des plus brillants généraux de la Révolution fut éclipsé par ses camarades ou de nouveaux venus, et il n'est pas imprudent d'affirmer qu'à la Grande Armée, ses talents militaires l'eussent désigné, autant et mieux peut-être que d'autres, pour la dignité de maréchal de France.

---

(1) GAUTIER, *loc. cit.*, p. 73.
(2) *Moniteur universel* des 27 et 28 mai 1833.
(3) *Ibid.*, du 28 janvier 1834.

**

Parmi les qualités militaires dont Decaen a fait preuve, la plus remarquable peut-être est le caractère. En Allemagne comme à l'île de France, il se montre d'une activité inlassable, d'une rare énergie dans l'exécution des ordres qu'il a reçus ou des projets qu'il a conçus, d'une persévérante obstination à faire valoir ses droits. Il défend les idées qu'il croit justes avec une inflexible ténacité, si bien qu'en l'an VII, les dispositions du général en chef n'ayant pas été modifiées suivant ses vues, il demande à être relevé de son commandement. Pourtant il sait reconnaître loyalement ses erreurs.

Dans les situations les plus difficiles, les plus critiques, à Mayence, en Vendée, à l'arrière-garde de Moreau dans la Forêt Noire, à la retraite de l'armée sur la rive gauche du Rhin à la fin de l'an VII, Decaen reste inaccessible au découragement. A Hohenlinden un officier de son entourage entendant la fusillade sur la droite et s'étant écrié : « C'est l'ennemi qui nous tourne », Decaen répond avec une joyeuse confiance : « Eh bien! s'il nous tourne, nous le tournerons à notre tour. » De même à l'île de France, bien que dénué de tout et privé de toute communication avec la métropole, le capitaine général ne se départit jamais d'une fermeté d'âme inébranlable. Tel il avait été à la guerre, tel il resta dans sa prison. « De quelle grandeur d'âme, dit Boyer de Peyreleau, de combien de hautes vertus l'habitude de cette détention avec l'illustre Decaen ne me rendit-elle pas le témoin?... Il fut toujours digne de lui-même, et possédant au plus haut point ce courage civil, ce courage indomptable dont faisait tant de cas le héros qui nous en a donné un si rare exemple sur son rocher (1)... »

D'autres circonstances révèlent encore la beauté de ce caractère : il n'est pas de ceux qui, par des instructions prêtant à dessein à l'équivoque ou par l'attente passive des événements, fuient les responsabilités. Il engage au contraire la sienne complètement et sans arrière-pensée, chaque fois que s'impose la nécessité de le faire. En l'absence d'ordres, ou devant une situation militaire qui semble exiger des modifications aux instructions premières qu'il a reçues, Decaen n'hésite pas à faire acte d'initiative. Au mois de frimaire an VIII, Lecourbe s'abstenant de communiquer ses intentions et les divisionnaires n'osant prendre sur eux de prescrire les mouvements nécessaires, Decaen, simple général de brigade, commandant par intérim sa division, se substitue, avec l'assentiment de Colaud et de d'Hautpoul, au général en chef et règle les opérations de l'armée. L'année suivante, après Hohenlinden, chargé seulement d'une reconnaissance de la Salzach, il saisit une occasion favorable et, s'inspirant très heureusement de la pensée de Moreau, il franchit la rivière et exécute une manœuvre qui fait tomber la position des Autrichiens à Salzbourg.

Respectueux sans bassesse, il ne se courba jamais devant les puissants du jour. Jugeant que le directeur Barras, auquel il a rendu visite, a manqué d'égards envers lui, Decaen sort aussitôt sans même prendre congé. Admirateur sincère du génie de Bonaparte, il ne fit aucun sacrifice à sa dignité et à ses convictions. Sa franchise un peu brutale ne se démentit jamais. Avec Moreau, Masséna, Bernadotte, Delmas et beaucoup d'autres généraux, il

---

(1) *Moniteur universel* du 28 janvier 1834, Discours de Boyer de Peyreleau à la Chambre des Députés.

blâme le Concordat ; loin d'ailleurs de cacher son opinion au Premier Consul, il lui expose nettement sa pensée et ses arguments : dans toutes les campagnes de la Révolution il a dû combattre les prêtres, et récemment encore, dans l'Allemagne du Sud, il a pu constater leur animosité contre la France. De même, il désapprouve la politique coloniale du Premier Consul et la critique en sa présence. Il compte parmi les rares généraux qui ne fléchirent jamais le genou devant l'Empereur et qui osèrent, dans certaines circonstances difficiles, lui dire toute la vérité.

Les dissentiments qui, après la campagne de l'an IX, s'élevèrent entre Bonaparte et Moreau attristèrent Decaen. Il s'efforça de les détruire ou au moins de les atténuer. Au Premier Consul, il exposa avec chaleur les qualités de Moreau et les services éminents rendus au pays par le vainqueur de Höchstädt et de Hohenlinden. A Moreau, il déclara que son attitude était contraire aux véritables intérêts de la République, et il lui fit entrevoir les conséquences graves qu'elle pouvait entraîner. Jusqu'à son départ pour l'Inde, Decaen resta courageusement fidèle à son amitié pour son ancien général, en dépit de l'hostilité que Bonaparte avait manifestée à l'égard de ce rival en gloire militaire.

Aux armées, Decaen s'est toujours montré extrêmement strict sur la discipline, sans laquelle, écrivait-il, « il ne peut point exister d'armée ». Il exigeait que « chacun dans le grade qu'il occupe » se pénétrât « de ses devoirs » et les accomplît rigoureusement en toute circonstance. Il réprimait avec sévérité les négligences coupables et surtout le pillage, qui lui faisait horreur. Les actes de concussion suscitent son indignation et lui inspirent des paroles véhémentes : « Est-il friponnerie plus révoltante ?... Oh ! commissaire fripon!... » En toute occasion, Decaen s'exprime avec la même franchise, parfois brutale, qui lui attire des ennemis, mais lui vaut par contre l'estime et de précieuses amitiés. L'injustice, comme toute mauvaise action l'irrite et l'indigne : à cet égard ses subordonnés, qu'il traite toujours avec une affectueuse bienveillance, ont en lui un défenseur vigilant qu'aucune résistance ne parvient à rebuter, et que n'arrêtent aucune considération de personne, ni aucun sentiment égoïste. Brusque et concevant souvent ce qu'il appelle « de l'humeur », enclin peut-être à la susceptibilité, mais d'un excellent cœur, il ne sait pas garder rancune à ceux dont il a eu sujet de se plaindre.

Formé par des maîtres tels que Kléber, Hoche et Moreau, ayant servi presque toujours à l'armée de Rhin-et-Moselle et à l'armée du Rhin où s'était maintenu le pur idéal républicain de l'an II, Decaen resta probe et désintéressé. A l'île de France, « avec les trésors qu'il enlevait à l'Angleterre, mille autres à sa place eussent fait une fortune immense (1) ». Decaen ne garda même rien de ses parts de prise et versa dans les caisses publiques les sommes considérables dont il aurait pu faire l'héritage de ses enfants. Soult, qui avait eu des démêlés avec lui, ne put s'empêcher de rendre hommage à ce grand caractère : « Sa conduite, disait-il, a toujours été pure, noble, édifiante pour l'armée (2). »

Un grand nombre des compagnons d'armes de Decaen l'ont égalé par la bravoure et par les talents militaires; d'autres ont pu jouer un rôle politique plus éclatant; il en est bien peu qui puissent lui être comparés pour les capa-

---

(1) *Moniteur universel* du 28 janvier 1834, Discours de Mauguin à la Chambre des Députés.
(2) *Ibid.*

cités administratives, pour les vertus civiques et surtout pour l'indépendance et la dignité de la vie. Suivant une juste expression, c'était « un homme taillé sur le modèle de ceux de Plutarque (1) », une des plus belles et des plus attachantes figures des armées de la Révolution et de l'Empire.

*
* *

Les *Papiers* du général Decaen ont été légués par son fils à la ville de Caen par testament olographe du 7 juillet 1873 dont un extrait fut communiqué au maire le 15 juin 1876. Ils sont conservés à la Bibliothèque municipale (2). C'est une collection de 148 registres, de mémoires, journaux de campagne, correspondance, rapports, journaux français et étrangers, classés par le savant bibliothécaire, H. G. Lavalley, dans un ordre à la fois méthodique et chronologique. L'œuvre de Decaen est restée inachevée, et l'on ne peut savoir quel titre il se proposait de lui donner, car les indications varient avec les volumes : Mémoires, Journal, Mémorial. Nous avons adopté comme titre général : *Mémoires et Journaux*. Les tomes 6, 7, 8, 9, 10, 23, 25, 26, 27, 28, 29, 30, 31, 32, 36, 37, 38, 39 ont trait aux guerres de la Révolution.

La Bibliothèque nationale possède deux manuscrits contenant les copies d'un ouvrage intitulé : « Histoire de la Garnison de Mayence », qu'une note de M. J. Reynaud attribue au général Decaen. Ce sont les numéros 246 et 252 des « Nouvelles Acquisitions françaises (3) ».

---

(1) G. LAVALLEY, *loc. cit.*, p. 130.
(2) D'après l'extrait du testament en question, « beaucoup de ces papiers ont été perdus dans le pillage de Bellevue ». (G. LAVALLEY, *Catalogue des manuscrits de la Bibliothèque municipale de Caen*, p. 131.)
(3) Voici l'indication que porte le catalogue de la Bibliothèque nationale (Nouvelles

La rédaction de cette histoire de la garnison de Mayence ressemble visiblement au Mémorial, mais elle lui est postérieure, ainsi qu'il appert de la préface du manuscrit « Nouvelles Acquisitions françaises, 252 » (1); aussi avons-nous préféré publier ce Mémorial, qui est la version première de Decaen. De plus, tandis que l' « Histoire de la garnison de Mayence » est écrite dans un but bien net d'apologie des Mayençais, l'unique préoccupation de Decaen, quand il a rédigé son Mémorial, semble avoir été de rétablir les faits dans leur exactitude historique.

L'authenticité extérieure des *Papiers* de Decaen est incontestable : les *Mémoires et Journaux* sont de la main même du général. Les uns ont été écrits à Strasbourg en l'an VII ; les autres en 1824, époque à laquelle les souvenirs de l'auteur n'étaient pas encore altérés et où d'ailleurs aucune attache avec le gouvernement de la Restauration ne pouvait l'inciter, comme c'est fréquemment le cas pour d'autres Mémoires, à déformer systématiquement les faits pour plaire aux Bourbons. Au surplus, Decaen avait conservé une immense quantité de notes, pièces et documents annexés encore à ses papiers. Il a pu de la sorte reconstituer les événements avec exactitude et même donner à sa narration la fraîcheur d'un véritable journal écrit au jour le jour. « Ce ne sont pas des Mémoires que j'entreprends d'écrire,

---

Acquisitions françaises, t. I) : n. acq. fr. 246, Papiers de MERLIN DE THIONVILLE, t. III, fol. 3-97, *Histoire de la garnison de Mayence*, par le général DECAEN; n. acq. fr. 252, *Histoire de la garnison de Mayence pour servir à l'histoire des guerres de la Révolution*.

(1) Cette préface fait allusion à un passage de l'*Histoire de France* de l'abbé DE MONTGAILLARD (t. IV, p. 61), parue en 1827, qui « a fait renaître le désir, parmi le petit nombre des défenseurs de Mayence qui sont encore vivants que l'un d'eux fît ressortir de l'oubli cette partie intéressante de la guerre de la Révolution ». Or, Decaen dit à la fin de la partie de ses mémoires qui concerne la campagne de 1800, en parlant de la division qu'il commandait : « Je ne puis m'empêcher de dire que j'éprouve encore une bien vive satisfaction en écrivant en ce moment, quoique vingt-quatre ans soient expirés, que, comme réserve, on admira la justesse de ses mouvements et que, dans les attaques, on lui sut gré de sa conduite. » Ceci fut donc écrit vers 1824.

déclarait Decaen ; je n'en ai pas le talent, mais je veux faire un journal pour moi. » Decaen n'a pas en effet apporté à la rédaction de son œuvre la moindre recherche littéraire ; il écrit même parfois sans correction, dans un style empreint d'une certaine lourdeur.

C'est le *Mémorial du Dépôt de la Guerre* qui, pour la première fois, croyons-nous, a signalé les *Papiers* de Decaen (1). Depuis ils ont été utilisés à diverses reprises : par Jean Reynaud, dans sa biographie de Merlin de Thionville, à propos du siège de Mayence ; par M. Chuquet, dans son ouvrage intitulé *Mayence;* par M. J. Tessier, dans un article sur Hohenlinden publié par la *Revue historique* (2) ; par M. Prentout pour sa thèse *l'Ile de France sous Decaen;* par le commandant Ernest Picard pour son volume *Bonaparte et Moreau.* M. Prentout, enfin, a publié quelques fragments des *Papiers* de Decaen dans la *Revue de la Révolution française* (3).

A notre connaissance, personne n'a contesté à Decaen l'originalité de son œuvre et, de fait, il semble bien que la presque totalité de ce vaste travail lui soit absolument attribuable. Il faut faire exception, toutefois, pour la période des guerres de Vendée, dont la relation, divisée en six parties, est contenue dans le tome 6. La première partie a trait à des faits où Decaen n'a joué aucun rôle ou dont il n'a même pas été le témoin. C'est une sorte de table analytique des rapports, correspondances, comptes rendus des séances de la Convention relatés par le *Moniteur* entre le 3 avril 1793, époque à laquelle Decaen était à Mayence, et le 5 septembre suivant, date de l'arrivée de la garnison

---

(1) T. V, 1829.
(2) *Revue Historique*, 1879, p. 333 et suiv.
(3) *Revue de la Révolution française*, numéro du mois de novembre 1906.

de Mayence à Saumur. Les deuxième et troisième parties manquent. Un note écrite à l'encre bleue par le fils du général, au folio 56, explique cette lacune : « Il manque les deuxième et troisième parties confiées par mon père à Merlin de Thionville; elles n'ont pas été rendues à la mort de ce dernier. »

La quatrième partie est une copie à peu près textuelle de nombreux passages d'un ouvrage intitulé : *Guerres des Vendéens et des Chouans contre la République française, par un officier supérieur des armées de la République* (1). Cet officier supérieur est Savary (Jean-Julien-Michel), ainsi que l'indique le catalogue de la Bibliothèque nationale (2), sans doute d'après Quérard (3). Il fut président du tribunal de Chollet depuis la fin de 1790 jusqu'au mois de mars 1793, puis appelé à l'état-major de Canclaux, ensuite à celui de Kléber, qui le fit nommer adjudant général chef de brigade, le 5 novembre 1793. Il ne faut pas le confondre avec Savary (Anne-Jean-Marie-René) qui devint duc de Rovigo. Le seul passage de cette quatrième partie du Mémorial de Decaen qui soit original est celui qui traite de l'attaque de Dol (20-21 novembre 1794) et de la retraite sur Pontorson, dans lesquelles, affirme l'auteur, il a été « témoin et acteur » (fol. 106 et suiv.).

Dans la cinquième partie, Decaen, sans avoir plagié entièrement Savary (4), lui fait encore, jusqu'au folio 175, des emprunts très nombreux et frappants (5).

---

(1) Paris, Baudin frères, 1824. Il est certain que Decaen s'est inspiré de cet ouvrage — et non l'inverse — car, au folio 16 de la quatrième partie, Decaen cite dans une note l'ouvrage en question.
(2) La^{35} 26.
(3) *La France littéraire*, t. VIII, 492.
(4) En particulier tout le début de cette cinquième partie semble bien être de Decaen, ainsi que le récit de la bataille de Savenay.
(5) Cf. Savary, *loc. cit.*, t. II, p. 420-495.

En revanche, dans les pages du Mémorial qui suivent (6ᵉ partie, depuis le folio 175), Decaen semble avoir renoncé à se servir de l'ouvrage de Savary. Chargé du commandement de l'arrondissement de La Gravelle, puis de celui de Segré, il relate jour par jour, d'avril à décembre 1794, des événements généralement peu intéressants, exception faite pour les entrevues qu'il eut avec Hoche les 27, 28 et 29 décembre 1794 (1).

Quelque temps après son départ de Vendée, Decaen reçut de son ami Bancelin, président du district de Segré, un exemplaire de l'ouvrage intitulé : *Compte public de l'administration du district de Segré (Maine-et-Loire), suivi d'un essai historique des troubles qui ont eu lieu dans le district de Segré depuis la Révolution, et notamment de la guerre dite des Chouans...* (2). Le Mémorial sur les guerres de Vendée se termine par des extraits de cet ouvrage, et par deux lettres de Bancelin à Decaen datées du 23 floréal et du 5 messidor an III, et exposant la situation dans le district de Segré.

En raison des lacunes et surtout du peu d'originalité que présente la partie de l'œuvre de Decaen relative aux guerres de Vendée, nous avons cru devoir l'éliminer de cette publication : elle a été remplacée par un résumé de la vie du général pendant cette période.

Le « Journal général de la 5ᵉ campagne de l'armée de Rhin-et-Moselle, commandée par le général Moreau, pendant une partie des 4ᵉ et 5ᵉ années de la République » (tome 7 des *Papiers* Decaen), est encore moins un manuscrit original que le Mémorial sur les guerres de

---

(1) L'une de ces entrevues a été publiée par Prentout, *Revue de la Révolution française*, novembre 1906.

(2) Angers, de l'imp. Jahyer et Geslin, l'an III, 67 pages in-4° avec huit tableaux. Cet ouvrage est aujourd'hui très rare. — Cf. Chassin, les *Pacifications de l'Ouest*, t. I, p. 102.

Vendée. Ce « Journal » qui, d'après son titre, embrasse la période du 12 prairial an IV au 17 pluviôse an V, est à peu près identique à un document attribué au général Reynier, chef d'état-major de l'armée de Rhin-et-Moselle, et conservé aux Archives historiques de la Guerre (Mémoires historiques, n° 65), sous le titre : « Journal de la campagne de l'armée de Rhin-et-Moselle, commencé le 6 messidor an IV » (1). Il y a peu de différences : quelques phrases par endroits; des paragraphes ajoutés, tronqués ou supprimés; au début du manuscrit de Decaen, une page consacrée à la situation matérielle et morale de l'armée, qui n'existe pas dans le Journal de Reynier; à la fin du même manuscrit, quelques pièces justicatives. Aussi avons-nous également laissé de côté, dans cette publication, cette partie des *Papiers* de Decaen. Le siège de Mayence et le « Journal tenu par le général de brigade Decaen de la campagne qu'il a faite à l'armée de Rhin-et-Moselle, commencé le 6 messidor an IV » (tome 25 des *Papiers* Decaen) sont au contraire des documents originaux (2); il en est de même pour les campagnes de l'an VII, de l'an VIII et de l'an IX, ainsi que pour le séjour de Decaen à Paris jusqu'à son départ pour l'Inde. L'œuvre personnelle de Decaen présente malheureusement, du 2 brumaire an V au 8 ventôse an VII, une lacune que nous avons comblée par un aperçu de la vie du général pendant cette période (3).

(1) Le début du document en question manque jusqu'au 17 messidor. On trouve ce début dans deux copies qui semblent contemporaines du manuscrit.
(2) Une copie de ce « journal » a été communiquée au Dépôt de la Guerre en 1828.
(3) Peut-être cette partie est-elle perdue (V. p. XVI, note 2).

※
※ ※

Le manuscrit de Decaen a été reproduit dans son intégralité, à part quelques modifications : divisions et subdivisions en chapitres et en paragraphes, ponctuation, orthographe des noms de personnes rectifiée, en général, d'après les Archives de la Guerre, orthographe des noms de lieux donnée d'après les cartes d'état-major modernes. Lorsqu'il existe un doute au sujet d'une localité, une note placée au bas de la page le spécifie. Un tableau de concordance des calendriers républicain et grégorien a été inséré à la fin de chaque volume. Une carte du siège de Mayence et des croquis permettent de suivre le récit.

A l'encontre de tant d'auteurs de Mémoires, Decaen ne poursuit pas sa propre apologie; il ne cherche jamais à se faire valoir; il ne mentionne même pas les distinctions qui lui ont été décernées; il raconte, sans s'y appesantir avec complaisance, les événements où il a joué un rôle important et même brillant. Les faits sont exposés avec une simplicité exempte du moindre apprêt, avec une honnêteté et une sincérité auxquelles il est impossible de se méprendre un instant. Decaen ne relate que ce qu'il a vu ou ce qu'il sait pertinemment; il peut lui arriver de se tromper ou de n'être pas d'une netteté absolue; mais, selon toute apparence, il est de la plus entière bonne foi. Bien souvent, il déclare sans ambages qu'il ne connaît pas assez tel ou tel incident pour en parler. Au reste, nous avons comparé point par point, pour ainsi dire, le Mémorial aux documents des Archives de la Guerre et aux ouvrages étrangers. La comparaison a été utile pour donner quelques précisions, éclaircir certaines obscurités, rectifier quelques erreurs. Mais elle est toute à l'honneur de Decaen dont le noble caractère, la modestie, la probité morale se révèlent à chaque page du manuscrit. Decaen sait louer ceux qu'il aime, comme Kléber, Beaupuy, Sainte-Suzanne; par contre, sa plume ne ménage point les personnages qu'il considère non comme ses ennemis propres, mais comme ceux du bien public.

On ne trouvera, dans ce Mémorial, ni considérations d'ordre politique, ni descriptions de ville ou de contrée, ni anecdotes piquantes, ni récits d'aventures galantes. Decaen est avant tout un soldat préoccupé presque entièrement des choses de son métier et ne s'intéressant guère à une localité ou à un paysage que pour les possibilités d'attaque ou de défense. Mais dans les questions militaires c'est un observateur sagace et averti, sachant remonter des effets aux causes et tirer des faits les enseignements qu'ils comportent. Certaines remarques relatives aux engagements d'avant-garde, à la surveillance d'un grand fleuve comme le Rhin, aux combats de bois, aux passages de rivière, etc., sont d'excellents sujets de méditation pour des officiers. On trouvera aussi dans la relation de Decaen de précieux et nombreux renseignements sur la tactique de marche, de stationnement, de combat des armées de la Révolution, sur l'esprit et le moral des troupes, sur le caractère et la valeur professionnelle de leurs chefs. Pour tous ces motifs, les *Mémoires et Journaux* de Decaen peuvent être considérés comme un document de premier ordre pour l'histoire des campagnes de la période révolutionnaire.

Il nous reste un devoir agréable à remplir : nous exprimons notre très vive reconnaissance à M. le maire de

Caen, qui a bien voulu nous autoriser à publier ce manuscrit; à M. G. Lavalley, le savant bibliothécaire de cette ville, qui nous a communiqué l'original avec la plus grande complaisance; à M. Prentout, professeur à l'Université de Caen, dont les avis éclairés nous ont été des plus utiles.

ÉTAT DES SERVICES

DE

DECAEN

DECAEN (CHARLES-MATHIEU-ISIDORE, COMTE NÉ A CAEN LE 13 AVRIL 1769.

Canonnier de 2e classe dans le corps royal des canonniers-matelots.	27 juillet 1787.
— jusqu'au.	1er juillet 1790.
Sergent-major au 4e bataillon du Calvados.	14 septembre 1792.
Adjudant sous-officier.	26 mars 1793.
Adjoint provisoire aux adjudants généraux à Mayence.	30 mars 1793.
Sous-lieutenant adjoint nommé provisoirement par les commissaires de la Convention à Mayence.	1er mai 1793.
Capitaine nommé provisoirement par les députés commissaires de la Convention nationale à Mayence.	25 juin 1793.
Chef de bataillon adjudant général, nommé provisoirement par les Représentants du peuple près les armées de l'Ouest et des côtes de Brest.	26 novembre 1793.
Chef de brigade adjudant général.	12 septembre 1795.
Général de brigade.	2 août 1796.
Destitué par arrêté.	22 février 1798.
Réintégré.	26 mars 1798.
Général de division, nommé par le général en chef de l'armée du Rhin.	16 mai 1800.
Confirmé dans ce grade.	7 août 1800.
Inspecteur général d'Infanterie.	24 juillet 1801.
Capitaine général des Établissements français dans l'Inde.	18 juin 1802.
Remis à la disposition du département de la guerre.	16 avril 1811.
Commandant en chef l'armée de Catalogne.	3 octobre 1811.
Commandant en chef les troupes en Hollande. (N'a pas exercé).	2 décembre 1813.
Commandant en chef l'armée de la Haute-Garonne. (N'a pas exercé).	25 mars 1814.

Gouverneur de la 11ᵉ division militaire...............	21 juin 1814.
Commandant supérieur des 9ᵉ et 10ᵉ divisions militaires et commandant en chef le corps d'observation des Pyrénées-Orientales..................................	28 mai 1815.
Disponible au licenciement de l'armée...............	26 septembre 1815.
Mis en jugement par ordonnance du.................	29 décembre 1815.
Amnistié et mis en liberté par ordonnance du 23 février 1817, rappelé du traitement de non-activité à compter du......................................	1ᵉʳ janvier 1816.
Compris comme disponible dans le cadre d'organisation de l'état-major général...........................	30 décembre 1818.
Admis à la retraite par ordonnance du 1ᵉʳ décembre 1824, à compter du......................................	1ᵉʳ janvier 1825.
Pension de 6 000 francs par ordonnance du..........	26 janvier 1825.
Remis en activité comme président de la commission des anciens officiers, le..............................	13 août 1830.
Compris dans le cadre d'activité de l'état-major général le..	7 février 1831.
Disponible le.....................................	30 avril 1831.

Mort au village de La Barre, près Montmorency, le 9 septembre 1832.

CAMPAGNES

1792, 1793, ans II, III, IV, V, VI, VII, VIII, IX, armées du Nord, de l'Ouest et sur le Rhin; ans X, XI, XII, XIII, XIV, 1806, 1807, 1809, 1810 et partie de 1811, à l'île de France; fin de 1811, 1812, 1813, armée de Catalogne; 1815, armée des Pyrénées-Orientales.

DÉCORATIONS

Grand officier de la Légion d'honneur...............	14 juin 1804.
Chevalier de Saint-Louis...........................	1ᵉʳ juin 1814.
Grand-Croix de la Légion d'honneur................	29 juillet 1814.

(A. A. G.)

AVANT-PROPOS

AVANT-PROPOS

Après avoir servi ma patrie pendant vingt-quatre ans, période durant laquelle j'étais parvenu au commandement en chef de corps d'armée, et avais été appelé à des gouvernements au delà des mers et en Europe, j'ai cessé mon activité de service à l'âge de quarante-sept ans, par l'effet des événements de 1814 et de 1815 (1).

Voulant me faire une occupation, je vais employer mes loisirs à retracer tous les événements de ma vie militaire et administrative. Ce travail me paraît d'autant plus agréable à entreprendre que je me plais à penser que j'y trouverai un dédommagement de l'injustice commise à mon égard, et que j'éprouverai quelque satisfaction de revoir dans mes souvenirs les lieux divers où j'ai combattu pour l'indépendance de mon pays, et à m'y retrouver avec mes compagnons d'armes, et surtout avec ceux qui m'ont honoré de leur bienveillant intérêt, de leur attachement et de leur amitié. J'éprouverai aussi un bien vif sentiment de

(1) Decaen avait ajouté, dans une autre rédaction : « ... Enfin j'ai eu l'honneur d'être compris dans le nombre des cent cinquante généraux qu'un ministre a comblés de sa justice en les notant comme incapables d'un service actif, parce qu'ils n'étaient alors ni pairs de France, ni députés des départements, ou ne l'avaient pas été, et en outre, parce que ces cent cinquante généraux, dont la plupart n'avaient ni infirmité, ni fortune, devaient être mis à la retraite, attendu que, depuis tant d'années, on ne leur avait donné aucun commandement ou mission. » (Archives de la Ville de Caen, papiers Decaen, vol. 6.)

plaisir, chaque fois que j'aurai l'occasion de citer leurs belles actions et de rendre hommage à leur mérite.

Je raconterai avec la plus exacte vérité tout ce que j'ai vu, et tout ce qui m'a été personnel, relativement à mes services, durant ces vingt-quatre années que j'ai consacrées avec le plus entier dévouement et avec le désintéressement pécuniaire le plus absolu.

Ce ne sont pas des mémoires que j'entreprends d'écrire, je n'en ai pas le talent ; mais je veux faire un journal pour moi, dans lequel je me propose de classer successivement les divers événements de ma carrière militaire.

J'intercalerai dans le texte de ma narration tous les documents que je croirai indispensables, soit pour servir à l'introduction des faits que j'aurai à raconter, soit pour leur servir de preuve ou d'éclaircissement.

Je ne me promets pas de m'épargner les longs détails parce que je me priverais d'une partie de mon amusement.

Voici l'ordre que je me propose de donner à ce journal :

1° Départ pour l'armée en septembre 1792 et siège de Mayence (1)... l'arrivée de la garnison de cette place pour faire la guerre...

2° Guerre de Vendée depuis le 10 septembre jusque...

3° Guerre dite des Chouans (1794).

4° Campagne du Rhin (1795).

5° Campagne du Rhin et en Allemagne et siège de Kehl...

6° Campagne sur le Rhin (1797).

7° Campagnes sur le Rhin (1798 et 1799).

8° Campagne en Allemagne (1800 et une partie de 1801).

9° Inspection générale de plusieurs corps d'infanterie et préparatifs pour me rendre à Pondichéry gouverner, en

---

(1) Les pointillés correspondent à une déchirure du manuscrit.

qualité de capitaine général, les établissements français dans l'Inde (1802).

10° Départ pour Pondichéry. Retour à l'île de France. Gouvernement des possessions françaises à l'est du cap de Bonne-Espérance (1803 jusqu'à la fin de 1810).

11° Retour en France. Commandement en chef de l'armée de Catalogne et gouvernement de cette province (1811, 1812 et 1813 jusqu'au mois de novembre).

12° Commandement en chef de l'armée de Hollande (fin de 1813).

13° Commandement en chef de l'armée de la Gironde. Gouvernement de la 11ᵉ division militaire (Bordeaux) (1814 jusqu'en avril 1815).

14° Commandement en chef du corps d'armée des Pyrénées-Orientales depuis mai jusqu'en juillet 1815.

Supplément. — Accusé injustement, emprisonné et poursuivi criminellement *par ordonnance,* depuis le 13 décembre 1815 jusqu'en février 1817. Remis en liberté sans jugement, mais aussi *par ordonnance.*

DÉPART POUR L'ARMÉE
SIÈGE DE MAYENCE

DÉPART POUR L'ARMÉE
SIÈGE DE MAYENCE

CHAPITRE PREMIER

Decaen s'enrôle le premier au 4ᵉ bataillon du Calvados. — Il est nommé sergent-major. — Départ pour Mayence. — Decaen, nommé adjudant sous-officier, entre en fonctions auprès de Kléber. — Début du siège de Mayence. — Officiers et corps de la garnison. — Decaen reçoit le baptême du feu à l'affaire de Dalheim. — Merlin de Thionville assiste au combat.

Plusieurs puissances de l'Europe s'étaient coalisées contre la France; elles avaient signé leur traité d'union à Pillnitz; elles avaient été sollicitées par les princes français, qui avaient donné l'exemple de l'émigration, de conduire leurs armées à Paris, afin d'anéantir le nouvel ordre de choses créé dans l'intérêt de la nation depuis 1789.

La France ne voulait pas que l'étranger se mêlât de ses affaires intérieures et lui fît la loi. Elle avait déclaré la guerre, en avril 1792, au roi de Bohême et de Hongrie, chef de la coalition.

Les armées ennemies s'étant ébranlées pour exécuter leurs projets, l'Assemblée législative décréta, en juillet, que la Patrie était en danger!

Le duc de Brunswick, conducteur des Prussiens, à la suite desquels marchait un corps d'émigrés français, avait publié un manifeste qui avait excité l'indignation générale. Cependant ces Prussiens s'avancèrent dans la Champagne.

Alors l'Assemblée décréta que des commissaires se rendraient dans tous les départements pour lever des bataillons de volontaires, et les faire partir pour aller renforcer les armées opposées à celles des coalisés, afin de rejeter au plus tôt, au delà de nos frontières, ceux qui les avaient violées.

Le département du Calvados avait déjà fourni trois bataillons.

J'avais vu s'en former un à Caen, où je suis né en 1769. J'avais bien eu le désir de m'y enrôler, mais j'avais été retenu par la considération de me faire un état : je voulais réparer le temps que je croyais avoir perdu, depuis l'âge de dix-huit ans jusqu'à vingt et un, en servant dans l'artillerie de la marine.

J'avais acheté mon congé en 1790 et, depuis mon retour du régiment, je m'occupais de mon instruction dans l'étude de M. Lasseret, avocat distingué : je me destinais à la profession d'avoué. Mais la voix de la Patrie en danger et le besoin pressant de marcher à sa défense changèrent cette vocation.

J'étais déjà persuadé que chaque citoyen devait contribuer de toutes ses facultés à repousser des ennemis qui, prétendant dicter leurs volontés, avaient osé franchir nos frontières et s'avancer dans l'intérieur du pays.

Les commissaires délégués par l'Assemblée législative, Albitte et Lecointre, arrivèrent à Caen le 8 septembre; ils firent d'énergiques exhortations à la garde nationale.

Excité par cet appel et par la réflexion qu'ayant déjà été soldat pendant plus de deux ans, que, depuis, j'avais presque journellement fait des exercices militaires dans une compagnie de canonniers de la garde nationale dont j'étais sergent-major, et que je pourrais, plus facilement que beaucoup d'autres, supporter les fatigues de la guerre, je m'empressai de donner l'exemple du dévouement, en m'inscrivant le premier pour le 4e bataillon du Calvados. Dans l'espace de dix jours, ce bataillon fut formé de dix compagnies, dont deux de grenadiers et deux de canonniers, organisé et prêt à partir, parce que ceux qui s'étaient enrôlés, faisant partie de la garde nationale, s'étaient armés, habillés et équipés à leurs frais.

Ce bataillon avait fait, conformément à la loi, la nomination de ses officiers de tous grades et des sous-officiers. J'avais été nommé sergent-major d'une des compagnies de canonniers à chacune desquelles il fut attaché deux pièces de 4 et leurs caissons. En partant de Caen, le 19 septembre, il devait aller au camp de Meaux ; mais, à son arrivée à Pontoise, sa marche fut suspendue : il fut cantonné pendant trois jours à Colombes et dans plusieurs autres villages aux environs de Paris.

Les Prussiens ayant été battus en Champagne et forcés à la

retraite, le 4ᵉ bataillon du Calvados fut envoyé au camp de Phalsbourg. En passant dans la capitale, il eut l'honneur de défiler devant la Convention nationale qui avait aboli la royauté le 21 septembre et décrété la République.

Du camp de Phalsbourg, où il ne resta que deux jours, ce bataillon alla cantonner à Goefeld (1) et Wasselonne en Alsace, pendant le reste du mois d'octobre; et, en novembre, il fut tenir garnison à Landau, ensuite à Mayence en décembre et une partie de janvier 1793. (Les députés à la Convention Reubell et Merlin de Thionville arrivèrent à Mayence à la fin de décembre.) Il sortit de cette place pour aller cantonner au village de Budenheim, sur le bord du Rhin. Il s'y trouva sous les ordres de Kléber, chef de bataillon du 4ᵉ du Haut-Rhin, qui avait été chargé, par le général en chef Custine (2), de la surveillance et de la défense du fleuve depuis Mayence jusqu'à Nieder-Ingelheim.

Je faisais alors les fonctions d'adjudant sous-officier; et, ce service m'ayant mis plusieurs fois dans le cas de recevoir des ordres de Kléber, il fut satisfait de mon zèle et de mon activité; et je remplissais en quelque sorte auprès de lui les fonctions d'adjudant de place. Enfin je fus nommé, le 26 mars, adjudant sous-officier de mon bataillon.

Les Prussiens ayant passé le Rhin à Bacharach, Custine avait marché pour les combattre; mais, le 29 mars, il fut obligé de leur abandonner les hauteurs de Bingen. Alors Kléber se trouva dans la nécessité de faire rentrer dans Mayence les troupes qu'il commandait (3).

Custine, en se repliant sur Landau (4), avait envoyé des ordres

(1) Peut-être *Hohengöft*.
(2) Custine de Sarreck (Adam-Philippe, comte de), né le 4 février 1740, à Metz; lieutenant au régiment de Saint-Chamans, le 16 juin 1747; capitaine au régiment de Schouberg, le 7 mars 1761; maître de camp, le 5 juin 1763; brigadier, le 1ᵉʳ mars 1780; employé en Amérique septentrionale en mars 1780; maréchal de camp, le 5 décembre 1781; lieutenant général, le 6 octobre 1791; commandant en chef l'armée de la Moselle, le 6 octobre 1792; commandant en chef l'armée du Nord, le 15 mai 1793; décrété d'accusation, le 22 juillet 1793. (A. A. G.)
(3) Le chef de bataillon Kléber fut chargé, le 30 mars, de la surveillance des ouvrages extérieurs (Ordre de la place de Kastel, 30 mars 1793, A. H. G.). Le même jour, Custine adressait au général d'Oyré une lettre dans laquelle il lui annonçait qu'il le laissait maître de l'organisation de Mayence et de Kastel. [Custine à d'Oyré, Erbesbüdesheim, 30 mars 1793 (A. H. G., Correspondance, Armées du Rhin et de la Moselle).]
(4) Custine, en annonçant sa retraite, affirmait que Mayence était approvisionnée de vivres pour un an. [Custine à Deprez-Crassier, Landau, 1ᵉʳ avril 1793; Custine au prési-

pour faire sortir une partie de la garnison de Mayence qui devait le rejoindre en se dirigeant sur Worms et Spire. La colonne, forte de sept à huit mille hommes, composée de ce qu'il y avait de troupes de ligne dans la place et de quelques bataillons de volontaires, et qui escortait des commissaires, députés de la Convention, ainsi qu'un convoi de quatre cents chariots, s'était mise en marche le 30, à midi.

Le général de Blou la commandait. Il rencontra l'ennemi sur les hauteurs de Guntersblum. Croyant que ce n'était qu'un corps détaché, il le combattit : mais voyant qu'il avait affaire à une armée et que, s'il marchait plus avant, il serait enveloppé, il ordonna la retraite; et la colonne rentra dans Mayence pendant la nuit. Les forces ennemies qu'on rencontra avaient passé le Rhin à Mannheim et sur plusieurs autres points.

Les ennemis auraient eu un avantage infini à laisser passer cette colonne, attendu que son retour dans Mayence y fit rentrer une force imposante et beaucoup de moyens dont la privation aurait extrêmement affaibli la défense de cette place : car, avec ce qu'on lui avait laissé de garnison, il aurait été impossible qu'elle pût résister longtemps aux attaques de l'ennemi qui même, au lieu de l'assiéger, aurait pu alors se borner à en faire le blocus et porter ses immenses moyens contre Landau, s'il n'avait pas préféré, comme il le pouvait, faire une invasion en Alsace ou en Lorraine.

Le chef de bataillon Kléber, m'ayant aperçu à la parade, le 31, voulut bien venir me donner de nouveaux témoignages de sa bienveillance en me disant qu'il souhaitait que je fusse bientôt fait officier et que, si je fusse resté plus longtemps sous ses ordres, il aurait certainement obtenu pour moi cette récompense. En lui faisant mon remerciement, je l'assurai que je ferais tout ce qui me serait possible pour toujours mériter son estime.

Mon bataillon avait été commandé pour aller à Kastel passer la nuit au bivouac. En rentrant, le lendemain matin, à Mayence, mon commandant, chez lequel j'étais allé pour recevoir ses ordres, me remit celui que je vais transcrire, et dont la lecture me fit éprouver une bien vive et inexprimable satisfaction.

dent de la Convention nationale, Neustadt, 1ᵉʳ avril 1793. (A. H. G., Correspondance, Armées du Rhin et de la Moselle).]

Le général d'Oyré (1) ordonne au citoyen Decaen, adjudant sous-officier du 4e bataillon du Calvados, de faire son service sous les ordres particuliers du citoyen Kléber, chef de bataillon chargé spécialement de la surveillance des ouvrages extérieurs de cette place, auquel il sera attaché.

Le commandant dudit bataillon fera remplacer provisoirement ledit Decaen dans le bataillon par un sous-officier capable de remplir les fonctions d'adjudant.

Fait à Mayence le 31 mars 1793, l'an II de la République.

L'adjudant général :

signé : CHADELAS (2).

Je me rendis sur-le-champ auprès du chef Kléber pour prendre ses ordres. Il eut la complaisance de me dire qu'il aurait désiré faire plus pour moi, et il me demanda s'il m'était agréable de servir avec lui. Je lui exprimai combien j'étais reconnaissant de ses bontés et sensible à la confiance dont il voulait bien m'honorer. Il me chargea d'aller faire de suite une reconnaissance du camp retranché et de ses forts, intérieurement et extérieurement, et il voulut bien m'indiquer comment je devais procéder pour mieux et plus tôt m'acquitter de cette mission. Je remplis ma tâche dans la journée et le lendemain, et il fut content des notes que je lui présentai.

Dans la soirée du 3, nous fîmes une sortie avec un fort détachement de cavalerie et d'infanterie pour aller enlever les bœufs et vaches des villages de Budenheim et de Mombach. Nous rentrâmes le lendemain matin, faisant conduire dans Mayence une centaine de ces animaux qui furent d'une grande ressource pour l'hôpital (3).

(1) D'Oyré (François-Ignace-Émile), né le 27 mai 1739, à Sedan ; lieutenant du corps de l'artillerie et du génie, le 1er mai 1756 ; ingénieur, le 1er janvier 1759 ; détaché en mission en Autriche, octobre 1763 ; capitaine, le 27 septembre 1765 ; employé en Amérique septentrionale, le 1er mars 1780 ; major, le 31 juillet 1783 ; lieutenant-colonel, le 1er avril 1791 ; colonel, le 8 février 1792 ; maréchal de camp, le 9 octobre 1792 ; employé à Mayence, le 9 novembre 1792 ; resté en otage à la capitulation de Mayence ; rentré en France, le 23 décembre 1794 ; retraité, le 31 mars 1796. (A. A. G.)

(2) Chadelas (Jean-Charles), né le 20 juin 1744, à Alais ; soldat au Navarre-Infanterie, le 16 novembre 1760, quartier-maître, le 16 juin 1776 ; secrétaire du conseil de guerre en 1787 ; capitaine, le 1er mars 1788 ; adjudant général chef de bataillon, le 26 octobre 1791 ; chef de brigade, le 8 mars 1793 ; retiré avec pension, le 20 prairial an V ; sous-inspecteur aux revues, le 18 pluviôse an VIII ; inspecteur, le 8 nivôse an X ; maître des requêtes, le 11 juin 1806 ; retraité, le 4 octobre 1813. (A. A. G.)

(3) D'Oyré dit dans son Journal de la défense de Mayence, (A. H. G.) : « Dans la nuit du 5 au 6, le chef de bataillon Kléber s'est porté sur Mombach pour enlever de

Le 5 avril, j'accompagnai le chef Kléber, nommé adjudant-général et commandant du camp retranché et des forts extérieurs, lorsqu'il fut établir la ligne des postes qui devaient surveiller en dehors du camp pendant la nuit; et, depuis ce jour jusqu'à la fin du siège, je fus chargé spécialement de placer les postes à l'extérieur et de surveiller leur service.

L'ennemi avait achevé l'investissement de la place, mais à une grande distance. Sa ligne de circonvallation appuyait à la rive gauche du Rhin, au delà de Weisenau; de là, à la hauteur de Sainte-Croix (1), ensuite à Marienborn et, de ce village, passant derrière Bretzenheim, à celui de Mombach, près le bord du Rhin.

Sur la rive droite, l'ennemi investissait, par une ligne de contrevallation fortifiée, la tête de pont de Kastel, dont les travaux n'étaient pas totalement terminés; la droite de sa ligne était appuyée au Rhin, en avant de Biebrich; de là, sur les hauteurs d'Hochheim jusqu'au Main, et ensuite depuis cette rivière jusqu'à sa jonction avec le Rhin.

Il n'y avait pas de général de division dans Mayence. Le général de brigade du génie d'Oyré commandait en chef.

Le général Meusnier (2), aussi de l'arme du génie, commandait à Kastel. Les généraux Schaal (3), de Blou (4), Scheg-

---

bestiaux; il a poussé jusqu'à Budenheim, et en a ramené cent vingt vaches. Il est rentré au jour sans avoir rencontré d'ennemis. » Decaen place cette opération dans la nuit du 3 au 4. L'*Oestreichische militärische Zeitschrift* (1834, IV, page 14) n'en parle pas.

(1) Entre Mayence et Hechtsheim, à 1 400 mètres environ au nord de Hechtsheim.

(2) Meusnier (Jean-Baptiste-Marie-Charles), né le 19 juin 1754, à Tours; lieutenant à l'École du génie de Mézières, le 1er janvier 1774; ingénieur, le 25 décembre 1775; membre de l'Académie des sciences en 1784; capitaine, le 27 mai 1787; aide-maréchal-général des logis au corps de l'état-major de l'armée, avec rang de major, le 1er juillet 1788; rang de lieutenant-colonel, le 11 juillet 1789; adjudant général lieutenant-colonel, le 1er avril 1791; colonel, le 5 février 1792; maréchal de camp, le 7 septembre 1792; employé à l'armée du Rhin, le 14 février 1793; général de division, le 5 mai 1793; décédé à Mayence, par suite de blessure, le 18 juin 1793. (A. A. G.)

(3) Schaal (François-Ignace), né le 5 décembre 1747, à Schlestadt; soldat au Nassau-Infanterie, le 10 mars 1770; sous-lieutenant, le 8 mai 1770; lieutenant, le 18 février 1777; capitaine, le 18 novembre 1787; lieutenant-colonel du 93e régiment, le 29 octobre 1792; général de brigade, le 3 mai 1793; général de division, le 8 brumaire an III; employé à l'armée de Rhin-et-Moselle; retraité, le 22 décembre 1795; remis en activité, commandant de la 26e division militaire, le 8 mai 1809; retraité par décision royale, le 4 septembre 1815. (A. A. G.)

(4) De Blou de Chadenac (Jean-Antoine), né en 1736, au Teil en Vivarais; lieutenant en

linsky (1) et Dubayet (2) étaient employés dans la place et la citadelle à divers services; ce dernier commandait les troupes.

Un conseil de guerre avait été formé et, chaque jour, les commissaires de la Convention Reubell et Merlin de Thionville y assistaient.

La garnison de Mayence se composait d'environ vingt-deux à vingt-trois mille hommes de toutes armes. Une grande partie fut destinée à la défense de Kastel et de Kostheim, du camp retranché et de ses forts, ainsi que du village de Weisenau. Le surplus était en réserve dans la place.

Des corps de cette garnison, je ne me ressouviens que des noms ci-après, et de ceux de quelques-uns de leurs commandants.

Noms des chefs.	Grades.	Noms des corps.
Klingler (3).....		Un régiment formé de grenadiers de la ligne et de bataillons de volontaires.
Vimeux (4).....	Colonel......	32ᵉ de ligne, Bassigny.
		57ᵉ, Beauvaisis.

2ᵉ au régiment de Picardie, le 28 septembre 1746; lieutenant en 1ᵉʳ, le 14 novembre 1746; capitaine, le 1ᵉʳ septembre 1755; lieutenant-colonel en 1771; colonel, le 21 octobre 1791; maréchal de camp, le 30 mai 1792; général de division, le 27 mai 1793; tué, le 27 juin 1793, au siège de Mayence. (A. A. G.)

(1) Scheglinsky (François-Charles), né le 8 mai 1740, à Varsovie; entré aux volontaires du Hainaut, le 22 septembre 1759; sous-lieutenant, le 24 avril 1760; aide-major de dragons dans la légion corse, le 1ᵉʳ septembre 1769; rang de capitaine, le 19 janvier 1771; chef d'escadrons, le 13 mai 1788; lieutenant-colonel, le 25 juillet 1791; chef de brigade le 16 mai 1792; nommé général de brigade provisoire par les Représentants du peuple à Mayence, le 28 mai 1793; remis chef de brigade, le 31 août 1793. (A. A. G.)

(2) Aubert-Dubayet (Jean-Baptiste-Annibal), né le 25 avril 1757, à la Mobile (Louisiane); sous-lieutenant, le 17 avril 1775; lieutenant, le 19 mars 1780; capitaine, le 30 juin 1785; président du département de l'Isère, 9 octobre 1790; député à l'Assemblée nationale législative, le 1ᵉʳ octobre 1791; lieutenant-colonel, le 29 juin 1792; nommé général de brigade par les Représentants du peuple à Mayence. le 2 avril 1793; suspendu, le 22 novembre 1793; réintégré, le 8 août 1794; retraité, le 21 août 1794; appelé par Kléber à l'armée sous Mayence, en janvier 1795; général de division, le 4 février 1795; général en chef de l'armée des Côtes de Cherbourg, le 20 avril 1795; ministre de la guerre, le 3 novembre 1795; ambassadeur à Constantinople, le 8 février 1796; décédé à Constantinople, le 17 décembre 1797. (A. A. G.)

(3) Klingler (Jean-Baptiste), né le 14 avril 1745, à Landau; entré au service en 1761; il devint chef d'état-major du gouverneur général de la Prusse, le 31 décembre 1806, puis commandant d'armes à Neuf-Brisach, le 15 février 1808. Retraité le 23 décembre 1814, il mourut à Schlestadt, le 15 juillet 1827. (A. A. G.) Son nom, qui ne figure pas sur le manuscrit, était porté sur une première relation inachevée de Decaen.

(4) Vimeux (Louis-Antoine), né le 13 août 1737, à Amiens; entré au service en 1753. Il fut nommé général de division le 4 mars 1794, servit à l'armée de l'Ouest, à l'armée des Côtes de l'Océan en 1796, à l'armée d'Angleterre en 1799; réformé le 22 décembre 1800.

Noms des chefs.	Grades.	Noms des corps.
Beurmann.	Lieutenant-colonel.	62ᵉ, Salm-Salm.
Desfrancs.	Colonel.	82ᵉ, Saintonge.
Haxo (1).	—	3ᵉ des Vosges, volontaires; 7ᵉ et 8ᵉ.
Humbert (2).	Lieutenant-colonel.	13ᵉ des Vosges, volontaires.
Dumoulin.	Colonel.	4ᵉ du Haut-Rhin.
Mainoni (3).	Colonel.	6ᵉ du Bas-Rhin.
Jordy (4).	—	10ᵉ de la Meurthe.
Travot (5).	Lieutenant-colonel.	2ᵉ du Jura.
		9ᵉ —
Prudhomme.	— —	2ᵉ de la Haute-Saône; 9ᵉ, 10ᵉ, 11ᵉ, 12ᵉ.
Marillac.	Colonel.	2ᵉ de l'Ain.
Chevardin.	Lieutenant-colonel.	Chasseurs de Saône-et-Loire.
Gouy.	Colonel.	4ᵉ du Calvados.
		6ᵉ —
		2ᵉ de Seine-et-Oise.
		Chasseurs de Paris, dits des Quatre-Nations.
Lamure.	Colonel.	7ᵉ de chasseurs à cheval.
D'Azincourt.	—	14ᵉ de cavalerie.
		5ᵉ de l'Eure (6).

il commanda la place de Luxembourg de 1802 à 1814 et mourut à Metz, le 23 juin 1814. (A. A. G.)

(1) Haxo (Nicolas), né le 7 juin 1749 à Etival (Vosges); entré au service en 1768; il devait être nommé général de brigade à l'armée des Côtes de la Rochelle, le 17 août 1793 et, employé à l'armée de l'Ouest, se brûla la cervelle d'un coup de pistolet pour ne pas tomber vivant aux mains des Vendéens, le 20 mars 1794. (A. A. G.)

(2) Humbert (Jean-Joseph-Amable), né le 22 août 1767, à Saint-Nabord (Vosges), entré au service en 1789, devait diriger la deuxième expédition d'Irlande où il fut fait prisonnier le 15 septembre 1798; servit, avec des interruptions, jusqu'à sa retraite, le 11 juin 1810. Il fut autorisé à passer au service des États-Unis, le 9 juillet 1812, et mourut à la Nouvelle-Orléans, le 3 janvier 1823. (A. A. G.)

(3) Mainoni (Joseph-Antoine-Michel), né le 29 septembre 1754, à Lugano, entra au service en 1790. Il devint général de brigade, le 29 brumaire an VII, général de division, le 9 fructidor an XI, commanda la place de Mantoue l'année suivante et mourut le 12 septembre 1807. (A. A. G.)

(4) Jordy (Nicolas-Louis), né le 14 septembre 1758, à Abreschwiller (Meurthe), entré au service comme chirurgien en 1774, puis soldat en 1778, devint général de brigade, le 15 nivôse an II, commanda à Strasbourg en l'an VI, à Landau en l'an IX, à Cassel en 1806, à Thorn en janvier 1807, une seconde fois à Landau en décembre 1807, enfin à Genève en 1812. (A. A. G.)

(5) Travot (Jean-Pierre), né le 6 janvier 1767, à Poligny; entré au service en 1784; général de brigade, le 23 ventôse an IV; général de division, le 12 pluviôse an XIII, il fut condamné à mort le 20 mars 1816, vit sa peine commuée en celle de vingt ans d'emprisonnement et mourut le 7 janvier 1836. (A. A. G.)

(6) Ne figure pas sur un état de la garnison du 6 mai 1793, signé Chadelas, et donné en annexe.

Noms des chefs.	Grades.	Noms des corps.
		1er bataillon de la République (1).
		1er bataillon des Fédérés nationaux.
		2e bataillon des Amis de la République.
		Détachement du 7e d'infanterie légère.
		Compagnie d'artillerie légère de Delaurier.
		Compagnie d'artillerie légère de Foucher.
		Compagnie d'artillerie légère de Dulaurens.
		Compagnie d'artillerie légère de Barris.

L'adjudant général Kléber fit nommer par le conseil de guerre, pour commander les forts, des officiers de son choix : le capitaine Dubreton (2), au fort Saint-Charles ; le capitaine Bruneteau Sainte-Suzanne (3), fort Saint-Philippe ; le capitaine de Nattes jeune, fort Saint-Joseph.

Ces trois officiers commandaient des compagnies de grenadiers et leurs compagnies firent partie de la garnison de ces forts. Plus

(1) Peut-être les Chasseurs républicains de l'état du 6 mai 1793.

(2) Dubreton (Jean-Louis), né le 18 janvier 1773, à Ploërmel ; soldat, le 1er mars 1790 ; sous-lieutenant, le 15 septembre 1791 ; lieutenant, le 1er novembre 1791 ; capitaine, le 15 mars 1793 ; chef de bataillon, le 22 septembre 1801 ; chef de brigade nommé par le capitaine général de Saint-Domingue, le 17 mars 1803 ; général de brigade, le 6 août 1811 ; commandant supérieur de Burgos en septembre 1812 ; général de division, le 23 décembre 1812 ; commandant supérieur de Valenciennes, le 19 novembre 1814 ; s'est démis de ce commandement, le 25 mars 1815 ; commandant la 5e division militaire, le 23 octobre 1817 ; retraité le 8 mars 1831 ; décédé à Versailles, le 28 mai 1855. (A. A. G.)

(3) Bruneteau de Sainte-Suzanne (Gilles-Joseph-Martin), né le 8 mars 1760, à Poivre (Aube) ; page de Madame, le 15 mai 1775 ; sous-lieutenant au régiment d'Anjou, le 15 mars 1779 ; lieutenant en mai 1784 ; capitaine, le 12 septembre 1791 ; adjudant général chef de bataillon par brevet des Représentants du peuple à Mayence, le 1er mai 1793 ; général de brigade à l'armée de Rhin-et-Moselle, le 12 septembre 1795 ; général de division, le 2 août 1796 ; employé à l'armée d'Allemagne, le 23 septembre 1797 ; à l'armée du Rhin, le 9 décembre 1797 ; à l'armée de Mayence, le 16 avril 1798 ; à l'armée d'Italie, le 14 octobre 1798 ; à l'armée du Rhin, le 13 juin 1799 ; conseiller d'Etat, le 21 juillet 1801 ; inspecteur général d'infanterie, le 24 juillet 1801 ; membre du Sénat conservateur, le 21 avril 1804 ; retraité, le 12 juillet 1804 ; commandant le camp de Boulogne, le 13 avril 1809 ; pair de France, le 4 juin 1814 ; décédé le 26 avril 1830. (A. A. G.)

tard, ils furent nommés adjudants généraux chefs de bataillon.

Le capitaine de grenadiers Vidalot du Sirat (1), promu au même grade, commanda à Weisenau.

Le fort Sainte-Élisabeth, où Kléber établit son quartier général sous une tente, resta d'abord sous son commandement spécial, ainsi que le fort Welsche.

Le fort Hauptstein fut commandé par le chef du 4e du Haut-Rhin qui y tenait garnison, et plus tard, par le colonel Marillac du 2e bataillon de l'Ain, aussi en garnison dans ce fort principal.

Le Gartenfeld, formant la droite du camp retranché, fut commandé par le lieutenant-colonel Niceville.

Kléber avait aussi fait nommer, pour lui être adjoints avec moi, le capitaine Buquet (2), quartier-maître du 4e bataillon des Vosges; Mignotte (3), capitaine du 2e de cavalerie; Mangin, capitaine, né à Mayence (4), et qui avait été au service de l'Électeur.

Dans la matinée du 8, Kléber fit sortir du camp quelques troupes pour chasser des postes ennemis du village de Dalheim (5), ainsi que pour y enlever quelques fourrages et autres approvision-

---

(1) Vidalot du Sirat (Pierre-Marie-Gabriel), né le 25 mars 1764, à Espalais (Tarn-et-Garonne); cadet gentilhomme au régiment d'Aunis, le 8 février 1781; sous-lieutenant, le 20 juillet 1783; lieutenant, le 28 mai 1789; capitaine, le 11 juillet 1792; chef de bataillon, le 14 avril 1793; adjudant général chef de brigade, le 7 juin 1793; général de brigade, le 5 juillet 1794; réformé, le 30 octobre 1797; nommé par le duc d'Angoulême commandant le département du Lot-et-Garonne, le 25 juillet 1815; a cessé ces fonctions le 14 août 1815; décédé à Valence (Tarn-et-Garonne), le 30 décembre 1843. (A. A. G.)

(2) Buquet (Louis-Léopold), né le 5 mai 1768, à Charmes (Vosges); volontaire au 4e bataillon des Vosges, le 28 août 1791; sergent-major le même jour; quartier-maître, le 15 septembre 1792; lieutenant adjoint à Kléber, le 30 mars 1793; nommé capitaine par les députés commissaires de la Convention nationale à Mayence, le 25 juin 1793; adjudant général chef de bataillon, le 18 nivôse an II; chef de brigade, le 25 prairial an III; chef d'escadron de gendarmerie, le 22 prairial an V; général de brigade en 1804; inspecteur général de gendarmerie, le 3 avril 1815; membre de la Chambre des députés, en mai 1815; retraité, le 1er juillet 1818. (A. A. G.)

(3) Mignotte (Joseph), né le 12 novembre 1755, à Auxonne; canonnier, le 15 avril 1771; maréchal des logis, le 22 juillet 1780; adjudant, le 25 juillet 1784; sous-lieutenant, le 15 septembre 1791; lieutenant, le 10 mars 1792; capitaine, le 1er avril 1793; chef de bataillon adjudant général, le 1er juillet 1793; chef de brigade, le 12 messidor an II; général de brigade, le 11 nivôse an IV; chef de brigade de gendarmerie, le 22 prairial an V; employé à l'armée d'Italie, le 6 brumaire an V; il fut retraité comme colonel de gendarmerie en 1815. (A. A. G.)

(4) Decaen fait ici une erreur au sujet du lieu de naissance de Mangin :

Mangin (Jean-François-Xavier), né le 21 mars 1766, à Corny (Moselle); sous-lieutenant au corps des Ingénieurs près l'Electeur de Mayence, le 10 octobre 1784; lieutenant, le 24 mai 1785; chef d'escadrons adjudant général en Vendée, le 12 pluviôse an II; chef de brigade, le 7 frimaire an III; blessé au combat de la Salza, le 23 frimaire an IX; mort des suites de ses blessures à Salzbourg, le 3 nivôse an IX. (A. A. G.)

(5) Dalheim, à la sortie nord de Zahlbach.

nements d'un couvent de religieux auprès de ce village, situé au bas d'un vallon qui existe au revers du plateau sur lequel sont assis les forts Élisabeth, Saint-Philippe, Saint-Joseph et Hauptstein.

Les ennemis, postés sur la hauteur de Sainte-Croix, envoyèrent plusieurs coups de canon sur un régiment de ligne placé en réserve, avec une pièce d'artillerie, pour soutenir le détachement en expédition à Dalheim. J'étais alors peu éloigné de cette réserve. C'était la première fois que j'entendais le sifflement des boulets et que j'y étais exposé. Les premiers me causèrent un peu d'émotion, mais elle fut bientôt dissipée par la réflexion que je faisais les fonctions d'un officier d'état-major; et, au moment, ayant aperçu que les soldats et même les officiers de ce bataillon déployé en ordre de bataille s'inclinaient profondément pour chaque boulet qu'ils entendaient passer au-dessus d'eux, je dirigeai mon cheval devant le front du régiment, je montrai de l'assurance en disant qu'il ne convenait point aux braves de se courber au passage d'un boulet. J'eus la satisfaction de voir qu'en me rassurant moi-même j'avais influé sur les autres, puisque ensuite ils restèrent immobiles.

Je crois qu'il y a peu d'hommes, quelque courageux qu'ils soient, qui n'éprouvent pas un saisissement et même un sentiment de crainte quand, pour la première fois, ils entendent siffler les balles et les boulets, et surtout quand, par leur effet, on voit les premiers tués et blessés; et je crois même que c'est après plusieurs combats que la plupart acquièrent cette indifférence salutaire qui nous fait jouer avec la mort.

L'expédition de Dalheim étant terminée, dans laquelle on tua plusieurs ennemis et fit quelques prisonniers, Kléber ordonna, attendu que nous ne pouvions pas occuper ce village, mais qu'il était essentiel que l'ennemi ne revînt pas s'y loger, qu'un fort avant-poste permanent serait établi sur une pointe du côteau assez rapprochée de ce village, et de laquelle on le dominait parfaitement.

Sur ces entrefaites, le député Merlin de Thionville arriva. Il avait entendu le canon; il n'en avait pas fallu davantage pour l'engager à se rendre sur le terrain pour voir ce qui se passait. Il contracta ensuite l'habitude de faire de pareilles visites dans presque toutes les affaires qui se renouvelèrent journellement, soit sur une rive du Rhin, soit sur l'autre, pendant les quatre mois du blocus et du siège de Mayence; et, maintes fois, il s'exposa à plus d'un danger, soit en dirigeant et pointant lui-même des pièces d'artillerie légère, soit en chargeant l'ennemi avec les troupes : exemple qui influa beaucoup sur les soldats et les officiers qui étaient presque tous, pour la guerre, aussi novices les uns que les autres, mais qui, stimulés par sa présence ou ses actions, rivalisaient entre eux d'ardeur, de bravoure et de courage pour se distinguer, mériter ses éloges ainsi que les récompenses que le conseil de guerre s'empressait d'accorder aux braves dont on lui citait les belles actions.

Avec de pareils stimulants, joints à la délicate et noble démarche que répétèrent plusieurs fois les députés commissaires Reubell et Merlin de Thionville, ainsi que le général en chef d'Oyré, de porter eux-mêmes, à l'hôpital, des consolations aux officiers, sous-officiers et soldats blessés, et de leur remettre les brevets d'avancement dont ils s'étaient rendus dignes, il n'est pas étonnant si cette garnison était devenue un corps d'invincibles.

L'adjudant général Kléber et Merlin, après un examen de la localité et considéré les avantages d'occuper le saillant qui dominait le village de Dalheim, décidèrent qu'on y construirait un retranchement de campagne dont la gorge resterait ouverte pour être battue au besoin par les feux du fort Saint-Joseph, et que, pendant le jour seulement, jusqu'à nouvel ordre, on y aurait quelques pièces d'artillerie. Les soldats qui, pendant leurs travaux, avaient été plusieurs fois visités par Merlin, donnèrent son nom à cette redoute qui joua un rôle assez important pendant le siège.

CHAPITRE II

Sorties de la garnison de Mayence. — Combats de Kostheim. — Légions des Francs et de Kastel. — Audacieuse expédition du général Meusnier. — Humanité du général Dubayet envers les habitants de Mayence. — Decaen fait le coup de sabre avec des cavaliers ennemis. — Déjeuner offert par Marigny à des officiers prussiens. — Fausses nouvelles répandues par l'assiégeant. — Les Français tentent d'enlever le quartier général ennemi à Marienborn. — Succès de ce coup de main.

Le conseil de guerre, ayant pris la résolution d'employer tous les moyens convenables pour tenir les ennemis éloignés le plus qu'il serait possible et pour les obliger à une grande circonspection, décida que, dans la nuit du 10 au 11 avril, une forte partie de la garnison sortirait par Kastel pour surprendre les ennemis dans plusieurs de leurs cantonnements et les chasser des villages de Hochheim et de Biebrich. Plusieurs colonnes furent à cet effet disposées. Le général Dubayet commandait l'ensemble de cette expédition. Kléber avait été chargé de la conduite de l'une des colonnes (1). Presque tous les avant-postes ennemis furent égorgés. A cet égard, je citerai le trait suivant. Un grenadier, après avoir surpris et donné la mort à une sentinelle placée devant un corps de garde établi dans une maison en avant de Biebrich, entra

---

(1) Il n'en est pas fait mention dans l'ordre pour la marche des troupes, que voici :

« A 10 heures du soir, les bataillons commandés se porteront dans les deux grandes rues qui aboutissent de la porte de Münster à l'esplanade du château.

« Les troupes s'y formeront en deux colonnes, commandées par le général Dubayet et par le chef de brigade Schaal.

« La cavalerie, aux ordres du chef de brigade d'Azincourt, et quatre pièces de l'artillerie volante fermeront la marche.

« On laissera à l'entrée du pont du Rhin vingt pièces de 4 à la disposition des chefs de l'expédition.

« Le général Meusnier, avec deux mille hommes de la garnison de Kastel et de l'artillerie, se portera vers Kostheim pour attaquer ce village, et attirer l'attention de l'ennemi sur sa gauche.

« Le commandant de l'île Saint-Pierre canonnera le village de Biebrich, au moment où l'attaque des redoutes sera engagée, afin d'empêcher les secours qui pourraient venir du Rheingau. » (Journal de la défense de Mayence de d'Oyré. A. H. G.)

aussitôt dans ce corps de garde : il prit sur-le-champ la lampe qui était sur la table, et l'éleva en disant à ceux de ses camarades qui s'y étaient précipités avec lui : « Je fais mon devoir; faites le vôtre. » A l'instant, plus de vingt hommes cessèrent de vivre.

Cette expédition fut d'abord couronnée de succès; mais une malheureuse méprise en arrêta le cours. Une des colonnes en fusilla une autre qu'elle prit pour ennemie et qui riposta (1); il en résulta un désordre auquel l'obscurité de la nuit empêcha de remédier. On fit une perte sensible d'un nombre de braves qui furent tués ou blessés. Au point du jour, on se trouva obligé de faire retraite, parce qu'il n'était plus possible d'atteindre le but qu'on s'était proposé.

J'étais resté au camp retranché pour la surveillance. Lorsque les premières nouvelles de cette affaire y parvinrent, on annonça qu'on croyait que Kléber avait été tué; j'en fus vivement affligé. Mais, heureusement, cette pénible nouvelle n'était pas vraie; son cheval avait seulement été blessé.

Jusqu'au jour de cette sortie, les ennemis s'étaient bornés à faire leurs dispositions de blocus; mais après, ils ne tardèrent pas à agir offensivement. Leurs attaques commencèrent sur la rive droite du Rhin. Ils s'attachèrent à forcer nos avant-postes à rentrer dans les ouvrages de Kastel, dénommés le fort de Mars, ainsi qu'à vouloir enlever le village de Kostheim et à s'emparer de deux îlots au confluent du Main et du Rhin, attendu qu'une fois maîtres de ces points, ils espéraient parvenir non seulement à rendre difficile le passage de Mayence à Kastel sur le pont de bateaux, mais encore à détruire ce pont. S'ils avaient obtenu ce succès, Kastel se serait trouvé isolé, et ils auraient pu bientôt le faire succomber et ensuite hâter la reddition de Mayence qui n'avait point de fortifications sur le bord du Rhin, et la localité ne

---

(1) « L'artillerie de l'île Saint-Pierre ayant fait feu de son côté sur Biebrich, la terreur se répandit dans la colonne (celle d'Aubert-Dubayet); le centre tira sur la tête, et la queue sur le centre... » (Journal de d'Oyré, A. H. G.) Selon l'*Œstreichische militärische Zeitschrift* (1834, II, page 21), cette panique fut causée par un chasseur prussien en sentinelle au pont du moulin de l'Electeur : ce chasseur déchargea sa carabine sur les Français qui s'avançaient sans tirer et abattit un homme de l'avant-garde. Ce coup de feu jeta l'émoi dans les rangs des Français qui se mirent à tirer dans l'obscurité et à se fusiller les uns les autres. L'artillerie de l'île Saint-Pierre, qui avait l'ordre de canonner Biebrich, dirigea son feu au petit bonheur contre la colonne en désordre, qu'elle prenait pour une troupe ennemie, et mit le comble à cette confusion.

permettant pas d'y en construire de convenables pour opposer dans ce cas quelque résistance.

Il importait donc essentiellement d'user de tous les moyens propres à contrarier les vues de l'ennemi, et cette tâche ne pouvait certainement être mieux remplie que par le général Meusnier, officier du génie du plus rare mérite.

La lutte s'engagea donc de part et d'autre avec la plus extrême vigueur : le village de Kostheim devint le théâtre de combats perpétuels.

Tandis que l'on combattait avec autant d'acharnement pour s'emparer de Kostheim et pour défendre ce village sur la rive droite, l'ennemi se bornait à élever sur la rive gauche des retranchements sur sa ligne de circonvallation, et à faire ses efforts pour chasser nos postes du village de Weisenau ; mais il y trouva aussi une vive résistance, parce que, s'il s'en fût rendu maitre, il y aurait établi des batteries, avec lesquelles il aurait secondé ses attaques de Kostheim, et parce qu'en outre, une fois établi, il aurait pu détruire le pont de communication de Mayence à Kastel.

Mais si, de son côté, l'ennemi entreprenait journellement sur Kostheim et Weisenau, du nôtre, nous ne le laissions pas tranquille dans son immense ligne de circonvallation, sur laquelle il avait déployé au moins quatre-vingt mille Prussiens, Hessois, Saxons et Autrichiens. Il avait, en outre, des corps d'observation devant nos forces réunies sous Landau et en avant de Sarrelouis.

Le conseil de guerre avait ordonné la formation de plusieurs compagnies de siège, composées d'officiers, sous-officiers et soldats sortis volontairement des différents corps de la garnison. Ces compagnies devinrent successivement plus nombreuses, et on en forma les légions des Francs et de Kastel. Elles ne faisaient d'autre service que des sorties, soit de jour, soit de nuit, pour inquiéter continuellement l'ennemi, surprendre et égorger ses postes et enlever ses batteries : elles devinrent des légions de héros.

Ce fut avec les premières compagnies de la légion de Kastel et une compagnie de vaillants pontonniers que le général Meusnier s'empara des batteries de l'ennemi construites sur l'un des îlots du Main, du côté de Gustavs-Burg ; dans la nuit du 27 au 28 avril, tous les servants de ces batteries ou leurs défenseurs furent tués ou faits prisonniers. Deux mortiers, deux obusiers et six pièces de treize furent encloués, et deux autres pièces jetées dans le Main. Les vainqueurs emportèrent deux obusiers et une pièce de campagne (1).

Le jour même de cette audacieuse et glorieuse expédition, tous les braves qui y avaient coopéré eurent les honneurs du triomphe. Ils entrèrent dans Mayence avec les trophées de leurs succès. Ce spectacle était magnifique! Ces vainqueurs, traînant à leur suite leurs prisonniers et l'artillerie qu'ils avaient enlevée, défilèrent devant les troupes sous les armes des garnisons de Kastel et de Mayence. Ils reçurent, des commissaires de la Convention, les éloges les plus flatteurs, et des récompenses furent décernées à ceux qui s'étaient le plus distingués. Cette fête triomphale et sa cause excitèrent parmi toutes les troupes un admirable enthousiasme et une grande émulation.

Une partie des habitants de Mayence n'ayant pas fait leurs approvisionnements, quoiqu'ils en eussent été prévenus par une proclamation de Custine, le conseil de guerre se vit obligé de prendre la résolution de faire sortir de la place tous ceux qui n'avaient pas de quoi subsister durant le temps qui avait été déterminé. Ces malheureux furent donc conduits aux avant-postes devant Kastel; mais l'ennemi s'opposa à leur passage, et même il menaça de faire feu sur cette masse de plusieurs milliers d'individus. Ils restèrent plus de vingt-quatre heures, et sous une grande pluie, entre les deux lignes d'avant-postes, en attendant le sort qui leur était réservé. Ce spectacle était affreux (2)! Mais plusieurs des chasseurs à cheval qui gardaient notre ligne contribuèrent à y mettre un terme. Malgré la défense de laisser retourner aucun des habitants renvoyés, ils apportèrent en ville des enfants à la mamelle que

(1) « Dans la nuit du 27 au 28, le général Meusnier fit passer le Main à soixante grenadiers et autant de chasseurs à pied, pour attaquer deux batteries sur la rive gauche de ce fleuve ; nos gens emmenèrent de la première, qui était gardée par des Saxons, une pièce de 4 et deux obusiers longs. Ils enclouèrent dans la seconde, qui était gardée par des Prussiens, onze pièces de gros calibre, et se rembarquèrent avec les trois bouches à feu, les deux officiers et vingt-six autres prisonniers. » (Journal de d'Oyré.) Le Journal de Vérine, officier du génie (A. H. G.), dit qu'on avait « encloué sept pièces de canon de gros calibre et emporté une pièce de 3 saxonne avec deux obusiers superbes ».

(2) Le Journal de d'Oyré place cet épisode au 24 juin.

leurs malheureuses mères au désespoir ne pouvaient plus alimenter. Ces traits de compassion de la part de ces généreux soldats, qui s'exposaient à se faire punir à cause de leur désobéissance, ayant été rapportés au général Dubayet, il en fut si vivement ému qu'il envoya sur-le-champ un cartel au général ennemi, et le provoqua de vider ensemble, personnellement, cette cause de l'humanité souffrante et outragée par son refus d'accueillir des Allemands, ses compatriotes, et de les avoir laissés, sous ses yeux, exposés aux injures du temps et aux tourments de la soif et de la faim. On ne pouvait raisonnablement pas faire ce reproche aux Français, puisqu'en renvoyant de Mayence ces victimes de la guerre, ils n'avaient voulu que les soustraire aux horreurs d'un siège dont cette ville était menacée.

En attendant la réponse à ce cartel qui ne fut pas accepté, Dubayet fit son rapport au conseil de guerre qui autorisa le retour dans la place de tous ces malheureux et prit des dispositions pour leur assurer les mêmes rations qu'à la garnison. C'était du pain et du vin : on avait déjà fait manger par les troupes la plus grande partie des chevaux excédant le nombre de ceux que l'on pouvait nourrir pendant quelques mois. Les magasins n'avaient pas été approvisionnés d'une quantité suffisante de fourrages. Il n'avait été fait d'approvisionnements ni de viande sur pied, ni de salaisons.

On conservait pour le besoin des hôpitaux ce qu'il y avait d'huile, de légumes et de fruits secs, ainsi que quelques bœufs, vaches et moutons restant de ceux qu'on avait pu faire rentrer dans la place lors de l'arrivée de l'ennemi pour la bloquer.

Le général Meusnier ne s'était pas contenté de l'enlèvement des batteries ; il avait jugé qu'il fallait conserver la possession de l'îlot et même en faire occuper plusieurs autres. L'ennemi employa toute espèce de moyens pour contrarier ce projet. En outre le feu de son artillerie qui ne discontinuait pas, il fit descendre par le Main deux grands bateaux joints ensemble sur lesquels il avait construit une redoute armée de pièces de canons. Mais cet ingénieux moyen ne lui réussit pas plus que les autres dont il avait fait usage. Cette redoute flottante et les trois cents soldats qui y étaient embarqués tombèrent en notre pouvoir.

Les entreprises de l'ennemi pour détruire le pont de bateaux

sur le Rhin ne lui réussirent pas davantage, attendu que
leur active surveillance et leur courage, les pontonniers s[e]
dirent maîtres des arbres et des bois de charpente jetés au [cou-]
rant du fleuve pour briser le pont, ainsi que de plusieurs ba[teaux]
remplis de matières combustibles et d'artifices avec lesque[ls on]
espérait l'incendier.

Afin d'atteindre ce but, l'ennemi avait disposé ces bateau[x avec]
beaucoup d'art et de manière que, poussés rudement sur le [pont]
par la rapidité du courant du fleuve, des batteries devaie[nt se]
détendre par l'effet du choc, mettre le feu aux artifices et pro[duire]
l'explosion et l'incendie, enfin porter la mort aux environ[s par]
une quantité d'éclats d'obus et de la mitraille que contenaie[nt ces]
machines infernales (1).

Tandis qu'on se battait avec d'autant d'opiniâtreté à Kos[theim]
et sur le Main, la légion des Francs, commandée par l'intr[épide]
Marigny (2) et ses braves compagnons (Targe, Martin, Vern[et,]
Larue, Ferai, Pascal, Barthélemy, Chef de Bois et plusieurs a[utres]
dont je suis fâché d'avoir oublié les noms), faisait des sorti[es du]
camp retranché et tourmentait l'ennemi nuit et jour. On atta[quait]
ses postes, on lui tendait des embuscades ; on allait faire des i[ncur-]
sions dans des villages qu'il occupait, pour y prendre que[lques]
légumes et autres provisions. On avait attaché à cette légion [de]
petites pièces d'artillerie pour servir aux embûches qu'on te[ndait]
pendant le jour. On avait fait choix de canonniers forts et de b[onne]
volonté : l'un portait la pièce, l'autre, l'affût et les ustensi[les et]
munitions.

On disposait cette fameuse artillerie, qu'on faisait souteni[r]

---

(1) « Vers une heure après minuit (nuit du 16 au 17 juin), on aperçut un feu [sur le]
Rhin, au-dessous du fort de Mars. On s'assura bientôt que c'était un brûlot dirigé [sur]
le pont. Les batteries de garde s'y portèrent avec une grande intrépidité, et par[vinrent]
bientôt à l'éteindre. Ce brûlot était accompagné d'une autre machine incendiai[re plus]
compliquée ; et l'on retrouva les débris d'une troisième qui avait échoué dans le [Rhin.]

« Ces machines avaient été annoncées par un déserteur intelligent, qui en av[ait]
bien décrit le mécanisme très compliqué : celle qui devait prendre feu en s'acc[rochant]
au pont était chargée de 1 600 livres de poudre. » (Journal de d'Oyré.) Suit, d[ans le]
Journal, la description détaillée de ces engins.

(2) Bouin de Marigny (Jean-Fortuné), né le 6 mai 1766, à Châtellerault ; élève à [l'école]
militaire de Vendôme de 1781 à 1788 ; sous-lieutenant aux chasseurs des Céven[nes le]
26 février 1788 ; capitaine au 10ᵉ régiment de chasseurs à cheval, le 1ᵉʳ septembre [1792,]
s'illustra à Mayence par l'organisation et l'emploi des « Volontaires du Siège ». C[hef]
de brigade, le 24 octobre 1793, il fut tué à Durtal, le 5 décembre 1793, en se por[tant au]
secours du général Beaupuy enfermé dans Angers. (A. A. G.)

quelques pelotons d'infanterie, de manière à ne pas être aperçue de l'ennemi, pendant que des chasseurs à cheval de la légion allaient attaquer les avant-postes prussiens ou saxons; et, quand ceux-ci s'avançaient, les nôtres se faisaient poursuivre et les attiraient sur l'embuscade. Alors on regardait comme un très grand avantage de tuer seulement un cheval, parce qu'aussitôt on se reportait en avant pour protéger ceux qui se hâtaient de le dépecer pour en emporter les lambeaux. Et même, plusieurs fois, on retourna le lendemain pour s'emparer des chevaux morts dont on n'avait pu emporter que quelques portions, parce que l'ennemi, avec des renforts, avait obligé de céder le terrain et par conséquent d'abandonner la proie.

Merlin de Thionville venait assez souvent s'amuser à cette petite guerre, et y excitait des entreprises sur l'ennemi. Mais quand elles avaient un objet plus sérieux, le commandant Marigny en prévenait Kléber. Alors on faisait sortir du camp quelques troupes pour soutenir la légion et protéger sa retraite. J'étais chargé de la conduite de ces détachements lorsqu'ils n'étaient que de quelques compagnies. (Le conseil de guerre m'avait nommé, le 1er mai, sous-lieutenant adjoint à l'état-major. Quelle satisfaction pour moi! J'en étais transporté!) C'était toujours au nom du commandant du camp que j'ordonnais. Mais, lorsque les détachements étaient plus nombreux et accompagnés d'artillerie légère, Kléber les commandait en personne. Merlin de Thionville, qui portait l'uniforme de cette arme, était presque toujours de la partie. Il descendait assez souvent de cheval pour pointer lui-même les canons.

Les Francs ayant, dans une de leurs sorties, découvert que l'ennemi avait une pièce d'artillerie à un de ses postes, sur la lisière du bois de Mombach, résolurent de s'en emparer. Marigny vint proposer cette expédition à Kléber parce qu'il fallait que sa légion fût soutenue : des dispositions furent faites en conséquence. Dans l'après-midi, le capitaine Targe fut chargé d'enlever, avec sa compagnie, la pièce convoitée. Le reste de la légion devait faire diversion sur d'autres points.

Dès que la réserve, conduite par Kléber, fut arrivée à la position qu'elle devait occuper, on marcha à l'ennemi; et, dans un clin d'œil, l'audacieux Targe, à la tête de ses braves, méprisant le feu de cette pièce et de ceux qui la soutenaient, l'enleva, l'épée à la main, et fit lui-même prisonnier le canonnier au moment où il voulait encore y mettre le feu. La pièce fut amenée avec plusieurs prisonniers, malgré les forces ennemies qui s'avancèrent au secours du poste qui venait d'être culbuté (1).

Quelques jours après, on fit une expédition d'un autre genre. Marigny entreprit de faire pénétrer, en plein jour, quelques-uns de ses chasseurs à cheval jusque dans un des camps de l'ennemi établi entre Marienborn et le bois de Mombach, à une lieue de Mayence, et d'y tirer leurs pistolets pour y jeter l'alarme. Il me proposa d'être de la partie, et j'acceptai.

Après avoir embusqué quelques compagnies de la légion, avec la petite artillerie, afin de protéger la retraite de la cavalerie qui devait agir plus loin, nous nous avançâmes vers l'ennemi. Nous étions tout au plus soixante hommes à cheval. Arrivés sur le terrain d'où devaient partir six chasseurs déjà désignés pour aller faire le coup de pistolet dans le camp prussien, ils sortirent des rangs ainsi que deux autres partis de chacun six hommes, l'un pour aller sur notre droite tenir en échec un poste de cavalerie de l'ennemi, et l'autre, faire la même chose sur notre gauche. Nous restâmes en observation avec le surplus de notre troupe et en mesure de protéger la retraite de nos intrépides qui se lancèrent pour remplir leur mission. Nous vîmes bientôt le résultat de l'entreprise : les coups de pistolet furent tirés sur le front de bandière du camp, mais nos fameuses colonnes ne tardèrent pas à se replier sur nous, vigoureusement poursuivies par les postes qu'elles avaient si audacieusement insultés. Nous protégeâmes leur retraite en faisant le coup de sabre : c'était la première fois que je me trouvais dans une mêlée de cavalerie, et je n'avais qu'un sabre d'infanterie avec lequel je parai cependant quelques coups qui me furent adressés en passant ; je m'occupais plus à me défendre qu'à attaquer. Enfin, nous nous retirâmes sur notre embuscade qui arrêta l'ennemi tout court. Nous eûmes, dans cette escarmouche, trois

---

(1) « Vers 4 heures après-midi (le 25 mai), la légion des Francs et quelques piquets se portèrent, sur différentes colonnes, vers l'origine de la forêt de Mombach pour attaquer un poste en avant de Gonsenheim. Cette expédition, conduite par le chef de brigade Kléber, a eu le succès désiré : nos gens se sont emparés d'une pièce de 4 et de son caisson ; le commandant du poste a été blessé et pris, avec quelques soldats. » (Journal de d'Oyré.) D'après ce document, c'est le capitaine Vernange, et non le capitaine Targe, qui ramena la pièce.

hommes sabrés, l'un d'eux, le lieutenant Barthélemy, en portant secours à un chasseur assez mal monté et sur le point d'être fait prisonnier; et, pour le sauver, nous étions restés plus longtemps sur le terrain que nous ne l'aurions fait sans cette circonstance, et probablement nous n'aurions pas eu de blessés.

Un des jours de la première quinzaine de mai (1), dans l'après-midi, on entendit, du côté de l'ennemi, des détonations d'artillerie et de petites armes. Toutes les troupes du camp, s'imaginant que l'on combattait pour venir à notre secours, en furent transportées de joie. Je montai aussitôt à cheval pour aller porter rapidement cette nouvelle à l'adjudant général Kléber que je croyais trouver chez le général en chef. Mais, l'ayant rencontré sur ma route, je fus bien désappointé lorsqu'après lui avoir annoncé le motif de ma démarche, il me dit, d'un ton sec : « Retournez vite au camp; prévenez les troupes que le feu qu'elles entendent n'est autre chose qu'une réjouissance. » Le général en chef venait d'être informé par une dépêche apportée par un parlementaire à un de nos avant-postes : on l'avait prévenu que c'était pour la victoire qu'ils avaient remportée à Famars et que le général Dampierre (2) y avait été tué.

Nous nous serions fort bien passés d'apprendre cette fâcheuse nouvelle que nos ennemis ne nous transmettaient sans doute qu'avec l'intention d'exciter parmi nous le découragement. Ils crurent aussi qu'ils y parviendraient en faisant remettre plusieurs fois à nos vedettes des imprimés et jusqu'à de faux *Moniteurs* contenant de mauvaises nouvelles de nos armées et de Paris, dont les soldats s'entretenaient entre eux. Mais, loin d'en être alarmés, elles enflammaient leur ardeur, leur courage et leur dévouement.

Il y avait quelquefois des communications entre le général Kalkreuth, commandant en chef l'armée prussienne, et le général

(1) Au 6 mai 1793, l'effectif de la garnison de Mayence, d'après une copie d'un état signé Chadelas, qui se trouve au folio 32, dans le volume 25 des papiers Decaen, était le suivant : 1 296 officiers, 21 189 hommes présents, 2 243 hospitalisés, 851 en congé ou détachés, 1 189 prisonniers de guerre, soit en tout 26 768 hommes avec 1 176 chevaux.

(2) Picot de Dampierre, qui commandait en chef l'armée du Nord et des Ardennes, avait été blessé à l'attaque du bois de Raismes, près Valenciennes, le 8 mai 1793, et était mort le lendemain. (A. A. G.)

d'Oyré, relativement à des prisonniers; et cela se bornait à des envois de lettres portées par des officiers qui allaient, en parlementaires, les remettre, de part et d'autre, aux avant-postes.

Mais au commencement de juin, — je ne me rappelle pas le jour — d'après une dépêche qui avait été apportée par un officier prussien qui fut conduit au quartier général, les yeux bandés, et d'après une décision du conseil de guerre, le général d'Oyré, accompagné du commissaire de la Convention Reubell, escorté de plusieurs officiers et d'un détachement de chasseurs, se rendit à nos avant-postes vers Marienborn. Cette sortie extraordinaire donna lieu à diverses conjectures.

Quand ils furent de retour, on apprit qu'ils avaient eu une conférence avec des officiers de l'armée ennemie; que, réciproquement, on s'était montré beaucoup d'égards; que cette conférence devait être reprise le lendemain matin, et que Marigny avait offert un déjeuner qui avait été accepté; que, de leur côté, des officiers prussiens et saxons avaient annoncé qu'ils se chargeraient volontiers de faire passer en France des lettres adressées à des parents ou amis pour leur donner des nouvelles de santé. Je profitai, comme plusieurs autres, de cette bonne occasion, et j'appris plus tard que ma lettre était parvenue.

On retourna sur le terrain à l'heure convenue (1). Plusieurs officiers qui parlaient l'allemand endossèrent des habits de chasseurs et firent partie de l'escorte, afin de pouvoir lier conversation avec les hussards ennemis et en apprendre, s'il était possible, quelques nouvelles, ainsi que pour faire plus facilement quelques remarques sur les localités. Marigny avait fait tout ce qui lui avait été possible pour que son déjeuner fût splendide, afin que les convives étrangers pussent en augurer que nous étions encore dans une grande abondance, quoiqu'il eût fallu avoir recours aux

---

(1) « Le 16 (mai), dans une découverte de nos avant-postes, le chef d'escadron Marigny s'étant abouché avec un officier ennemi, et les hostilités ayant été interrompues, le commissaire de la Convention Merlin, le général Dubayet, etc., s'approchèrent pour prendre part à la conversation qui devint bientôt plus générale par l'arrivée de quelques officiers ennemis et même du général de Kalkreuth qui consentit à ce que l'on se réunît le lendemain à un déjeuner. Les commissaires de la Convention nationale s'y rendirent : tout s'y passa avec décence, gaîté et même cordialité. Le prince Louis-Ferdinand de Prusse y eut même un entretien assez long avec les commissaires de la Convention nationale qui étaient revêtus des marques de leur caractère... » (Journal de d'Oyré.) Le Journal de Beaupuy place également à la même date cet incident, que mentionne aussi le Journal de Damas.

approvisionnements des offices et des caves des commissaires de la Convention, du général en chef, de l'ordonnateur Blanchard, chargé de l'administration, et de plusieurs autres personnes. Le capitaine Mangin, qui avait été du cortège, nous dit à son retour qu'on avait voulu leur persuader que plusieurs de nos armées avaient été défaites; que celle de Custine était très affaiblie; que Paris était en insurrection et la Convention dissoute; que le Dauphin avait été proclamé roi, et que Dumouriez marchait sur Paris pour y rétablir l'ordre; ainsi, que la garnison de Mayence ne devait pas se battre pour des gens qui n'existaient plus; qu'on avait assuré que ces nouvelles étaient de la plus exacte vérité; et, pour le prouver, voyant que, malgré toutes ces assertions, on paraissait incrédule, on avait présenté un *Moniteur* contenant ces fâcheuses nouvelles : ce qui n'avait cependant pas persuadé davantage, attendu qu'il était présumable que c'était un faux *Moniteur* imprimé à Francfort comme ceux que, précédemment, on avait eus aux avant-postes.

Après le conseil de guerre tenu au retour de cette conférence, on apprit que la personne avec laquelle le commissaire Reubell et le général d'Oyré avaient le plus causé, et qui s'était dit aide de camp de Custine, avait mis un billet dans la main de d'Oyré au moment de son départ, et que, dans ce billet, il lui était mandé de rendre Mayence après avoir obtenu la capitulation la plus honorable qu'il serait possible, et de revenir ensuite rejoindre l'armée du Rhin avec la brave garnison qui était dans Kastel et Mayence (1). On avait aussi appris que les membres du conseil de guerre, après avoir entendu la lecture de ce billet, avaient résolu de se battre jusqu'à la mort.

Quelques jours après cette conférence, on voulut faire connaître à l'ennemi l'effet qu'avaient produit sa ruse et ses fausses nouvelles : on entreprit un coup de main sur son quartier général, établi dans le village de Marienborn, quoique ce village fût couvert et

---

(1) Decaen fait ici une confusion. Le billet dont il s'agit avait été remis, le 12 avril, par le capitaine Boos au général d'Oyré, qu'avaient accompagné Reubell, d'Azincourt et Kléber, en présence des majors de Zastrow, aide de camp du roi de Prusse, et Klein. (*Die Geschichte von Mainz*, 1792-1793, de Klein, place au 13 avril l'entrevue de Boos avec Reubell et d'Oyré.) Le 13, Reubell, accompagné du commandant de l'artillerie Le Dieudeville et du chef de bataillon Beaupuy, eut, avec Kalkreuth, une entrevue qui ne donna aucun résultat. (Journal de d'Oyré.) Beaupuy en a donné une relation dans son Journal sur le siège de Mayence. (A. H. G.)

flanqué de retranchements garnis de troupes et d'artillerie. La légion des Francs et une partie de celle de Kastel, ainsi que d'autres troupes, furent employées à cette expédition. Plusieurs colonnes d'attaque et de soutien furent disposées à cet effet, ainsi qu'une forte réserve commandée par Dubayet et Kléber, avec lesquels était Merlin de Thionville.

Une des colonnes d'attaque devait pénétrer dans le camp ennemi établi à la gauche du village et y passer par les armes tout ce qui s'y trouverait. Une autre colonne devait enlever une forte redoute à la droite et y enclouer l'artillerie. La troisième devait entrer dans Marienborn, faisant main basse sur tout ce qu'elle rencontrerait et, avec des guides qui l'accompagnaient, arriver le plus rapidement possible au quartier général prussien, enlever ou égorger le général en chef ainsi que tous les officiers de son état-major qui pourraient s'y trouver, de plus, emporter mort ou vif le prince Louis de Prusse qui devait être dans ce quartier général (1). Une quatrième colonne devait se placer à une certaine distance du village, pour s'opposer aux ennemis qui, quand ils auraient l'éveil de l'attaque, pourraient descendre des hauteurs, à la gauche de la route de Mayence à Marienborn, pour entreprendre de couper la retraite des assaillants de ce côté; la réserve devait les protéger de l'autre.

Ce fut dans la nuit du 30 au 31 mai qu'on fit l'attaque. Une fusillade s'étant fait entendre, Kléber me dit d'aller reconnaître ce qui se passait et de revenir au plus tôt rendre compte. Lui ayant demandé sur quel point je devais me diriger, il repartit vivement : « Au feu. » Je n'attendis pas d'autres renseignements. Je partis au galop et, allant à travers champs, j'arrivai auprès de Marienborn. Mais je revins de suite annoncer que j'avais trouvé des troupes commençant leur retraite du village et du camp, les réserves de l'ennemi étant arrivées pour les repousser. Je rapportai aussi qu'en faisant mon retour par la grand'route, j'avais cherché le général (c'était le général Schaal) qui commandait la colonne d'ob-

---

(1) Il était dit textuellement, dans la partie de l'instruction qui concernait Marigny : « ... Le reste de sa colonne, et lui à la tête, se portera avec la plus grande célérité aux deux maisons détachées du village qu'on suppose être le quartier du prince de Prusse : il y fera main basse et tâchera, cependant, de mener le prince en vie... » (Instruction du général de brigade commandant les troupes de Mayence et Kastel, A. H. G., Correspondance, Armées du Rhin et de la Moselle, 31 mai 1793.)

servation pour le prévenir de ce qui se passait, et que j'avais été bien étonné (1), quoiqu'il n'y eût aucun risque à courir à la position où étaient placées ses troupes qui n'étaient pas encore attaquées, de le trouver réfugié sous un petit pont qui traversait la route, et qu'il m'avait paru fort surpris que je l'eusse déniché dans cet endroit.

Le résultat de cet audacieux coup de main ne fut pas aussi complet qu'on l'avait espéré. Le prince de Prusse ne fut pas saisi, parce que le guide qui devait conduire à son logement avait été tué dès son entrée à Marienborn. Mais partout les avant-postes avaient été égorgés, la grande redoute avait été enlevée, une partie de ses gardes passée au fil de l'épée, et les canons encloués. Nos soldats percèrent de leurs baïonnettes les Prussiens qui dormaient sous leurs tentes, dans le camp; ils tuèrent aussi plus de quatre cents chevaux qu'ils y trouvèrent; et là, comme dans la redoute, ils enclouèrent les canons. Enfin, le général en chef Kalkreuth n'échappa à cet horrible carnage, dans lequel périrent plus de huit cents Prussiens, dont plusieurs officiers de son état-major, que parce que le grenadier qui avait saisi la bride de son cheval reçut la mort à l'instant même où il allait le poignarder. Les gazettes allemandes donnèrent des détails de ce qui s'était passé dans cette nuit terrible!

De notre côté, nous n'eûmes à regretter que quelques braves qui avaient cessé de vivre. Une trentaine seulement avaient été blessés dans cette affaire (2) peut-être unique par la témérité de l'entreprise, l'audace de l'exécution et surtout par le succès.

Les troupes employées à cette expédition opérèrent leur retraite en très bon ordre, emmenant leurs blessés et quelques prisonniers. Le jour commençait lorsqu'elles arrivèrent près du corps de réserve, et les ennemis, qui les suivaient mollement, s'arrêtèrent

---

(1) Il l'aurait été davantage s'il avait connu le détail suivant :

« ... Des grenadiers s'étaient emparés d'une batterie dont ils enclouèrent les canons. Une seconde, fermée à la gorge par une palissade, n'était gardée que par huit hommes; les munitions étaient en dehors; il suffisait donc d'un médiocre effort pour s'en rendre maître.

« Les grenadiers refusèrent de forcer la barrière. Pascal, sous-lieutenant du 4e régiment, employa vainement, pour les décider, les caresses, les menaces, les reproches et les encouragements; cinq d'entre eux lui restèrent seuls fidèles.

« Le général ennemi a avoué que sa première inquiétude s'était portée sur cette batterie... » (Journal de d'Oyré.)

(2) Quarante-cinq blessés et trente-trois morts, d'après d'Oyré.

dès qu'ils aperçurent cette réserve bien disposée à leur livrer combat. On resta encore plus d'une heure à attendre s'il serait accepté : mais le général Dubayet, voyant qu'on refusait la partie, ordonna la rentrée de toutes les troupes (1).

(1) L'effectif de la garnison à la date du 1ᵉʳ juin 1793, d'après un état figurant au olio 34 du volume 25 des papiers Decaen, était de 1 374 officiers, 20 448 hommes présents, 2 256 hospitalisés, 687 en congé ou détachés, 1 211 prisonniers de guerre, en tout 25 976 avec 1 173 chevaux. On remarquera à ce propos l'accroissement du nombre d'officiers, qui n'était que de 1 296 au 6 mai (voir page 23, note 1) ; cet accroissement était dû aux nominations faites par les Représentants Reubell et Merlin.

CHAPITRE III

Les Prussiens ouvrent la tranchée devant Mayence dans la nuit du 16 au 17 juin. — Decaen, prévenu, évente leurs projets, les attaque dans la nuit même et les met en fuite. — Il est nommé capitaine adjoint à l'état-major. — Le général Meusnier est blessé mortellement. — Preuve d'estime que lui donnent les Prussiens. — Ceux-ci ouvrent à nouveau la tranchée, mais plus loin de la place. — Nouvelle sortie. — L'artillerie ennemie attaque le fort Sainte-Élisabeth. — Elle commence le bombardement de Mayence. — Sorties pour gêner les travaux des Prussiens. — Le capitaine Vernange enlève une batterie. — Le général de Blou est blessé mortellement par une bombe en se rendant au conseil. — Scènes du bombardement. — Decaen essuie la fusillade du fort Saint-Philippe lors d'une attaque, mais se tire heureusement de ce mauvais pas. — Il conduit l'avant-garde dans la sortie sur Sainte-Croix. — Derniers combats. — Résistance énergique des assiégés. — Decaen constamment en première ligne. — État désespéré de Mayence au milieu de juillet. — La capitulation.

Les ennemis, voyant que depuis plus de deux mois leurs efforts étaient impuissants contre l'opiniâtre résistance du général Meusnier, désespérèrent sans doute d'atteindre le but qu'ils s'étaient proposé, sur la rive droite du Rhin, pour s'emparer plus facilement de Mayence; car ils se déterminèrent à commencer les travaux d'un siège sur la rive gauche. Cependant la petite guerre, qu'on n'avait cessé de leur faire de ce côté, depuis le blocus et surtout la surprise de Marienborn, les tint dans une grande circonspection pour fixer à quelle distance de la place ils ouvriraient leur première tranchée, travail qu'ils commencèrent dans la nuit du 16 au 17 juin et dont le funeste début les obligea d'être encore plus circonspects.

En faisant pendant cette nuit, comme à mon ordinaire, la ronde des avant-postes, l'officier de celui placé pour surveiller la route de Marienborn à Mayence (c'était le jeune Beurmann, âgé de seize à dix-sept ans, sous-lieutenant au régiment de Salm-Salm n° 62) m'ayant fait le rapport que les sentinelles avancées venaient d'entendre du bruit, j'allai avec cet officier, pour découvrir ce que ce pouvait être. Nous entendîmes alors bien distinctement un bruit produit par des outils de travailleurs, et qui indiquait qu'on voulait couper cette route. Présumant que c'était une ouverture de tranchée, je fus avec rapidité donner cette information à l'adjudant général Kléber qui ordonna sur-le-champ une sortie.

Un tiers des troupes du camp étant habituellement commandé pour être prêt à marcher au premier ordre, il me chargea de me mettre à la tête de celles qui étaient le plus à proximité de son quartier général, de les diriger vers l'ennemi, de l'attaquer sur le point où je l'avais entendu travailler, et qu'il allait me soutenir. N'ayant que six à sept cents toises de terrain à parcourir pour arriver à l'ennemi, nous fûmes bientôt à sa portée; et après avoir fait avec célérité les dispositions préliminaires, ses avant-postes furent si vigoureusement attaqués et repoussés que leur retraite précipitée occasionna un tel désordre parmi les troupes qui soutenaient les travailleurs, qu'elles se fusillèrent entre elles, se mirent dans la plus grande déroute, et nous laissèrent maîtres de la tranchée qu'on venait d'ouvrir (1). Le jour, qui ne tarda pas à venir, nous fit juger du résultat de notre entreprise. Le terrain était couvert de cadavres et de quelques blessés; cette vue et celle des grains qui avaient été saccagés donnaient l'aperçu du désordre qui venait d'avoir lieu.

Kléber, qui venait d'arriver avec sa réserve, m'ordonna de faire combler la tranchée et il fit des dispositions pour s'opposer à l'ennemi, s'il voulait venir tenter de troubler le travail auquel les soldats qui y furent destinés se livrèrent avec ardeur, joie et activité, en se servant des nombreux outils qu'ils ramassèrent dans cette tranchée et dans ses environs, et dans laquelle ils ensevelirent plus de deux cents cadavres qui étaient autour d'eux, affectant de former des divisions, en plaçant des officiers après un certain nombre de soldats dans toute l'étendue de la tranchée qu'ils avaient à combler, et que les ennemis retrouvèrent plus tard en poursuivant leurs travaux. Vers la fin de cette opération, l'ennemi voulut, mais en vain, nous empêcher de la terminer en nous envoyant quelques coups de canon.

Quoique cette ouverture de tranchée n'eût pas d'abord réussi, il

---

(1) Decaen ignorait que le roi de Prusse en personne s'était porté de ce côté et, par suite de la fuite des travailleurs et de ceux qui les soutenaient, s'était trouvé un instant tout à fait abandonné. (Journal de d'Oyré.)

n'y avait plus de doute que Mayence allait supporter toutes les horreurs d'un siège, si nos armées ne venaient pas à notre secours.

Je reçus de l'adjudant général Kléber un nouveau témoignage de sa satisfaction : il m'apporta le brevet de capitaine adjoint à l'état-major. Cette récompense me combla de joie ! La faveur était d'autant plus grande que, sur son rapport, le conseil de guerre m'avait élevé à ce grade, le 25 juin, sans me faire passer par le grade de lieutenant.

Vers cette époque, nous eûmes à déplorer la perte de Meusnier (1). Ce vaillant général avait été frappé d'un coup de mitraille au genou en traversant le Main, pendant une de ces effroyables canonnades qui se répétaient journellement sur ce point. Mais il bravait tous les dangers ! Ce redoutable feu d'artillerie avait pour but d'empêcher les progrès des travaux que Meusnier faisait faire sur les îlots du Main pour parvenir successivement jusqu'à Gustavs-Burg, où il avait conçu le projet de fortement s'établir, afin de donner plus de sûreté à la communication de Mayence à Kastel par le pont de bateaux. On n'en relevait les troupes et les travailleurs, de service pour vingt-quatre heures, que la nuit ; car il y avait péril imminent de les faire arriver aux îlots pendant le jour puisque, si l'ennemi suspendait un moment de tirer, il recommençait dès qu'il apercevait seulement un homme. Mais le péril ne faisait aucune impression sur Meusnier. Son âme était trop forte et trop ardente pour en recevoir la moindre influence. On l'avait vu plusieurs fois monter et marcher sur les sommités des retranchements, dans des instants où ceux qui en étaient couverts ne s'y croyaient pas en sûreté. Ce n'était point témérité de sa part, c'était calcul : il voulait encourager ses subordonnés, en leur prouvant par lui-même qu'on pouvait impunément s'exposer à tous les dangers. Ainsi, il lui était fort égal d'aller visiter ses îlots *de prédilection*, et d'en revenir à toutes les heures du jour, sans faire attention aux boulets, bombes et mitraille des ennemis. Cependant il ne négligeait rien de ce qui pouvait servir à garantir

---

(1) Meusnier fut blessé le 5 juin. Il expira le 13. Le 14, son corps fut transporté à Kastel et enterré dans le bastion du centre, avec les honneurs militaires. (Journal de d'Oyré.)

les troupes sous ses ordres, et surtout pour en affermir le moral guerrier. En voici un exemple.

Il avait fait établir une communication dont le passage était si dangereux qu'il fut nommé le *Pont des morts*. Meusnier, ayant voulu le rendre moins impressionnable à l'imagination du soldat, avait trouvé le moyen d'y faire installer des toiles pour cacher aux ennemis ceux qui, de jour, se trouvaient dans la nécessité de le traverser. C'était le capitaine du génie Vérine, officier aussi distingué par ses talents que par sa rare intrépidité, qui faisait exécuter tous les plans de Meusnier et qui secondait ce général dans toutes ses audacieuses entreprises. Il l'accompagnait lorsqu'il reçut le coup mortel qui enleva à la patrie et à la garnison cet officier général d'une si haute capacité, et dans des circonstances où son génie aurait sans doute créé des moyens extraordinaires à opposer aux assiégeants. C'était à son école que s'était aussi formé Boisgérard (1), un des officiers qui se sont le plus distingués dans l'arme du génie.

Le général ennemi opposé au général Meusnier, ayant appris sa catastrophe, s'empressa d'envoyer un parlementaire pour demander de ses nouvelles et ajouta à cet honorable procédé un envoi de citrons, en énonçant qu'il ne se permettait de les offrir que parce qu'il présumait qu'on ne pourrait point s'en procurer dans la place.

Tout fut employé pour sauver ses jours. On l'avait amputé; mais son sang était allumé par l'ardeur de son imagination, ses fatigues et ses veilles : il ne put résister aux accès de la fièvre, malgré tous les soins des gens de l'art, et bientôt l'impitoyable mort nous enleva cet illustre guerrier! Ses restes inanimés furent déposés au fort de Mars qu'il avait lui-même fait construire, et dont il avait défendu les approches avec tant de vaillance et de succès. Les ennemis, ayant été prévenus de l'heure de cette cérémonie funèbre, donnèrent une preuve de leur estime et de leur vénération pour Meusnier : ils suspendirent le feu de leurs armes durant toute cette journée de deuil et de regrets (2).

(1) Boisgérard (Anne-Marie-François Barbuat de Maison-Rouge), né le 8 juillet 1767, à Tonnerre; sous-lieutenant, le 1er janvier 1789; capitaine, le 8 novembre 1792; général de brigade, le 22 messidor an IV, il mourut au village de Cajazzo, le 21 pluviôse an VII, des suites d'une blessure reçue au retour d'une reconnaissance faite sur les bords du Volturne. (A. A. G.)

(2) « Le feu de l'ennemi cessa pendant la cérémonie. » (Journal de d'Oyré.)

Ce fut le général Dubayet qui prit le commandement de Kastel et de ses dépendances.

L'ennemi ayant, en quelque sorte, renoncé à ses projets offensifs de ce côté, ce ne fut plus qu'un point de diversion pour les opérations du siège qu'il avait résolu d'entreprendre sur la rive gauche.

Ce qui était arrivé aux Prussiens lors de l'ouverture de leur première tranchée les détermina à ne recommencer qu'avec une extrême circonspection; car, pendant la nuit qui suivit celle dans laquelle ils avaient eu leur échauffourée, et pour en éviter une seconde, ils avaient eu la prudence de ne commencer leurs travaux qu'à 800 toises de la place. Ils purent donc travailler tranquillement et sans être entendus ni aperçus par nos postes avancés. Ils ne tardèrent pas, avec ce point d'appui et avec la quantité de travailleurs qu'ils employaient, à arriver jusqu'à l'endroit qui leur avait été funeste auparavant. Lorsqu'on fut informé de leur approche, on fit une nouvelle sortie pour seulement les inquiéter, parce que l'on n'avait plus le même avantage pour tenter un pareil succès que celui qu'on avait obtenu (1).

Cette seconde parallèle de tranchée était établie devant la branche gauche du fort Saint-Philippe et devant le front du fort Sainte-Élisabeth. Les levées de terre et la construction des batteries furent menées activement malgré les inquiétudes que des détachements de la légion des Francs causaient durant les nuits aux travailleurs, en allant attaquer les avant-postes qui les couvraient.

Lorsque les batteries de l'ennemi furent armées, d'abord de quelques obusiers, il ouvrit son feu et commença l'épreuve de leur portée sur le fort Sainte-Élisabeth. Il y jeta une quantité d'obus, ce qui obligea Kléber d'abandonner sa tente le troisième jour et d'aller se loger dans une casemate du fort Saint-Philippe.

Les batteries de l'ennemi étant encore fort éloignées, puisqu'elles étaient à au moins 600 toises, on ne lui envoyait que de temps à autre quelques coups de canon; on ménageait précieu-

---

(1) « D'après une revue faite par le général Schaal (le 19 juin), il résulte que, déduction faite des travailleurs de l'artillerie et du génie, des vivres, infirmiers, etc., la force active est de 13 300 hommes, dont 7 000 à Kastel et îles Saint-Pierre et Saint-Jean. » (Journal de d'Oyré.)

sement les bombes parce que Mayence en était trop faiblement approvisionnée.

Quand les Prussiens eurent perfectionné les travaux de cette seconde parallèle et armé leurs batteries de mortiers, ils commencèrent le bombardement de Mayence. Pendant la première nuit, ils y lancèrent continuellement des bombes et des globes incendiaires, et ils réussirent à mettre le feu en quelques endroits. Ils continuèrent ce bombardement pendant plusieurs jours et plusieurs nuits. Ils ne le discontinuaient que quand nos sorties portaient l'alarme parmi leurs travailleurs et les troupes destinées à les protéger.

Mais, pour produire à cet égard un plus grand effet, il fut décidé qu'il serait fait une sortie plus importante. Plusieurs autres furent ensuite exécutées à peu de chose près de la même manière : car, autant que cela fut possible, on ne laissa point l'ennemi continuer paisiblement ses travaux. On entreprit donc d'arriver, sur plusieurs points, jusque dans la tranchée et dans une des batteries, près la route de Marienborn. Je fus, pendant le jour, avec des officiers de la légion des Francs destinés pour cette expédition hardie, reconnaître le terrain que l'on devait parcourir et les endroits où il faudrait porter l'attaque, ainsi que les positions où je conduirais et placerais les détachements qui devaient protéger la retraite des attaquants. Le capitaine de la compagnie dont une partie devait escalader la batterie, que nous avions reconnu pouvoir attaquer avec espoir de succès, s'arma, au moment du départ pour l'expédition, d'un marteau et de clous préparés qu'il devait lui-même enfoncer dans la lumière des canons. C'était non seulement pour mettre les pièces momentanément hors de service, mais une précaution essentielle afin de préserver les assaillants des coups de canon qu'on n'aurait pas manqué de tirer sur eux en faisant leur retraite, quand les ennemis, revenus de leur surprise ou bien renforcés, seraient rentrés dans la batterie d'où on les avait chassés.

Cette expédition fut aussi heureuse qu'on pouvait l'espérer. Les officiers qui marchèrent avec leurs troupes à la tranchée en chassèrent les Prussiens. Le capitaine Vernange, chargé d'attaquer la batterie, y entra avec les siens par les embrasures. Les ennemis épouvantés, qui ne furent pas percés de coups de baïonnettes, prirent la fuite; et, après ce succès merveilleux, nos braves firent heureusement leur retraite sans avoir à regretter aucun de leurs compagnons; et ceux qui étaient allés assaillir la tranchée n'eurent que quelques blessés. Mais ils firent tomber plusieurs ennemis sous leurs coups et ramenèrent quelques prisonniers. Quand je fus assuré que les divers détachements qui avaient marché à l'ennemi et leurs hommes dispersés étaient arrivés aux lieux de ralliement, je fis exécuter le mouvement rétrograde pour rentrer au camp.

Le lendemain de cette affaire, dans la matinée, les ennemis, qui avaient leurs batteries de mortiers en arrière de leurs retranchements, jetèrent une grande quantité de bombes; ils les dirigeaient afin d'atteindre l'hôtel où résidait le général en chef chez lequel, à midi, se réunissaient les membres du conseil. Les commissaires de la Convention y venaient aussi tous les jours. Une bombe ayant tombé et éclaté dans la cour de l'hôtel dans le moment où plusieurs personnes y entraient pour se rendre au conseil, un de ses éclats tua sur la place le colonel d'artillerie Montfort; un autre blessa mortellement le général de Blou (1). Plusieurs autres personnes ne durent leur salut que parce qu'elles avaient différé d'entrer, par la nécessité de satisfaire à un besoin. Reubell et Kléber étaient de ce nombre.

Un bombardement est une chose effrayante! Pendant les premiers jours surtout il imprime une terreur inouïe! Néanmoins, l'effroi dont on est d'abord généralement consterné ne tarde pas bien longtemps à se dissiper, et on se familiarise en quelque sorte avec cette épouvantable horreur puisque, malgré les dangers qu'il y a à courir en portant des secours aux maisons et édifices où les bombes ont allumé un incendie, on travaille cependant avec courage à l'éteindre, quoiqu'on soit exposé d'être, à chaque

(1) « Le 27, le feu, qui avait été continu, a repris une nouvelle activité vers midi, et s'est dirigé principalement sur la maison habitée par les députés commissaires et par le général en chef. A 2 heures, le général de Blou et Gaudin, chef du génie, furent frappés par des éclats d'obus dans la cour du quartier général. Le premier fut tué et le second, blessé mortellement. » (Journal de d'Oyré.) Decaen a donc fait une erreur : Montfort (Maurice), né le 12 décembre 1750, à Arles, chef de bataillon, le 3 mars 1793, nommé chef de brigade par le conseil de guerre à Mayence, le 19 mai 1793, servit à l'armée d'Italie de l'an III à l'an VI, à l'armée de Catalogne en 1808 et 1809, enfin se trouvait, en 1814, à l'armée des Alpes où il fut fait prisonnier de guerre. (A. A. G.)

instant, écrasé par la chute de ces projectiles ou mutilé par leurs éclats : car, dès que les bombardiers s'aperçoivent qu'ils sont parvenus à mettre le feu quelque part, et notamment à des localités qu'on leur a indiquées pour contenir des magasins ou à des maisons à leur proximité, ils y lancent continuellement des bombes pour propager le mal qu'ils ont commencé, ainsi que pour effrayer les pompiers et autres travailleurs. Cependant, dans ces terribles circonstances, on se préserve assez ordinairement du péril en se mettant subitement ventre à terre, aux cris de « Gare la bombe! » poussés par des surveillants chargés d'en observer attentivement l'arrivée et la direction.

Pendant le siège de Mayence, il est mainte fois arrivé que des habitants ont eu la téméraire audace de rejeter des bombes au dehors de leurs maisons. D'autres, moins heureux, ont perdu la vie dans ces périlleuses entreprises. Mais après les premiers jours du bombardement, comme l'on était moins effrayé et qu'alors on savait distinguer les bombes des globes incendiaires dont on n'avait point à craindre les éclats meurtriers, les habitants des maisons où ces globes arrivaient s'empressaient d'aller les couvrir de toiles mouillées, afin de ne pas être brûlés en les enlevant pour les jeter dans la rue.

Soit que les Prussiens voulussent se venger du mal que nous leur avions déjà fait dans nos sorties, mais surtout de la surprise de Marienborn, soit qu'ils voulussent hâter, par un seul coup de main, les approches de la place en nous enlevant une partie du camp retranché, ils entreprirent d'attaquer de vive force le fort Saint-Philippe dans la soirée du 29 juin. Mais, pour exécuter ce projet, il fallait traverser notre ligne d'avant-postes, en surprendre quelques-uns pour pouvoir s'avancer avec plus de sécurité jusque sur le glacis et ensuite dans le chemin couvert. Nos gardes étaient toujours dans la plus grande surveillance, et l'ennemi en acquit la preuve en voulant enlever celui [le poste] de la redoute dite des Gabions. Ce retranchement, auquel on avait donné le nom de redoute, n'était qu'une levée de terre faite à la hâte le jour que nous avions comblé la tranchée de l'ennemi : parce qu'alors on avait eu le projet de construire un ouvrage à cette position pour exercer la surveillance dans un vallon qu'elle dominait, et pour opposer aux assiégeants un nouvel obstacle qui en retarderait à eux-mêmes l'occupation. Le projet de la construction de cet ouvrage n'avait point eu de suite; il n'était qu'ébauché; mais, tous les soirs, j'y plaçais une grand'garde.

J'étais, selon mon habitude, à faire la ronde des avant-postes, lorsque j'entendis une fusillade du côté de la redoute des Gabions (1). Je galopai sur-le-champ pour aller reconnaître quelle en était la cause. J'étais sur le point d'y arriver lorsque je rencontrai la garde qui se battait en retraite, et j'aperçus une forte colonne qui se dirigeait vers ma gauche. Je fis vite demi-tour et j'allai vers le fort Saint-Philippe pour prévenir de ce que j'avais vu. Mais la fusillade avait donné l'alarme; j'entendis bientôt le bruit du canon, car tout le monde dans le fort était à son poste, et l'adjudant général Sainte-Suzanne, qui y commandait, avait fait d'excellentes dispositions, comme on le verra ci-après.

Arrivé sur le glacis, je m'imaginai de crier de toutes mes forces et de répéter nombre de fois « Haut du fort Saint-Philippe, tirez à mitraille sur la gauche! » Mais je ne tardai pas d'être assailli par une vive fusillade de ses défenseurs, et j'en fus tellement embarrassé que je descendis de mon cheval dont je crus devoir me faire un bouclier : heureusement que nous ne fûmes atteints ni l'un ni l'autre. Cependant, je ne restai qu'un instant pied à terre; je me remis en selle, ayant réfléchi que je ne courais pas moins de risque à pied qu'à cheval, et qu'il fallait me tirer de cet embarras en rentrant au camp le plus tôt possible. Arrivé à la barrière, j'y trouvai Kléber avec une partie des troupes qui avaient pris les armes. Aussitôt que je lui eus rendu compte, il ordonna de faire sortir un détachement avec deux pièces de canon, et je fus chargé d'indiquer la position d'où cette artillerie pouvait le mieux atteindre l'ennemi, et, dès qu'elle fut en bat-

---

(1) « Entre 10 et 11 heures (dans la nuit du 5 au 6 juillet); l'ennemi attaqua de vive force la flèche de Zahlbach et celle des Gabions. Nos gens les abandonnèrent sans résistance, malgré les efforts de Lefaivre et de Séguin pour les engager à tenir ferme. Ils parvinrent cependant à les rallier et à les faire retirer moins en désordre... » (Journal de d'Oyré.) L'*Oestreichische militärische Zeitschrift* (1834, II, p. 170) place aussi cet événement dans la nuit du 5 au 6 juillet, et ne rapporte, pas plus que le Journal de d'Oyré, d'attaque du fort Saint-Philippe, le 20 juin. Decaen fait donc une erreur de date en plaçant cette attaque au 29 juin.

L'attaque du fort Saint-Philippe était due à une erreur de direction : le bataillon Schladen, qui l'exécuta, devait, d'après ses instructions, attaquer la flèche de Zahlbach, mais s'égara et fut dirigé sur le fort Saint-Philippe. (*Oestreichische militärische Zeitschrift*, 1834, II, p. 170.)

terie, elle fit un feu soutenu à boulets et à mitraille qui contribua à précipiter la retraite; car l'assaut du fort Saint-Philippe venait d'être repoussé avec une extrême vigueur par les grenadiers des régiments de Bretagne et d'Anjou et ceux d'un bataillon du département du Doubs, qui en composaient la garnison. Cependant les Prussiens étaient parvenus dans diverses parties du fort; plusieurs même avaient pénétré jusque dans le camp retranché : mais ils avaient été tués ou faits prisonniers. Un de leurs officiers ayant crié : « Nous sommes les maîtres! » le capitaine Guérin, d'une des compagnies de Bretagne, lui plongea son sabre dans le ventre en lui disant : « Cela n'est pas vrai! »

Partout les assaillants furent culbutés, et ce qui restait de plus de deux mille grenadiers prussiens conduits à cet assaut, ne trouva son salut que dans une fuite accélérée et à la faveur de l'obscurité de la nuit, laissant aux vainqueurs plus de deux cents prisonniers (1). Cette colonne de grenadiers était soutenue par une réserve de plus de six mille hommes, qui en devait suivre le mouvement si l'entreprise eût été couronnée de succès.

Lorsque le jour parut, on trouva une quantité d'échelles d'escalade, des pinces de fer et autres outils avec lesquels on avait arraché les palissades et forcé l'ouverture de plusieurs barrières. Le fossé dans lequel ils étaient descendus, les chemins couverts, les places d'armes et les glacis étaient jonchés de leurs morts. On en enterra plus de trois cents, et on estima leur perte à au moins huit cents, compris les blessés qui se sauvèrent avec les fuyards.

Les Prussiens firent apercevoir leur mauvaise humeur d'avoir été aussi mal reçus au fort Saint-Philippe car, dans la journée

---

(1) « Kléber et les autres chefs du camp s'acheminaient pour reprendre ces ouvrages (la flèche de Zahlbach et celle des Gabions), lorsqu'à la lueur de la mousqueterie ils aperçurent une colonne des ennemis qui s'était avancée jusqu'à la palissade du fort Saint-Philippe. Plusieurs même entrèrent dans le chemin couvert, et deux officiers furent tués sur le bord du fossé; un troisième et soixante-dix soldats, la plupart blessés, furent faits prisonniers. Quelques-uns avaient pénétré dans le camp retranché où on les trouva cachés dans les tentes. Le canon du fort Saint-Joseph tira à cartouches sur le gros de la colonne qui essuya une perte considérable.

Nos gens se portèrent ensuite vivement aux ouvrages pris dont ils chassèrent l'ennemi. On occupa de nouveau la flèche de Zahlbach; mais celle des Gabions, qui n'était point appuyée, et dont la communication devenait tous les jours plus impraticable, fut abandonnée. On a trouvé, dans la flèche et sur le revers du ravin de Zahlbach, quatorze échelles repliées de 21 et de 12 pieds de longueur. » (Journal de d'Oyré.)

du lendemain et la nuit suivante, ils jetèrent sans relâche des bombes sur Mayence.

Ce terrible échec leur ayant donné une nouvelle leçon de prudence, ils prirent le parti de ne plus agir que méthodiquement dans la continuation du siège. Alors ils développèrent le nouveau système qu'ils avaient adopté. Ils ouvrirent une ligne de tranchées devant le fort Saint-Charles, objet de leur attaque principale pour parvenir à se rendre maîtres du camp retranché, et l'ensemble de leur entreprise embrassa toute la partie de ce camp depuis ce fort, qui en appuyait la gauche, jusqu'à la branche gauche inclusivement du fort Saint-Philippe situé à peu près au tiers de l'étendue de ce camp. Les forts Welsche et Élisabeth sont intermédiaires entre les deux premiers; enfin les quatre se lient les uns aux autres par de longues courtines.

Afin de retarder la jonction de la tranchée devant le fort Saint-Charles avec celle ouverte devant Saint-Philippe, Kléber ordonna une sortie pour aller chasser l'ennemi d'un enclos fermé de murs et situé au bas de la hauteur de Sainte-Croix, et pour entreprendre ensuite de renverser la partie du mur faisant face au camp entre Saint-Charles et Welsche.

Je fus chargé de conduire l'avant-garde et de tomber sur l'ennemi. Mais, à notre approche, il prit la fuite. Devenus maîtres de leur poste, nos travailleurs s'avancèrent sur-le-champ pour creuser à divers endroits, au pied du mur, afin d'y déposer des bombes chargées auxquelles on devait mettre le feu et dont l'explosion devait renverser ce mur; mais les réserves de l'ennemi étant arrivées sur nous avant que notre opération fût terminée, nous fûmes obligés de battre en retraite; et ce fut en vain que nous tentâmes d'aller achever ce que nous avions commencé. Alors nous rentrâmes au camp, après avoir eu quelques hommes tués et blessés.

L'ennemi avançait progressivement ses travaux malgré les sorties qu'on faisait chaque nuit pour les troubler. On réussit encore plusieurs fois à passer par les embrasures de quelques batteries et à y enclouer les canons. On soutint plusieurs combats dans les décombres du village de Weisenau, avant de céder à l'ennemi ce qu'il en voulait occuper afin de se rapprocher du fort Saint-Charles qu'il écrasa avec la bombe; il en ruina la défense, et presque toute l'artillerie fut mise hors de service.

Vint ensuite le tour de la redoute Merlin. Ce poste eut, faut-il dire, l'honneur d'un siège particulier et régulier : car on éleva devant lui plusieurs échelons de batteries pour l'accabler d'obus, de boulets et de bombes. Quoique cette redoute ne fût qu'un ouvrage de campagne sans palissade et sans fermeture, mais seulement un avantage de position et d'avant-poste, les Prussiens ne voulurent cependant pas tenter de s'en emparer de nouveau avant l'instant où il leur serait absolument indispensable, afin de s'en servir pour point d'appui de la troisième ligne d'approche du fort Saint-Philippe. Enfin, ils firent cette entreprise ; et, comme on s'attendait qu'elle aurait lieu incessamment, les défenseurs avaient reçu l'ordre de ne pas faire de résistance, attendu qu'ils ne pourraient pas la soutenir contre la masse des assaillants qui aurait pu les envelopper, mais d'opérer leur retraite qu'ils exécutèrent alors en bon ordre.

La fusillade entendue ayant prévenu de l'attaque de la redoute Merlin, et ses gardes étant arrivées à l'endroit où elles devaient s'arrêter, on en donna avis à l'adjudant général de Nattes, le commandant du fort Saint-Joseph, qui fit jouer quelques pièces d'artillerie dont l'effet pouvait inquiéter les ennemis qui se seraient placés en avant de la redoute, mais qui n'en pouvait produire aucun sur ceux qui l'occupaient. Pendant cette canonnade de peu de durée, on se prépara pour aller reprendre le poste qu'on venait d'abandonner. Le lendemain, à la nuit close, ainsi qu'on l'avait prévu, les ennemis renouvelèrent leur entreprise et, comme la veille, ils ne rencontrèrent pas plus de résistance. Mais tout était disposé pour les chasser, sans attendre le préliminaire de l'artillerie du fort Saint-Joseph. Merlin s'était rendu au camp pour assister à la reprise de sa redoute si l'ennemi, comme on l'avait supposé, revenait s'en emparer.

Aussitôt qu'on entendit la fusillade, les troupes qui devaient marcher à l'ennemi s'ébranlèrent. Kléber, qui les commandait, dirigeait la colonne. On ne tarda pas à être aux prises. On éprouva de la résistance ; mais, ayant fait une charge vigoureuse à laquelle prit part Merlin de Thionville, on força encore une fois l'ennemi à abandonner la redoute. Mais on eut à regretter la perte de quelques braves, et plusieurs autres furent blessés, parmi ceux-ci le lieutenant Levasseur, officier distingué, qui n'était employé que depuis quelques jours à l'état-major de Kléber. Les Prussiens laissèrent sur le terrain une vingtaine de morts et quelques blessés, et poursuivis dans leur fuite autant qu'il fût possible; on ramena plusieurs prisonniers. Enfin, les ennemis étant revenus pour la troisième fois à la redoute Merlin dans la nuit du 13 juillet, la faible garde qu'on y avait encore placée se retira à leur arrivée. On ne les troubla plus dans leur possession parce qu'ils avaient beaucoup avancé leurs travaux devant le fort Saint-Philippe et qu'ils en avaient commencé d'autres qui ne permettaient pas de garder plus longtemps cette position dont on leur avait tant contesté l'approche et l'occupation.

Les Prussiens, ayant perfectionné leur troisième ligne de tranchées sur tout leur front d'attaque, continuèrent leurs travaux pour parvenir à établir des batteries sur les glacis des forts qu'ils attaquaient; mais, dans cette circonstance, ils furent obligés de s'emparer d'une flèche élevée depuis peu de temps en avant du fort Welsche pour opposer un nouvel obstacle aux assiégeants; et, dans la soirée du 14 juillet, ils vinrent s'en emparer (1).

Comme on avait pris la détermination de reprendre au moins une fois chaque poste enlevé par l'ennemi, des dispositions furent faites pour rentrer dans cet ouvrage; et, d'après l'ordre de Kléber, je conduisis les troupes qui devaient y attaquer l'ennemi et l'en chasser. Cette entreprise eut un plein succès, quoique ses travailleurs en eussent déjà presque entièrement fermé la gorge. Les Prussiens, dont la ligne était tout près, revinrent pour nous en déloger; mais leurs efforts furent vains, et ce ne fut que la nuit suivante qu'il leur fut cédé parce que, l'état des choses ne permettant pas de le garder plus longtemps, il était inutile de faire de nouveaux sacrifices pour en disputer encore une fois la possession. Dans l'attaque de la veille, nous avions fait beaucoup de mal à l'ennemi; ses travailleurs nous avaient abandonné leurs divers outils. Mais nous avions aussi à regretter quelques-uns de nos braves.

---

(1) Le Journal de d'Oyré place cet épisode dans la soirée du 16 juillet. Il dit : « L'ennemi a attaqué de vive force une espèce de flèche en avant du fort Welsche, qui a été emportée après une longue résistance. Notre canon à cartouches du fort Saint-Charles a dû faire perdre beaucoup de monde à l'assiégeant. On a tenté sur-le-champ de reprendre cet ouvrage; mais, l'ennemi y étant en grande force, nos gens ont été repoussés. » L'*Oestreichische militärische Zeitschrift* (1834, II, p. 173) indique la même date, ainsi que Klein, dans son ouvrage *Die Geschichte von Mainz* (1792-1793).

En rendant compte de cette affaire au conseil de guerre, Kléber voulut bien lui faire part que je m'y étais distingué et rappeler ce que j'avais fait le jour de l'assaut du fort Saint-Philippe et pour reprendre la redoute Merlin. Le conseil me donna une gratification de 1 000 francs, en disant à mon patron qu'on ne m'élevait pas au grade de chef de bataillon, parce qu'il n'y avait pas vingt jours que j'avais été nommé capitaine.

A cette époque du siège (1), le fort Saint-Charles était tellement bouleversé que son commandant, l'adjudant général Dubreton, s'attendait chaque nuit à voir les Prussiens tenter de s'en emparer de vive force (2). En conséquence, il avait préparé tout ce que sa situation lui avait encore permis de faire pour leur opposer de la résistance : mais soit qu'ils n'eussent pas jugé l'opportunité de l'entreprise, soit la crainte de ne pas réussir, ils préférèrent élever de nouvelles batteries afin d'ouvrir une brèche qui leur faciliterait de donner l'assaut avec plus d'espoir de succès. Le commandant du fort avait aussi ordonné tous les préparatifs afin de faire jouer les mines en temps opportun.

Comme nous ne pouvions plus avoir de postes à l'extérieur du camp retranché, je faisais mon service de surveillance dans l'intérieur, durant toutes les nuits, et j'allais au fort Saint-Charles aux heures que l'on présumait que l'ennemi pourrait entreprendre une attaque de vive force, afin de revenir sur-le-champ en prévenir Kléber.

Le fort Saint-Philippe n'était pas encore dans le même état que le fort Saint-Charles; mais tous les feux de ses canons étaient éteints, et les tranchées et les batteries de l'ennemi en étaient déjà tellement rapprochées que quelques boulets traversaient l'épaisseur des parapets et qu'avec des fusils de rempart et même des

---

(1) Kléber, ayant aussi rendu compte, le 17, que « la force à ses ordres avait éprouvé une réduction de près de six cents hommes depuis le commencement du mois, il a été décidé que la garnison de Kastel fournirait toutes les nuits une réserve vers la gorge de Saint-Charles, pour renforcer cette partie inquiétante de l'enceinte extérieure ». (Journal de d'Oyré.)

(2) « Il était d'ailleurs évident que les principaux efforts de l'assiégeant étaient dirigés sur Saint-Charles, dont la possession lui aurait donné la facilité d'avancer presque à couvert jusqu'au corps de place, qui est très mauvais dans cette partie de l'enceinte, et de combiner une attaque de vive force avec une tentative le long du fleuve... » (Journal de d'Oyré, 18 juillet.)

fusils ordinaires, nos tirailleurs pouvaient atteindre les travailleurs quand ils se montraient au-dessus de la tranchée et tirer sur les canonniers lorsqu'on les apercevait aux embrasures. L'adjudant général Sainte-Suzanne, commandant de ce fort, avait aussi fait toutes ses dispositions pour repousser une nouvelle attaque de vive force, et les mines étaient également prêtes à jouer au besoin.

Le fort Saint-Philippe n'avait pas, comme le fort Saint-Charles, une communication souterraine avec le fossé du corps de place pour recevoir des secours et pour y opérer une retraite, si la nécessité l'exigeait : par conséquent, la garnison du premier se serait trouvée dans une situation très critique si l'ennemi avait pénétré dans le camp retranché, soit en s'emparant du fort Saint-Charles, soit en donnant avec succès un assaut au fort Welsche ou au fort Sainte-Élisabeth. L'un et l'autre n'avaient pas non plus de communication souterraine avec le fossé de la place. Enfin le fort Saint-Joseph était dans le même cas. Mais, pour préserver ces forts du danger imminent dont ils étaient menacés, le conseil de guerre décida qu'on les isolerait tous les uns des autres et qu'on ferait des dispositions pour que les garnisons de chacun de ces forts eussent leur retraite assurée sur le corps de place; et on se mit à l'œuvre avec la plus grande activité, malgré les bombes, boulets et obus dont cette partie du camp était sillonnée jour et nuit et qui, de temps à autre, nous enlevaient quelques hommes.

Depuis plusieurs jours, les officiers et soldats qui, dans plusieurs des ouvrages, n'avaient pas de casemates pour s'y réfugier afin d'y prendre quelques instants de repos avaient creusé des trous dans les terre-pleins pour s'y blottir. Et Kléber, à cause des dangers qu'on courait en venant au fort Saint-Philippe pour lui faire des rapports ou recevoir ses ordres, avait pris son quartier au fort Saint-Joseph.

La plupart des communications d'un fort à l'autre et avec la place, et même par les chemins couverts, étaient devenues très dangereuses parce que l'ennemi était parvenu à les enfiler avec ses boulets.

En poursuivant les travaux de siège du camp retranché, le bombardement de la place n'avait pas été négligé. Mais, la nuit, il avait lieu avec beaucoup plus d'intensité parce que les incendies servaient mieux de point de direction. Tous nos magasins qui n'étaient point dans des souterrains ou fortement blindés avaient été la proie des flammes (1). La cathédrale et un grand nombre d'autres édifices et de maisons avaient eu le même sort. L'établissement où se fabriquaient les pièces d'artifice nécessaires pour le service des assiégés avait sauté. Les moulins à farine sur le Rhin avaient été brûlés par les bombes lancées de plusieurs chaloupes canonnières qu'on avait fait venir de la Hollande, malgré que nos batteries sur l'île Saint-Pierre les eussent contenues à une assez grande distance ; et le local dans lequel on faisait usage des moulins à bras n'était plus tenable : ce n'était que le sabre à la main qu'on y conduisait les ouvriers et qu'on parvenait à les y maintenir.

Les malades et les blessés étant exposés, dans plusieurs salles de l'hôpital, à y être écrasés, on les avait placés sous des tentes sur la seule partie du rempart la moins exposée aux atteintes de l'ennemi.

Plusieurs magasins de fourrages avaient été incendiés et, dans quelques jours, on n'aurait pas pu nourrir le petit nombre de chevaux qui restaient encore du nombre de ceux conservés, dans le commencement du blocus, comme indispensables aux besoins du service, le surplus ayant été tué dans ce temps pour en faire des distributions à la troupe qui, depuis plus de trois mois, n'avait mangé que ceux tués par l'ennemi. Il était même arrivé plusieurs fois que des soldats avaient subi le même sort en voulant s'en procurer des lambeaux pour se rassasier de cette viande détestable. On avait aussi mangé les chiens, les chats, les rats, le suif et l'huile de poisson. Plusieurs soldats étaient devenus fous pour avoir ajouté quelques herbes à leur nourriture, et parmi lesquelles il s'en était trouvé de vénéneuses. Tous les approvisionnements de comestibles autres que le pain étaient épuisés ; et ce n'était qu'en payant des prix exorbitants si l'on parvenait encore à se procurer quelque chose, et si l'on avait de l'or ou de l'argent, car la solde n'était faite qu'avec de la monnaie de siège en papier, presque depuis le commencement du blocus.

(1) Le 19, « les obus incendiaires mirent le feu au couvent des Dominicains qui avait précédemment servi de magasin à fourrages. Les bâtiments, quoique débarrassés de ces matières combustibles, ont été entièrement consumés. Nous y avons perdu plusieurs travailleurs... Le 20, et dans la nuit suivante, l'ennemi a battu, sans interruption, le pont et les moulins dont le service est très ralenti ». (Journal de d'Oyré.)

La plupart des réserves pour les hôpitaux étaient consommées, et, depuis plus d'un mois, on ne pouvait plus distribuer de bouillon de viande, ni au beurre, ni à l'huile : et on y suppléait avec l'eau dans laquelle on avait fait bouillir des pruneaux et des raisins. Il y avait plus de deux mille malades ou blessés, et le nombre augmentait journellement. Les défenseurs de Mayence étaient en outre diminués de deux mille hommes tués ou morts de maladie (1). Enfin, les habitants de cette ville étaient pour la plupart dans une position affreuse par la rareté des aliments; un assez grand nombre des deux sexes et de tout âge avaient été tués et blessés, et beaucoup s'étaient réfugiés dans des caves pour éviter de subir le même sort.

Voilà la situation vraie et sans exagération dans laquelle étaient la garnison de Mayence et ses habitants lorsque le conseil de guerre délibéra sur le meilleur parti à prendre dans ces pénibles conjonctures. Après en avoir considéré l'affreux tableau, on mit en question s'il fallait attendre d'être réduit aux abois pour se décider à une capitulation qui n'offrirait alors que l'affligeante perspective d'être tous traînés dans les prisons de l'ennemi, après avoir encore fait sacrifier beaucoup d'hommes, afin de prolonger la défense qu'on ne pouvait plus soutenir que quelques jours; ou bien, s'il ne convenait pas mieux de profiter de notre attitude encore imposante aux yeux de l'ennemi pour ouvrir des relations qui, sans doute, amèneraient à traiter avec lui sur des bases honorables dont la principale, et même le *sine qua non,* était que la garnison, en sortant de la place, se rendrait directement à la frontière de la France avec armes et bagages, ses pièces de campagne et leurs caissons.

Les membres du conseil, pour adopter ce dernier parti, avaient réfléchi, sur les nouvelles répandues par l'ennemi, quoiqu'on doutât de leur véracité, qu'il était cependant possible que le gouvernement de la République fût embarrassé du fléau de la guerre civile dans un ou plusieurs départements : en conséquence, on avait mis en balance l'avantage qu'il y aurait à conduire à la disposition du gouvernement au moins seize mille guerriers éprouvés, fidèles et dévoués, pour servir à éteindre cette guerre civile,

---

(1) La garnison de Mayence comptait 20 363 hommes à l'époque de la capitulation. (Journal de d'Oyré.)

si réellement elle existait, avec le désavantage d'une dure et longue captivité qui leur était réservée si l'on différait plus longtemps à capituler, pour avoir seulement la satisfaction d'une résistance de quelques jours de plus.

Le conseil avait aussi pris en considération que, n'ayant reçu de la France ni secours ni nouvelles depuis quatre mois, il fallait qu'il s'y fût passé des évènements extraordinaires; et que c'était encore un motif de plus pour le déterminer à éviter une calamité aussi douloureuse pour la Patrie que celle de livrer à ses ennemis, par une capitulation, un si grand nombre de ses défenseurs (1).

En conséquence de cette sage résolution, un officier fut envoyé en parlementaire pour porter au général de l'ennemi la dépêche contenant les premières propositions, selon l'usage usité en pareil cas. Ces propositions ayant été favorablement accueillies, il en résulta une suspension d'hostilités; et lorsque le conseil de guerre eut pris connaissance de la réponse du général en chef de l'armée prussienne et de ses alliés, dans laquelle il avait demandé de traiter de la reddition de Mayence directement avec le général d'Oyré, ce général se rendit au quartier général de Marienborn où fut conclue et signée, le 23 juillet, la capitulation ci-après :

Articles de la capitulation proposée par le général de brigade d'Oyré, commandant en chef à Mayence, Kastel et places qui en dépendent, et arrêtée entre les deux généraux :

ARTICLE PREMIER. — L'armée française livrera à S. M. le roi de Prusse la ville de Mayence et Kastel, ainsi que leurs fortifications et tous les postes qui en dépendent, dans leur état actuel, avec les bouches à feu

---

(1) « Dès le 18, les députés de la Convention nationale et le général en chef, après avoir mûrement réfléchi sur les moyens de résistance et pesé les avantages et les inconvénients d'en prolonger la durée, s'étaient résignés à entrer en pourparlers pour la reddition. Les députés n'ayant pas jugé à propos de donner communication des premières ouvertures au conseil de guerre, dont l'opinion était générale à cet égard, le général en chef désira qu'au moins elles ne fussent pas ignorées du général Dubayet, commandant en second, qui y donna son assentiment. Dès qu'on fut réciproquement d'accord sur les bases principales, on en fit part au conseil de guerre qui les approuva et chargea le général en chef de terminer la négociation.

« Le 22 au soir, le général en chef et le chef de brigade Douay, de l'artillerie, rendirent compte de leur mission au conseil de guerre qui, après avoir fait quelques changements à la rédaction de la capitulation, chargea le général Schaal d'en porter une expédition au général ennemi, et d'en rapporter une contre-expédition signée de lui. » (Journal de d'Oyré.)

tant françaises qu'étrangères, munitions de guerre et de bouche, à la réserve des objets mentionnés suivants :

Article 2. — La garnison sortira avec tous les honneurs de la guerre, emportant les armes, les bagages et autres effets appartenant en propre aux individus de la garnison, et des vivres pour la route. (Accordé, à condition que la garnison ne servira point durant un an contre les armées des puissances coalisées et que, si elle emmène quelques chariots couverts, Sa Magesté prussienne se réserve de les faire visiter, en cas où elle le jugerait à propos.)

Article 3. — Il sera accordé à la garnison d'emmener avec elle les pièces de campagne et caissons. (Refusé.)

Article 4. — Les officiers généraux et particuliers, commissaires des guerres, chefs et employés des différentes administrations de l'armée, et généralement tous les individus français emmèneront leurs chevaux, voitures et effets. (Accordé.)

Article 5. — La garnison restera dans la ville quarante-huit heures après la signature de la présente capitulation et, si ce délai n'était pas suffisant pour les dernières divisions, il lui sera accordé une prolongation de vingt-quatre heures. (Accordé.)

Article 6. — Il sera permis aux commandants et chefs d'envoyer un ou plusieurs agents, munis d'un sauf-conduit de Sa Magesté prussienne, pour aller chercher les fonds nécessaires pour l'échange de la monnaie de siège; et, jusqu'audit échange ou jusqu'à l'époque d'un arrangement pris à ce sujet, la garnison française demande à laisser des otages qui puissent compter sur la protection de Sa Magesté prussienne. (Accordé.)

Article 7. — La garnison de Mayence et dépendances, lors de son évacuation, se mettra en route pour la France sur plusieurs colonnes, partira à termes différents; à chaque colonne il sera fourni une escorte prussienne jusqu'à la frontière, pour sa sûreté. Le général d'Oyré aura la liberté d'envoyer à l'avance des officiers de l'état-major et des commissaires des guerres pour pourvoir à la subsistance et à l'établissement des troupes françaises. (Accordé.)

Article 8. — Dans le cas où les chevaux et voitures appartenant à la garnison française ne suffiraient pas au transport de ses effets de campement et autres désignés par les articles précédents, il lui en sera fourni du pays, en payant. (Accordé.)

Article 9. — Le transport des malades, et surtout des blessés, ne pouvant se faire par terre sans compromettre leur existence, il leur sera fourni, aux frais de la nation française, les bateaux nécessaires pour l'effectuer par eau sur Thionville et Metz, en prenant les précautions nécessaires pour la subsistance de ces honorables victimes de la guerre. (Accordé.)

Article 10. — Jusqu'à l'entière évacuation de l'armée française, il ne sera permis à aucun habitant actuellement hors de Mayence d'y rentrer. (Accordé.)

ARTICLE 11. — Immédiatement après la signature de la présente capitulation, l'armée assiégeante pourra faire occuper par ses troupes les postes suivants : savoir, le fort Charles, le fort Welsche, le fort Élisabeth, le fort Philippe, la Double-Tenaille, le fort Linsenberg, le fort Hauptstein, le fort Mars, l'île Saint-Pierre et les deux portes de Kastel allant à Francfort et à Wiesbaden; elle pourra, de plus, occuper conjointement avec les troupes françaises, la porte Mauthor (1) et l'extrémité du pont du Rhin adjacente à la rive droite du fleuve. (Accordé.)

ARTICLE 12. — Dans le plus court délai possible, le colonel Douay, directeur de l'arsenal, le lieutenant-colonel La Riboisière, sous-directeur, et le lieutenant-colonel Vérine remettront au chef de l'artillerie et du génie de l'armée prussienne les armes, munitions, plans, etc., relatifs aux services dont ils sont respectivement chargés. (Accordé.)

ARTICLE 13. — Il sera également nommé un commissaire des guerres pour la remise des magasins et effets qu'ils contiennent. (Accordé.)

ARTICLE 14. (Additionnel.) — Les déserteurs des armées combinées seront rendus avec exactitude.

> Fait à Marienborn, le 23 juillet 1793. *Signé* : le lieutenant-général commandant l'armée combinée devant Mayence, *signé* : KALKREUTH. Le général de brigade commandant en chef à Mayence, Kastel et dépendances, *signé* : D'OYRÉ.

(1) Peut-être Neuthor.

CHAPITRE IV

La garnison de Mayence, en deux colonnes, prend la route de France. — La première colonne arrive à Sarrelouis. — Aubert-Dubayet et Kléber arrêtés par ordre du Comité de Salut public. — Irritation des officiers et des troupes. — A Metz, un accueil peu sympathique leur est fait. — Motifs de la froideur des habitants. — Exaspération des soldats. — Beaupuy et quelques officiers parviennent à les calmer. — Départ de Metz pour Nancy. — Séjour à Nancy. — La Convention décide que les défenseurs de Mayence ont bien mérité de la Patrie. — Reubell et Merlin de Thionville chargés de conduire l'armée de Mayence en Vendée. — Transport par charrettes et par eau.

Après la signature de cette honorable capitulation, le général Kalkreuth, n'ayant pu accéder à la proposition que la garnison emmènerait son artillerie de campagne, voulut lui donner un témoignage de considération pour sa belle défense ainsi que de l'estime particulière qu'il portait au général d'Oyré en offrant à ce général quatre pièces de canon de campagne et leurs caissons : hommage flatteur qui fut agréé avec reconnaissance (1).

D'après les termes de la capitulation, une première colonne forte de huit mille hommes, commandée par Aubert-Dubayet et Kléber, se mit en marche dans l'après-midi du 25 juillet (2) pour rentrer en France, ayant sous son escorte les commissaires de la

---

(1) Le général Kalkreuth désigna, dans la garnison de Mayence, vingt-quatre otages, parmi lesquels le général d'Oyré, l'adjudant général chef de brigade Chadelas, le chef de brigade d'artillerie Douay, un quartier-maître, deux capitaines, deux lieutenants, un sous-lieutenant, cinq médecins ou chirurgiens, un pharmacien, trois sergents et six soldats infirmiers ou ouvriers. (État des otages de la garnison de Mayence, (sans date exacte), juillet 1793, A. H. G., Correspondance, armées du Rhin et de la Moselle.)

(2) Le 24 et le 25, la garnison a évacué la place.

« La première colonne, sur la Sarre, aux ordres du général Dubayet ; et la deuxième, sur le Rhin, aux ordres du général Schaal. » (Journal de d'Oyré.) Avec la première colonne marchaient les généraux Dubayet, Vimeux, les adjudants généraux Kléber, Beaupuy, Sainte-Suzanne, Damas, de Nattes junior, Dubreton, du Sirat, Mignotte, les adjoints aux adjudants généraux attachés à Kléber, Buquet, Decaen, Levasseur, tous trois capitaines, le chef de brigade Douay, de l'artillerie, La Riboisière, le chef de bataillon du génie Vérine (lieutenant-colonel, d'après l'article 12 de la capitulation). [État de la division de l'armée française en sortant de Mayence, 23 juillet 1793, copie. A. H. G., Correspondance, Armées du Rhin et de la Moselle.]

Convention Reubell et Merlin de Thionville. Elle fut dirigée sur Marienborn ; elle devait ensuite prendre la direction d'Alzey et de Kaiserslautern pour arriver à Sarrelouis.

En traversant la ligne de l'ennemi, on lui rendit tous les honneurs de la guerre. A son arrivée à Marienborn, il y eut une scène qui ne dura cependant qu'un moment, et occasionnée par la reconnaissance que des habitants de Mayence, sortis de cette ville avant le siège, firent d'un de leurs compatriotes, nommé Rieffel, qui nous avait rendu beaucoup de services, que Merlin de Thionville avait pris sous sa protection et qui, vêtu en chasseur, marchait à sa suite. Ces Mayençais, croyant sans doute qu'ils seraient soutenus par les Prussiens, eurent l'audace d'entreprendre de l'enlever ; mais on leur en imposa, de manière qu'ils furent bientôt forcés de s'éloigner. Plusieurs autres personnes de Mayence avaient été placées dans les rangs de la troupe, revêtues d'habits militaires et armées pour les soustraire à la vengeance qu'on aurait exercée sur eux s'ils fussent restés dans la place, parce qu'ils étaient de zélés partisans des Français et, qu'en outre, ils avaient voté la réunion de leur pays au territoire de la République : quelques-uns d'eux furent aussi reconnus ; on leur dit beaucoup d'injures, mais aucun ne fut soustrait à notre protection.

A l'arrivée de la nuit, la division suspendit sa marche et prit une position au bivouac entre Marienborn et Alzey. Le lendemain matin, de bonne heure, elle continua sa marche, accompagnée d'une escorte de cavalerie, en conformité d'un des articles de la capitulation.

Je précédais la marche de la division, ayant été adjoint au chef d'escadron Mignotte pour aller faire les logements du quartier général et ceux des troupes, ou reconnaître les positions où elles devaient camper selon l'ordre de marche. Pour remplir notre mission sans rencontrer de difficultés, nous étions porteurs d'un sauf-conduit qui nous avait été remis conformément à ce que la capitulation prescrivait à cet égard.

Pendant nos marches pour arriver à Sarrelouis, il ne se passa rien d'extraordinaire à la division : le corps d'armée prussien qui occupait la position de Kaiserslautern, commandé par le général Hohenlohe, lui rendit aussi tous les honneurs de la guerre. Le lendemain de cette journée, nous rencontrâmes les avant-postes de l'armée du Rhin, dont nous avions attendu pendant si longtemps notre délivrance.

La tête de la division arriva à Sarrelouis le 30 juillet. On n'y logea que peu de troupes avec le quartier général; le surplus fut cantonné dans les villages aux environs. Nous fûmes parfaitement accueillis par les habitants de cette ville; les autorités offrirent à dîner aux officiers. Les commissaires de la Convention se mirent en route pour Paris le lendemain de grand matin.

Ce même jour, vers les huit heures du matin, un gendarme entra dans l'appartement de Kléber, où j'étais à prendre ses ordres. Croyant que c'était un planton envoyé pour le service de l'état-major, je lui dis de descendre en bas avec les autres; mais, voyant qu'il ne bougeait pas de sa place, je lui notifiai vertement ce que je venais de lui dire et, à mon grand étonnement, il me répliqua qu'il n'était pas venu ici pour s'en retourner. « Et que venez-vous faire ici? — Garder à vue ce citoyen », dit-il en indiquant Kléber. Dans ce moment, on vint annoncer que Dubayet et plusieurs autres officiers supérieurs de l'état-major étaient gardés à vue dans leurs logements. Kléber sortait de son lit à l'instant où il entendit la réplique du gendarme et ce qu'on venait lui annoncer. Alors il se recoucha fort tranquillement en me disant : « Allez donc voir tout ce que cela veut dire. » Je trouvai auprès du quartier général plusieurs officiers qui avaient déjà appris la nouvelle des arrestations et qui manifestaient très énergiquement leur mécontentement d'un pareil outrage. On me dit qu'on ne pouvait pas entrer chez le général Dubayet. Je revins sur-le-champ auprès de Kléber; mais, en entrant dans son appartement, j'y trouvai deux individus en bonnet rouge qui fouillaient ses malles. Outré d'indignation, je leur demandai avec beaucoup de vivacité ce qu'ils cherchaient; Kléber me fit signe d'être docile. Ces individus me déclarèrent qu'ils étaient commissaires du Comité de Salut public. Ils paraissaient fort étonnés de ne trouver dans les malles que du linge et des vêtements. Quand ils eurent fini leur vilaine opération, ils me demandèrent qui j'étais et, après ma réponse, ils me notifièrent que je ne pouvais plus rester avec mon général. Je lui témoignai tout mon chagrin d'en être ainsi séparé.

Je retournai de suite au quartier général. Je pus alors voir

Dubayet; plusieurs officiers étaient avec lui. Je dis ce qui venait de se passer chez Kléber. Bientôt un bonnet rouge arriva avec des gendarmes et nous signifia que le général devait rester seul. Ce procédé acheva de nous monter la tête, et nous aurions probablement mis à la porte les gendarmes et leur conducteur, sans les exhortations de Dubayet qui nous dit, pour nous calmer, que les ordres d'arrestation qu'on venait d'exécuter n'avaient pu être donnés par le Comité de Salut public qu'après de faux rapports qui seraient anéantis, dès que les commissaires de la Convention Merlin de Thionville et Reubell auraient rendu compte des événements du siège de Mayence et de la conduite de la garnison et de ses généraux. Il nous recommanda la plus parfaite tranquillité et surtout d'en donner l'exemple à nos frères d'armes; et que, dans cette circonstance, il fallait tous nous montrer aussi soumis que nous étions braves. Après cette exhortation paternelle, nous défilâmes devant lui; il nous embrassa et nous remercia des témoignages que nous lui donnions de notre attachement.

Cette nouvelle d'arrestations s'était vivement propagée et avait fait venir de la ville et des cantonnements les plus voisins un assez grand nombre d'officiers de tous grades pour avoir des informations; et ils les attendaient avec bien de l'impatience. En descendant de chez le général, nous avions le cœur bien ulcéré. Nous fîmes part à tous ceux que nous rencontrâmes dans l'escalier, dans la cour et à la porte de la rue, de ce qui venait de se passer et de tout ce que Dubayet nous avait recommandé de dire et de faire pour calmer les esprits. Alors les officiers se divisèrent en groupes qui prirent ensuite diverses directions.

La nouvelle de l'arrestation de leurs généraux s'étant de plus en plus répandue parmi les troupes de la division, elle y excita une grande fermentation : les agents qui en avaient exécuté l'ordre en craignaient sans doute de fâcheux résultats. On empêcha les officiers et soldats des cantonnements d'entrer en ville ; et, avant la fermeture des portes, on battit la générale et on fit ressortir ceux qui y étaient entrés avant la consigne.

Je m'étais rendu sur la place d'armes lorsque la générale avait battu. Un des commissaires des ordres d'arrestation ou de leurs agents vint me demander, d'un ton fort impérieux, pourquoi je n'étais pas à mon poste. « Quel droit avez-vous, lui dis-je, de me faire cette demande? Je suis ici parce que cela me plaît. D'ailleurs, je me trouve à mon poste, puisque mon général a été arrêté. — Je suis agent du Comité de Salut public; je vous notifie de rentrer à votre logement. — Je n'en ai pas; on m'en a chassé ce matin. Au reste, ce n'est pas de vous que je dois recevoir des ordres. » Alors, sans me faire de répartie, il s'éloigna.

Le motif de la générale était le départ pour Paris des personnages mis en état d'arrestation; on craignait sans doute des rassemblements autour de leurs quartiers dès qu'on s'apercevrait des préparatifs de ce départ, et surtout qu'on n'y mît de l'opposition.

Le lendemain matin, la division, mise sous le commandement du plus ancien colonel, reçut l'ordre de continuer sa marche pour se rendre à Metz, et elle y arriva le jour suivant. Le chef d'escadron Mignotte était parti à l'avance pour prévenir de son arrivée les autorités de cette ville et pour concerter les dispositions pour la loger. J'avais été chargé de la conduite des fourriers qui devaient précéder la colonne afin de recevoir les billets de logement pour les distribuer aussitôt que les troupes seraient entrées en ville; mais cette précaution ordinaire devint inutile car, avant d'arriver à la porte, Mignotte m'envoya une ordonnance de renvoyer les fourriers à leurs corps, attendu que la division ne logerait point chez l'habitant. Après avoir transmis cet avis aux fourriers, je rétrogradai pour aller informer le commandant de la colonne. Les fourriers, en rentrant dans leurs compagnies, y annoncèrent qu'on ne logerait point en ville, et ils augmentèrent le mécontentement qui y régnait au sujet des arrestations.

Tous les officiers de l'état-major marchaient alors en avant et à fort peu de distance de la division. Après avoir été reconnus à la manière accoutumée par le poste de l'avancée, à la porte de France, par laquelle nous devions entrer à Metz, un adjudant de la place vint prévenir qu'il allait nous guider. N'ayant vu à cette porte que sa garde et cet adjudant, nous éprouvâmes un sentiment aussi pénible qu'inexprimable! Enfin, nous rencontrâmes Mignotte à l'entrée du polygone; il annonça que c'était dans cette enceinte que toutes les troupes devaient bivouaquer. Il était accablé d'avoir vu, affichée dans la ville, une proclamation dans laquelle on qualifiait de lâche et d'infâme la capitulation de Mayence, et que c'était pour cette cause que les autorités avaient refusé le logement chez l'habitant; qu'il n'avait pas eu le courage de venir au devant de nous pour nous faire part de ces injures et de tant d'injustice!

Ces iniquités nous émurent jusqu'aux larmes, et on en versa de bien amères! Cependant la colonne arrivait et il fallait indiquer aux différents corps leurs emplacements. J'en fus chargé. Mais en leur annonçant : « C'est là que vous devez rester et y passer la nuit », le mécontentement qui les agitait depuis qu'ils avaient mis le pied sur le territoire français n'eut plus de bornes : tous les soldats firent éclater au même instant leur vive indignation de se voir traités avec autant d'ingratitude et d'inhumanité! La plupart versaient des larmes, les uns brisaient leurs fusils, d'autres arrachaient leurs cocardes et les foulaient sous leurs pieds. Et spontanément, on vit se former une masse de ces hommes exaltés par leurs ressentiments, marcher d'un pas précipité, mais sans armes, pour entrer dans la ville, malgré tous les efforts de leurs officiers et tous ceux de l'état-major pour les retenir et les calmer.

Dans une conjoncture aussi déplorable, les officiers de l'état-major ne virent plus d'autre moyen à employer, pour arrêter les effets de cette effervescence, que de marcher avec ce torrent et de tâcher d'arriver les premiers sur la place de la municipalité vers laquelle il s'avançait, espérant que là on pourrait parvenir à le maîtriser, après avoir invité les officiers municipaux à y contribuer en réparant l'erreur grave qu'ils avaient commise sans calculer les conséquences qui pouvaient en résulter.

Ayant accompagné le chef de bataillon Beaupuy (1), nous parvinmes avec quelques autres officiers à arriver devant la municipalité où, déjà, des soldats se trouvaient en grand nombre et dans la plus vive agitation. Néanmoins, nous eûmes le bonheur de les apaiser un peu en leur disant que nous allions réclamer pour eux, et leur faire faire réparation de l'injure dont ils avaient

---

(1) Beaupuy (Michel-Armand Bachartié de), né le 14 juillet 1755 à Saint-Médard de Limeuil (Dordogne); sous-lieutenant au régiment d'Aunis-Infanterie, le 2 mars 1773; lieutenant, le 1er octobre 1779; capitaine, le 15 septembre 1791; nommé par le général Custine lieutenant-colonel, le 21 octobre 1792; nommé provisoirement chef de brigade par les Représentants du peuple à Mayence, le 3 mai 1793; commandant la division d'Angers, le 5 décembre 1793; chef d'état-major de l'armée de l'Ouest, le 13 mai 1794; employé à l'armée de Rhin-et-Moselle, le 6 avril 1795; tué à l'ennemi, le 19 octobre 1796. (A. A. G.)

si justement à se plaindre, réparation qu'une masse tumultueuse ne pourrait point obtenir.

Nous mîmes pied à terre. Le poste de la garde nationale qui était sous les armes à la porte de la municipalité nous laissa entrer sans difficulté; les soldats l'avaient respecté. Mais nous ne trouvâmes d'abord qui que ce soit dans divers appartements; la peur en avait banni tout le monde; et ce ne fut qu'après avoir beaucoup cherché qu'un membre du district (cette autorité administrative occupait aussi ce local) s'avança vers moi, et je le conduisis au chef de bataillon Beaupuy qui était dans une autre pièce avec plusieurs officiers et qui se chargea de rassurer ce citoyen qui était fort ému, et de lui représenter la nécessité et l'urgence d'aviser à ce qui pouvait mettre un terme à l'irritation due à d'injurieux procédés, si l'on voulait éviter d'autres événements qu'on ne pourrait pas empêcher et dont les conséquences ne pourraient être que très funestes.

Cet administrateur, entendant les cris des soldats exaspérés, voulut jeter un regard sur cette multitude; mais il en fut effrayé et il demanda qu'on lui suggérât les moyens qu'on pouvait prendre pour l'apaiser et remédier à la faute qui avait été commise et qui avait excité le soulèvement (les soldats dans leurs cris ne demandaient que des vivres et qu'on les conduisit sur la grande route où, sous les arbres, ils auraient un meilleur bivouac qu'au polygone). Beaupuy lui dit que ce qui pouvait produire le plus d'effet ce serait de se rendre au polygone pour y haranguer la troupe et lui promettre qu'on allait la loger chez l'habitant; et que, s'il voulait prendre cette résolution, nous allions faire tous nos efforts pour déterminer cette multitude, qui attendait avec impatience le parti qu'on allait prendre à son égard, de retourner au camp où elle en serait informée. Cette proposition fut acceptée.

En arrivant devant cette masse de têtes échauffées, Beaupuy lui demanda le silence. L'ayant obtenu, il lui dit : « Mes amis, vous avez toujours été respectueux envers vos chefs, vous avez toujours obéi sans murmure à leur commandement. Un administrateur veut se rendre au camp pour vous offrir une réparation de l'injure qu'on vous a faite et que vous ne méritez pas. Calmez-vous, mes braves camarades, et suivez-moi ! » A ces dernières paroles prononcées avec un charme séduisant, tous ces soldats, dont l'agitation était, il n'y avait qu'un instant, si alarmante, firent spontanément demi-tour et s'acheminèrent vers les camps qu'ils avaient quittés avec tant de véhémence; et ils disaient à ceux qu'ils rencontraient et qui venaient augmenter la masse : « Retournez, on vient nous faire des excuses. »

Lorsque nous fûmes rentrés au polygone, ayant au milieu de nous l'administrateur, Beaupuy le conduisit au centre et me chargea d'aller annoncer à chacun des corps d'envoyer leurs fourriers à la municipalité pour y recevoir des billets de logement, et d'engager à venir entendre le discours de l'administrateur qui, monté sur un cheval, exprima tout ce qu'il était possible de dire en pareille circonstance; et il termina son discours en assurant qu'il était persuadé que tous les citoyens de Metz s'empresseraient de faire le meilleur accueil aux braves défenseurs de Mayence. Cette promesse fut effectivement réalisée : et ces soldats qui, pendant un moment, avaient porté l'effroi parmi toute la population de cette ville, témoignèrent leur satisfaction des bons traitements qu'ils reçurent par une excellente conduite et la plus parfaite tranquillité. Les récits qu'ils firent chez leurs hôtes de ce qui s'était passé à Mayence et de tout ce qu'ils y avaient souffert détruisirent les préventions incitées par la fallacieuse proclamation qui avait été publiée.

La division partit le lendemain pour aller à Pont-à-Mousson et environs. Le corps municipal et les administrateurs du département et du district se rendirent à la porte de la ville pour nous faire leurs adieux. On distribua une quantité d'exemplaires d'une autre proclamation, qui avait été affichée dès la veille et dans laquelle on avait fait les plus grands éloges de la garnison de Mayence. Enfin plusieurs compagnies de grenadiers, de chasseurs et de canonniers de la garde nationale accompagnèrent la colonne pendant plus d'une lieue et, en la quittant, ils lui rendirent les honneurs militaires et lui firent les adieux les plus affectueux.

Des commissaires de la Société populaire nous avaient devancés à Pont-à-Mousson, et nous y fûmes très bien reçus. Nous arrivâmes à Nancy le jour suivant; on nous fit également une très bonne réception. Une partie des troupes y fut logée et le surplus fut placé dans de bons cantonnements.

Nous avions appris à Metz que la conduite tenue d'abord envers la garnison de Mayence résultait des informations transmises par Maribon-Montaut et Soubrany, commissaires de la Convention près l'armée de Rhin-et-Moselle, qui avaient fait arrêter l'adjudant général Vidalot du Sirat envoyé dès le jour même de la signature de la capitulation pour en porter une copie à Paris.

Le *Moniteur* du 31 juillet nous fit connaître, à Nancy, la lettre que ces commissaires avaient expédiée par un courrier extraordinaire au Comité de Salut public, et Barère, dans la séance du 28, en avait donné lecture à la Convention qui adopta ensuite le projet de décret d'après lequel les arrestations avaient eu lieu à Sarrelibre (1).

Voici cette lettre dont le *Moniteur* ne cite point la date :

Nous vous entretenions hier, citoyens nos collègues, de nos espérances, et nous vous annoncions des succès presque assurés. Nous étions bien loin d'imaginer que Mayence était alors au pouvoir de l'ennemi et qu'une infâme capitulation eût été signée le 23. La garnison avait encore du pain ; la place n'avait souffert aucune brèche, et Mayence est rendue au moment où deux armées victorieuses allaient à son secours. Encore huit jours tout au plus, et nous entrions dans cette place. Peignez-vous, s'il est possible, le désespoir de la brave armée de la Moselle, les regrets de son général et notre juste indignation. L'artillerie immense enfermée dans cette ville est devenue la proie des despotes qui fuyaient devant nous. Custine enfin triomphe, et le convoi qui se sauva malgré lui en rentrant dans Mayence lors de sa retraite est tombé, avec toutes les autres pièces, au pouvoir de l'ennemi.

Nous ne pouvons nous dissimuler, citoyens nos collègues, combien la perte de Mayence a changé la position des deux armées du Rhin et de la Moselle, et nous devons chercher avec soin les auteurs d'une capitulation trop adroitement combinée avec nos succès pour être naturelle. L'officier porteur de cette affreuse nouvelle, et qui n'a pas eu honte de se charger d'une pareille mission, nous a parlé d'un billet signé Custine, qui doit exister entre les mains du commandant ou du conseil de guerre. Nous lui en avons demandé une déposition signée que nous vous faisons passer. Nous pensons qu'il faut sur-le-champ s'assurer de Custine. Ce scélérat peut à présent livrer impunément les villes de Condé, Valenciennes. Le succès de ces deux armées aurait nui à ses coupables projets, et l'intention du général Houchard de tomber, après la délivrance de Mayence, sur les derrières des ennemis, dans le Nord, les aurait forcés d'évacuer cette partie du territoire français.

Rapprochez, citoyens nos collègues, la livraison de cette place avec les

---

(1) Sarrelouis.

propos de Custine qui ne cessait de dire qu'on ne devait marcher à Mayence que le 15 août. Hohenlohe, dans des notes écrites de sa main, avait grand soin de s'informer si Custine conservait encore quelque influence dans cette armée. Ne serons-nous donc jamais instruits par l'expérience? Attendrons-nous toujours, pour punir les traîtres, qu'ils aient consommé leur trahison? Custine ne peut jamais être républicain; son style avec les rois, ses ménagements pour celui de la Prusse, vu sa retraite de Mayence, les dénonciations et les inquiétudes de tous les vrais patriotes, tout nous fait un devoir de punir cet homme profondément corrompu, et qui n'a pour talents militaires qu'une jactance insolente qui ne peut nous séduire. Tout vous impose la loi de le mettre hors d'état de consommer la perte d'une République qu'il abhorre.

Nous vous envoyons, citoyens nos collègues, copie de la lâche capitulation qui a livré Mayence; vous y verrez que ce sont les Français qui ont eux-mêmes offert de laisser dans cette place toutes les bouches à feu, tant françaises qu'étrangères. Certes, une pareille capitulation, dictée par l'ennemi, eût dû révolter des républicains, et ce sont les Français qui l'ont eux-mêmes proposée, ayant encore des vivres et avant que la place eût souffert une seule brèche! Une punition terrible doit venger la nation d'un pareil attentat. Faites arrêter tous les chefs qui ont trahi aussi lâchement la cause du peuple; et qu'une mort ignoble remplace celle qu'ils n'ont pas osé attendre glorieusement dans les murs de cette ville.

Signé : Maribon-Montaut, Soubrany.

Après cette lecture et celle de la capitulation précédemment transcrite, Barère lut aussi la lettre suivante, des mêmes commissaires, ainsi que la déclaration qu'ils avaient demandée à Vidalot qui aurait très bien pu s'abstenir de parler du billet remis à d'Oyré, lors de la conférence au sujet de laquelle j'ai donné quelques détails. Et si cet officier, trop empressé de faire l'important et qui avait tant d'autres choses à dire sur ce qui s'était passé à Mayence, n'avait pas parlé de ce billet, objet qui n'était pas de sa mission, il serait resté libre, et on n'aurait point arrêté nos généraux, la capitulation n'aurait point été qualifiée de lâche et d'infâme, et le terrible soulèvement des troupes à Metz n'aurait point eu lieu.

Seconde lettre de Montaut et Soubrany, sans date :

Nous avons cru devoir vous expédier un courrier extraordinaire pour vous apprendre cette nouvelle avant que Custine en fût instruit, afin que vous preniez contre lui les mesures nécessaires. Nous avons fait mettre en état d'arrestation le citoyen Vidalot, qui a eu la bassesse de se charger d'une pareille capitulation.

Lettre signée Vidalot, datée de Cassel, le 25 juillet :

Quelques jours avant le blocus de Mayence, un agent de Custine invita le général d'Oyré à avoir une conférence avec le général prussien. Dans cette conférence, il fut remis au général d'Oyré un billet signé Custine, mais qui n'était pas écrit de sa main, par lequel il l'engageait à capituler avec les ennemis; le citoyen Reubell, commissaire de la Convention, qui était présent à cette conférence, a eu connaissance de ce billet.

Signé : VIDALOT.

Ce ne fut point avant, mais bien pendant le blocus, que les deux conférences avaient eu lieu (1). D'ailleurs, puisqu'on avait demandé à Vidalot une déclaration écrite, il aurait dû donner au moins les détails que tout le monde savait sur ces conférences. Il avait dit que le billet en question n'était point de l'écriture de Custine, mais seulement signé de lui, et, dans le procès fait depuis à ce général, auquel on a coupé la tête, on ne lui avait pas prouvé que la signature Custine, apposée au bas de ce billet, fût la sienne.

Décret de la Convention après la lecture de ces pièces :

La Convention nationale, après avoir entendu le rapport du Comité de Salut public, décrète :

ARTICLE PREMIER. — Il y a lieu à accusation contre le ci-devant général Custine.

ARTICLE 2. — Le général de brigade d'Oyré, commandant à Mayence, et tous les officiers de l'état-major de cette garnison sont mis en état d'arrestation et seront conduits incessamment sous bonne et sûre garde à Paris.

ARTICLE 3. — Les Représentants du peuple près la garnison de Mayence se rendront sur-le-champ dans le sein de la Convention nationale pour être entendus sur la reddition de Mayence.

ARTICLE 4. — La garnison de Mayence rentrera dans l'intérieur.

ARTICLE 5. — Le présent décret sera envoyé par des courriers extraordinaires aux Représentants du peuple près les armées de la Moselle et du Rhin. Le conseil exécutif prendra toutes les mesures nécessaires pour sa prompte exécution.

Le *Moniteur* du 2 août nous apprit que, dans la séance du 1er, la Convention avait décrété que le ministre de la guerre donnerait

(1) C'est le 12 avril que le général d'Oyré, accompagné des chefs de brigade d'Aincourt et Kléber, ainsi que du commissaire de la Convention, Reubell, se rendit à l'invitation du major de Zastrow, aide de camp du roi de Prusse, pour s'entretenir aux avant-postes avec le capitaine Boos, du 96e régiment, qui se disait chargé de commissions de la part du général d'armée Custine. (Journal de d'Oyré.)

sur-le-champ les ordres nécessaires pour que la garnison de Mayence fût transportée en poste dans la Vendée, et qu'il serait mis à cet effet trois millions à la disposition du ministre de la guerre pour l'exécution de cette mesure.

La seconde division de la garnison de Mayence, rentrée en France par Landau, arriva dans les environs de Nancy et fut répartie dans des cantonnements.

Nous apprîmes avec une vive émotion de joie et de satisfaction que la Convention nationale avait décrété que la garnison de Mayence avait bien mérité de la Patrie!

Extrait du *Moniteur* du 6 août, séance du 4 :

DANTON, *président*. — J'annonce à la Convention que les commissaires qui étaient à Mayence sont dans son sein.

Merlin de Thionville monte à la tribune. (Les plus vifs applaudissement éclatent dans toutes les parties de la salle.)

MERLIN DE THIONVILLE. — Citoyens mes collègues, je ne suis pas préparé et je ne vous ferai que le sommaire du rapport sur la reddition de Mayence. Cette ville s'est rendue parce que, trois jours plus tard, nous ne pouvions sauver les patriotes et 16 000 braves soldats qui combattaient depuis quatre mois contre 80 000 hommes des meilleures troupes de l'Europe, qui leur ont résisté et les ont empêchés de mettre le pied sur le territoire de la République.

Trois mille hommes de cette valeureuse garnison sont morts dans les sorties fréquentes que nous avons faites. Nous avons rendu Mayence parce que, dans les derniers jours du siège, il fallait, grâce aux soins qu'avait pris M. de Custine pour approvisionner cette place, manger les animaux les plus vils. Un chat mort coûtait 6 livres. La livre de cheval crevé se vendait 40 sous. 1 900 blessés étaient dans les hôpitaux, manquant de tout. Nous avions des pièces de 16, et point de boulets de calibre. Nous avions des mortiers, et point de bombes. L'ennemi venait, de plus, de mettre le feu à notre magasin d'artifices. Si nous avions tenu encore trois jours, nous aurions été obligés de jeter nos chevaux dans le Rhin.

La capitulation proposée est, dit-on, infâme. Eh! oui, elle l'est; mais nous en avons proposé dix, et aucune n'a été acceptée. On n'a bien voulu accepter celle qui a été signée que par vénération pour le courage de la brave garnison qui, deux jours plus tard, aurait perdu ses armes et aurait été faite prisonnière de guerre.

Je croyais, moi, ne pas pouvoir souscrire à une capitulation; mais j'ai signé celle-ci pour enlever à la vengeance des despotes de si braves soldats. J'ai moi-même attaqué une redoute qui portait mon nom avec 25 braves, et dont l'ennemi s'était emparé. J'emportai cette redoute et poursuivis

500 ennemis l'épée dans les reins. Je laisse aux âmes sensibles à demander le rapport du décret rendu contre la garnison de Mayence. (Vifs applaudissements.)

Thuriot. — On nous a abusés dans le rapport qu'on nous a fait sur la reddition de Mayence. Il existe bien d'autres faits dont Merlin ne nous a pas donné connaissance. Chaque jour, la garnison de Mayence donnait de nouvelles preuves de son courage. Cette garnison a tué aux Prussiens et aux Autrichiens plus de 30,000 hommes. On a mangé à Mayence les rats, les souris et le cuir. Les soldats sont comme des spectres.

Il faut rapporter un décret qui lui enlève son honneur. L'état-major de cette garnison a fait des prodiges de valeur; et, pour prix de tant de services, il se voit traîné à Paris par des gendarmes. Dubayet, qui a été notre collègue au corps législatif, quoique ses sentiments ne fussent pas des plus vigoureux, a toujours fait voir une âme sensible et noble. Je demande qu'il soit décrété que la garnison de Mayence a bien mérité de la patrie; que ce décret soit envoyé à tous les départements par un courrier extraordinaire, ainsi qu'à cette brave armée; que son état-major soit libre; qu'Aubert-Dubayet soit délivré de ses gendarmes et vienne à la barre donner des renseignements qui sans doute mériteront des couronnes civiques. (On applaudit.)

Les propositions de Thuriot sont adoptées en ces termes :

La Convention nationale, après avoir entendu le rapport de ses commissaires près l'armée du Rhin venant de Mayence, décrète :

Article premier. — La garnison française qui était à Mayence a bien mérité de la Patrie.

Article 2. — Les membres de l'état-major de cette garnison, qui sont actuellement en état d'arrestation, en exécution du décret, seront mis sur-le-champ en liberté.

Article 3. — Les gendarmes qui accompagnent le citoyen Aubert-Dubayet, chef de brigade, seront tenus de se rendre à leur poste; le dit Aubert-Dubayet viendra à Paris faire son rapport à la Convention.

Article 4. — Le présent décret sera envoyé par des courriers extraordinaires aux départements et aux armées; l'expédition en sera remise aux citoyens Merlin et Reubell, Représentants du peuple, qui se rendront sur-le-champ à Nancy pour le notifier, au nom de la Convention, à l'armée venant de Mayence.

Garnier. — Sans doute, nos commissaires ont dressé un procès-verbal de la reddition de cette place que le traître Custine eut soin de bien garnir de canons pour la livrer plus forte à l'ennemi, en ne la fournissant point de vivres. Je demande le renvoi du procès-verbal de la reddition de cette place au tribunal révolutionnaire.

On donne lecture de la lettre suivante :

Copie d'une lettre du citoyen Aubert-Dubayet, général de brigade, à la Convention nationale, datée de Sarrelibre, le 30 juillet, l'an II de la République.

Citoyens Représentants,

Après avoir fourni une carrière pénible et dangereuse, je viens de remplir une tâche bien précieuse à mon cœur : j'ai ramené dans ma patrie huit mille soldats courageux et fidèles. J'ai escorté les Représentants du peuple Reubell et Merlin, les commissaires du pouvoir exécutif, et tous ces hommes intéressants et malheureux que la colère des petits despotes avait destinés aux plus sanglantes vengeances.

Maintenant, citoyens Représentants du peuple, il me reste encore un devoir à remplir, et je m'en acquitte avec sincérité : j'ose, au nom d'une armée dont je ne consulte que les sentiments de civisme, vous assurer de l'adhésion, du respect et du dévouement le plus absolu à tous vos travaux; elle reçoit votre constitution comme un bienfait, et elle saura la défendre contre tous les ennemis de la liberté et les vôtres. Ordonnez, et, oubliant aussitôt ses fatigues et ses veilles, cette brave armée est prête à marcher. (On applaudit.)

Nous eûmes encore la satisfaction d'apprendre que Dubayet avait été invité aux honneurs d'une séance de la Convention nationale.

Extrait du *Moniteur* du 9 août, séance du 7 :

Le général Aubert-Dubayet se présente à la Convention, accompagné de quatre officiers. On les couvre d'applaudissements.

AUBERT-DUBAYET. — Pères de la Patrie, les chefs de l'état-major et moi, à la tête de plus de 9 000 gardes nationales, nous sommes revenus avec les honneurs de la guerre, nos drapeaux tricolores déployés, et nos baïonnettes, qui nous avaient si bien servi contre les ennemis de la République, étaient au bout de nos fusils. Elles étaient destinées à purger le sol français des brigands qui le déchirent, et jamais nous ne les aurions déposées aux pieds des esclaves que nous avions si longtemps combattus. Mais la jalousie, la calomnie nous avaient précédés dans cette patrie que nos cœurs idolâtrent; elles avaient noirci des hommes de bien qui l'avaient servie avec simplesse et désintéressement; nos cœurs en étaient navrés. Mais, Pères de la Patrie, votre justice nous a rendu avec solennité l'estime de nos concitoyens. Je vais narrer avec rapidité quelques-uns des événements de ce siège.

Le blocus de Mayence a duré quatre mois; les ennemis avaient toute la circonvallation de la place. La garnison, dans ses sorties, força plusieurs postes importants. Weisenau, d'où les ennemis nous avaient délogés, fut repris une demi-heure après à la pointe de l'épée. Marienborn, quartier général des puissances confédérées, fut aussi emporté de vive force, et nous avons les trophées de cette victoire. Arrivé au généralat, je traçai le plan d'une bataille; si ce plan eût été exécuté, n'en doutez pas, nous aurions marqué les premiers moments du blocus par une victoire décisive qui nous aurait ouvert le chemin jusqu'aux portes de Francfort; le combat était commencé et nous allions assurer notre triomphe, mais trois mille des nôtres, trompés par les ténèbres, nous fusillèrent et nous forcèrent à la retraite. Meusnier, l'intrépide Meusnier, qui joignait au génie le plus audacieux un courage qui ne connut jamais de danger, commanda des soldats qui vécurent deux mois sous une voûte de feu ; cinquante pièces de canon tiraient continuellement sur eux à mitraille. Il ne craignit pas d'attaquer les ennemis retranchés sur leurs montagnes qu'ils avaient crues inexpugnables, et les deux combats de Kostheim lui ont appris s'il pouvait compter sur une prompte capitulation (*sic*).

Il fallut s'emparer des îles du Main, appelées les îles Meusnier et la Carmagnole, car ce fut à la prise de la première que Meusnier périt ; elle fut prise malgré le feu d'une redoute de dix pièces de canon. Pour communiquer avec celle de la Carmagnole, il fallut établir un pont qui fut bâti malgré le feu d'une autre redoute de quatre pièces de canon. Ce pont fut nommé le *Pont des morts,* à cause du nombre de braves gens que nous y perdions toutes les fois qu'il fallait relever les postes. Nous gardâmes ces îles pendant six semaines.

Jamais au milieu de ces fréquents combats et des privations les plus dures on n'entendit, je ne dis pas un seul murmure, mais une juste réclamation. Ces braves soldats ont commencé par vivre de cheval, ils ont fini par se nourrir de chiens et de chats. Moi-même, je me glorifie d'avoir invité tous mes amis à dîner au quartier général, parce que j'avais un chat à leur servir. Les soldats faisaient leur soupe avec de l'huile de poisson ; quelques-uns y mêlèrent une herbe vénéneuse qui les fit devenir fous. Ils supportaient tous ces maux avec résignation, et je leur en donnai l'exemple.

Vous voyez, citoyens Représentants, que ce qu'on vous a dit de ces guerriers républicains était non seulement éloigné de la vérité, mais qu'il est impossible d'imaginer ce qu'ils ont souffert. Nous ne vous demandons qu'une faveur pour prix de nos travaux : c'est de marcher le plus tôt possible dans la Vendée. Si nous ne scellons pas la liberté de notre sang, je vous en assure, citoyens Représentants, vous n'aurez pas de républicains plus zélés et plus fidèles.

Le président. — Braves citoyens, je ne vous consolerai pas d'une injustice momentanée ; les applaudissements dont vous avez été couverts en entrant dans le sein de la Convention vous ont prouvé que si les Représentants du peuple ont pu être un moment trompés, ils n'ont pas attendu que vous leur fissiez le tableau de votre conduite pour honorer votre courage. La Convention a entendu avec admiration le récit que vous venez de lui faire ; dites à vos compagnons d'armes que tous les Français la partagent. (On applaudit.) La Convention vous invite aux honneurs de la séance.

Aubert-Dubayet entre dans l'intérieur de la salle, au milieu des applaudissements réitérés de l'Assemblée et des spectateurs. Plusieurs députés l'embrassent.

Maure. — Je demande que le président donne, au nom de la République, le baiser fraternel à ce brave officier.

Le président embrasse Aubert-Dubayet.
Les applaudissements recommencent.
L'Assemblée ordonne l'impression du discours de Dubayet. Un des officiers qui l'accompagnaient dépose sur le bureau une adresse de la garnison de Mayence qui contient son acceptation de l'acte constitutionnel et le désir de combattre les rebelles de la Vendée, sous le commandement d'Aubert-Dubayet. Ces officiers sont admis aux honneurs de la séance.

Après huit jours de repos, l'armée reçut l'ordre de son départ pour la Vendée. Après la première marche, les troupes montèrent sur les charrettes avec lesquelles elles devaient courir la poste. Des commissaires civils avaient été chargés de pourvoir aux moyens d'exécuter cette mauvaise disposition.

Dès le premier jour, il n'y avait pas suffisamment de ces voitures; un grand nombre d'hommes fit la route à pied, principalement les officiers, et la même chose arriva à chaque relais.

Tous les soins des officiers d'état-major ne pouvaient remédier au désordre qui régnait dans ce mode de transport, encore pour ne faire que dix à douze lieues par jour, car on ne doublait que quelques étapes. Ce désordre commençait au moment de monter sur ces charrettes; on se disputait les meilleures places; il y avait même des soldats qui y passaient la nuit pour se les assurer, quand ils apprenaient des conducteurs que celles où ils avaient passé la journée les porteraient encore le lendemain. Les marches de chaque jour ressemblaient à une déroute, tant il y avait de confusion dans la colonne, attendu que les conducteurs avec leurs charrettes, les cavaliers, les hommes qui n'avaient pas eu de place et ceux qui n'avaient pas voulu se faire porter marchaient pêle-mêle, allant ou s'arrêtant selon leur volonté.

On aurait certainement pu accélérer la marche de l'armée et la faire arriver promptement à sa destination sans avoir recours à un pareil moyen qui nuisait aussi essentiellement à la discipline. On n'aurait pas non plus fait une aussi grande dépense, et une quantité de fusils n'auraient point été brisés ou mis hors de service si, aux grandes haltes de chaque journée, on avait fait faire au soldat la distribution d'une bouteille de vin, ou seulement une demie, ce qui était très facile puisque l'armée avait à traverser un pays vignoble, ou bien lui en payer l'équivalent, enfin faire suivre la colonne d'un certain nombre de voitures pour y faire monter les éclopés. On n'aurait pas non plus, dans cette saison de la récolte, détourné tant de transports utiles alors au service de l'agriculture.

En partant de Nancy, les deux divisions furent dirigées sur Troyes, en passant par Joinville et Brienne, et de là à Orléans par Sens, Montargis et Pithiviers. Je fus chargé d'aller chaque jour en avant de la première division pour régler, avec les municipalités des villes où elle devait stationner et qui avaient été prévenues de son passage, les dispositions pour le logement, soit dans l'endroit, soit dans les villages à la proximité; et je les indiquais aux adjudants qui précédaient la colonne.

L'armée de Mayence fut parfaitement accueillie à Orléans : les autorités offrirent des couronnes de chêne qu'elles attachèrent aux drapeaux. Ce fut à Blois qu'elle cessa de courir la poste; mais des bateaux étaient disposés pour la transporter à Amboise et, de là, à Tours.

Le général Dubayet, qui arriva à Blois, me chargea de faire embarquer les troupes de la première division, et ensuite de me rendre à Amboise dans un bateau léger, pour disposer leur logement. Les eaux de la Loire étaient très basses; beaucoup de bateaux s'échouèrent souvent sur les bancs de sable, et les soldats étaient obligés de se mettre à l'eau pour les alléger et les remettre à flot. La plupart furent excédés de fatigue et tellement dégoûtés de la navigation que, le lendemain, ils refusèrent tous de s'embarquer, préférant marcher pour arriver à Tours.

Le *Moniteur* du 10 août nous informa que le Représentant Montaut, dont la correspondance avait provoqué le décret d'arrestation des généraux et des officiers de l'état-major, s'était de nouveau déchaîné contre eux pour avoir rendu Mayence. Voici ce qu'il dit dans la séance du 9 :

MONTAUT. — J'arrive de l'armée de la Moselle, pour vous faire part de aits intéressants relatifs à la reddition de Mayence...

... Depuis deux mois, avec nos collègues près l'armée de la Moselle, nous nous préparions à marcher au secours de Mayence; nous nous sommes mis en marche, et nous avons pris plusieurs arrêtés dont nous vous avons déjà fait part.

Il y avait, sur le chemin de Mayence, un château qui servait de repaire aux brigands qui veulent souiller notre territoire; nous avons arrêté que ce château serait brûlé, et nous avons ainsi mis en pratique cette maxime : *Guerre aux châteaux, paix aux chaumières.*

Rendus à Landau, nous avons cru devoir requérir les autorités pour qu'elles nous remissent les effets des émigrés, parmi lesquels se trouvaient plusieurs croix de Saint-Louis... Je vais maintenant vous parler de faits plus intéressants, je veux dire de la manière dont Mayence a été rendue. Sans doute, la garnison a bien mérité de la République; elle est composée de vrais républicains qui avaient juré de verser jusqu'à la dernière goutte de leur sang pour la défense de la République. Mais il faut bien distinguer la garnison des meneurs, je veux dire du conseil défensif. Ce conseil a rendu la place, sans avoir communiqué la capitulation à la garnison. Je tiens ce fait d'une colonne entière qui passait par Hesse-Cassel. Elle nous a demandé si la capitulation était faite et si elle pouvait emmener ses canons. Il est bien étonnant qu'une colonne entière ne connaisse pas les articles de la capitulation. Nous avons voulu savoir pourquoi la capitulation n'avait pas été communiquée à la garnison; et la raison, c'est que la garnison ne voulait pas capituler. Pour calmer son indignation, on lui a fait croire qu'elle emportait ses canons. Eh bien! elle n'en a emporté que deux pièces, et quatre cents pièces sont au pouvoir des Autrichiens (1). Il n'est pas question, dans la capitulation, que Mayence ait fait partie de la République française. Les patriotes de Mayence ont vu pendre en leur présence leurs femmes et leurs enfants. Mais ce n'est pas le seul crime qu'on ait à reprocher au conseil défensif. Vous avez décrété que les déserteurs autrichiens recevraient une somme de 100 livres en entrant sur le territoire de la République. Un grand nombre, attiré par cet appât, est venu se ranger sous les drapeaux de la République. Eh bien! qu'ont fait les généraux de Mayence? Ils ont arrêté que les déserteurs des armées combinées seraient rendus, et six cents déserteurs ont été livrés à la vengeance des tyrans. Ce que je viens de vous dire est la déposition d'une colonne entière. Peu m'importe que les généraux se soient bien battus; il n'en est pas moins vrai qu'ils ont consenti à rendre la place (2). Vous avez décrété que tous ceux qui parleraient de rendre une place avant que la brèche ait été ouverte seraient punis de mort. Eh bien! prononcez que ceux qui ont fait la capitulation de Mayence seront jugés par un conseil de guerre. S'ils sont innocents, leur innocence sera proclamée; s'ils sont coupables, ils seront punis de la peine qu'ils ont encourue. On vous a dit que la garnison manquait de vivres : eh bien! je vous dis, moi, que lors de la reddition de Mayence la garnison avait encore du blé pour trois mois entiers. Au reste, quand il n'y en aurait eu qu'une moindre quantité, si l'on eût dit à la garnison : « Nous n'avons plus de vivres que pour quelques jours, consentez-vous à rendre la place? » je ne doute pas que tous les soldats eussent répondu unanimement : « Non, nous périrons plutôt

---

(1) « Il n'y en avait que 270 dans la place. » (Note de Decaen.) Decaen exagérait lui-même le chiffre. D'après un état des bouches à feu existantes à Mayence le 1ᵉʳ avril 1793, il n'y avait que 230 bouches à feu dans la place. (Journal de d'Oyré, rapport du chef de brigade d'artillerie Douay, fol. 227.)

(2) « Avant que la brèche eût été ouverte . » a rajouté Decaen.

que de nous rendre. » Je demande donc que l'on applique la loi contre les officiers qui ont rendu Mayence. Je n'excepte pas même nos collègues, les commissaires à Mayence, que j'accuse de n'avoir pas fait tout ce qu'il fallait pour conserver cette place.

Thuriot. — Quand vous êtes restés quatre mois à l'armée de la Moselle sans lui faire faire le moindre mouvement pour secourir Mayence, ils ont plus le droit de vous inculper que vous n'avez celui d'insulter au malheur de ceux qui ont soutenu le siège de Mayence.

Montaut a commencé par inculper la garnison, puis les commissaires. Je demande qu'on ne prononce rien sur ce que vient de dire Montaut, avant d'avoir entendu nos collègues Merlin et Reubell, car Montaut n'est pas plus croyable pour nous que les autres.

Lacroix. — Nous devons être très circonspects, surtout lorsqu'il s'agit de prononcer une peine contre quelques-uns de nos collègues; surtout lorsque des dénonciations sont faites par des Représentants contre des Représentants.

J'observe en passant qu'on ne devrait pas profiter de l'absence de ses collègues pour les dénoncer. Ceux qui peuvent mieux que personne nous dire ce qui s'est passé à Mayence sont Reubell et Merlin, qui y étaient; il faut les entendre. On ne doit pas venir ici, par des phrases qui s'oublient, inculper des collègues. Il faut que Montaut écrive sa dénonciation, qu'il la signe et la dépose sur le bureau, afin que ceux qu'il inculpe puissent répondre. Nous avons l'expérience que plusieurs parmi vous ont été victimes de la calomnie. Je suis loin de croire que Montaut ait des intentions mauvaises. Cependant vous avez entendu Merlin dont le récit vous a arraché les larmes des yeux; Merlin, ce républicain, si connu dans la République, qui a rendu les plus grands services à sa patrie; Merlin, que je déclare avoir toute ma confiance, au point que je me porterais pour garant qu'il n'a jamais trahi son pays.

Legendre. — Et moi aussi.

Lacroix. — Si les commissaires sont coupables, qu'ils soient traduits par devant le tribunal révolutionnaire qui en fera justice. Je ne reproche pas, moi, à Montaut, l'inertie de l'armée de la Moselle, inertie qui a perdu Mayence et Valenciennes. Mais pourquoi Merlin n'aurait-il pas le droit de dire à Montaut : « Vous êtes cause de la prise de Mayence, car vous n'êtes venu à son secours que lorsque vous avez su que la ville était prise! » Je termine par demander que Montaut rédige sa dénonciation, afin qu'on puisse y répondre.

Ruhl. — La Société populaire de Landau se plaint, dans une adresse, de l'inaction de l'armée du Rhin et de la Moselle. Elle demande la restitution des objets que cette armée a tirés de ses magasins. J'appuie la demande de de la Société de Landau, et je propose de décréter que tout ce que l'armée du Rhin a tiré des magasins de Landau y sera restitué. Cette ville est sur le point d'être attaquée et, si cette ville était prise, les départements du Rhin seraient perdus.

Chabot. — Et moi aussi, j'ai des faits à faire connaître sur la conduite de ce Merlin qu'on accuse. Ce n'est pas à Mayence que Merlin a signalé son courage pour la première fois. Merlin, au 10 août, a sauvé la Patrie. Je connaissais sa valeur; je me chargeai de la diriger par mes conseils. Merlin, armé de deux pistolets, a porté l'alarme au château et l'effroi dans l'âme du tyran. C'est sa présence, ce sont ses menaces, au milieu des royalistes dont il était entouré, qui les ont fait refluer du côté de la salle de nos séances.

C'est lui qui a forcé le tyran à se rendre au milieu de nous; et certes, on n'ignore pas que si le roi fût resté dans son château, la victoire eût coûté des milliers de victimes de plus aux patriotes qui avaient conjuré le renversement du trône. Dans une autre circonstance, Merlin s'unit à Bazire et à moi pour sauver des journalistes qui avaient attaqué de front le parti de la cour. Nous les couvrîmes de notre inviolabilité; nous savions que nous pouvions monter sur l'échafaud d'Orléans; mais nous ne voyions que le salut de la Patrie. Voilà cependant l'homme qu'on accuse aujourd'hui d'avoir manqué de courage. J'appuie la proposition de Lacroix.

Montaut. — Lorsque j'ai accusé le conseil défensif, je n'ai accusé les commissaires que parce qu'ils ne s'étaient pas opposés à ses opérations.

La discussion est fermée, et la proposition de Lacroix est décrétée.

Le *Moniteur* du 19 août nous apprit que Reubell avait rendu compte de la mission, dont lui et Merlin avaient été chargés, de faire connaître à la garnison de Mayence le décret qui avait déclaré qu'elle avait bien mérité de la patrie. Ensuite, ces Représentants demandèrent la lecture de la dénonciation de Montaut. Et, après le débat qui eut lieu à ce sujet, la Convention adopta le projet de décret présenté par Barère, par lequel Reubell et Merlin étaient nommés pour conduire l'armée de Mayence contre les rebelles de la Vendée.

Voici l'extrait du *Moniteur* contenant ce qui fut dit et décidé dans la séance du 17, relativement à ces diverses objets :

Reubell. — Nous vous aurions, mon collègue et moi, rendu compte de la seconde mission dont vous nous aviez chargés si, à notre retour, nous n'eussions trouvé une assignation pour aller déposer au tribunal extraordinaire dans l'affaire de Custine. Nous avons cru devoir d'abord obéir à la loi. Vous nous aviez chargés, Merlin et moi, de porter à la garnison de Mayence le décret qui déclarait qu'elle a bien mérité de la patrie. Nous avons rencontré la première division de 4 000 hommes à Sens. Notre seule présence a ranimé son courage un peu abattu par une malheureuse prévention : votre décret a fait le reste. Nous nous sommes ensuite rendus à Nancy; nous y avons trouvé nos deux collègues Prieur et Jean Bon Saint-André. Conjointement avec eux, nous avons lu à la troupe assemblée votre décret; toute la cité a assisté à cette solennité qui fut une fête vraiment civique, et toute la ville a retenti des cris de : « Vive la République ! Périssent les traîtres ! »

Nous revenions, remplis de joie, quand nous avons appris qu'une dénonciation avait été faite contre nous. Nous n'en connaissons pas les principaux points ; mais, sans préparation, je m'offre d'y répondre, si la Convention veut bien en faire donner lecture.

GARNIER. — Autant vous avez été sévères à poursuivre les généraux traîtres à la patrie, autant vous devez l'être envers ceux de nous qui se sont montrés lâches et indignes de leur caractère. Deux de nos collègues ont été dénoncés ici ; s'ils sont innocents, il est juste qu'ils continuent à jouir de l'intégrité de la confiance dont la Convention et la nation entière les ont investis ; s'ils sont coupables, montrons à la nation que nous savons punir ceux de nous qui ont trahi leur devoir. Je demande que la dénonciation soit lue et que les dénoncés répondent.

MERLIN DE THIONVILLE. — Je déclare qu'ayant été accusé (1) en présence de la France entière, c'est en sa présence aussi que nous voulons répondre. Que l'accusateur se montre, et ceux qui, avant lui, ont défendu la Patrie, sauront bientôt le confondre et le livrer au mépris qu'il mérite.

PLUSIEURS VOIX. — La lecture de la dénonciation !

Un membre observe que Montaut, accusateur, est absent.

BARÈRE. — Citoyens, je suis chargé par le Comité de Salut public de vous présenter un projet très urgent, et qui est la suite de ce que Reubell vient de dire. Il est malheureux que l'on n'ait pas trouvé sur-le-champ cette prétendue dénonciation contre des hommes dont le Comité a reconnu le patriotisme et les services importants dans la correspondance qu'ils ont entretenue avec le Comité de Salut public ; il est malheureux aussi de voir à cette occasion naître une espèce de procès par écrit entre des membres de cette assemblée. Le Comité de Salut public est informé que la première colonne mayençaise, en passant à Sens, a été travaillée par la plus perfide aristocratie. Les commissaires craignent que la séduction ne fasse des progrès, surtout à Orléans, où cette colonne va passer. Ils nous demandent l'envoi auprès de cette armée de deux commissaires de la Convention, du général Aubert-Dubayet et d'un adjoint du ministre de la guerre. Les mesures sont prises par rapport à Dubayet et à un bon commissaire des guerres ; mais c'est à vous de nommer ceux qui doivent sortir de votre sein.

UN GRAND NOMBRE DE VOIX. — Merlin et Reubell !

BARÈRE. — Voici le projet que vous propose à cet égard votre Comité de Salut public :

La Convention nationale, ouï le rapport de son Comité de Salut public, considérant qu'il est urgent d'accélérer la marche de la garnison de Mayence contre les rebelles de la Vendée, ainsi que de prévenir l'effet des

---

(1) Les pages suivantes manquent dans le manuscrit de Decaen. Elles figuraient probablement dans la citation qu'il fait du *Moniteur*.

manœuvres que des malveillants et des royalistes ont pratiquées et pratiquent encore auprès de ces braves défenseurs de la République, décrète :

ARTICLE PREMIER. — Les citoyens Merlin de Thionville et Reubell se rendront sur-le-champ à Orléans, en qualité de Représentants du peuple, pour joindre la garnison de Mayence et la conduire contre les rebelles de la Vendée.

ARTICLE 2. — Ils sont chargés d'établir à la suite de cette troupe un tribunal, conformément aux décrets, pour réprimer les délits militaires et punir les malveillants qui ont déjà tenté ou qui tenteraient de corrompre l'esprit de l'armée.

Ce projet de décret est adopté.

N... — Je demande à dire un mot que je crois important. On s'est plaint continuellement de la conduite de Reubell à Mayence ; je demande qu'elle soit examinée avant qu'il parte pour cette nouvelle commission. Il était toujours sous un blindage et il ne paraissait jamais que dans les suspensions d'armes ; il ne visitait jamais le soldat ; enfin, il ne remplissait aucune des fonctions de commissaire. Voilà ce que j'ai entendu dire.

PLUSIEURS VOIX. — Par qui?

N... — Par Béril (1), commandant du génie à Mayence.

REUBELL. — Je m'en rapporte, pour juger ma conduite, à Béril.

MERLIN. — Béril est un ci-devant noble, mais c'est un des meilleurs patriotes et je m'en rapporte également à lui.

REUBELL. — Voici quelle fut ma conduite à Mayence. Merlin s'était chargé de la partie militaire et moi, de la partie administrative ; et c'est dans celle-là surtout qu'on s'occupe le plus du soulagement des soldats. Je n'ai jamais su ce que c'était qu'un blindage ; j'en atteste Merlin : qu'il dise si je n'étais pas tous les jours au quartier général ; le général de Blou y fut tué à mes côtés, et je ne l'ai quitté que lorsqu'il fut totalement brûlé. On m'a vu tous les jours dans Mayence, et la preuve en est que notre résistance à toute capitulation ayant aigri quelques esprits, on tira sur moi dans les rues un coup de fusil que je n'évitai que parce que je me baissai pour rendre un salut à quelques militaires. J'appris, un autre jour, qu'on voulait dériver quelques bateaux sur lesquels les ennemis faisaient jouer des batteries ; je sentis qu'elles pouvaient nous être utiles ; je me rendis sur le pont du Rhin, d'où l'on avait fait retirer les troupes à cause du feu continuel des ennemis ; je fis retirer les bateaux, je passai sous une nuée de boulets, et l'un d'eux me couvrit de terre. J'appelle en témoignage de ma conduite tous les soldats de la garnison, je n'en récuse aucun ; ils m'ont vu à l'hôpital militaire, où j'allais tous les jours, quoique les boulets y tuassent beaucoup de monde. On ne nous a jamais fait aucun reproche dans Mayence que celui de sacrifier à notre vanité la vie des Français pour conserver une place étrangère, car personne ne connaissait le décret de la réunion. Un mot était toute notre réponse : nous faisions notre devoir; nous tenions en échec

---

(1) Il a été impossible d'identifier ce Béril. Il faut peut-être lire *Vérine*.

quatre-vingt mille hommes qui eussent inondé notre pays. Au reste, je rends grâce à mon collègue de m'avoir mis dans le cas de dire la vérité.

Merlin. — Je n'ai qu'un mot à dire. Je demande qu'une commission militaire nous juge tous; et si l'on me prouve qu'il y avait dans Mayence une place large comme mon chapeau où un homme pût être en sûreté pendant une heure, je porterai volontiers ma tête sur l'échafaud.

Reubell. — Je demande le rapport du décret qui me nomme commissaire. *(Un très grand nombre de voix :* Non, non.)

Chabot. — Il était naturel, à l'époque où la Montagne a écrasé le fédéralisme, que les ennemis du bien public cherchassent à détruire la Montagne par elle-même ; car cette terrible Montagne est la terreur de tous les aristocrates et le seul espoir de la liberté. Le système de calomnie dirigé depuis longtemps contre elle devait nécessairement avoir plus de prise sur ceux de ses membres qui, placés près de cette brave garnison, ne pouvaient répondre aux faits qu'on alléguait contre eux. La Convention doit aujourd'hui leur donner le moyen de se disculper. Quant à moi, je ne prononcerai pas sur le citoyen Reubell que je ne connais pas assez ; mais Merlin, dont je connais le caractère, en eût fait justice s'il eût été capable d'une lâcheté. Nos calomniateurs ne sont peut-être pas encore à la hauteur de notre caractère : qu'ils apprennent que nous avions fait entrer dans nos calculs politiques la chance de faire voir nos têtes au bout d'une pique ; qu'ils aillent le demander à Amiens où une balle m'a coupé les cheveux, où j'ai affronté, moi seul, sept mille baïonnettes et fait mettre bas les armes à cette armée d'aristocrates qui menaçaient de frapper ce sacré capucin ; qu'on aille le demander à Toulouse. Je jure par la liberté que si Reubell eût été capable d'une trahison, Merlin en eût fait justice à la France entière. Je demande que tous deux soient nommés commissaires.

Barère. — J'appuie cette proposition. Je dois citer ici un fait qui fait honneur à Merlin. Il aperçoit 1 500 Prussiens qui, dans une position favorable, insultaient aux Français : « S'il y a ici, dit-il, *vingt-cinq grenadiers de bonne volonté, qu'ils se détachent, et nous irons débusquer ces brigands.* » Merlin part à la tête des vingt-cinq hommes, et ils mettent les 1 500 Prussiens en déroute. Au reste, la plus belle réponse qu'ils pourront faire à leurs calomniateurs sera la lettre par laquelle ils apprendront à la Convention que les rebelles de la Vendée sont exterminés. On craignait le passage de l'armée mayençaise à Orléans; deux officiers municipaux de cette ville, qui se trouvaient ici, sont repartis avec des instructions afin d'empêcher les malveillants d'agir (1).

---

(1) Ici s'arrête le compte rendu de la partie de la séance consacrée à Mayence et aux Mayençais.

SITUATION DES TROUPES

en garnison ou cantonnées à Mayence, Kastel et le fort de Mars, île Saint-Pierre, et campées dans les ouvrages extérieurs, le *6 mai 1793*, l'an II de la République.

DÉSIGNATION DES PLACES	RÉGIMENTS et BATAILLONS	NOMBRE					TOTAL	CHEVAUX			
		Officiers	Hommes présents	Aux hôpitaux	En congé ou détachés	Prisonniers de guerre		d'officiers	en bon état	malades	TOTAL
Mayence	Infanterie......	454	7 175	737	99	549	9 014	»	»	»	»
	Artillerie de ligne et auxiliaire...	71	1 090	85	200	18	1 464	»	»	»	»
	Artillerie volante et auxiliaire...	6	121	11	1	9	142	7	76	8	91
	Mineurs.......	5	59	1	»	»	65	»	»	»	»
	Matelots.......	19	193	»	»	»	212	»	»	»	»
	Troupes à cheval.	68	1 029	95	121	28	1 341	127	892	66	1 085
Kastel et fort Mars	Infanterie......	298	5 094	658	223	70	6 343	»	»	»	»
Île Saint-Pierre..	Infanterie......	89	1 286	83	82	373	1 913	»	»	»	»
Camps.	Infanterie......	286	5 142	573	125	148	6 274	»	»	»	»
	Totaux.....	1 296	21 189	2 243	854	1 189[1]	26 768	134	968	74	1 176

Hôpitaux........... { à Mayence...... 1 198
extérieur....... 1 045

Total des hopitaux....... 2 243

L'ADJUTANT GÉNÉRAL,

Signé : CHADELAS.

[1] Le total exact serait 1 195.

DÉSIGNATION DES PLACES	RÉGIMENTS et BATAILLONS	NOMBRE					TOTAL	CHEVAUX			
		Officiers	Hommes présents	Aux hôpitaux	En congé ou détachés	Prisonniers de guerre		d'officiers	en bon état	malades	TOTAL
Mayence	2ᵉ régᵗ grenadiers	57	769	116	3	59	1 004	»	»	»	»
	4ᵉ — —	40	840	143	19	14	1 056	»	»	»	»
	32ᵉ régᵗ d'infantᵉ.	41	729	98	»	32	900	»	»	»	»
	1ᵉʳ batᵒⁿ des Amis de la République	27	356	32	3	»	418	»	»	»	»
	2ᵉ batᵒⁿ des Amis de la République	31	455	49	1	»	536	»	»	»	»
	9ᵉ batᵒⁿ de la Hᵗᵉ-Saône........	29	430	27	5	67	558	»	»	»	»
	10ᵉ batᵒⁿ de la Hᵗᵉ-Saône........	29	336	18	9	212	604	»	»	»	»
	11ᵉ batᵒⁿ de la Hᵗᵉ-Saône........	26	405	31	14	»	476	»	»	»	»
	12ᵉ batᵒⁿ de la Hᵗᵉ-Saône........	30	459	18	»	»	507	»	»	»	»
	5ᵉ batᵒⁿ du Haut-Rhin.........	23	405	5	»	90	523	»	»	»	»
	4ᵉ batᵒⁿ du Calvados.........	38	561	53	19	»	671	»	»	»	»
	6ᵉ batᵒⁿ du Calvados.........	26	373	68	12	»	479	»	»	»	»
	8ᵉ batᵒⁿ des Vosges	26	539	22	14	35	676[1]	»	»	»	»
	Chasseurs de Saône-et-Loire.	18	298	31	»	»	347	»	»	»	»
	Dépôts des 13ᵉ et 48ᵉ régᵗˢ et 2ᵉ bᵒⁿ des Vosges....	13	220	26	»	»	259	»	»	»	»
	Totaux.....	454	7 175	737	99	549[3]	9 014[3]	»	»	»	»
Mayence	Matelots.......	19	193	»	»	»	212	»	»	»	»

[1] Le total exact serait 636.
[2]   id.   509.
[3]   id.   8 974.

DÉSIGNATION DES PLACES	RÉGIMENTS et BATAILLONS	NOMBRE					TOTAL	CHEVAUX			
		Officiers	Hommes présents	Aux hôpitaux	En congé ou détachés	Prisonniers de guerre		d'officiers	en bon état	malades	TOTAL
Mayence	Artillerie et auxiliaire......	71	1 090	85	200	18	1 464	»	»	»	»
	Artillerie volante et auxiliaire...	6	121	11	1	3	142	7	76	8	91
	Mineurs.......	5	59	1	»	»	65	»	»	»	»
	Totaux.....	82	1 270	97	201	21	1 671	7	76	8	91
Mayence	7ᵉ régᵗ de chass. à cheval......	25	364	41	2	10	442	56	320	26	402
	10ᵉ régᵗ de chass. à cheval......	6	122	13	»	»	141	8	123	1	132
	Détach. du 2ᵉ régᵗ chass. à cheval.	5	80	5	»	»	90	9	60	27	96
	14ᵉ régᵗ de cavalⁱᵉ	28	357	33	110	18	546	49	314	12	395
	Détach. du 8ᵉ régᵗ de cavalerie...	4	106	3	9	»	122	9	60	27	96
	Totaux.....	68	1 029	95	121	28	1 341	127	892	66	1 085
Kastel et fort Mars	3ᵉ régᵗ grenadiers	43	868	174	12	»	1 097	»	»	»	»
	57ᵉ régᵗ d'infantⁱᵉ.	53	947	111	4	18	1 133	»	»	»	»
	82ᵉ régᵗ —	33	643	39	1	23	739	»	»	»	»
	3ᵉ batᵒⁿ du Jura..	27	307	29	28	24	415	»	»	»	»
	5ᵉ batᵒⁿ —	29	312	44	20	»	405	»	»	»	»
	Fédérés nationaux.........	25	364	40	139	»	568	»	»	»	»
	3ᵉ batᵒⁿ des Vosges	28	462	49	16	5	560	»	»	»	»
	10ᵉ batᵒⁿ de la Meurthe......	28	573	73	»	»	674	»	»	»	»
	Chasseurs républicains.......	25	458	79	3	»	565	»	»	»	»
	Dépôt du 7ᵉ chasseurs	7	160	20	»	»	187	»	»	»	»
	Totaux.....	298	5 094	658	223	70	6 343	»	»	»	»

DÉSIGNATION DES PLACES	RÉGIMENTS et BATAILLONS	NOMBRE					TOTAL	CHEVAUX			
		Officiers	Hommes présents	Aux hôpitaux	En congé ou détachés	Prisonniers de guerre		d'officiers	en bon état	malades	TOTAL
Ile St-Pierre	2ᵉ batᵒⁿ du Jura..	29	369	19	23	»	440	»	»	»	»
	9ᵉ batᵒⁿ —	27	595	40	19	»	681	»	»	»	»
	7ᵉ batᵒⁿ des Vosges	33	322	24	40	373	792	»	»	»	»
	Totaux.....	89	1 286	83	82	373	1 913	»	»	»	»
Camps	1ᵉʳ régᵗ de grenadiers......	45	858	160	50	»	1 113	»	»	»	»
	62ᵉ régᵗ de grenadiers......	30	770	72	13	1	886	»	»	»	»
	2ᵉ batᵒⁿ de l'Ain.	29	422	29	5	13	498	»	»	»	»
	2ᵉ batᵒⁿ de Seine-et-Oise.......	28	425	39	7	20	519	»	»	»	»
	13ᵉ batᵒⁿ des Vosges.......	28	503	34	21	»	586	»	»	»	»
	2ᵉ batᵒⁿ de la Hᵗᵉ-Saône........	28	391	43	15	27	504	»	»	»	»
	3ᵉ batᵒⁿ de la Nièvre.......	33	564	124	»	»	721	»	»	»	»
	4ᵉ batᵒⁿ du Haut-Rhin.........	32	556	28	14	»	630	»	»	»	»
	6ᵉ batᵒⁿ du Bas-Rhin.........	33	653	44	»	87	817	»	»	»	»
	Totaux.....	286	5 142	573	125	148	6 274	»	»	»	»

SITUATION DES TROUPES

en garnison ou cantonnées à Mayence, Kastel et le fort de Mars, île Saint-Pierre, et campées dans les ouvrages extérieurs, le *1er juin 1793*, l'an II de la République.

DÉSIGNATION DES PLACES	RÉGIMENTS et BATAILLONS	NOMBRE					TOTAL	CHEVAUX			
		Officiers	Hommes présents	Aux hôpitaux	En congé ou détachés	Prisonniers de guerre		d'officiers	en bon état	malades	TOTAL
Mayence	Infanterie	414	6 303	743	184	185	7 829	»	»	»	»
	Artillerie de ligne et auxiliaire	64	1 048	82	10	1	1 205	»	»	»	»
	Artillerie volante et auxiliaire	6	123	10	1	»	140	9	92	2	103
	Mineurs	5	70	1	»	»	76	»	»	»	»
	Matelots	19	175	1	»	»	195	»	»	»	»
	Troupes à cheval	78	919	74	112	28	1 211	124	801	49	974
Kastel et fort Mars	Infanterie	399	5 769	701	244	414	7 527	»	»	»	»
Ile Saint-Pierre	Infanterie	97	1 360	119	47	482	2 105	»	»	»	»
Camps	Infanterie	292	4 684	525	89	101	5 688	»	90	6	96
	TOTAUX	1 374	20 448	2 256	687	1 211	25 976	133	983	57	1 173

Hôpitaux........... { à Mayence...... 1 203
extérieur....... 1 053

TOTAL................. 2 256

DÉSIGNATION DES PLACES	RÉGIMENTS et BATAILLONS	NOMBRE					TOTAL	CHEVAUX			
		Officiers	Hommes présents	Aux hôpitaux	En congé ou détachés	Prisonniers de guerre		d'officiers	en bon état	malades	TOTAL
Mayence	1er régt de grenadiers......	45	850	147	50	»	1 092	»	»	»	»
	4e régt de grenadiers......	48	831	127	17	27	1 050	»	»	»	»
	57e régt de grenadiers......	56	655	106	4	19	840	»	»	»	»
	82e régt de grenadiers......	25	434	39	1	19	518	»	»	»	»
	1er baton des Fédérés........	28	358	26	3	»	415	»	»	»	»
	3e baton du Jura.	25	284	26	28	24	387	»	»	»	»
	5e baton —	29	292	48	20	»	389	»	»	»	»
	11e baton de la Haute-Saône...	27	404	31	14	»	476	»	»	»	»
	3e baton des Vosges	28	451	54	16	6	555	»	»	»	»
	10e baton de la Meurthe......	29	491	71	17	»	608	»	»	»	»
	4e baton du Haut-Rhin.........	22	555	32	14	«	633[1]	»	»	»	»
	5e baton du Bas-Rhin.........	24	404	4	»	90	522	»	»	»	»
	Chasseurs de Saône-et-Loire.	12	294	32	»	»	344[2]	»	»	»	»
	Totaux.....	414[3]	6 303	743	184	185	7 829[4]	»	»	»	»
Mayence	Artillerie de ligne	64	1 048	82	10	1	1 205	»	»	»	»
	Artillerie volante et auxiliaire...	6	123	10	1	»	140	9	92	2	103
	Mineurs.......	5	70	1	»	»	76	»	»	»	»
	Matelots.......	19	175	1	»	»	195	»	»	»	»
	Totaux.....	94	1 416	94	11	1	1 616	9	92	2	103

[1] Le total exact serait 623.
[2] Id. 338.
[3] Id. 398.
[4] Id. 7 813.

DÉSIGNATION DES PLACES	RÉGIMENTS et BATAILLONS	NOMBRE					TOTAL	CHEVAUX			
		Officiers	Hommes présents	Aux hôpitaux	En congé ou détachés	Prisonniers de guerre		d'officiers	en bon état	malades	TOTAL
Mayence	14ᵉ régᵗ de cavalerie........	28	350	34	110	18	540	47	304	13	364
	7ᵉ régᵗ de chasseurs	33	326	16	2	10	387	55	302	18	375
	Détachement du 2ᵉ chasseurs...	5	69	3	»	»	77	5	57	»	62
	Détachement du 8ᵉ chasseurs...	4	96	8	»	»	108	8	51	18	77
	Détachement du 10ᵉ chasseurs..	8	78	13	»	»	99	9	87	»	96
	Totaux.....	78	919	74	112	28	1 211	124	801	49	974
Kastel et Fort Mars	3ᵉ régᵗ de grenadiers.......	64	892	113	6	13	1 088	»	»	»	»
	32ᵉ régᵗ d'infantᵢₑ.	35	529	110	5	32	711	»	»	»	»
	Chasseurs républicains.......	25	333	59	118	»	535	»	»	»	»
	1ᵉʳ batᵒⁿ des Amis de la République	27	267	24	3	»	321	»	»	»	»
	4ᵉ batᵒⁿ du Calvados	37	548	57	19	»	661	»	»	»	»
	6ᵉ batᵒⁿ du Calvados	25	321	69	11	»	426	»	»	»	»
	9ᵉ batᵒⁿ du Jura.	34	576	54	31	»	695	»	»	»	»
	9ᵉ batᵒⁿ de la Hᵗᵉ-Saône........	31	429	27	5	64	556	»	»	»	»
	10ᵉ batᵒⁿ de la Hᵗᵉ-Saône........	29	331	21	9	312	602[1]	»	»	»	»
	12ᵉ batᵒⁿ de la Hᵗᵉ-Saône........	30	436	21	»	»	487	»	»	»	»
	8ᵉ batᵒⁿ des Vosges	34	452	67	14	74	641	»	»	»	»
	16ᵉ batᵒⁿ de chasseurs	28	655	79	23	19	804	»	»	»	»
	Totaux.....	399	5 769	701	244	514	7 527[2]	»	»	»	»

[1] Le total exact serait 702.
[2] Id. 7 527.

DÉSIGNATION DES PLACES	RÉGIMENTS et BATAILLONS	NOMBRE					TOTAL	CHEVAUX			
		Officiers	Hommes présents	Aux hôpitaux	En congé ou détachés	Prisonniers de guerre		d'officiers	en bon état	malades	TOTAL
Ile St-Pierre	2ᵉ batᵒⁿ de Seine-et-Oise.......	28	391	41	7	21	488	»	»	»	»
	2ᵉ batᵒⁿ du Bas-Rhin..........	35	647	43	»	89	814	»	»	»	»
	7ᵉ batᵒⁿ des Vosges	34	322	35	40	372	803	»	»	»	»
	Totaux.....	97	1 360	119	47	482	2 105	»	»	»	»
Camps	2ᵉ régᵗ de grenadiers........	56	809	109	3	58	1 035	»	»	»	»
	62ᵉ régᵗ d'infantⁱᵉ.	33	761	69	13	2	878	»	»	»	»
	2ᵉ batᵒⁿ de la République......	31	435	54	1	»	521	»	»	»	»
	2ᵉ batᵒⁿ de l'Ain.	35	408	30	51	13	491¹	»	»	»	»
	2ᵉ batᵒⁿ du Jura.	29	343	23	23	»	418	»	»	»	»
	2ᵉ batᵒⁿ de la Hᵗᵉ-Saône........	29	385	44	23	28	509	»	»	»	»
	13ᵉ batᵒⁿ des Vosges..........	28	511	23	21	»	583	»	»	»	»
	3ᵉ batᵒⁿ de la Nièvre...........,	34	545	128	»	»	707	»	»	»	»
	Volontaires de siège	17	484	45	»	»	546	»	90	6	96
	Totaux.....	292	4 681	525	89²	101	5 688³	»	90	6	96

¹ Le total exact serait 537.
²   Id.   135.
³   Id.   5 734.

LES SIX PAGES QUI SUIVENT
SONT UN RÉSUMÉ DE LA BIOGRAPHIE DE DECAEN
DEPUIS SON ARRIVÉE A NANTES
JUSQU'AU 6 MESSIDOR AN IV (24 JUIN 1796).

Les défenseurs de Mayence se réunirent à Nantes, les 6, 7 et 8 septembre, à l'armée des Côtes de Brest (1) ; ils allaient prendre part aux opérations contre les Vendéens, de concert avec cette dernière, commandée par le général Canclaux, et avec celle des Côtes de la Rochelle, placée sous les ordres du général Rossignol. A leur tête étaient : Dubayet, commandant en chef ; Kléber, commandant l'avant-garde (2) ; Vimeux, commandant la première brigade (3), Beaupuy, la seconde, et Haxo la réserve (4).

Decaen fit partie, en qualité d'adjoint, de l'état-major de Kléber (5). Il remplit ensuite les fonctions d'adjudant général auprès du général Bloss (6) qui fut tué le 27 octobre 1793 au pont de Château-Gontier (7), puis auprès de Marigny, promu général de brigade par les Représentants du peuple le 24 octobre (8). Il prit part avec lui, en novembre, aux coups de main sur Pontorson et Dol (9), puis sur Laval (10).

Appelé au commandement d'un corps de volontaires dénommé les « Chasseurs francs », qui devait comprendre mille hommes d'infanterie et trois cents cavaliers, Marigny chargea son adjoint de les recruter (11).

Decaen reçut le 6 frimaire, à l'âge de vingt-quatre ans, sa nomination au grade d'adjudant général, « en considération de la

---

(1) A. H. G., Correspondance, Armée des Côtes de Brest septembre-octobre 1793.
(2) Aubert-Dubayet au ministre, La Naudière, 11 septembre 1793. (A. H. G., Correspondance, Armée des Côtes de Brest.)
(3) SAVARY, *Guerre des Vendéens et des Chouans contre la République française*, t. II. p. 132.
(4) Canclaux à Haxo, Clisson, 21 septembre 1793. (A. H. G., Correspondance, Armée des Côtes de Brest.)
(5) SAVARY. t. II, p. 230. (État de situation de l'armée de Mayence, octobre 1793.)
(6) Papiers Decaen, vol. 6, fol. 139 verso.
(7) SAVARY, t. II, p. 304.
(8) Papiers Decaen, vol. 6, fol. 104 verso, et A. A. G.
(9) *Id.* fol. 109, recto.
(10) *Id.*, fol. 115, recto. (Citation d'un rapport de Kléber qu'on retrouve dans SAVARY, t. II, p. 389.)
(11) *Id.* fol. 118 recto.

bravoure et des talents militaires dont il avait fait preuve (1) ».

Au cours d'une des expéditions sans nombre exécutées par les Républicains, Decaen faillit être tué par un Vendéen qu'il poursuivait et voulait épargner (2). Une autre fois, il eut l'occasion de sauver la vie à un jeune homme, nommé Richard, qui devait lui en témoigner la plus vive reconnaissance (3).

Dans l'engagement où Marigny fut tué, à Durtal, le 14 frimaire, Decaen, à la tête d'un peloton de hussards, chargea les tirailleurs ennemis et fit ramener sous leur feu le corps de son jeune et intrépide général (4).

Il le remplaça provisoirement dans ses fonctions (5) et exécuta plusieurs opérations de concert avec le général Westermann qui, l'ayant apprécié, lui proposa de servir auprès de lui comme adjudant général. Decaen refusa, prétendant qu'il n'avait jusquelà guère porté chance aux généraux qui l'avaient employé en cette qualité : il préférait ne pas être spécialement attaché à un nouveau chef (6).

Pendant toute cette dure campagne, Decaen s'efforçait de ramener à la République, plutôt que de les exterminer, les Vendéens que son devoir l'obligeait à poursuivre. Ayant, avec plusieurs officiers, promis la vie sauve à un certain nombre d'entre eux s'ils mettaient bas les armes (7), il ne put contenir son indignation en apprenant que, sans égard pour la parole donnée, les « impitoyables Représentants » Turreau et Prieur avaient fait fusiller en masse ces malheureux (8).

Dans les premiers jours de nivôse, une jeune fille noble, Mlle de Clairval, faite prisonnière avec un groupe de Vendéens, fut sauvée du déshonneur par un officier sous les ordres de Decaen (9); elle put rentrer à Angers, le 29 nivôse, vêtue et armée comme un chasseur, dans les rangs des troupes républicaines. Elle devait plus tard épouser son sauveur.

---

(1) Papiers Decaen, fol. 119, recto.
(2) *Id.*, fol. 121, verso.
(3) *Id.*, fol. 122, verso; 123, recto.
(4) *Id.*, fol. 123, verso.
(5) *Id.*, fol. 124, recto.
(6) *Id.*, fol. 139, verso.
(7) *Id.*, fol. 149, verso.
(8) *Id.*, fol. 155, verso.
(9) *Id.*, fol. 156, verso.

Westermann étant parti en congé à Paris, Decaen demanda à rejoindre Kléber, alors relégué avec Marceau à Châteaubriand (1).

A son arrivée à Angers, le 29 nivôse, touché de l'infortune de l'adjudant général Desmarres, injustement poursuivi, il lui offrit de le faire échapper. Confiant dans la justice de son pays, Desmarres refusa de fuir : le tribunal révolutionnaire devait le faire guillotiner (2).

Au 14 germinal an II (3 avril 1794) (3), Kléber donna à Decaen le commandement de toutes les troupes dépendant du cantonnement de La Gravelle, bourg situé entre Vitré et Laval (4). Le pays était divisé en arrondissements à la tête desquels Kléber avait placé des adjudants généraux. Il leur avait assigné comme but « la destruction totale des Chouans, le retour de l'ordre, le maintien de la discipline militaire » (5). Mais, appelé à l'armée du Nord par un arrêté du Comité de Salut public, il écrivit, le 15 floréal, à Decaen pour l'aviser de son départ. Decaen en éprouva une peine indicible (6). Kléber, en passant à La Gravelle, le consola de son mieux et lui laissa, en partant, un certificat des plus élogieux (7).

Le 25 prairial, Decaen reçut l'ordre de se rendre avec ses troupes à Segré (8). Par son zèle et son courage, il s'était acquis l'estime et l'affection de son nouveau chef, le général Vachot, bientôt remplacé par le général Humbert (9). Ce dernier, tardant à accorder des renforts que Decaen lui demandait avec instance, reçut de son subordonné une lettre ainsi conçue : « Je suis étonné, général, qu'il ne me soit fait aucune réponse à mes diverses demandes, et qu'on me laisse abandonné à moi-même dans un pays où des scènes sanglantes se renouvellent journellement. Je t'annonçais hier cinq habitants égorgés depuis le premier du mois. Six augmentent ce nombre depuis hier soir.

« En vérité, il est extraordinaire qu'on garde le silence sur de

---

(1) Papiers Decaen, fol. 158, recto et verso.
(2) Id., fol. 164, recto et verso.
(3) La relation originale de Decaen reprend à cette date sous le titre : *Mémorial de mes services pendant le temps que j'ai fait la guerre contre les Chouans.*
(4) Papiers Decaen, vol. 6 fol. 175.
(5) Id., fol. 177, verso.
(6) Id., fol. 185, verso.
(7) Id., fol. 186, recto.
(8) Id., fol. 191, recto.
(9) Id., fol. 203, recto.

pareils rapports et qu'on ne prenne aucun moyen pour empêcher ces malheurs. Il faut des soldats, général, en plus grand nombre dans le territoire qui m'est confié..... Un objet encore fort intéressant, qu'on ne prend pas non plus en considération malgré toutes mes sollicitations (combien de fois renouvelées!), c'est que les soldats sont nus. J'ai le douloureux spectacle de voir des soldats en faction sans habits!

« J'espère que tu me feras au moins une réponse, et qu'enfin tu m'annonceras bientôt les secours que je sollicite (1). »

Humbert ne put lui envoyer que de bonnes paroles (2).

Au 5 frimaire an III, le général Hoche avait remplacé le général Moulin au commandement de l'armée des Côtes de Brest, à laquelle avait été réunie l'armée des Côtes de Cherbourg, placée sous les ordres de Dubayet (3).

Le 3 nivôse au soir, Decaen voit entrer dans sa chambre, sans qu'il en ait été prévenu, « un homme jeune, d'une belle taille, jolie figure ». Il se lève pour aller au devant de lui. « On se garde fort mal ici, dit l'inconnu. — Qui es-tu pour me faire cette observation? réplique Decaen. — Le général en chef, » déclare l'étranger. C'était Hoche : il était entré dans la ville sans que la garde fût sortie pour le reconnaître. Il trouvait d'ailleurs Decaen dans sa chambre, occupé à étudier la carte de la région, et se montra satisfait du court entretien qu'il eut avec lui (4).

Le 6 nivôse, dans une nouvelle entrevue avec le général en chef, Decaen lui proposa le système des colonnes mobiles comme un des moyens les plus sûrs de se débarrasser des « brigands » et, sur la demande de Hoche, il accepta de se charger de mettre ce système en pratique.

Mais, le même jour, il reçut de Merlin de Thionville, alors commissaire auprès de l'armée devant Mayence, l'ordre de se rendre sans délai à cette armée. Hoche, à qui il communiqua immédiatement cet ordre, ne parut pas disposé à laisser partir un subordonné à qui il venait de donner des marques aussi positives de son

---

(1) Papiers Decaen, fol. 205, verso.
(2) *Id.*, fol. 206, recto.
(3) *Id.*, fol. 210, verso.
(4) *Id.*, fol. 216, verso.

estime et de sa confiance (1). Mais Decaen lui exposa les raisons de son grand attachement pour Kléber, qu'il désirait rejoindre et, sur ses instances, se vit enfin accordé l'autorisation qu'il demandait.

Le 12 nivôse (1ᵉʳ janvier 1795), Decaen quitta Segré et alla passer quelques jours à Caen, dans sa famille, puis une huitaine à Paris. Il devait rejoindre ses adjoints à Strasbourg (2).

Cinq mois après son arrivée à l'armée de Rhin-et-Moselle, il partit en mission sur les frontières de la Suisse. Merlin de Thionville le chargea, le 24 messidor an III, de se rendre à Rheinfelden par « le chemin convenable à la cavalerie », de reconnaître une position devant cette ville « où l'on pourrait couvrir quatre escadrons et les pièces d'artillerie légère », ainsi que la « porte par laquelle on fondra dans la ville le sabre à la main ». Decaen devait aussi reconnaître les gorges du mont Terrible et y trouver un chemin par lequel vingt mille hommes pourraient défiler avec les canons de campagne (3).

A la suite de cette mission, il fut nommé chef de brigade, le 26 fructidor an III et, le 4 brumaire an IV, il recevait du chef d'état-major général de l'armée de Rhin-et-Moselle l'ordre de se rendre à la division du général Beaupuy où il devait être employé (4). Le 14 brumaire, Pichegru lui expédiait ses lettres de service (5).

Le 21 brumaire, l'adjudant général Decaen fut fait prisonnier à l'attaque de Frankenthal où il avait pénétré à la tête d'une colonne (6). En apprenant cette nouvelle, Pichegru chargea le général Beaupuy d'assurer Decaen de son estime et l'autorisa à l'échanger contre un officier de l'armée impériale (7).

Decaen fut rendu sur parole d'honneur à la France, le 11 ventôse an IV, et échangé contre le baron de Brabeck, colonel du régiment de Thurn-Infanterie, le 12 germinal (8). Le 14 flo-

---

(1) Papiers Decaen, fol. 218, recto et verso.
(2) *Id.*, fol. 220, verso.
(3) Instruction de Merlin à Decaen, papiers Decaen, vol. 25, fol. 41.
(4) Ordre à Decaen, papiers Decaen, vol 25, fol. 91.
(5) Pichegru à Decaen, papiers Decaen, vol. 25, fol. 93.
(6) Pichegru au Comité de Salut public, Friedelsheim, 22 brumaire an IV. (A. H. G. Armée de Rhin-et-Moselle, Correspondance.)
(7) Pichegru à Beaupuy, 22 brumaire an IV, papiers Decaen, vol. 25, fol. 97.
(8) Déclaration de la Commission militaire impériale des échanges de prisonniers, papiers Decaen, vol. 25, fol. 104.

réal (3 mai), Reynier, chef d'état-major de l'armée de Rhin-et-Moselle, l'avisait qu'il venait d'être compris sur l'état, arrêté par le Directoire exécutif, des adjudants généraux employés à l'armée de Rhin-et-Moselle pour la campagne qui allait s'ouvrir (1).

Moreau, qui commandait cette armée, se disposait à franchir le Rhin. Un projet de passage fut arrêté : l'exécution en fut confiée à Bellavène, Abbatucci et Decaen.

(1) Reynier à Decaen, Haguenau, 14 floréal an IV, papiers Decaen, vol. 25, fol. 109.

ARMÉE DE RHIN-ET-MOSELLE
1796

ARMÉE DE RHIN-ET-MOSELLE [1]

1796

Journal tenu par le général de brigade Decaen de la campagne qu'il a faite à l'armée de Rhin-et-Moselle, commencé le 6 messidor an IV.

CHAPITRE PREMIER

Passage du Rhin par l'armée de Moreau. — Trois attaques sont dirigées sur Kehl. — Decaen commande l'une d'elles. — Cinq bateaux partent avec lui — Seul son bateau aborde la rive ennemie. — Les troupes républicaines se maintiennent à grand'peine. — L'infanterie de Montrichard charge la cavalerie autrichienne. — Trait d'audace extraordinaire. — Decaen enlève Neumühl. — Combats de Kork. — L'état-major de Moreau manque d'être enlevé par les cuirassiers de Kavanagh. — Decaen attaque le camp ennemi à Willstätt. — Autre trait d'intrépidité d'un maréchal des logis. — Sainte-Suzanne enlève Linx. — Decaen, secondé par Abbatucci, s'empare de Sand. — Il est chargé d'attaquer la gauche du camp des émigrés. — L'erreur de marche d'une colonne d'infanterie compromet le succès. — Decaen rétablit le combat. — Il prend aux Autrichiens cent hommes et soixante chevaux.

Le projet de passage, concerté et arrêté par le chef de bataillon du génie Boisgérard, le chef des pontonniers Dedon et les adjudants généraux Bellavène (2), Abbatucci (3) et Decaen, le 30 prai-

---

(1) Pour cette partie des Mémoires de Decaen comprenant son journal pendant l'an V, l'abréviation A. H. G. n'est suivie, dans les références, d'aucune autre mention quand la pièce provient des cartons ou registres de l'armée de Rhin-et-Moselle.
(2) Bellavène (Jacques-Nicolas), né le 20 octobre 1770 à Verdun (Meuse); cavalier, le 24 mars 1791; sous-lieutenant, le 10 mai 1792; adjudant général chef de bataillon, le 28 germinal an II; chef de brigade, le 3 messidor an II; général de brigade, le 6 messidor an IV; mis hors de combat par blessures, le 17 messidor an IV; inspecteur aux revues, le 8 pluviôse an VIII; fut chargé d'apporter le traité de Lunéville à Paris; administrateur général des Postes, le 1er germinal an IX; général de division, le 4 octobre 1807; inspecteur général des Écoles militaires, le 1er juillet 1812; commandant l'École spéciale militaire, le 20 mars 1815; retraité le 18 octobre 1815; mort à Boussay (Seine-et-Oise), le 16 février 1826. (A. A G.)
(3) Abbatucci (Charles), né le 15 novembre 1770 à Zicavo (Corse); lieutenant, le 6 jan-

rial, fut adopté par le général en chef Moreau, qui donna les ordres pour faire marcher les troupes qui arrivèrent au point de passage, le 5 messidor, à huit heures du soir, composées, savoir :

du 2ᵉ bataillon de la 3ᵉ demi-brigade d'infanterie légère ;
du 2ᵉ bataillon de la 16ᵉ demi-brigade d'infanterie légère ;
de la 31ᵉ demi-brigade ;
des deux premiers bataillons de la 89ᵉ.

Trois attaques sur Kehl furent disposées aux ordres du général de division Ferino (1) : Montrichard, adjudant général (2), commandait l'attaque de droite, Abbatucci, l'attaque de gauche, et moi, je devais entrer dans un bras du Rhin nommé Erlenrhein pour m'emparer d'un pont qui devait donner la communication des attaques de droite et de gauche, et il fallait, à cet effet, enlever une redoute qui servait de tête de pont (3).

Les deux bataillons de la 3ᵉ et 16ᵉ demi-brigade d'infanterie légère furent destinés pour le premier débarquement et répartis suivant le projet.

Il était environ deux heures du matin quand les premiers bateaux furent mis en mouvement. Abbatucci partit le premier, la division de Montrichard après, et les troupes que je commandais marchaient ensuite. Lorsque Abbatucci approcha de la rive ennemie, il reçut quelques coups de fusil des sentinelles et des postes,

---

vier 1792 ; capitaine, le 1ᵉʳ novembre 1792 ; aide de camp de Pichegru, le 18 frimaire an II ; chef de brigade, le 21 prairial an II ; général de brigade, le 22 messidor an IV ; mort, le 13 frimaire an V, des blessures reçues, la veille, à la défense de la place de Huningue. (A. A. G.)

(1) Ferino (Pierre-Marie-Bartholomé), né le 20 août 1747, à Graveggia (Italie) ; a servi en Autriche de 1767 à 1786 ; lieutenant-colonel des chasseurs du Rhin, le 1ᵉʳ août 1792 ; général de brigade, le 20 juillet 1793 ; général de division, le 23 août 1793 ; commandant la 7ᵉ division militaire, le 23 fructidor an VII ; nommé au Sénat, le 12 pluviôse an XIII ; gouverneur d'Anvers, le 25 mars 1807 ; commandant du corps d'observation de l'Escaut, le 27 mai 1807 ; rentré au Sénat, le 15 octobre 1807 ; commandant des gardes nationales dans l'arrondissement du Texel, le 4 avril 1813 ; mort à Paris, le 28 juin 1816. (A. A. G.)

(2) Montrichard (Joseph-Elie-Désiré-Perruquet), né le 24 janvier 1760, à Thoirette (Jura) ; sous-lieutenant, le 1ᵉʳ septembre 1783 ; lieutenant, le 11 juin 1786 ; capitaine, le 1ᵉʳ avril 1791 ; adjudant général chef de bataillon, le 30 juillet 1793 ; chef de brigade, le 25 prairial an III ; général de brigade, le 15 thermidor an IV ; chef de l'état-major de l'armée d'Italie, le 23 vendémiaire an VII ; général de division, le 17 pluviôse an VII ; employé en Helvétie en l'an X ; en Batavie en l'an XI ; en Italie et à Naples en l'an XII ; en Dalmatie en 1808 ; retraité le 1ᵉʳ août 1815 ; mort en 1828. (A. A. G.)

(3) Le bulletin historique décadaire du 1ᵉʳ au 10 messidor confirme ces dispositions. (A. H. G.)

et quelques coups de canon à mitraille. Montrichard fut aussi légèrement fusillé.

J'entrai dans le bras d'Erlenrhein. Mon bateau était dirigé par l'adjudant (1) du chef de bataillon de pontonniers, nommé Braun, qui donna des preuves du plus grand sang-froid et du plus grand courage. Je devais être suivi de cinq autres bateaux qui portaient cent soixante hommes; mais ces bateaux ne suivirent pas la marche qui leur avait été indiquée : la rapidité du courant fut la cause de cet événement. J'aurais pu éprouver le même sort, si le chef des pontonniers, qui gouvernait, n'avait pas aussi bien connu la position du bras dans lequel il fallait entrer; de sorte que le premier bateau seul se trouva sous le feu de la batterie ennemie qui lui tira deux coups de canon à mitraille, sans que personne en fût atteint (2). J'avais à bord un officier, un sergent, un caporal, et quatorze grenadiers de la 3ᵉ demi-brigade d'infanterie légère, le chef de bataillon des pontonniers et deux pontonniers.

Ce bateau fut tellement dirigé le long du bord et approché si avantageusement de la rive, que tout l'équipage débarqua avec la plus grande facilité et se porta dans la redoute ennemie; ceux qui la défendaient, entendant battre la charge à la droite et à la gauche par les autres troupes descendues dans les îles, et apercevant la nouvelle descente, prirent la fuite. Deux pièces de canon (3), les caissons et plusieurs chevaux furent délaissés; quelques prisonniers furent faits. Les troupes que commandait Abbatucci prirent aussi une pièce de canon. Celles de Montrichard, qui débarquèrent sur une île submergée dans laquelle ils avaient de l'eau jusqu'aux genoux, cherchèrent et prirent possession d'un petit passage qui établissait la communication de l'île avec la terre ferme; elles trouvèrent ce petit passage à la tête de l'île.

Dix minutes environ après la descente, les trois adjudants généraux se rencontrèrent au point qu'ils avaient d'avance fixé

---

(1) Le bulletin historique décadaire du 1ᵉʳ au 10 messidor confirme la relation de Decaen, mais dit que c'était le chef de bataillon de pontonniers qui conduisait le bateau. (A. H. G.)

(2) « Ihr folgte General-Adjudant Decaen mit der 2., nur 200 Mann starken Colonne, welcher die schwierige Aufgabe zufiel im Erlenrhein etwa 100 m. aufwärts zu fahren, und sich der oberwähnten Batterie zu bemächtigen. » (*Erzherzog Carl von Oesterreich als Feldherr und Heeresorganisator*, t. I, 1, p. 141.)

(3) Le bulletin historique décadaire du 1ᵉʳ au 10 messidor (A. H. G.) dit trois pièces de canon.

et firent des dispositions pour résister aux ennemis qui se présenteraient : Montrichard prit la droite, Abbatucci la gauche, et moi je restai au petit pont pour recevoir les troupes du deuxième débarquement, les rassembler et les envoyer sur les points qui seraient en danger.

Les premières troupes descendues marchèrent en avant, partie en tirailleurs, les autres pour les soutenir; une autre partie fut conservée en réserve. Des prisonniers et des chevaux furent amenés. Le village de Sundheim fut pris, celui de Kehl en partie enlevé; mais l'ennemi, ayant reçu un renfort considérable, rechassa de ces villages les troupes françaises dont le courage ne devint que plus ardent. Quelques renforts, que ces dernières reçurent progressivement, les portèrent à enlever une redoute qu'on a nommée *la redoute aux trous de loup* (1), défendue par deux cent cinquante hommes et cinq bouches à feu; tout fut pris. Ce succès en procura bientôt d'autres.

Cependant la position des Républicains devenait critique; il était 8 heures du matin qu'on n'avait encore aucune cavalerie, mais seulement deux pièces de 4 qui avaient été démontées et apportées sur la rive droite, et auxquelles on attela des chevaux de prise. C'est à ce moment que l'ennemi se présenta avec plus de six cents hommes de cavalerie, quatre pièces d'artillerie légère et plusieurs bataillons d'infanterie. Mais les sages dispositions du général Ferino, secondé par les trois adjudants généraux, l'intrépidité des soldats, la conduite des divers chefs qui les commandaient, contribuèrent à conserver l'avantage qu'on avait obtenu. Le chef de bataillon Bec-de-Lièvre, de la 3ᵉ demi-brigade d'infanterie légère, âgé de plus de soixante ans et dont la bravoure est au-dessus de toute expression, assura infiniment ce succès, puisqu'il retourna contre les ennemis les pièces de la redoute qu'il avait enlevée et en servit une; et d'autres militaires, dont les noms sont ignorés, imitant son exemple, parvinrent à repousser l'ennemi dans cette partie.

Montrichard le força également sur le point qu'il défendait; l'infanterie à ses ordres soutint, en plaine, l'attaque de l'artillerie

---

(1) « ... Die « Schwabenschanze », eine rückwärts offene Redoute von starkem Profile, mit Wolfsgruben umgeben und von 5 Kanonen vertheidigt... » *(Erzherzog Carl*, t. I, p. 143.)

légère et de la cavalerie. Cette infanterie s'ébranla avec un enthousiasme incroyable, en s'écriant : « Chargeons cette cavalerie! Doit-elle oser nous combattre? » Il restait encore à enlever une redoute armée de trois bouches à feu; sa position la rendait d'un difficile accès; mais enfin, par suite d'une audace extrême, elle tomba au pouvoir des Français avec tous ses défenseurs. C'était la redoute du cimetière. On prit encore un obusier dans une petite batterie près de la tête du pont, et cinquante grenadiers (1).

Il est impossible d'énumérer les traits de courage et d'intrépidité qui signalèrent cette journée. Un seul fera connaître jusqu'à quel point les Français poussèrent leur audace : lors de la prise de la *redoute aux trous de loup*, il se passa un trait qui étonnera la postérité.

Les ennemis avaient fait deux sorties et repoussé les assaillants (2). Ceux-ci retournèrent une troisième fois à la charge, parvinrent à descendre dans des puits creusés autour de cette redoute, d'où ils fusillèrent les canonniers, passèrent, de là, dans le fossé contre le parapet où ils ramassèrent des graviers qu'ils jetèrent dans la redoute en s'écriant : « Nous n'avons plus de cartouches! Eh bien! Jetons-leur de la mitraille (3)! » Un grand nombre d'officiers de tous grades se sont distingués dans cette journée, mais les noms de tous ne sont pas venus à ma connaissance.

Il y avait eu diverses fausses attaques pour protéger ce passage, et une attaque réelle à Gambsheim qui n'eut pas tout le succès qu'on s'en était promis dans le projet. La crue du Rhin fut la seule cause de l'inexécution de cette entreprise d'une hardiesse étonnante, et qui devait contribuer pour beaucoup à l'enlèvement de Kehl, puisque les troupes destinées à débarquer à la hauteur de

---

(1) Le rapport de Moreau du 7 messidor (A. H. G.) dit que l'armée a pris à l'ennemi sept cents à huit cents hommes, environ deux mille fusils et quinze ou seize bouches à feu, et le bulletin historique décadaire du 1er au 10 messidor (A. H. G.), quatre cents hommes et treize pièces de canon. Decaen, dans sa relation, ne signale que douze pièces prises.

(2) « ... Oberstlieutenant Raglovich nahm sie zwar mit einem Bataillon schwäbischer Grenadiere nach zweimaligem Angriffe dem Feinde wieder ab, musste sie aber... verlassen... » (*Erzherzog Carl*. I, 1, p. 143.)

(3) Ce trait est confirmé par le bulletin historique décadaire du 1er au 10 messidor. (A. H. G.)

Gambsheim devaient se porter sur Kehl, où elles auraient pris l'ennemi à dos, s'il avait voulu tenir sur la rive droite de la Kinzig, ou par son flanc droit. Le reste de la journée du 6 fut employé au passage des troupes sur un pont volant.

Le 7, à midi, le pont de bateaux entre Kehl et Strasbourg fut achevé; l'armée passa le Rhin et on s'occupa de la placer. On me fit l'honneur de me confier l'avant-garde du général Beaupuy.

Le même jour, sur les 7 heures du soir, les généraux Desaix et Beaupuy me chargèrent d'enlever Neumühl. J'exécutai de suite ce coup de main avec deux compagnies de carabiniers de la 10e demi-brigade d'infanterie légère et un détachement de vingt-cinq chasseurs du 8e, soutenus par deux escadrons, un bataillon de la même demi-brigade, et deux pièces d'artillerie légère. L'ennemi ne fit pas de résistance, et plus de cent prisonniers furent faits (1), y compris deux officiers du régiment de Gyulai. Je poussai une reconnaissance jusqu'à Kork que l'ennemi occupait en avant, ayant un camp entre ce village et Willstätt, d'où il tira sur nous quelques coups de canon chargés à mitraille. L'adjudant général Levasseur (2) reçut un coup de baïonnette.

Le 8, une marche fut ordonnée afin de gagner du terrain pour déployer l'armée. Je marchai avec la 10e d'infanterie légère, le 6e régiment de dragons et le 8e de chasseurs avec la 1re compagnie du 2e régiment d'artillerie légère, sur le village de Kork. Le général de brigade Sainte-Suzanne se porta sur Linx avec la 10e demi-brigade d'infanterie de ligne, le 17e régiment de dragons et quatre pièces d'artillerie légère de la compagnie du 2e régiment.

On avança sans difficulté jusqu'à Kork où il y avait un avant-poste ennemi qui en fut bientôt chassé. Les dispositions avaient été faites pour parvenir, s'il était possible, jusqu'à Willstätt ou, au moins, pour forcer le camp ennemi qu'on avait reconnu la veille et qui était assez en avant de ce village. Il fallait pour cela déboucher de Kork. A droite et à gauche de la grande route

(1) Le bulletin historique décadaire du 1er au 10 messidor (A. H. G.) dit deux cents hommes du corps de Gyulai.

(2) Levasseur (Victor), né le 7 mars 1772 à Caen; sous-lieutenant au 4e bataillon du Calvados, le 11 septembre 1792; nommé capitaine par les Représentants du peuple à Mayence, en juin 1793; adjudant général chef de bataillon, le 27 brumaire an III; chef de brigade, le 25 prairial an III; nommé général de brigade sur le champ de bataille à l'armée du Rhin, le 26 floréal an VIII. Il servit à la Grande Armée et mourut à Valognes, le 13 septembre 1811. (A. A. G.)

qui conduit de ce village à Willstätt, à environ 40 toises de chaque côté de cette route, il existe des bois : un bataillon de la 10ᵉ d'infanterie légère avait reçu ordre de marcher dans chacun de ces bois, tandis que le 3ᵉ restait en réserve; la cavalerie et l'artillerie marchaient en colonne sur la chaussée. Mais un peu trop d'ardeur manqua d'occasionner un plus grand désagrément que celui qui arriva.

On devait attendre que l'infanterie qui se portait dans les bois eût dépassé le village, avant de déboucher avec l'artillerie et la cavalerie. Les cuirassiers de Kavanagh (1) surent bien profiter de cette faute : un peloton de dragons avait déjà débouché avec *tout l'état-major de l'armée*. Il est à observer que la chaussée est très élevée et qu'elle ne permet pas de déployer ni à sa droite, ni à sa gauche. Les cuirassiers chargèrent donc les premiers dragons qui avaient passé le défilé avec l'état-major; la route se trouva encombrée par l'artillerie : la première pièce n'eut pas le temps de se mettre en batterie et fut bientôt dépassée par les cuirassiers qui se portèrent jusqu'au delà de la quatrième; la troisième fit cependant feu au milieu de l'ennemi. Tous les canonniers et les charretiers montrèrent un courage héroïque : ils se laissèrent sabrer plutôt que d'abandonner leurs pièces.

Les cuirassiers auraient fait de bien plus grands progrès si le général en chef Moreau ne se fût pas porté en arrière pour prévenir l'infanterie, qui s'avançait toujours, de bien recevoir les cuirassiers s'ils continuaient leur pointe, ce qui eut effectivement lieu. Ces derniers furent fusillés et obligés à la retraite et chargés à leur tour par le 8ᵉ régiment de chasseurs et les dragons du 6ᵉ qui étaient revenus de leur première surprise. Beaucoup de cuirassiers furent sabrés, beaucoup faits prisonniers.

Ce combat extraordinaire aurait eu pour nous tout l'avantage si le respectable général Beaupuy n'eût pas reçu plusieurs blessures et si le citoyen Drouot, aide de camp du général Desaix, se trouvant au milieu d'un peloton de cuirassiers, n'eût pas succombé sous leurs coups après s'être défendu avec la plus grande intrépidité. Un grand nombre d'officiers d'état-major furent sur le point

---

(1) Le bulletin historique décadaire du 1ᵉʳ au 10 messidor (A. H. G.) dit : les cuirassiers d'Anspach, ce que confirme le récit que l'on trouve dans *Erzherzog Carl*, I, 1, note 2, p. 152.

de périr dans cette malheureuse catastrophe; l'adjudant général Bellavène fut renversé et foulé aux pieds des chevaux.

Le citoyen Fauconnet, commandant le 6ᵉ dragons, reçut plusieurs coups de sabre dont il ne fut que légèrement blessé; le capitaine Mosel, commandant l'artillerie légère, eut son chapeau coupé de deux coups de sabre, et moi, je fus culbuté dans un fossé, d'où je me relevai ensuite pour aller débarrasser le général Beaupuy; son aide de camp Perquit (1), se trouvant réuni à moi, nous passâmes à la gauche d'un peloton de cuirassiers qu'on chargeait en arrière, lesquels nous portèrent plusieurs coups de sabre dont un, sur mon bras droit, m'obligea de lâcher mon sabre. Ce ne fut heureusement que du dos que je fus atteint. On répara de suite totalement cette affaire.

Les généraux Moreau et Desaix m'ayant donné l'ordre de serrer l'ennemi, j'attaquai vivement son camp de Willstätt, où il n'avait laissé qu'une arrière-garde; il fut bientôt enlevé avec une pièce de canon. On se porta ensuite sur Willstätt qui ne fit pas une longue résistance; le général Reynier (2), chef de l'état-major, qui s'était porté en avant, le fit occuper par les troupes françaises. On fit, dans cette affaire, une centaine de prisonniers.

Le citoyen Jobert, maréchal des logis au 6ᵉ régiment de dragons, donna une grande preuve d'intrépidité. Il était un de ceux qui avaient pris la pièce de canon; aussitôt qu'il s'en fut emparé, il la tourna du côté de l'ennemi, la chargea, mais n'ayant pas de lance pour y mettre le feu, il alluma de la paille pour parvenir à son but. Le feu s'étant communiqué à d'autre paille qui environnait la pièce, auprès de laquelle l'ennemi avait laissé plus de trente

---

(1) Perquit (Sébastien Birgy, dit), né le 12 mars 1768, à Schlestadt; enrôlé au régiment d'Esterhazy, le 7 novembre 1786; maréchal des logis, le 1ᵉʳ octobre 1792; aide de camp du général Beaupuy, le 26 mars 1796; sous-lieutenant, le 21 avril 1796; lieutenant, le 11 novembre 1796; capitaine, le 10 mai 1798; chef d'escadrons, le 22 novembre 1806; colonel, le 11 mars 1813; retraité le 30 décembre 1815; replacé colonel, le 24 septembre 1830; maréchal de camp, le 2 avril 1831; retraité à nouveau, le 11 juin 1832; réadmis sur sa demande dans l'état-major général, le 2 janvier 1853; mort à Passy (Seine), le 28 mai 1856. (A. A. G.)

(2) Reynier (Jean-Louis Ebenezer), né le 14 janvier 1771 à Lausanne; volontaire en 1792; adjoint à l'état-major de l'armée du Nord, le 21 octobre 1792; adjudant général chef de bataillon, le 5 septembre 1793; chef de brigade, le 29 pluviôse an II; général de brigade, le 24 nivôse an III; chef de l'état-major général de l'armée de Rhin-et-Moselle; général de division, le 11 brumaire an V; il servit en Égypte, à Naples, à l'armée d'Espagne en 1809, en Portugal en 1810 et 1811, en Russie en 1812, en Saxe en 1813. Il mourut à Paris, le 27 février 1814. (A. A. G.)

gargousses, ce maréchal des logis, craignant que le feu ne prît aux gargousses, se jeta au milieu du feu et parvint à les enlever (1).

Les capitaines Marcognet (2) et Pinard, du 10ᵉ léger, se distinguèrent.

Le général Sainte-Suzanne avança jusqu'à Linx dont il s'empara, après en avoir chassé l'ennemi qui perdit une vingtaine d'hommes tués ou faits prisonniers. Il était onze heures du soir lorsqu'il occupa ce poste.

Les troupes de la brigade dont on m'avait confié le commandement passèrent la nuit en arrière de Willstätt qui fut seulement occupé par des postes.

Le 9, au point du jour, je fis rétablir le pont de Willstätt pour communiquer sur la rive gauche de la Kinzig. De grand matin, des tirailleurs, sans avoir reçu l'ordre, s'avancèrent sur le village de Sand d'où ils chassèrent l'ennemi. N'étant pas soutenus, ils en furent bientôt repoussés; mais lorsque les ponts furent rétablis, je fis mes dispositions pour occuper définitivement ce village qui nous ouvrait la communication des routes d'Offenburg et d'Appenweier; j'y parvins et pris environ soixante hommes avec plusieurs chevaux. Ce village occupé procura au général Desaix la faculté de faire la reconnaissance du camp des émigrés sur la hauteur de Bühl; l'après-midi, on fit des dispositions pour attaquer ce camp et s'emparer d'Offenburg qui nous ouvrait l'entrée de la vallée de la Kinzig.

L'adjudant général Abbatucci, qui était à ma droite, me seconda beaucoup avec le feu de son artillerie. Je fus chargé de marcher pour attaquer la gauche du camp des émigrés. Je fis les dispositions suivantes :

La 10ᵉ demi-brigade d'infanterie légère, commandée par le

(1) Le bulletin historique décadaire du 1ᵉʳ au 10 messidor confirme ce trait de courage. (A. H. G.)

(2) Binet de Marcognet (Pierre-Louis), né le 14 novembre 1765 à Croix-Chapeau (Charente-Inférieure), sous-lieutenant, le 30 mars 1781; lieutenant, le 3 septembre 1787; capitaine; le 1ᵉʳ mars 1792; chef de bataillon, le 22 messidor an IV; adjudant général, le 26 fructidor an VII; nommé chef de brigade par le général Moreau, le 15 floréal an VIII; général de brigade, le 11 fructidor an XI; employé au 6ᵉ corps d'armée en 1806 et 1807; en Espagne, en 1809, 1810 et 1811; général de division, le 6 août 1811; en non-activité en 1814; employé au 1ᵉʳ corps d'observation, le 6 avril 1815; en retraite à compter du 1ᵉʳ janvier 1816; rentré en activité le 7 février 1831, jusqu'au 1ᵉʳ mai 1832; mort à Vaugirard, le 19 décembre 1854. (A. A. G.)

citoyen Gazan (1), reçut l'ordre de marcher sur trois colonnes, de diriger une de ses colonnes en côtoyant la lisière d'un bois, à la gauche de la plaine de Sand ou de Griesheim, une autre au centre du bois, et la troisième par la chaussée qui conduit de Sand à Appenweier, en traversant des marais et la largeur du bois, pour arriver sur la grande route de Renchen à Offenburg. La 62e demi-brigade devait exécuter le même mouvement en deuxième ligne. Deux pièces d'artillerie légère du citoyen Mosel et trois escadrons du 8e chasseurs marchèrent avec la colonne du centre; quatre autres pièces d'artillerie et les pièces de bataillon de la 62e, le 6e régiment de dragons et le 4e escadron du 8e faisaient partie de la colonne de gauche.

Il se commit une erreur qui aurait causé des inconvénients si, de suite, je n'avais point réparé la faute. La cavalerie et l'artillerie s'étaient avancées sur la chaussée qui conduit à Appenweier, sur laquelle devaient marcher deux bataillons d'infanterie. J'étais resté en arrière pour faire filer et distribuer les colonnes. Par une méprise, cette colonne d'infanterie avait pris une autre direction : le chef avait entendu qu'il devait se porter sur Offenburg par le chemin le plus court. Un poste ennemi, composé de cavalerie et d'infanterie, fit feu sur l'avant-garde des chasseurs à cheval. L'ennemi avait à Appenweier deux pièces de canon avec lesquelles il pouvait défendre avec avantage la sortie du défilé. Il s'en servit alors pour tirer plusieurs coups. Je fis aussitôt faire un mouvement rétrograde à la colonne, faisant soutenir ce mouvement par le feu d'une de mes pièces d'artillerie légère, et j'envoyai chercher la première infanterie qui se trouverait à proximité. Deux bataillons de la 97e demi-brigade, qui étaient destinés pour la réserve, reçurent cet ordre. Lorsqu'ils furent arrivés à environ 200 toises d'Appenweier, je les disposai pour aller attaquer vigoureusement ce village, qui fut bientôt enlevé; à cet effet, je fis marcher un bataillon pour le tourner par la gauche, tandis que l'autre l'atta-

---

(1) Gazan (Honoré-Théodore-Maxime), né le 29 octobre 1765 à Grasse; garde du corps, le 6 octobre 1786; lieutenant de la garde nationale de Grasse en 1789; capitaine en 1790; lieutenant-colonel aux volontaires du Var en 1791; capitaine au 27e d'infanterie, le 12 janvier 1792; chef de bataillon, le 21 mai 1794; chef de brigade, le 11 juillet 1794; général de brigade, le 4 avril 1799; général de division, le 25 septembre 1799. Il prit une part active aux guerres de l'Empire, fut mis en non-activité le 24 janvier 1816. Rappelé à l'activité en 1830, il fut retraité en 1832 et mourut à Grasse, le 9 avril 1845. (A. A. G.)

quérait de front et par la droite. Je fis soutenir cette attaque par le feu de deux pièces de canon. L'ennemi ne fit pas une longue résistance : il se retira du côté de Renchen. Mais à peine quelques volontaires étaient entrés dans ce village, que des cuirassiers de Kavanagh les chargèrent. Aussitôt, je fis marcher contre eux l'escadron du 8ᵉ chasseurs et un escadron du 6ᵉ dragons qui tombèrent dessus avec une vigueur extrême. Ils en tuèrent, blessèrent et firent prisonniers au moins une centaine; une soixantaine de chevaux furent aussi pris (1). Le reste, formant plus d'un escadron, aurait subi le même sort si j'avais pu me servir de tout ce que j'avais de cavalerie pour le poursuivre. Mais comme j'appréhendais que l'ennemi ne vînt me prendre sur mes derrières, je fis marcher trois escadrons du 6ᵉ et trois pièces d'artillerie légère pour contenir ce qui pourrait venir du côté d'Offenburg. Le citoyen Fauconnet, commandant du 6ᵉ dragons, et depuis, général, s'occupa de cette partie avec ce petit corps d'observation.

Le général Sainte-Suzanne avait marché avec sa brigade sur Urloffen qui fut enlevé de vive force par la 10ᵉ brigade d'infanterie de ligne, conduite par l'adjudant général Levasseur.

Un instant après, en faisant la reconnaissance du pays et observant des hussards de Szekler qui sortaient du bois de Renchen, qui avait servi de retraite aux cuirassiers de Kavanagh, je rencontrai l'adjudant général Levasseur sur les bords de la Holchen. J'étais sur le point d'ordonner la retraite d'Appenweier, mais ce qu'il me dit sur la position que tenait la brigade du général Sainte-Suzanne me détermina à occuper ma position pendant la nuit. Elle n'était pas des meilleures, puisque je ne pouvais appuyer à la montagne que par des postes, et que, d'un autre côté, j'avais l'ennemi devant et derrière moi; mais cette position était extrêmement intéressante pour favoriser les opérations ultérieures de l'armée, puisque toute communication était interceptée entre le corps d'armée du général La Tour, qui arrivait à la hâte pour défendre la Rench, et le corps des émigrés qui était campé en avant d'Offenburg, près le village de Bühl ; aussi, ayant senti cet intérêt, je

---

(1) Le bulletin historique décadaire du 1ᵉʳ au 10 messidor (A. H. G.) dit : « Il y eut une charge très vigoureuse dans laquelle le 6ᵉ régiment de dragons et une partie du 8ᵒ de chasseurs culbutèrent les cuirassiers de Kavanagh et prirent environ cent chevaux et cent-cinquante hommes. »

disposai mes troupes aux environs d'Appenweier de manière à pouvoir au moins tenir ce poste pendant le temps que j'irais rendre compte aux généraux Moreau et Desaix de ma position et recevoir d'eux de nouvelles instructions. Le colonel Fauconnet, avec lequel je m'étais concerté, prit le commandement pendant mon absence.

Je n'avais pu suivre le mouvement des 10e et 62e demi-brigades. La circonstance qui s'était présentée à Appenweier m'en avait empêché, mais le général Desaix avait surveillé leur mouvement. L'attaque sur Offenburg n'eut pas le résultat qu'on en attendait; on se canonna réciproquement et l'ennemi fut seulement resserré dans sa position.

Le général en chef se décida à faire attaquer ce camp le lendemain matin : à cet effet, plusieurs corps eurent ordre de faire des mouvements. Mais les découvertes du matin rapportèrent que l'ennemi avait levé son camp et qu'il avait dirigé sa retraite par la vallée de la Kinzig. Tandis qu'on aurait attaqué le camp sous Offenburg, le général Sainte-Suzanne devait faire une fausse attaque sur les troupes autrichiennes qui se trouvaient sur la Rench ; le colonel Fauconnet devait rester en observation et sur la défensive à Appenweier, tant pour couvrir le flanc droit de Sainte-Suzanne que pour assurer les derrières du corps d'armée qui devait attaquer sur Offenburg. Le général en chef s'étant rendu à Offenburg, le général Desaix fut auprès de lui pour prendre de nouvelles instructions. Le général Moreau décida qu'on marcherait l'après-midi sur Renchen, et de suite on fit faire une marche rétrograde aux troupes qui s'étaient avancées jusqu'aux portes d'Offenburg. La division du général Ferino fut dirigée pour faire face à l'armée des émigrés qui s'était retirée en partie sur Biberach (1).

A 10 heures du matin environ, le général Desaix, que j'accompagnais, repartit d'Offenburg pour se rendre à Appenweier, afin de concerter l'attaque préméditée avec le général Sainte-Suzanne ; mais des tirailleurs avaient déjà engagé une affaire qui eut le dénouement le plus extraordinaire. Le canon tirait de part et d'autre. Le général Desaix ordonna de suite les dispositions suivantes : trois pièces d'artillerie légère de la 1re compagnie du

---

(1) Dans la vallée de la Kinzig.

2ᵉ régiment furent avancées en avant de la Holchen, soutenues par le 6ᵉ régiment de dragons et un escadron du 8ᵉ régiment de chasseurs. Le 14ᵉ régiment de cavalerie fut également avancé pour soutenir ces deux corps de troupes légères. Le reste de l'artillerie resta en arrière de la Holchen avec le 15ᵉ régiment de cavalerie et deux régiments de carabiniers; la 62ᵉ demi-brigade d'infanterie fut placée derrière cette rivière, ainsi que les deux bataillons de la 97ᵉ demi-brigade; la 103ᵉ demi-brigade fut placée en réserve en avant d'Appenweier, tandis que la 10ᵉ d'infanterie légère reçut ordre de côtoyer la montagne pour venir appuyer le flanc droit des troupes françaises. Sainte-Suzanne occupait la hauteur en avant d'Urloffen et avait sa gauche vers Bolzhurst.

Les Autrichiens, commandés par les généraux Devay et Sztaray, avaient toutes leurs forces, dont la majeure partie en cavalerie, dans le bois de Renchen, et ne faisaient paraître que quelques hussards de Szekler à l'entrée du bois devant le front des villages d'Erlach et de Stadelhofen. Ils apercevaient tous les mouvements des Français sans qu'on pût s'apercevoir d'aucun des leurs, ce qui obligea de prendre les plus grandes précautions pour les tâter. On fit marcher contre eux quelques tirailleurs de cavalerie qui furent attirés proche du bois par les hussards de Szekler qui, aussitôt, chargèrent les nôtres. Un escadron de chasseurs marcha pour les soutenir. Aussitôt, les Autrichiens sortirent du bois en grande quantité et auraient enlevé l'escadron de chasseurs, ou au moins une partie, si le 6ᵉ régiment de dragons n'avait pas marché à son secours, soutenu par le 15ᵉ régiment de cavalerie qui contribua pour beaucoup à décider l'ennemi à se retirer. Il fut un moment où près de deux mille hommes de cavalerie étaient prêts à se choquer, et peut-être qu'à cet instant l'affaire aurait été décidée. Mais un plus beau triomphe était réservé ce jour-là à l'armée française.

L'ennemi, n'ayant pas réussi par cette ruse, se reporta sur sa droite, sortit des bois par la route de Renchen, chercha à tourner deux pièces d'artillerie qu'on avait avancées pour battre sur le premier débouché où il avait paru; ce second mouvement ne fut pas plus heureux pour lui que le premier. Cependant, il fit de grandes démonstrations sur ce point, et lorsqu'il crut que notre attention était toute portée sur la gauche, il fit apercevoir un nouveau mouvement sur notre droite; des cuirassiers d'Anspach furent assez téméraires pour oser une charge dans un terrain marécageux, sur les bords de la Holchen, et pour passer cette rivière qui était guéable, afin de nous dépasser; ce terrain était en outre coupé par des haies, derrière lesquelles j'avais disposé un bataillon d'infanterie de la 97e. Les cuirassiers reçurent quelques coups de fusil à leur approche. Cela ne les empêcha pas de continuer leur charge. Ils avancèrent sur l'infanterie qui, avec le plus grand sang-froid, fit une fusillade qui en jeta par terre la plus grande partie; les autres se retirèrent, en partie blessés, eux ou leurs chevaux.

Un instant après, Gazan fit annoncer qu'il occupait Oberkirch, point intéressant puisqu'il ôtait à l'ennemi un de ses chemins de retraite, et rendait sa communication avec le corps d'armée du Haut-Rhin de plus en plus difficile. Le général Desaix s'y porta pour le reconnaître. Pendant son absence, nous fûmes assez tranquilles; au centre seulement on se canonnait; il n'en était pas de même de la gauche : l'ennemi y faisait tous ses efforts, mais le général autrichien, ayant sans doute été informé du mouvement qui avait été fait sur sa gauche, se décida à abandonner la position de la Rench; et, pour couvrir son mouvement de retraite, il fit charger par des hussards de Szekler des tirailleurs des 10e et 62e demi-brigades qui étaient entrés dans le bois et qui s'avançaient dans une futaie très accessible à la cavalerie; ils auraient même fait beaucoup de prisonniers si le général Sainte-Suzanne, qui n'avait point pris le change, n'avait pas aussitôt donné l'ordre au 4e régiment de chasseurs de prendre en flanc ces hussards, ce qui fut exécuté avec la plus grande célérité.

L'adjudant général Levasseur était à la tête de ce régiment. Le citoyen Fauconnet, chef du 6e dragons, avait aperçu ce mouvement et s'était mis en devoir de le seconder. Ayant également aperçu que la cavalerie ennemie, qui était en avant d'Erlach, faisait aussi un mouvement de retraite, j'ordonnai à toute la ligne de suivre le mouvement de la gauche et de serrer l'ennemi, ce qui fut exécuté avec une telle précision que le 6e dragons et le 15e de cavalerie s'ébranlèrent et chargèrent l'ennemi de front tandis que le 4e chasseurs le prenait sur son flanc droit. Les Autrichiens furent poussés avec tant de vigueur qu'ils s'encombrèrent dans les défilés qu'ils avaient à passer, perdirent toute leur artillerie, au nombre de dix pièces de canon et les caissons. Plus de six cents chevaux furent pris ou tués dans cette journée; mille à douze cents prisonniers furent faits. Le citoyen Rapatel (1), aide de camp du général Sainte-Suzanne, à la tête d'un parti de cavalerie, les poursuivit l'épée dans les reins jusqu'au delà d'Anspach (2). Jamais déroute ne fut plus complète. Ils furent également poursuivis par leur gauche, mais ils avaient détruit les ponts sur la Rench de ce côté, de manière qu'ils évitèrent le sort qu'éprouva la droite. L'ennemi avait fait une très grande faute d'avoir accumulé toute sa cavalerie sur le même point et de n'avoir pas pris les précautions convenables pour garder la tête des défilés qu'il avait laissés derrière lui.

Le général Sainte-Suzanne avait à appréhender, pendant toute l'affaire, que l'ennemi ne fît un mouvement sur la gauche de l'armée française, qu'il lui était très facile de tourner puisqu'elle ne se prolongeait que vers Bolzhurst.

Aussitôt après le mouvement rétrograde de la cavalerie autrichienne, il fit attaquer par un bataillon de la 109e et un autre de la 10e d'infanterie de ligne le village de Wagshurst dans lequel l'ennemi se défendait avec opiniâtreté, mais qui pourtant fut obligé de faire le mouvement qu'avait fait sa gauche. Cette attaque fut dirigée par l'adjudant général Place; les deux bataillons précités s'y comportèrent avec une grande valeur; les chefs qui les commandaient méritent les plus grands éloges.

Dans la poursuite qu'on fit de l'ennemi, des chasseurs du 8e régiment, qui se trouvaient près de la montagne, prirent un officier de correspondance qui était chargé de paquets adressés au général La Tour par le général qui commandait les troupes dans le haut Rhin. Ce dernier annonçait, entre autres choses, qu'il avait été forcé de quitter la position d'Offenburg pour se retirer dans la vallée de la Kinzig, et d'autres renseignements précieux.

(1) Rapatel (François-Marie), né le 9 avril 1773, à Rennes; volontaire, le 10 septembre 1791; sous-lieutenant, le 31 mai 1792; nommé lieutenant, le 1er mai 1793, par les Représentants du peuple à Mayence; capitaine, le 1er juin 1793; adjudant général, le 21 avril 1799; mort à Paris en 1802. (A. A. G.)
(2) Probablement : Oensbach.

CHAPITRE II

Decaen continue à commander l'avant-garde de la division Beaupuy. — Sa division se porte vers le nord-est, parallèlement au Rhin. — Combats d'Oos et de Förch. — Prise de Rastatt. — Levasseur charge à la tête du 2e chasseurs. — Il est pris quatre canons et plus de deux cents Autrichiens. — Nouveau trait de bravoure du maréchal des logis Jobert. — Combats de Malsch. — Succès du capitaine Marcognet. — Avantages que possèdent les Français dans les combats livrés dans les bois. — Malsch pris et repris. — Le prince Charles en personne conduit le combat. — Les Français lui abandonnent Malsch à 10 heures du soir.

Le 11 messidor, l'armée fut organisée en aile droite, gauche et centre; le général Desaix eut le commandement de l'aile gauche; le général Sainte-Suzanne, celui de la division du général Beaupuy. Je continuai de commander l'avant-garde de cette division. Le général Joba (1) eut celui de l'autre brigade.

Le même jour, ma brigade fut en position, la droite à Oberkirch et la gauche à Renchen, les avant-postes à la vallée de Kappel, Mösbach, et Oensbach. L'ennemi avait son premier poste en avant de Sasbach.

Le 12 et le 13, on garda cette position.

Le 14, ma brigade, composée des deux 10e demi-brigades d'infanterie, des 4e et 8e régiments de chasseurs à cheval et de la 1re compagnie du 2e régiment d'artillerie légère, fit une marche; étant parti très tard, j'arrivai devant Bühl au déclin du jour, d'où je chassai une centaine de hussards. Le 10e léger appuya sa droite à Affenthal, ayant des postes à Liehenbach et couvrit Bühl; un bataillon du 10e de ligne occupa Balzhofen avec deux escadrons du 8e chasseurs. Le 4e chasseurs couvrit Bühl avec deux pièces d'artillerie légère; les quatre autres pièces, les deux escadrons du

(1) Joba (Dominique), né le 19 novembre 1759, à Corny (Moselle); capitaine à la légion du Nord, le 28 juillet 1792; chef de bataillon en 1793; chef de brigade en 1794; général de brigade, le 1er fructidor an II; chef d'escadron de gendarmerie en 1798; il reprit du service comme général de brigade, le 19 fructidor an VII. Il fut tué devant Girone, le 6 septembre 1809. (A. A. G.)

8e et les deux bataillons de la 10e de ligne restèrent en réserve à Ottersweier. L'ennemi garda ses avant-postes à une demi-lieue de Bühl; on trouva dans cette ville un petit magasin consistant en foin, avoine, farine, et dix mille rations de pain.

Le 15, les avant-postes ennemis furent reconnus : les vedettes étaient à la tête du village de Steinbach.

Le 16, je me mis en mouvement à 6 heures du matin. Je me dirigeai sur Steinbach, d'où je poussai les avant-postes autrichiens qui se retirèrent sous la protection de leur avant-garde, qui tenait la position de l'Oosbach. Je fis les dispositions pour l'attaquer : je plaçai quatre pièces d'artillerie légère sur un plateau en avant de Sinzheim, à la hauteur de celui de Kartung, où je jetai quelque infanterie pour flanquer ma gauche ainsi que dans Buchtung. Je menaçai le village d'Oos formant une tête de défilé sur la rive droite de l'Oosbach, tandis que Gazan, chef de la 10e légère, se dirigea par un chemin pratiqué dans la montagne pour tourner ce village, et à la gauche de l'ennemi. Ce mouvement eut tout le succès que je désirais car, m'apercevant que celui-ci se trouvait inquiété par les tirailleurs de la droite, inquiétude qui l'obligea aussitôt à la retraite, je fis avancer sur Oos deux escadrons des 4e et 8e chasseurs. Le premier de ces escadrons entra impétueusement dans Oos, malgré un feu d'infanterie très vif, traversa le village. Il s'était déjà emparé d'une pièce de canon lorsqu'il fut rechargé par l'ennemi qui ne suivit pas sa charge avec vigueur, autrement il aurait pu nous occasionner quelque désordre; car deux autres escadrons de chasseurs que j'avais fait marcher en échelons, emportés par l'impétuosité des premiers, s'engagèrent dans le défilé extrêmement étroit. On fit environ cent prisonniers d'infanterie autrichienne, dont deux officiers.

On continua ensuite de serrer l'ennemi jusqu'à Haueneberstein, ainsi qu'à Sandwier. Comme il était essentiel de faire jonction avec la division de gauche, commandée par le général Delmas (1) qui avait poussé tout le jour les ennemis qu'il avait devant lui, je me portai sur ce point avec les 2e et 4e régiments

---

(1) Delmas (Antoine-Guillaume), né le 21 janvier 1768, à Argentat (Corrèze); élève de l'École royale, le 3 janvier 1781; sous-lieutenant, le 18 avril 1784; lieutenant, le 30 mai 1787; chef du 1er bataillon de la Corrèze, le 14 septembre 1791; général de brigade, le 30 juin 1793; général de division, le 19 septembre 1793; réformé, le 26 floréal an X; remis en activité, le 10 avril 1813; mort à Leipzig, le 30 octobre 1813. (A. A. G.)

de chasseurs, deux pièces d'artillerie légère et deux bataillons d'infanterie. Après avoir bien assuré le défilé de Sandweier, je me présentai dans la plaine en avant de ce village d'où je chassai la cavalerie ennemie, et je l'obligeai à se resserrer dans le bois en avant de Rastatt. Ayant ensuite envoyé un parti sur ma gauche, j'eus bientôt avis qu'on apercevait les troupes de Delmas. La jonction s'opéra ensuite sans difficulté, et je fis prendre position à ma brigade qui fut toute reportée sur le point d'Haueneberstein. Ce village avait été disputé jusqu'au soir par l'ennemi qui fut pourtant forcé de le céder.

L'adjudant général Bellavène s'était chargé de ce point. Il servit d'avant-poste. Sandweier fut occupé par les 62ᵉ et 103ᵉ demi-brigades, le 2ᵉ chasseurs et 6ᵉ dragons; cette journée, qui nous avait donné la gorge de l'Oosbach et de Baden, fut un accessoire pour faciliter les opérations de l'armée.

Le 17, je reçus l'ordre de me préparer à attaquer l'ennemi qui avait ses avant-postes en avant du bois de la Favorite et du village de Förch. Ce bois, de pur agrément, était très avantageux à l'ennemi pour cacher ses forces : aussi y avait-il, en avant et en arrière, une nombreuse cavalerie. Il n'avait pas négligé non plus de mettre beaucoup d'infanterie à sa gauche.

Je fis mes dispositions de cette manière : le chef de brigade Gazan fut dirigé, avec sa demi-brigade et un bataillon de la 10ᵉ de ligne, pour forcer la gauche de l'ennemi, tandis que je paraîtrais vouloir pénétrer sur Kuppenheim par la route directe. Le 8ᵉ régiment de chasseurs fut déployé dans le terrain découvert en avant d'Haueneberstein, en soutien de deux pièces d'artillerie légère que j'y fis placer; deux autres pièces furent placées à la droite de la route sur une éminence assez favorable, afin de faire un feu croisé sur la route. Un bataillon de la 10ᵉ fut placé en divers échelons à la droite de ces deux pièces, et le troisième fut placé en réserve à la tête du village pour assurer le défilé. Le 15ᵉ régiment de cavalerie m'avait été envoyé en remplacement du 4ᵉ de chasseurs; il forma une réserve de l'autre côté du village avec deux pièces d'artillerie légère; et les deux pièces de bataille de la 10ᵉ de ligne me servirent pour la garde d'un pont que je fis pratiquer sur un petit ruisseau qui coupe la plaine d'Haueneberstein, pont qui pouvait m'être de la plus grande utilité en cas de retraite. Il ne fallait plus que l'ordre de l'attaque, qui arriva il était environ 11 heures du matin.

Le signal que je donnai fut l'engagement d'une affaire opiniâtre. Bientôt un feu terrible de mousqueterie se fit entendre; celui du canon eut aussi la plus grande activité. L'ennemi fit de grands efforts pour nous repousser. M'étant porté aux tirailleurs sur la hauteur à la droite de la route de Kuppenheim, j'aperçus que la cavalerie pouvait donner des inquiétudes à l'infanterie que j'avais à ma droite. Je fis aussitôt arriver un escadron de chasseurs du 8ᵉ qui à peine se présentait sur le terrain que je lui avais indiqué, que ce que j'avais présumé arriva.

Des chevau-légers chargèrent nos tirailleurs à pied; les petits pelotons de soutien ne furent pas fermes, quoique le terrain fût à leur avantage. Quelques hommes furent sabrés. Cet événement aurait pu avoir des suites funestes, si l'escadron de chasseurs n'avait pas repoussé vigoureusement les chevau-légers qui ne tentèrent plus de revenir.

Sur ces entrefaites, les généraux Moreau et Desaix arrivèrent et restèrent là jusqu'à ce que la droite, qui était toujours aux prises avec l'ennemi qui mettait le plus grand acharnement à défendre ce point, eût obtenu un résultat satisfaisant. Il y avait au moins quatre heures que ce combat durait lorsque le chef de brigade Gazan employa une ruse qui lui réussit parfaitement.

L'ennemi recevait continuellement des renforts et cherchait à pénétrer à peu près au centre du terrain sur lequel nous combattions. Au fur et à mesure que ces renforts arrivaient, Gazan avait toujours eu la précaution de les faire repousser; mais l'ennemi envoya un bataillon de grenadiers pour tenter une décision à son avantage. C'est là que Gazan, qui n'avait plus qu'une compagnie de réserve, suppléa au nombre en réunissant plusieurs tambours derrière lesquels furent placés une vingtaine d'hommes. Il dirigea cette colonne sur la gauche de l'ennemi, et il donna ordre au citoyen Toussaint, tambour-major du 2ᵉ bataillon de la 10ᵉ de ligne, de conduire cette colonne, d'avancer avec audace et de faire battre la charge, ce qui fut exécuté avec la plus grande précision, de sorte que l'ennemi crut que c'était une colonne qui arrivait sur ce point. L'épaisseur du bois l'empêcha d'apercevoir la supercherie. Ce pas de charge, battu avec vigueur, ayant aussi ranimé le courage des soldats qui se trouvaient disséminés dans le bois, ce qu'occasionnent ordinairement ces sortes de combats, ils s'avancèrent audacieusement sur l'ennemi, le culbutèrent et lui firent plus de cinq cents prisonniers. Le tambour-major ne cessa pas de marcher en avant, tant que l'ennemi parut vouloir résister. Si ce tambour-major avait eu les talents convenables pour être promu au grade de sous-lieutenant, le général en chef lui aurait conféré ce grade; mais il lui donna une récompense de trois cents francs.

L'ennemi, forcé par sa droite, se vit obligé d'effectuer sa retraite au delà de la Murg, où il se reforma aussitôt qu'il eut repassé cette rivière, afin de défendre le passage de Kuppenheim, point intéressant pour lui, pour empêcher qu'on ne tournât Rastatt qu'il s'était proposé de bien défendre. Car, à peine l'action que j'avais engagée avait-elle cessé, (action dans laquelle s'étaient particulièrement distingués le chef de brigade Gazan, les chefs de bataillon Mas, Missire et Nagle, les capitaines Marcognet, de la 10° légère, et Chalbos, du 8° régiment de chasseurs, qui commandait alors le régiment, et mon aide de camp, le citoyen Coëhorn) — il était alors 3 heures après midi — qu'une canonnade des plus vives se fit entendre sur le point de Rastatt : c'était l'autre brigade de la division, où était resté le général Sainte-Suzanne et à laquelle on avait réuni la réserve, qui venait d'attaquer l'ennemi. La division du général Delmas devait également se réunir pour cette attaque; mais, comme elle n'était pas encore en mesure, on ne différa pourtant pas à tenter de forcer ce point essentiel.

Les Autrichiens, auxquels venait de se réunir le prince Charles, avec des renforts considérables, firent une résistance très opiniâtre surtout en artillerie; celle des Français fit des prodiges de valeur. La compagnie du capitaine Legras se distingua particulièrement; son intrépidité contribua beaucoup au succès de cette journée qui fut terminée par la prise de Rastatt.

Cette affaire fut très meurtrière par le feu de l'artillerie ennemie, sous lequel notre cavalerie resta avec la plus grande fermeté; cette cavalerie était composée des 2° et 4° régiments de chasseurs, 6° dragons et le 14° régiment de cavalerie, et des carabiniers.

Les 62° et 103° demi-brigades d'infanterie se distinguèrent également. L'adjudant général Bellavène eut la jambe emportée d'un boulet; le général Joba, son cheval tué; l'adjudant général Levasseur, qui se mit à la tête du 2ᵉ régiment de chasseurs au moment où l'ennemi effectua sa retraite, chargea si à propos et avec une telle impétuosité qu'il l'empêcha de brûler le pont de Rastatt, le poursuivit dans la ville après avoir passé la rivière à gué, où il fut pris 4 pièces de canon et deux cents à trois cents prisonniers. Cet adjudant général avait eu un cheval tué d'un boulet de canon. Le maréchal des logis Jobert, du 6ᵉ régiment de dragons, se distingua encore dans cette affaire : il descendit de son cheval pour rétablir, sous un vif feu de mitraille, les planches du pont que l'ennemi avait voulu détruire (1).

Dès les 5 heures du matin, le général Lecourbe (2) avait eu une affaire très vive avec les Autrichiens.

Le 18, l'ennemi ayant fait sa retraite pendant la nuit, je fis occuper les villages de Rauenthal, de Bischweier et d'Oberweier; il y avait aussi un poste à Niederweier. Le village de Muggensturm ne fut occupé par aucun des partis; des patrouilles seulement le fréquentaient. L'ennemi appuyait sa gauche à Malsch, en refusant sa droite.

Le 19 et le 20, on se borna à se reconnaître; des parlementaires furent envoyés de part et d'autre : le major Desnoyers fut envoyé par l'ennemi, le capitaine d'artillerie légère Mosel fut envoyé par le général Desaix.

Le 21, je reçus l'ordre de me mettre en marche pour me porter en avant et attaquer l'ennemi. Je donnai ordre, à cet effet, au chef de brigade Gazan de se rassembler sur Niederweier. Comme il n'avait avec lui aucun embarras et que, par conséquent, avec ses troupes légères, il pouvait passer partout, il reçut ordre de se diriger sur le village de Malsch, en tenant la montagne le plus possible, et d'attaquer l'ennemi : deux bataillons de la 10ᵉ de ligne devaient suivre la route d'Ettlingen, précédés de deux escadrons du 8ᵉ chasseurs, de deux pièces d'artillerie légère et des

(1) Jobert fut nommé sous-lieutenant par Moreau quelques jours après. (Moreau au Directoire, Ettlingen, 23 messidor an IV. A. H. G.)

(2) Lecourbe (Claude-Jacques Courbe, dit), né le 22 février 1759, à Ruffey-sur-Seille (Jura); engagé au régiment d'Aquitaine en 1777; congédié en 1785; chef du 7ᵉ bataillon du Jura, le 24 novembre 1791 ; général de brigade, le 24 prairial an II; général de division, le 17 pluviôse an VII; retraité, le 14 fructidor an XII; rappelé le 23 avril 1814 à un commandement actif, il fut nommé pair de France, le 1ᵉʳ juin 1815, et mourut à Belfort, le 23 octobre de la même année. (A. A. G.)

éclaireurs convenables. Le surplus de ma brigade fut formé en une colonne que je dirigeai sur Muggensturm; au delà de ce village, je devais prendre les dispositions que les circonstances exigeraient.

Ma colonne arrivée au delà de Muggensturm, je la déployai; je garnis la tête du village avec mon infanterie. Le 4ᵉ chasseurs fut placé dans la plaine à la droite, les chasseurs du 8ᵉ à la gauche, l'artillerie au centre; à peine ces dispositions furent-elles faites que le feu commença dans la montagne. Les généraux Desaix et Sainte-Suzanne, étant arrivés à Muggensturm, me dirent qu'ils se chargeaient de cette partie, et de m'occuper particulièrement de la droite : je me portai de suite sur ce point. Je laissai seulement sur la route de Malsch deux pièces d'artillerie légère et un escadron de chasseurs du 8ᵉ, et je marchai, avec l'autre escadron et les deux bataillons de la 10ᵉ de ligne, pour aller soutenir l'attaque du chef de brigade Gazan, qui devenait vive. Un chemin que je trouvai fort à propos, pratiqué dans la montagne, me donna la facilité d'y arriver avec célérité.

Déjà deux fois, Gazan avait tenté d'enlever Malsch, mais une défense opiniâtre de la part de l'ennemi l'en avait empêché : il avait pour défendre ce point une nombreuse infanterie et deux pièces de canon (1). Gazan n'avait que son infanterie. Si la 10ᵉ légère n'avait eu que ce seul point, sans doute elle serait parvenue, par son courage et son intrépidité, à se rendre maîtresse de Malsch; mais elle avait un combat terrible à soutenir dans les bois qui se trouvent à la droite du village, et c'était de ces bois qu'il était essentiel de se rendre maître, ce qui devait donner plus de facilité pour l'enlever. Au moment où le 1ᵉʳ bataillon de la 10ᵉ de ligne arrivait sur le champ de bataille, j'aperçus que l'ennemi avait quelque avantage à la droite; le capitaine Marcognet vint aussi m'en prévenir : je lui déférai aussitôt le commandement de trois compagnies qui faisaient alors toute la réserve de Gazan. Ce brave officier marcha à l'instant sur le point en danger, et avec tant de célérité et d'intelligence qu'il arriva assez à propos pour débarrasser une compagnie de carabiniers de sa demi-

---

(1) Malsch était occupé par quatre compagnies du corps franc serbé et un bataillon de Pellegrini-Infanterie, et couvert sur le flanc gauche par quatre compagnies de Szekler-Grenzer. (*Erzhergog Carl...*, I. 1, p. 201.)

brigade qui était enveloppée par l'ennemi et sur le point d'être prisonnière; et, en outre, il fit mettre bas les armes à la majeure partie des ennemis qui voulaient prendre les carabiniers (1).

Cet avantage, qui paraît assez singulier au premier aperçu, n'étonnera plus autant quand on sait que les combats dans les bois produisent souvent des événements de cette espèce aux officiers qui sont de sang-froid et qui ont attention de bien faire observer les sentiers et chemins par lesquels l'ennemi peut arriver sur eux; et de faire reconnaître ceux par lesquels on peut tomber sur celui-ci. Les Français surtout sont presque sûrs de la réussite dans de semblables combats; plusieurs exemples pendant la campagne l'ont démontré, puisque tous ceux qui se sont engagés sur de semblables champs de bataille ont été à leur avantage; et cela tient beaucoup à l'intelligence extraordinaire des tirailleurs, qui joignent beaucoup de prudence à leur bravoure, en détachant surtout quelqu'un d'eux pour venir rendre compte à leurs officiers de ce qu'ils aperçoivent de nouveau.

Enfin ce mouvement de Marcognet m'eut bientôt mis dans le cas de faire attaquer Malsch; je m'avançai aux tirailleurs pour reconnaître comment je pourrais parvenir à ce village et en chasser l'ennemi. Les deux pièces de canon étaient ce qu'il y avait de plus inquiétant; mais malgré que le terrain où je me trouvais alors fût d'un difficile accès pour une pièce de canon, je me décidai pourtant à y en embarrasser une, me confiant sur ce que, si je pouvais la faire placer sur une pointe d'où elle dominerait le canon de l'ennemi et le prendrait en flanc, alors j'aurais le village.

Mais il fallait préalablement chasser l'infanterie ennemie, qui occupait des vignes et des ravins. Je fis des dispositions à cet égard et avançai la pièce de 4. Je fis tirer trois à quatre coups à mitraille sur l'infanterie ennemie pour l'étonner et l'ébranler, et, en même temps, battre la charge pour qu'on pût la débusquer; je ne vis alors qu'une partie de l'effet que j'avais attendu, car la position que je voulais était toujours occupée, et l'ennemi paraissait ne pas vouloir l'abandonner de sitôt. M'étant avancé encore pour

---

(1) Voir le rapport de Moreau au Directoire, Ettlingen, 23 messidor. A la suite de ce brillant fait d'armes, le capitaine Marcognet fut nommé chef de bataillon par Moreau. (A. H. G.)

la reconnaître, je reçus une balle dans mon chapeau à un demi-pouce de la tête; je ne voulus pourtant pas donner à l'ennemi le temps de s'y augmenter : ce qui m'obligea à me servir d'une compagnie de grenadiers de la 10ᵉ qui servait d'escorte à la pièce de 4; je lui recommandai de tomber impétueusement et à la baïonnette sur les Autrichiens qui s'opiniâtraient à résister; jamais je n'ai vu un élan aussi vigoureux!

L'ennemi en fut tellement étonné qu'il en prit la fuite avec une promptitude encore aussi extrordinaire; par conséquent la pièce de 4 fut bientôt en action : les canonniers tirèrent avec tant de justesse et de célérité qu'au sixième coup de canon les deux pièces de l'ennemi, qui étaient déjà inquiétées par le feu des deux pièces d'artillerie légère qui étaient sur la route, battirent en retraite. Ce mouvement fit que l'infanterie ennemie qui avait été débusquée et qui se défendait encore dans le village, l'abandonna aussitôt; l'autre infanterie qui était dans un bois et dans une cense à la gauche de la route de Malsch prit également la fuite en grand désordre; on fit quelques centaines de prisonniers (1); le nombre en aurait été bien plus grand si la cavalerie avait pu agir dans ce terrain.

Il était alors 3 heures après midi, et je me croyais quitte de la bataille pour le reste du jour (2). Le général Moreau vint me visiter dans mon nouvel établissement; il resta même pendant quelque temps sur ce point, d'où il pouvait découvrir les mouvements de l'ennemi dans la belle plaine d'Ettlingen. Il fut même présent à une attaque qui fut faite du village par l'ennemi, après environ une heure de tranquillité ou quelques coups de fusil que les tirailleurs se tirèrent réciproquement. C'est alors que je m'aperçus que l'ennemi ne cédait pas Malsch volontiers : il fit attaquer ma droite dans le bois avec vigueur; il avançait en même temps vers la gauche avec l'artillerie; il força mes tirailleurs, avec sa mitraille, à se retrancher derrière les maisons du village. Gazan, qui s'était alors réuni à moi, partit promptement pour la droite avec deux cents hommes environ qui s'étaient ralliés, après

---

(1) Le rapport de Moreau au Directoire, Ettlingen, 23 messidor (A. H. G.) dit : neuf cents prisonniers dont huit officiers.

(2) « Le combat a duré depuis 9 heures du matin jusqu'à 10 heures du soir. » (Moreau au Directoire, Ettlingen, 23 messidor, A. H. G.)

avoir porté des blessés dont nous avions déjà en quantité; la droite ne fut point pour cette fois encore forcée; il lui fallait les autres secousses qui eurent lieu progressivement. Le village de Malsch fut en partie repris à mes tirailleurs, mais rentra en notre possession aussitôt que j'y envoyai des troupes fraîches.

Tout cela n'était que le prélude des fortes attaques qui devaient avoir lieu; l'ennemi rassembla sur ce point huit pièces d'artillerie, persuadé que cela me ferait abandonner ma position. Les obus et les boulets ne furent point épargnés sur la pièce de 4, cependant sans dommage; sa position avantageuse la mettait à couvert de ces insultes. Pourtant, si le général Sainte-Suzanne, qui était dans le bois, n'était pas venu à mon secours avec de l'artillerie légère, il était présumable qu'à la fin mon canon, qui était très utile sur ce point, aurait fini par être mis hors de service. Pendant ce feu d'artillerie, on avait vu une quantité considérable de cavalerie ennemie se former sur deux lignes dans la plaine en avant du grand bois de Rastatt, dans lequel on apercevait encore une réserve; on a estimé cette cavalerie à seize mille hommes et nous n'en avions pas quatre mille à lui opposer.

L'artillerie légère que le général Sainte-Suzanne fit mettre en action m'eut bientôt soulagé : l'ennemi se vit obligé d'abandonner encore une fois son entreprise. Le général Sainte-Suzanne fit également occuper le bois à la gauche de la route de Malsch par un bataillon de la 10e de ligne aux ordres du citoyen Missire, ce qui me donna beaucoup de tranquillité; sur ces entrefaites, le général Moreau aperçut un grand mouvement à son aile gauche. Vite, il se dépêcha de s'y porter en me recommandant de tenir ma position avec opiniâtreté; je lui en fis la promesse en lui observant que je me trouvais faible par le grand nombre des blessés et la fatigue des troupes. Il pouvait être alors 5 h. 30. Il me dit qu'il ferait en sorte de me soutenir d'une demi-brigade ou au moins d'un bataillon.

Le grand mouvement aperçu à la gauche fut bientôt suivi d'une forte canonnade. L'ennemi avait cherché à forcer ce point, profitant d'un engagement que le général Frimont (1) avait ordonné

---

(1) Frimont (Maurice), né le 6 octobre 1747, à Gondreville, près Toul; dragon, le 18 mars 1764; sous-lieutenant, le 14 mai 1786; lieutenant, le 6 mars 1788; capitaine, le 11 juin 1792; général de brigade, le 6 frimaire an II; réformé, le 25 pluviôse an V. (A A. G.)

au 7e hussards; et sans doute que l'ennemi serait arrivé à son but si le général Desaix n'avait promptement fait manœuvrer une compagnie d'artillerie légère pour le prendre en flanc avec tant de précision qu'il fut obligé de rétrograder. Les généraux Desaix et Sainte-Suzanne firent une telle disposition de leurs troupes, bien inférieures en nombre à celles du prince Charles, que cette supériorité de nombre n'eut aucun avantage, quoiqu'on le tentât de bien des manières.

Le prince Charles ne voulut point rester tranquille pour cela; le village de Malsch l'affectait. Il voulut, à quelque prix que ce fût, s'en rendre maître; aussi il fit les plus grands efforts. De nouvelles attaques furent faites tant sur le village que dans le bois. Celles-ci ne furent pas plus heureuses que les premières; la nuit commença à nous couvrir de ses ombres, et je m'imaginais que ces efforts seraient les derniers. Le bataillon de secours n'était pas arrivé. J'envoyai des ordonnances le demander; je n'avais plus rien de disponible que mon escadron de chasseurs à cheval qui s'était tenu tout le jour sur un plateau; la pièce de 4 n'avait plus que quatre à cinq coups à tirer; les principaux points où l'ennemi pouvait percer n'étaient gardés que faiblement.

Le général espagnol Solano (1) et le général de division d'artillerie Eblé (2), qui avaient besoin du général Moreau, vinrent le chercher dans cette partie, à un instant où encore une nouvelle attaque de l'ennemi commençait. Les tirailleurs étaient fortement aux prises; je fis part à ces généraux de ma faiblesse pour résister à des attaques aussi multipliées de la part de l'ennemi; ils me promirent de demander des secours pour moi au général en chef.

Mais à peine furent-ils éloignés, que la plus vive fusillade eut

(1) Solano (Don Francisco, marquis del Socorro), né en 1770, combattit la France dans les rangs de l'armée espagnole en 1793 et 1794, puis obtint de servir à l'armée de Rhin-et-Moselle sous les ordres de Moreau. Capitaine général de l'Andalousie et gouverneur de Cadix en 1808, il fut assassiné dans cette ville par la populace qui le soupçonnait d'intelligence avec les Français. (*Biographie universelle.*)

(2) Eblé (Jean-Baptiste), né le 21 décembre 1758 à Saint-Jean de Rohrbach (Moselle), entré au service comme canonnier, le 21 décembre 1767; sous-lieutenant, le 28 octobre 1785; capitaine, le 18 mai 1792; chef de bataillon, le 26 août 1793; général de brigade, le 29 septembre 1793; général de division, le 4 brumaire an II. Il servit à l'armée du Nord en l'an II, à l'armée de Rhin-et-Moselle en l'an IV, commanda l'artillerie en Batavie en l'an XI, fut gouverneur de Magdebourg, puis devint ministre de la guerre du royaume de Westphalie, le 21 octobre 1808; nommé au commandement de l'artillerie de l'armée de Portugal le 21 avril 1810, il devait, après la retraite de Russie, mourir à Kœnigsberg des suites de ses blessures, en 1813. (A. A. G.)

lieu à la droite et au village de Malsch, où le prince Charles vint en personne. On me demanda des secours, mais inutilement; mon centre fut aussi attaqué avec la plus grande vigueur, et j'aurais encore une fois gardé le terrain si le 3ᵉ bataillon de la 10ᵉ de ligne, après avoir repoussé l'ennemi, n'avait pas quitté sa position pour le poursuivre. L'ennemi reçut encore un nouveau renfort. On ne pouvait plus apercevoir les mouvements que par le feu; je n'avais rien à reporter en avant. Le bataillon de la 10ᵉ, qui s'était mis en désordre pour poursuivre l'ennemi dans les vignes, ne put reprendre sa position qu'il tenait précédemment et fut à son tour poursuivi vigoureusement. Ce fut alors que ma pièce de quatre joua de son reste; je fis tirer deux coups de canon à toute volée. Je pense que l'ennemi crut que c'était une seconde ligne qui était là, et ne poursuivit plus; mais il ne lui avait fallu que cet avantage pour que ma droite et ma gauche fissent aussi un mouvement de retraite. Malsch fut donc abandonné sur les dix heures du soir. J'arrêtai ma ligne sur une position à 80 toises environ en arrière de ce village.

J'eus plus de quatre cents blessés ou tués dans cette journée, dont vingt-quatre officiers. On fit plus de huit cents prisonniers à l'ennemi qui, de son côté, eut une grande quantité de tués et de blessés (1). S'il avait été possible de m'envoyer quelques secours, Malsch n'aurait pas été quitté et, assurément, nous aurions fait une plus grande quantité de prisonniers; mais il y avait impossibilité : il n'y avait rien ce jour-là de disponible. Le chef de brigade Gazan, les chefs de bataillon Mas, Cuenot, Devillers, Ducassou de la 10ᵉ légère, Cunéo, Nagle, Missire, chefs de bataillon de la 10ᵉ de ligne se distinguèrent dans cette journée. J'ai fait précédemment l'éloge du citoyen Marcognet qui fut fait chef de bataillon par le général en chef; mon aide de camp

---

(1) « Le succès de cette journée a été complet et bien intéressant pour les suites de la campagne. 1500 à 1600 prisonniers, au moins autant de tués ou blessés, ont bien ébranlé le moral des troupes ennemies..... Je dois rendre la plus grande justice aux talents des généraux Desaix, Sainte-Suzanne, Delmas et Decaen. » (Moreau au Directoire, Ettlingen, 23 messidor an IV. (A. H. G.) D'après l'ouvrage *Erzherzog Carl*, t. Iᵉʳ, 1, p. 205, les pertes des troupes impériales étaient les suivantes : 45 officiers, 1220 hommes et 87 chevaux tués ou blessés, et 24 officiers et 1242 hommes manquants ou prisonniers. A la date où Moreau écrivait ce rapport, le Directoire adressait à l'adjudant général Decaen ses félicitations pour le zèle et les talents qu'il avait déployés dans les dernières affaires qui avaient eu lieu à l'armée de Rhin-et-Moselle. (Registre de correspondance. Armée de Rhin-et-Moselle. A. H. G.)

Coëhorn (1) servit aussi avec distinction, surtout lorsqu'à la dernière attaque l'ennemi força le 3ᵉ bataillon de la 10ᵉ, qui y perdit sept capitaines tués ou blessés. Ce bataillon n'avait pas encore fait feu dans la journée ; ce furent les chasseurs de Le Loup qui l'attaquèrent ; ils perdirent cent hommes dans cette seule attaque.

(1) Coëhorn (Louis-Jacques), né le 16 janvier 1771, à Strasbourg ; volontaire au régiment de dragons Colonel-Général, le 1ᵉʳ août 1783 ; sous-lieutenant, le 2 septembre 1784 ; lieutenant, le 22 septembre 1788 ; capitaine, le 9 juin 1792 ; chef de bataillon, le 24 juin 1797 ; adjudant général chef de brigade, le 20 août 1799 ; général de brigade, le 21 mars 1807 ; employé à l'armée d'Allemagne, en 1809 ; en Espagne, le 9 juillet 1811 ; à la Grande Armée, le 20 mars 1813 ; décédé à Strasbourg, le 29 octobre 1813, des suites de blessures reçues à Leipzig, le 19 du même mois. (A. A. G.)

CHAPITRE III

Decaen arrive à Ettlingen. — Engagement et succès de Gazan à Langensteinach. — L'armée française occupe Pforzheim. — Decaen se porte vers Ludwigsburg et Cannstatt. — Coup de main des Autrichiens sur Schwieberdingen. — Cette tentative échoue. — Decaen traverse Ludwigsburg. — Combat de Hochberg. — Decaen remonte la vallée de la Rems. — Il occupe Schorndorf. — A Aalen, une canonnade prématurée empêche Decaen de capturer le corps de Liechtenstein. — Il fait néanmoins à celui-ci trois cents prisonniers. — Combat d'Ebnat. — Un des bataillons de Decaen manque d'être pris, la pluie ayant empêché les fusils de faire feu.

Le 22, dès la pointe du jour, il y eut une petite fusillade entre mes avant-postes et ceux de l'ennemi; ma brigade fut ensuite relevée par celle du général Joba, et je fus l'établir vers Gernsbach et Gaggenau, dans la vallée de la Murg. Le reste du jour se passa avec beaucoup de tranquillité. J'appris que le général Saint-Cyr avait remporté un grand avantage sur l'ennemi, qui fit sa retraite pendant la nuit du 22 au 23.

Le 23, l'armée s'étant mise en mouvement, je marchai sur Ettlingen que l'ennemi avait évacué. Les avant-postes ennemis furent reconnus à Wohlfartsweier, sur la route de Durlach, et à Bulach, sur celle de Karlsruhe. L'ennemi avait aussi des postes à Grün-Wettersbach; Busenbach fut occupé par les troupes légères.

Le 24, je marchai avec un parti de cavalerie pour chasser les avant-postes ennemis, afin d'arriver s'il était possible jusqu'à Durlach. Les avant-postes ennemis firent quelque résistance, sûrement pour donner le temps au détachement qu'il y avait à Karlsruhe de se retirer sur Durlach; enfin, les ayant forcés, je les fis poursuivre jusqu'au delà de Grötzingen, qui fut occupé en avant-poste, ainsi que Durlach. Les autres troupes de ma brigade restèrent en échelons depuis Ettlingen jusqu'à Durlach.

Le 26, je donnai ordre au chef de brigade Gazan, dont les corps étaient restés aux environs d'Ettlingen, de faire une marche pour balayer les postes ennemis qui étaient dans la montagne et de les rejeter sur Ellmendingen, où était en position l'arrière-garde, ce qui fut aussitôt exécuté. Il trouva l'ennemi à Langensteinbach et lui fit quinze prisonniers; plusieurs autres furent tués et blessés. L'ennemi fut aussi chassé de Mutschelbach et Kleinsteinbach, de sorte que Gazan parvint à occuper, vers sa droite, une position de laquelle on pouvait très bien découvrir l'ennemi.

Le 27, l'ennemi garda Ellmendingen, et nous, notre position.

Le 28, la division se mit en mouvement; c'était pour favoriser l'attaque de la position de Pforzheim qui devait être faite par le général Saint-Cyr; mais les ennemis l'avaient abandonnée. Je pris position avec ma brigade, ayant la droite à Ersingen et la gauche à Königsbach.

Le 29, je séjournai dans cette position.

Le 30, je reçus l'ordre d'établir ma brigade pour couvrir Pforzheim. Un bataillon de la 10ᵉ légère fut placé sur la rive droite de l'Enz, près le confluent de la Nagold et de la Wurm. Je prolongeai ma gauche jusqu'au delà de Bauschlott, ayant mon centre à Kieselbronn. L'arrière-garde de l'ennemi couvrait la route de Vaihingen. Ses avant-postes furent trouvés à peu de distance de Kieselbronn; une patrouille fut encore rencontrée dans le village d'Eutingen. Je fis chasser quelques avant-postes ennemis pour établir les miens. On fit quelques prisonniers; le reste de la journée se passa fort tranquillement.

Le 1ᵉʳ thermidor (1) fut employé à faire des reconnaissances. L'ennemi avait fait une marche pendant la nuit, et ses arrière-postes furent rencontrés entre Illingen et Vaihingen.

Le 2, d'après l'ordre que j'avais reçu, je me mis en marche avec toute ma brigade, pour me rendre à Vaihingen que je trouvai évacué par l'ennemi. Les reconnaissances envoyées pour le découvrir rencontrèrent une de ses patrouilles sur la route de Schwieberdingen. Après avoir fait faire une halte à la troupe d'environ quatre heures, je continuai ma marche pour aller prendre position, ma droite à Schwieberdingen, cherchant pour-

---

(1) « Le Directoire exécutif, citoyen général, par son arrêté du 27 messidor, accorde, comme un témoignage de reconnaissance nationale, aux adjudants généraux Levasseur, Montrichard, Decaen, et au chef de bataillon Bec-de-Lièvre, à chacun un sabre doré avec ceinturon... Je partage, général, le plaisir dont vous jouirez lors de la distribution de ces armes aux braves militaires qui secondent si bien vos opérations glorieuses. » (Le ministre de la guerre à Moreau, Paris, 1ᵉʳ thermidor an IV, A. H. G.)

tant à me lier avec l'avant-garde du général Saint-Cyr, et ma gauche à Riexingen. Hohen Asperg était occupé par des invalides.

Le 3, j'envoyai en campagne pour avoir des nouvelles de l'ennemi. Du côté de Ludwigsburg, on ne trouva qu'un avant-poste au delà de cette ville, et du côté de Cannstatt, les avant-postes ennemis étaient en avant de Zatzenhausen. Depuis le passage du Rhin, que l'armée avait toujours marché à la poursuite de l'ennemi afin de trouver les occasions de lui livrer bataille, aucun corps autrichien n'avait tenté d'inquiéter mes grand'gardes; pendant la nuit, il en arriva tout autrement.

La nuit du 3 au 4, je n'ai pu savoir précisément si c'était une grand'garde de chasseurs à cheval qu'on avait voulu enlever, ou les généraux Desaix et Sainte-Suzanne et leur suite qui s'étaient rendus le soir à Schwieberdingen, mais toujours fut-il que cette grand'garde fut attaquée vivement par plus de deux cents chevaulégers, poursuivie rapidement, et forcée de se réfugier dans le village où certainement l'ennemi serait entré si les compagnies de carabiniers des 2e et 3e bataillons de la 10e d'infanterie légère, disposées par les citoyens Jobin et Duménieus, capitaines de carabiniers, officiers distingués, n'eussent pas fait la meilleure contenance. L'officier ennemi qui commandait ce parti fut tué avec six autres hommes, aux premières maisons de Schwieberdingen. On fit quatre prisonniers; plusieurs chevaux furent tués; quelques Autrichiens encore s'en retournèrent blessés du feu qu'avait fait sur eux l'infanterie.

Le 4, la 10e légère avait reçu l'ordre d'appuyer à la droite, avec le 4e chasseurs, pour favoriser l'attaque de l'avant-garde du général Saint-Cyr, qui tenta le passage de Cannstatt. Le 6e dragons et trois pièces d'artillerie légère de la compagnie de Mosel furent également envoyés. Mais, ayant reçu l'ordre de marcher sur Ludwigsburg, je fis revenir ces deux derniers corps à ma colonne, à laquelle avait déjà été réunie la 62e demi-brigade. Je traversai cette ville avec toute ma brigade.

Sur les 4 heures après midi, ayant été reconnaître les ennemis, je trouvai quelques avant-postes sur la rive gauche du Neckar. La partie de l'armée ennemie sur ce point était composée des troupes saxonnes. Après avoir repoussé tous les avant-postes au delà de cette rivière, je fis prendre position à l'avant-garde, appuyant sa gauche au Neckar, à la hauteur du village de Hochberg qui formait la droite de l'ennemi, et ma droite se prolongeant de manière à se lier avec la 10ᵉ légère qui occupait le village de Kornwestheim.

Les Saxons n'avaient pas souffert volontiers qu'on les obligeât à quitter la rive gauche du Neckar. C'est au point de Hochberg surtout qu'ils furent le plus opiniâtres. Aussi s'y fusilla-t-on toute la nuit. Deux compagnies de la 62ᵉ, qui étaient dans cette partie, ne voulurent pas céder à cette opiniâtreté; les eaux du Neckar n'étant pas profondes dans cette partie, quelques soldats le traversèrent, et parvinrent, malgré le feu de la rive opposée, à s'emparer d'un pont de barques que l'ennemi avait reployé sur cette rive. Cet acharnement des soldats de la 62ᵉ aurait sûrement entraîné une canonnade de la part des ennemis pour défendre ce passage si, le 5, au point du jour, je n'avais pas reçu l'ordre de faire un mouvement pour appuyer à ma droite et prendre position, ma gauche à Zatzenhausen et ma droite à Feuerbach.

Cette manœuvre, ordonnée pour favoriser le mouvement du centre de l'armée qui devait forcer le passage du Neckar, aurait sans doute compromis les équipages de la division et les parcs d'artillerie, puisque la route de Vaihingen se trouvait découverte, et que par conséquent les partis ennemis auraient pu se porter au débouché de Vaihingen pour enlever tous les convois. Mais le général Sainte-Suzanne obvia à cet inconvénient, en demandant que des troupes fussent envoyées pour contenir l'ennemi dans cette partie. La réserve reçut l'ordre et empêcha que celui-ci ne revînt à Ludwigsburg où il était entré dès son abandon par les troupes françaises et avait enlevé divers équipages et fait prisonniers des quartiers-maîtres, des officiers qui marchaient à la suite ou pour rejoindre l'armée (1).

Le 6, les deux armées restèrent en présence sur les deux rives du Neckar.

Le 7, je passai cette rivière, avec une brigade, sur le pont de Cannstatt que les ennemis avaient abandonné pendant la nuit, et je fus prendre position à Endersbach, occupant les villages de

---

(1) « ... Je vous prie de demander au Directoire le grade de général de brigade pour les adjudants généraux Decaen et Montrichard : ils ont servi avec la plus grande distinction dans cette campagne. » (Moreau au ministre de la guerre, Stuttgart, 5 thermidor an IV, A. H. G.)

Klein-Heppach et Gross-Heppach pour couvrir Waiblingen. Mes avant-postes furent placés à Grunbach, d'où l'on chassa un poste d'observation appartenant à l'ennemi; je fis aussi occuper par des troupes légères le village de Beutelsbach.

Le 8, je fis faire des reconnaissances : l'arrière-garde de l'ennemi occupait Schorndorf, ayant ses avant-postes en avant de Hebsack.

Le même jour, je reçus l'ordre d'avancer. Comme il était tard, je ne pus occuper Schorndorf qui ferme le passage de la vallée de la Rems; aussi l'ennemi voulut-il disputer le passage. Quelques coups de canon que je fis tirer ne le décidèrent pas à évacuer; il s'engagea, à la gauche, un feu d'infanterie assez vif, mais ce combat eut bientôt cessé lorsque les ennemis s'aperçurent que je les faisais tourner par leur gauche, pour quoi j'avais, à cet effet, détaché le chef de bataillon Marcognet, avec un des bataillons de la 10ᵉ légère, pour cette opération. Mais la nuit étant survenue tout à coup, les ennemis en profitèrent pour se retirer, laissant cependant quelques hommes pour couvrir leur retraite. Ce ne fut que le lendemain que je pus faire occuper Schorndorf.

Le 9, je plaçai ma brigade en échelons dans la vallée. Les premiers échelons furent avancés jusqu'à Ober-Urbach; l'ennemi occupait la hauteur en avant de Plüderhausen et ce village. Auparavant, j'avais envoyé une patrouille sur Göppingen pour être assuré si l'avant-garde du général Saint-Cyr s'était emparée de ce poste; car, sans cela, je n'aurais pu m'avancer dans la vallée de la Rems; mon flanc droit n'aurait pas été assuré.

Le 10, l'ennemi ayant quitté sa position pendant la nuit, je fus prendre un nouveau camp en avant de Lorch. Je plaçai un bataillon sur le plateau d'Ober-Kirneck, à la gauche de la Rems.

Le 11, je fis faire des reconnaissances; l'ennemi occupait Gmünd.

Le 12, je fis avancer les découvertes du matin qui resserrèrent l'ennemi jusque dans Gmünd; mais n'ayant pas jugé convenable de laisser s'y avancer mes premiers postes, je les replaçai plus près de Lorch.

Le 13, je reçus l'ordre de faire un mouvement sur ma gauche et de l'appuyer à la Lein, afin de me lier avec la division de Delmas qui devait appuyer sa droite à Pfersbach; la gauche du général Saint-Cyr fit aussi un mouvement pour s'appuyer à la Rems ; la brigade du général Laroche avait sa gauche à Rechberg. Ce mouvement occasionna un tiraillement qui dura tout le jour avec les avant-postes de l'ennemi, qui s'acharnèrent à ne pas vouloir céder le terrain qui leur fut enlevé différentes fois mais repris presque aussitôt, vu que je ne faisais pas suffisamment soutenir, n'ayant pas reçu l'ordre de pousser plus avant ; car autrement, dès ce jour même, j'aurais pu faire occuper Gmünd qui fut évacué pendant la nuit.

L'arrière-garde qui se trouvait devant ma gauche fit aussi sa retraite.

Le 14, les découvertes à ma gauche firent quelques prisonniers, entre autres un officier des chevau-légers de Lobkowitz. Dans la vallée de la Rems, l'ennemi fut aussi poursuivi, dans sa retraite, par le général Joba ; on lui prit plusieurs chevaux. Ses avant-postes furent culbutés sur son arrière-garde qui avait pris position à Böbingen ; ma brigade fit un mouvement pour marcher sur ce point. Sur les 4 heures du soir, je me trouvai en présence de l'ennemi et fis prendre position aux troupes ; je dus couvrir alors la vallée de la Rems, liant ma gauche avec la division de Delmas. Ma droite fut appuyée à la hauteur à la gauche de la Rems. Je fis repousser les postes que l'ennemi avait placés dans Ober-Böbingen et éclairer la vallée d'Heubach. Au surplus, tout fut tranquille.

Le 15, l'ennemi ayant quitté la position, et ayant reçu l'ordre de faire une marche pour me porter sur Aalen, je fis marcher ma brigade sur trois colonnes, pour sortir de la vallée de la Rems. Le chef de bataillon Marcognet fut chargé de diriger la droite, le chef de brigade Gazan, la gauche, et je restai au centre avec la majeure partie de la cavalerie et l'artillerie légère. Mon avant-garde reconnut que l'ennemi avait fait halte à Aalen, qu'il avait pris position derrière la Kocher, et ayant ses avant-postes à peu de distance de cette ville. J'avançai sur ce point pour enfoncer l'ennemi ; mais l'infanterie n'ayant pas eu le temps d'arriver, l'expédition fut remise à 4 heures après midi. Les dispositions que je pris pour attaquer l'ennemi devaient procurer bien plus d'avantages qu'on n'en a recueillis : le général Liechtenstein, qui s'était ainsi placé, devait au moins, s'il n'était pas fait prisonnier de guerre, voir toute son artillerie, son infanterie et une partie de sa cavalerie en notre pouvoir. L'imprudence d'un officier d'artillerie légère, qui tira sans ordre, empêcha le succès.

M. de Liechtenstein s'était bien placé derrière la Kocher et avait garni Aalen, qu'il croyait sans doute le seul passage praticable pour suivre les routes d'Ellwangen et de Königsbronn. Mais, par les dispositions que j'avais prises, la route d'Ellwangen devait lui être coupée par le chef de brigade Gazan ; celle de Königsbronn lui aurait également été interdite, si cet officier d'artillerie légère avait suivi l'ordre que je lui avais donné d'aller s'établir sur une éminence d'où il devait tirer à mitraille sur la route de Königsbronn, tracée parallèlement à la Kocher et sur la rive droite : l'ennemi aurait été infailliblement arrêté dans sa marche, puisqu'il n'aurait pas été à plus de deux cents pas des bouches à feu, et qu'en outre l'établissement de cette batterie aurait protégé le passage de la Kocher que je devais faire faire à un parti de cavalerie par un gué assez commode, pour le prendre en flanc, tandis qu'il aurait été pressé sur ses derrières par les troupes que j'avais disposées pour l'attaquer au centre, et que je le faisais tourner sur ses deux flancs.

Le feu, fait trop prématurément à la droite, fit que l'ennemi ne donna pas dans le piège qui lui avait été tendu. Aussi se hâta-t-il de chercher à opérer sa retraite; mais tous ne la trouvèrent pas. Rien de plus singulier que de voir ce corps d'arrière-garde, avec une précipitation étonnante, chercher son salut sur tous les côtés. Il n'avait, pour effectuer sa retraite avec quelque sûreté, que des chemins extrêmement rapides dont un porte sur Lauchheim, l'autre sur Waldhausen et un autre sur Ebnat. Le chemin de Königsbronn ne fut pas enfilé; des tirailleurs qui s'étaient avancés donnèrent à cet égard trop d'inquiétude aux Autrichiens qui durent remercier l'arrivée de la nuit, qui empêcha de leur faire une longue poursuite.

Les généraux Desaix et Sainte-Suzanne furent présents à cette singulière déroute; on fit environ trois cents prisonniers. Je fis occuper par mes troupes légères le village d'Unter-Kochen par lequel une grande partie de l'ennemi avait effectué sa retraite.

Le 16, j'envoyai, de grand matin, des partis pour avoir des nouvelles de l'ennemi. Un avant-poste autrichien fut rencontré à Ober-Kochen; la reconnaissance qui fut sur le terrain d'Ebnat trouva un poste d'infanterie ennemie au débouché du chemin de la montagne, pour arriver sur le plateau d'Ebnat. C'était par ce chemin que l'artillerie autrichienne s'était sauvée; on trouva des caisses remplies de cartouches, beaucoup de boulets, gargousses, etc. Elle avait été obligée de se délester ainsi pour se sauver; et, dans la crainte d'une trop prompte poursuite, l'ennemi avait fait des abatis et embarrassé le chemin de manière qu'il me fût impossible d'y passer le même jour avec deux pièces d'artillerie légère; et puis ce chemin était si rapide qu'il fallut mettre jusqu'à quatorze chevaux pour monter une pièce de 8.

Une autre reconnaissance fut dirigée sur la route de Bopfingen : un poste ennemi fut trouvé à la tête du défilé, en avant du hameau de Simmisweiler. Enfin, un autre parti fut envoyé sur la route d'Ellwangen : c'étaient cinquante chasseurs du 8e, commandés par le capitaine qui entra dans cette ville où il fit un officier prisonnier avec dix-neuf cuirassiers, les équipages d'une ambulance et quelques convalescents.

Le 17, je reçus l'ordre de me mettre en marche (il était 2 heures après midi) avec ma brigade; je la dirigeai sur deux colonnes. Je marchai avec celle de droite que je conduisis par le chemin d'Ebnat; l'autre fut dirigée par le chef de brigade Gazan, et devait marcher sur Waldhausen. Nos avant-gardes essuyèrent l'une et l'autre quelques coups de fusil à la tête des défilés, mais nos tirailleurs eurent bientôt mis l'ennemi en fuite. La sortie de ces défilés n'aurait pas été pour nous aussi facile, si les Autrichiens eussent employé d'autres forces que des avant-postes pour les défendre, tant le terrain était propice pour faire une vigoureuse résistance; mais ils s'étaient contentés d'avoir des troupes placées de manière à vouloir empêcher le débouché d'un grand bois qui couvre la tête de ces deux défilés.

Sur une élévation en arrière du village d'Ebnat, l'ennemi avait placé trois pièces d'artillerie et garni le village d'infanterie : aux premiers coups de fusil, il avait aussi envoyé renforcer ses postes dans le bois, qui furent bientôt culbutés, et, par conséquent, nous parvînmes vivement à la lisière des bois. Si j'avais pu avoir de l'artillerie assez tôt, assurément, avec l'avantage de la position que m'avait laissée l'ennemi, je l'aurais bientôt eu forcé d'abandonner Ebnat; mais il y eut impossibilité par le dégât qu'il avait fait dans le chemin lors de sa retraite. Gazan seul put avoir son artillerie dont il se servit avantageusement, ce qui contribua à forcer l'ennemi d'abandonner sa position lorsque la nuit arriva, laissant cependant ses avant-postes en arrière d'Ebnat et de Waldhausen. On se blessa quelques hommes de part et d'autre; on se fit aussi quelques prisonniers (1). Je rendis compte au général Sainte-Suzanne de ma position, et je restai au bivouac avec toute ma troupe.

Le 18, je rectifiai ma position et je prolongeai ma droite jusqu'à Gross-Kuchen que je fis occuper par un bataillon de la 10° légère. J'envoyai une patrouille afin de reconnaître à quelle distance de moi se trouvaient les postes de l'avant-garde du général Saint-Cyr, dont la gauche devait se lier avec ma droite. On ne put en avoir de nouvelles; les avant-postes de l'ennemi furent trouvés à la sortie de deux trouées d'un bois qui couvre le village de Stetten, où passent les chemins de ce village à Ebnat et à Waldhausen (2).

Le 19, je reçus l'ordre de faire une forte reconnaissance de l'ennemi; comme il faisait un temps extrêmement pluvieux, je me bornai à détacher deux cents chevaux dirigés sur deux points; le

---

(1) « Mes reconnaissances ont suivi l'ennemi de très près, mon cher Decaen, jusqu'à ses avant-postes qui sont en arrière de Bopfingen. Elles ont été à Beuren, Ober-Riffingen, Aufhausen et Oberdorf, où elles n'ont trouvé personne; elles ont vu sortir l'arrière-garde de l'ennemi de Bopfingen et se dirigeant sur la route de Nördlingen. Tous les paysans s'accordent à dire que l'armée ennemie se rassemble à Trochtelfingen, et que c'est là que l'ennemi veut nous livrer bataille... » (Gazan à Decaen, Brastelburg, 17 thermidor an IV. A. H. G.)

(2) Decaen rendait compte dans les termes suivants des événements du 18 thermidor :

« Mon général,

« Le temps le plus mauvais et un brouillard épais n'a pas permis que les reconnaissances partent de grand matin; la reconnaissance qui s'est dirigée sur Elchingen y a trouvé l'ennemi dans la même position que l'avait trouvé hier Marcognet, qui ne l'avait estimé être qu'un avant-poste; je viens de renvoyer une nouvelle reconnaissance qui assurément renverra ces messieurs et nous procurera la facilité de nous avancer aussitôt que e temps va devenir plus clair.

« Gazan a fait pousser une reconnaissance hier sur Bopfingen; je te joins la lettre qu'il en avait envoyée; j'y joins également une lettre qu'avait envoyée aux avant-postes le général Hotze. Marcognet avait aussi fait des notes : tu les trouveras ci-jointes.

« Salut et amitié,

« DECAEN. »

« Veuillez bien, mon cher général, faire dire à Coëhorn qui est à l'Ours de porter ses pas aujourd'hui sur Waldhausen, ou au moins de m'envoyer mon domestique, mon portefeuille et mes chevaux. Il aurait soin de faire mettre le reste en marche aussitôt qu'il le trouverait bon. » (Decaen, 18 thermidor, sans indication de destinataire ni de lieu. A. H. G.)

capitaine Chalbos, du 8ᵉ chasseurs, avait le détachement de gauche, et le chef de bataillon Marcognet, celui de droite. Je fis suivre chacun de ces détachements par deux compagnies d'infanterie légère, pour garnir la lisière du bois et être dans le cas de protéger la retraite de la cavalerie, si elle était repoussée dans l'immense plaine de Neresheim, où elle devait déboucher. Le chef de bataillon Marcognet devait, au débouché du bois, prendre le commandement de ces deux corps. Le terrain qu'ils avaient à parcourir était à peu près le même.

Enfin, lorsqu'ils furent à proximité de se communiquer, Marcognet fit avancer un parti dans Stetten où l'on fit trente prisonniers; mais, bientôt, le major Schmitz, qui commandait les avantpostes autrichiens et qui avait son camp adossé à un bouquet de bois qui se trouve en arrière du village, avança avec deux pièces d'artillerie et de la cavalerie, et obligea par sa démarche à faire quitter Stetten et, par conséquent, la cavalerie française de se replier sur l'infanterie. Je fus aussitôt prévenu et je me rendis sur le terrain, afin de reconnaître et de décider si je pousserais plus avant, ce que je ne trouvai pas convenable.

Comme j'étais occupé à désigner les points qu'il fallait garder pendant la nuit, je fus informé qu'on avait attaqué ma droite et que, même, un bataillon était cerné. Vite, je me dirigeai sur ce point avec trois cents chevaux, deux pièces d'artillerie et un bataillon d'infanterie dont je n'eus pas la peine de me servir. Voici ce que c'était : j'avais aussi ordonné au commandant Devillers, qui occupait Gross-Kuchen, de reconnaître bien la force de l'ennemi devant le point qu'il gardait; je lui avais, pour cet effet, envoyé cinquante chevaux qu'il devait faire soutenir par de l'infanterie, car il fallait aussi, là, déboucher du bois.

L'ennemi avait aussi eu intention de faire une entreprise sur Gross-Kuchen qui était tout découvert par la droite et qui pouvait être facilement tourné, puisque le général Laroche (1), qui com-

---

(1) Laroche (Antoine), né le 16 décembre 1757 à Condom; dragon au régiment de Monsieur, le 1ᵉʳ juin 1775; gendarme, le 22 mai 1779; sert dans la légion de Luxembourg à l'expédition de Jersey en 1780; passé au service de la Hollande avec cette légion en 1782 jusqu'au licenciement de ce corps, le 1ᵉʳ juillet 1789; chef du 4ᵉ bataillon des Landes, en septembre 1792; adjudant général chef de brigade, le 8 juillet 1793; général de brigade à l'armée des Pyrénées occidentales, le 2 octobre 1793; général de division, le 12 thermidor an VIII; retraité le 29 janvier 1808. (A. A. G.)

mandait l'avant-garde du général Saint-Cyr, n'avait pas fait appuyer suffisamment sa gauche; car à l'instant même où l'avant-garde des chasseurs débouchait du bois, elle fut chargée par une tête de colonne de cavalerie forte de plus de trois cents hommes, qui l'obligea à la retraite. Si la pluie n'avait pas empêché les fusils de faire feu, assurément cette cavalerie n'aurait pas pénétré dans le bois et, par conséquent, forcé toute la découverte à rétrograder, laquelle se retira en grande hâte sur Gross-Kuchen, dont le chef de bataillon faisait déjà abandonner la position, car une colonne d'infanterie s'avançait à grands pas pour l'envelopper. Ce chef de bataillon se retira avec sa troupe dans le plus grand ordre à la faveur du bois qui le protégea contre la cavalerie ennemie qui poursuivit encore quelque temps les chasseurs qui eurent un homme fait prisonnier; deux officiers et trente-sept hommes d'infanterie furent aussi faits prisonniers.

Le major Schmitz fut blessé mortellement dans cette journée par un de nos tirailleurs.

Le surplus de la division était resté aux environs d'Aalen; le général Joba avait pris position auprès de Königsbronn avec la 62ᵉ et le 6ᵉ dragons.

Le 20, je fis faire des découvertes qui me rendirent compte qu'elles avaient rencontré les postes ennemis à peu de distance de Neresheim; l'ennemi avait aussi évacué Bopfingen.

CHAPITRE IV

Combat de Neresheim. — Decaen fait deux cents prisonniers. — Le 24 thermidor, les Autrichiens qui, jusque-là, s'étaient bornés à se défendre, attaquent à leur tour. — Decaen en situation critique. — Un de ses bataillons le tire d'affaire. — Trois cents Autrichiens sont pris. — La retraite du général Duhesme arrête la marche en avant des Français. — Le manque de munitions empêche Moreau de poursuivre les Autrichiens. — Ceux-ci repassent le Danube à Donauwörth, puis le Lech. — Ils détruisent le pont de Rain et s'établissent en arrière de cette ville. — Ils battent en retraite, les Français ayant passé le Lech plus au sud. — La brigade de Decaen accomplit une marche forcée pour se reporter à la hauteur du reste de la division. — Fatigue et dénuement des troupes.

Le 21, je reçus l'ordre de marcher avec ma brigade et de me diriger vers Neresheim. Je la fis former derrière le village de Stetten. Je la divisai en deux colonnes : Gazan conduisit la colonne de gauche et moi, celle de droite. Gazan devait se diriger sur Unter-Riffingen, où il attendrait de nouvelles instructions.

La division du général Saint-Cyr était aussi en mouvement et son avant-garde était déjà aux prises avec l'ennemi. Ma colonne se trouvait alors à peu de distance du village d'Ohmenheim; je détachai quelques chasseurs et quelques tirailleurs d'infanterie. Comme le général Sainte-Suzanne était déjà arrivé sur ce point, il se chargea de cette partie, tandis que je me portais à la gauche, où l'on faisait une fusillade; c'étaient des avant-postes ennemis qu'on avait chassés. Pendant ce temps-là, le général Sainte-Suzanne fit enlever le village d'Ohmenheim; les troupes qu'il avait envoyées pour cela arrivèrent à Neresheim d'un côté, tandis que celles de la division du général Saint-Cyr arrivaient de l'autre. L'ennemi, ayant été chassé de cette position, ne voulait point céder le village de Dehlingen, ni un bois à la gauche de ce village.

Comme, dans la position qui me fut assignée pour ma brigade, je trouvais très essentiel d'éloigner l'ennemi qui occupait un terrain convenable à mes avant-postes, surtout un plateau en avant de Dehlingen qui donnait beaucoup d'avantages à l'ennemi, je demandai au général Moreau la permission d'en déloger l'ennemi qui y avait établi de l'artillerie, ce qui me fut accordé. Je commençai dès lors à engager un combat d'infanterie dans le bois à gauche; je fus secondé dans mon attaque par le général Lambert (1), qui attaqua de son côté l'ennemi devant le front de sa brigade qui se trouvait à ma droite. La canonnade fut assez vive de part et d'autre; ce fut alors qu'on aperçut des commissaires anglais réunis aux généraux autrichiens qui venaient faire leur reconnaissance sur le plateau ci-devant indiqué, où ils ne restèrent pas longtemps : quelques coups de canon les eurent bientôt éloignés.

On ne s'était jusqu'alors que tiraillé dans les bois; j'y fis entrer un bataillon de la 10ᵉ qui en chassa l'ennemi. Le bois perdu, l'artillerie fut aussi obligée de faire sa retraite, mais l'ennemi ne voulut pas pour cela rester tranquille : il fit avancer des troupes fraîches qui, à leur tour, repoussèrent mon premier bataillon que je fis soutenir par le 2ᵉ de la 10ᵉ légère, qui fut reprendre la position qu'avait déjà tenue le 1ᵉʳ. Deux régiments autrichiens furent de nouveau déployés par l'ennemi à la lisière d'un autre bois qui n'était pas à plus de 200 pas du terrain qu'occupait mon second bataillon; il se fit alors une fusillade extrêmement vive.

Je fus prévenu qu'on apercevait l'ennemi faisant des mouvements avec d'autres troupes pour prendre en flanc la gauche de mon bataillon. Comme j'avais le 2ᵉ de la 10ᵉ de ligne en réserve, commandé alors par le citoyen Missire, je le dirigeai sur ce point; il arriva assez à propos pour que deux autres bataillons ennemis, qui s'avançaient, fussent arrêtés dans leur marche. Les ennemis, autant étonnés de voir échouer leur projet que de la vigueur avec laquelle le brave Missire s'avança sur eux pour les combattre, entraînèrent dans leur déroute ceux qui étaient venus les protéger. On fit environ deux cents prisonniers; ils eurent beaucoup de blessés et de tués. Pour lors, ils restèrent tranquilles et j'établis mes avant-postes. Le général Lambert les fit aussi serrer sur

---

(1) Lambert (Henry-François), né le 3 juin 1760, à Haraucourt (Meurthe); enrôlé au régiment d'infanterie d'Artois, le 5 août 1780; fourrier, le 1ᵉʳ novembre 1785; congédié, le 15 octobre 1788; lieutenant-colonel du 1ᵉʳ bataillon de grenadiers de volontaires de la Côte-d'Or, le 5 septembre 1792; chef de bataillon, le 12 avril 1793; général de brigade, le 28 janvier 1794; tué d'un coup de boulet devant Neustadt, le 6 septembre 1796. (A. A. G.)

le point où il les avait attaqués; il prit aussi une centaine d'hommes (1).

Ma brigade se trouva alors avoir sa gauche entre Ober-Riffingen et Unter-Riffingen. Gazan avait tenu cette partie tout le jour; ma droite se liait avec la brigade du général Lambert dont la gauche couvrait la cense de Mörtingerhöfe, en avant de laquelle se trouve un beau plateau qui dominait le terrain du côté de l'ennemi à une portée de canon; le surplus de la division était campé en seconde ligne sur la hauteur entre Neresheim et Ohmenheim.

Le 22, je rectifiai ma position et reconnus le terrain que j'avais devant moi. L'ennemi n'avait pas quitté la sienne; du moins, on le jugea ainsi par ses avant-postes, car il était impossible de savoir comment il était campé, le pays étant extrêmement couvert de bois; ce n'était que par quelques trouées qu'on pouvait l'apercevoir. Ma gauche me donnait de l'inquiétude, vu qu'elle n'appuyait à rien et que les postes de la division du général Delmas, qui faisaient le service de flanqueurs, se trouvaient à au moins deux lieues de distance. La journée se passa dans la plus grande tranquillité.

Le 23, sur toute la ligne, l'ennemi fut reconnu avoir la même position. J'augmentai et avançai quelques postes; sur les 4 heures après midi, le corps du général Saint-Cyr, auquel on avait réuni la réserve et quelques corps de la division du général Beaupuy (cet estimable général avait fait son retour à l'armée la veille; il était venu reprendre le commandement de sa division, quoiqu'il ne fût pas guéri des blessures qu'il avait reçues à Kork, car à peine pouvait-il monter à cheval), le corps de Saint-Cyr, dis-je, attaque l'ennemi avec bien du succès. Si un orage violent ne fût pas survenu, l'avantage n'aurait sans doute pas été médiocre. Les chasseurs de Le Loup et les chevau-légers de Levenehr souffrirent beaucoup. Le 2ᵉ régiment de chasseurs et le 2ᵉ de cavalerie se distinguèrent dans cette affaire pendant laquelle je restai en observation.

Cependant, ayant aperçu quelques mouvements chez l'ennemi, je crus qu'il était convenable de fixer son attention : j'avançai,

---

(1) « Le 21, nous avons attaqué l'ennemi dans sa position de Neresheim . il a été repoussé. On lui a fait environ quatre cent cinquante prisonniers. » (Moreau au Directoire, Neresheim, 26 thermidor an IV. A. H. G.)

pour cela, deux pièces d'artillerie légère, que je fis jouer avec célérité; j'ordonnai également d'attaquer quelques avant-postes. L'ennemi me riposta et nous ne cessâmes que lorsque le feu de la droite eût cessé; l'ennemi se réserva pour le lendemain.

Cette canonnade, faite pendant la durée d'un furieux orage, faisait un tableau de la plus belle horreur. Il semblait que les foudres célestes et humaines voulussent rivaliser entre elles.

Le 24, à 5 heures du matin, au moment de monter à cheval pour aller en reconnaissance, je fus extraordinairement surpris d'apprendre que l'ennemi attaquait avec vigueur; le bruit du canon ne laissait sur cela aucun doute. C'était la première fois que l'ennemi s'était retourné depuis un mois que nous avions passé le Rhin. Je me portai vite à ma gauche pour laquelle je craignais beaucoup; et c'était là que le feu paraissait le plus vif et que l'ennemi avait fait sa première attaque. Il avait aussi déjà repoussé un bataillon d'infanterie légère qui couvrait la route de Neresheim à Nördlingen et, s'il avait cherché à pénétrer dans cette partie, il aurait pu obtenir plus de succès qu'il n'en eut dans le reste de la journée.

Ayant vu le chef de brigade Gazan, qui me dit que l'ennemi l'avait attaqué avec quatre bataillons et quatre pièces d'artillerie, après avoir pris connaissance des dispositions qu'il avait faites pour lui résister, je me portai vite à ma droite pour savoir dans quel état elle était. Ayant fait placer trois escadrons du 8ᵉ régiment de chasseurs au débouché de la route de Nördlingen pour parer aux premiers accidents, la suite de la bataille nous prouva que l'ennemi n'avait fait là qu'une fausse attaque.

Il n'en était pas ainsi à ma droite, où je me portai rapidement. L'ennemi ayant déjà eu l'avantage de culbuter la brigade du général Lambert, qui faisait l'appui de mon flanc droit, avait fait une attaque vigoureuse à mes avant-postes, qui avaient été forcés de se replier. Le terrain dont il s'était emparé lui donna l'avantage de déployer huit pièces d'artillerie contre trois que j'avais sur ce point. Les talents du brave citoyen Mosel et la bravoure de ses canonniers surent suppléer au nombre. Toute la ligne, à droite, était aux prises. Il me restait encore, à moi, deux points où je m'attendais à être attaqué, et qui jouissaient de la plus grande tranquillité : c'était le front des 1ᵉʳ bataillon de la 10ᵉ légère commandé par le citoyen Devillers, 1ᵉʳ et 2ᵉ de la 10ᵉ de ligne commandés par Missire et Béchot; deux occupaient le bois où l'on s'était battu le 21, et celui de Missire, adossé à un bois en arrière de Herdtfeldhausen, occupait ce village. Un avant-poste occupait un chemin qui débouche encore dans la plaine de Neresheim.

Sur ces entrefaites, les généraux Moreau et Desaix arrivèrent. Les généraux Beaupuy et Sainte-Suzanne avaient fait comme moi : leur premier mouvement avait été de se porter à la gauche. Le général Moreau me demanda si je croyais pouvoir tenir : je l'assurai que je ferais tous mes efforts, mais que quelques centaines de chevaux avec quatre pièces d'artillerie et un bataillon d'infanterie me serviraient beaucoup. Il m'en fit la promesse « autant, ajouta-t-il, qu'il serait possible », et se dirigea avec promptitude du côté du général Saint-Cyr, qui paraissait aussi bien surchargé. Le général Desaix, de son côté, s'occupa à faire faire des mouvements à la réserve, pour qu'elle pût occuper le plateau en avant de Mörtingerhöfe, dont l'ennemi n'avait encore pu s'emparer, ayant été empêché par quelques troupes de la brigade Lambert qui lui faisaient obstacle.

Cette digression m'a empêché de dire plus tôt qu'à peine le général Moreau m'avait quitté que deux colonnes d'infanterie ennemie s'avancèrent sur les deux points que j'ai précités. La résistance de mes troupes fut vigoureuse; mais l'attaque qu'avait faite l'ennemi, dès le commencement de l'affaire, sur le bataillon qui était enfourché sur la route de Nördlingen à Neresheim, lui avait facilité le moyen d'inquiéter le flanc gauche du bataillon de Missire. Avec cela, l'ennemi avait amené avec lui du canon, et, sur ces deux points, je n'en avais pas : les deux pièces de 4 étaient placées en arrière, sur une position avantageuse, où je devais faire ma retraite au besoin.

Si la résistance de mes troupes était vigoureuse, l'attaque de l'ennemi ne l'était pas moins : la mitraille surtout me faisait bien souffrir, et je perdais un peu de terrain. L'ennemi s'étant trouvé à portée des petites pièces de 4, il fut arrêté par leur feu. La canonnade de l'artillerie légère allait toujours son train : enfin arriva le bon et brave général Beaupuy, qui s'était occupé à faire ses dispositions pour me recevoir, si j'avais été obligé de céder tout mon terrain. Le général Sainte-Suzanne s'occupait particulièrement de l'ennemi sur le point où était l'artillerie légère.

Le général Beaupuy m'annonça deux bataillons de la 62ᵉ. Je sentis alors quelque chose que je ne saurais exprimer : j'avais reconnu, la veille, un petit chemin dans le bois par lequel on pouvait passer avec une pièce d'artillerie et par lequel on arrivait au village de Herdtfeldhausen ; arrivé à ce point, le terrain perdu était repris et l'ennemi forcé à la retraite. Je demandai au général Beaupuy deux bataillons. Le 1ᵉʳ de la 62ᵉ, commandé par le citoyen Beaufils, était celui qui me fut désigné. Je chargeai le chef de bataillon Marcognet, que je *m'étais adjoint* depuis qu'il avait été élevé à ce grade, de le diriger et de mener avec lui une pièce de 4 ; l'autre bataillon de la 62ᵉ fut placé de manière à pouvoir être porté sur les points nécessaires : je donnai aussi une position favorable à une pièce d'artillerie qui était venue avec ces deux bataillons.

Le plateau de Mörtingerhöfe était fourni de forces suffisantes pour empêcher le projet de l'ennemi, qui avait sans doute eu l'intention de couper l'aile gauche du centre de l'armée ; notre droite ainsi appuyée nous mit dans le cas de pouvoir agir offensivement. Le général Beaupuy ordonna donc de frapper avec une nouvelle *vigueur*. Marcognet l'avait déjà prévenu : avec le bataillon de la 62ᵉ, il avait tombé sur l'ennemi avec impétuosité, l'avait forcé à la retraite et fait environ trois cents prisonniers (1). L'artillerie légère fit des mouvements en avant, et tira tellement bien que l'ennemi, qui jusqu'alors avait paru être le vainqueur, fut obligé de faire sa retraite. Le citoyen Fauconnet, commandant le 6ᵉ dragons, qui, avec deux escadrons de son régiment, avait contenu quatre fois plus de cavalerie qu'il n'en avait, fit serrer l'ennemi dans sa retraite. Mais, comme le terrain n'était pas bien propice, il ne put pas lui causer grand dommage ; il ne fit que quelques prisonniers.

Nous eûmes, avec l'avantage d'avoir résisté, celui de gagner la lisière d'un bois qui nous procurait mieux la vue de l'ennemi, en empêchant celui-ci d'apercevoir aucun des mouvements que nous

---

(1) « ... La droite de l'aile gauche était également attaquée avec vigueur. Le terrain nous permettant de reprendre l'offensive, le général Desaix a réattaqué vivement et a repoussé l'ennemi en faisant deux cents prisonniers... » (Moreau au Directoire, Neresheim, 26 thermidor an IV, A. H. G.)

aurions pu faire, si nous avions voulu l'attaquer, comme on le verra dans le rapport du 25.

La bataille, pour cela, n'était pas à sa fin. C'était sur le général Saint-Cyr que les coups les plus violents étaient portés; mais il avait plus d'avantage : c'est qu'il pouvait apercevoir les mouvements de ses adversaires, et il aurait pourtant pu succomber si la réserve, qui avait été placée sur le plateau de Mörtingerhöfe, ne l'avait pas secondé par le feu de son artillerie qui arrêta les pas de l'ennemi et l'obligea à son tour de rétrograder. Le feu ne cessa à la droite qu'à environ 5 heures du soir. Ma gauche fut encore attaquée sur le soir, mais sans avantage du côté de l'ennemi; le général Beaupuy était alors sur le point d'attaque. On fit quelques prisonniers.

Le résultat de cette journée aurait été encore plus marquant pour l'armée du Rhin, si le général de division Duhesme (1), qui avait été attaqué par des forces supérieures, avait pu résister aux efforts de l'ennemi. La retraite qu'il fut obligé de faire entrava les opérations qu'avait projetées, pour le lendemain, le général en chef puisque, faute de munitions, nous ne pûmes pas exécuter l'attaque qu'il avait décidée; car afin de commencer de bonne heure et prévenir l'ennemi, si l'on apercevait qu'il eût intention d'attaquer, toute l'armée bivouaqua; le général Moreau ne s'en excepta pas non plus.

Le 25, au point du jour, l'ennemi était sous les armes dans son camp, dans lequel il se faisait beaucoup de mouvements. Le général Moreau crut, pour cet instant, qu'il avait dessein d'attaquer; et il allait ordonner le signal d'attaque qui était un coup de canon, toutes nos dispositions étaient faites, et les troupes portées de la meilleure volonté, lorsqu'il vit que l'ennemi faisait sa retraite. Il n'est pas douteux qu'on aurait remporté quelques avantages sur lui. Mais comme nous n'avions pas de munitions pour nous battre

---

(1) Duhesme (Philibert-Guillaume), né le 7 juillet 1766, à Bourgneuf (Saône-et-Loire); capitaine aux volontaires de Saône-et-Loire, le 29 septembre 1791; chef du 4ᵉ bataillon franc du Hainaut, le 26 octobre 1792; général de brigade, le 7 octobre 1793; général de division, le 18 brumaire an III; employé à l'armée de Naples, en l'an VII; à l'armée de réserve, puis à l'armée gallo-batave, en l'an VIII; à l'armée d'Italie, en l'an XIII; à l'armée d'Espagne en 1809; commandant de Kehl, le 1ᵉʳ décembre 1813; inspecteur général d'infanterie en mai 1814; employé sous les ordres du duc de Berry, le 19 mars 1815; commandant les 1ʳᵉ et 2ᵉ divisions de la Jeune Garde, le 8 juin 1815; mort à Genappe (diocèse de Malines), le 20 juin 1815. (A. A. G.)

plus d'une heure, parce que les parcs des divisions n'avaient pu être approvisionnés comme à l'ordinaire (1), vu que les convois avaient été obligés de rétrograder, la veille, à cause de l'échec qu'avait reçu la division Duhesme, et comme le général Moreau n'avait été informé de cela que depuis peu de temps, sans même avoir de détails, il préféra ne pas inquiéter l'ennemi dans sa retraite plutôt que de rien compromettre. Nous restâmes donc tranquilles le reste du jour.

L'ennemi laissa son arrière-garde sur sa position ; elle n'opéra sa retraite qu'à la nuit.

Le 26, je reçus l'ordre de me mettre en marche ; la division devait prendre position, la droite à Kesselostheim, à la hauteur de Bissingen, et la gauche, à..... (2) ; l'avant-garde devait s'établir en avant. Les découvertes que j'envoyai me rapportèrent qu'elles avaient reconnu l'ennemi au débouché des bois dans la belle plaine de Nördlingen. Ce pays, extrêmement fourré, avait exigé beaucoup de précautions pour le reconnaître. Après avoir fait ma reconnaissance, je donnai la position à mes troupes qui durent appuyer leur droite à Unter-Bissingen et la gauche à Hohen-Altheim. Cependant, je débouchai dans la plaine de Nördlingen avec un régiment de chasseurs et une compagnie de carabiniers qui chassèrent l'ennemi du village de Deggingen et le poursuivirent au delà de Klein-Sorheim que je fis occuper en avant-poste ; l'ennemi eut, pendant la nuit, un poste à Gross-Sorheim.

Le 27, j'envoyai des reconnaissances pour avoir des nouvelles de l'ennemi : ses avant-postes furent rencontrés à Hoppingen. Une autre découverte fut jusqu'à Wemding sans rien rencontrer. Je fus informé que l'ennemi faisait sa retraite en grande hâte par Donauwörth et qu'il prenait une nouvelle position derrière le Lech.

Le 28, l'ennemi avait évacué Hoppingen ; ses avant-postes furent reconnus à Marbach.

Le 29, l'ennemi garda sa même position.

Le 30, les découvertes m'apprirent que l'ennemi avait évacué Donauwörth. Nous gardâmes notre position jusqu'au 2 fructidor,

(1) « Le succès d'une attaque était certain, mais nos convois de munitions, arrêtés par la retraite du quartier général, nous mettaient dans l'impossibilité de hasarder un combat que, faute de cartouches, nous n'aurions pu soutenir plus de deux heures... » (Moreau au Directoire, Neresheim, 26 thermidor an IV. A. H. G.)
(2) Passage laissé en blanc sur le manuscrit.

que la division reçut l'ordre de passer le Danube sur le pont de Blindheim, et ensuite prendre position derrière la Zusam. Je pris position avec ma brigade en avant de cette rivière, ma droite à Hohenreichen, et la gauche à Lauterbach. Les troupes légères, que j'avais envoyées à la découverte, eurent une escarmouche avec l'ennemi qui occupait la tête d'un bois en avant de ce village, d'où il fut chassé.

Le 3 fructidor, les postes de l'ennemi furent trouvés en avant du village de Mertingen. La division reçut l'ordre de prendre position à l'avant-garde, la droite à Westendorf. A cet effet, une colonne, commandée par le chef de brigade Gazan, fut dirigée sur Blankenburg. Je marchai avec le surplus de ma brigade sur Mertingen, d'où je chassai l'ennemi que je forçai à passer la Schmutter; il avait une forte arrière-garde en avant du Lech. Ma gauche fut prolongée jusqu'au Danube, ayant mes grand'gardes seulement en avant de la rivière; le surplus de la division appuya sa gauche à Lauterbach et la droite jusqu'au delà de Klosterholz (1). Il y eut aussi, ce jour-là, une escarmouche afin de faire éloigner l'ennemi; on lui fit quelques prisonniers. L'ennemi garda sa même position (2).

Le 4, nous restâmes également tranquilles.

Le 5, les reconnaissances m'informèrent que l'ennemi avait repassé totalement le Lech, et qu'il avait détruit le point de Rain. Ayant été faire la reconnaissance avec les généraux Desaix, Beaupuy et Sainte-Suzanne, nous reconnûmes qu'il avait un camp placé en arrière de Rain, de quatre à cinq mille hommes qui paraissaient avoir pour but de défendre ce passage. Il est à observer que, depuis le Danube jusqu'à Augsbourg, il n'existe que deux ponts sur le Lech, que les gués sont très rares et qu'on ne jouit de cet avantage que dans les grands jours de l'été; encore ces gués sont-ils extrêmement dangereux, vu la rapidité du courant et, encore plus, le peu de solidité du fond de la rivière.

(1) Aujourd'hui Holzen.
(2) « Aile gauche, 1re division : la droite à Blankenburg et la gauche à Druisheim; l'avant-garde en avant de la Schmutter, entre Nordendorf et Asbach. L'aile gauche de l'avant-garde trouva quelque résistance à Asbach où l'ennemi avait un bataillon et deux cents chevau-légers. On se tirailla quelques instants; cinq ou six coups de canon firent retirer l'ennemi. La nuit étant survenue, on ne put assez reconnaître le terrain pour occuper le village. » (Journal général des opérations de l'armée de Rhin-et-Moselle, 3 fructidor an V. A. H. G.)

Le même jour, je reçus l'ordre de me porter, avec l'avant-garde, jusque sur les bords de cette rivière; ma droite fut étendue jusqu'à Ostendorf et la gauche, au Danube. Pour inquiéter l'ennemi et lui faire croire que je voulais passer le Lech, je lui fis faire une canonnade d'une demi-heure; je fis ensuite prendre position à mes troupes.

Le 6, je m'occupai tout le jour à reconnaître les rives du Lech et à chercher des gués. Le seul point où l'on pouvait risquer le passage n'était pas plus bas que vis-à-vis Ellgau.

Le 7, la division passa le Lech à Langweid; les carabiniers du 3ᵉ bataillon de la 10ᵉ légère, qui passèrent les premiers, prirent un poste de vingt-cinq hussards avec l'officier (1). Les généraux Beaupuy et Sainte-Suzanne dirigèrent ce passage, tandis que les divisions du général Saint-Cyr et de Ferino passèrent à Friedberg et Haunstetten. J'étais resté devant Rain en observation avec la 10ᵉ demi-brigade de ligne, le 17ᵉ dragons et deux escadrons du 8ᵉ chasseurs. Le chef de bataillon Ducassou se distingua, en donnant l'exemple à son bataillon, le 3ᵉ de la 10ᵉ légère, pour passer la rivière, en se jetant le premier à l'eau.

Le 8, l'ennemi ayant abandonné sa position de Rain, je m'occupai des moyens pour avoir un passage sur le Lech. J'envoyai, à cet effet, mon aide de camp Coëhorn, qui passa à la nage avec un chasseur, auprès des magistrats de Rain pour qu'ils eussent à préposer des ouvriers sur-le-champ pour le rétablissement du pont, et au couvent de Nieder-Schönenfeld, afin qu'on remit sur la rivière un bac que l'ennemi avait retiré sur la rive qu'il occupait. Sur les 4 heures après midi, le bac fut en état d'être utile. Je fis donc passer deux compagnies d'infanterie et, après, une cinquantaine de chevaux pour éclairer le pays et avoir des nouvelles de l'ennemi, et ensuite, de la cavalerie et de l'infanterie, de manière qu'à 8 heures du soir, j'avais un bataillon et deux escadrons sur la rive droite de la rivière. On travailla avec promptitude au rétablissement du pont; deux officiers du génie de la division du général

---

(1) « La partie de l'aile gauche qui était devant Langweid a passé le Lech à un gué vis-à-vis le village; mais il était trop profond pour l'artillerie. Ce qui a pu y passer d'infanterie et de cavalerie légère, après avoir surpris et enlevé un poste de vingt-cinq hussards qui ne se doutait nullement de la possibilité de ce passage, s'est porté sur la route de Neuburg à Friedberg... » (Moreau au Directoire, Augsbourg, 8 fructidor an IV. A. H. G.)

Delmas vinrent à propos pour accélérer ce travail, et le pont fut établi le lendemain, à 3 heures après midi.

Le 9, je reçus l'ordre de me mettre en marche pour aller prendre position, ma gauche à Pöttmes et ma droite à Paar. Je devais trouver la 10ᵉ légère et les chasseurs des 4ᵉ et 8ᵉ à Amertshofen. Le pont n'ayant été rétabli qu'à 3 heures après midi, je ne pus me mettre en mouvement que très tard. Je pris position en arrière du village de Echsheim et, le lendemain, de grand matin, j'arrivai à Pöttmes. A peine avais-je reconnu le terrain et désigné celui que chacun devait occuper, je reçus l'ordre de me mettre en marche avec toute ma brigade (1), d'appuyer ma droite à Hohenwart et ma gauche à Nieder-Arnbach. La division prit position en avant de Steingriff, la droite à Schrobenhausen et la gauche se prolongeant du côté du marais.

La division, pendant toute la campagne, n'a pas fait de marche plus pénible. Les troupes que j'avais à Rain furent obligées de se rendre par une marche forcée à la même hauteur que les autres de l'armée. La majorité de la division, n'ayant pas pu traverser le Lech à Langweid, fut obligée de passer par Augsbourg. Avec un espace de terrain aussi long à parcourir successivement, on avait encore le désagrément d'avoir le temps le plus détestable et des chemins presque impraticables. Je manquai de perdre deux pièces d'artillerie entre Ober-Arnbach et Nieder-Arnbach. Les troupes, excédées de fatigue, n'arrivèrent à leur position que par lambeaux; et, pour comble de misère, nous n'avions pas de pain, dans un pays où il y a bien peu de ressources; les avant-gardes trouvèrent l'ennemi à Pobenhausen.

Le 11, l'ennemi avait quitté Pobenhausen; on y trouva environ huit cents sacs d'avoine. Les postes de l'ennemi étaient aux maisons de la colonie, en avant de Zuchering et de Winden.

Le 12, la division garda la même position.

---

(1) En effet, le corps de bataille de la 1ʳᵉ division de l'aile gauche était réuni, dès le 9 fructidor, à Gundelsdorf, en avant de l'avant-garde restée vis-à-vis de Rain. (Voir le Journal général des opérations de l'armée de Rhin-et-Moselle, 9 fructidor an V. A. H. G.)

CHAPITRE V

Decaen franchit la Paar avec sa brigade. — Combats d'Ingolstadt. — Engagement à Geisenfeld. — Combat de Langenbruck. — Desaix repousse l'attaque des Autrichiens. — Le corps de La Tour échappe aux Français, le corps du centre n'ayant pris aucune part à l'action. — Le général Lambert est tué le 20 fructidor. — Passage du Danube à Neuburg. — Decaen marche sur Eichstätt, puis sur Nennslingen. — Gazan, qui commande l'avant-garde, s'arrête sur les représentations d'un bailli prussien. — La division Desaix reçoit l'ordre de repasser le Danube. — Decaen évacue Eichstätt.

Le 13, je reçus l'ordre de passer la Paar avec ma brigade, d'appuyer ma droite à Buchersried, de prolonger ma gauche jusqu'à la Paar et même de couvrir la route d'Ingolstadt; mes avant-postes furent placés sur ce point jusque devant Unsern-Herrn qu'occupait l'ennemi.

Le 14, je fus faire une reconnaissance sur ce point avec le général Desaix. Le général Delmas avait fait occuper Zuchering de sorte que l'ennemi, ayant été resserré, coupa le pont de Klein-Salvator (1). Les découvertes qui furent envoyées le matin trouvèrent l'ennemi à Mainburg. J'étais revenu à Reichertshofen pendant la nuit. Un habitant de Geisenfeld, qui vint me demander des sauvegardes, me dit que ce point était évacué par l'ennemi, qu'on pourrait trouver ses avant-postes en avant des bois de Griesham, à trois quarts de lieue de Geisenfeld. Il m'avait aussi informé que l'armée de Sambre-et-Meuse avait éprouvé un échec auprès de Neumarkt.

Le général Desaix m'ayant dit de faire une reconnaissance sur Geisenfeld, d'où nous étions éloignés de plus de deux lieues, et, de ce point, d'envoyer jusqu'au Danube pour intercepter les bateaux que l'ennemi, qui évacuait les magasins d'Ingolstadt, faisait descendre sur ce fleuve, je détachai le chef de bataillon Mar-

---

(1) *Klein-Salvator* ne figure pas sur le 1/100 000 allemand. Le 1/300 000 allemand de Liebenow indique *Unsern Herrn ad Salvator*, appelé simplement *Unsern Herrn* sur le 1/100 000, à 5 kilomètres environ au S. S. E. d'Ingolstadt.

cognet avec le bataillon du citoyen Missire de la 10e, le 8e régiment de chasseurs, et deux pièces d'artillerie légère. Je me rendis moi-même à Geisenfeld sur les 5 heures après midi et, après avoir reconnu le terrain, je fis prendre position à ma petite avant-garde en arrière de Geisenfeld, ayant seulement des postes de cavalerie en avant de cette petite ville. Je fit aussi partir sur-le-champ des découvertes pour aller sur la route de Neustadt et sur celle de Vohburg, afin d'avoir des nouvelles de l'ennemi.

La position était avantageuse à garder. L'expérience du lendemain le démontra. C'était la tête d'un défilé d'une grande lieue et demie. Je laissai au citoyen Marcognet le commandement de ce petit camp. A mon retour de Geisenfeld, je me rendis auprès du général Beaupuy à Pörnbach, pour lui rendre compte de mes dispositions. Il me dit que, le lendemain, le général Delmas devait faire une entreprise sur la tête du pont d'Ingolstadt, que je devais le seconder par une fausse attaque et que ce serait la 103e demi-brigade qu'on me donnerait pour cette opération.

Le 15, à 5 heures du matin, toutes les troupes destinées pour marcher sur Ingolstadt étaient en mouvement. Le poste de l'ennemi au village de Klein-Salvator (1), composé de peu d'hommes de cavalerie, l'abandonna à l'approche de nos premiers tirailleurs qui passèrent la rivière à gué (c'est un bras du Danube). Le pont, n'étant que peu dérangé, fut bientôt rétabli, et je fis arriver successivement des troupes tant d'infanterie que cavalerie, pour assurer le défilé avant de chercher à déboucher dans une petite plaine entre Ingolstadt et Klein-Salvator (2). Quelques dragons s'amusaient à tirailler, comme il avait été convenu, parce que le général Delmas devait agir sur le flanc de l'ennemi et manœuvrer pour lui faire le plus de prisonniers possible, et même entrer pêle-mêle avec les fuyards dans la tête du pont. Les généraux Beaupuy, Desaix et Sainte-Suzanne venaient d'arriver à la tête du défilé lorsque parut le général Delmas, qui n'avait pas trouvé de chemins praticables pour l'exécution de son entreprise.

Au même instant, je faisais déboucher le premier peloton de cavalerie pour soutenir les tirailleurs que ceux de l'ennemi paraissaient repousser. Le général Delmas s'occupa aussitôt de ce

---

(1) Voir la note de la page précédente.
(2) *Id.*

peloton et entreprit une charge sur l'ennemi, qui se laissa charger pour mieux engager le général Delmas qui le fut sérieusement à son tour. Quelques dragons du 17⁰ furent faits prisonniers et beaucoup plus l'auraient été si une compagnie de grenadiers de la 103ᵉ, placée derrière une haie, n'avait pas, par son feu, arrêté la charge. On fit ensuite avancer un plus grand nombre de troupes, avec de l'artillerie, à la tête du pont. L'ennemi, de son côté, fit sortir d'Ingolstadt une augmentation de cavalerie; mais quelques coups de canon, et le 7ᵉ (1) régiment de hussards avec le 17ᵉ de dragons, les eurent bientôt forcés à rentrer dans la tête du pont.

Cependant, le coup projeté avait été manqué. On se canonna vigoureusement de part et d'autre, quoique le calibre n'était pas égal : nous n'avions que de l'artillerie légère contre du 24. Sur ces entrefaites, je me portai en arrière pour donner des ordres aux divers échelons. Alors, une ordonnance me rendit compte que l'ennemi avait attaqué vigoureusement ma petite avant-garde auprès de Geisenfeld et qu'elle battait en retraite après avoir eu ses deux pièces hors de service. Il était environ 9 heures du matin, et il y avait trois grandes lieues du point attaqué à celui où nous étions. J'en informai de suite les généraux Desaix et Beaupuy. Celui-ci, aussitôt, étant revenu, donna l'ordre à une compagnie d'artillerie légère, qui était venue pour servir au besoin, de retourner lestement à l'emplacement qu'elle tenait précédemment, ainsi qu'au 6ᵉ régiment de dragons; mais, tandis que le mouvement rétrograde se faisait, on aperçut l'ennemi du côté de Manching, à notre droite. On le fit reconnaître : c'étaient des flanqueurs du corps d'armée qui avait attaqué Geisenfeld, ou les éclaireurs d'une colonne ennemie qui déboucha quelques heures après par ce point. Il fallut laisser là un escadron de dragons pour observer l'ennemi qui, s'il avait débouché alors en force sur ce point, aurait pris comme dans une souricière tout ce qu'il y avait devant Ingolstadt. Je donnai avis de cela au général Desaix, et ensuite, je me rendis avec le général Beaupuy en avant de Langenbruck.

Le chef de brigade Gazan avait pris des dispositions pour soute-

---

(1) Le manuscrit original porte : 17ᵉ. Le 7ᵉ hussards faisait partie de la cavalerie de la division Delmas.

nir la petite avant-garde qui faisait sa retraite avec le plus grand ordre et qui, depuis près de cinq heures, disputait le terrain à l'ennemi. Nous arrivâmes auprès de Gazan au moment où l'ennemi voulait déboucher du bois, ce qui lui fut contesté encore queque temps. Pendant ce temps-là, le général Desaix arriva et donna des ordres pour que la réserve se mît en mesure. Le général Beaupuy donna aussi ses dispositions : comme le terrain que nous tenions alors n'était pas à notre avantage, car nous laissions un défilé derrière nous, il fut décidé que nous l'abandonnerions tout doucement. Le général Beaupuy dit alors au général Desaix, en montrant une position bien favorable en arrière de Langenbruck : « Nous n'irons que jusque-là, général. C'est là que nous recevrons la bataille. »

En effet l'ennemi, étant parvenu à déboucher du bois avec son artillerie, nous eut bientôt obligés à exécuter le projet déjà conçu d'abandonner le terrain où nous avions peu de troupes. On fit exécuter la retraite à tout ce qu'il y avait en avant de Langenbruck et on le disposa de suite en arrière des deux bouquets de bois, à droite et à gauche de la route et un peu en avant de Langenbruck, lesquels, ainsi que le village, furent seulement tenus par quelques troupes légères. Il existait entre nous et l'ennemi un vallon marécageux qui ne pouvait être passé qu'à Langenbruck et devant un hameau situé entre Reichertshofen et ce village ; et encore il aurait été très imprudent d'engager de l'artillerie dans ce dernier chemin.

On avait encore à craindre une attaque de l'ennemi entre la forêt de Geisenfeld et la Paar, et une autre à la chapelle Sankt-Kastl, devant la droite de la division. Mais on reconnut bientôt, par le nombre de troupes et d'artillerie que l'ennemi fit sortir du bois de Geisenfeld, que son intention était de forcer le passage de Langenbruck, et devant le hameau ci-devant indiqué. Mais pour pouvoir pénétrer avec avantage dans ce dernier point, il fallait auparavant que l'ennemi s'emparât d'une pointe de la forêt, de laquelle on aurait inquiété son flanc droit, s'il avait forcé Langenbruck. Il y envoya de l'infanterie qui fut culbutée à diverses reprises. La 10e demi-brigade de ligne (le bataillon de Missire, qui s'était déjà battu toute la matinée) soutint encore un combat très opiniâtre dans ce bois.

L'ennemi faisant également des efforts à Langenbruck et entre ces deux points, c'était l'artillerie des deux partis qui se disputait le terrain par un feu bien nourri. Plusieurs fois l'ennemi tenta de déboucher, mais fut toujours repoussé jusqu'à ce qu'enfin, ayant envoyé des forces nombreuses dans le bois à sa droite, il força la 10ᵉ de ligne à l'abandonner, ce que je ne pus empêcher, le projet du général Desaix n'ayant pas été de me fournir de nouvelles troupes pour résister à celles de l'ennemi. Je fis alors retirer cette demi-brigade sur Reichertshofen afin de couvrir la route de Freinhausen qui conduit aussi à Pörnbach, pour que l'ennemi ne pût pas inquiéter les derrières de la division ; et c'était le seul point sur lequel je pouvais me retirer ; car le terrain que j'avais derrière moi, étant en ligne, se trouvait à peu de distance et n'était autre chose qu'un marais impraticable. Aussi je n'eus plus de liaison avec le reste de la division ; je ne pouvais communiquer avec les généraux Desaix et Beaupuy qu'en faisant le tour par Pörnbach ; ce fut alors que, tous deux, ils eurent un fameux fardeau à soutenir.

L'ennemi, n'ayant plus rien qui l'empêchât de déboucher au hameau, ne manqua pas de le faire, ce qui lui procura en même temps la facilité d'en faire ensuite autant à Langenbruck. Jamais je n'ai vu l'ennemi marcher avec autant d'audace et d'intrépidité (1), et dans un aussi bel ordre ; il semblait mépriser le feu de notre artillerie qui lui causait le plus grand ravage. Comme la nouvelle position que j'avais prise paraissait menacer le flanc de l'ennemi, et qu'en outre il avait aperçu derrière moi, sur une hauteur de la rive gauche de la Paar, un corps de troupes en position — c'étaient celles que nous avions conduites le matin à Ingolstadt, qui avaient ainsi été placées par le général Sainte-Suzanne, lequel soutint un combat opiniâtre contre un corps ennemi qui avait débouché par Manching et un autre qui était sorti d'Ingolstadt, — l'ennemi laissa donc un corps de réserve pour empêcher qu'on inquiétât le flanc droit de celui qui se portait en avant pour forcer de nouveau notre ligne, mais cette réserve ne lui sauva pas la perte du combat.

---

(1) « La cavalerie, malgré les ravages affreux que notre artillerie faisait dans ses rangs, chargea avec fureur nos batteries d'artillerie légère qui continuaient leur feu avec le plus grand sang-froid, quoique l'ennemi ne fût qu'à 25 pas. » (Moreau au Directoire, Pfaffenhofen, 16 fructidor an IV A. H. G.)

Le terrain occupé par nos troupes était très favorable, et les généraux Desaix et Beaupuy en tirèrent un tel parti que l'ennemi, dont on voyait toutes les forces et les mouvements et qui n'apercevait que peu des nôtres, donna dans le piège. Comme il entreprenait une charge sur notre artillerie, alors un régiment de carabiniers qu'il n'avait pas aperçu s'ébranla : l'ennemi, étonné, fit un mouvement rétrograde. Tandis que les carabiniers s'étaient présentés de front, deux escadrons du 8e chasseurs, avaient également fait un mouvement sur le flanc droit de l'ennemi qui fut culbuté dans un terrain marécageux où il laissa plus de cent chevaux. Il n'en fallut pas davantage pour mettre le désordre dans tout ce corps d'attaque, qui chercha une prompte retraite. Il fut poursuivi avec vigueur. Lorsque je m'aperçus du mouvement, je fis faire une attaque aux troupes qui se trouvaient en observation devant moi, et avec lesquelles on n'avait pas cessé de se tirailler. Elles furent en un moment culbutées; on leur fit une centaine de prisonniers.

Je fis ensuite avancer, dans un terrain presque impraticable, une pièce de 4 avec laquelle j'inquiétai beaucoup le flanc de ceux qui firent leur retraite par le chemin du hameau que j'ai précédemment indiqué. Les généraux Beaupuy et Desaix avaient aussi fait presser l'ennemi par la droite; mais la nuit étant venue favoriser sa retraite, il n'éprouva pas la perte qu'il aurait dû. Le chef de bataillon Marcognet, avec deux bataillons d'infanterie de la 97e, lui enleva un obusier. On fit quelques centaines de prisonniers; sa perte fut grande en cavalerie : il eut au moins douze cents chevaux hors de combat. Sur le champ de bataille seul, il y en avait plus de deux cents tués. Le feu de notre artillerie fut terrible pour lui. La compagnie du citoyen Mosel fit des prodiges.

Nous avions eu à soutenir, dans cette journée, l'effort de plus de seize mille hommes, dont quatre mille cinq cents de cavalerie. Ce corps, aux ordres du général La Tour, était composé en partie de troupes qui venaient d'avoir des succès contre l'armée de Sambre-et-Meuse et qui, enorgueillies, paraissaient croire qu'il leur suffisait de se présenter pour s'assurer la victoire. J'ai déjà dit combien elles furent audacieuses.

M. de La Tour qui, pour quelques instants, s'était sans doute flatté d'un avantage réel, ne dut pourtant pas se plaindre des caprices de la fortune; elle le servit encore en favori, car si le général en chef avait pu être informé assez tôt de l'attaque qui avait eu lieu, il aurait assurément fait marcher le corps commandé par le général Saint-Cyr, campé alors en avant de Pfaffenhofen. Ce corps serait arrivé à Geisenfeld, en suivant la rive droite de l'Ilm, avant celui de M. La Tour, qui aurait été acculé à des marais impraticables et, par conséquent, défait, puisque son seul chemin de retraite, la route de Ratisbonne, lui aurait été intercepté (1).

Les corps qui se distinguèrent dans cette journée furent les deux 10ᵉˢ demi-brigades, la 62ᵉ, la 97ᵉ, la 103ᵉ, les 4ᵉ et 8ᵉ régiments de chasseurs, les 6ᵉ et 17ᵉ dragons, et le 2ᵉ régiment de carabiniers. L'artillerie légère servit avec la plus grande distinction : c'étaient les compagnies des capitaines Mosel et Ponce. Nombre d'officiers se distinguèrent, entre autres l'adjudant général Levasseur, les chef de brigade Gazan, Rivet et Vandermaësen (2), les chefs de bataillon Marcognet, Missire, Mas, Ducassou, Nagle, Béchot et Montvoisin, le citoyen Fauconnet, commandant le 6ᵉ dragons, le chef d'escadrons France, commandant le 8ᵉ chasseurs, le capitaine Chalbos et le chef de brigade Scalfort (3), commandant du 4ᵉ chasseurs; mon aide de camp Coëhorn se conduisit avec sa bravoure et son intelligence ordinaires (4).

(1) « Le centre de l'armée n'a pu avoir aucune part à cette action : l'officier chargé de m'annoncer l'attaque s'est égaré et est arrivé trop tard pour que les renforts arrivent assez à temps, et les vents contraires ont empêché d'entendre le bruit de la canonnade. Ces circonstances ont été bien heureuses pour l'ennemi : un corps de dix à douze mille hommes, qu'on eût porté facilement sur ses derrières, l'eût entièrement dispersé. » (Moreau au Directoire, Pfaffenhofen, 16 fructidor an IV. A. H. G.)

(2) Vandermaësen (Lubin-Martin), né le 11 novembre 1766, à Versailles; soldat au 33ᵉ régiment, le 9 octobre 1782; sergent-fourrier, le 10 juin 1785; sergent-major, le 1ᵉʳ mai 1790; adjudant sous-officier, le 13 janvier 1792; lieutenant, le 15 juin 1793; adjudant-major au 11ᵉ bataillon du Jura, le 30 septembre 1793; chef de bataillon, le 14 octobre 1793; chef de brigade, le 10 messidor an II; général de brigade, et employé à l'armée de Rome, le 17 pluviôse an VII; lieutenant du capitaine général aux Indes, le 24 fructidor an X; employé à l'armée du Nord et de l'Espagne, le 6 décembre 1811; blessé le 31 août 1813, à l'attaque du pont de Bera, sur la Bidassoa; mort le 1ᵉʳ septembre 1813. (A. A. G.)

(3) Scalfort (Nicolas-Joseph), né le 16 février 1752 à Douai; chasseur dans le 4ᵉ régiment, le 1ᵉʳ avril 1768; adjudant, le 6 septembre 1784; sous-lieutenant, le 25 janvier 1792; lieutenant, le 15 mai 1792; capitaine, le 25 février 1793; chef d'escadron, le 20 brumaire an II; chef de brigade, le 9 fructidor an II; général de brigade, le 11 fructidor an XI; employé à la Grande Armée (3ᵉ division de dragons) en l'an XIV; à l'armée de Naples, le 17 juin 1806; retraité, le 15 mai 1809. (A. A. G.)

(4) « Les généraux Desaix, Beaupuy et Decaen, le chef de brigade Gazan, le chef de bataillon Marcognet, ont dirigé toutes les attaques avec la plus grande intelligence et le

Le 16, mes découvertes rapportèrent que les postes de l'ennemi étaient au-delà de l'Ilm, à la hauteur de Gaden, sur la route de Ratisbonne. Je fis réoccuper Geisenfeld par les mêmes troupes qui y avaient été le 14; elles prirent la même position.

Le 17, les avant-postes ennemis furent trouvés près du village de Münchsmünster. J'allai faire une reconnaissance sur Vohburg, afin de savoir particulièrement en quel état était le pont qui existe sur le Danube : l'ennemi l'avait fait détruire de manière qu'il fallait au moins huit jours pour qu'on pût y faire passer un corps d'armée.

Le 18, la division reçut l'ordre de prendre position derrière l'Ilm. La droite était à Hohenberg (1); la gauche fut prolongée jusqu'à Vohburg afin de garder les divers ponts ou gués de l'Ilm. Je passai cette rivière avec mon avant-garde, dont j'étendis la droite jusqu'à Pöbenhausen, la gauche à Ilmendorf, faisant occuper en avant-postes le village de Griesham qui couvrait la route de Ratisbonne à Vohburg. J'avais également un avant-poste au débouché de la forêt avant d'arriver à Münchsmünster; l'ennemi avait ses avant-postes à Schwaig et à Schleissbach.

Le 19, les découvertes m'instruisirent que l'ennemi avait ses avant-postes à la gauche et en avant de Mauern, et, à la droite, à Mainburg.

Le 20, je reçus l'ordre de me mettre en marche pour faire une grande reconnaissance. Je chassai l'ennemi du village de Mauern. L'ennemi avait, en avant de Neustadt, trois pièces d'artillerie et quelques escadrons de cavalerie, avec lesquels il voulut m'empêcher de déboucher de Mauern. Cependant je parvins à y faire déployer quelques troupes et deux pièces d'artillerie légère. J'au-

---

plus grand sang-froid », écrivait Moreau au Directoire, de Pfaffenhofen, le 16 fructidor. (A. H. G.) Le 2 vendémiaire an V, le Directoire adressait à Moreau treize lettres de félicitation pour les officiers qui s'étaient distingués dans cette affaire. Celle destinée à Decaen était ainsi conçue :

« Le Directoire exécutif au général de brigade Decaen.

« L'affaire d'Ingolstadt a été pour vous, citoyen général, une nouvelle occasion de mériter les éloges du Directoire exécutif. Redoublez d'efforts pour contribuer à affermir les succès de cette campagne et pour ajouter encore aux services que vous avez rendus à la République.

« Signé : CARNOT, REUBELL, REVELLIÈRE-LÉPEAUX. » (A. H. G.)

(1) Peut-être Eichelberg, à environ 4 kilomètres au sud-ouest de Geisenfeld.

rais même pu, en avançant de plus grands moyens, chasser l'ennemi et aller jusqu'à Neustadt ; mais les généraux Desaix et Beaupuy ne le décidèrent pas ainsi : ils m'ordonnèrent la retraite. Je gardai cependant le village de Mauern.

Le général de brigade Lambert, qui était venu avec les généraux Beaupuy et Desaix seulement pour être spectateur, fut tué par un boulet de canon. La compagnie d'artillerie légère éprouva, ce jour-là, plus de pertes que dans toutes les affaires qu'on avait eues jusqu'à ce jour ; six canonniers furent tués ou blessés grièvement.

Le 21, je gardai la même position ; l'ennemi, de son côté, ne fit aucun mouvement.

Le 22, je reçus l'ordre de partir avec toute ma brigade et d'aller prendre des cantonnements sur les bords de la Paar, auprès de Reichertshofen. La 97ᵉ demi-brigade et le 17ᵉ dragons, sous les ordres de l'adjudant général Levasseur, me remplacèrent dans ma position.

Le 24, je reçus l'ordre de me mettre en marche à la nuit, de me diriger sur Neuburg et d'établir mes troupes dans les villages les plus proches de cette ville.

Le 25, le général Desaix me donna ordre de passer le Danube à Neuburg et de marcher sur Eichstätt. Ce mouvement fut ordonné par le général Moreau pour dégager, s'il était possible, l'armée de Sambre-et-Meuse et lui faciliter de reprendre l'offensive ou, au moins, empêcher le prince Charles de la poursuivre avec trop de vigueur.

A 3 heures après midi, je commençai mon passage. Les chasseurs du 4ᵉ, qui étaient d'avant-garde, rencontrèrent l'ennemi au delà d'un grand bois entre Neuburg et Nassenfels. Ils le chargèrent vigoureusement et lui prirent une quarantaine d'hommes, autant de chevaux, avec deux officiers. L'ennemi avait, dans cette partie, nombre de détachements de cavalerie qui, pour la plupart, dirigèrent leur retraite sur Eichstätt, de sorte qu'au déclin du jour cinq cents chevaux, y compris la réserve qui était venue d'Eichstätt, se trouvèrent rassemblés au delà de Weissenkirchen, et alors disputèrent le passage aux éclaireurs. Le chef de brigade Gazan, qui commandait mon avant-garde, voulut les chasser en faisant tirer sur eux quelques coups de canon. Ils entreprirent une charge qui ne leur réussit pas : les chasseurs du 4ᵉ leur résistèrent et, chargés par quelques compagnies d'infanterie qui s'emparèrent de Weissenkirchen et qui occupèrent des bois sur leur flanc, ils les eurent bientôt forcés à faire la retraite.

La nuit étant survenue et mes troupes étant exténuées de fatigue, j'établis ma brigade entre Möckenlohe et Weissenkirchen; j'occupai ce dernier village en avant-poste. J'étais suivi dans ma marche par la 103ᵉ demi-brigade et le 8ᵉ régiment de dragons sous les ordres du général Fauconnet (1), qui prit position, ayant sa droite à Nassenfels. Le général Fauconnet, avant de venir occuper ce point, avait marché avec son régiment sur Ingolstadt aussitôt qu'il avait eu passé le Danube, pour éloigner l'ennemi et empêcher qu'il n'inquiétât le passage; je me liai par des postes à ce corps. Au surplus, je pris les dispositions convenables pour couvrir mes deux flancs qui n'appuyaient à rien et pouvaient être facilement inquiétés. Je rendis compte de mes opérations au général Desaix.

Le 26, de grand matin, je me mis en marche avec ma brigade, dont l'avant-garde arriva à Eichstätt entre 7 et 8 heures; l'ennemi s'était retiré pendant la nuit sur Ingolstadt. Après avoir pris connaissance du terrain, j'établis ma brigade pour couvrir les routes d'Ingolstadt et de Ratisbonne, par où l'ennemi pouvait venir m'inquiéter, de sorte que ma gauche appuyait à Eichstätt, et ma droite se prolongeait de manière à pouvoir couvrir l'embranchement des chemins d'Ingolstadt et de Neuburg, à peu de distance de Pietenfeld. J'envoyai ensuite des partis sur les routes de Weissenburg et de Greding — par lesquelles on peut se diriger, en partant d'Eichstätt, pour aller à Nuremberg — afin d'avoir des nouvelles de l'ennemi.

Sur les routes de Weissenburg, au delà de Suffersheim, la reconnaissance trouva un poste prussien faisant partie du cordon de troupes de cette puissance sur sa frontière. Le détachement qui s'était dirigé sur la route de Greding, après avoir fait plus de trois lieues, aperçut une patrouille ennemie; sur celle de Ratisbonne,

---

(1) Fauconnet (Jean-Louis-François), né le 24 décembre 1750, à Revigny (Meuse); gendarme du roi, le 29 mars 1766; rang de sous-lieutenant, le 18 juin 1770; rang de lieutenant, le 29 mars 1781; lieutenant, le 19 avril 1789; capitaine, le 15 mai 1792; chef de brigade, le 13 prairial an II; général de brigade, le 22 messidor an IV; général de division, le 7 janvier 1807; commandant d'armes d'Auvers, le 19 janvier 1808; de Lille, en décembre 1814; commandant les gardes nationales de Dunkerque, le 3 juin 1815; retraité, le 9 décembre 1815; mort à Lille, le 22 octobre 1819. (A. A. G.)

l'ennemi fut rencontré au village de Pfalzpaint; enfin, sur celle d'Ingolstadt, il y avait un poste au delà de Pietenfeld.

Le général Desaix se rendit à Eichstätt sur les 11 heures du matin; il ne jugea pas à propos d'ordonner ce jour-là une nouvelle marche.

Le général Fauconnet arriva avec les troupes sous ses ordres, qu'il établit en arrière de Pietenfeld, pour couvrir la route d'Ingolstadt. Il eut toujours la précaution, pendant qu'il tenait cette position, d'envoyer des détachements sur Neuburg pour conserver sa communication avec la brigade du général Joba qui avait sa gauche à Nassenfels.

Les premiers postes du général Fauconnet, sur la route d'Ingolstadt, furent inquiétés par un parti ennemi qui se retira aussitôt qu'il s'aperçut qu'on était en force.

Le 27, je reçus l'ordre du général Desaix de diriger ma brigade sur Nennslingen. Elle n'arriva pas jusqu'à cet endroit, car le chef de brigade Gazan, qui marchait avec les troupes d'avant-garde, ne voulut pas passer outre, d'après les observations que lui fit un bailli, accompagné de quelques hussards, lequel lui représenta que ce territoire était dépendant du roi de Prusse; et, comme il était déjà tard, la 10ᵉ légère et le 4ᵉ de chasseurs, avec une partie de l'artillerie légère, prirent position près d'Untingen (1).

Le chef de bataillon Marcognet avait commis une erreur; il avait dirigé la 10ᵉ de ligne et le 8ᵉ chasseurs sur Weissenburg. Ces deux corps furent parfaitement accueillis par les habitants de cette ville, ainsi que par les Prussiens qui y étaient en garnison, lesquels s'empressèrent d'offrir et de donner aux troupes françaises tous les secours dont elles pouvaient avoir besoin. Le major prussien Rosenbusch fit faire au général Desaix, avec lequel je me rendis à Düntingen (2), toutes les offres de service possibles, en y joignant des excuses sur ce que le bailli s'était immiscé à mettre des entraves à notre marche.

Le 28, ma brigade était en marche et n'était pas éloignée de Heideck, où un parti de cavalerie s'était déjà rendu, lorsque le général Desaix m'ordonna de faire un mouvement rétrograde et de me diriger sur Eichstätt. Une partie de mes troupes y arriva

---

(1) Probablement Titting. Quelques lignes plus loin, le manuscrit porte Duntingen.
(2) Probablement Titting.

sur le soir ; l'autre partie, exténuée de fatigue, ne put rejoindre que pendant la nuit. Les troupes du général Fauconnet firent également un mouvement rétrograde, à mesure que je pus les remplacer ; il alla les placer en avant de Möckenlohe, de manière à faire sa jonction avec l'armée, qui était réunie à Neuburg et qui, pendant notre absence, fut attaquée par le général La Tour.

Le général Moreau avait fait appuyer le corps commandé par le général Saint-Cyr, pour favoriser le mouvement que le général Desaix avait fait sur Eichstätt. Pendant huit jours, il y eut à Neuburg des combats extrêmement vifs qui, heureusement, furent décidés en notre faveur ; l'ennemi avait réussi à forcer Pöttmes et, par conséquent, intercepté notre communication avec la division du général Ferino. L'ennemi poussa des partis de cavalerie jusque sur Rain, lesquels firent diverses captures, et entre autres une somme de 120 000 francs que le général Desaix avait fait enlever de la caisse de l'évêque d'Eichstätt.

Le 29 au matin, les avant-postes que j'avais placés dans la vallée de l'Altmühl, sur la route de Ratisbonne, entre Pfünz et Landershofen, se fusillèrent quelque temps avec des partis qu'avait envoyés l'ennemi, qui en avait aussi envoyé un sur Pietenfeld. C'était sans doute pour reconnaître si nous étions en retraite, car je restai tout le jour avec les seuls postes et le 8e régiment de chasseurs, pour observer l'ennemi tant sur la route de Ratisbonne que sur celle d'Ingolstadt, et couvrir la retraite de ma brigade, qui fut prendre position à Möckenlohe. A 9 heures du soir, j'abandonnai Eichstätt ; mes postes, en se retirant, furent harcelés par l'ennemi, qui les poursuivit jusqu'à Weissenkirchen, en tirant de loin après eux quelques coups de carabine. Ce tiraillement eut lieu toute la nuit. C'était une poignée de partisans qui fuyaient aussitôt qu'ils apercevaient qu'on se disposait à les chasser.

CHAPITRE VI

Decaen, à la suite d'une méprise, échappe à grand'peine aux Autrichiens. — L'armée française en retraite. — Decaen recule vers le Lech. — Il repasse cette rivière à Rain, dont il brûle le pont. — Il est harcelé par les Autrichiens. — Il se reporte sur la Mindel, puis sur la Günz. — Les Autrichiens sur les talons des Français. — Decaen arrive à Ulm. — Il y est attaqué le 4 vendémiaire. — Stratagème de Decaen évacuant Ulm. — L'ennemi, abusé, canonne la ville abandonnée par les Français. — Moreau continue sa retraite. — Le 9 vendémiaire, Decaen repousse les attaques des Autrichiens et leur fait trois cents prisonniers. — Bataille de Biberach. — Le 6e dragons, de la brigade Decaen, fait mettre bas les armes à deux bataillons autrichiens. — L'adjudant général Bouland, accompagné de cinq hommes, fait prisonniers environ quinze cents Autrichiens. — La journée se termine par un succès complet des Français.

Le 30, d'après l'ordre que j'avais reçu (1), je repassai le Danube à Neuburg avec ma brigade. Je reçus l'ordre du général Beaupuy de m'établir, ma gauche liée avec les troupes que commandait le général Sainte-Suzanne (c'était la division du général Delmas, qui avait été légèrement blessé), et ma droite se prolongeant sur Rohrenfels. Tout le jour fut employé à faire filer sur Rain (2) les parcs et les équipages de l'armée, la réserve et la division du général Saint-Cyr, que la division du général Beaupuy devait remplacer dans leur position.

L'ennemi avait envoyé environ quatre cents hommes d'infanterie et quelque cavalerie — au travers du marais de Neuburg par une mauvaise chaussée qui vient se joindre à la grande route d'Augsbourg — que je fus obligé de chasser avant d'établir ma brigade. Ils avaient eu l'audace de s'avancer jusqu'à environ 200 toises de la route devant le village de Wagenhofen. De leurs éclaireurs d'infanterie s'étaient même avancés, à la faveur d'un bois, à portée de fusil des colonnes d'équipages et y auraient

(1) Le général Desaix devait faire repasser sa division sur la rive droite du Danube. (Le général Reynier au général Desaix, 30 fructidor an IV. A. H. G.)
(2) Où devait se trouver le quartier général, le premier jour complémentaire de l'an IV. (Ordre du jour, Rain, premier jour complémentaire de l'an IV. A. H. G.)

assurément occasionné du désordre si le chef de brigade Vandermaësen, qui s'en aperçut, ne les avait pas fait chasser de ce point; et sans cela, j'aurais sans doute été fait prisonnier, car ces messieurs avaient établi des postes que je crus être ceux laissés par la brigade que je devais remplacer, ce qui me faisait avancer avec confiance. Vandermaësen, qui heureusement s'aperçut de mon erreur, me sauva de ce mauvais pas.

Le premier jour complémentaire, je reçus ordre de me mettre en marche et de m'avancer jusqu'à Ehekirchen, où je devais recevoir de nouvelles instructions : c'était pour forcer le passage de Pöttmes. Mais l'ennemi, qui avait, la veille, empêché le général de division Duhesme de passer avec ses troupes, pour faire sa jonction avec l'aile droite, n'avait laissé que des avant-postes qui furent bientôt obligés à la retraite par le général Vandamme. L'ennemi était alors placé avantageusement avec quelques pièces d'artillerie pour défendre la route de Schrobenhausen par Sandizell.

Les généraux Desaix et Beaupuy me donnèrent l'ordre de filer avec ma brigade et d'aller remplacer les troupes du général Vandamme et, par conséquent, de tenir l'ennemi en respect, tandis que le corps aux ordres du général Saint-Cyr filerait pour s'appuyer. On se tira quelques coups de canon de part et d'autre, et mes avant-postes se fusillèrent avec ceux de l'ennemi jusqu'à la nuit.

La division prit position sur les hauteurs en arrière de Pöttmes; j'avais établi l'avant-garde en avant et sur les flancs cette ville, communiquant par des partis avec la division du général Sainte-Suzanne, qui appuyait à Neuburg et gardait les diverses routes du marais.

Le deuxième jour, je me mis en marche avec ma brigade pour forcer l'ennemi dans la position qu'il tenait la veille; et je devais ensuite l'établir, la droite à Gollingkreut, et la gauche à Sandizell. L'ennemi n'avait laissé que des avant-postes qui furent culbutés et forcés à la retraite jusqu'à Schrobenhausen (1); on lui fit quelques prisonniers. Mes avant-postes furent établis à la tête du bois

---

(1) « L'avant-garde (de la 1ʳᵉ division de l'aile gauche de l'armée) était à Sandizell; en se portant à sa position, elle a chargé l'ennemi qui s'est retiré sur Schrobenhausen. » (Journal général des opérations, 2ᵉ jour complémentaire de l'an IV. A. H. G.)

dudit Schrobenhausen et Steingriff, et j'occupai le village de Malzhausen. Le corps de bataille prit position, la gauche à Gundelsdorf et la droite à Amertshofen.

Le troisième jour, mes découvertes trouvèrent l'ennemi toujours en avant de Schrobenhausen et de Steingriff, et au village de Langenmoosen. Je reçus l'ordre de faire faire la retraite à ma brigade, que je commençai à faire filer dès 10 heures du matin. Une partie se dirigea de suite sur Rain, et l'autre s'arrêta à Pöttmes. Je conservai dans leurs positions mes avant-postes, jusqu'à la nuit, et une partie de la cavalerie de ma brigade pour protéger leur retrait qui se fit sur Pöttmes, sans avoir aucune inquiétude et, de là, sur Rain où j'arrivai le lendemain entre 7 et 8 heures du matin. Le corps de bataille avait repassé le Lech la veille et s'était porté près d'Oberndorf; une partie de la division du général Sainte-Suzanne avait aussi repassé cette rivière; ma brigade seule resta en avant de Rain.

Le quatrième jour (1), à 10 heures du matin, toute ma brigade repassa le Lech sur le pont de Rain, que je fis brûler aussitôt mon passage effectué. Ma brigade fut campée derrière la Schmutter, entre Mertingen et Closterholz (2), ayant un poste devant Donauwörth pour observer si l'ennemi ne travaillerait pas à réparer le pont qu'il avait détruit le matin après s'être emparé de cette ville. Le corps de bataille fut prendre position derrière la Zusam.

Le cinquième jour, mes découvertes aperçurent l'ennemi près du village d'Oberndorf : une division des hussards de Ferdinand avait passé le Lech dès la veille, à la faveur d'un gué qui était à la hauteur d'Oberndof, dont je n'avais pu me servir lors du premier passage, les eaux étant alors trop hautes.

Ayant reçu l'ordre de me mettre en marche, je quittai les bords de la Schmutter à midi, pour aller prendre position derrière la Zusam, la gauche à Wertingen et la droite à Zusamzell. J'avais, à

---

(1) A cette date, Moreau écrivait : « J'ai cru que la sûreté de l'armée, vu l'impossibilité de nous procurer des munitions, et la presque certitude que le prince Charles déboucherait avec un gros corps sur mes derrières, exigeaient que je prenne une position plus resserrée qui, en cas d'un événement malheureux, assurât ma communication au moins avec le pont d'Huningue. J'ai fait marcher l'armée derrière l'Iller, la droite à Bregenz et la gauche à Ulm... (Moreau au Directoire, Zusmarshausen, 4ᵉ jour complémentaire an IV, A. H. G.)

(2) Aujourd'hui Holzen.

cet effet, distribué ma brigade en deux colonnes : celle de gauche fut conduite par le chef de brigade Gazan, qui eut un petit combat auprès de Zusamzell contre les habitants du pays qui avaient fait feu sur les éclaireurs ; plusieurs des premiers furent tués et quelques autres blessés. Les hussards de Ferdinand me suivirent dans ma retraite jusqu'à Ober-Thürheim en tirant de loin quelques coups de carabine ; le corps de bataille fut prendre position ce jour-là derrière la Mindel, auprès de Burgau.

Le 1er vendémiaire, dès le point du jour, la grand'garde du 8e chasseurs qui couvrait Wertingen fut attaquée vigoureusement par les hussards de Ferdinand ; elle aurait sans doute éprouvé un échec si deux escadrons du même régiment, que j'avais fait bivouaquer en arrière de Wertingen, n'eussent promptement secouru cette grand'garde et repoussé l'ennemi qui continua malgré cela à tirailler. Mais, sur les 8 heures du matin, tandis que j'étais à reconnaître l'ennemi et à faire des dispositions dans le cas où il aurait voulu faire de plus grandes entreprises, je reçus ordre de marcher sur Burgau pour prendre position derrière la Mindel.

Ma brigade fut encore partagée pour marcher sur deux colonnes : l'une arriva à Burgau par la route de cette ville à Augsbourg, sur laquelle je l'avais dirigée en partant de Zusamzell ; l'autre prit la route de Wertingen. Je couvris la marche de ces deux colonnes avec six escadrons de chasseurs. Les ennemis se contentèrent d'observer notre marche. Arrivée à Burgau, une partie du corps de bataille, qui était resté en position, acheva son mouvement pour aller derrière la Günz ; le corps de bataille appuya sa droite à Rieden et la gauche à Bubesheim. Günzburg était occupé par les troupes de la division du général Sainte-Suzanne.

Pour garder les diverses passages et gués de la Mindel, j'établis des postes depuis Burtenbach jusqu'au Danube, et je disposai la plus grande partie de ma brigade au delà du village de Knöringen, derrière la Kammlach ; le soir, on aperçut quelques feux de l'ennemi sur les hauteurs devant Burgau.

Le 2, dès la pointe du jour, des patrouilles ennemies parurent devant les avant-postes ; il se tira de part et d'autre quelques coups de fusil. Ayant reçu l'ordre de quitter cette position pour aller me placer derrière la Günz, je dirigeai ma brigade sur la grande route de Günzburg, excepté un bataillon et un escadron de chasseurs qui tenaient la gauche, auxquels je donnai l'ordre de se rendre à la nouvelle position par le chemin le plus court. Pour couvrir ma gauche, j'avais laissé près de Burgau le colonel Scalfort, du 4ᵉ chasseurs, avec une centaine de chevaux, ainsi que pour soutenir la retraite des grand'gardes de cavalerie qui devait s'effectuer environ une heure après le départ de la colonne.

Cette colonne avait déjà passé la Günz, excepté le détachement de la gauche, et je ne m'attendais à rien moins qu'à apprendre que l'ennemi arrivait près de nous. En effet, il avait passé la Mindel à divers gués et avait attaqué les grand'gardes qui ne firent pas sur-le-champ leur retraite, car un adjudant de la 10ᵉ légère étant venu dire au colonel Scalfort que quatre compagnies de sa demi-brigade étaient cernées dans un bois auprès de Jettingen, ce qui était une erreur, celui-ci n'avait pas voulu ordonner la retraite, jusqu'à ce que cette infanterie fût débarrassée, et fit même avancer pour cela une partie de la troupe qu'il avait à ses ordres. Mais l'ennemi lui étant supérieur, il se vit forcé de faire une retraite précipitée dans laquelle il fut poursuivi vigoureusement; on lui fit une dizaine de prisonniers.

L'ennemi s'avança jusqu'au delà du village de Leinheim. A cet instant, mon bataillon de gauche allait entrer à Günzburg. L'escadron de chasseurs du 8ᵉ qui marchait avec lui fut aussi harcelé pendant toute sa marche; mais il ne fut point entamé, quoique l'ennemi lui fût supérieur de plus du double, le chef de bataillon Nagle, qui dirigeait cette petite colonne, ayant pris pour cela les mesures convenables. L'ennemi montra environ six cents chevaux. Je lui fis tirer quelques coups de canon et, après quelque temps de tiraillement, chacun resta à s'observer; j'achevai ma retraite jusqu'au delà de la Günz, ne laissant que peu de troupes en avant de la ville.

Au déclin du jour, je reçus l'ordre de faire occuper Leipheim, qui fut alors ma gauche. J'abandonnai Günzburg aux hussards autrichiens qui ne cherchèrent pas à passer outre. Je fis passer la Biber à une partie de ma brigade à Echlishausen, ne laissant que des postes sur la Mindel. Pendant la nuit, j'aperçus les feux du corps commandé par M. de Nauendorf, qui était campé sur la rive gauche du Danube, entre Riedhausen et Langenau. Le corps de bataille avait pris position derrière la Roth, la droite à Remeltshofen, et la gauche à Strass.

Le 3, après l'ordre que j'en avais reçu, j'abandonnai Leipheim à 2 heures du matin pour passer la Roth à Strass; et ensuite je me dirigeai par Steinheim pour aller passer le Danube à Ulm et prendre position sur les hauteurs en avant de la Blau, couvrir et garder Ulm et éclairer les routes de Gundelfingen et de Heidenheim.

Je devais remplacer, dans cette position, le général de brigade Montrichard qui était arrivé sur ce point par une marche forcée, afin de l'occuper avant l'ennemi. Cette position est extrêmement mauvaise, en ce qu'avec le désagrément d'avoir des chemins très rapides pour y arriver, on aurait été pulvérisé si l'on avait été forcé d'abandonner ce plateau pour repasser la rivière et se jeter dans la ville, car une retraite d'une semblable position ne pouvait se faire qu'en désordre; mais les circonstances avaient obligé le général Montrichard de la tenir, afin d'en imposer à l'ennemi, qui n'avait pas encore de forces suffisantes pour entreprendre de l'attaquer.

J'occupai ce terrain seulement par des grand'gardes de cavalerie soutenues par quelques postes d'infanterie. Un bataillon de la 10e légère fut placé pour garder la tête de pont et surveiller la rive droite; le surplus de ma brigade bivouaqua dans les vergers en avant de la Blau, car il était trop tard pour avoir pu lui indiquer une autre position.

Le corps de bataille avait pris sa position en arrière de la Blau, la droite au Danube et la gauche vers Dietingen. Au déclin du jour, il se fit une fusillade sur la rive droite du Danube : c'étaient les avant-postes de l'avant-garde du général Saint-Cyr qui furent attaqués.

Le 4, entre 4 et 5 heures du matin, l'ennemi attaqua impétueusement mes avant-postes, qui furent repoussés et obligés à la retraite; la cavalerie ennemie fut arrêtée dans sa poursuite par les postes d'infanterie. L'ennemi, ayant fait avancer son artillerie, les obligea aussi à la retraite. Je fis repasser toute ma troupe en arrière de la rivière, laissant seulement quelques tirailleurs dans les vergers pour éloigner ceux de l'ennemi qui auraient pu inquiéter les canonniers d'une pièce de 4 que j'avais fait placer dans le saillant d'un bastion pour s'opposer, avec des pièces d'artillerie légère qui furent disposées à cet effet, à ce que l'ennemi débouchât pour s'approcher plus près de la place.

J'envoyai encore dans la place un bataillon de la 10ᵉ de ligne, commandé par le citoyen Henriot, pour garnir les parapets du côté de l'ennemi. Celui-ci s'était également présenté, un instant après l'attaque des avant-postes, du côté de la tête de pont et accompagné de paysans pour rétablir un pont construit sur le Danube pour communiquer de la rive droite sur la rive gauche, à peu de distance et en avant de la ville. Une pièce de 4, qui avait été disposée pour éloigner les approches, n'ayant pu tenir contre l'artillerie que fit jouer l'ennemi, le général Moreau fit placer dans un des bastions deux pièces d'artillerie légère qui, par leur feu, forcèrent l'ennemi à éloigner le sien, alors que l'infanterie sortit et alla détruire les parties du pont que celui-ci avait réparées.

Dans le même temps, l'avant-garde du général Saint-Cyr fit un mouvement en avant qui l'obligea encore de s'éloigner et, de tout le jour, on ne fut autrement inquiété sur ce point que par un feu d'artillerie assez vif qu'il fit sur la ville, des hauteurs de la rive gauche, et par lequel il parvint à mettre le feu à quelques maisons (1).

Lorsque l'ennemi vit qu'on était en disposition de s'opposer aux progrès qu'il désirait faire aux environs d'Ulm, il se contenta de faire descendre quelques partis qui étaient bientôt rechassés; c'était surtout près de Closterhoflingen (2) qu'il répéta souvent ces mouvements. Mais il avait un autre dessein; car tandis qu'il faisait faire un feu continuel sur la ville, il tenta une attaque sur la division du général Sainte-Suzanne, qui flanquait la gauche de

---

(1) La relation que fait de cette affaire le Journal général des opérations diffère un peu de celle de Decaen : « Le corps de Nauendorf vint prendre position sur la hauteur d'Ulm. L'avant-garde, qui occupait le revers de ces montagnes, se retira à son approche derrière la Blau. L'ennemi croyait que nous nous retirions et espérait engager une affaire, mais il fut surpris de voir que nous conservions la position. Il s'arrêta et se borna à jeter des obus dans Ulm... » (Journal général des opérations de l'armée de Rhin-et-Moselle, 4 vendémiaire an V. A. H. G.) D'autre part, l'ouvrage *Erzherzog Carl*, (t. I, 2, p. 15) dit : « Am 25. (September)..., kurz vor Tagesanbruch, traf ersterer (Baillet) bei Pfuhl auf eine feindliche Abtheilung und verfolgte sie nach hartnäckigem Gefechte bis Ulm, während Nauendorf auf dem linken Ufer bis auf die Höhen oberhalb der Festung vorrückte... »

(2) Ce nom n'est pas porté sur le 1/100 000 allemand. Peut-être faut-il lire Söflingen.

l'armée; elle ne lui réussit pas. Il était environ 6 heures du soir lorsque le feu cessa de part et d'autre; le reste de la nuit fut tranquille.

Le 5, nous restâmes dans notre position. Entre 11 heures et midi, l'ennemi fit avancer quelque infanterie pour occuper des vergers à peu de distance de la tête de pont : une compagnie de la 10ᵉ légère, que je fis sortir, donna la chasse à cette infanterie qui se retira dans un bosquet de bois qui est en avant de Pfuhl; on se tira quelques coups de canon de part et d'autre et, après cela, tout fut tranquille.

Le 6, j'évacuai Ulm à 4 heures du matin et je dirigeai ma brigade sur Erbach, où je devais repasser le Danube; mais, pour exécuter ma retraite sans être inquiété de l'ennemi et, par conséquent, pour empêcher que quelque habitant d'Ulm ne pût donner des renseignements à l'ennemi sur mes mouvements, je crus à propos de faire abattre toutes les herses des portes, et même de celle par laquelle les troupes sortirent. Je chargeai de cette opération le chef de bataillon Henriot, de la 10ᵉ de ligne, qui s'en acquitta très bien, de sorte que personne ne pouvait entrer dans la ville ni en sortir, car il fallait beaucoup de temps pour relever ces herses dont j'avais aussi fait briser ce qui servait à les relever.

L'ennemi ne s'étant pas non plus aperçu que les avant-postes s'étaient retirés, j'eus le loisir de faire ma retraite dans la plus grande tranquillité, et j'avais déjà fait deux lieues lorsque j'entendis le canon de l'ennemi, qui tirait sur Ulm. J'appris, depuis, que c'était pour se faciliter l'entrée d'une des portes, et qu'il fut extrêmement étonné de ne plus trouver personne dans cette ville. J'aurais pu repasser tout le Danube avec toute ma brigade, sans être vu de lui, si la 103ᵉ avait exécuté son mouvement à l'heure qu'on lui avait indiquée; mais ayant été obligé de l'attendre plus d'une heure, quelques patrouilles ennemies se présentèrent à la gauche du village d'Erbach; je les fis éloigner et, après, j'exécutai mon passage et fis détruire le pont sur lequel j'avais passé.

Le général Laboissière (1), commandant l'avant-garde du géné-

(1) Laboissière (Pierre-Garnier), né le 10 mars 1754, à Chassiecq (Charente); élève à l'Ecole royale militaire en 1769; sous-lieutenant, le 1ᵉʳ juin 1772; rang de capitaine, le 3 juin 1779; capitaine, le 28 avril 1788; chef de brigade, le 1ᵉʳ décembre 1792; général de brigade, le 25 prairial an III; général de division, le 5 ventôse an VII, et employé à l'armée d'Italie; inspecteur général d'infanterie, puis de cavalerie en l'an X; nommé sé-

ral Saint-Cyr, était resté en observation sur la droite du Danube avec un parti de cavalerie, pour favoriser mon passage.

Le corps de bataille avait aussi passé sur ce pont et fut prendre position vers Schemmerberg, la droite à la Riss. Je disposai ma brigade en arrière de Laupheim, ayant des postes sur le Danube jusqu'à Ersingen et en avant de la Rottum (1).

Le 7, à 3 heures du matin, je me mis en marche avec ma brigade pour aller l'établir en avant de Stadion, entre Assmannshardt et Bettighofen, ayant des postes sur le Danube depuis Sontheim jusqu'à Munderkingen. J'avais aussi des avant-postes jusqu'à Aufhofen et Ingerkingen. Je laissai aussi un parti de cavalerie en arrière de Röhrwangen, aux ordres du capitaine Chalbos, pour couvrir la route de Biberach et éclairer dans cette partie; il communiquait avec moi par de fréquentes patrouilles. Il m'informa, à la nuit, qu'il apercevait les feux de l'ennemi sur une hauteur au delà de la Riss, à environ deux lieues de lui, que le camp pouvait être d'environ huit à dix mille hommes. Il ne fut pas inquiété : une seule patrouille vint le reconnaître. Le corps de bataille prit position, la droite à Oberstein (2), et la gauche à Munderkingen.

Le 8, je quittai ma position à 11 heures du matin, pour aller m'établir à la montagne de Bussen. Mes avant-postes, à la gauche, furent poussés vers Datthausen et, à la droite, au Federsee vers Alleshausen; Uttenweiler (3) en était le centre. Le corps de bataille prit position en avant de Dürmentingen, derrière la Kanzach. Je n'eus pas, ce jour-là, de nouvelles de l'ennemi.

Le 9, dès le matin, les avant-postes de ma gauche furent attaqués et obligés à la retraite. Ayant été reconnaître l'ennemi, qui paraissait avoir passé le Danube à Munderkingen, je pris des dis-

---

nateur en fructidor an XI; commandant la 4e légion de réserve de l'intérieur, en 1807; mort à Paris en avril 1809. (A. A. G.)

(1) Le 6 vendémiaire, Decaen demandait la destitution d'un sous-lieutenant de la 50e demi-brigade qui avait abandonné le poste qu'il commandait dans un bois « pour venir chercher un tonneau de bière » et qui, aux reproches que lui avait adressés le général, avait répondu par des insolences. Il demandait la même peine pour un maréchal des logis du 9e régiment de hussards qu'il avait trouvé ivre et qui avait refusé de lui donner son nom. (Decaen au général..., au quartier général à Risstissen, 6 vendémiaire an V, A. H. G.)

(2) Peut-être Oberstadion.

(3) A 6 kilomètres environ au nord du Federsee. Ne pas confondre Uttenweiler avec Attenweiler qui se trouve à 6 kilomètres au nord-est du Federsee, à mi-distance entre Biberach et Uttenweiler.

positions pour recevoir son attaque. Je fis tirer quelques coups de canon sur sa colonne qui me prêtait le flanc en se dirigeant sur Uttenweiler, ce qui lui fit hâter sa marche. Je crus, pour un instant, que son intention était remplie, car je m'imaginai que c'était une reconnaissance qui s'était avancée pour savoir de nos nouvelles et nous poursuivre, si nous eussions été en retraite. Je crus donc que, me voyant disposé à combattre, il allait s'établir en arrière d'Uttenweiler, sur une position parallèle à celle que je tenais.

Mais ayant vu que ses mouvements continuaient et qu'il se dirigeait pour attaquer ma droite, je m'imaginai que ce corps était suivi et qu'il avait d'autres desseins. Je fis prévenir alors les généraux Desaix et Beaupuy, et je me portai promptement à ma droite qui était déjà aux prises. Je n'avais, dans cette partie, qu'un bataillon de la 10ᵉ légère qui couvrait Betzenweiler, et sans canon et sans cavalerie. L'ennemi était déjà parvenu à repousser ses premiers postes placés dans le bois vers Bischmannshausen.

J'envoyai promptement deux pièces d'artillerie légère et deux escadrons du 6ᵉ dragons au chef de brigade Gazan, auquel j'avais indiqué les dispositions à prendre. Je fis aussi appuyer un bataillon pour qu'il pût s'en servir au besoin. Alors je revins à la montagne pour agir suivant que les circonstances le prescriraient. J'y trouvai les généraux Desaix et Beaupuy qui, ayant observé que cette colonne, composée d'environ quatre cents chevaux, d'un bataillon d'infanterie et deux pièces d'artillerie, n'était pas suivie d'autres forces, avaient décidé de la bloquer entièrement.

A cet effet, le général Desaix se reporta à la droite et le général Beaupuy m'ordonna de faire marcher un bataillon et d'aller l'établir de manière à couper la retraite à l'ennemi qui devait être repoussé vigoureusement. Mais cette opération n'eut pas tout le succès qu'on devait en attendre, car les premières troupes repoussées, ayant vu qu'elles avaient des soutiens, n'attendirent pas d'ordres : elles se portèrent impétueusement sur l'ennemi, qui s'aperçut alors qu'il était dans l'erreur. Celui-ci prit aussitôt la fuite, mais n'ayant pas été totalement enfermé, on ne put lui faire qu'environ trois cents prisonniers, tant infanterie que cavalerie (1).

---

(1) C'est aussi le chiffre donné par Moreau qui dit : « trois cents prisonniers dont cinq officiers ». (Moreau au Directoire, Buchau, 10 vendémiaire an V. A. H. G.)

Il fut poursuivi dans sa déroute jusqu'à l'entrée de la forêt au travers de laquelle passe la route de Biberach. Si un poste de soixante-quinze chevaux que j'avais à Alleshausen ne s'était pas retiré sur Buchau lorsqu'il avait entendu le canon derrière lui, il aurait pu arrêter tout le reste de cette colonne. Les troupes revinrent à leur position. Il se passa à la droite, pendant tout le jour, une forte canonnade; le général La Tour était venu attaquer le général Saint-Cyr dans sa position de Steinhausen.

Le 10, pendant tout le jour, l'ennemi ne fit aucun mouvement devant moi. J'aperçus seulement ses feux à la nuit, et je reconnus qu'il avait avancé un corps sur la hauteur au delà de Minderreuti, pour couvrir la route de Biberach.

Le 11, la division ayant reçu l'ordre de faire une marche en avant, je reçus celui de me diriger avec ma brigade sur Uttenweiler et de repousser l'ennemi où je le rencontrerais.

La division du général Sainte-Suzanne vint prendre position à Bussen pour observer l'ennemi dans cette partie. Ces mouvements avaient été ordonnés par le général Moreau pour faire diversion et favoriser l'attaque qui devait être faite au corps d'armée du général La Tour par celui aux ordres du général Saint-Cyr, auquel on avait réuni la réserve. Le général Ferino avait aussi reçu ordre du général Moreau de faire faire un mouvement à une partie des troupes sous ses ordres, pour seconder cette attaque.

Après environ une heure de marche, mes avant-gardes rencontrèrent l'ennemi en avant du défilé formé par la forêt où passe la route de Biberach, l'attaquèrent avec vigueur et le mirent en fuite (1). On fit déjà quelques prisonniers : un bataillon d'infanterie jeta tout son butin et beaucoup de fusils. J'entrai ensuite dans ce défilé, après avoir pris toutes les précautions convenables pour bien éclairer mes flancs, surtout celui de gauche, où je pouvais être le plus inquiété par le corps ennemi qui était campé à Stadion.

Je fis entrer mes troupes par échelons dans ce défilé où elles se

---

(1) « Decaen griff mit der Avantgarde Ahlen an, wurde jedoch von Oberst Nostitz, der dort commandirte, zurückgeworfen. Da aber gleichzeitig Beaupuy über Seekirch durch die dortigen Waldungen in der linken Flanke der kaiserlichen Truppen vordrang, zog sich Nostitz, um nicht von Biberach abgeschnitten zu werden, mit seinem schwachen Detachement fechtend und in guter Ordnung über Schammach, Gutershofen und den Burrenhof gegen Biberach zurück... » *(Erzherzog Carl.*, t. I, 2, p. 34.)

plaçaient successivement à mesure que j'avançais. Le corps de bataille suivait mon mouvement; mais lorsqu'il fut question de déboucher de ce défilé, alors je trouvai résistance : l'ennemi avait établi six bataillons d'infanterie (1) soutenus par quelque cavalerie et six pièces d'artillerie. Mon premier échelon n'était pas suffisant pour forcer ce débouché; il fallut nécessairement attendre que des forces suffisantes fussent réunies pour le tenter.

On se canonnait avec vigueur de part et d'autre. J'avais alors quatre pièces d'artillerie établies sur la route et dans une petite partie de terrain de la forêt qui n'était point plantée; mon infanterie était également aux prises en attendant mes renforts. Je m'occupai à chercher et à faire chercher dans la forêt quelques chemins à la faveur desquels je pusse conduire une pièce de 4 pour prendre l'ennemi en flanc. J'avais fait cette découverte à ma gauche et, du lieu où elle devait faire feu, elle pouvait très facilement tirer à mitraille sur l'infanterie ennemie.

Je chargeai le chef de brigade Gazan de cette partie. Je lui envoyai la petite pièce de 4 soutenue par quatre compagnies d'infanterie qui devaient, si les circonstances le permettaient, gagner jusqu'à la lisière du bois. La pièce de 4 fit effet : l'ennemi fut obligé de refuser le flanc droit de son infanterie, mais aussitôt il dirigea trois pièces de canon sur celle qui l'avait inquiété, et la gênait à son tour fortement. Sur ces entrefaites, les généraux Desaix et Beaupuy arrivèrent. Ils prirent connaissance de mes dispositions et de celles de l'ennemi. Le général Beaupuy s'étant porté pour reconnaître s'il y avait moyen de déboucher à la gauche, et en ayant reconnu l'impossibilité, revint me donner ordre d'agir sur la droite, me disant que ce ne serait que par là

---

(1) Le Journal général des opérations de l'armée de Rhin-et-Moselle dit : sept bataillons (11 vendémiaire an V. A. H. G.). Voici quelle était la répartition de l'aile droite de l'armée impériale avant le combat :

« Der rechte Flügel unter F. M. L. Kospoth zählte 5 Bataillone, 6 Compagnien; 6 Escadronen — 4 834 Mann, 904 Pferde... Im Walde zwischen Steinhausen und Oggelshausen standen 4 Compagnien und 2 Dreipfünder; bei Oggelshausen, 2 Compagnien, 3 Züge Cavallerie; in der Linie Oggelshausen-Tiefenbach-Seekirch, 6 Compagnien, 3 Escadronen, 3 pfälzische Kanonen; in Ahlen, 4 Compagnien, 1 1/2 Escadronen. Den noch übrigen Rest seiner Truppen, ungefähr 3 Bataillone, 1 1/4 Escadronen und 10 Kanonen formirte F. M. L. Kospoth bei Stafflangen als Reserve. Die Detachements..., im ganzen 10 Escadronen, wurden unter G. M. Devay als äusserster rechter Flügel bei Marchthal vereinigt, von wo aus sie die Bewegungen Desaix' und das linke Donau-Ufer zu beobachten hatten... » (*Erzherzog Carl.*, t. Ier, 2, p. 22.)

que nous réussirions; il avait aussi ordonné la retraite de la pièce de 4, qui souffrait beaucoup du feu de l'ennemi.

J'avais déjà envoyé sur la droite quatre compagnies d'infanterie pour marcher en soutien d'un bataillon de la 10ᵉ légère, commandé par le citoyen Ducassou, qui faisait ses efforts pour repousser l'infanterie ennemie et parvenir jusqu'à la lisière de la forêt. Alors je fis marcher ce bataillon et les quatre compagnies sous les ordres du citoyen Henriot, chef de bataillon de la 10ᵉ de ligne. Ce renfort arriva tellement à propos que l'ennemi, déjà ébranlé, effectua sa retraite et nous laissa le débouché libre. Aussitôt, le peu de cavalerie que nous avions à proximité déboucha avec quelques pièces d'artillerie légère, pour l'inquiéter dans sa retraite qui se faisait avec le plus grand ordre (on lui fit pourtant quelques prisonniers), pour aller prendre position à une demi-lieue de là, sur un plateau, parallèlement au débouché que nous venions de forcer. Il fallut alors attendre que nos moyens fussent réunis pour faire une nouvelle attaque.

Pendant ce temps-là, on se canonnait. L'ennemi surtout faisait un feu vif sur notre infanterie qui était dans un bois à la droite et qui occupait beaucoup son attention, car le citoyen Henriot, qui la commandait, lui faisait faire des mouvements, comme s'il eût eu un corps plus considérable et le dessein d'entreprendre offensivement, ce qui était occasionné par le contraire; la conduite de cet excellent officier contribua pour beaucoup au grand succès de la journée. On n'attaqua pas de suite l'ennemi dans sa nouvelle position, car quelqu'un étant venu informer qu'il menaçait notre flanc droit et même nos derrières, les moyens nécessaires pour cette attaque furent arrêtés dans leur marche jusqu'à ce qu'on se fût assuré des desseins de l'ennemi. Le général Desaix fut, lui-même, faire cette reconnaissance et, n'ayant rien vu d'inquiétant, il envoya l'ordre de faire attaquer.

L'artillerie nécessaire étant arrivée, ainsi que l'infanterie pour remplacer un bataillon de la 10ᵉ de ligne commandé par le citoyen Nagle, d'après l'ordre que j'en reçus du général Beaupuy, je fis déployer cette artillerie devant le front de l'ennemi et avancer le bataillon d'infanterie. L'ennemi avait son flanc droit sans appui; un seul bouquet de bois, dans lequel il avait jeté quelque infanterie, était l'obstacle à vaincre pour le forcer encore à abandonner sa position. Son artillerie pouvait être très bien inquiétée par les troupes qu'on aurait envoyées pour s'emparer de ce bois. C'est pourquoi il fut ordonné à notre artillerie, au nombre de dix pièces, de réunir tout leur feu sur deux pièces de l'ennemi qui pouvaient inquiéter, ce qui fut sur-le-champ exécuté, de manière que le bataillon de la 10°, qui était à proximité, fut de suite mis en mouvement pour aller s'emparer de ce bois et en chasser l'ennemi, ce qu'il fit dans un instant et sans pertes.

Le général Desaix arriva dans cette circonstance; il nous dit que tout allait bien au lieu d'où il venait et que l'ennemi, forcé par le général Saint-Cyr, hâtait sa retraite; que les troupes que nous avions devant nous ne tenaient leur position que pour la couvrir. Aussitôt qu'on s'aperçut que notre infanterie était parvenue à la lisière du bois, on fit avancer deux pièces d'artillerie légère avec deux escadrons du 8° chasseurs. Au premier coup qu'elles tirèrent, l'ennemi se mit dans une déroute complète. Les généraux Desaix et Beaupuy profitèrent de ce mouvement pour le faire serrer vigoureusement; on lui fit environ huit cents prisonniers et plusieurs pièces de canon.

Le général Desaix m'avait envoyé à la droite avec deux pièces d'artillerie pour donner de l'inquiétude à l'ennemi dans cette partie, de sorte que je n'eus pas la jouissance de voir cette déroute. L'ennemi, voyant sa droite plier, se hâta aussi d'exécuter sa retraite devant le point où je me présentais. Mais n'ayant pas un nombre suffisant de cavalerie pour entreprendre sur lui, je me bornai à lui faire tirer quelques coups de canon; avec cela, la nuit survint, de sorte qu'il me fut impossible d'apercevoir ce que pouvait faire l'ennemi.

Mais deux de ses bataillons se trouvèrent avoir perdu leur route, par le mouvement que les dragons du 6° et les chasseurs du 8° avaient fait pour la leur couper; le général Fauconnet, commandant le 6° dragons, informa les généraux Desaix et Beaupuy de cette aventure. Alors ceux-ci lui ordonnèrent d'agir de manière à cerner totalement ces égarés, ce qui fut fait de suite; le chef de bataillon Marcognet, accompagné d'un maréchal des logis du 6°, avança sur les deux bataillons pour leur faire part de la position critique où ils se trouvaient et les sommer de se rendre pour éviter l'effusion du sang. Ces deux bataillons mirent bas les armes et se rendirent prisonniers de guerre.

L'adjudant général Bouland, qui avait été envoyé auprès du général en chef par le général Desaix, en faisant son retour accompagné de quatre ordonnances et d'un trompette, trouva une colonne ennemie d'environ mille cinq cents hommes d'infanterie (1) qui était également égarée : sans paraître étonné, il s'avança sur elle lui disant qu'il était envoyé pour la sommer de se rendre, que, de tous côtés, elle était enveloppée. Elle se rendit à lui. Il envoya aussitôt demander au général Desaix un escadron de cavalerie pour la faire conduire à Dürmentingen. Enfin la division prit à l'ennemi plus de trois mille hommes (2), et onze pièces de canon avec leurs caissons.

Celle du général Saint-Cyr, de son côté, fit plus de deux mille prisonniers et sept pièces de canon. Voilà comme se termina cette belle journée! Je ne sais si les troupes du général Saint-Cyr éprouvèrent une grande perte; mais, ce qu'il y a d'étonnant, c'est que, dans un combat qui avait commencé à 8 heures du matin et fini à la nuit, nous n'eûmes pas, dans la division, quatre-vingts blessés ou tués; le chef de bataillon Mas, de la 10e légère, excellent officier, fut du nombre des blessés. Les troupes passèrent la nuit sur le champ de bataille de l'ennemi.

(1) Le Journal général des opérations dit : « Un bataillon et demi de Kaiser et Gemmingen. » (11 vendémiaire an V, A. H. G.)
(2) Le Journal général des opérations dit que les troupes du général Desaix firent, de ce côté, en une seule fois, deux mille prisonniers (11 vendémiaire an V. A. H. G.) sur les cinq mille qui furent faits ce jour-là. (Moreau au Directoire, Stockach, 16 vendémiaire an V, A. H. G.) D'après l'ouvrage *Erzherzog Carl...* (t. Ier, 2, p. 37 et note), les pertes de l'armée impériale s'élevaient à 3 607 hommes, 147 chevaux et 18 canons; il faut y ajouter 12 officiers et 437 hommes des deux bataillons palatins qui furent pris avec 4 canons, 2 obusiers et 5 fourgons.

CHAPITRE VII

La retraite continue. — Decaen encore au contact des Autrichiens. — Les Français environnés d'ennemis de toutes parts. — Decaen rencontre, aux environs de Villingen, le corps du général autrichien Petrasch. — Ce corps s'éloigne, après avoir laissé aux mains des Français une centaine de prisonniers. — Les Autrichiens menacent de couper à l'armée de Moreau les passages de la Forêt-Noire. — Le général Saint-Cyr ouvre aux Français le Val d'Enfer. — L'armée franchit la Forêt-Noire pour reculer vers le Rhin. — Les Autrichiens la poursuivent opiniâtrément. — Ils sont contenus. — Les dragons de la brigade Decaen prennent, vers Kenzingen, quatre compagnies autrichiennes.

Le 12, toute la division fit une marche rétrograde et reprit sa position du 11 ; la division du général Sainte-Suzanne fit le même mouvement pour reprendre aussi la sienne.

Le 13, le corps de bataille repassa le Danube à Riedlingen et fut prendre position, la droite à Jungnau et la gauche à Scheer. Ce changement de front par le corps de bataille était nécessité par les mouvements des partis ennemis des corps du général Petrasch, qui s'étaient déjà avancés jusque dans cette partie. Mon avant-garde fut partagée en deux : la 10ᵉ de ligne et le 6ᵉ dragons, sous les ordres du général Fauconnet, après avoir aussi passé le Danube à Riedlingen, furent établis en avant de Langenenslingen pour couvrir les derrières du corps de bataille ; le surplus de ma brigade garda la position de la montagne de Bussen, communiquant avec l'avant-garde du général Saint-Cyr.

La division du général Sainte-Suzanne appuya sa droite vers Veringen et sa gauche à Jungnau.

Le 14 — nous étions alors environnés d'ennemis de tous côtés, — le corps de bataille fut prendre position sa droite à Stetten et sa gauche vers Inzigkofen ; la 10ᵉ demi-brigade et le 6ᵉ dragons et deux pièces d'artillerie légère furent réunis au corps de bataille. Je quittai le même jour la montagne de Bussen pour venir couvrir Sigmaringen, où était resté le parc de la division, ayant des avant-postes sur la Lauchert vers Dorf (1) et Bingen, et un autre éclairant vers Gorheim. Je n'eus, ce jour-là, aucune nouvelle de l'ennemi; mais le général Joba, qui commandait une brigade du corps de bataille, fut fait prisonnier avec quelques officiers, s'étant avancé pour reconnaître le pays et la position que devait occuper sa brigade.

La division du général Sainte-Suzanne appuya sa droite vers Strassberg. Son avant-garde, commandée par le général Vandamme, rencontra vers Ebingen deux cents cuirassiers d'Anspach; ils furent chargés si vigoureusement par des hussards du 7ᵉ et des dragons du 10ᵉ que plus de cent furent faits prisonniers avec plus de cent quarante chevaux.

Le 15, je quittai ma position de Sigmaringen; je passai le Danube, pour ensuite le repasser à Enzhoffen (2) et, de là, me diriger sur Nusplingen pour aller m'établir en avant de Schwenningen auf der Hardt, pour couvrir les derrières du corps de bataille qui avait marché pour aller prendre position, la droite à Böttingen et la gauche, sur les hauteurs qui dominent Weilheim. Je fis occuper Fridingen par un poste de troupes légères à cheval, m'éclairant en outre vers Mahlstetten. Je n'eus encore, ce jour-là, aucune nouvelle de l'ennemi. L'avant-garde du corps de bataille rencontra quelques hulans auxquels s'étaient réunis des paysans d'Ensihshaufen (3) et qui voulaient disputer le passage de la vallée de Bära auprès de ce village : ils furent chassés; on brûla quelques maisons.

Le 16, je me dirigeai sur Tuttlingen, où je devais me concerter avec le général Bourcier (4), commandant la réserve, pour balayer les partis ennemis qui se trouvaient aux environs de cette ville. Mais j'y rencontrai les généraux Moreau, Desaix et Reynier. D'autres dispositions avaient été prises, de manière que j'occupai

---

(1) Peut-être Veringendorf.
(2) Peut-être Inzigkofen.
(3) Peut-être Ensisheim, dans le Bärenthal, à 1 800 mètres au nord-est de Renquishausen.
(4) Bourcier (François-Antoine-Louis), né le 21 février 1760 à la Petite-Pierre (Bas-Rhin); dragon dans la légion royale, le 2 mars 1772; adjudant, le 24 septembre 1784; quartier-maître trésorier, le 10 septembre 1789; aide de camp, le 7 juin 1792; adjudant général chef de bataillon, le 8 mars 1793; général de brigade, le 29 vendémiaire an II; général de division, le 21 messidor an II; inspecteur général de cavalerie, le 16 thermidor an V; conseiller d'État, le 7 nivôse an XI; commandant la 5ᵉ division de dragons de la Grande Armée en l'an XIV; employé à l'armée d'Espagne, novembre 1808; rentré au conseil d'État, le 24 février 1810; retraité, le 1ᵉʳ août 1815. (A. A. G.)

seulement Möhringen avec les chasseurs du 8ᵉ qui éclairaient la route de Geisingen ; la 10ᵉ légère et mon artillerie restèrent à **Stetten (1).**

Le corps de bataille prit position, la droite à Seitingen, se prolongeant vers Konzenberg. La division du général Sainte-Suzanne se lia par sa gauche avec celle du général Beaupuy ayant la droite à Rietheim et son avant-garde, vers Spaichingen, éclairant le front des deux divisions.

Ceux qui parcourront ce pays-là se persuaderont difficilement que deux divisions d'armée avec leur artillerie, etc., aient pu s'engager dans des chemins aussi difficiles que ceux qu'elles ont tenus du 14 au 17. Sans doute que l'ennemi n'avait pas l'avantage de bien connaître le pays car, avec peu de moyens, il aurait pu nous occasionner de bien grandes difficultés. C'est surtout au passage de la vallée de Bära qu'il pouvait agir efficacement, puisque le plus léger obstacle de l'art, réuni à ceux que la nature a multipliés dans cette partie, pouvait nous réduire à l'impossibilité d'y effectuer notre retraite.

Le 17, la partie de ma brigade qui en avait été distraite le 13 me fut réunie pour marcher sur Villingen. Nous devions trouver, en avant de cette ville, un corps assez considérable commandé par le général Petrasch qui devait, de concert avec celui de M. Nauendorf qui s'avançait sur Rottweil, nous fermer l'entrée des vallées du Neckar, de la Kinzig et le passage de la Forêt-Noire.

Ces deux corps devenaient, par les circonstances, les avant-gardes du corps d'armée avec lequel le prince Charles remontait le Rhin pour nous couper la retraite, tandis que le général La Tour, avec celui qu'il commandait, marchait sur nos derrières ; et je crois que si ces divers corps, malgré la bataille du 11, se fussent mieux concertés, nous aurions eu beaucoup de peine à vaincre les obstacles qu'ils pouvaient nous opposer. Mais, déjà, celui qui était devant Villingen, avait fait une marche rétrograde, soit qu'il ne se crût pas assez fort pour soutenir une attaque vigoureuse dans cette position, soit que le général qui le dirigeait eût pris le change sur les intentions du général en chef. Il crut sans doute que celui-ci voulait faire forcer le point de Rottweil, car le

---

(1) Près Mühlheim.

mouvement, qu'il avait ordonné à l'aile gauche, semblait plutôt fait pour menacer ce point que tout autre, de sorte que nous ne trouvâmes que quelques postes de cavalerie, dont environ une trentaine furent faits prisonniers.

J'établis ma brigade au débouché de la plaine de Villingen, couvrant le corps de bataille qui avait sa droite à Trossingen et sa gauche vers Dauchingen (1). Je fis occuper le village de Schwenningen, communiquant, en outre, avec l'avant-garde du général Sainte-Suzanne à droite et, à la gauche, avec les troupes du général Saint-Cyr.

Le 18, les avant-postes ennemis furent rencontrés en avant de Villingen, dans les trouées d'un grand bois qui se trouve entre cette ville et Schwenningen. Je reçus ordre, à midi, de me mettre en marche, de me diriger sur Villingen et d'en chasser l'ennemi. Les avant-postes furent bientôt culbutés. Villingen, vu sa position, ne tarda pas à être occupé par mon avant-garde.

Mais l'ennemi ne voulait pas abandonner une position à la droite de cette ville. Ses forces n'étaient pas nombreuses : on y apercevait environ huit cents chevaux avec quatre pièces d'artillerie et peu d'infanterie. Mais comme il n'était pas prudent de pousser outre sans, au préalable, avoir des moyens convenables, surtout en cavalerie, pour se soutenir dans la plaine de Villingen, je fis canonner l'ennemi, qui n'aurait assurément pas tenu si longtemps cette position si les chemins et les mauvais temps n'avaient pas retardé l'arrivée de ce dont on avait besoin. Il se trouvait en avant d'un défilé où j'avais reconnu qu'on pouvait très bien le tourner par sa gauche et lui couper la retraite en arrivant avant lui à l'entrée de ce défilé. Mais, pour cela faire, il n'aurait pas fallu être obligé de se servir d'aucune pièce d'artillerie et de la cavalerie qui fixait son attention ; il aurait fallu un corps détaché d'un autre point, et nous n'avions de ressources que dans ce que nous attendions depuis longtemps et qui n'arrivait pas.

La nuit s'approchait, et il était extrêmement essentiel d'occuper ce point, et de pouvoir le tenir sans de trop grandes inquiétudes, ce qui nécessita de faire passer des moyens de la gauche à la

---

(1) Le Journal général des opérations de l'armée de Rhin-et-Moselle dit que la 1re division de l'aile gauche avait, au 17 vendémiaire, sa droite à Trossingen, sa gauche à Mülhausen et l'avant-garde sur Villingen. (A. H. G.)

droite. L'ennemi, apercevant ce mouvement, se hâta d'effectuer sa retraite. Alors, le général Beaupuy (1) le fit fortement serrer par le 8ᵉ chasseurs et les dragons du 6ᵉ qui le poursuivirent jusqu'au delà du village de Mönchweiler, lui prirent une pièce de canon et une centaine de prisonniers (2).

Les généraux Moreau, Desaix et Reynier furent présents à toute l'affaire. Mönchweiler fut ensuite occupé en avant-poste. Je couvrais Villingen avec ma brigade. En occupant cette ville, nous avions intercepté la communication directe aux divers corps détachés, tant sur Donaueschingen que sur Vöhrenbach, etc...

On prit, pendant la nuit, une ordonnance de l'ennemi qui portait une lettre annonçant le lieu que ces divers corps devaient occuper. Celui qui était à Donaueschingen, et qui avait été forcé par le général Saint-Cyr, déclarait se retirer sur Neustadt, et l'autre, sur Vöhrenbach. L'officier qui commandait le corps qui se retirait sur Neustadt garantissait, dans sa lettre, *que nous ne passerions pas au trou d'Enfer; il promettait alors d'user de tous ses moyens.*

Le corps de bataille gardait en partie sa position; une autre partie fut avancée et disposée dans les bois en avant de Schwenningen. Le général Sainte-Suzanne avait fait faire une fausse attaque sur Rottweil; il avait alors sa droite vers Aldingen, se liant, à la gauche, avec la division du général Beaupuy.

Le 19, je gardai ma position en avant de Villingen, poussant des reconnaissances sur Vöhrenbach. Je détachai, à cet effet, quatre compagnies de la 10ᵉ légère et une compagnie du 6ᵉ dragons, sous les ordres du chef de bataillon Henriot, auquel je recommandai d'envoyer des reconnaissances sur Furtwangen et Triberg; l'ennemi occupait ce dernier lieu.

Le 20, je gardai la même position; je détachai quatre compagnies pour augmenter le poste de Vöhrenbach. Furtwangen fut occupé par deux compagnies : j'eus avis que l'ennemi occupait

---

(1) « Les généraux Beaupuy et Decaen, après un mouvement très bien déguisé, débordèrent la gauche de l'ennemi. Le 8ᵉ régiment de chasseurs et le 6ᵉ dragons chargèrent avec beaucoup d'audace... » (Journal général des opérations de l'armée de Rhin-et-Moselle. A. H. G.)

(2) Le Journal général des opérations dit : Deux pièces de canon, dont l'une fut reprise dans un retour offensif de la deuxième ligne ennemie, et, en outre du canon, vingt canonniers, cinquante chevau-légers avec leurs chevaux. (A. H. G.)

Sankt-Märgen. Sur les 2 heures après midi, mes avant-postes en avant de Mönchweiler furent attaqués et obligés à la retraite; mais j'eus bientôt rechassé l'ennemi, avec le 8ᵉ régiment de chasseurs qui fit une douzaine de prisonniers (1). Mais le chef de bataillon Marcognet fut blessé légèrement par une balle qu'il reçut au bras.

Le corps de bataille avait pris position, la gauche à Villingen, et la droite à Grüningen. La gauche du général Sainte-Suzanne appuyait à ce village; il avait sa droite vers Almendshofen, et son avant-garde vers Pfohren, observant surtout du côté de Baldingen. Le général Saint-Cyr avait eu une affaire assez vive avec l'ennemi à Neustadt, d'où il parvint à le chasser.

Le 21, je reçus l'ordre de diriger ma brigade sur Donaueschingen et de renforcer le point de Vöhrenbach. J'envoyai alors le chef de brigade Gazan avec un de ses bataillons, un escadron du 6ᵉ et deux pièces d'artillerie légère. L'ennemi, qui avait inquiété toute la nuit mes avant-postes, les poursuivit dans leur retraite, qui s'effectua sans perte jusqu'à Villingen. Il détacha ensuite quelques hommes pour observer ma marche, lesquels s'arrêtèrent vers Grüningen. Arrivé à Donaueschingen, je fis continuer le mouvement à mes troupes pour suivre le corps de bataille qui devait se rendre à Neustadt pour prendre position entre cette ville et Röthenbach. Je ne devais plus avoir d'inquiétudes sur ce point, car ce fut le général Vandamme qui fut chargé de couvrir la retraite des deux divisions.

C'est pourquoi je partis promptement de Donaueschingen avec seulement quatre ordonnances pour me rendre à Vöhrenbach afin d'ordonner la retraite du corps des flanqueurs que j'avais détaché, lequel se trouvait très exposé par le mouvement qui s'était opéré durant la journée. J'arrivai encore assez à temps pour lui faire opérer sa retraite de manière à pouvoir suivre, le lendemain, le mouvement de la brigade. La conduite que tint le chef de bataillon Henriot pendant le temps qu'il commanda ce détachement fit connaître encore davantage que cet officier avait des talents et une intelligence qui le rendaient recommandable.

(1) Le Journal général des opérations dit : « Les avant-postes sur Mönchweiler s'étant retirés sans ordre, l'ennemi suivit leur mouvement; on le repoussa au delà de ce village et on lui fit neuf à dix prisonniers. » (A. H. G.)

Ce jour-là, le général Saint-Cyr nous ouvrit le passage du col d'Enfer. Il eut un assez bel avantage sur l'ennemi. Mais un incendie qui se manifesta dans Neustadt mit l'armée dans l'embarras le plus grand. Sans le secours prompt qui fut apporté, nous étions exposés à ne pas pouvoir passer notre artillerie puisqu'il n'y avait que ce seul passage; il ne fallait autre chose pour cela que la communication de l'incendie aux maisons devant l'église, qui fut réduite en cendres.

Le 22, toute l'aile gauche passa le col d'Enfer et prit position, sa droite à Ebnet, et sa gauche vers Fribourg.

Le 23, le corps de bataille fut prendre position, la droite à Wasser, et la gauche à Theningen. Je devais établir ma brigade en avant de l'Elz et éclairer les vallées de Bombach et de Heimbach. Mais Emmendingen étant occupé par les troupes de l'avant-garde du général Saint-Cyr, j'appuyai ma droite à cette ville, et je chassai un poste ennemi de Köndringen pour établir ma gauche et me donner l'entrée de la vallée de Bombach. Mes avant-postes furent poussés jusqu'à la hauteur de Malterdingen, se prolongeant par la droite jusqu'au delà du village et château de Landeck. Le village de Heimbach ne fut pas occupé, sa position ne le permettant pas. La division du général Sainte-Suzanne prit position, la droite à Bahlingen, et la gauche à Endingen, son avant-garde à Riegel, éclairant sur le Rhin.

Le 24, mes avant-postes sur la route de Kenzingen furent attaqués par une reconnaissance de l'ennemi qui, sans doute, s'imaginait que nous n'avions sur ce point qu'un parti d'observation. Si le chef de brigade Gazan avait pu arriver assez tôt avec ce que je lui avais dit de faire marcher de Landeck pour se rendre en avant de Malterdingen, qui que ce soit de la reconnaissance n'aurait pu retourner faire son rapport. Mais le terrain ne permettait pas de faire ce mouvement avec toute la célérité qu'il exigeait et, d'un autre côté, l'ennemi, s'étant aperçu de sa méprise avant que ce bataillon eût pu faire la moitié du chemin qu'il avait à parcourir, se décida à un mouvement de retraite.

Aussitôt que je m'en aperçus, je le fis charger par un escadron du 6ᵉ régiment de dragons commandé par le citoyen Rémy, qui s'avança sur l'ennemi avec une telle vigueur que bientôt il ramena une quantité de prisonniers. Cette poursuite eut lieu jusqu'au village de Hecklingen. Quelques dragons, ayant voulu déboucher dans ce village, furent chargés à leur tour par des cuirassiers qui s'étaient ralliés au delà, sous la protection d'une de leurs pièces d'artillerie placée sur une hauteur, à peu de distance d'un couvent en avant de Kenzingen.

Ces cuirassiers furent repoussés par quelques autres dragons auxquels se réunirent le chef de brigade Vandermaësen, Bordesoulle (1), aide de camp du général Laboissière, Bérard, capitaine au 6° dragons, et Béchot, chef de bataillon de la 10°, qui en firent quelques-uns prisonniers. Ces officiers accompagnèrent les généraux Beaupuy et Laboissière qui s'étaient avancés pour reconnaître le pays ainsi que l'ennemi. Mais les citoyens Bordesoulle et Bérard furent dangereusement blessés. Quatre compagnies entières du régiment de Michel Wallis avec leurs officiers (2) furent prises avec une vingtaine de cuirassiers. Ensuite mes avant-postes furent placés à leur même position. On aurait bien pu les avancer jusqu'à Hecklingen; mais ils auraient été exposés à être tournés par la droite.

La position que tenait ma brigade n'était pas bonne : le terrain ne présente que des plateaux qui se succèdent et dont la retraite, en cas qu'on y soit forcé, est extrêmement difficile. Le terrain, du côté de l'ennemi, était beaucoup plus préférable. Mais cette position ne devait être tenue que précairement pour donner le temps de construire un pont de bateaux à Brisach. Les intentions du général en chef n'étant pas de forcer le passage de Knöringen (3), il s'était décidé à faire opérer la retraite vers le haut Rhin.

---

(1) Tardif de Pomméroux (comte Bordesoulle) (Étienne), né le 4 avril 1771, à Luzeret (Indre); soldat au 2° régiment de chasseurs, le 27 avril 1789; maréchal des logis, le 24 mai 1793; sous-lieutenant, le 3 août 1794; aide de camp du général Laboissière, le 19 juillet 1795; lieutenant, le 19 juillet 1796; capitaine, le 20 janvier 1798; chef d'escadron, le 14 mai 1799; colonel, le 27 décembre 1805; général de brigade, le 25 juin 1807; employé à l'armée d'Espagne, en novembre 1808; à l'armée d'Allemagne, le 25 mai 1809; au corps d'observation de la Hollande, en mai 1810; à l'armée d'Allemagne, le 2 décembre 1810; général de division, le 4 décembre 1812; inspecteur général de cavalerie, en mai 1814; chef d'état-major du duc de Berry, le 25 juin 1815; commandant la 1re division de cavalerie de la Garde royale, le 8 septembre 1815; membre de la commission chargée d'examiner la conduite des officiers pendant les Cent Jours, le 12 octobre 1815; gouverneur de l'École polytechnique, le 17 septembre 1822; commandant en chef de la Garde royale (armée des Pyrénées), le 16 février 1823; retraité le 14 mars 1832. (A. A. G.)

(2) Neuf officiers, dit le Journal général des opérations. (A. H. G.)

(3) Peut-être Kenzingen.

Le 25, au matin, l'ennemi occupait la même position que le jour précédent; mais l'après-midi, il avança quelques partis qui se tiraillèrent avec nos avant-postes.

Le 26, la journée se passa encore assez tranquillement, excepté pourtant une fusillade qui eut encore lieu, vers les 2 heures après midi, par une attaque de l'ennemi qui n'eut pas de suite.

CHAPITRE VIII

Le 27 vendémiaire, les Autrichiens attaquent les avant-postes de Decaen vers Heimbach — Le 28 au matin, tout semble tranquille. — Dans l'après-midi, les Autrichiens attaquent avec vigueur. — Bataille d'Emmendingen. — Decaen fait une chute de cheval qui l'engourdit un moment. — Mort du général Beaupuy. — Profond chagrin de Decaen. — Combats violents sur l'Elz. — Decaen ramène ses troupes à grand'peine. — Il fait couper le pont de Theningen malgré l'acharnement des Autrichiens. — Violent combat vers Nimburg, le 29. — Decaen toujours aux prises avec les Autrichiens. — Pertes sensibles du côté français. — L'aile gauche de l'armée va repasser le Rhin à Brisach. — Decaen envoyé à Kehl avec sa brigade.

Le 27, après les rapports qui m'avaient été faits que l'ennemi augmentait ses forces, je fus en faire la reconnaissance avec les généraux Desaix et Beaupuy. Effectivement, l'ennemi s'était beaucoup augmenté sur un plateau en arrière du village d'Heimbach; il faisait alors des mouvements que nous jugeâmes être seulement pour s'établir. Il était alors midi; nous retournâmes à Emmendingen. Mais à peine étions-nous descendus de cheval qu'on entendit un feu assez vif : l'ennemi s'était avancé pour attaquer nos avant-postes tenus par les 10es (1).

Ce fut particulièrement sur le front occupé par le bataillon du citoyen Missire que l'ennemi paraissait le plus acharné. Cet excellent officier résista avec son bataillon, pendant plus de quatre heures, contre les attaques multipliées de l'ennemi qui, pourtant, serait venu à bout de son entreprise si, avec un bataillon de la 103e et une pièce de 4, je ne m'étais pas avancé pour soutenir ce bataillon et rechasser l'ennemi qui avait déjà fait des progrès vers Landeck.

Le chef de brigade Gazan avait aussi contenu l'ennemi qui avait tenté différentes fois de s'emparer du terrain qu'occupaient ses avant-postes. On fit quelques prisonniers à l'ennemi qui eut

(1) Légère et de ligne.

beaucoup de tués et de blessés. Les généraux Desaix et Beaupuy, qui étaient présents, n'avaient pas jugé à propos d'en imposer plus tôt à l'ennemi par un appareil de forces plus considérables, leurs intentions étant de pénétrer celles de l'ennemi. La nuit, qui survint, fit cesser le feu des deux partis. On fut assez tranquille.

Le bataillon de la 103ᵉ demi-brigade qui m'avait servi à repousser l'ennemi remplaça, aux avant-postes, le bataillon de Missire. Cette demi-brigade tout entière avait passé l'Elz; elle resta en position en avant de cette rivière, pour être à proximité d'être portée où le besoin l'exigerait et, particulièrement, pour favoriser la retraite de l'avant-garde, si elle était forcée. Le général Sainte-Suzanne, qui n'avait point été attaqué les jours précédents, ou au moins que faiblement, avait fait appuyer la 50ᵉ demi-brigade pour remplacer à Theningen la 103ᵉ : les jours suivants feront reconnaître le bien qui a résulté de ce mouvement.

Le 28 au matin, on ne reconnut point, chez l'ennemi, des mouvements qui fissent présumer une attaque aussi sérieuse que celle qui eut lieu l'après-midi. Le général Beaupuy s'était absenté d'Emmendingen pour aller faire une reconnaissance. Pendant ce temps, le général Desaix avait reçu avis du général en chef pour donner une nouvelle disposition aux troupes sous ses ordres (1). Le général Desaix me dit alors que si l'ennemi, qu'il présumait devoir faire une attaque ce jour-là, paraissait y mettre de l'acharnement, il faudrait lui céder le terrain et se retirer en arrière de l'Elz.

J'écrivis de suite au chef de brigade Rivet, commandant la 10ᵉ, dont la demi-brigade occupait les points sur lesquels l'attaque pouvait être plus particulièrement dirigée, de ne pas tenir avec opiniâtreté à la conservation de cette position (2). Le général Beaupuy, qui fit son retour sur ces entrefaites, dit au général Desaix qu'il n'avait rien aperçu d'extraordinaire aux avant-postes. L'attaque subite qui eut lieu un instant après paraîtrait donc extraordinaire

---

(1) Moreau avait donné l'ordre d'attaquer l'ennemi le 28 vendémiaire : « Le centre de l'armée devait soutenir cette attaque par un détachement qui se dirigeait par la gorge de Simonswald... » (Moreau au Directoire, sans indication de localité, 30 vendémiaire an V. A. H. G.)

(2) « ... Celle (l'avant-garde) de la gauche devait se replier derrière l'Elz à la première attaque de Kenzingen qu'elle occupait, par les ponts de Wasser et de Theningen... » (Moreau au Directoire, sans indication de localité, 30 vendémiaire au V. A. H. G.)

si on ne prévenait pas que l'ennemi pouvait très facilement cacher ses mouvements, ce qu'il avait effectivement exécuté.

Car, à peine le général Beaupuy avait-il quitté, qu'un officier me fut envoyé de la part du chef de brigade Gazan pour me prévenir qu'il était attaqué par des forces supérieures, et que ses avant-postes avaient été forcés de se replier. Après avoir fait dire à Gazan ce qu'il était essentiel de faire, particulièrement de ne pas s'opiniâtrer pour la défense de la position et de se disposer à bien soutenir sa retraite, s'il s'apercevait qu'il y fût obligé, — pour quoi je lui envoyai deux pièces d'artillerie légère qui servirent très efficacement, — je me portai sur Kenzingen pour reconnaître l'ennemi et voir quelles paraissaient être ses intentions. Mais une violente chute de cheval, que je fis en traversant trop rapidement le village, m'empêcha, pour un instant, d'agir.

Je me fis cependant rendre compte de ce qui s'était passé jusqu'alors : j'appris que l'ennemi avait attaqué sur tous les points avec une extrême impétuosité et des forces très supérieures. J'envoyai aussitôt l'ordre pour qu'un des bataillons de la 50ᵉ demi-brigade, qui était auprès de Theningen, vînt se placer derrière un ruisseau qui traverse la route de Fribourg, afin de protéger la retraite de l'avant-garde.

Sur ces entrefaites arriva le général Beaupuy qui, informé de ce qui venait de m'arriver, me témoigna, avec cette candeur qui le caractérisait, combien il était sensible à cet accident; et, après que je lui eus rendu compte des desseins que je présumais à l'ennemi et des dispositions que j'avais déjà ordonnées, il me dit, avec une bonté paternelle : « *Eh bien! mon cher Decaen, tu vas faire le général de division, et moi, le général d'avant-garde* », et il partit. Ces nouvelles preuves d'attachement, marquées au coin de la cordialité, firent un tel effet sur tout mon individu que mes sens sortirent de leur engourdissement avec une vivacité dont je fus ému, de sorte que je me sentis dans le cas de reprendre mon activité dès qu'un cheval m'aurait été amené; car celui avec lequel j'avais fait ma chute ne pouvait plus me servir.

Je n'étais pas revenu de ma surprise que le coup le plus accablant me fut porté : on m'annonça que mon meilleur ami, le vertueux et respectable général Beaupuy, venait d'être frappé mortellement. Il s'était porté en avant pour mieux reconnaître les mouvements de nos adversaires qui faisaient des progrès assez considérables. Il voulut les arrêter sur le point où il se trouvait, avec deux compagnies de la 103ᵉ demi-brigade; il faisait avancer ces deux compagnies pour favoriser la retraite à deux pièces d'artillerie qui auraient pu être compromises; lorsqu'une balle de mitraille vint enlever à la Patrie un de ses plus zélés défenseurs! Mes talents sont trop faibles pour que j'entreprenne de faire, tel qu'il doit l'être, l'éloge d'un homme qui jouissait de l'estime générale et de la plus grande considération que lui avaient méritées les belles qualités de son âme, la bonté de son cœur, ses vertus sociales, ses talents militaires, son courage héroïque et son étonnante bravoure.

Cet évènement fit une grande sensation sur tous ceux qui en furent informés. Je crois que la foudre n'aurait pas fait plus d'effet sur moi, et je me suis persuadé que si le général Desaix qui, en quittant Emmendingen, s'était dirigé à la droite vers Gazan, et qui, à cette affligeante nouvelle, revint sur le point où j'étais, ne m'avait pas pressé la main en versant des larmes, et me disant : « *Sauvons l'armée, et nous pleurerons notre ami dans un temps plus propice* », oui, je crois que je ne serais jamais sorti de l'état d'abattement dans lequel j'avais été plongé. O cruelle situation que d'être forcé d'arrêter l'essor de sa sensibilité!

L'ennemi gagnait du terrain, et il était essentiel, si on ne pouvait pas l'empêcher, d'arrêter au moins la rapidité de sa marche. Après les instructions que je reçus du général Desaix, qui se reporta de nouveau vers la droite, et que je transmis au général Fauconnet, celui-ci disposa en arrière de l'Elz les deux pièces de 4 de la 50ᵉ demi-brigade, dans une position favorable pour contester à l'ennemi le débouché de Kenzingen, car nous n'avions plus d'autre artillerie légère (la compagnie du corps de bataille avait été envoyée, la veille, à Eichstetten). Cette disposition contribua pour beaucoup à protéger la retraite de l'avant-garde (1) et particulièrement de la 10ᵉ de ligne qui, après être descendue des hauteurs où elle était disséminée, se reforma dans le plus grand ordre sous

---

(1) ... Contre laquelle l'ennemi avait déployé trente bouches à feu dans le premier mouvement. (Journal général des opérations de l'armée de Rhin-et-Moselle, 28 vendémiaire an V. A. H. G.)

un grand feu d'artillerie. Je dirigeai ensuite cette demi-brigade sur Emmendingen, en indiquant au chef de brigade une position qu'il devait préalablement occuper, à moins que des circonstances impérieuses n'y missent empêchement.

J'avais déjà fait repasser l'Elz au 8ᵉ chasseurs; deux escadrons du 6ᵉ dragons avaient aussi reçu l'ordre de se retirer par Emmendingen. La 10ᵉ légère et la 103ᵉ soutenaient toujours; et, avec deux pièces d'artillerie que j'avais fait placer derrière le ruisseau qui traverse la route de Fribourg, je m'opposai, conjointement avec les pièces de la 50ᵉ qui étaient derrière la rivière, au débouché de l'ennemi par Kenzingen. Enfin l'ennemi, augmentant ses moyens, nous força à abandonner totalement ce terrain; et si celui-ci n'avait pas menacé de couper la retraite vers Emmendingen, Gazan, avec sa demi-brigade, aurait encore disputé longtemps; il fallut donc céder (1). La 103ᵉ effectua aussi sa retraite en se dirigeant vers Emmendingen.

Le général Desaix avait déjà fait filer une grande partie des troupes sur ce point, lorsque l'ennemi arriva à Emmendingen pour couper la retraite. Les deux autres escadrons du 6ᵉ, qui étaient restés en soutien, se firent alors passage à travers l'ennemi, sans éprouver une perte notable; alors l'infanterie, qui n'avait pas pu arriver encore à Emmendingen, fut obligée de rétrograder pour venir au pont de Theningen. Si l'infanterie qui restait encore à se retirer avait été formée, assurément elle se serait aussi ouvert un passage; mais c'étaient des tirailleurs ou des compagnies détachées qui redescendaient des hauteurs et qui abandonnaient un pays de chicane, ce qu'ils ne pouvaient effectuer que chacun pour leur compte. Ce reflux, qui fut aperçu de l'ennemi, lui donna alors occasion de presser avec plus de vigueur, et particulièrement de diriger tout son feu sur le pont de Theningen. Il chercha aussi à déboucher vers Mundingen. Une compagnie de grenadiers de la 103ᵉ, commandée par le capitaine Paquet, lui disputa longtemps cet avantage avec bien de la valeur; elle fut toute faite

---

(1) « Le brave général Beaupuy... fut tué au commencement de l'action, de sorte que la troupe continua à combattre dans la mauvaise position qu'elle occupait jusqu'à ce que de nouveaux ordres puissent être donnés; et il a fallu toute sa bravoure pour ne pas être culbutée par des forces aussi supérieures et une artillerie aussi nombreuse que celles de l'ennemi... » (Moreau au Directoire, sans indication de localité, 30 vendémiaire an V, A. H. G.)

prisonnière, mais elle préserva du même sort plus de six cents hommes qui eurent le temps d'arriver au pont de Theningen.

Enfin, ne pouvant plus tenir derrière le ruisseau, une de mes pièces d'artillerie étant démontée, je fis repasser l'Elz au bataillon de la 50⁰ et à tout ce qui me restait. Le général Fauconnet avait aussi eu la précaution d'établir au pont les trois compagnies de grenadiers de la 50ᵉ pour favoriser notre retraite. Les généraux Desaix et Reynier, qui furent présents à presque toute cette affaire, faisaient des dispositions en arrière du village de Theningen pour en défendre le débouché, si l'ennemi voulait le faire après qu'il y serait parvenu.

Après avoir fait effectuer le passage de l'Elz, je m'occupai principalement de faire couper le pont de Theningen. Ce furent les grenadiers de la 50ᵉ, soutenus par une pièce d'artillerie légère, qui s'acquittèrent de cette difficile opération avec un courage digne des plus grands éloges : ils affrontèrent le feu de plusieurs pièces de canon auquel était réuni un feu d'infanterie fort vif. Lorsqu'elle fut terminée, quelques grenadiers restèrent pour fusiller sur ce qui s'approcherait pour rétablir le pont. Mais la mitraille les força d'abandonner, et l'ennemi travailla à la réparation. Les autres furent se réunir de l'autre côté du village à leur demi-brigade qui y était disposée.

L'ennemi, après avoir rétabli le pont, fit passer quelque infanterie dans le village; mais le feu de notre artillerie, avec quelques compagnies, contint l'ennemi le reste du jour pour qu'il ne passât pas outre; et, lorsque la nuit vint à tomber, le général Desaix m'ordonna de faire la retraite, c'est-à-dire d'abandonner Theningen, et de laisser mes avant-postes à portée de ce village, pour qu'ils fussent à proximité de découvrir les mouvements de l'ennemi. J'établis alors la 50ᵉ à la tête du défilé de Nimburg, couvrant aussi la route de Bahlingen. Je me rendis ensuite à Nimburg, où j'appris que les troupes qui avaient effectué leur retraite par Emmendingen avaient pris position à Wasser.

Cette journée nous coûta environ six cents hommes (1), tant

---

(1) « Notre perte en tués ou blessés est d'environ 500 hommes; celle de l'ennemi doit être au moins égale : il a dû nous faire 200 à 300 prisonniers, en postes très avancés dans les gorges qu'il a été impossible de dégager; nous lui en avons fait environ 150. » (Moreau au Directoire, sans indication de localité, 30 vendémiaire an V. A. H. G.) L'ou-

tués que blessés ou faits prisonniers. Toute la nuit fut employée à réorganiser la division, c'est-à-dire pour que chaque corps reprît une position convenable pour être dans le cas d'agir le lendemain, suivant que les circonstances l'exigeraient. Nombre d'officiers se distinguèrent dans cette journée, particulièrement les chefs de brigade Gazan et Rivet, les chefs de bataillon Missire, Nagle et Béchot de la 10e, Ducassou de la 10e légère, Simardet, Boubert, de la 50e; l'artillerie des 10e, 50e et 103e demi-brigades, ainsi que l'artillerie légère de la compagnie de Mosel, servit aussi avec distinction; huit pièces furent mises hors de service, mais l'ennemi n'en prit aucune (1). Nous lui fîmes encore, cette journée, une centaine de prisonniers (2).

Le 29, dès le point du jour, je me rendis aux avant-postes pour faire ma reconnaissance et donner de nouvelles dispositions, tant à ces postes qu'à la 50e demi-brigade qui remplaça, ce jour-là, la 10e de ligne dans ma brigade, et à la 10e légère qui s'était toute reformée pendant la nuit. Je ne laissai devant Theningen qu'une grand'garde de chasseurs du 8e et, à la tête du défilé, un bataillon de la 10e légère avec une pièce de canon. J'établis ensuite le surplus derrière la Glotter, au débouché de ce défilé, près le village de Nimburg, excepté un bataillon de la 50e auquel je donnai l'ordre de se rendre à Bahlingen pour être à la disposition du général Oudinot. Je me rendis ensuite chez le général Desaix pour lui rendre compte et recevoir ses instructions.

Pendant ce temps-là, on vint me prévenir qu'on apercevait beaucoup de mouvements chez l'ennemi. Je fus aussitôt aux avant-postes. Je trouvai tout tranquille. On me dit que l'ennemi avait débouché du village avec environ trois cents chevaux, mais que, presque aussitôt, ils étaient rentrés. On entendait alors beaucoup de bruit dans ce village. Il pouvait être 11 heures. Je ne sais si ce fut une ruse de l'ennemi, mais toujours est-il que je prescrivis aux avant-postes d'être bien sur leurs gardes. Je fis,

vrage *Erzherzog Carl* (t. Ier, 2, p. 63) dit : « ... Die Trophäen des Tages beschränkten sich auf 2 Geschütze und ungefähr 1800 Gefangene... »

(1) La retraite se fit derrière l'Elz avec ordre et sans autre perte d'artillerie qu'un seul caisson renversé qu'il fut impossible de relever. » (Journal général des opérations, 28 vendémiaire an V. A. H. G.)

(2) « Deux cents », dit le Journal général des opérations de Rhin-et-Moselle en comptant ceux qui furent faits du côté de Buchholz et Waldkirch par les troupes du général Ferino. (A. H. G.)

après cela, rentrer dans le défilé le bataillon et la pièce de canon que j'avais disposés le matin, ne laissant que deux compagnies d'infanterie à la tête du défilé pour assurer la retraite de la grand'-garde de chasseurs. Ce bataillon et la pièce furent ensuite établis derrière un ruisseau qui coupe la route. Le pont, qui était de pierre, fut aussi détruit et remplacé par un autre sur des madriers.

A peine ces dispositions venaient-elles d'être terminées que la grand'garde des chasseurs fut chargée impétueusement. La cavalerie ennemie fut bien arrêtée par le feu de l'infanterie, mais celle-ci fut aussi obligée de faire sa retraite, ne pouvant plus tenir contre la mitraille de l'ennemi qui mit en jeu, dans un instant, trois pièces d'artillerie. Ce feu, réuni sur celle que j'avais placée derrière le petit pont, l'obligea aussi à se retirer jusqu'au delà du défilé; l'infanterie, après s'être soutenue plus d'une heure, fut également forcée à la retraite. L'ennemi se fit un pont et vint, avec de grandes forces, pour déboucher à Nimburg (1), mais il fut repoussé vigoureusement. Une pièce de canon et des tirailleurs rentrèrent dans le défilé pour le poursuivre ; il s'arrêta à son tour derrière le petit ruisseau qui n'était pas guéable à cause de la crue des eaux qui, depuis quelques jours, avaient couvert le pays.

L'ennemi chercha à me forcer sur ma gauche entre Bahlingen et Nimburg. M'étant aperçu de son projet, j'usai promptement des moyens que j'avais à ma portée : ils consistaient en quatre pièces de 4 et deux pièces d'artillerie légère qui furent disposées de manière que l'ennemi, qui fit différentes tentatives sur ce point pendant le reste du jour, ne put y réussir : son projet étant, s'il ne pouvait passer la Glotter, au moins de s'approcher de cette rivière, de manière à pouvoir prendre en rouage l'artillerie qui défendait de front le débouché en avant de Nimburg, qu'il avait déjà tenté de forcer. N'ayant pas réussi dans son nouveau projet, il fit une nouvelle tentative devant Nimburg : il repoussa encore une fois les tirailleurs qui avaient passé la rivière; mais, à son tour, il fut rechassé.

Le général Desaix, qui arriva, m'ayant dit que je ne devais pas être inquiet de mes flancs, qu'il avait pourvu à tout, ainsi qu'à me

---

(1) « Le 29, l'ennemi attaqua avec la plus grande vigueur Nimburg ; il y déploya en artillerie, infanterie et cavalerie, des forces considérables... » (Moreau au Directoire, sans indication de localité, 30 vendémiaire an V. A. H. G.)

procurer de l'artillerie et ce qui me serait nécessaire pour une bonne défense, alors, je n'eus plus qu'à fixer mon attention sur le point où l'ennemi paraissait être le plus acharné. Il renouvela plusieurs fois ses attaques, mais toujours infructueusement. A une d'elles, particulièrement, il fut repoussé avec tant de vigueur qu'il abandonna plusieurs caissons à l'un desquels un chasseur d'une intrépidité rare alla mettre le feu. Ces caissons, qui sautèrent, firent, pour quelque temps, trêve aux attaques; mais l'artillerie faisant de part et d'autre un feu très soutenu, la nuit arrivant, et le chemin ne se trouvant plus obstrué, alors l'ennemi voulut tenter de nouveaux efforts, mais toujours sans succès. Enfin il se détermina à cesser un combat qui durait depuis sept grandes heures, et dans lequel il dut perdre beaucoup de monde, puisque les troupes que je commandais eurent plus de quatre cents blessés.

C'est ici le moment de payer le tribut d'éloges dû à l'ambulance volante, dont était chef le citoyen Courville qui, pendant toute la campagne, a servi avec une activité incroyable et surtout ce dernier jour de bataille, où les moyens étaient très difficiles à se procurer pour l'évacuation des blessés. Eh bien! ce jour-là et les précédents, il y eut tant d'activité et de zèle qu'aucun de nos blessés n'est resté au pouvoir de l'ennemi.

Dix pièces de canon avaient été mises hors de service dans cette affaire, une des plus vigoureuses que j'aie vues, surtout par l'opiniâtreté qu'y a montrée l'ennemi. La 10e légère, exténuée de fatigue par la retraite et surtout par six jours de combats successifs, y donna encore des preuves de la plus haute valeur.

Les deux bataillons de la 50e ne lui cédèrent en rien; ils contribuèrent même pour beaucoup au triomphe de cette journée. Les compagnies d'artillerie légère des citoyens Mosel et Ponce servirent aussi avec une distinction digne des plus grands éloges (1).

Pendant tous les jours précédents que l'ennemi nous avait attaqués, la division du général Sainte-Suzanne avait été peu inquiétée. Mais ce jour-là, sur le soir, son avant-garde fut forcée à Riegel et obligée à la retraite ce qui, sans doute, nécessita de faire mettre toute l'aile gauche de l'armée en mouvement dès

---

(1) « L'artillerie légère se distingua particulièrement à l'affaire de Nimburg : la 50e et un bataillon de la 62e défendirent ce poste avec la plus grande bravoure... » (Journal général des opérations de l'armée de Rhin-et-Moselle, 29 vendémiaire an V. A. H. G.)

11 heures du soir pour passer le Rhin, le lendemain, à Brisach (1).

Les autres troupes de la 7ᵉ division tenaient position, une partie entre Nimburg et Holzhausen, et l'autre partie près d'Eichstetten, derrière la Dreisam.

Cette journée se passa presque tout entière sous les yeux des généraux Moreau, Desaix et Reynier qui, placés sur un terrain très favorable, pouvaient parfaitement distinguer les mouvements de l'ennemi, les forces considérables qu'il avait en avant de Theningen pour lui servir à forcer le passage.

Le 30 vendémiaire, ma brigade arriva au Vieux-Brisach entre 4 et 5 heures du matin. Elle passa de suite le Rhin. L'ennemi ne s'aperçut pas de notre départ; au moins, il ne le prouva pas, puisque je n'eus aucune inquiétude de sa part. Ce fut le général Vandamme qui fut chargé de faire replier le pont (2); moi, je reçus l'ordre de prendre des cantonnements dans les environs de Brisach et de marcher, le lendemain, sur Strasbourg.

Après deux jours de repos dans les environs de cette ville, je reçus l'ordre de me rendre avec les deux 10ᵉˢ à Kehl, où je fus chargé de la défense du camp retranché et des îles d'Erlenrhein, jusqu'au moment où l'ennemi ouvrit la tranchée. Ce ne fut qu'alors que l'on fixa un service alternatif entre les officiers généraux qui devaient être employés à la défense de ce poste, et du nombre desquels j'étais.

---

(1) « Ce succès (celui du 29) pouvait nous faire espérer de nous maintenir sur la rive droite du Rhin, mais j'ai pensé qu'il serait dangereux de courir les risques d'un autre engagement contre des forces aussi supérieures avec des troupes excédées des fatigues d'une longue marche et des combats continuels qu'elles n'ont cessé de livrer par un temps affreux, dont la moitié marchait nu-pieds et sans habits, et à qui cet état de misère avait ôté une énergie que je ne doute pas de voir revenir dès qu'elle sera un peu reposée et rééquipée. D'après cela, j'ai ordonné à l'aile gauche de repasser le Rhin à Brisach et de se porter vivement à Strasbourg... » (Moreau au Directoire, sans indication de localité, 30 vendémiaire an V. A. H. G.)

(2) « Les divisions du général Desaix ont passé le Rhin à Brisach sans accident; l'ennemi a voulu les inquiéter, mais il a été vivement chargé par l'arrière-garde aux ordres du général Vandamme, et il a cessé sa poursuite... » (Moreau au Directoire, sans indication de localité, 30 vendémiaire an V. A. H. G.)

LES PAGES QUI SUIVENT DONNENT UN APERÇU DE LA VIE DE DECAEN DU 30 VENDÉMIAIRE AN V AU 8 VENTÔSE AN VII (21 OCTOBRE 1796 AU 26 FÉVRIER 1799), PÉRIODE DONT IL N'EST PAS QUESTION DANS LE MÉMORIAL CONSERVÉ A LA BIBLIOTHÈQUE DE LA VILLE DE CAEN.

Dans la nuit du 4 au 5 brumaire, le centre et la réserve de Moreau repassèrent le Rhin à Huningue. Le 10, le général Desaix prit le commandement de Kehl et du camp retranché. Le 2 frimaire (22 novembre 1796), le général en chef décida une attaque vigoureuse afin d'en imposer à l'ennemi. Cette attaque fut dirigée sur Sundheim et la ligne ennemie entre ce village et le Rhin. Decaen commandait la colonne du centre : il s'empara des premières redoutes, puis de Sundheim plusieurs fois reperdu et reconquis, mais qu'il dut enfin abandonner.

Le siège de Kehl devait durer jusqu'au 20 nivôse an V, date de la capitulation (1).

Reconnaissant des services que Decaen avait rendus pendant cette défense, le Directoire lui décerna un sabre d'honneur (2).

Le 5 nivôse an V, Moreau avait été nommé provisoirement au commandement en chef des armées de Sambre-et-Meuse et de Rhin-et-Moselle (3). Une partie de ces armées allait occuper le Palatinat.

Decaen commandait, le 15 thermidor an V, les avant-postes des lignes de Mayence (4). Il s'était établi à Alzey (5), qui

---

(1) Journal général des opérations de l'armée de Rhin-et-Moselle, an IV et V, de Reynier. (A. H. G.)
(2) Moreau à Decaen, Schiltigheim, 20 brumaire an V, papiers Decaen, vol. XVI, folios 3 et 4.
(3) Le Directoire à Moreau, 5 nivôse an V, papiers Decaen, vol. VII, folio 121.
(4) Colaud à Saint-Cyr, Roth, 15 thermidor an V, papiers Decaen, vol. XXVI, pièce 11.
(5) Le gouverneur de Mayence au général français à Alzey, 19 août 1797, papiers Decaen, vol. XXVI, pièce 18.

dépendait du commandement du général Sainte-Suzanne (1).

Moreau, rappelé à Paris, fut remplacé par Hoche en fructidor an V (2).

Au commencement de 1798, Decaen se trouvait à Neustadt. C'est là que, le 16 pluviôse an VI (4 février 1798), il reçut communication de l'arrêté du Directoire portant suppression de l'armée du Rhin, en même temps qu'une invitation du général en chef à ne pas quitter le lieu où il était établi (3).

Huit jours auparavant, le citoyen Geist, commissaire français près la régence du 1er arrondissement à Neustadt, avait écrit au général Sainte-Suzanne, lui demandant de vouloir bien donner les ordres nécessaires au général Decaen pour que celui-ci mît à la disposition de la nouvelle municipalité de Neustadt un certain nombre d'hommes chargés de procéder à l'arrestation de cinq habitants de la ville, adversaires des nouveaux principes, et accusés de « maltraiter les patriotes ». Il ajoutait qu'il rendait compte de cette mesure au citoyen Rudler, commissaire du gouvernement, qui devait prononcer sur le sort des prévenus (4).

Le commissaire Geist ayant constaté, le 10, que sa demande du 8 pluviôse restait sans effet, chargea le citoyen Nimis, juge du canton de Kirweiler, d'effectuer les arrestations (5), et demanda en même temps à Decaen de mettre vingt hommes à sa disposition à la maison commune où ils devaient recevoir des ordres (6).

Les arrestations furent opérées. On mit, chez chacun des bourgeois incarcérés, « cinq hommes à discrétion et à trois livres par jour chacun ». Cinq jours plus tard, plusieurs habitants de Neustadt adressèrent à Decaen une pétition : ils lui exposaient que les cinq prévenus ignoraient toujours le motif de leur arrestation, bien qu'ils eussent demandé à être confrontés avec leur dénonciateur; ils protestaient contre de nouvelles vexations et demandaient

---

(1) Sainte-Suzanne à Decaen, Roth, 15 fructidor an V, papiers Decaen, vol. XXVI, pièce 20.

(2) Sainte-Suzanne à Decaen, Roth, 24 fructidor an V, papiers Decaen, vol. XXVI, pièce 28.

(3) Duvignau, sous-chef de l'état-major général, à Decaen, Strasbourg, 16 pluviôse an VI, papiers Decaen, vol. XXVI, pièces 43 et 44.

(4) Geist, commissaire, à Sainte-Suzanne, Roth, 8 pluviôse an VI, papiers Decaen, vol. XXVI, folio 64.

(5) Geist à Nimis, 10 pluviôse an VI, papiers Decaen, vol. XXVI, folio 64.

(6) Geist à Decaen, 10 pluviôse an VI, papiers Decaen, vol. XXVI, folio 66.

au général de faire rendre justice à la population affligée (1).

Decaen exigea du juge Nimis communication de la commission en vertu de laquelle il avait agi, et se fit donner des explications détaillées sur les arrestations. Des cinq inculpés, deux s'étaient enfuis; le troisième avait été relâché; les deux autres étaient gardés à vue à la maison commune. Mais les factionnaires avaient pour eux les plus grandes prévenances, laissant entrer et sortir librement tous ceux qui voulaient les voir ou s'entretenir avec eux, ce dont Nimis se plaignit à Decaen en termes pleins de correction (2).

Pourtant Decaen ordonna la mise en liberté des prisonniers et retira les militaires qui avaient été placés en garnison chez les cinq habitants inculpés. Toute procédure à la charge de ces différentes personnes se trouva ainsi interrompue. Mais le citoyen Rudler, commissaire du gouvernement dans les pays conquis entre Meuse et Rhin et Rhin et Moselle, « considérant qu'il n'appartient nullement à l'autorité militaire de prendre connaissance des actes de l'autorité judiciaire, ou d'en entraver l'exécution; qu'au contraire il est du devoir des commandants militaires de prêter main forte aux juges pour l'exécution de leurs mandats », arrêta que la procédure qu'avait commencée le juge Nimis serait par lui continuée et poursuivie, et que les ex-inculpés seraient remis en état d'arrestation s'il y avait lieu (3).

Decaen écrivit à Rudler pour lui demander de rapporter son arrêté. Rudler lui répondit par une fin de non-recevoir très ferme et en couvrant son subordonné, le juge Nimis (4).

Sur ces entrefaites s'était accompli à Neustadt, le 17, un petit coup de force qui devait amener la destitution de Decaen.

Un réglement, en date du 25 prairial an V, émanant du général Gouvion Saint-Cyr, commandant l'aile gauche de l'armée de Rhin-et-Moselle, autorisé par le général Moreau, fixait le taux de l'indemnité à accorder par le pays conquis aux officiers généraux, pour frais de table : l'adjudant général chef de l'état-major du

---

(1) Quelques habitants de Neustadt à Decaen, Neustadt, 2 février 1798, papiers Decaen, vol. XXVI, folio 68.
(2) Nimis à Decaen, Neustadt, 14 pluviôse an VI, papiers Decaen, vol. XXVI, folio 69.
(3) Arrêté de Rudler, commissaire du gouvernement, Mayence, 18 pluviôse an VI, papiers Decaen, vol. XXVI, folio 72.
(4) Rudler à Decaen, Mayence, 21 pluviôse an VI, papiers Decaen, vol. XXVI, folio 73.

corps d'armée devait toucher 9 livres par jour; un officier général commandant une brigade, 12 livres; le commandant d'une division, 24 livres; le commandant d'un corps d'armée, 36 livres (1).

Au commencement de l'an VI, le général en chef, ayant fixé les frais de table à 60 livres par jour pour les généraux de division et 40 livres par jour pour les généraux de brigade, prescrivit qu'en conséquence aucune espèce de réquisition ne devait plus être exécutée par des officiers ou commissaires des guerres. Cette décision fut communiquée par le général Sainte-Suzanne à ses généraux de brigade, le 3 frimaire an VI (2). Puis, un arrêté du Directoire du 7 nivôse décida que seul le commissaire du gouvernement dans les pays conquis entre Meuse et Rhin et Rhin et Moselle était autorisé, dans le cas d'une absolue nécessité, à faire des réquisitions en denrées ou en argent sur les habitants de ces pays, et que, si quelque circonstance urgente ne permettait pas d'attendre l'autorisation de ce commissaire, les généraux ou ordonnateurs des armées pourraient provisoirement faire des réquisitions en denrées « mais seulement jusqu'à concurrence des stricts besoins et pour le temps nécessaire, jusqu'à la décision du commissaire (3) ».

Néanmoins, le 17 pluviôse, sur le refus que fit « le receveur des domaines du bureau de Neustadt aux généraux Sainte-Suzanne, Decaen, Lorge, l'adjudant général Jullien, de leur payer les frais de table du mois de pluviôse, montant à la somme de *quatre mille neuf cent vingt livres,* » ils employèrent la « force militaire pour évacuer de la caisse du receveur la somme susdite » (4), dont il fut d'ailleurs donné quittance par tous ces officiers (5).

Cette exécution avait eu lieu sur un ordre signé par le général Decaen. Le Directoire exécutif, informé, arrêta, le 4 ventôse, que le général Decaen serait destitué et, en outre, poursuivi conformément à l'arrêté du 7 nivôse (6).

Decaen se rendit à Paris et, le 27 ventôse, obtint, grâce à l'appui

---

(1) Arrêté de Gouvion Saint-Cyr, Deux-Ponts, 26 prairial an V, papiers Decaen, vol. XXVI, folio 74.
(2) L'adjudant général Jullien aux généraux de brigade, Roth, 3 frimaire an VI, papiers Decaen, vol. XXVI, folio 75.
(3) Arrêté du Directoire exécutif, 7 nivôse an VI, papiers Decaen vol. XXVI, folio 90.
(4) Procès-verbal, 17 ventôse an VI, papiers Decaen, vol. XXVI, folio 95.
(5) Le receveur à Decaen, Neustadt, 17 pluviôse an VI, papiers Decaen, vol. XXVI, folio 84.
(6) Arrêté du Directoire exécutif, 4 ventôse, papiers Decaen, vol. XXVI, folio 77.

de Reubell, communication des pièces à sa charge (1); il réclama contre sa destitution. Le 6 germinal, le Directoire décidait que, vu les pétitions présentées par les généraux destitués les 28 pluviôse et 4 ventôse, ceux-ci seraient réintégrés; mais il prescrivait qu'ils restitueraient entre les mains des receveurs les sommes qu'ils avaient illégalement perçues. Le ministre de la guerre (2) en avisa Decaen le 11 germinal (3). Dès le lendemain, Decaen lui répondit que l'arrêté du 6 germinal ne pouvait le concerner, attendu qu'il n'avait présenté aucune pétition tendant à obtenir sa réintégration, et qu'il n'avait jamais commis d'exactions ni perçu illégalement aucune somme. Et il « invitait » le ministre à faire examiner sa conduite par un conseil de guerre. Le ministre lui fit observer, le 18 germinal, que le Directoire exécutif, *en le réintégrant,* avait suffisamment déclaré *qu'il était innocent* et que, dans ces conditions, il devait sentir qu'un conseil de guerre devenait absolument inutile pour sa justification (4).

Desaix, nommé au commandement de l'armée d'Angleterre, se trouvait à Paris à cette époque. Le 24 pluviôse, dans une lettre élogieuse, il avait avisé Decaen qu'il allait le faire nommer à l'armée d'Angleterre, bien que Kléber fît tout pour l'avoir avec lui (5).

Apprenant la destitution de Decaen, il fit dire à celui-ci de lui envoyer le plus tôt possible un mémoire et des détails sur son affaire, l'assurant qu'il ne ménagerait rien pour lui faire rendre

---

(1) Decaen au Directeur Reubell, Paris, 27 ventôse an VI, papiers Decaen, vol. XXVI, folio 92.

(2) Scherer (Barthélemy-Louis-Joseph), né le 18 décembre 1747 à Delle (Haut-Rhin); a servi onze ans dans les troupes impériales, dont cinq années en qualité d'aide-major; capitaine au régiment provincial d'artillerie de Strasbourg, le 5 avril 1780; capitaine au service de Hollande dans la légion de Maillebois, le 20 février 1785; major, le 20 février 1785; aide maréchal général des logis de l'armée hollandaise, le 23 février 1789; démissionnaire, le 1er mars 1790; capitaine au 82e régiment, le 12 janvier 1792; chef de bataillon adjudant général, le 30 juillet 1793; général de brigade, le 19 septembre 1793; général de division, le 9 pluviôse an II; général en chef de l'armée d'Italie, le 13 brumaire an III; de l'armée des Pyrénées-Orientales, le 13 ventôse an III; de l'armée d'Italie, le 14 fructidor an III; inspecteur général, le 25 prairial an IV; ministre de la guerre depuis le 7 thermidor an V jusqu'au 7 ventôse an VII; remis en activité, le 7 ventôse an VII; autorisé à quitter le commandement des armées d'Italie et de Naples, le 2 floréal an VII. (A. A. G.)

(3) Le ministre de la guerre à Decaen, Paris, 11 germinal an VI, papiers Decaen, vol. XXVI, folio 85; et arrêté du Directoire, 6 germinal an VI, papiers Decaen, vol. XXVI, folio 86.

(4) Le ministre de la guerre à Decaen, Paris, 18 germinal, papiers Decaen, vol. XXVI, folio 97.

(5) Desaix à Decaen, Paris, 24 pluviôse an VI, papiers Decaen, vol. XXVI, folio 101.

justice (1). Il est possible qu'il se soit entremis auprès du ministre de la guerre, Schérer, en faveur de Decaen, car celui-ci reçut, le 6 floréal, de Kilmaine, commandant en chef par intérim de l'armée d'Angleterre, l'ordre de se rendre à Caen où il attendrait de nouvelles instructions (2). Le 24 floréal, Decaen était nommé provisoirement au commandement de la division de dragons de l'armée d'Angleterre, jusqu'à l'arrivée du général Richepance (3). Le 14 prairial an VI, Decaen fut autorisé à rester à Caen jusqu'à nouvel ordre (4).

Le 28 messidor, il était invité par le général Lemoine, commandant la 3ᵉ division de l'armée d'Angleterre, à aller à Cherbourg pour y prendre le commandement de la subdivision que quittait le général Vandamme (5). Mais le 8 fructidor, il recevait du ministre de la guerre l'ordre de se rendre à l'armée de Mayence (6).

Le 19 fructidor, il quitta son commandement (7), pour se rendre à Strasbourg.

Au 27 nivôse an VII, il avait son quartier général à Colmar, à portée des cantonnements des troupes sous ses ordres (8).

(1) Savary à Decaen, Paris, 13 ventôse an VI, papiers Decaen, vol. XXVI, folio 79.
(2) Kilmaine à Decaen, Paris, 6 floréal, papiers Decaen, vol. XXVI, folio 105.
(3) Le chef d'état-major par intérim de l'armée d'Angleterre Grimaud à Decaen, Rouen, 24 floréal, papiers Decaen, vol. XXVI, folio 106.
(4) Grimaud à Decaen, Rouen, 14 prairial an VI, papiers Decaen, vol. XXVI, folio 107.
(5) Lemoine à Decaen, Caen, 28 messidor an VI, papiers Decaen, vol. XXVI, folio 109.
(6) Lemoine à Decaen, Caen, 8 fructidor an VI, papiers Decaen, vol. XXVI, folio 111.
(7) Decaen au général Dufour, 19 fructidor an VI, papiers Decaen, vol. XXVII, folio 9.
(8) Decaen au chef de la 83ᵉ demi-brigade, Colmar, 27 nivôse an VII, papiers Decaen, vol. XXVII, folio 10.

CAMPAGNE DE L'AN VII
ARMÉE DU DANUBE

CAMPAGNE DE L'AN VII

ARMÉE DU DANUBE

Journal du général de brigade Decaen pour la campagne de l'an VII.

LA DIVISION COMMANDÉE PAR LE GÉNÉRAL SOUHAM,
ET L'ARMÉE PAR LE GÉNÉRAL JOURDAN,
DEPUIS VENTOSE AN VII JUSQU'AU 7 FRUCTIDOR AN VII

CHAPITRE PREMIER

Decaen commande une brigade de la division Souham. — Sa brigade passe le Rhin et s'établit vers Willstätt. — La division Souham se porte vers Villingen, puis vers le Danube. — Elle franchit le Danube le 23 ventôse et marche sur Engen. — Le 25, Decaen fait sortir de Stockach les postes autrichiens qui s'y trouvent. — Le 27, il occupe Pfullendorf. — Première entrevue de Decaen avec Soult. — Decaen en garde une impression peu favorable à ce dernier. — Reconnaissance en compagnie de Jourdan. — Occupation de la position Pfullendorf-Waldbeuren. — Inquiétudes de Decaen.

Ma brigade, composée des troupes ci-après :

1ᵉʳ régiment de dragons. . . . . . .   458 hommes,   461 chevaux,
2ᵉ demi-brigade de ligne. . . . . . . 2 174   —   21   —
3ᵉ compagnie du 7ᵉ d'artillerie légère.   68   —   221   —

a quitté ses cantonnements des environs de Colmar, le 8 ventôse, pour occuper, le même jour, Schlestadt et environs.

L'autre brigade de la division avait pour commandant le général Goullus (1). Elle était composée, savoir :

---

(1) Goullus (François), né le 4 novembre 1758, à Lyon; soldat au régiment de la Couronne, le 28 octobre 1776; adjudant, le 24 décembre 1789; sous-lieutenant, le 15 septembre 1791; capitaine, le 26 septembre 1792; lieutenant-colonel, en octobre 1792; chef

6ᵉ régiment de dragons,
83ᵉ demi-brigade de ligne,
4ᵉ compagnie du 7ᵉ d'artillerie légère.

Cette brigade était, à peu de chose près, du même nombre d'hommes et de chevaux que la mienne. Elle cantonna, le 8, dans les environs de Colmar. Il y avait un parc de quatorze bouches à feu avec les administrations nécessaires qui furent établies, ce jour-là, à Benfeld.

Le 9, mon infanterie, qui avait cantonné la veille à Oberehnheim, resta dans ses cantonnements; les dragons et l'artillerie occupèrent Bolsenheim, Uttenheim et Kerzfeld.

L'autre brigade occupa Schlestadt et ses environs; les administrations restèrent à Benfeld.

Le 10, la divison s'approcha de Strasbourg. Les troupes sous mes ordres cantonnèrent à Ill-Wickersheim (1), Plobsheim, Eschau et Lingolsheim. Je reçus l'avis que la 7ᵉ demi-brigade, forte de onze cents hommes pour ses deux bataillons de campagne, et qui était cantonnée à Bischheim, ferait partie de ma brigade.

Les troupes aux ordres du général Goullus cantonnèrent dans les communes de Bläsheim, Fegersheim et Lipsheim.

Le quartier général et le parc furent établis à Illkirch.

L'armée reçut l'ordre de passer le Rhin le 11.

Je ne sais pas pourquoi, au lieu de faire passer l'armée en deux jours, puisqu'il n'y avait qu'un pont pour le passage, excepté la 1ʳᵉ division (2) qui passa ce fleuve à Bâle, on s'engagea dans une confusion horrible. Il me parut, dès lors, qu'on avait voulu avoir la satisfaction de dire que l'armée avait passé le Rhin. Les marches de deux et trois lieues que nous fîmes les jours suivants me le font ainsi présumer. Je ne fais pas d'autres réflexions à cet égard.

Ma brigade fut rassemblée à 8 heures du matin, près les glacis de la citadelle; elle passa le Rhin de suite et je la cantonnai dans Nieder-Sand, Willstätt, Bolzhurst et Legelshurst.

---

de brigade, le 12 avril 1793; général de brigade, le 29 pluviôse an V; en non-activité à dater du 1ᵉʳ vendémiaire an X; employé à l'armée d'Italie, en l'an XIII; à la division des Pyrénées-Orientales, le 30 janvier 1808; commandant d'armes à Amsterdam, le 2 janvier 1811; retraité, le 24 février 1814; mort à Brie (Ariège), le 7 septembre 1814. (A. A. G.)

(1) Ou Saint Osvald, d'après Cassini; aujourd'hui Ostwald.
(2) Celle du général Férino.

L'autre brigade occupa Bodersweier, Querbach, Sundheim, Kehl, le parc et les sapeurs à Kork, et le quartier général de la division à Willstätt.

Neumühl fut désigné pour les équipages de la division (1) commandée par le général Saint-Cyr (2) parce que, cette division se dirigeant par la vallée d'Oberkirch, le passage du Kniebis était trop difficile; ces équipages devaient suivre le mouvement de la 2ᵉ division jusqu'au débouché de la Forêt Noire.

Le 12, la division se mit en mouvement à 6 heures du matin pour venir prendre des cantonnements entre Offenburg et Gengenbach. Ma brigade, tenant la droite, cantonna à Zunsweier et Ohlsbach, le 1ᵉʳ de dragons avec l'artillerie légère, la 7ᵉ à Hofweier et Elgersweier, la 2ᵉ à Offenburg et Nieder-Schopfheim; la brigade de gauche, à Weier, Waltersweier, Langhurst et Schutterwald; le parc, les équipages et les sapeurs à Ortenberg et le quartier général à Offenburg.

Le 13, la division marcha à 6 heures du matin pour aller prendre des cantonnements entre Gengenbach et Haslach; elle occupa les différentes communes entre ces villes ainsi que Gengenbach où fut établi le quartier général de la division.

Le 14, la division fut mise en mouvement, à 6 heures du matin pour s'établir entre Hornberg, Haslach et Wolfach. Le 1ᵉʳ de dragons cantonna avec l'artillerie légère à Gutach; la 2ᵉ, à Hausach; la 7ᵉ, à Haslach, où fut établi le quartier général; le parc et équipages, à Steinach. La brigade de gauche cantonna à Wolfach et environs.

Le 15, d'après l'ordre du général en chef, la brigade de gauche

(1) La troisième.
(2) Gouvion Saint-Cyr (Laurent), né le 13 avril 1764, à Toul; volontaire au 1ᵉʳ bataillon de chasseurs de Paris, le 1ᵉʳ septembre 1792, capitaine, le 1ᵉʳ novembre 1792; chef de bataillon, le 11 septembre 1793; chef de brigade, le 10 janvier 1794; général de brigade, le 10 juin 1794; général de division, le 2 décembre 1794; commandant l'armée de Rome, le 6 mars 1798; lieutenant de Moreau, en 1800; conseiller d'État, le 22 septembre 1800; chargé de la direction des armées française et espagnole dans la guerre contre le Portugal, le 4 février 1801; ambassadeur de France près la cour d'Espagne, le 2 novembre 1801; commandant le corps d'observation du royaume de Naples, le 14 mai 1803; grand-officier de l'empire, colonel général des cuirassiers, le 6 juillet 1804; commandant en chef le 7ᵉ corps de l'armée d'Espagne (armée de Catalogne) en 1808; le corps bavarois (6ᵉ corps de la Grande Armée), puis les 2ᵉ et 6ᵉ corps en 1812; maréchal de l'empire, le 27 août 1812; commandant en chef le 14ᵉ corps en Saxe, en 1813; le corps d'armée sur la Loire, le 19 mars 1815; ministre de la guerre, du 9 juillet au 28 septembre 1815; ministre de la marine et des colonies, le 23 juin 1817; ministre de la guerre, du 12 septembre 1817 au 19 novembre 1819; décédé à Hyères, le 17 mars 1830. (A. A. G.)

reçut l'ordre de s'établir à Alpirsbach, et la droite, à Schiltach. Je fis occuper Wolfach par la 7ᵉ. Le surplus de ma brigade resta dans ses cantonnements.

Le 16, je mis ma brigade en mouvement à midi. La division avait l'ordre de s'établir dans le jour, entre Schramberg et Alpirsbach ; la 7ᵉ eut l'ordre de se rendre à Schramberg par Schiltach, et je conduisis le surplus par Hornberg ; le parc suivit mon mouvement.

J'ignore pourquoi cette division, qui devait suivre les mouvements de l'avant-garde, fut jetée ainsi dans les montagnes ; au moins, le chef de l'état-major aurait dû épargner le parc qui fut obligé, deux jours après, de faire un détour de six lieues pour arriver à Villingen, parce qu'il n'y avait pour lui de chemins praticables que par Rottweil, ou bien il fallait qu'il retourne par Hornberg. La brigade de gauche ne fit point de marche. Mes troupes arrivèrent à plus de 10 heures du soir : elles furent établies provisoirement à Waldmössingen, Schramberg, Sulgen et Lauterbach.

Le 17, d'après l'ordre que le général Souham (1) avait reçu de porter ses avant-postes jusque sur le Neckar vers Oberndorf et Sulz, je fus faire une reconnaissance du pays avec lui. Je crus alors qu'il avait été déterminé que chaque division serait en ligne et que, par conséquent, elle serait chargée de ses avant-postes.

La division du général Saint-Cyr, qui avait un corps de flanqueurs vers Freudenstadt, occupait déjà les points ci-dessus indiqués ; mais je m'attendais que cette division se serait reportée plus sur sa gauche pour nous laisser la garde de notre front. Je crus aussi que nous resterions quelques jours dans cette position, et j'avais donné des ordres pour que, le lendemain, ma brigade fût établie dans la *position* que les localités prescrivaient de tenir.

---

(1) Souham (Joseph), né le 30 avril 1760, à Lubersac (Corrèze) ; cavalier au 8ᵉ régiment de cavalerie, le 17 mars 1782 ; lieutenant-colonel au 2ᵉ bataillon de la Corrèze, le 15 août 1792 ; général de brigade, employé à l'armée du Nord, le 30 juillet 1793 ; général de division, le 13 septembre 1793 ; en non activité du 1ᵉʳ vendémiaire an X au 16 mars 1807 ; employé à l'armée d'Italie, le 8 juin 1807 ; en Espagne, fin 1808 ; à l'armée d'Italie, le 8 novembre 1810 ; à l'armée d'Allemagne, le 28 mars 1811 ; commandant en chef par intérim l'armée du Portugal en 1812 ; commandant le 3ᵉ corps de la Grande Armée, le 23 août 1813 ; commandant la 2ᵉ division de réserve à Paris, le 4 mars 1814 ; disponible, le 23 mars 1815 ; inspecteur général d'infanterie en 1816 et 1817 ; gouverneur de la 5ᵉ division (Strasbourg) ; retraité en 1832, il mourut en 1837. (A. A. G.)

Cependant, ce jour-là, je la desserrai déjà. A mon retour, le soir, l'ordre de marche pour le lendemain me fut remis. Le parc de la division du général Saint-Cyr s'était rendu à Rottweil.

Le 18, la division se mit en marche à 6 heures du matin, pour venir, conformément à l'ordre, prendre sa position aux sources du Neckar (1). Je dirigeai ma brigade sur Brogen, (c'est une grosse ferme qui est près de la grand'route qui conduit de Hornberg à Villingen), excepté la compagnie d'artillerie légère qui fut dirigée par Rottweil, à cause de la mauvaise communication qui existe entre Villingen et Schramberg. Le parc, les équipages et la compagnie d'artillerie légère de la brigade de gauche suivirent cette même route.

Le 1er régiment de dragons et la 2e de ligne arrivèrent au point de réunion, à Brogen, après avoir passé par le hameau de Hardt; la 7e arriva au même lieu après avoir passé par Mariazell. Aussitôt que ces troupes furent réunies, elles marchèrent sur Villingen ; et ensuite je leur fis occuper les cantonnements de Kirchdorf, Marbach, Dauchingen, Schwenningen et Mönchweiler. Le parc et l'artillerie, qui firent une marche forcée, n'arrivèrent à Mönchweiler qu'à 11 heures du soir. La brigade de gauche cantonna dans Neuhausen, Schabenhausen, Niedereschach et Obereschach. Le quartier général de la division fut établi à Schwenningen.

Le 19, comme il paraissait que l'armée devait garder cette position jusqu'à ce que les renforts qu'elle devait avoir fussent arrivés et que l'armée d'observation fût en état d'agir, tant sur Philippsburg que sur les autres points nécessaires, pour favoriser les opérations de l'armée active (au moins on devait le présumer), je m'occupai de donner à ma brigade une position conforme aux localités et pour faire subsister les chevaux. Je m'attendais pourtant que le général en chef aurait fait appuyer plus à droite son corps d'armée, afin d'être à portée de favoriser les opérations du général Masséna, qui venait d'avoir de grands succès dans les Grisons. Mais sans doute qu'il avait des instructions qui lui ordonnaient le contraire, autrement il n'avait pas senti cette utilité. Mais

---

(1) « ... La 2e division (Souham) occupa (le 17 ventôse) les cantonnements en avant de Villingen et en arrière de la droite de la 3e division... L'armée (le 18) resta dans les mêmes positions qu'elle occupait le 17, à l'exception du parc d'artillerie, qui vint à Hornberg, et du quartier général qui fut établi à Villingen... » (Ernouf au Directoire, Pfullendorf, 28 ventôse. A. H. G.)

trêve de réflexions pour le moment : *les fautes des opérations ne prouvent que trop que le général en chef avait un autre but.*

Je portai le 1ᵉʳ de dragons en avant du Neckar à Thuningen, Sunthausen, Dürrheim et Hochemmingen; l'artillerie légère, à Marbach et Kirchdorf; la 2ᵉ, à Thuningen et Weigheim; la 7ᵉ, à Deisslingen et Lauffen, et le parc à Mönchweiler.

Le 20, le quartier général s'établit à Vöhrenbach; les administrations restèrent à Schwenningen. L'armée tenait alors la position ci-après :

La 1ʳᵉ division, commandée par le général Ferino, ayant sa droite à Thengen, se liait à la brigade du général Ruby (1) faisant partie de l'armée d'Helvétie, sa gauche à Geisingen et son quartier général à Blumberg.

La division de Lefebvre, — portant le nom d'avant-garde, la droite à Geisingen et la gauche vers Baldingen, où appuyait la droite de la division de Saint-Cyr (n° 3) — la division de Lefebvre, ayant ses avant-postes vers Tuttlingen, occupait Möhringen, où était son quartier général.

La 3ᵉ division, appuyant sa droite à Baldingen, se prolongeait vers Rottweil, Oberndorf, etc., le long du Neckar, vers Freudenstadt, ayant ses avant-postes sur la rive droite.

La 2ᵉ division avait la position que j'ai ci-dessus indiquée.

La réserve, commandée par le général d'Hautpoul (2), était en position entre Neustadt et Donaueschingen, occupant quelques villages en arrière de Geisingen. Le général en chef était à Donaueschingen, et les administrations de l'armée, à Villingen.

Le 21, l'armée resta dans sa position.

Le 22, elle fit une marche pour tenir la position de Wartenberg entre Geisingen et Pfohren.

---

(1) Ruby (Sébastien), né le 25 mars 1754, à Villedieu (Indre); a servi au 41ᵉ régiment de 1775 à 1791; capitaine au 1ᵉʳ bataillon de l'Indre, le 26 octobre 1791; chef de bataillon, le 11 brumaire an II; chef de brigade, le 18 germinal an III; général de brigade, le 3 germinal an VI; employé à l'armée du Nord, le 22 septembre 1806, puis à la Grande Armée et à l'armée des Côtes de l'Océan, le 1ᵉʳ décembre 1807; retraité le 16 août 1808. (A. A. G.)

(2) D'Hautpoul (Joseph-Ange), né le 13 mai 1754, à Salette (Tarn) (?); dragon, le 15 septembre 1771; sous-lieutenant, le 29 décembre 1777; lieutenant, le 10 mai 1791; capitaine, le 10 mars 1792; chef de brigade, le 1ᵉʳ germinal an II; général de brigade, employé à l'armée de Sambre-et-Meuse, le 25 prairial an III; général de division, le 19 vendémiaire an V; inspecteur général de cavalerie, le 5 thermidor an IX; commandant la 2ᵉ division de cavalerie de la Grande Armée en l'an XIV; nommé au Sénat en mai 1806; mort le 14 février 1807, d'une blessure reçue à la bataille d'Eylau. (A. A. G.)

L'ordre du général en chef portait que la 2ᵉ division défendrait, avec le passage du Danube à Geisingen, celui de Zimmern. Je détachai donc sur ce point deux escadrons, trois compagnies d'infanterie et deux pièces d'artillerie légère. Le surplus de ma brigade occupa le hameau de Wartenberg et Geisingen, où fut établi le quartier général de la division ; le parc et les équipages restèrent à Pfohren. La brigade de gauche devait occuper les villages d'Ober-Baldingen et Unter-Baldingen ; mais le général Goullus prétexta une erreur de date pour ne pas faire ce mouvement.

Le 23, la division fut mise en marche à 6 heures du matin. Elle passa le Danube à Geisingen, excepté les troupes que j'avais envoyées à Zimmern, qui passèrent le fleuve devant le village et vinrent se réunir à ma brigade à la hauteur du village de Ober-Stetten sur la route de Geisingen à Engen.

Je reçus l'ordre de détacher un bataillon de ma brigade avec le 1ᵉʳ régiment de dragons et deux pièces d'artillerie légère pour occuper Aach et couvrir Engen. Le reste de ma brigade fut établi en arrière de cette ville, la droite vers Anselfingen, et la gauche à la route.

La brigade du général Goullus, par une marche forcée, arriva à sa position à 8 heures du soir : elle fut établie, la gauche à Mauenheim, et la droite à la route, occupant Hattingen à sa gauche pour se lier avec la 3ᵉ division de Saint-Cyr. Le parc resta sur les hauteurs en arrière d'Engen.

Comme, à Aach, j'étais chargé de la surveillance de la route de Stockach, les reconnaissances que je dirigeai sur ce point, croyant qu'il n'y avait point de troupes françaises dans cette partie, surtout d'après l'ordre qui m'avait été donné, trouvèrent à Nenzingen l'état-major du 1ᵉʳ de chasseurs faisant partie de l'avant-garde (1), duquel on apprit que les ennemis n'avaient à Stockach qu'une vingtaine d'hommes, tant hulans que hussards, mais qu'ils devaient recevoir des renforts pendant la nuit.

Le 24, la division resta dans sa position, ayant ses avant-postes à Eigeltingen, se liant par sa droite avec les postes de la 1ʳᵉ division qui couvrait les routes de Hohentwiel à Stockach, et

---

(1) Jourdan avait ordonné à Lefebvre, qui commandait l'avant-garde, de pousser, le 24, des reconnaissances sur Mengen et Pfullendorf. (Jourdan à Lefebvre, Engen, 22 ventôse an VII, armée du Danube, Correspondance. A. H. G.)

sa gauche avec les postes de la division de Lefebvre à Reithaslach. Cette division éclairait sur Messkirch et Stockach.

Le 25, la division se mit en marche à 6 heures du matin. Je reçus l'ordre de diriger ma brigade sur Stockach et de prendre position en avant de cette ville. Mon ordre portait en outre de sommer l'ennemi de se retirer et, s'il s'y refusait, de l'y forcer. Arrivés devant Stockach, mes éclaireurs rencontrèrent un poste autrichien, composé de hussards et de hulans, qui se retira aussitôt qu'on le lui demanda; mais, un instant après, l'officier commandant vint au-devant de moi, et alors il me fit plusieurs observations relatives à ma marche, entre autres : « La guerre n'est pas déclarée; je n'ai point d'ordres de quitter mon poste. J'ai une convention avec les généraux Klein (1) et Leval (2), faisant partie de l'avant-garde, d'être prévenu six heures auparavant. Il faut que j'aie le temps de prévenir mon chef. » Lui ayant répondu que je ne pouvais pas déférer à ses réclamations et que tout ce que je pouvais faire, c'était de lui donner une demi-heure pour évacuer ou pour se mettre en défense, lui ajoutant qu'il n'avait pas de forces suffisantes pour me disputer le passage, il consentit à partir. Le temps expiré, et les avant-postes n'étant pas retirés de l'entrée de Stockach, je renvoyai de nouveau le sommer; mais, comme on voulut faire la cérémonie de bander les yeux à mon aide de camp, je fis avancer une quinzaine de dragons et j'entrai dans la ville. J'eus bientôt atteint au delà de la ville, sur la route de Pfullendorf, un peloton de trente chevaux, commandé par l'officier avec lequel j'avais eu un pourparler. Je fis demander cet officier auquel je dis de se retirer jusqu'à Pfullendorf, parce que l'armée française avancerait ses postes vers cet endroit. Après

---

(1) Klein (Dominique-Louis-Antoine), né le 24 janvier 1761, à Blamont (Meurthe); soldat, le 10 juin 1777; réformé en 1787; lieutenant, le 12 janvier 1792; adjudant général chef de brigade, le 16 frimaire an II; général de brigade, le 1er brumaire an III; général de division, le 17 pluviôse an VII; en non-activité, le 1er brumaire an X; inspecteur général de cavalerie, le 10 frimaire an XI; nommé au Sénat; employé à l'armée d'Allemagne, puis à l'armée du Nord, en 1809; autorisé à rentrer au Sénat, le 21 novembre 1809. (A. A. G.)

(2) Leval (Jean-François), né le 18 avril 1762, à Paris; soldat dans Poitou-Infanterie, le 11 décembre 1779; capitaine au 1er bataillon de Paris, le 26 septembre 1791; chef de brigade, le 12 mars 1793; général de brigade, le 2 octobre 1793; général de division, le 12 thermidor an VII; il fut gouverneur de Thorn, puis employé à l'armée d'Espagne en 1808 jusqu'en 1812; gouverneur de Dunkerque, le 11 mai 1815; retraité le 4 septembre 1815; compris dans le cadre de réserve de l'état-major général, le 7 février 1831; retraité le 1er mai 1832. (A. A. G.)

quelques autres représentations, il se retira et, dans le jour, je lui fis rejoindre les divers détachements que nous avions laissés en arrière.

Après cela, ma brigade prit position derrière le village de Deutwang, la gauche à la grande route. La brigade de gauche y appuya sa droite et se prolongea vers Liggersdorf. Je portai mes avant-postes jusqu'au delà du village de Selgetsweiler.

Je trouvai singulier que le général Ernouf (1), chef de l'état-major de l'armée, fût allé dès la veille dans Stockach et y eût dîné, quoique les Autrichiens occupassent ce poste. Il envoya, à son retour, un officier pour faire faire son quartier; mais les Autrichiens ne voulurent pas y consentir, ni, le lendemain, leurs avant-postes ne voulurent pas laisser passer le fourgon du cuisinier que le général Ernouf avait fait mettre en marche avant qu'aucune troupe eût quitté sa position. Je fais cette remarque afin qu'on puisse s'occuper de chercher la cause de ces démarches du général Ernouf.

Le 26, la division garda sa position, ainsi que toute l'armée, dont la droite était appuyée au lac de Constance et la gauche, au Danube vers Fridingen, avec un corps de flanqueurs aux ordres du général Vandamme sur la rive gauche de ce fleuve, sur la vallée de Bära, et l'avant-garde derrière Messkirch, éclairant sur Pfullendorf et Sigmaringen.

Le 27, je me mis en marche avec ma brigade pour exécuter l'ordre qui m'avait été donné d'occuper Pfullendorf et d'obliger l'ennemi à en partir après l'en avoir sommé.

Arrivé devant Pfullendorf, je fis dire à un poste de hulans de se retirer : l'officier se porta en avant et me répondit qu'il n'était pas possible qu'il quittât ainsi son poste et que ses ordres à cet

---

(1) Manuel-Ernouf (Jean-Augustin), né le 28 août 1753, à Alençon; lieutenant au 1er bataillon de l'Orne, le 24 septembre 1791; capitaine, le 22 mars 1792; général de brigade, le 20 septembre 1793; général de division, le 22 brumaire an II; directeur du Dépôt général de la guerre, le 26 fructidor an V; chef de l'état-major de l'armée de Mayence, le 23 vendémiaire an VII; armée du Danube jusqu'au 1er floréal an VII; inspecteur d'infanterie, en l'an IX; capitaine général de la Guadeloupe par arrêté du 7 ventôse an XI; fait prisonnier de guerre par les Anglais, le 5 février 1810; accusé d'abus de pouvoir, de concussion dans l'administration de la Guadeloupe et de trahison, il dut à un ordre du roi, du 15 juillet 1814, de ne voir donner aucune suite à la procédure; destitué, le 26 mai 1815; réintégré le 1er août; commandant la 3e division militaire, le 29 octobre 1817; il fut autorisé à venir siéger à la Chambre des députés, le 31 octobre 1817. Il mourut en 1827. (A. A. G.)

égard étaient positifs, mais qu'il allait faire prévenir son chef et qu'alors je traiterais avec lui. Un instant après, un major autrichien se présenta et me fit un refus formel, en m'ajoutant que le général Nauendorf, qui commandait, avait reçu ses instructions du prince Charles à cet égard. Ce major ajouta que le général Jourdan était venu, la veille, aux avant-postes; qu'il avait eu une conférence avec lui et qu'il n'avait point du tout été question de quitter Pfullendorf; qu'il n'évacuerait que lorsqu'il y serait forcé; mais qu'au préalable, il fallait qu'il reçoive une déclaration de guerre par écrit.

Après avoir répondu à ce major que je n'avais point la mission de faire de déclaration de guerre par écrit, mais d'occuper le poste, je dis à cet officier que j'allais le faire sommer suivant les usages reçus à la guerre, ce que je fis exécuter sur-le-champ, et il obéit à la sommation en demandant quelques minutes. Un instant après, j'entrai dans la ville et je passai au delà avec le bataillon de la 2ᵉ, le 1ᵉʳ régiment de dragons et les deux autres pièces d'artillerie légère que j'avais fait marcher en avant de la division, pour exécuter l'ordre donné par le général en chef au général Souham; et là, j'attendis les ordres subséquents qui devaient m'être donnés.

La division devait suivre ce mouvement. Le général en chef, qui avait suivi de très près notre marche, ordonna aux troupes de la division de prendre une position en arrière de Pfullendorf, position qu'il fit indiquer par un de ses aides de camp. Moi, je reçus l'ordre de couvrir la ville avec les troupes qui l'avaient déjà passée. Le bataillon de la 2ᵉ bivouaqua en avant, ainsi que le régiment de dragons et l'artillerie que je portai sur ma droite, auprès du village de Wattenreute.

Dans l'après-dîner, le général Souham n'ayant reçu aucun ordre pour le placement de sa division, car celui indiqué n'était que provisoire jusqu'à ce que le chef de l'état-major eût fait sa reconnaissance, je m'occupai de la reconnaissance du pays à la droite de Pfullendorf, présumant que ce serait dans cette partie que ma brigade serait établie, et, afin de pourvoir à la subsistance des chevaux, je fis occuper les villages de Denkingen, Ochsenbach, Kalkreute et Spöck.

L'avant-garde, commandée par le général Lefebvre, avait ses

avant-postes à Ostrach. Dans l'ordre, il avait été dit que cette division appuierait sa droite à Pfullendorf et que ses troupes légères couvriraient le front de la position.

Le 28, n'ayant point encore reçu d'instructions sur l'établissement de ma brigade, je me portai vers Waldbeuren pour encore prendre connaissance du pays et étendre le 1er régiment de dragons, tant pour subsister que pour occuper le vide qui existait entre la 1re et la 2e division, en attendant l'établissement de cette dernière. La route de Biberach passant par Ostrach, pour aller à Salem (1) et Constance, était bien couverte par l'avant-garde; mais la route de Ravensburg à Pfullendorf, et de laquelle il était très aisé de se rendre sur celle de Salem, ne l'était pas (2). Je donnai donc l'ordre à deux compagnies de dragons d'occuper Neubrunn, Ruschweiler, Illmensee et Krumbach, et de pousser des reconnaissances vers Pfrungen et Esenhausen, sur la route de Ravensburg; je fis aussi occuper Burgweiler, entre Ostrach et Waldbeuren. L'avant-garde avait des postes à Laubbach, et l'ennemi occupait Riedhausen.

Nous n'avions pas encore connaissance, à l'armée, de la résolution portant déclaration de guerre. Je me rendis à Ostrach, chez le général de brigade Soult. J'étais accompagné de l'adjudant général Becker et de ses adjoints. Le général Soult commandait les avant-postes du général Lefebvre. C'était pour la première fois que je voyais cet officier général. Son accueil ne me plut pas. Je portai dès lors mon jugement sur lui. Ce qui s'est passé depuis m'a convaincu que je ne m'étais pas trompé.

Il était alors environ une heure. J'appris, chez lui, que les ennemis s'étaient exprimés ainsi en parlant à un officier qui avait passé devant leurs postes : « A l'avenir, nous n'abandonnerons plus le terrain comme ces jours passés, car nous sommes bien disposés à le défendre; et si vos postes ou patrouilles s'approchent de trop près des nôtres, nous les fusillerons; nous en avons l'ordre. » Il fut observé que l'officier mit beaucoup d'arrogance en s'expri-

---

(1) Le manuscrit de Decaen porte *Salmansweil*, qui est l'orthographe des cartes allemandes de l'époque.

(2) Le 28 ventôse seulement, Jourdan prescrivit à Souham de placer des dragons à Laubbach, Riedhausen, Waldbeuren, Fronweiler (?), afin d'appuyer la droite de l'avant-garde. (Jourdan à Souham, Pfullendorf, 28 ventôse an VII, armée du Danube, Correspondance. A. H. G.)

mant. J'avais aussi, les jours précédents, remarqué chez les divers officiers et les soldats beaucoup d'humeur d'abandonner le pays sans combattre. La conduite que nous avait fait tenir le général Jourdan était bien faite pour les irriter et, de cette conduite, je ne pouvais deviner les motifs. Cependant je manifestai ma crainte d'être obligé de rembourser avec usure cette fanfaronade si déplacée de notre part; il aurait bien mieux valu combattre dès le premier instant que nous les avions rencontrés.

Le général Ernouf se serait certes réjoui si l'armée autrichienne avait toujours fait des mouvements rétrogrades, seulement après un peu de cérémonie, car il se serait toujours trouvé à proximité de visiter les bonnes maisons, de les traiter avec toute l'aménité et le désintéressement dont il est capable et, par conséquent, les alléger du fardeau de la guerre; il n'y voyait malheureusement pas d'autres conséquences.

Je cesse le ton plaisant pour reprendre les opérations sérieuses de ma brigade.

A mon retour à Pfullendorf, j'appris que le général en chef se disposait à déterminer, le lendemain, la position que devait occuper la 2ᵉ division. Le général Souham me dit de m'y trouver.

Les ennemis tinrent à la parole qu'ils avaient donnée vers 11 heures; car un maréchal des logis et un dragon du 1ᵉʳ, qui s'étaient avancés sur Remberweiller (1) pour faire le quartier de leur compagnie, furent chassés par des hulans qui étaient en patrouille. Le maréchal des logis fut fait prisonnier. J'en fis le rapport. On eut de la peine à se le persuader.

Le 29, à 9 heures du matin, je me rendis chez le général en chef. On monta à cheval à 10 heures. Sortant de Pfullendorf, au lieu d'aller à droite, on se dirigea à gauche, et la 2ᵉ division n'avait point encore son ordre de bataille. Je fus sur le point de prendre direction pour moi seul; mais, par faiblesse que je qualifiai alors d'égard ou de respect envers celui qui était chargé du commandement suprême, je suivis. On se dirigea sur Mengen; arrivé là, je fus étonné d'y trouver des troupes de la division du général Lefebvre. J'avais pensé que c'était le général Saint-Cyr, qui avait sa gauche appuyée au Danube vers Sigmaringen, qui

---

(1) Peut-être Ringgenweiler.

fournissait les avant-postes devant lui comme les circonstances, les localités, le bien du service et le succès des opérations l'exigeaient.

Mais les hommes qui ont des manies s'en corrigent difficilement. On avait donc institué une avant-garde, et cette avant-garde, dans cette circonstance, avait à garder un terrain de plus de quatre lieues de front, sur lequel l'ennemi pouvait arriver par deux débouchés bien marqués, celui d'Ostrach et celui de Mengen. Avec cela, le terrain intermédiaire n'était pas partout impraticable : j'entendis à cet égard un officier du 5ᵉ régiment de hussards, militaire très distingué, le citoyen Greley, chef d'escadrons commandant ce régiment, qui parla au général en chef des localités et du terrain qui était confié à sa surveillance en indiquant particulièrement un débouché devant deux fermes à la droite de Mengen, sur la rive gauche de l'Ostrach. Il dit que ce point exigeait de l'attention et un nombre suffisant de troupes pour le défendre, ajoutant que l'ennemi réunissait des moyens devant ce débouché. J'ignore les dispositions qui furent prises d'après ces observations ; cependant, on a le 1ᵉʳ germinal qui peut mettre à portée d'établir son jugement.

Après cela, nous nous dirigeâmes sur Ostrach. J'avais aussi été très surpris qu'on n'eût pas placé les avant-postes sur ce bord de l'Ostrach jusqu'à son confluent avec le Danube. Enfin, nous arrivâmes chez le général Soult. Sa manière d'accueillir le général en chef ne me laissa plus de doute sur mon premier jugement. Le dîner fini, on monta à cheval. La nuit s'approchait ; le général en chef, sur la demande du général Soult, qui lui avait fait part des avantages que présentait la position, vint pour l'examiner. Elle était belle et importante, cette position, relativement à la position que l'armée occupait. Le terrain, aux environs de Spöck, présentait aussi de l'intérêt pour soutenir et empêcher les progrès de l'ennemi, s'il lui arrivait de forcer Ostrach car, parvenu à Spöck, il fallait abandonner la belle tête du défilé formé par les bois en arrière d'Ostrach, au travers desquels passe la grande route de Pfullendorf.

Comme je sentis qu'il était de mon devoir de parler aussi de ce que j'avais recueilli quand j'avais fait la reconnaissance du pays et des environs de Spöck (c'est une obligation imposée à tout militaire de faire part des renseignements qu'il acquiert, puisque c'est d'après la masse de renseignements que le chef reçoit qu'il dirige ses opérations), j'entretins le général Jourdan de la position de Waldbeuren et de la nécessité qu'il y avait d'y établir un corps de troupes, ce qui coïncidait parfaitement avec les observations qu'avait précédemment faites le général Soult. On ne sentit point alors cette nécessité, car le général Jourdan dit : « Je ne veux point éloigner la deuxième division de Pfullendorf », et nous fîmes notre retour.

Enfin, le 30, le matin, je reçus l'ordre d'établir ma brigade à la droite de Pfullendorf, de porter un bataillon sur Waldbeuren et de me lier avec la droite du général Férino. L'autre brigade de la division reçut l'ordre de remplacer une partie des troupes de la division du général Lefebvre qui avait été établie conformément à l'ordre qui prescrivait le mouvement du 27, la gauche à Pfullendorf.

J'établis donc un bataillon de la 2ᵉ et la 7ᵉ demi-brigade, la droite vers Wattenreute et se prolongeant vers Pfullendorf : la position est belle. Je dirigeai le 1ᵉʳ bataillon de la 2ᵉ sur Waldbeuren. Les troupes du général Lefebvre avaient déjà attaqué l'ennemi : je n'en sais pas le motif. Cette attaque sur les avant-postes eut quelque succès, ce qui est assez ordinaire ; j'en ignore les détails.

Lorsque je fus arrivé à Waldbeuren, avant d'établir mon bataillon, je voulus reconnaître le terrain à la droite, et surtout cette route de Ravensburg de laquelle je devais nécessairement m'inquiéter. J'avançai donc avec une compagnie d'infanterie et une compagnie de dragons jusqu'au village de Pfrungen : l'ennemi y était venu en patrouille le matin. Le front de ce village est d'une belle défense.

La reconnaissance que je fis de cette partie me fit faire cette réflexion : « Sans doute, me dis-je, que le général en chef n'a pas encore eu de renseignements sur un point aussi important car, puisqu'il a fait attaquer l'ennemi ce matin, je suis surpris qu'il n'ait point fait diriger quelques troupes par ce lieu-ci pour inquiéter son flanc gauche dans sa position sur la rive droite de l'Ostrach et favoriser l'attaque qui a lieu. » J'eus des craintes que l'ennemi ne profitât de la tranquillité qu'on lui avait laissée dans cette partie pour inquiéter facilement le flanc droit de nos troupes qui se portaient avec impétuosité en avant. Je craignais aussi que cette impétuosité ne fût ralentie, ce qui ne fut que trop réel. Les avant-postes ennemis, repoussés sur leur corps de soutien, aussitôt qu'ils y furent parvenus, reprirent l'offensive et revinrent à la charge sur nos troupes qui furent obligées à leur tour de rétrograder ; le feu ne cessa qu'à la nuit.

Je ne sais pas quelles dispositions furent ensuite données à l'avant-garde : mais, d'après les événements du lendemain, il m'a semblé qu'on avait fait la faute très grave de laisser un trop grand nombre de troupes en avant d'Ostrach ; qu'on n'avait pas fait attention qu'on n'était appuyé à rien ; que l'ennemi avait donc trois avantages réels puisqu'il pouvait tourner les deux flancs et percer le centre et arriver à Ostrach, empêcher la retraite à une partie de ce corps détaché et éloigné de la position de l'armée d'au moins trois lieues ; enfin, pour se servir du terme, on s'était *enfilé*. Si le prince Charles avait mieux réfléchi, il aurait engagé bien davantage l'armée française dans l'intérieur de l'Allemagne : avec la supériorité du nombre de son armée, il aurait pu lui donner bien des obstacles pour faire sa retraite.

Après avoir laissé mes compagnies d'infanterie et de dragons à Pfrungen, je revins placer mon bataillon et les trois pièces d'artillerie légère qui avaient été dirigés sur Waldbeuren.

Ici, je fais l'observation de ce que, je ne sais pourquoi, on n'avait point réuni aux demi-brigades aucune pièce de canon, ce qui, cependant, est bien essentiel. Je pourrais prouver, aux personnes qui se sont imaginé que c'était inutile, de quelle efficacité elles ont été dans la campagne que j'ai faite sous les ordres du général Moreau dans l'armée duquel il n'y avait aucune pièce de canon de position, et l'avantage qu'il y a plutôt de rendre disponible l'artillerie légère.

Rentré à Pfullendorf, comme le général Souham se trouvait chez le général Jourdan, je fus au quartier général, et là, je rendis compte du nouvel établissement que j'avais pris. Le général Jourdan annonça sa surprise qu'il y eût un débouché pour venir de Ravensburg sur Pfullendorf : je l'ai indiqué précédemment. Je parlai derechef de Waldbeuren et de l'importance de ce poste. Le général Jourdan dit alors que, le lendemain, il se rendrait sur les lieux.

CHAPITRE II

Le 1ᵉʳ germinal, les Autrichiens poursuivent la division Lefebvre. — Decaen recueille une colonne de celle-ci. — Il projette de prendre les Autrichiens en flanc ou en queue. — Le général Ernouf l'en empêche. — Retraite de l'armée. — Pfullendorf est abandonné. — Soult manque à une promesse faite à Decaen. — Decaen apprécie en termes peu mesurés des dispositions du général Daultanne. — La brigade de Decaen découverte sans qu'il en soit avisé. — Friponnerie d'un commissaire des guerres. — L'armée va s'établir de Radolfzell à Tuttlingen. — Decaen quitte Stockach. — Il est irrité des procédés du général Soult. — L'armée attaquée sur tout son front. — Réflexions de Decaen sur la versatilité du haut commandement français.

1ᵉʳ germinal (21 mars). — Le 1ᵉʳ germinal, à 6 heures du matin, je reçus l'ordre de faire partir la 7ᵉ demi-brigade et de la diriger sur Ostrach où elle recevrait de nouveaux ordres (1). Je reçus aussi celui d'envoyer un bataillon et un régiment de dragons pour couvrir la route de Ravensburg. J'appris que l'ennemi avait attaqué dès une heure avant le jour les troupes en avant d'Ostrach. Le feu du canon indiquait alors qu'il avait eu quelque succès.

Je dirigeai donc le 1ᵉʳ bataillon de la 2ᵉ et le 1ᵉʳ régiment de dragons sur Ruschweiler avec trois pièces d'artillerie légère : c'était le lieu le plus convenable. Cependant, je pris sur moi de ne point dégarnir en totalité Waldbeuren. Je laissai donc une compagnie d'infanterie et un escadron de dragons, et comme il ne restait plus, au camp près Pfullendorf, des troupes composant ma brigade, qu'un bataillon et trois pièces d'artillerie légère, je leur fis donner l'ordre de venir remplacer à Waldbeuren les troupes que je venais d'en faire partir.

Voici ce qui m'y détermina : « Si l'ennemi, dis-je, parvient, ce qui est très possible, à nous faire abandonner la droite de l'Os-

---

(1) L'ordre donné par Jourdan à Souham (Jourdan à Souham, Pfullendorf, 1ᵉʳ germinal an VII. A. H. G.) prescrivait d'envoyer immédiatement deux bataillons au général Lefebvre, et de faire prendre les armes à la division.

trach, sans doute qu'après on profitera de l'avantage de la position pour lui empêcher le passage de cette rivière. S'il y a opiniâtreté de sa part, certes le combat sera de longue durée ; donc le bataillon que je vais faire avancer sera très à proximité pour être utile. D'un autre côté, si l'ennemi parvient à forcer le passage, ce corps de troupe que je vais établir à Waldbeuren sera pour protéger la retraite d'une partie de l'avant-garde » que je présumais être dans le cas de se retirer par Burgweiler et Waldbeuren, soit pour défendre le débouché, soit enfin pour faciliter de réattaquer l'ennemi.

Je me rendis ensuite à Ruschweiler, d'où je fis avancer une partie de ma troupe jusqu'au delà du village de Pfrungen afin d'arriver au défilé d'Esenhausen, formé, à la gauche, par un étang, et à la droite, par un ravin profond et dont les environs sont très marécageux. Mes patrouilles avaient trouvé des hulans à Esenhausen. Sur ces entrefaites, j'entendis une canonnade vers Waldhausen, ce qui me surprit. Un brouillard très épais et qui avait eu lieu le matin commençait à se dissiper. J'aperçus alors que cette canonnade était dirigée par l'ennemi sur une colonne de la division du général Lefebvre qui cherchait à faire sa retraite, n'ayant pas pu l'effectuer sur Ostrach. Un parti de hussards, de dragons, de chasseurs qui s'était dirigé sur Esenhausen, où ils prirent en passant quelques hulans, me donnèrent cet avis, comme j'arrivais près le défilé que j'ai indiqué ci-dessus.

Aussitôt, je pris les dispositions nécessaires pour protéger la retraite de cette colonne avec laquelle se trouvait l'adjudant général Fontaine : elle était composée de deux escadrons du 5e de hussards, d'un escadron de chasseurs du 1er, de deux escadrons du 17e de dragons, de deux compagnies de la 25e légère et de la 53e demi-brigade ; mais il n'y avait point d'artillerie (1). L'ennemi n'avait point mis de vigueur à la poursuite de cette colonne ; s'il l'avait fait et qu'il fût arrivé avec de l'artillerie sur Esenhausen, la retraite de cette troupe aurait été de la plus grande difficulté.

---

(1) « ... Zwei Bataillone und 6 Escadronen, die bei Hosskirch standen, konnten in Folge des schnellen Vordringens der österreichischen Truppen Ostrach nicht mehr gewinnen ; vom Nebel begünstigt, wandten sie sich längs dem Grossen Ried gegen Riedhausen und vereinigten sich später mit der Abtheilung Decaen's... » *(Erzherzog Carl.* t. II, p. 70).

A peine cette colonne avait-elle passé ce défilé que le général Souham m'ordonna la retraite, attendu que l'ennemi avait forcé Ostrach et, d'après l'ordre qu'il en avait reçu du général Ernouf, j'indiquai la hauteur de Ruschweiler pour la réunion, tant aux troupes de la division du général Lefebvre, qu'on croyait perdues, qu'à celles de ma brigade ; et je m'occupai de faire rentrer ce qui restait encore à Esenhausen.

J'avais conçu un projet dont l'exécution fut empêchée par le général Ernouf. En réunissant mes troupes sur Ruschweiler, je me proposais de les diriger ensuite sur Waldbeuren et, par conséquent, d'arriver sur le flanc gauche de l'ennemi, ou tomber sur ses derrières, s'il avait déjà forcé dans cette partie, pouvant, dans tous les autres cas, me retirer sur Pfullendorf, soit que je me dirigeasse par Neubrunn et Denkingen ou par Ruschweiler sur Grossstadelhofen.

Le général Ernouf empêcha donc l'exécution de mon projet qui aurait pu donner quelque avantage. Je ne sais pas pourquoi il se trouva dans cette partie, tandis que le feu était très vif vers Pfullendorf. A son passage sur la hauteur de Ruschweiller, il donna des ordres aux troupes qui s'y rassemblaient et il les dirigea lui-même sur Illmensee, ensuite sur la route de Salem, beaucoup au delà de Krumbach. Ensuite il prit à droite pour arriver à Pfullendorf, en passant par Grossstadelhofen ; alors le général Ernouf était informé qu'il n'y avait plus de danger à courir pour sa personne. On fit plus de deux lieues de trop.

Il ne me fut point donné d'autres instructions que de suivre le mouvement. Je devais croire que le général Ernouf, qui allait avec cela un train de poste, avait aussi donné ses ordres au bataillon que j'avais fait placer à Waldbeuren, ainsi qu'à l'escadron de dragons, de se retirer sur les lieux où il se dirigeait lui-même : point du tout. A l'instant où j'arrivais auprès de Krumbach, il fit dire qu'il ne fallait point oublier ce bataillon. J'ai appris, depuis, qu'il avait parlé au chef de brigade Perrin qui était avec ce bataillon. Alors, j'envoyai un adjoint avec vingt-cinq dragons pour lui donner l'ordre de se retirer sur Heiligenberg car, en vérité, je ne savais pas encore où nous menait le général Ernouf.

Le chef de brigade Perrin et le citoyen Coëhorn, mon aide de camp, qui était alors avec lui, voyant que l'ennemi les débordait sur leur gauche, puisqu'après avoir forcé Ostrach, il s'était emparé du village de Spöck et, par conséquent, avait obligé la division du général Lefebvre (ce général avait été blessé dès le matin) de quitter le bois qui est entre Ostrach et Pfullendorf, et de se retirer sur la position que devait tenir l'armée en avant de cette ville pour lui empêcher le débouché du bois qu'il tenta d'effectuer (à quoi l'ennemi mit même beaucoup d'opiniâtreté); ces deux officiers, dis-je, s'étaient déjà mis en marche de retraite lorsque mes ordres leur arrivèrent. Ils l'avaient dirigée sur Neubrunn, d'où ils pouvaient ensuite se porter où les circonstances le prescriraient. Ils restèrent longtemps là en observation, et je les trouvai à la nuit auprès de Denkingen, où je me rendis après que toute la colonne eut filé sur Grossstadelhofen.

Je fus alors informé que l'ennemi avait tenté d'inquiéter la retraite de ce bataillon, mais que l'escadron de dragons du 1er, commandé par le citoyen Caulaincourt (1), capitaine de ce régiment, officier très distingué, s'était tellement conduit que l'ennemi n'avait pu rien entreprendre, et que, dans les diverses tentatives, il avait toujours été repoussé. On lui avait pris cinq chevaux, tué ou blessé une vingtaine d'hommes; deux dragons furent blessés et un tué.

Le feu était cessé partout. La nuit commençait à nous couvrir de ses ombres. Je donnai ordre au bataillon de la 2e de se rendre au camp qu'il avait quitté le matin. Le 1er régiment de dragons eut celui de bivouaquer près de Stadelhofen et de garder les débouchés par lesquels on pouvait arriver sur Pfullendorf, entre Denkingen et Grossstadelhofen.

Comme je n'ai pas eu connaissance des entreprises de l'ennemi sur le général Saint-Cyr, et que le général Ferino ne fut point attaqué, qu'avec cela je ne connais pas les motifs qui déterminèrent le général Jourdan à ordonner la retraite, il faut que je dise que je fus extrêmement surpris d'en recevoir l'ordre; et cette

(1) Caulaincourt (Auguste-Jean-Gabriel de), né le 16 septembre 1777, à Caulaincourt (Aisne); cuirassier, le 6 janvier 1792; sous-lieutenant, le 8 germinal an III; lieutenant, en l'an IV; capitaine, le 3 pluviôse an V; chef d'escadrons au 1er dragons, le 12 messidor an VII; chef de brigade, le 6 fructidor an IX; général de brigade au service du roi de Hollande, en août 1806; au service de la France, le 11 février 1808; à l'armée d'Espagne le 19 mars 1808; général de division, le 7 septembre 1809; tué le 7 septembre 1812, à la bataille de la Moskowa. (A. A. C.)

surprise m'était occasionnée par la conduite que nous avions tenue les jours précédents, car certainement lorsque le général Jourdan nous avait tant fait faire, il avait, il faut le croire, des renseignements sur les forces de l'ennemi et un but à remplir. Donc, ce n'était point une attaque faite à une avant-garde et la perte d'un avant-poste qui devait obliger une armée à un mouvement rétrograde : ce mouvement ne pouvait que donner du dégoût à l'armée et de l'audace à l'ennemi (1).

2 germinal. — Il fallut donc quitter la position de Pfullendorf en grande hâte. Je reçus l'ordre de me mettre en marche à 2 heures du matin; l'avant-garde devait attendre que j'eusse effectué mon mouvement pour faire le sien. Comme je tenais les avant-postes à la droite, je fus moi-même chez le général Soult (2) pour lui dire que je resterais sur le terrain jusqu'à ce que toutes les troupes eussent passé Pfullendorf et que, quant aux avant-postes, nous les retirerions dans le même instant pour ne rien compromettre.

Le général Soult me le promit, mais il ne tint pas parole. Enfin voyant 4 heures du matin et le jour peu éloigné, je quittai le plateau de Pfullendorf pour me diriger sur Stockach. Je trouvai le général Soult en pleine marche avec la division qu'il commandait. Comme le terrain était commode, je longeai le flanc gauche de sa colonne pour en faire prendre la droite à la cavalerie avec laquelle je m'étais retiré.

Dans l'ordre de retraite, il avait été dit de se diriger au delà de Stockach, où il serait indiqué la position que tiendrait la division, et que le général Soult, commandant l'avant-garde, couvrirait Stockach. Il était 9 heures du matin quand ma brigade arriva. Il était plus de 2 heures après midi, quand j'appris qu'on avait perché mes deux demi-brigades dans les bois en arrière de Stockach, à droite de la route. La 7ᵉ demi-brigade était rentrée sous

---

(1) Les troupes françaises avaient eu affaire à trois colonnes : celle du prince de Fürstenberg comprenait 11 bataillons et 20 escadrons; celle du prince Charles, 22 bataillons et 50 escadrons; celle du feldzeugmeister O. Wallis, 15 bataillons et 42 escadrons. Les deux dernières avaient attaqué Ostrach, centre de la ligne de Jourdan, la première couvrait le flanc droit des deux autres. *(Erzherzog Carl,* t. II, p. 68.)

(2) Le Journal de l'ouverture de la campagne de l'an VII par le général Jourdan dit que Lefebvre, blessé au bras gauche, avait passé le commandement au général Leval.

mes ordres après le combat d'Ostrach, où elle eut plus de cent cinquante hommes tués et blessés, dont huit officiers. On avait disposé deux pièces d'artillerie légère d'une manière aussi peu militaire! M'étant informé qui avait pu indiquer de telles positions, j'appris que c'était d'après les ordres du général Daultanne (1).

Le général Souham ne recevant point d'ordres, l'artillerie légère, les dragons et le parc étant accumulés près de Stockach, les chevaux étant sans nourriture depuis leur arrivée, je lui proposai de leur donner un établissement, au moins pour ôter l'encombrement qui existait, ce qui fut aussitôt consenti et exécuté.

Je témoignai ma surprise au général Souham de ce qu'au lieu de lui envoyer des ordres pour l'établissement de la division, quelques individus se permettaient de lui donner des positions aussi peu militaires; que, sans doute, le général en chef n'autorisait pas cette conduite à des officiers de son état-major et que, sans doute, ces ignares avaient imaginé devoir en agir de cette manière. J'eus ensuite l'occasion de voir l'adjudant général Molitor (2) qui avait, me dit-il, été envoyé par le général en chef pour prendre connaissance de la position qu'occupait la 2ᵉ division. « Allez, lui dis-je, demander au général en chef s'il veut se donner la peine de venir voir les hauts faits d'un imbécile. Voyez si jamais on a placé des troupes de cette manière! » Il faudrait être à Stockach ou le connaître pour se faire une idée de cet établissement!

Je pris la route de ce camp, où j'eus toutes les peines possibles à arriver, avec l'intention de faire redescendre mes troupes; mais

---

(1) Aulianne, dit Daultanne (Joseph-Augustin Fournier d'), né le 8 août 1759, dans le département de Vaucluse; cadet, le 6 juin 1776; sous-lieutenant, le 7 août 1778; lieutenant, le 17 mai 1783; capitaine, le 10 mai 1792; adjudant général chef de bataillon, le 21 nivôse an II; chef de brigade, le 14 thermidor an II; général de brigade, le 17 pluviôse an VII; chef d'état-major du 3ᵉ corps de la Grande-Armée, le 14 fructidor an XIII; général de division, le 31 décembre 1806; employé à l'armée d'Espagne, le 12 septembre 1808; autorisé à se retirer dans ses foyers, le 28 septembre 1813; retraité le 1ᵉʳ août 1815; mort en 1828. (A. A. G.)

(2) Molitor (Gabriel-Jean-Joseph), né le 7 mars 1770, à Hayange (Moselle); capitaine au 4ᵉ bataillon de la Moselle, le 25 août 1791; chef de bataillon, le 10 septembre 1793; chef de brigade, le 13 juin 1795; général de brigade, le 30 juillet 1799; général de division, le 26 octobre 1800; employé en Italie, le 26 août 1805; en Poméranie, en juin 1807; à l'armée d'Allemagne, en mars 1809; en Hollande, le 1ᵉʳ juillet 1810; inspecteur général d'infanterie, en 1814, 1815, 1818, 1821 et 1822; maréchal de France, le 9 octobre 1823; gouverneur des Invalides, le 6 octobre 1847; grand chancelier de la Légion d'honneur, le 23 décembre 1848; décédé à Paris, le 28 juillet 1849. (A. A. G.)

elles avaient marché toute la nuit, elles avaient été plus de quatre heures pour attendre qu'on leur indique cette belle position, enfin elles étaient occupées à faire leur soupe. Je les laissai donc, me promettant bien que, le lendemain avant le jour, si nous gardions la position de Stockach, je les changerais. Je fis seulement retirer l'artillerie légère.

Il était environ 5 heures du soir. En approchant de Stockach, le hasard me fit rencontrer le citoyen Foucher, chef de brigade d'artillerie. Il me dit : « Mais, général, savez-vous que vous n'avez plus personne devant vous en avant de Stockach, que le général Soult a fait relever ses avant-postes sur la route de Pfullendorf? » Ma surprise fut extrême; je ne pouvais pas croire ce que me disait ce chef de brigade qui, cependant, me rendait un compte vrai, excepté pourtant qu'une grand'garde de hussards et une compagnie d'infanterie étaient restées sur la route de Pfullendorf jusqu'à ce que les troupes de la 2ᵉ division les relevassent.

En effet, je rencontrai le général Souham qui me dit en avoir reçu l'ordre verbal, mais qu'il l'avait demandé par écrit. Je m'abstiens des réflexions que je pourrais faire tant sur la conduite du général Soult que sur l'incertitude dans les dispositions militaires que je n'ai vu que trop exister pendant cette campagne. Enfin l'ordre par écrit arriva, et je reçus celui de mettre ma brigade en mouvement. Il était alors 5 h. 30. L'ordre portait que je devais m'occuper essentiellement du débouché de Stockach. Je fis les dispositions convenables. Alors, je pris mon quartier dans la ville. Le général Soult s'y établit aussi.

J'avais déjà bien entendu parler de dilapidations, d'exactions, mais je ne pouvais y croire. « Comment, disais-je, se peut-il qu'après les défenses rigoureuses qui sont faites, les peines que doivent encourir ceux qui commettront des désordres, et qu'après la proclamation d'un général en chef qui assure une garantie aux propriétés des habitants du pays que l'armée occupera, comment se peut-il qu'il y ait des hommes assez scélérats pour se porter au brigandage? La joie des habitants à la lecture de cette proclamation, la confiance qu'ils ont témoignée, la conduite sage des soldats qui se sont acquis l'admiration de ces mêmes habitants qui, trois ans auparavant, s'étaient armés pour les égorger, cet empressement qu'ils ont mis à leur donner l'hospitalité, tout enfin ne devrait-il pas arrêter ces vampires dans l'exaltation de leur avidité? » Hélas! je ne me suis que trop convaincu que ces âmes viles ne ressentaient rien des sentiments que donne l'humanité. J'en ai eu à Stockach une preuve évidente et j'ai appris à connaître quelques-uns des moyens employés par les fripons.

Il me fut rendu compte que l'on faisait des demandes au Magistrat. Sachant qu'aucun employé de la division n'en avait été chargé, je fis appeler ceux qu'on m'avait annoncés. Alors deux commissaires des guerres se présentèrent. Le général Souham, étant présent, leur demanda le sujet de leur assiduité auprès du Magistrat, car ils y étaient déjà depuis longtemps. Alors ils annoncèrent que c'est qu'il y avait dans la ville deux mille sacs d'avoine, et qu'ils en demandaient pour les troupes de l'avant-garde. Le général Souham leur répondit de s'adresser au commissaire de la division et qu'alors, s'il était possible, il leur en serait délivré. Le bailli de Stockach, qui entendit cette conversation, n'en était point du tout satisfait. Aussi prit-il la parole et annonça au général Souham que le commissaire général, le citoyen Vaillant, lui avait vendu l'avoine, le matin, pour 150 louis, parce qu'il n'y avait point de voitures pour la transporter.

Est-il friponnerie plus révoltante? L'artillerie et la cavalerie de la division d'avant-garde et de la 2ᵉ division ont passé à Stockach, ou cantonné dans les environs, la majeure partie des chevaux n'a point eu d'avoine pendant cette journée; et il n'y avait point de voitures! Oh! commissaire fripon! Vous avez bien rempli les obligations que vous vous étiez prescrites, vous avez encore fait donner à la ville de Stockach 100 louis pour qu'elle soit exempte de faire la totalité de la fourniture que vous lui aviez demandée. Je connais encore un trait de votre part qui m'a prouvé que le général Ernouf était votre digne compagnon : j'en parlerai dans son temps. Je désirerais que le gouvernement français demandât un état de vos vexations dans le pays qui a été occupé par l'armée. Vous avez reçu de l'argent au lieu de denrées. En avez-vous compté scrupuleusement au trésor public? Vous aurez plutôt certifié des fournitures faites par des entrepreneurs, qui ne l'ont été qu'aux dépens du pays, et vous les ferez solder avec des impôts levés annuellement sur vos concitoyens. Et il faut que tant de braves gens périssent et que le nom français soit en horreur, pour assouvir votre avidité! J'appelle sur vous une justice éclatante qui vous punisse de vos forfaits!

Le général Souham rassura ce malheureux bailli, et son avoine lui resta.

Après le mouvement d'une division entière, ordonné à 5 heures du soir et pour l'exécution duquel le soldat avait été obligé de renverser sa soupe qu'il s'occupait de faire, on devait au moins s'attendre à tenir la position le lendemain. Point du tout! A 11 heures du soir arriva l'ordre de partir à 2 heures du matin. L'ennemi n'avait fait, ce jour-là, que des mouvements d'observation…

3 germinal. — L'ordre portait que l'armée prendrait position, le 3 germinal, la droite au lac de Constance vers Radolfzell, le centre à Engen (un officier d'état-major devait indiquer la position), et la gauche au Danube vers Tuttlingen. Dans cet ordre, il était dit que l'avant-garde aurait sa droite appuyée à la grande route d'Engen à Geisingen et se lierait avec la division de Saint-Cyr dans la direction de Hattingen, débouché par lequel l'ennemi pouvait tenter entre les deux divisions. Il avait été ajouté que l'avant-garde, qui avait fait sa retraite des environs de Stockach par la fausse route qui vient de ce lieu sur Eigeltingen, s'arrêterait près de ce village pour couvrir ensuite la retraite de la 2ᵉ division qui se dirigeait sur Engen, en passant par Nenzingen, et qu'ensuite la division d'avant-garde couvrirait avec ses troupes légères la position d'Engen.

En quittant Stockach, je laissai de ce côté-ci de la ville deux piquets de dragons, afin d'observer les mouvements de l'ennemi lorsque le jour paraîtrait, et ce ne fut qu'à cet instant que je quittai Stockach. L'ennemi nous fit suivre par des éclaireurs jusqu'au village de Nenzingen. Je fis arrêter de ce côté-ci de ce village les piquets d'observation et je me rendis à Eigeltingen. Y ayant trouvé un officier de l'état-major de la division d'avant-garde, je lui dis d'envoyer des troupes de cette division pour que les dragons que j'avais laissés revinssent à leurs corps respectifs et, de là, je fus à Engen pour y recevoir des ordres sur le placement de ma brigade.

Je trouvai à la porte de la ville un adjudant général, le citoyen

Hastrel (1), qui m'annonça que la 2ᵉ division devait prendre position sur les hauteurs en arrière d'Engen, la droite à Mühlhausen. Je lui observai que j'étais étonné que la 1ʳᵉ division n'eût point été chargée de l'occupation de Mühlhausen, qu'il fallait qu'il y eût erreur dans l'instruction qu'on lui avait dit de me transmettre, qu'enfin, si la 2ᵉ division occupait Mühlhausen, le général Ferino n'aurait plus l'emplacement déterminé par l'ordre. Il me répondit : « *C'est égal.* » Je donne un tel détail pour faire connaître combien peu étaient militaires une partie des hommes employés avec le chef de l'état-major, incapable par lui-même de leur donner des instructions sur ce service.

Comme cet adjudant général me dit que le général Souham avait été informé de la position que devait tenir sa division, alors je dirigeai ma troupe vers Welschingen, présumant bien que je trouverais les troupes de la 1ʳᵉ division déjà établies à Mühlhausen, ce qui était; j'appuyai donc ma droite à Welschingen et ma gauche à Anselfingen, où devait appuyer l'autre brigade de la division. Appréhendant que les troupes de l'avant-garde négligeassent de garder tous les débouchés par lesquels on pouvait arriver sur le front de mon camp, je fis occuper Neuhausen et la hauteur à la gauche, ainsi que tous les débouchés qui arrivaient sur ce village du côté de Stockach. J'envoyai aussi des troupes à Ehingen; mais la 1ʳᵉ division occupait déjà ce village.

En arrivant à Engen pour rendre compte au général Souham de mon établissement, j'aperçus les troupes de l'avant-garde, qui auraient dû rester en avant de cette ville conformément à l'ordre, qui revenaient toutes en arrière. J'entrai chez le général Souham et je lui en témoignai ma surprise; il fut aussi fort étonné. Ayant fait prendre des informations auprès de quelques officiers de ces troupes pour savoir s'il était resté quelques corps à Aach, ils ne purent l'assurer. Mais notre incertitude fut bientôt levée : il arriva un officier *du grand état-major,* qui annonça que le général Soult ayant fait des représentations sur ce qu'il y avait une trop

---

(1) Rivedoux d'Hastrel (Étienne), né le 4 février 1766, à la Pointe aux Trembles de Québec (Canada); cadet, le 11 septembre 1781 ; sous-lieutenant, le 8 mai 1784; lieutenant, le 1ᵉʳ janvier 1791; capitaine, le 13 avril 1792; chef de bataillon, le 28 mai 1797; chef de brigade, le 5 février 1799; général de brigade, le 26 janvier 1807; général de division, le 25 mars 1811; inspecteur général d'infanterie de 1816 à 1823; retraité en 1825, il mourut à Versailles, le 19 septembre 1846. (A. A. C.)

grande étendue de pays entre le général Saint-Cyr et lui (1), il fallait absolument que la 2ᵉ division fournît les avant-postes en avant d'Engen.

Le général, en agissant ainsi, répétait sa conduite de la veille relativement à Stockach. Cet homme ambitieux, et qui sait bien faire valoir l'adulation et l'intrigue, obtint encore de faire suivre ses volontés à des hommes faibles qui, pendant toute la campagne, en ont donné des preuves non équivoques en chancelant sans cesse sur le parti qu'ils devaient adopter. Avant d'avoir fait sa remontrance, il fallait que le général Soult fût bien certain de la réussite, car il ne laissa pas un poste depuis Aach jusqu'à Engen. D'après cette conduite d'ignorance ou de méchanceté, si l'ennemi avait été entreprenant, il serait arrivé sans obstacles au quartier du général en chef et sur les vivres, etc., de la 2ᵉ division, qui étaient aussi à Engen pour les distributions qui furent faites aux troupes.

Il fallut donc encore, à 3 heures et demie après midi, que la brigade de gauche se remît de nouveau en mouvement pour aller prendre position en avant d'Engen. On voulut retourner à Aach. Mais l'ennemi s'en était emparé : il était d'un intérêt trop majeur pour lui; il avait bien su profiter de la sottise du général Soult. On croira peut-être que ce général fit prendre à sa division une position de sorte que ses avant-postes fussent liés avec la gauche de la 2ᵉ division? Oh! non. Il ne l'a pas cherché là plutôt que dans les autres lieux où l'ordre lui avait recommandé de le faire. C'était trop minutieux pour ce général. Il préféra placer ses troupes à plus d'une lieue en arrière d'Engen. Aussi, le lendemain que les ennemis firent une reconnaissance, l'avant-garde de l'armée, sous les ordres du général Soult, n'eut pas un coup de fusil à tirer, ce qui étonna beaucoup toutes les troupes qui la composaient.

4 germinal. — Le 4 germinal, le général Souham me donna l'ordre de faire remplacer, par la 7ᵉ demi-brigade, la 83ᵉ dans la

---

(1) Soult avait reçu de Jourdan l'avis que le général Saint-Cyr se trouvait inquiété à Neuhausen dans la journée du 3 germinal et craignait d'être attaqué le 4 au matin; en conséquence, il devait « appuyer » des troupes sur sa gauche, afin d'être à même de seconder le général Saint-Cyr (Jourdan à Soult, commandant l'avant-garde, Aach, 3 germinal an VII, Correspondance, armée du Danube, A. H. G.). A la même date du 3, Jourdan offrait à Saint-Cyr le commandement de l'avant-garde. (Jourdan à Saint-Cyr, Engen, 3 germinal an VII, armée du Danube, Correspondance. A. H. G.)

position qu'elle avait tenue la veille. Le 2º bataillon de cette demi-brigade ne l'avait quittée qu'à 9 heures du soir. J'ordonnai le mouvement; mais, pendant qu'il s'exécutait, je fus averti que l'ennemi avait attaqué les postes du général Goullus, ainsi que ceux que j'avais établis en avant de Neuhausen. Le général Souham m'ordonna de faire appuyer ma brigade sur Engen, de faire passer le 1er régiment de dragons en avant de cette ville, comme l'avait demandé le général en chef, et de faire ensuite mes dispositions pour soutenir efficacement le général Goullus, ce que j'exécutai de suite. Je ne donne pas les détails, mais il est un fait que je ne puis taire : le général Soult, dont j'aurai encore à m'entretenir, y donna occasion.

En examinant les localités, je jugeai convenable de faire établir une pièce de canon et un bataillon à la gauche de la route d'Engen à Aach, pour m'opposer aux progrès de l'ennemi, s'il repoussait les troupes du général Goullus qui étaient alors aux prises assez vivement; mais la 83ᵉ et trois compagnies de la 2ᵉ que j'avais à Neuhausen ne cédèrent pas le terrain.

J'ai déjà dit que, le 3, nous aurions dû être liés avec le général Soult, et je ne devais plus en douter d'après qu'un officier d'état-major, le citoyen Friedelsheim, fut venu dire au général Souham qu'il n'eût point d'inquiétude pour sa gauche, que la 25ᵉ demi-brigade d'infanterie légère y était établie. Un instant après, des tirailleurs qui se repliaient me firent connaître que cet adjoint était mal informé, car m'étant de suite porté sur le terrain où devait être cette demi-brigade, je n'y trouvai qu'une compagnie de la 83ᵉ dont ces tirailleurs faisaient partie. Le citoyen Coste, chef de bataillon de cette demi-brigade, officier de mérite, qui savait bien que la 25ᵉ n'était pas à sa proximité, avait, heureusement, fait éclairer cette partie, ce qui était très essentiel, puisque l'ennemi pouvait, n'ayant aucun obstacle, venir se placer sur le flanc des troupes qui combattaient et arriver à Engen sans être aperçu, si cette compagnie n'avait pas été envoyée là par ce chef de bataillon. (C'était vers le village de Bittelbrunn dont l'ennemi venait de s'emparer.)

Voyant que l'ennemi cherchait à pénétrer par là, je fis avancer le bataillon de la 7ᵉ et la pièce de canon qui étaient alors peu éloignés. Le chef de bataillon Coste, s'étant aussi aperçu du mouvement rétrograde, avait envoyé une autre compagnie pour soutenir celle qui se retirait; et les ennemis rétrogradèrent à leur tour. Après cela, je chargeai le citoyen Coste de s'occuper particulièrement de cette partie importante, en laissant à sa disposition la compagnie de la 7ᵉ (1) et la pièce de canon.

L'ennemi n'alimentant pas ses attaques fortement, je jugeai que c'était une forte reconnaissance qu'il avait faite sur nous. On lui fit environ cent cinquante prisonniers et quelques officiers. Notre perte fut, ce jour-là, d'environ cent soixante hommes, tant tués que blessés et prisonniers (2).

La 1ʳᵉ division fut aussi attaquée vers le soir. Elle eut quelque succès sur l'ennemi : elle le repoussa vigoureusement et lui fit environ six cents prisonniers (3). Je ne sais pas ce qui se passa chez le général Saint-Cyr, qui fut aussi attaqué vers Tuttlingen (4) ; mais le général Soult resta en observation.

Le feu ayant cessé, j'avais indiqué aux troupes de ma brigade les positions qu'elles devaient tenir pour passer la nuit. Mais, un instant après, je reçus l'ordre de faire mes dispositions pour attaquer Aach le lendemain. L'ordre du général en chef qui me fut communiqué annonçait *une bataille générale* (5). Je fus vraiment fort étonné de cette détermination, et cette surprise était occasionnée par l'abandon que nous avions fait de Pfullendorf et de Stockach sans avoir combattu.

« Quel est le but de cette bataille? me dis-je à moi-même.

---

(1) Il faut peut-être lire : le bataillon.

(2) Decaen évalue ici probablement les pertes de la 2ᵉ division. Les pertes totales du côté français, à Neuhausen et Liptingen, étaient : quatre cents tués ou blessés, dont le général Compère, et environ quatre cents prisonniers. (*Erzherzog Carl.*, t. 2, p. 77.)

(3) Du côté de Steisslingen. (*Erzherzog Carl*, t. 2, p. 77.) Le Journal de l'ouverture de la campagne de l'an VII par le général Jourdan dit : « ... L'armée du Danube, ... a replié sur tout son front les troupes légères ennemies et leur a fait six cents prisonniers. »

(4) « La 3ᵉ division (Saint-Cyr) fut attaquée avec assez de vigueur sur Liptingen et Neuhausen. Cependant elle sut conserver sa position malgré les ennemis qui firent tous leurs efforts pour s'emparer des bois qui couvrent ce point. On se battit de part et d'autre avec beaucoup d'acharnement. La division perdit dans cette journée environ quatre cent cinquante hommes et une pièce de canon. » (Journal de l'ouverture de la campagne de l'an VII par le général Jourdan.)

(5) Le Directoire avait décidé, le 2 germinal : « ... Il importe que vous ne perdiez pas un instant pour attaquer les ennemis qui ne peuvent chaque jour qu'accroître leurs moyens lorsque les vôtres restent constamment les mêmes... » (Le ministre de la guerre à Jourdan, extrait des délibérations du Directoire, Paris, 2 germinal, Correspondance, armée du Danube. A. H. G.)

« 1° Nous avons quitté Pfullendorf après une seule attaque de poste; c'est donc que le général avait reconnu que l'ennemi nous était supérieur ou que des instructions qu'il avait reçues du gouvernement lui en avaient imposé l'obligation.

« 2° La position en arrière de Stockach présentait des avantages à cause du peu d'étendue de son front; et nous l'avons quittée de même.

« 3° Des événements malheureux en Italie ou en Helvétie nous seraient-ils arrivés?

« 4° Enfin l'ennemi manœuvrerait-il sur notre armée d'observation qui est sans doute occupée sérieusement du siège de Philippsburg? »

Après cela, je disais : « Puisque nous sommes en pleine retraite depuis deux jours, pourquoi, demain, ce pas en avant? Les choses n'ont pas pu changer depuis le moment que le général en chef a dû prendre sa résolution. S'il veut faire comme le général Moreau à Biberach, ce n'est pas le cas, car si c'est notre petit nombre qui nous a obligés à la retraite, je ne vois point pourquoi il faut courir demain des chances qui peuvent être pour la République du plus grand préjudice. Il me paraîtrait plus convenable que l'armée prît une position défensive pour attendre les renforts qui nous sont annoncés. Quand Moreau a fait combattre son armée à Biberach, les circonstances dans lesquelles il se trouvait l'y forçaient, puisqu'il avait l'ennemi de tous les côtés. » Cette seule réflexion suffit. D'autres demanderaient de trop longs détails. J'ajoute pourtant que je sais que quelqu'un parla avec le général Jourdan sur cette résolution et qu'il fit cette réponse : « Vous voudriez donc que l'armée repassât le Rhin sans s'être battue? (1) » Cette réponse était vraiment singulière, car les troupes de cette armée n'avaient pas besoin de combattre ce jour-là pour seulement faire connaître aux Autrichiens qu'elles le savaient. Aussi

---

(1) Cette réponse semble indiquer que Jourdan ignorait, le 4 germinal, la décision du Directoire lui prescrivant d'attaquer. Il est probable qu'il en avait eu connaissance le 6, car à cette date, il écrivait au Directoire, au sujet de la bataille du 5 : « Je m'aperçus que l'archiduc, en faisant attaquer nos avant-postes, avait pour but de reconnaître ma position et de marcher ensuite à moi avec toute son armée.

« Je pouvais éviter son attaque, en faisant ma retraite pendant la nuit; mais je crus mieux faire, je crus plus honorable, et plus conforme à vos intentions de le prévenir.

« Je me déterminai donc à l'attaquer... » (Jourdan au Directoire, Weilheim, le 6 germinal an VII. Correspondance, armée du Danube. A. H. G.)

on répondit au général Jourdan : « Il est possible, général, que l'ennemi soit battu demain ; l'esprit de l'armée engage même à le croire. Mais les chances de la guerre aussi peuvent bien n'être pas favorables et, par conséquent, les suites peuvent être fâcheuses, etc... »

Le soir, je reçus l'ordre de me préparer à l'attaque pour le lendemain. La division devait seulement harceler l'ennemi tandis que les divisions à la droite et à la gauche manœuvreraient pour couper la retraite aux troupes autrichiennes qui se trouvaient à Aach ; et aussitôt que la 2ᵉ division serait à la hauteur d'Orsingen, le général Ferino devait donner des ordres pour ses mouvements ultérieurs (1).

(1) « ... Le général Souham suivra la grande route qui conduit à Stockach ; il inquiétera continuellement l'ennemi et le poussera vigoureusement. Lorsque, forcé par les mouvements de la droite et de la gauche de l'armée, il sera forcé de reculer, il se dirigera sur Stockach...

Toutes les colonnes attaqueront vigoureusement. Chaque général de division se rappellera qu'il doit remplir les intentions du général en chef prescrites par le présent ordre quand bien même l'ennemi attaquerait un ou plusieurs points de la ligne. Le général en chef marchera avec l'avant-garde et la division de cavalerie.

« Lorsque les divisions des généraux Souham et Ferino seront réunies, le général Ferino en prendra le commandement, et dirigera ces deux divisions sur Pfullendorf.

« Les troupes tireront peu et marcheront beaucoup ; elles attaqueront à la baïonnette. Le mouvement commencera demain, 5 germinal, à 4 heures du matin... » (Ordre donné par Jourdan à l'armée, le 4 germinal, Correspondance, armée du Danube. A. H. G.)

CHAPITRE III

Decaen s'empare d'Aach. — Contre-attaque des Autrichiens favorisée par le brouillard. — Decaen dirige contre eux six compagnies et un escadron. — Le 6e dragons manque de faire un grand nombre de prisonniers. — Decaen poursuit les Autrichiens. — Pertes importantes de ceux-ci. — Entrevue de Decaen avec le général Férino. — Les Autrichiens manœuvrent pendant la nuit. — Ils attaquent Bodman. — Decaen pousse vers Nenzingen. — Il arrête les Autrichiens. — Il reçoit l'ordre de se retirer. — Le général Souham lui prescrit de défendre Eigeltingen. — Decaen reste au contact avec l'ennemi. — Sa division s'éloigne sans qu'il en soit prévenu. — Decaen critique Jourdan et son entourage. — L'armée en retraite vers la Forêt-Noire. — Mauvaise foi du général Ernouf. — Démêlés de Decaen avec Jourdan. — Decaen à Villingen. — Il fait occuper Furtwangen, le camp de Benzebene, Triberg. — Il s'établit à Triberg.

5 germinal. — Le 5 germinal, à 2 heures du matin, ma brigade fut mise en marche et réunie en avant d'Engen. Aussitôt que la 2e de ligne fut arrivée dans le vallon par lequel on communique de la route d'Aach à la plaine d'Ehingen, je disposai l'attaque : deux compagnies de la 2e eurent l'ordre de se diriger par les hauteurs à la gauche de la route et une compagnie par les hauteurs à la droite. Le reste du bataillon devait marcher en colonne serrée directement sur Aach, l'autre bataillon devait suivre à peu de distance le mouvement du 1er. C'était pour reprendre le point important dont j'ai précédemment parlé qui n'aurait jamais dû être abandonné tant que le corps d'armée tenait la position en arrière d'Engen. Tous les militaires qui connaissent le pays le jugeront ainsi.

N'entendant point les attaques des ailes, le jour commençant à éclairer, et appréhendant de faire une trop grande perte d'hommes si l'ennemi avait eu son artillerie comme il l'avait la veille, je crus convenable de ne pas différer davantage. Je donnai l'ordre de l'attaque, et Aach fut bientôt occupé. L'ardeur des troupes est inexprimable ! On fit quelques centaines de prisonniers occupant ce point d'observation.

Je voulais y rester jusqu'à ce que j'eusse aperçu les progrès des ailes droite et gauche. Je fis donc des dispositions pour m'y soutenir. L'impétuosité des soldats qui avaient les premiers attaqué les porta à descendre et à passer l'Aach pour poursuivre l'ennemi; ce qui fut cause que quelqu'un, qui croyait sans doute bien faire, donna l'ordre au 2ᵉ bataillon de descendre dans le village d'Aach et de se porter en avant. Le brouillard qui s'éleva de l'Aach, ainsi que le lever du soleil, servit aussi beaucoup les ennemis, car on n'en pouvait point distinguer les mouvements ni le nombre (1).

Les ennemis, après avoir repoussé les tirailleurs qui s'étaient avancés au delà de l'Aach, attaquèrent à leur tour avec une fureur audacieuse la position qu'ils venaient de perdre. Ils furent repoussés à plusieurs reprises, mais leur nombre augmentant et le général de division ne pouvant pas fournir au déficit que ce combat occasionnait à ma troupe, n'ayant qu'une demi-brigade pour tout, la journée n'étant pas encore très avancée, et n'ayant encore aucun renseignement sur les progrès que faisaient les ailes, et comme, malgré cette résistance, nous remplissions le but de l'instruction en retenant l'ennemi sur Aach, j'abandonnai cette position pour rallier mon infanterie dispersée dans les bois et, après, recommencer une nouvelle attaque.

L'ennemi ne tarda pas à avoir du canon sur la hauteur. Mais il ne fit que des dispositions défensives. La nouvelle attaque fut de suite ordonnée. Le général Goullus détacha quelques compagnies de la 83ᵉ pour se reporter sur les hauteurs à la droite et à la gauche d'Aach, tandis qu'avec six autres compagnies, deux pièces d'artillerie légère et un escadron du 1ᵉʳ régiment de dragons, je suivais un chemin au travers le bois pour arriver à la droite d'Aach, sur le chemin qui conduit de cette ville à Mühlhausen, afin de tourner l'ennemi et de l'obliger à la retraite.

A peine mes éclaireurs commencèrent-ils à déboucher que l'ennemi qui avait sans doute déjà des inquiétudes, que devaient nécessairement lui donner les progrès des ailes droite et gauche,

---

(1) « ... Der Morgen graute kaum, als die Colonne F. M. L. Nauendorf's auf der Strasse nach Engen vorging und die feindlichen Vortruppen in die jenseits von Aach liegenden Weinberge und Wälder zurückwarf. Bald jedoch stiess sie unerwartet auf Souham, wurde in der rechten Flanke von der Brigade Decaen umgangen und nach hitzigem Gefecht gegen 10 Uhr vormittags zum Rückzuge bis hinter Aach genöthigt, wobei ein zuweit vorgeschobenes Bataillon grösstentheils in Gefangenschaft gerieth. F. M. L. Nauendorf nahm neuerdings Stellung am Eingang des nach Eigeltingen führenden Walddefilés... » *(Erzherzog Carl.*, t. II, p 81.)

fit un mouvement de retraite. Mais le peu de cavalerie que j'avais alors avec moi ne me permit pas d'entreprendre beaucoup sur lui. Si le 6ᵉ régiment de dragons, qui se présenta alors par la hauteur d'Aach, avait été conduit par un chef plus habile que le chef de brigade Lebaron, il aurait pu faire une grande quantité de prisonniers car l'ennemi se retirait en grand désordre dans le défilé d'Eigeltingen (1). Mais cet officier sans moyens ne sut pas profiter du moment : après avoir montré beaucoup de vacillation dans la résolution qu'il avait à prendre, il tenta de déboucher du village d'Aach, et avec si peu d'ordre que des hussards qui couvraient la retraite le firent rétrograder de la charge qu'il avait entreprise sur eux ; par conséquent, l'infanterie eut tout le temps de s'éloigner.

Je me trouvais alors sur la rive droite de l'Aach avec le général Souham. Lorsque j'eus passé cette rivière, je fis poursuivre l'ennemi dans le défilé d'Eigeltingen. On ramassa quelques prisonniers ; et ensuite je m'avançai jusqu'au delà de ce village où je déployai ma brigade. Je me trouvai alors à la hauteur de la 1ʳᵉ division. L'ennemi avait devant moi une nombreuse cavalerie que j'estimai à trois mille chevaux divisés en deux parties sur les routes qui conduisent d'Eigeltingen à Stockach. Comme l'ennemi s'opposait avec opiniâtreté à ce que le général Ferino fit de nouveaux progrès, je ne pus que faire observer l'ennemi sur la fausse route de Stockach, et j'appuyai avec de l'infanterie et de l'artillerie la gauche du général Ferino. L'ennemi abandonna bientôt la tête du bois devant Eigeltingen. Après cela, le général Souham donna ordre à deux pièces d'artillerie légère de s'avancer sur la cavalerie, à la gauche, pour la forcer de s'éloigner. Je ne connaissais pas le résultat des opérations de la gauche, mais la direction du feu me fit présumer qu'elle avait été arrêtée, vers le soir, dans ses succès. La nuit étant arrivée, les troupes restèrent dans leur position (2).

(1) « ... Je n'ai pas à me louer de la conduite du citoyen Lebaron, chef de brigade du 6ᵉ régiment de dragons... Je demande, pour le bien du corps, le changement de ce chef. » (Rapport de Souham, 6 germinal an VII, Correspondance, armée du Danube. A. H. G.)
(2) « ... La 2ᵉ division attaqua d'abord avec assez de vigueur et poussa l'ennemi jusqu'au delà de Aach ; mais elle se contenta de cet avantage et tirailla encore jusqu'à la nuit : alors elle fit sa retraite sur les hauteurs en avant d'Eigeltingen. L'ennemi perdit beaucoup de monde dans cette partie et on lui fit quelques centaines de prisonniers. La division eut quatre cent vingt-huit hommes tués, blessés ou prisonniers... » (Journal de l'ouverture de la campagne de l'an VII par le général Jourdan, 5 germinal.) « ... Je puis affirmer aussi que si, à la bataille du 5 germinal, le général Souham, qui commandait la 2ᵉ division, au lieu de rester, comme il l'a fait, à Aach, se fût rapidement porté en

La perte de l'ennemi fut considérable. Les troupes de la division firent neuf cents prisonniers dont sept officiers : ils étaient des régiments de Spleny, de Valaques, de Manfredini, Gradisca, Croates, du corps franc de Gyulai, de Warasdin, de Mittrovsky, de Meszaros-hussards, de Vecsey-hussards, de Grenz-hussards, des dragons de La Tour, hulans du 1er régiment, et du 3e régiment d'artillerie. La quantité de morts trouvés sur le champ de bataille du matin, qu'ils réoccupèrent ensuite pendant plus de deux heures, m'a fait juger qu'ils avaient eu beaucoup de tués et blessés. La 2e demi-brigade seule perdit, dans cette journée, deux cent trente hommes tués et blessés, dont trois officiers, et quatre-vingt-neuf prisonniers, dont cinq officiers. Mon aide de camp, le citoyen Coëhorn, après avoir donné de nouvelles preuves de sa bravoure et avoir eu ses habits criblés de balles, en reçut une au pied dont il fut grièvement blessé (1).

Après avoir donné mes ordres pour l'établissement des troupes et la surveillance pendant la nuit, je rentrai à Eigeltingen. Alors le général Souham me fit part d'une lettre qu'il venait de recevoir du général Ferino qui l'invitait de se rendre auprès de lui, afin de se concerter sur les opérations du lendemain. Comme le général Souham avait fait, le matin, une chute de cheval dont il avait beaucoup souffert pendant tout le jour, il m'engagea de me rendre auprès du général Ferino afin de savoir ses intentions.

Je me rendis donc de suite sur la hauteur en arrière d'Orsingen. J'y trouvai le général Ferino au bivouac, qui me dit n'avoir pu atteindre la position de Stockach, défendue par l'ennemi avec beaucoup d'opiniâtreté et très avantageuse pour lui, d'autant plus qu'avec cela il avait fait des mouvements très inquiétants sur la

---

avant, l'ennemi, vivement poursuivi, se trouvait acculé au lac de Constance. Le général Saint-Cyr, ayant ordre de s'emparer de la route de Pfullendorf et des hauteurs de Stockach, il ne restait à l'archiduc que la route d'Ueberlingen à Salmansweiler (Salem), ne pouvant s'étendre plus haut à cause des montagnes et un marais ; il eût sans doute perdu une partie de ses troupes, ce seul débouché ne suffisant pas pour la retraite d'une armée aussi considérable. » (Détail des mouvements de l'armée du Danube pendant la 1re décade de germinal an VII, signé Ernouf, armée du Danube, Correspondance. A. H. G.)

(1) « Je dois aussi un juste tribut d'éloges au citoyen Coëhorn, chef de bataillon aide de camp du général de brigade Decaen. Cet officier, aussi distingué par ses talents militaires que par les marques de bravoure qu'il porte depuis longtemps, a reçu un coup de feu à la jambe qui le mettra désormais hors d'état de servir activement ; étant très susceptible de commander une place, je sollicite pour lui le grade de chef de brigade... » (Rapport de Souham, 6 germinal an VII, Correspondance, armée du Danube. A. H. G.)

droite et qu'il paraissait avoir l'intention de forcer le point de Bodman pour pénétrer sur Radolfzell ; mais que, déjà, le général Tharreau avait pris des mesures pour parer à ce mouvement. Il était alors 10 heures du soir, et le général Ferino n'avait reçu aucune nouvelle du général en chef. Je restai avec lui jusqu'à 3 heures du matin.

6 germinal. — Comme nous étions convenus, dans le commencement, que, dans le cas où nous ne recevrions pas d'ordre du général Jourdan, nous attaquerions le lendemain pour éviter d'être nous-mêmes attaqués, je me rendis auprès du général Souham pour lui faire part de ces intentions et faire des dispositions pour l'attaque. Les avant-postes firent alors des rapports que l'ennemi faisait des mouvements sur notre gauche. Nous crûmes d'abord qu'il avait l'intention de se porter sur nos derrières et arriver avant nous à Engen, ce qui nous faisait craindre que l'aile gauche n'eût essuyé un grand échec. Quoique Engen fût un point de retraite pour la division, notre inquiétude n'était pas bien grande à cet égard, parce que nous pouvions toujours suivre les mouvements de l'aile droite.

Enfin, quand le jour fut assez grand pour pouvoir découvrir, nous aperçûmes le contraire ; l'ennemi se dégarnissait de sa droite devant nous pour se porter sur sa gauche, devant le général Ferino qui était alors déjà aux prises. L'ennemi avait attaqué sur Bodman dès le point du jour. J'eus bientôt fait mes dispositions d'attaque et je commençais le feu, lorsqu'un officier de l'état-major du général Ferino vint me dire d'agir activement et de me rabattre sur le point de Nenzingen pour soulager la droite qui était fortement aux prises. Trois compagnies que j'avais détachées dans le bois à ma gauche me firent gagner un peu de terrain. Je fis une diversion favorable au général Ferino ; car l'ennemi, voyant que je l'avais attaqué brusquement, arrêta son mouvement pour s'opposer à mes progrès. J'avais avancé deux pièces d'artillerie ; l'ennemi m'opposa le même nombre, et ensuite six pièces.

Il y avait déjà près de deux heures que nous étions engagés, mes deux pièces venaient d'être démontées, j'avais donné l'ordre de remplacement et d'en augmenter le nombre, lorsque je reçus celui de faire ma retraite. La 2ᵉ demi-brigade perdit encore quelques hommes. Le 1ᵉʳ régiment de dragons, commandé par le chef de brigade Viallanes (1), et un escadron du 6ᵉ eurent plusieurs hommes et plusieurs chevaux tués par le canon; un boulet frappa le citoyen Dupouy, chef d'escadron du 1ᵉʳ. La fermeté des dragons sous le feu de l'artillerie fut admirable. La retraite se fit sans perte et dans le plus grand ordre jusqu'au point d'où j'étais parti le matin (2).

Alors le général Souham, qui avait reçu un ordre assez équivoque de la part du général Jourdan, mit en mouvement la division pour occuper les points d'Engen et d'Aach, et me donna celui de rester avec un bataillon, deux escadrons et deux pièces d'artillerie légère, en présence de l'ennemi, à la tête du défilé d'Eigeltingen. Je laissai mes avant-postes en avant de ce village, et l'ennemi, qui avait repris ce terrain qu'il avait perdu le matin, ne chercha pas à passer outre. Nous restâmes ainsi en présence tout le jour.

Vers les 4 heures de l'après-midi, n'ayant reçu aucun ordre, je fus auprès du général Ferino qui me dit n'en avoir reçu aucun du général Jourdan, et que, quand il ferait nuit, après avoir allumé les feux, nous ferions notre retraite. Je devais garder Aach et Ehingen pour couvrir le flanc gauche de la division de droite qui devait prendre sa position vers Steisslingen, appuyant sa droite au lac de Constance. J'en étais convenu avec le général Ferino auquel j'avais même assuré que ma brigade était déjà établie sur

---

(1) Viallanes (Jean-Baptiste) né le 11 octobre 1761 à Riom; dragon, le 26 janvier 1780; maréchal des logis, le 1ᵉʳ mai 1785; adjudant, le 17 juin 1792; sous-lieutenant, le 11 septembre 1792; lieutenant, le 15 mai 1793; capitaine, le 25 prairial an II; chef d'escadrons, le 28 prairial an II; chef de brigade, le 1ᵉʳ germinal an V; général de brigade, le 11 fructidor an XI; employé à la Grande Armée en l'an XIV; commandant le département de l'Allier, le 7 mars 1812; retraité le 4 septembre 1815. (A. A. G.)

(2) Le Journal de l'ouverture de la campagne de l'an VII par le général Jourdan, 6 germinal, dit : « La 2ᵉ division se retira en arrière et à la gauche de la ville d'Engen; elle eut quelques hommes tués en tiraillant dans les bois entre Aach et Engen. » Le rapport de Souham, 6 germinal an VII, Correspondance, armée du Danube. (A. H. G.), dit : « Le 6, m'étant concerté de grand matin avec le général Ferino pour attaquer l'ennemi, l'ordre en fut donné et exécuté au point du jour. A peine l'affaire était-elle engagée que je reçus, par un aide de camp du général en chef, l'ordre de faire ma retraite sur Geisingen ; mais les fatigues qu'avaient essuyées, depuis plusieurs jours, nos troupes, et la retraite du général Ferino que je devais protéger, me firent prendre position en arrière d'Engen.

« Nous avons perdu, ce jour, un chef d'escadrons du 1ᵉʳ régiment de dragons qui a été tué, trois soldats tués, neuf blessés, un prisonnier, un charretier de tué et trente chevaux tant tués que blessés. »

ce point; le général Souham m'avait dit que cela serait ainsi et qu'il me ferait prévenir de ce qu'il y aurait eu de nouveau.

Je dus donc être bien surpris, en arrivant à Aach, de ne plus trouver que des feux, sans qu'il restât un seul poste. Ne connaissant point la cause de cet abandon, et ne pouvant pas présumer que la division avait été forcée à faire sa retraite sans que j'eusse dû en avoir avis, j'attribuai cela à une erreur. J'établis donc la troupe que je conduisais sur le point d'Aach, et je me rendis à Engen. Jusque-là, je ne trouvai plus que des feux, et ma surprise augmenta par conséquent de plus en plus. Enfin, arrivé à Engen, mon étonnement dut encore être bien plus grand : j'appris que nous devions, par une seule marche, aller nous poster sur les hauteurs en arrière de Villingen.

Le général Souham m'avait envoyé, aussitôt qu'il avait reçu l'ordre, un officier pour me faire retirer: mais, soit défaut d'intelligence ou paresse, cet officier rapporta n'avoir pu me trouver.

Si, jusqu'alors, j'avais trouvé la conduite du général Jourdan singulière, je devais, d'après cet ordre, avoir un plus grand sujet d'étonnement. Celui qui, comme moi, n'ambitionne que le bonheur de son pays et qui, de tous ses moyens, cherche à y contribuer, dans de telles circonstances, ne peut-il pas éprouver des impressions extraordinaires? Est-ce un crime qu'il commet s'il ne peut arrêter l'impulsion donnée à ses sens et si, parmi quelques hommes qu'il croit ses amis, il soulage son cœur d'une partie des maux qui l'accablent? Est-ce un désorganisateur? Est-ce un... etc.?

Je cesse ces questions pour dire qu'étant d'un caractère pétulant et d'une franchise trop grande, je m'abandonnai sans doute trop, car il y a eu des êtres assez vils pour recueillir quelques paroles que j'ai proférées et s'en faire des titres afin d'arriver par de basses adulations à obtenir quelques faveurs. Hommes méprisables! Ne connaissez-vous donc point d'autres voies pour acquérir ce qui peut faire l'objet de vos désirs?

Je ne puis pas analyser l'ordre de retraite précité comme si je l'avais sous les yeux; mais ma mémoire me rappelle que la division du général Ferino devait couvrir Neustadt, ayant le corps commandé par le général Ruby à sa droite, sur Schaffhouse; la division du général Souham devait se placer sur les hauteurs en arrière de Villingen; la division d'avant-garde, commandée alors par le général Soult, vers Rottweil; enfin, la division du général Saint-Cyr, *où elle pourrait :* le général en chef la croyait perdue. Il faudrait voir cet ordre pour sa singularité, qui indiquait aussi à la réserve de cavalerie son emplacement (1).

Oh! général Jourdan, vous y étiez encore bien moins qu'à l'ordinaire! Vous deviez vous rappeler que, lors de votre entrée en campagne, par l'établissement de votre corps d'armée, vous aviez fait attention à Donaueschingen où vous avez passé quelques jours à contempler les charmes de cette maussade créature que vous aviez revêtue d'un habit d'aide de camp pour qu'elle ne puisse pas vous abandonner. L'armée, à qui l'on avait fait lecture de votre ordre ainsi que de l'arrêté du Directoire, n'était pas très satisfaite d'une telle conduite qui n'était pas celle d'un père de famille, d'un législateur et surtout d'un général en chef.

Le général en chef ne devait point ignorer qu'en arrière de Donaueschingen était le débouché de la gorge de Vöhrenbach, et qu'il était essentiel d'occuper ce point important pour les communications avec la droite; et cet ordre ne fut donné que le deuxième

---

(1) Voici l'ordre de Jourdan (A. H. G.) :

« Ordre du 6 germinal an VII. Tuttlingen, le 6 germinal an VII.

Le général Ferino fera sa retraite sur la vallée de Neustadt; il prendra position aux environs d'Unadingen, de manière à défendre la gorge de Neustadt. Le général Ruby se retirera sur Schaffhouse et préviendra le général Masséna du mouvement rétrograde de l'armée.

La 2e division fera sa retraite sur Villingen et prendra position sur les hauteurs en arrière de cette ville, laissant une avant-garde en avant.

Le général Soult fera passer demain à Villingen, par la route de Tuttlingen à cette ville, la 1re demi-brigade de ligne et le 4e régiment de hussards. Cette colonne sera commandée par le chef de brigade Merlin. Ce chef enverra à Villingen prendre les ordres du général Souham. Le 4e de hussards et la 1re de ligne feront ensuite partie de la 2e division. La division d'avant-garde fera sa retraite sur Rottweil où elle prendra position; elle se liera avec la 2e division. Le général Soult veillera à ce que la 1re de ligne et le 4e de hussards fassent le mouvement qui est prescrit plus haut. Il jettera des partis sur Ebingen afin de protéger la retraite du général Saint-Cyr et pour avoir des nouvelles de cette division.

La division de cavalerie viendra cantonner dans les villages situés en arrière de Villingen et Rottweil.

La division du général Saint-Cyr fera sa retraite sur Rottweil; dans le cas où cela ne lui serait pas possible, il se retirerait sur Oberndorf ou Sulz ou Horb.

Le quartier général se rendra à Schramberg.

Le général d'artillerie tâchera de diriger sur Schramberg un approvisionnement de munitions en toutes espèces.

Les équipages et les parcs commenceront leur mouvement ce soir à 10 heures, et les divisions, demain 7, à 3 heures du matin.

Le général en chef : Jourdan. »

jour. Mais j'y avais prévu : dès le moment que la division était arrivée à sa position, j'envoyai le capitaine Girard, du 4ᵉ de hussards, avec un escadron, occuper Wolterdingen, seul point à occuper dès qu'on ne pouvait y mettre qu'un petit corps. Je mis aussi à sa disposition deux compagnies d'infanterie. Un de vos hommes de confiance ne vous dit pas cela, général, quand il vous rendit compte à son retour de chez le général Ferino ! Mais je passe pour un instant sur ce détail que je reprendrai à son temps. Il faut placer ma brigade.

Pourtant il faut qu'auparavant je dise que le général Jourdan avait pressenti que les honneurs du triomphe ne lui seraient pas décernés; et le 7, au matin, il fit paraître qu'il avait déjà fait le choix d'un de ceux sur qui il se vengerait de ce nouvel abandon de la fortune qui, aussi, très souvent n'accorde ses faveurs que lorsqu'on a fait tout ce qu'il faut pour en être digne. Il suspendit de ses fonctions le général d'Hautpoul pour n'avoir point obéi à ses ordres, le 5. Il y aurait bien des réflexions à faire à cet égard, mais je m'en abstiens.

Le général Souham, en arrivant à Villingen auprès du général Jourdan qui y était déjà établi, éprouva tout le contraire. On lui témoigna une joie d'enthousiasme. On était enfin dans la surprise la plus extrême de le voir. « Et votre division, où est-elle ? » lui dit-on. Sur sa réponse qu'elle arrivait, on le combla de caresses. « Ah ! quel bonheur ! s'écriaient-ils ; nous vous croyions tous perdus. »

7 germinal. — Le 7, j'établis ma brigade conformément aux ordres que j'avais reçus, ma gauche à la route de Villingen à Hornberg, la droite au Kirnachthal, mes avant-postes sur les hauteurs en avant de Villingen et vers Marbach. Villingen, à cause de sa position, ne pouvait être considéré que comme un avant-poste. L'expérience que j'en avais eue lors de la retraite de Moreau m'avait encore bien plus déterminé à ne l'occuper que de cette manière. Mais le chef de l'état-major, Ernouf, avait des opérations d'intérêt à terminer dans cette partie, et le grand quartier général militaire y était resté établi.

L'ennemi n'avait point du tout inquiété notre retraite. J'appris que le 4ᵉ régiment de hussards et la 1ʳᵉ demi-brigade de ligne feraient partie de ma brigade. Ces corps étaient restés à Geisingen sous les ordres du chef de brigade Merlin (1), pour couvrir la retraite et observer les mouvements de l'ennemi. Je donnai l'ordre au régiment de hussards, lorsqu'il arriva, d'occuper les postes de la droite, et qu'un escadron fût établi dans la gorge de Vöhrenbach, vers Wolterdingen, pour observer l'ennemi sur Donaueschingen et communiquer avec la division du général Ferino.

8 germinal. — Le 8, j'envoyai à Vöhrenbach, pour être ensuite à la disposition du capitaine Girard, commandant l'escadron de hussards, deux compagnies de la 2ᵉ de ligne, pour le soutenir et faciliter la surveillance dans ces montagnes.

La 1ʳᵉ demi-brigade reçut l'ordre de rentrer dans la division de Saint-Cyr, dont les talents sont connus. Cet officier général n'avait certainement pas éprouvé les agitations du général Jourdan, quoiqu'il eût été sommé de se rendre par l'armée autrichienne. Je ne connais point assez les détails de sa marche pour en parler. Cette division était revenue prendre sa position vers Rottweil. Alors la division d'avant-garde reçut l'ordre d'appuyer à droite.

Le soir de ce même jour, je reçus l'ordre de détacher le chef de brigade Merlin avec son régiment, le 4ᵉ de hussards, et une demi-brigade, et de lui donner l'ordre de prendre position sur les hauteurs de Donaueschingen et d'occuper cette ville. La 7ᵉ, forte de sept cents hommes, y fut envoyée; les deux compagnies de la 2ᵉ, que j'avais détachées précédemment, eurent aussi l'ordre de rester.

J'avais reçu le rapport, dans le jour, que l'ennemi occupait Donaueschingen avec cinq cents chevaux faisant partie d'une division qu'il avait à Geisingen et Pfohren.

Le général Souham reçut du général Ferino une lettre datée de Löffingen. Il lui annonçait qu'il arrivait à l'instant à sa position,

---

(1) Merlin (Christophe-Antoine), né le 27 mai 1771, à Thionville; sergent-major au 4ᵉ bataillon de la Moselle, le 15 août 1791; sous-lieutenant, le 7 décembre 1791; lieutenant, le 11 mai 1792; capitaine, le 8 octobre 1792; chef d'escadrons, le 3 août 1793; adjudant général chef d'escadrons, le 14 vendémiaire an II; chef de brigade, le 25 prairial an III; colonel du 4ᵉ régiment de hussards, le 5 pluviôse an IV; général de brigade, le 12 pluviôse an XIII; général de division au service de l'Espagne, le 15 août 1808; général de division au service de la France, le 5 janvier 1814; inspecteur général de cavalerie en 1814 et 1818; retraité le 1ᵉʳ décembre 1824: remis en activité, le 7 février 1831; membre du comité de l'infanterie et de la cavalerie, le 20 septembre 1832; en non-activité, le 28 août 1836: mort à Paris, le 9 mai 1839. (A. A. G.)

que son mouvement s'était opéré fort tranquillement, que l'ennemi n'avait pas paru depuis qu'il l'avait quitté entre Nenzingen et Steisslingen, qu'il désirait savoir où était le général Souham, et comment il se trouvait. Il l'invitait de faire passer avec la plus grande célérité une lettre qu'il lui adressait pour le général en chef, dont il attendait les ordres avec la plus vive impatience; et, par post-scriptum, il ajoutait qu'il désirait savoir quels étaient les ordres que le général Souham avait reçus, s'il devait tenir ou faire retraite; que, pendant la nuit, il lui avait expédié une ordonnance; que le dragon n'avait pas pu passer, ayant rencontré l'ennemi entre Wolterdingen et Hüfingen. Enfin, il disait au général Souham, dans le cas où il aurait l'ordre de faire sa retraite, de lui marquer sur quel point et de quelle manière il comptait l'opérer, et, s'il devait tenir, qu'il l'obligerait également de l'instruire de ses dispositions.

Il se passa ce jour-là une scène qui me prouva que le général Ernouf s'occupait plus de ses intérêts que de la subsistance du soldat. Nous vivions aux dépens du pays et d'après les réquisitions des commissaires des guerres. Ceux de la division demandèrent aux magistrats de Villingen quelque mille rations de pain. Alors ces magistrats répondirent que le général Ernouf et le commissaire des guerres Vaillant, qu'ils avaient satisfaits pour cela, leur avaient promis qu'ils ne fourniraient plus rien. Le général Ernouf certifia cette réponse, car il osa mettre sur la réquisition une défense formelle qu'elle fût acquittée.

Le général Souham, informé de cette conduite, se rendit chez le général Ernouf. D'après les reproches qu'il lui fit, il fut obligé de rétracter l'empêchement qu'il avait mis à l'acquittement de la réquisition.

Le commissaire Vaillant, compagnon très actif du général Ernouf, fit des reproches aux commissaires qui avaient été obligés, pour avoir des subsistances pour la division, de dévoiler sa conduite. Il y a encore d'autres faits. Je ne les connais point assez pour les détailler; mais, au surplus, Ernouf n'est-il pas connu?

Enfin, encore ce même jour, vers les 8 heures du soir, je reçus une lettre du général Jourdan qui eut bien lieu de m'étonner (1).

(1) Le 7, Jourdan avait écrit au ministre de la guerre : « J'ai l'honneur de vous faire part, citoyen ministre, que le général de brigade Decaen ayant tenu hautement des pro-

Elle contenait trois griefs. Voici comme le général Jourdan les expose :

« Il m'est revenu, citoyen général, que, dans plusieurs circonstances, vous vous êtes permis de critiquer hautement les ordres qui venaient de moi et d'employer des termes peu doux pour désigner mon état-major.

« Il m'est parvenu que vous aviez dit hautement plus d'une fois *que vous donneriez votre démission si vous pouviez penser que les choses restassent dans l'état où elles se trouvent.*

« Il m'est enfin parvenu que vous avez manifesté votre peu de confiance dans mes talents militaires. »

Le général Jourdan fait ensuite des réflexions, me tient un langage singulier et termine sa lettre par me demander une explication franche dans la soirée.

On se persuadera aisément qu'une telle démarche de la part du général Jourdan eût lieu de m'étonner, et mon premier mouvement fut de me rendre auprès de lui pour lui donner cette explication qu'il désirait. J'avais l'âme outrée d'indignation contre les vils courtisans qui m'occasionnaient un tel désagrément, et cette franchise dont je suis doué eut alors tout son essor.

En entrant chez le général Jourdan, j'étais accompagné du général Souham : c'était son amitié pour moi qui l'avait engagé à m'accompagner, croyant qu'il pourrait mettre un frein à ma fougue. Mais ma vivacité ne put se ralentir. Apercevant quelques-uns des hommes pour lesquels je n'avais aucune estime, j'annonçai au général Jourdan que, pour avoir avec lui l'explication qu'il me demandait, je désirais qu'il fût seul, parce que je pourrais citer le nom de quelques fripons et de quelques imbéciles. Certes, il n'en a point fallu davantage pour me susciter un grand nombre d'ennemis, à la vérité plus méprisables que dangereux sous certains rapports; car il y a bien des gens qui n'aiment point à entendre la vérité.

Le général Jourdan, après avoir fait droit à ma réclamation et m'avoir représenté d'être autant de sang-froid *comme il l'était quand il m'avait écrit,* me dit de m'expliquer, tant sur ce que je

---

pos tendant à me faire perdre la confiance de l'armée, j'ai demandé au Directoire de le faire passer à une autre armée. » (Jourdan au ministre de la guerre, Villingen, 7 germinal an VII, Correspondance, armée du Danube. A. H. G.)

venais de dire que sur ce qu'il avait inséré dans sa lettre. Mes réponses furent franches et je lui parlai de la même manière que j'explique différents faits insérés dans ce journal; et je citai ces faits pour réponse aux questions qu'il me faisait.

Il ajouta *que j'avais dû me réjouir de ce qu'il avait perdu la bataille du 5, parce qu'il ne commanderait plus d'armée.* Lui ayant répondu que j'aimais trop mon pays pour me réjouir des malheurs qui lui arrivaient, et que je croyais pouvoir me dispenser de lui en dire davantage pour me justifier, alors il me dit : « Général, si vous n'avez point de confiance en moi, donnez-moi votre démission. » Je lui répondis négativement et je repartis : « Vous, général, vous pouvez me donner un ordre de quitter l'armée. Servez-vous de ce droit, mais j'aime à me persuader que, dans le cas où vous vous y détermineriez, vous y énonceriez le motif. » Enfin, après avoir répondu à différentes autres interpellations et lui avoir dit que, si ceux qui lui avaient témoigné tant d'intérêt lui avaient dit la vérité, il aurait entendu que j'avais pu me plaindre de ce qu'il était aussi mal entouré.

Le général Souham, qui fut présent à cette explication, parla au général Jourdan de manière à bien le persuader que je ne m'étais pas rendu coupable de ce dont on m'accusait. Le général Souham connaissait mieux que qui que ce soit ma conduite, puisque j'étais continuellement avec lui; on parla ensuite de diverses autres choses, et puis je me retirai.

9 germinal. — Le 9, l'ennemi s'avança sur la route de Donaueschingen à Villingen pour faire une reconnaissance et établir quelques vedettes devant nos postes.

Le général en chef monta à cheval avec les officiers de son état-major et se transporta sur une hauteur à la droite de Villingen, sur la rive droite de la Brigach. A son retour (il était environ une heure), le chef de l'état-major général fit demander des officiers de celui de la division, pour accompagner un officier qui était chargé d'indiquer la nouvelle position que la 2ᵉ division devrait occuper aussitôt que l'ordre lui en serait donné; ce qui fut sur-le-champ exécuté. A leur retour, ces officiers rapportèrent que leur guide leur avait fait voir une hauteur en leur disant : « Voilà la position! J'ai rempli ma mission. » Un officier lui représenta :

« Mais, où sera la droite? la gauche? le front? etc... » Il répéta : « J'ai rempli ma mission », et s'en alla.

A 3 heures, le général Souham reçut l'ordre de mettre sa division en mouvement pour occuper cette position, la gauche à Villingen, la droite à Pfaffenweiler, ayant Rietheim devant son front. J'avais déjà donné mes ordres pour le mouvement de ma brigade, lorsque je reçus contre-ordre ; mais, une demi-heure après, je reçus celui d'exécuter le mouvement. On ne trouvera pas qu'une telle manière de servir fût bien agréable. Certes, elle ne peut qu'occasionner du dégoût et même des murmures ; aussi, ce jour-là, les soldats témoignèrent le plus grand découragement. On les faisait quitter une position à plus de 5 heures du soir pour leur en faire prendre une autre qui n'était nécessitée par aucune circonstance, et, pour y arriver, il fallait passer par des chemins affreux et conduits par des guides qui étaient obligés de porter des feux, parce que le chemin indiqué, tracé et jalonné par les habiles officiers de l'état-major général était impraticable pour l'infanterie, puisque les eaux qui étaient dans ce chemin servaient à l'usage d'un moulin. C'est par là que vinrent au camp l'artillerie et la cavalerie : il y avait un pied et demi d'eau dans ce chemin.

Je m'étais rendu sur les lieux pour examiner cette position, sur laquelle j'avais placé une grand'garde le premier jour que la division avait été établie auprès de Villingen ; c'était tout ce qui était convenable. Après avoir parcouru le terrain, il me fut impossible de trouver d'autre issue pour en sortir que ce chemin que j'ai ci-dessus indiqué.

A mon retour, le général Souham me communiqua un ordre du général en chef qui prescrivait impérativement au chef de brigade Merlin de prendre position sur les hauteurs de Donaueschingen ; car cet officier avait fait un rapport relatif à la position qu'il avait cru devoir prendre et qui ne parut pas convenable au général en chef.

10 germinal. — Le général Souham envoya deux escadrons et deux pièces d'artillerie légère à ce chef de brigade, afin qu'il pût entreprendre d'occuper cette position. Dès le point du jour, les avant-postes ennemis furent attaqués (1). Ces postes faisaient face à

---

(1) Le *Journal de l'ouverture de la campagne de l'an VII* par le général Jourdan (A. H. G.) ne fait pas mention de cette attaque.

ceux établis par ce chef de brigade en avant de Wolterdingen, sur la position qu'il pouvait prendre avec les troupes à ses ordres, celle de Donaueschingen étant trop étendue et exigeant des forces relatives. Les avant-postes ennemis, repoussés, se replièrent sur Donaueschingen. On s'empara aussitôt de la position; mais l'ennemi ne tarda pas à s'avancer avec au moins douze cents chevaux.

J'arrivai sur ces entrefaites. L'ennemi repoussait nos tirailleurs : plusieurs dragons et hussards avaient déjà été blessés ainsi que nombre de chevaux. Je ne jugeai pas convenable qu'on s'opiniâtrât à vouloir tenir cette position ailleurs qu'à la tête des bois, parce que, pour peu qu'on eût voulu y mettre de l'entêtement, l'ennemi avait, à notre gauche, des hauteurs qui dominaient, et d'où non seulement il nous aurait pris en flanc, mais, à mesure que nous aurions avancé, il nous aurait pris en rouage. D'un autre côté, n'ayant pas un corps suffisant pour se garder et défendre avec succès cette position, et qu'en outre les avant-postes établis à la tête des bois remplissaient le même but, je donnai des ordres en conséquence; et le chef de brigade Merlin prit position avec son gros de troupes à Wolterdingen, ayant ses avant-postes, le centre à la tête des bois vers Donaueschingen, la gauche sur la Brigach, se liant avec les troupes de la division vers Grüningen, et la droite, avec celles du général Ferino vers Braünlingen. Le général Souham se rendit sur les lieux et approuva mes dispositions.

A notre retour à Villingen [il était tard, car il y a 6 lieues de Wolterdingen à Villingen (1)], le général Souham reçut l'ordre de mettre sa division en mouvement le lendemain à 4 heures du matin pour venir prendre position à Benzebene (2).

Cet ordre, compris dans celui du mouvement général de l'armée, énonçait :

... Le général Souham mettra en mouvement sa division demain matin à 4 heures. Le corps de cette division commandé par le chef de brigade Merlin, qui doit être sur les hauteurs en arrière de Donaueschingen, se retirera sur Vöhrenbach et, de là, sur Triberg, afin de couvrir la droite de la position.

Le général Souham établira ce corps sur les hauteurs en arrière de Tri-

---

(1) Il n'y a que 16 kilomètres par Thannheim et Pfaffenweiler, et 18 par Donaueschingen.
(2) Benzebene est un plateau situé à environ 6 kilomètres à l'est-sud-est de Hornberg.

berg, de manière à couvrir les routes qui conduisent de là sur Elzach et Hornberg.

Le corps de la division se retirera sur Mönchweiler, suivra ensuite la route de Hornberg, et s'arrêtera sur les hauteurs de Benzebene, en arrière de Krummenschiltach, où elle prendra la position qui lui sera indiquée par le chef de l'état-major général...

Le général Soult suivra ensuite le mouvement de cette division sur les hauteurs de Benzebene, où le chef d'état-major général lui indiquera la position qu'il doit occuper...

Lorsque le général Souham me communiqua cet ordre, je lui fis l'observation qu'il suffisait de voir la carte pour juger que si on exécutait à la lettre ce qui était prescrit relativement aux troupes commandées par le chef Merlin, on laisserait à l'ennemi toutes les facilités pour arriver à volonté sur la droite de Benzebene et pour venir s'établir entre la 1re et la 2e division et les attaquer sur leurs flancs ou les inquiéter sur leurs derrières; et, en outre, que l'ennemi pourrait se diriger de Furtwangen sur Waldkirch et sur Elzach, enfin sur les derrières de l'armée, sans rencontrer d'obstacles et même sans qu'on puisse en être informé; que c'étaient ces derniers motifs qui m'avaient fait placer des troupes pour couvrir la gorge de Vöhrenbach lorsque la division était arrivée sur Villingen, parce que je connaissais l'importance de cette commucation pour l'avoir appréciée lors de la retraite du général Moreau en 1796. Ainsi, il me paraissait indispensable qu'une partie du corps commandé par le chef Merlin prît poste à Furtwangen, sauf à statuer définitivement lors de l'établissement de la division au camp de Benzebene. Alors des ordres furent donnés au chef Merlin en conséquence de ces observations.

11 germinal. — La division se mit en marche à l'heure prescrite, et elle arriva sur les hauteurs de Benzebene encore couvertes de neige, et les troupes y furent établies (1).

Le général Souham désigna Triberg pour son quartier général,

(1) « ... Le 11 (germinal), à 4 heures du matin, par ordre de l'adjudant général Becker, la division quitta ses bivouacs en avant de Villingen, et a passé par cette dernière ville en suivant la grand'route qui conduit à Hornberg, où la 83e et le 1er dragons restèrent en position sur la hauteur près Benzebene, le 6e dragons et l'artillerie légère à Sankt Georgen, la 2e et la 7e de ligne dans la gorge qui, de Triberg, conduit à Sankt Georgen, le 4e hussards garda les débouchés de Furtwangen et d'Elzach; l'artillerie de position, en arrière de Hornberg; le quartier général à Triberg... » (Bulletin décadaire de la 2e division (division Souham) du 11 au 20 germinal, armée du Danube. Corresp. A. H. G.)

ma brigade occupant la droite du camp dont le front devait être couvert par les troupes de l'avant-garde, et je fus chargé de la surveillance et de la garde des débouchés qui pouvaient se trouver à la droite de ce camp, et de couvrir le quartier général de la division. Je fis à cet égard les dispositions que prescrivaient les localités, et je fus m'établir à Triberg avec le général Souham.

Ce général, qui avait fait part de mes observations au général en chef, reçut dans la soirée la lettre ci-après :

Au quartier général à Hornberg, le 11 germinal, l'an VII.

Le général de division Ernouf, chef de l'état-major général, au général Souham, commandant la 2ᵉ division.

L'intention du général en chef, mon cher général, étant de rendre la position actuelle de l'armée hors d'insulte de la part de l'ennemi, il me charge de vous inviter de prendre toutes les mesures nécessaires pour couvrir le terrain que votre division occupe. En conséquence, vous ferez faire la reconnaissance exacte de tous les chemins et débouchés par où l'ennemi pourrait arriver à vous; vous en défendrez l'approche, en y faisant faire des coupures et des abatis, et vous romprez les ponts qui se trouvent en avant de votre front. Enfin, vous prendrez toutes les précautions que vous jugerez nécessaires pour vous rendre inabordable; et vous en rendrez compte au général en chef.

Vous êtes aussi autorisé à retirer du camp un bataillon que vous placerez à Triberg, et vous détacherez quelques compagnies à Elzach.

Le général en chef craint encore que les troupes détachées à Furtwangen ne soient un peu exposées. Il vous invite à bien reconnaître ce poste, et à le retrancher même, si cela était nécessaire, pour en défendre l'approche à l'ennemi.

Le général en chef s'en rapporte au reste, mon cher camarade, à votre prudence et au zèle que vous mettrez à remplir ses vues. Je vous invite à lui rendre un compte détaillé de votre position et des mesures que vous aurez prises.

Salut, etc...

Signé : Ernouf.

Je fais ici l'observation que, servant avec la plus grande confiance, étant lié d'amitié avec le général Souham, je ne tenais de registre ni de mes ordres, ni de mes rapports. Il me suffisait, avec lui, comme avec les généraux Desaix, Beaupuy et Sainte-Suzanne avec lesquels j'avais fait la campagne de l'an VI, qu'il m'ordonne verbalement, et je lui rendais compte de la même manière, dès que les ordres donnés avaient été exécutés. Mais, dès ce jour, je pris la résolution d'en agir autrement quand j'aurais lieu de me défier de l'injustice ou de la méchanceté de ceux avec lesquels je servirais à l'avenir, ou bien que je ne les connaîtrais pas assez. D'ailleurs, la conduite du général Jourdan à mon égard m'obligeait de me tenir sur mes gardes; d'un autre côté, le général Souham m'avait prévenu qu'il allait obtenir un congé pour aller à Strasbourg se rétablir d'une chute de cheval qu'il avait faite dans la journée du 5.

12 germinal. — Le général Souham m'ayant remis l'ordre ci-dessus, et m'ayant chargé de son exécution, j'ordonnai dès le matin, au chef de brigade Perrin, commandant la 2ᵉ demi-brigade d'infanterie de ligne, de faire partir sur-le-champ deux compagnies pour se rendre à Elzach pour être sous les ordres du chef Merlin. La veille, il était venu s'y établir, après avoir laissé une partie de son régiment à Furtwangen, ainsi que la 7ᵉ demi-brigade qui vint ensuite au camp de Benzebene (elle n'était que de sept cents hommes).

Par le même ordre, il fut dit au chef Perrin que sa demi-brigade devait être établie, savoir :

2 compagnies à Elzach ;

4 compagnies à Furtwangen, aux ordres du chef d'escadrons Pajol (1) ;

4 compagnies à Sankt-Georgen, aux ordres du commandant du 6ᵉ de dragons ;

2 compagnies à Schonach, 1 compagnie (2) à Schönwald, 1 compagnie à Nussbach, 2 compagnies (3) à Triberg, sous les

---

(1) Pajol (Claude-Pierre), né le 3 février 1772 à Besançon; sous-lieutenant, le 12 janvier 1792; lieutenant, le 27 mai 1792; capitaine, le 28 pluviôse an III; chef de bataillon, le 20 pluviôse an IV; chef d'escadrons au 4ᵉ régiment de hussards, le 5 thermidor an V; chef de brigade, le 3 thermidor an VII ; général de brigade, le 1ᵉʳ mars 1807; sert à la Grande Armée et à l'armée d'Allemagne de 1807 à 1811; général de division, le 7 août 1812; commandant la division de cavalerie réunie à Melun, le 20 janvier 1814; commandant la division de grosse cavalerie à l'armée sur la Loire, le 19 mars 1815; retraité, le 3 janvier 1816; remis en activité, le 25 septembre 1830. (A. A. G.)

(2) L'ordre reproduit dans le mémoire justificatif adressé par Decaen au ministre de la guerre dit : 2 compagnies. (V. *infra*, p. 439.)

(3) L'ordre reproduit dans le mémoire justificatif adressé par Decaen au ministre de la guerre dit : 4 compagnies. (V. *infra*, p. 439.)

ordres du chef Perrin, auquel il fut dit : « Celles qui seront dans ces derniers endroits devront avoir des postes sur tous les débouchés qui arrivent aux postes qu'elles occuperont, et s'y garderont militairement. »

Après avoir donné cet ordre, je me rendis à Furtwangen pour reconnaître les localités et juger quelle était la valeur de ce poste et donner des instructions en conséquence.

Ce qui arriva deux jours après m'oblige d'entrer dans des détails, et même de transcrire textuellement les ordres que j'eus lieu de donner, ceux que je reçus, ainsi que les rapports qui me furent adressés et ceux que je fis moi-même.

Après avoir fait la reconnaissance de Furtwangen et de ses environs, j'y donnai au chef d'escadrons Pajol l'instruction suivante :

Le chef d'escadrons Pajol, du 4e de hussards, établi à Furtwangen, est chargé de la garde de ce poste avec la troupe qu'il commande et quatre compagnies de la 2e brigade qui sont à sa disposition.

La conservation du poste de Furtwangen tient à une surveillance active. Il faut donc qu'il fasse bien reconnaître tous les débouchés qui conduisent sur Furtwangen. Il en existe deux principaux : celui de Vöhrenbach, passant par Schönenbach, et un autre qui vient de Sankt-Georgen et tombe dans celui de Vöhrenbach auprès de Schönenbach. Il faudra que le chef d'escadrons Pajol se lie par des patrouilles avec les troupes établies à Sankt-Georgen et qu'il fasse reconnaître s'il n'existe pas de communication, dans l'étendue de ce chemin, qui conduirait à Vöhrenbach et Villingen.

Dans le cas où le poste de Furtwangen serait attaqué par des forces supérieures, il devrait envoyer des ordonnances pour en prévenir les postes en arrière de lui établis à Schönwald, Triberg, et au chef de brigade Merlin qui occupe Elzach. Après avoir défendu ce poste autant que possible, forcé à la retraite, le chef Pajol se dirigera sur Waldkirch où il devra s'établir pour la défense de ce poste.

Le chef d'escadrons Pajol devra aussi faire reconnaître s'il existe d'autres communications pour se rendre de Vöhrenbach à Waldkirch que celle qui passe par Furtwangen, et prendre toutes les précautions pour que l'ennemi n'y pénètre pas.

Pour l'assurance des postes établis, et prévenir toute surprise, le chef d'escadrons Pajol peut faire faire des abatis, coupures, etc., enfin tout ce qui sera convenable, et m'en fera son rapport à Triberg.

Après avoir fait d'autres reconnaissances des localités, je rentrai à Triberg et je fis mon rapport au général de division.

CHAPITRE IV

Le général Souham part en congé. — Decaen prend le commandement de la 2ᵉ division. — Le général Goullus chargé du camp de Beuzebene. — Instructions détaillées de Decaen pour la défense des passages. — Decaen chargé de faire arrêter l'adjudant général Lacour. — Il témoigne en faveur de celui-ci. — Jourdan semble ignorer que Decaen commande la 2ᵉ division. — Le général Goullus part en permission. — Decaen exécute ponctuellement les ordres qu'il reçoit — Les Autrichiens attaquent Triberg. — Ils pénètrent entre Furtwangen et Sankt-Georgen. — Le rapport qui l'annonce à Decaen tombe entre leurs mains. — Efforts de Decaen. — Ses dispositions. — Ernouf ordonne néanmoins la retraite de l'armée. — Decaen se plaint de la façon dont on en use avec la 2ᵉ division. — Celle-ci couvre la retraite. — Idées de Decaen sur l'avant-garde générale.

13 germinal. — Le général Souham ayant reçu le congé de dix jours qu'il avait demandé, il me remit le commandement de la division selon l'autorisation qu'il en avait reçue du général en chef. Autrement ce commandement aurait appartenu par l'ancienneté de grade au général Goullus (1).

Cette division était composée d'environ quatre mille cinq cents hommes. Elle occupait un front de plus de cinq lieues. Il fallait non seulement être établi militairement, mais encore de manière à pouvoir faire vivre les hommes et les chevaux dans un pays déjà épuisé et dont les productions ne suffisaient pas, à beaucoup près, pour la consommation des habitants (2).

Après le départ du général Souham, j'écrivis au général Goullus :

Le général Souham m'a dit vous avoir prévenu, mon cher camarade, de l'absence qu'il va faire pour quelques jours, et qu'il m'avait laissé le commandement de la division.

---

(1) « ... (Le 13 germinal)... L'ennemi envoya sur le front des divisions de fortes patrouilles pour reconnaître notre position. Le général en chef présuma, d'après ce mouvement, qu'il serait attaqué le lendemain. En conséquence, il fit prévenir les généraux de division de se tenir sur leurs gardes et d'être prêts à tout événement. » (Journal de l'ouverture de la campagne de l'an VII par le général Jourdan.)

(2) « ... Si nous éprouvions une déroute, il n'est pas douteux que les paysans prendraient les armes et, de concert avec l'ennemi, ils parviendraient à détruire entièrement l'armée avant qu'elle pût repasser le Rhin ou se rallier. » (Journal de l'ouverture de la campagne de l'an VII par le général Jourdan.)

Comme le terrain qu'elle occupe est très étendu et d'un accès très difficile et exige une surveillance extraordinairement active à cause des débouchés par lesquels l'ennemi pourrait pénétrer, je ne puis m'occuper particulièrement du peu de troupes de ma brigade qui sont maintenant au camp de Benzebene. Veuillez donc bien, mon cher camarade, vous charger du commandement de toutes les troupes qui occupent cette position et faire vos dispositions pour la défense qu'elle exige. Je vous invite de me faire un rapport des renseignements que vous vous êtes procurés relativement au camp de Benzebene.

Je mandai au citoyen Levrault, chef d'escadrons du 6e dragons, commandant le poste de Sankt-Georgen :

Je viens de faire donner l'ordre, citoyen, au capitaine commandant le bataillon de la 2e demi-brigade dont quatre compagnies sont établies à Sankt-Georgen, de se rendre à ce poste pour y prendre le commandement de l'infanterie sous vos ordres.

Ce poste, par sa position, exige une surveillance très active, et je ne doute pas que vous ne preniez toutes les dispositions convenables pour vous en assurer la conservation ou, si vous êtes forcé de l'abandonner, ce ne sera qu'après qu'une force bien supérieure vous y aura contraint. Je vous ai fait connaître toute l'importance de ce poste relativement au camp de Benzebene et de Furtwangen, avec lesquels vous devez vous lier par des postes ou des patrouilles suivant que les localités le prescrivent. Le poste de Sankt-Georgen a encore un autre avantage : c'est qu'il peut protéger efficacement les troupes de l'avant-garde établies tant à Peterzell qu'en arrière jusqu'à Krummenschiltach. Les débouchés qui conduisent à Benzebene et Krummenschiltach vous en procurent l'avantage. Il est donc essentiel de bien vous y établir, puisqu'aussi par ce même point l'ennemi peut venir vous y attaquer.

Un point aussi très important, c'est le chemin de Sankt-Georgen à Vöhrenbach qui débouche près la source du Danube. Faites à cet égard vos dispositions de sorte que les troupes sous vos ordres puissent être dans le cas de repousser toutes attaques qui vous seraient faites de ce côté. Le terrain, bien examiné, vous en offre la possibilité. Examinez les débouchés qui arrivent sur votre poste : si vous les jugez peu utiles pour vous faciliter la surveillance, faites-y faire des empêchements de communications, comme abatis, coupures, etc...

Enfin, si vous êtes attaqué, faites prévenir tant au camp qu'à Triberg et aux postes sur la route ainsi qu'à Furtwangen, et, dans le cas où vous seriez obligé à vous retirer, vous effectueriez votre retraite sur Triberg, en profitant des avantages que le terrain vous donnerait jusqu'à l'entrée de la gorge de Triberg au-delà de la ferme qui se trouve aux quatre chemins, dont un va de Benzebene à Vöhrenbach et l'autre, de Sankt-Georgen à Triberg où, demain matin, j'aurai un poste de cinquante hommes d'établi ; et là encore, vous disputeriez fortement le terrain.

J'attends de vos connaissances et de vos talents militaires tout le fruit de la défense d'un poste où vous pouvez vous distinguer. Ne négligez pas de m'informer de tout ce que vous pourriez avoir d'extraordinaire.

Dans la matinée, je reçus la lettre ci-après :

Au quartier général à Hornberg, le 13 germinal, an VII.

Jourdan, général en chef, au général Souham.

Je reçois à l'instant, citoyen général, votre lettre relative au citoyen Lacour, adjudant général (1).

Comme il m'est parvenu des renseignements sur le compte de ce citoyen qui s'est permis les exactions les plus graves et d'un genre tout particulier, je vous invite de le faire arrêter au reçu de ma lettre et de me le faire conduire sous bonne et suffisante escorte. Je vous recommande en cela la prompte exécution de mon avis. Salut, etc...

Signé : JOURDAN.

Je fis la réponse ci-après :

Conformément à vos ordres, mon général, j'ai fait conduire à votre quartier général le citoyen Lacour, adjudant général. Cet officier s'était réuni au général Souham, le 9, à Villingen.

Je vous assure que, depuis cet instant, je n'ai été nullement informé que cet officier ait commis aucune exaction, et qu'il n'a quitté le quartier général que pour aller, d'après l'invitation du général Souham, prendre connaissance du poste de Sankt-Georgen que j'avais fait occuper, l'ayant jugé très important pour couvrir la droite du camp; et duquel je vais vous entretenir plus particulièrement dans le rapport que je vais vous faire sur toute la position.

J'écrivis au commandant de l'escadron de dragons placé à Nussbach :

J'ai fait donner l'ordre à une compagnie de la 2ᵉ de se rendre demain matin à Nussbach pour y être, sous vos ordres, réunie à la compagnie déjà établie dans ce village.

Pour la garde et surveillance de ce poste, une des deux compagnies devra être établie aux dernières maisons de ce village sur la route de

---

(1) Lacour (Bernard-Nicolas), né le 25 janvier 1771, dans les Ardennes ; soldat, le 20 septembre 1789 ; sous-lieutenant, le 15 novembre 1791 ; adjudant général chef de bataillon, le 21 nivôse an II ; chef de brigade, le 25 prairial an III ; général de brigade, le 15 thermidor an VIII ; général de division, le 12 juillet 1809 ; mort, le 28 juillet 1809, de blessures reçues à Wagram. (A. A. G.)

Sankt-Georgen, ayant cinquante hommes établis à la grande ferme qui se trouve à l'embranchement des chemins de Vöhrenbach à Benzebene et de Sankt-Georgen à Triberg. Cette compagnie, ainsi établie, sera particulièrement chargée de la surveillance du chemin de Vöhrenbach qui se trouvera à sa droite et de la protection de la retraite des troupes établies à Sankt-Georgen, dans le cas où elles y seraient forcées. Rendez-vous sur les lieux et vous sentirez, je crois bien, l'importance de ce poste, où vous établirez aussi une garde de dragons, pour que vous puissiez promptement être prévenu de ce qui pourrait arriver.

Un autre point, non moins important, c'est le débouché de Nussbach, vers la droite de ce village, en partant de la route de Triberg auprès de l'église, et pour lequel vous m'avez fait un rapport aujourd'hui. Il est très essentiel de bien le surveiller. S'il vous est possible de le rendre impraticable, soit en faisant des abatis ou coupures, empressez-vous de le faire faire; autrement, établissez-y des postes et une surveillance très active pour év̇i toute surprise. Recommandez à tous vos postes que, s'ils s'aperçoivent de quelque attaque de la part de l'ennemi, ils vous en informent de suite pour que vous vous disposiez à la repousser et à m'en informer.

Prenez des renseignements très exacts sur toutes les communications de Nussbach et faites-m'en le rapport. »

Dans la soirée, j'adressai le rapport ci-après au général en chef :

Conformément à vos ordres, citoyen général, les renseignements ont été pris sur la position de Benzebene, autant que les neiges ont pu le permettre, ainsi que sur tout le terrain occupé par la division. Ce camp ne paraît pouvoir être insulté que par la grande route et par un chemin qui vient de Sankt-Georgen.

Les troupes établies à Furtwangen ne peuvent point être compromises : les localités et la surveillance en donnent l'assurance. J'ai même jugé convenable de faire occuper Schönenbach, entre Furtwangen et Vöhrenbach, où l'ennemi s'est établi depuis hier, avec de l'infanterie et de la cavalerie.

Le poste de Schönenbach, par sa position, étant très essentiel à garder, les quatre compagnies et les deux escadrons de hussards commandés par le chef d'escadrons Pajol doivent longtemps disputer ce poste à l'ennemi, s'il tentait de le forcer. Il ne peut déboucher sur Furtwangen que par Vöhrenbach, à moins qu'après avoir forcé le poste de Sankt-Georgen il n'arrive à Furtwangen par le vallon de Rohrbach.

J'ai cru convenable aussi de faire occuper le poste de Sankt-Georgen par quatre compagnies d'infanterie, attendu que l'ennemi, après avoir forcé le poste de Peterzell, comme cela est arrivé ce soir, a la facilité de s'avancer dans la vallée, de se diriger sur Triberg, de prendre un chemin qui se trouve au village de Sommerau, et d'arriver à la droite du camp de Benzebene par un chemin praticable pour des voitures.

Le poste de Sankt-Georgen m'a paru d'un intérêt majeur, d'autant qu'il sert à lier Furtwangen avec le camp, et à couvrir la vallée de Triberg et de Hornberg, et à assurer le flanc droit de l'avant-garde établie à Brogen et à Krummenschiltach.

Il était environ 5 heures lorsque les ennemis ont poussé une reconnaissance sur Peterzell et s'en ont emparés. Ils y ont laissé environ quatre cents hommes, tant infanterie que cavalerie. Ils se sont avancés vers Sankt-Georgen par des patrouilles qui ont été repoussées; mais nous y avons perdu un dragon. J'en ai aussi établi à Sankt-Georgen, plus particulièrement pour faire subsister les chevaux, etc.

La communication d'ici à Hornberg est rétablie, mon général. Le chemin de Hornberg à Waldkirch, où il se trouve des troupes du général Ferino, est très praticable. Comme j'ignorais que Waldkirch, sur lequel les troupes de Furtwangen doivent se retirer en cas qu'elles y soient forcées, fût occupé par les troupes de la 1re division, j'avais déjà envoyé, avant vos ordres, des troupes à Elzach, commandées par le chef de brigade Merlin, pour être dans le cas de se porter à Waldkirch, afin de soutenir ce poste, lorsqu'il serait prévenu que Furtwangen serait forcé, en faisant cependant toujours occuper Elzach, puisqu'il y a un chemin qui conduit directement à cette ville, en partant de Furtwangen, et passant par Schönwald et Schonach.

J'aurai l'honneur de vous entretenir demain de plusieurs choses relatives à la 7e demi-brigade et de ce qui me sera arrivé de nouveau.

Je vous salue respectueusement.

A 11 heures du soir, je reçus la lettre ci-après :

Au quartier général à Hornberg,
le 13 germinal an VII.

Jourdan, général en chef, au général de division Souham (1).

Des rapports qui me sont parvenus aujourd'hui, citoyen général, des reconnaissances que l'ennemi a poussées sur tous les postes de la première ligne, me font présumer que nous serons attaqués demain.

J'ai chargé en conséquence le général Soult de porter entre Schiltach et Schramberg la 53e demi-brigade, qui était encore au camp de Benzebene, de manière que cette position sera uniquement occupée par les troupes de votre division.

Cette diminution de forces sur ce point rendra nécessaire plus imposante la position générale de l'armée, en même temps qu'elle exigera de votre côté une plus grande surveillance.

Faites donc toutes vos dispositions en conséquence; vous ferez bien,

---

(1) « Le général Jourdan avait déjà perdu de vue qu'il avait donné un congé au général Souham pour rétablir sa santé et que le commandement de la division m'avait été remis. » (Note de Decaen.)

citoyen général, de renvoyer à deux lieues en arrière de Hornberg tous les équipages et munitions qui ne vous seront pas nécessaires.

Salut et fraternité.

Signé : Jourdan.

Aussitôt la réception de cette lettre, j'écrivis au général Goullus :

Il serait bien possible, mon cher camarade, d'après les reconnaissances poussées aujourd'hui par l'ennemi et l'avis que vient de m'en donner le général en chef, que l'ennemi attaque demain la position de Benzebene. Comme la 53e, qui se trouvait à votre gauche, vient de quitter le camp et que les troupes seules de la division l'occupent, veuillez prendre les dispositions nécessaires pour la surveillance et la défense de ce poste.

14 germinal. — Entre 3 et 4 heures du matin, je dus être fort étonné de recevoir la lettre suivante, qui me fut remise par le général Désenfans (1).

Au quartier général Hornberg, le 13 germinal.

Le général de division Ernouf, chef de l'état-major général, au commandant la 2e division.

Je vous préviens, citoyen général, que, d'après l'intention du général en chef, je donne ordre au général Désenfans de se rendre à la 2e division pour y être employé suivant son grade et remplacer le général Goullus qui a obtenu une permission de s'absenter de l'armée pendant six décades.

Salut.

Signé : Ernouf.

J'entretins le général Désenfans de la position qu'il allait être chargé de défendre, et je lui remis l'ordre suivant :

Comme vous remplacez dans la division le général Goullus, mon cher général, vous allez prendre le commandement de ses troupes et du camp de Benzebene, et faire des dispositions pour la surveillance et la défense de ce camp. L'adjudant général Bertrand (2), qui avait reçu l'ordre de rester

---

(1) Désenfans (Nicolas-Joseph), né le 4 août 1765 à Saint-Remy-Chaussée (Nord); carabinier, le 6 novembre 1783; capitaine au 1er bataillon du Nord, le 1er septembre 1791; chef de bataillon, le 23 novembre 1792; général de brigade, le 9 pluviôse an II; il servit à la Grande Armée, au siège de Dantzig, le 2 mai 1807; et mourut le 8 janvier 1808, à Mayence. (A. A. G.)

(2) Bertrand (Antoine-Joseph), né le 15 février 1767, à Vireux (Ardennes); entré au 4e régiment d'artillerie, le 14 juin 1784; sous-lieutenant au 1er bataillon des Ardennes, le

particulièrement attaché au général Goullus, continuera de rester employé avec vous : cet officier peut vous donner tous les renseignements utiles sur le point que vous êtes chargé de défendre.

Quoique la 53ᵉ demi-brigade, qui fait partie de la division d'avant-garde et qui était à la gauche des troupes de la 2ᵉ division, ait reçu l'ordre de se porter sur un autre point, je crois bien que les avant-postes sont toujours occupés par les autres troupes de l'avant-garde. Il faudra vous en assurer et vous concerter avec le commandant de ces avant-postes pour l'efficace défense de la position de Benzebene.

J'ai donné ordre à quatre escadrons de dragons de se rendre aujourd'hui au camp. Vous voudrez bien juger de leur utilité sur ce point. Si vous reconnaissez que la cavalerie de la division d'avant-garde, qui est établie dans cette partie, soit suffisante, il ne faudra alors laisser au camp que celle strictement nécessaire ; et elle serait relevée alternativement chaque jour.

Je vous invite, citoyen général, de me faire part de ce que vous croirez encore nécessaire pour ce poste, afin que si j'ai des moyens à ma disposition je puisse vous seconder. Il est nécessaire que vous preniez votre établissement le plus près possible du camp.

A 10 heures du matin, j'adressai au général en chef la lettre suivante :

D'après votre lettre du 12, mon général, relative à la 7ᵉ demi-brigade, je me suis rendu au camp afin de faire connaître aux officiers de ce corps quelles étaient vos intentions, si l'ordre ne se rétablissait pas dans cette demi-brigade. J'ai vu que ces officiers étaient affectés de la perspective de de leur sort. Le capitaine auquel le général Souham avait remis le commandement, lors du renvoi du chef de brigade, seul cause, par sa faiblesse, des désordres commis par les troupes à ses ordres, m'a paru fait pour ramener la discipline ; et il m'en a fait la promesse. Mais, mon général, il m'a demandé à être autorisé à casser plusieurs sous-officiers dont la conduite est très blâmable, car la loi ne lui donne pas cette faculté, et m'a dit que ces exemples feraient tout, en m'ajoutant qu'il n'était pas étonnant que quelques officiers ne montrassent pas de fermeté envers leurs subordonnés, attendu que leur existence dépendait absolument de ceux-ci, puisque, depuis plus de trois mois, ils n'ont pas reçu leurs appointements, ce dont le chef ne m'a jamais informé lorsque je lui ai fait des représentations sur la différence d'ordre et de discipline qu'il y avait entre la 7ᵉ et les autres corps.

Je joins à la présente la réclamation que m'ont faite les officiers afin que

---

14 août 1791 ; capitaine, le 10 février 1793 ; adjudant général chef de bataillon, le 23 prairial an II ; général de brigade, le 28 octobre 1808 ; chef d'état-major du corps d'armée du maréchal Bessières, le 24 janvier 1809 ; commandant à Leipzig, le 21 mai 1813 ; corps d'observation du Jura, le 10 mai 1815 ; retraité, le 1ᵉʳ août 1815. (A. A. G.)

vous ordonniez, mon général, qu'ils reçoivent au moins un acompte sur leurs appointements pour satisfaire à leurs premiers besoins. Le refus qui en a été fait a été basé sur des défauts de forme que la demi-brigade n'a peut-être pas pu remplir, attendu la marche longue et forcée qu'elle a été obligée de faire pour se rendre à l'armée.

Veuillez, mon général, mettre votre sollicitude pour la 7ᵉ demi-brigade, et j'aime à me persuader que vous aurez l'avantage de la voir reprendre son ancienne réputation.

Il est 10 heures, mon général, et je n'ai encore aucun rapport de l'ennemi qui n'a pas attaqué, car j'en aurais été de suite informé.

J'adressai au général Ernouf la lettre ci-après :

Conformément à votre ordre, mon général, j'ai donné celui d'établir la correspondance pour communiquer d'Hornberg à Waldkirch. La communication est facile et le chemin d'Hornberg à Triberg est maintenant praticable pour des voitures. Le poste de Furtwangen est gardé par quatre compagnies d'infanterie, plus de quatre cents hommes et cent chevaux sous les ordres du chef d'escadrons Pajol. J'en ai informé hier le général en chef. Deux compagnies sont en outre à Schonach pour soutenir ce poste dans le cas où il serait obligé de faire sa retraite sur ce point, au lieu de se diriger sur Waldkirch comme je l'ai ordonné.

Les deux lettres ci-dessus venaient d'être expédiées lorsque je reçus les rapports ci-après :

Furtwangen, le 14 germinal, à 7 heures du matin.

Je vous préviens, mon général, que l'ennemi s'est présenté hier soir à mes avant-postes et qu'il les a chargés avec une cinquantaine de hussards de Ferdinand. Mais la bonne contenance de nos troupes et la bonne réception qu'elles leur ont faite, les a forcés à la retraite. Nous avons été sous les armes toute la nuit. Tout est dans ce moment assez tranquille. En outre le bataillon de Manteaux-rouges qui était devant moi, il est arrivé hier soir encore un bataillon hongrois, et je crois que c'était pour couvrir son mouvement que messieurs les hussards ont voulu nous tracasser.

Signé : PAJOL.

Sankt-Georgen, le 14 germinal an VII, 9 h. 3/4.

J'apprends, général, par le rapport des patrouilles, que Peterzell est abandonné par les Autrichiens et que les troupes de notre avant-garde n'y sont pas rentrées.

La 25ᵉ demi-brigade est bivouaquée entre ce village et Brogen.

Rien de nouveau du côté de Vöhrenbach. J'y envoie un paysan, mais sans compter beaucoup ni sur sa véracité, ni même sur sa bonne volonté.

Nous sommes entourés d'un épais brouillard qui nous tient plus sur nos gardes. S'il s'élève, j'irai reconnaître le pays entre Nussbach et ici, et celui vers Staude.

Le commandant d'infanterie vient d'arriver; nous nous concerterons ensemble de notre mieux pour la sûreté du poste de Sankt-Georgen.

Signé : LEVRAULT.

Entre midi et une heure, l'ennemi, conduit par des paysans, à la faveur d'un brouillard épais, à travers des bois et des montagnes couvertes de neige, repoussa vivement les postes avancés pour la garde de Triberg. Entendant la fusillade, je sortis de mon logement, et mon premier mouvement fut de m'avancer, avec une centaine de grenadiers que j'avais seulement à Triberg et qui avaient aussitôt pris les armes, pour reconnaître l'ennemi. Mais, dominant déjà Triberg situé dans un fond totalement environné de hauteurs, absolument dans un entonnoir, son feu m'obligea bientôt à me retirer à environ 60 toises de cet endroit. Je ne pouvais pas penser que l'ennemi eût pénétré entre Furtwangen et Sankt-Georgen, n'ayant rien négligé pour y faire surveiller. Je ne pouvais que présumer qu'il avait forcé un de ces postes, de sorte que le commandant n'avait pu m'en informer.

Ce ne fut que quelques jours après que j'appris que l'ordonnance, porteur du rapport du mouvement de l'ennemi, avait été fait prisonnier (1).

Le chef d'escadrons Pajol me remit aussi le duplicata du rapport ci-après qu'il m'avait envoyé par cette ordonnance :

J'ai l'honneur de vous prévenir, mon général, que l'ennemi s'est emparé du chemin qui communique de Schönenbach à Sankt-Georgen, et qu'il a repoussé une patrouille que j'avais envoyée sur ce point. Ses postes, en avant de moi, ont tous été renforcés et beaucoup multipliés : outre le bataillon de Manteaux-rouges et le bataillon hongrois qui était arrivé hier soir, il y est encore arrivé un bataillon, ce qui fait trois bataillons entre Vöhrenbach et ici. Il est hors de doute que je serai attaqué ce soir ou demain matin. Mes avant-postes ont été menacés par ceux de l'ennemi, et l'espion que j'avais envoyé, en m'assurant que l'ennemi s'était fort renforcé,

---

(1) Ce rapport se trouve en effet aux archives de la Guerre (Kaiserlich-und Königliches Kriegsarchiv) à Vienne.

m'a dit aussi qu'il avait entendu dire qu'il avait envie de m'enlever. Dans tous les cas, mon général, vous pouvez compter sur moi, et qu'il n'aura ce poste qu'à beau jeu, bon argent. Si vous pouviez me faire passer des canons, je défendrais cette position jusqu'à extinction de chaleur naturelle, et ferais, je l'espère, repentir l'ennemi de sa témérité.

Salut et respect.

Signé : Pajol.

Le détachement sous les ordres de ce chef d'escadrons s'était retiré de Furtwangen par la route de Waldkirch, ainsi que je l'avais indiqué, et avait ensuite rejoint à Elzach, dans la matinée du 15, celles [les troupes] qui y étaient portées.

J'avais alors, près de Triberg, deux pièces d'artillerie qui avaient fait partie du détachement qui s'était porté, les jours précédents, par la gorge de Vöhrenbach sur Donaueschingen, et deux escadrons du 1er régiment de dragons, mais cantonnés là seulement pour subsister, car ils ne pouvaient servir dans ces montagnes inaccessibles à la cavalerie, les chemins étant d'une rapidité extrême et alors couverts de glace. Je les dirigeai sur Elzach où, déjà, il y avait deux compagnies et deux escadrons de hussards; les dragons et l'artillerie légère devaient se réunir au village de Schönwald (1), à une lieue de Triberg, à une compagnie d'infanterie et, de là, sur Elzach, s'ils y étaient contraints par l'ennemi. L'adjudant général Becker marcha avec cette troupe.

J'ordonnai au chef de brigade Perrin, de défendre avec ses grenadiers, jusqu'à la dernière extrémité, la vallée par laquelle on se rend de Triberg à Hornberg. Je l'avais établi à l'embranchement des chemins qui conduisent de Hornberg à Sankt-Georgen et à Triberg, à environ 60 toises de ce dernier endroit.

Ensuite, je me rendis à Nussbach et, de là, à Sommerau. Ces postes n'étaient point attaqués, mais Sankt-Georgen l'était. Je renvoyai au chef Perrin la compagnie qui était à Nussbach.

N'ayant point de rapport de Furtwangen, dont le commandant en cas qu'il y fût forcé, devait se retirer sur Waldkirch, j'envoyai un officier au commandant de Sankt-Georgen pour avoir de ses nouvelles; et je restai à Sommerau pour observer l'ennemi. Le commandant de Sankt-Georgen exécutait déjà sa retraite car, atta-

---

(1) Peut-être Schonach.

qué par son front, il fut informé que l'ennemi le tournait par sa droite avec plus de huit cents hommes qui débouchèrent des bois qui sont entre Furtwangen, Vöhrenbach, Sankt-Georgen et Sommerau. Aussitôt que la troupe de Sankt-Georgen m'eut rejoint à Sommerau, je pris le parti de me retirer sur le camp de Benzebene. Je fus poursuivi par l'ennemi jusqu'à l'entrée du bois à la droite du camp : il y avait encore plus d'une lieue de là.

Arrivé au camp, je prévins le général Désenfans que, Sankt-Georgen étant évacué, le flanc droit du camp était exposé ; je l'entretins de ce qu'il était intéressant de faire d'après les moyens à notre disposition. Je lui dis qu'avec les cinq compagnies d'infanterie et les deux escadrons placés précédemment à Sankt-Georgen et à Sommerau, j'allais marcher sur Triberg par Hornberg, ne pouvant le faire par toute autre direction sans me compromettre, mon but étant de renforcer ce point par lequel l'ennemi pouvait déboucher sur Hornberg.

Il était environ 6 heures lorsque j'arrivai à Hornberg. J'avais devancé ma troupe pour parler au général Jourdan. Ce fut alors que j'appris avec étonnement qu'il avait quitté l'armée dès le matin, quoique il m'eût annoncé lui-même, la veille au soir, une attaque générale de la part de l'ennemi pour ce jour-là (1).

Je rendis compte au général Ernouf, auquel il avait laissé le commandement de l'armée, en lui donnant les détails aussi sincères que je viens de les exposer.

Le général Ernouf, après avoir entendu mon rapport et avoir pris l'avis de ses conseils, revint vers moi et me dit : « Général, il faut reprendre Triberg. » Ma réponse fut : « Dès que les cinq compagnies que j'ai devancées seront arrivées, je vais les y diriger, puisque je viens de vous annoncer que c'était le but de ma démarche. Mais ce n'est point Triberg qui est le point important : c'est au camp de Benzebene et à la 1re division qu'il faut penser car, quand on tiendra Triberg et qu'on n'aura point de troupes en nombre suffisant pour s'établir en avant, il sera difficile d'empêcher les progrès de l'ennemi. D'après les moyens qu'il a employés aujourd'hui et sa tentative dans cette partie, il est probable qu'il est en force. »

Sur ces entrefaites, je fus averti que les cinq compagnies et

---

(1) Voir plus haut, page 246, la lettre de Jourdan.

les deux escadrons étaient arrivés. Je quittai alors le général Ernouf (1) pour donner l'ordre ci-après :

Le chef de brigade Perrin, avec les troupes qu'il commande et les cinq compagnies de sa demi-brigade qui viennent de le rejoindre, s'établira militairement dans la vallée qui conduit de Hornberg à Triberg, de manière à s'y défendre vigoureusement contre les attaques que pourrait faire l'ennemi.

Il fera pousser ses avant-postes le plus près possible de Triberg et même jusque-là, s'il y a lieu, afin de reprendre la communication avec Elzach. Il me rendra compte de ce qu'il y aura de nouveau, à Hornberg.

Je remis cet ordre à un officier de mon état-major qui conduisit les cinq compagnies à ce chef de brigade. Le général Ernouf étant alors occupé, je le prévins que j'allais laisser un officier de mon état-major pour recevoir les ordres ultérieurs qu'il aurait à me donner. J'allai ensuite indiquer le lieu où devaient s'établir les deux escadrons de dragons.

Je reçus à 11 heures et demie l'ordre suivant :

Au quartier général, à Hornberg, le 14 germinal, an VII, etc.

Ernouf, commandant en chef par intérim l'armée du Danube, au général Decaen, commandant la 2ᵉ division.

Je vous préviens, citoyen général, que, l'ennemi ayant forcé votre droite, et d'après votre rapport, j'ai regardé la retraite de l'armée comme indispensable, et j'ai donné mes ordres en conséquence.

Le général Soult commencera son mouvement à une heure du matin par la route de Hornberg et, dans le cas où vous n'auriez pas le temps de faire parvenir des ordres aux troupes de votre division qui restent au camp de Benzebene et de Sankt-Georgen, je l'ai chargé de leur ordonner de suivre le mouvement de sa division. Cependant, vous voudrez bien leur faire passer ce même ordre, afin que je sois bien certain que ces troupes sont averties.

Quant à vous, citoyen général, vous voudrez bien combiner votre retraite sur Hornberg avec les troupes que vous avez dans la vallée qui mène à Triberg, de manière à ce que vous gardiez le débouché de cette route sur Hornberg jusqu'à ce que les troupes de l'avant-garde aient défilé. Vous achèverez alors votre mouvement en vous réunissant aux troupes de votre division qui, parties du camp de Benzebene, auront suivi le mouvement de

---

(1) Au sujet de cette journée du 14 germinal, voir aux annexes la lettre et les deux copies qu'Ernouf adressait, le 24 floréal suivant, à Merlin, membre du Directoire.

l'avant-garde. Je vous recommande de prendre toutes les précautions possibles pour arrêter la marche de l'ennemi, en coupant le chemin et rompant tous les ponts en vous retirant.

Enfin, je me confie en vous, persuadé que vous prendrez toutes les mesures de précaution nécessaires pour assurer votre retraite qui se fera sur Offenburg.

Je vous préviens qu'entre Hausach et Wolfach vous trouverez la division du général Vandamme qui a ordre d'attendre que les troupes de l'avant-garde et de la 2e division aient filé, et qui fermera la retraite de l'armée.

Je vous préviens que je vais m'établir à Haslach où j'attendrai de vos nouvelles. Salut, etc...

Signé : ERNOUF.

P.-S. — J'envoie l'ordre à la 7e compagnie de sapeurs, qui est partie ce soir pour Triberg, de partir sur-le-champ pour venir à Haslach où elle recevra de nouveaux ordres.

Je vous répète que le général Soult a l'ordre de commencer son mouvement à une heure du matin et que vous devez vous régler d'après cela pour le vôtre.

Faites passer aussi, aux bataillons ou détachements du camp et environs dont le général Soult pourrait ne pas avoir connaissance, l'ordre de suivre le mouvement de l'avant-garde (1).

---

(1) Voici la version que donne le général Ernouf de l'affaire du 14 germinal, version qui diffère sensiblement de celle de Decaen :

Détail des mouvements de l'armée du Danube pendant la deuxième décade de germinal an VII.

« Le 14 germinal. — La division d'avant-garde, commandée par le général Soult, fut attaquée sur le point de Krummenschiltach où elle avait ses postes avancés. L'ennemi montra beaucoup d'infanterie et ne parut cependant pas avoir le projet d'entreprendre quelque chose de sérieux ; son but paraissait être d'acculer les avant-postes sur la position. Le général Soult resta sur la défensive et l'ennemi ne chercha pas à pénétrer plus loin.

« La 2e division, commandée par le général Decaen en l'absence du général Souham, fut également attaquée, mais faiblement et seulement par quelques patrouilles ainsi que le point de Schiltach où était le général Vandamme.

« Le général en chef qui, depuis plusieurs jours, était fort incommodé et avait besoin de repos, voyant que tout était tranquille et que, d'après les rapports, l'ennemi n'entreprenait rien, crut pouvoir aller à Strasbourg pour quelques jours. Il partit sur les 10 heures et laissa le commandement provisoire de l'armée entre les mains du général Ernouf, chef de l'état-major général.

Vers midi, un secrétaire de l'adjudant général Becker, venant de Triberg, annonça que l'ennemi s'était porté sur ce point vers 11 heures et l'avait forcé. Ce rapport parut dénué de fondement. Néanmoins, le général Ernouf crut devoir prendre quelques précautions pour couvrir le point de Hornberg : il fit porter, sur la route qui conduit à Triberg, une compagnie de grenadiers qui faisait la garde du quartier général, et une compagnie de sapeurs qui se trouvait à Hornberg. Il dépêcha aussitôt des officiers à Triberg pour savoir au juste ce qui se passait.

« Cependant, ne recevant aucune nouvelle du général Decaen, le général Ernouf présuma

Il a toujours été de principe et d'usage que les avant-gardes fassent les arrière-gardes, à moins de cas extraordinaires, par exemple l'extrême fatigue qu'elles auraient éprouvée en soutenant une retraite, ou si elles ont fait des pertes sensibles; alors, un autre corps peut être destiné à les remplacer ou les renforcer. Mais, sous les commandements des généraux Jourdan et Ernouf, comme cela est arrivé plusieurs fois dans cette courte et extraordi

que ce ne pouvait être qu'une fausse alerte. Mais l'adjudant général Hastrel, qui, d'après ses ordres, s'était porté sur Triberg, rendit compte qu'à un quart de lieue de ce village, il avait rencontré une compagnie de grenadiers de la 2ᵉ demi-brigade. Le chef de brigade, qui s'y trouvait, avait confirmé que l'ennemi occupait Triberg; il ne s'était retiré que parce qu'il manquait de cartouches; l'artillerie qui se trouvait à Triberg s'était retirée sur Elzach. L'adjudant général Becker s'était aussi replié sur ce point avec deux escadrons et deux compagnies d'infanterie. Le général Decaen avait des troupes à Furtwangen. On présuma qu'elles se seraient retirées sur Waldkirch.

Dans cette situation, le général Ernouf fit demander au camp de Benzebene deux compagnies pour se porter sur Triberg et le reprendre. Ce parti demandait d'autant plus de célérité qu'il n'était pas douteux que, si l'ennemi était en forces, il se porterait nécessairement sur Elzach et, de ce point, sur Haslach d'un côté, et sur Waldkirch et Fribourg de l'autre; et, par cette manœuvre que nous ne pouvions pas prévenir à temps, il interceptait la vallée de la Kinzig et arrivait au débouché du Val d'Enfer avant le général Ferino. L'armée, alors, se serait trouvée séparée de tous côtés et exposée à être détruite en détail.

« Pendant que le général Ernouf attendait l'arrivée des deux compagnies, le général Decaen arriva : il était 5 heures 30 du soir. Il rendit compte qu'à onze heures du matin une colonne de 800 hommes avait débouché par la crête des montagnes et était entrée à Triberg; que, s'étant porté de sa personne sur Sankt-Georgen, il avait rencontré une deuxième colonne ennemie qui l'avait obligé de se retirer sur le camp, d'où il arrivait avec cinq compagnies pour couvrir Hornberg. Le général Ernouf le réprimanda fortement de ce qu'il n'avait pas averti aussitôt qu'il avait été forcé, et lui proposa de rattaquer Triberg par la route d'Hornberg, tandis que lui-même, avec la droite du camp de Benzebene, l'attaquerait de l'autre côté afin de couper la retraite à l'ennemi et de prendre tout ce qui s'était avancé. Mais le général Decaen observa que ce mouvement compromettrait le sort de l'armée parce que l'ennemi était en force à Triberg, qu'il attaquerait immanquablement le camp, et que, le trouvant dégarni, il arriverait sans coup férir à Hornberg et se porterait sur les derrières de l'avant-garde; et que, d'ailleurs, il ne répondait nullement des troupes qui étaient découragées par tout. Malgré tout ce qu'on put lui dire, il persista dans son sentiment.

« Cependant, les instants devenaient précieux. Il était constant que l'ennemi était à Triberg, et une plus longue incertitude pouvait vérifier toutes les inquiétudes que l'on avait sur le point d'Elzach. Dans cette conjoncture délicate, le général Ernouf sentit que le seul parti que la prudence commandait était de se retirer, afin de lier ensemble les divisions; la faiblesse de l'armée ne permettait pas, d'ailleurs, de faire une longue résistance, au lieu qu'en occupant les revers des montagnes, les derrières de l'armée se trouveraient assurés et l'on se trouverait à même d'attendre tranquillement les renforts attendus. Ce parti était donc le seul convenable puisque, journellement, l'armée s'affaiblissait par les attaques des postes, que les fourrages manquaient totalement, et que la chute des neiges empêchait les convois de vivres d'arriver aux divisions.

« D'après toutes ces réflexions, le général Ernouf ordonna la retraite de l'armée.

« *Signé* : ERNOUF. »

(Correspondance, Armée du Danube, 9 août. A. H. G.)

naire campagne, sans motif plausible, comme pour le mouvement rétrograde dont il s'agit, la 2ᵉ division a été chargée plusieurs fois de couvrir la retraite de l'avant-garde.

Si, comme autrefois, les divisions d'armée ne se composaient que d'une seule arme et opéraient leurs mouvements à la proximité l'une de l'autre, prenaient leurs positions sur plusieurs lignes et sur un terrain où elles ne laissaient entre elles que fort peu d'intervalle et déterminé régulièrement, il convenait alors qu'il y eût un corps d'avant-garde qui couvrît tout le front de l'armée.

Mais, dans le système actuel que le front d'une armée occupe souvent 20 et 30 lieues de pays et quelquefois davantage, et que les divisions, composées de toutes les armes, marchent et prennent leurs positions à des distances plus ou moins éloignées les unes des autres, il ne doit pas être destiné de corps pour être spécialement chargé de l'avant-garde de tous, s'ils ne s'avancent pas à la suite l'un de l'autre, parce que cette avant-garde ne peut, dans le premier cas, que couvrir une portion de l'armée et que, d'ailleurs, il est souvent résulté de ce système d'assez graves inconvénients. Il convient donc beaucoup mieux, et sous tous les rapports, que chaque division d'armée se forme l'avant-garde qui lui convient, en raison des localités et des opérations dont elle est chargée.

Aussitôt après la réception du singulier ordre (1) du général Ernouf, je mandai au général Désenfans :

Donnez vos ordres, mon cher général, pour que, de suite, les troupes établies au camp de Benzebene fassent leur retraite par le chemin de Hornberg. Je vous préviens que le général Soult a ordre de se mettre en mouvement à une heure du matin pour effectuer aussi sa retraite par la même route. Faites en sorte d'avoir fait filer celles qui sont sous vos ordres avant que celles du général Soult soient arrivées, afin d'éviter la confusion.

Ne négligez pas de laisser à la droite un poste de cavalerie pour couvrir votre mouvement, ainsi que celui de l'avant-garde. Comme l'artillerie

---

(1) « ... Ohne den mindesten Versuch seine nur schwach bedrohte Stellung zu behaupten, ordnete General Ernouf als interimistischer Ober-Commandant den Rückzug ins Rhein-Thal und führte ihn in der Nacht vom 3. züm 4. mit solcher Ueberstürzung aus, dass es nur des gleichzeitigen Vorgehens ausreichender feindlicher Kräfte bedurft hätte, um die ganze Armee bei ihrem Eintreffen im Rhein-Thale in eine sehr gefährliche Lage zu bringen... » *(Erzherzog Carl*, t II, p. 116.)

légère et la cavalerie ne peuvent servir pendant la nuit, commencez par les faire mettre en marche.

Je reste à Hornberg afin de donner des ordres aux troupes à leur passage.

J'envoyai cet ordre par un officier qui devait revenir pour m'informer du moment où les troupes auraient quitté le camp de Benzebene.

Je ne suivis pas ponctuellement l'ordre du général Ernouf de faire suivre par mes troupes du camp de Benzebene celles de l'avant-garde, parce que je considérais le dernier paragraphe de sa lettre (1) comme me laissant toute latitude et qu'il me parut suffisant de prescrire seulement qu'un poste de cavalerie couvrirait le flanc de cette avant-garde pendant qu'elle défilerait à la hauteur du camp, et ferait ensuite la dernière arrière-garde des troupes des deux divisions.

J'envoyai aussi un officier porter au chef de brigade Perrin l'ordre ci-après :

Il faut, mon cher commandant, vous établir dans la vallée de Hornberg à Triberg, de manière à bien soutenir les attaques des ennemis, s'ils cherchaient à vouloir y pénétrer ; il faut y établir des troupes en échelons de sorte qu'elles puissent se protéger mutuellement.

La mission que vous avez à remplir est intéressante, puisque vous devez couvrir le flanc gauche de l'armée qui se retire par Hornberg. Ne négligez donc rien pour l'assurer.

Lorsque je vous ferai passer l'ordre de vous retirer des postes que vous occupez, vous ferez détruire les ponts, etc..., afin de retarder la marche de l'ennemi s'il paraissait mettre de l'acharnement à vous poursuivre.

Informez-moi à Hornberg, *au Sauvage*, où je vais rester, de ce que vous aurez de nouveau. Faites éclairer les hauteurs, afin de ne point être surpris.

Peu de temps après le départ de cet ordre, je reçus du chef de brigade Perrin, le rapport suivant fait à 10 heures du soir :

J'ai l'honneur de vous rendre compte, citoyen général, que j'ai établi la troupe que je commande en échelons sur la route de Hornberg à Triberg ; et j'ai placé les compagnies dans les endroits qui m'ont paru le plus susceptibles d'être gardés.

Les avant-postes ennemis sont établis en avant de Triberg, à l'embranchement des chemins de Nussbach et de Hornberg.

---

(1) Voir page 253.

Ma première compagnie de grenadiers est à portée de fusil des postes ennemis. Je n'ai pas cru devoir aller plus loin sans ordre. Ma troupe bivouaque sans feux. Les autres compagnies sont à portée de carabine les unes derrière les autres.

Je fais faire des patrouilles continuelles d'une compagnie à l'autre.

CHAPITRE V

La 2ᵉ division se replie. — Les Autrichiens attaquent son arrière-garde. — Ils sont repoussés jusqu'à Hornberg. — La division Vandamme chargée de relever la 2ᵉ division à l'arrière-garde. — Elle y manque. — Decaen va s'établir à Zell. — Il se sent mal soutenu par ses camarades. — Ses plaintes justifiées à Ernouf. — Relations de plus en plus tendues entre Decaen et Ernouf. — Vandamme chargé du commandement de la 2ᵉ division. — Decaen laisse Ernouf se morfondre pendant la nuit à la porte de son cantonnement. — Il voit à Strasbourg le général Souham. — Appréciation peu flatteuse de Jourdan sur Decaen. — Celui-ci discute les griefs qu'on lui impute. — Il accuse Jourdan d'imposture. — Il demande au ministre d'être changé d'armée.

15 germinal. — Lorsque l'officier que j'avais envoyé au camp de Benzebene fut de retour, sur les 4 heures du matin, et qu'il m'eut informé que mon ordre était exécuté, je mandai au chef de brigade Perrin :

Comme je n'ai reçu aucun rapport de vous depuis celui que vous m'avez fait hier à 10 heures du soir, je dois présumer qu'il ne vous est rien arrivé de nouveau.

Il faut, citoyen, que vous prépariez votre mouvement de retraite de sorte que vos avant-postes ne se trouvent pas à plus de trois quarts de lieue de Hornberg et qu'ils y restent soutenus par des échelons jusqu'à ce qu'ils reçoivent l'ordre de partir. Par ce mouvement, il faut que la moitié au moins de la troupe que vous commandez se trouve disponible, c'est-à-dire qu'elle puisse se rendre au plus tôt à l'entrée de Hornberg, afin que je la dispose de manière à protéger efficacement votre retraite définitive du chemin de Triberg. N'oubliez pas de faire détruire les ponts et de faire pratiquer tous les empêchements que vous jugerez convenables pour arrêter l'ennemi.

Après l'envoi de cet ordre, je reçus le rapport suivant du chef de brigade Perrin, daté du 15, 5 heures du matin :

J'ai l'honneur de vous rendre compte, citoyen général, que j'occupe les mêmes positions qu'hier soir.

J'ai fait établir des postes sur le haut des montagnes de droite et de gauche pour m'éclairer.

L'ennemi, qui avait établi des feux à l'embranchement des chemins en avant de Triberg et du pont qui y communique, les a abandonnés.

Mes patrouilles sont allées ce matin jusqu'aux portes de la ville et n'ont rencontré personne.

Je présume que l'ennemi a suivi la route de Brisach. Je vais maintenant permettre à la troupe d'établir des feux pour se chauffer.

Les subsistances manquent totalement, les distributions n'ayant pu se faire hier.

Le chef de brigade :
Signé : Perrin.

Les troupes du camp de Benzebene étant arrivées à Hornberg, je leur fis continuer leur marche, ne retenant que ce qui était nécessaire pour protéger la retraite de celles qui marchaient après l'avant-garde, et de celles qui étaient dans la vallée de Triberg.

Lorsque la tête de cette avant-garde s'approcha de Hornberg, j'envoyai l'ordre au chef de brigade Perrin de replier ses avant-postes et tout ce qu'il avait encore dans la vallée de Triberg sur celles qu'il avait déjà reçu l'ordre d'envoyer à l'entrée de Hornberg, de ce côté, et qui étaient déjà disposées pour protéger le mouvement de celles qui étaient en avant.

Enfin, lorsque les dernières troupes de l'avant-garde eurent dépassé cette ville (c'était vers midi), j'ordonnai les dispositions convenables pour faire traverser Hornberg au détachement d'arrière-garde venant du camp de Benzebene, et aux troupes qui avaient opéré leur retraite de la vallée de Triberg, ce qui s'opéra simultanément.

L'ennemi n'avait suivi que les premières à quelque distance, mais lorsque nous eûmes quitté Hornberg, il ne tarda pas à s'avancer pour attaquer l'arrière-garde. Mais je le fis repousser, et il le fut vigoureusement jusqu'à l'entrée de la ville où, déjà, son infanterie était arrivée. Un officier de dragons et un dragon furent blessés. Après cela, l'arrière-garde continua paisiblement sa marche.

Selon l'ordre du général Ernouf, je devais trouver la division Vandamme entre Wolfach et Hausach, qui devait, après le passage de l'avant-garde et de la 2ᵉ division, fermer la retraite de l'armée (1); mais je ne rencontrai ni ce général ni ses troupes (2).

---

(1) Voir, page 254, l'ordre d'Ernouf.

(2) Ernouf avait prescrit à Vandamme de quitter sa position quand Soult serait arrivé à hauteur de Hausach, de se porter par Haslach dans la gorge d'Elzach où se trouvait l'ad-

Arrivé à la hauteur de Hausach, on me fit annoncer que je devais passer l'avant-garde, et qu'à Haslach, le général Soult me transmettrait les ordres du général en chef. Mais, avant d'arriver à Haslach, l'adjudant général Drouet (1) me remit la note suivante :

Extrait d'une lettre du général Ernouf au général Soult :

Vous placerez les troupes de la seconde division en arrière du village de Steinach, en faisant occuper ce village et garder les gorges et diverses communications situées tant sur la rive gauche que sur la rive droite de la Kinzig.
Pour copie conforme :

L'adjudant général :
Signé : Drouet.

Le général Ernouf m'avait recommandé de lui donner de mes nouvelles à Haslach. J'avais chargé l'adjudant général Bertrand, qui avait marché avec les troupes de Benzebene, d'annoncer à ce général en chef que j'attendais l'arrivée des troupes de l'avant-garde pour opérer ma retraite de la vallée de Triberg et d'Hornberg, pour ensuite continuer mon mouvement et lui demander ses ordres pour le placement de la division. Mais je rencontrai l'adjudant général Bertrand qui rétrogradait avec ses troupes, pour aller prendre, d'après un ordre spécial, la position qu'on lui avait indiquée.

Enfin j'appris que le général Ernouf avait donné des ordres directs à l'adjudant général Becker à Elzach, et qu'il avait reçu le rapport qu'il m'avait fait de sa marche de Triberg sur Elzach.

De tels procédés ne m'étonnèrent pas. Le général Ernouf avait tenu conseil : le général Soult et d'autres officiers de l'état-major général contribuèrent à le faire agir comme il venait de le faire et comme il l'a fait depuis à mon égard.

---

judant général Becker, et de défendre cette gorge. (Ernouf à Vandamme, Haslach, 15 germinal an VII, Correspondance, armée du Danube. A. H. G.)

(1) Drouet (Jean-Baptiste, comte d'Erlon), né le 29 juillet 1765, à Reims ; soldat dans le régiment de Beaujolais, le 21 octobre 1782 ; caporal au bataillon des chasseurs de Reims, le 7 août 1792 ; capitaine, le 1ᵉʳ avril 1793 ; chef de bataillon, le 4ᵉ complémentaire an III ; adjudant général, le 29 pluviôse an V ; général de brigade, le 7 thermidor an VII ; général de division, le 9 fructidor an XI ; employé à la Grande Armée de 1805 à 1807 ; chef de l'état-major de l'armée bavaroise, le 7 mars 1809 ; employé à l'armée d'Espagne, en 1810 ; commandant la 16ᵉ division, le 22 juin 1814 ; prévenu de haute trahison et condamné à mort, le 10 août 1816 ; amnistié en 1825 ; retraité, le 2 décembre 1827 ; compris dans le cadre d'activité de l'état-major général, le 7 février 1831 ; gouverneur de l'Algérie en 1834 ; maréchal de France en 1843 ; mort en 1844. (A. A. G.)

Cependant, je commençai à faire mettre à exécution l'ordre qui m'avait été transmis : les troupes que j'avais avec moi furent placées à la position indiquée.

J'établis mon quartier général à Zell. Aussitôt que j'eus mis pied à terre, j'écrivis au général Ernouf :

Au général Ernouf, commandant par intérim l'armée du Danube.

Au reçu de votre ordre d'hier soir, général, ayant pu, sans en donner la peine au général Soult, ordonner le mouvement que vous aviez prescrit à la 2ᵉ division (1), elle s'est mise en marche à l'heure que vous aviez indiquée. Il était resté sur le plateau de Benzebene un nombre suffisant de troupes de ma brigade pour couvrir le mouvement de l'avant-garde. Enfin, après que l'avant-garde a eu passé à Hornberg, j'ai couvert la retraite. L'avant-garde ayant été tardive à effectuer la sienne, il était environ midi, lorsque Hornberg a été totalement abandonné. Des hussards ont attaqué de ce côté-ci de la ville l'arrière-garde des dragons. Un officier de dragons et un dragon ont été blessés; plusieurs hussards l'ont été aussi. Repoussés sur Hornberg, on a vu qu'ils avaient déjà de l'infanterie.

Je croyais exécuter l'ordre du 14 dans son intégrité, jusqu'au lieu que vous m'avez prescrit, mais je n'ai point trouvé le général Vandamme; il m'a seulement été dit à la hauteur de Hausach que je devais passer l'avant-garde, et qu'à Haslach je verrais le général Soult qui me transmettrait vos ordres.

Il m'a été remis un extrait de votre ordre, dans lequel vous dites au général Soult de placer les troupes de la division en arrière de Steinach. Comme j'avais envoyé l'adjudant général Bertrand auprès de vous, afin d'avoir des ordres pour le placement de la division et vous rendre compte, comme vous me l'aviez recommandé, j'avais présumé que ces mêmes troupes auraient été arrêtées dans leur marche vers la position qu'elles devaient occuper. Au contraire, elles ont fait au moins une lieue de chemin rétrograde.

Ayant rencontré l'adjudant général Bertrand, j'ai cru qu'il me remettrait un ordre : point du tout! Il en a un particulier de placer les troupes à une position qu'on lui a indiquée.

Comme j'ai appris aussi que le chef d'état-major de la division, le citoyen Becker, a aussi reçu des ordres particuliers (2) pour les troupes

(1) Voir, page 253, l'ordre d'Ernouf.
(2) Decaen ajoute en note :

« Je me suis depuis lors procuré les ordres, que voici :

« Copie de la lettre du général de division Ernouf, chef de l'état-major général, commandant en chef par intérim, datée de Haslach, le 15 germinal an VII, à une heure du matin, à l'adjudant général Becker.

» J'ai arrêté, mon cher camarade, l'ordonnance que vous avez envoyée au général Decaen. L'armée ayant reçu l'ordre de se retirer et de venir prendre position en arrière de Haslach, j'ai vu, sur les six heures, hier soir, le général Decaen qui m'a dit avoir été entièrement coupé par des forces supérieures; que l'ennemi s'étant emparé de Triberg, qui avaient pris poste à Elzach et celles qui s'y étaient retirées hier, je vous demande, citoyen général, si la 2ᵉ division n'est plus la 2ᵉ division et sous les ordres de quel général je me trouve ; ou bien, général, dites-moi que mes services ne sont plus utiles à l'armée, et assignez-moi le lieu où je dois me retirer, car je vous avoue que je n'ai pas l'usage de servir de cette manière.

Je reçus dans la soirée la lettre ci-après :

Au quartier général à Gengenbach,
le 15 germinal, etc...

Le général de division Ernouf, chef de l'état-major, au général Decaen.

Je vous préviens, citoyen général, que, demain à 3 heures du matin, le général Soult mettra en mouvement les troupes qui sont sous son com-

toute la droite du camp de Benzebene se trouvait entièrement à découvert, et que le grand nombre de troupes ennemies rendrait la reprise de Triberg entièrement douteuse ; que, quand même on réussirait, il serait impossible de se soutenir dans cette position, vu les forces supérieures de l'ennemi.

« J'ai donné l'ordre au général Decaen de partir avec cinq compagnies, à la tête desquelles il s'était rendu à Hornberg, de se porter sur la route de Triberg, pour l'empêcher de déboucher sur Hornberg avant que les troupes du camp de Benzebene et celles de Schramberg aient débouché dans la vallée de la Gutach. Lorsque ce mouvement sera fait, il suivra celui de l'avant-garde. Quant à vous, mon cher général, je puis vous dire que le salut d'une partie de l'armée est entre vos mains. L'ennemi se portera demain de Triberg sur Elzach ; et si vous ne lui disputez pas ce terrain, il se portera de ce dernier endroit sur Haslach, où il interceptera la vallée de la Kinzig et, par conséquent, la marche de la division d'avant-garde et d'une partie de la vôtre, et du corps du général Vandamme. Il faut donc, mon cher camarade, que vous disputiez le terrain pied à pied sur Elzach ; que vous teniez ferme dans cet endroit ou derrière, dans la position que vous jugerez la plus convenable. Enfin, vous userez de toutes les chicanes de la guerre pour retarder la marche de l'ennemi sur Haslach, sur lequel endroit vous dirigerez votre retraite lorsque je vous en donnerai l'ordre qui sera le moment où les troupes seront arrivées dans la vallée de la Kinzig. De mon côté, je vais faire avancer, pour protéger votre retraite, deux compagnies d'infanterie et deux pièces de 4. S'il m'en tombe d'autres sous la main, je vous les enverrai pareillement. Le mouvement de l'armée commencera vers les deux heures du matin ; ainsi, vous serez probablement attaqué à la pointe du jour. Je suis fort inquiet des troupes qui sont à Furtwangen. Comme je crois qu'il ne leur est pas possible de vous rejoindre, donnez-leur l'ordre de se retirer sur Waldkirch.

« Je connais trop vos lumières et vos talents pour que je vous répète combien le poste que vous tenez en ce moment est important.

« Salut et amitié.

« Par ordre du général en chef :

« *Pour copie conforme :*   « *Signé :* Ernouf.
  « L'adjudant général.
« *Signé :* Becker. »

« On voit, dans cette lettre, dans le contenu de laquelle il y a plus d'un mensonge, prouvé par ce qui est énoncé précédemment, quelle était la pusillanimité du général Ernouf qui avait mis un vif empressement à quitter Hornberg pour se rendre à Haslach, puisque, dès une heure du matin, il adressait de là des jérémiades à l'adjudant général Becker dont il s'était fait remettre le rapport qui m'était adressé. » (Note de Decaen.)

mandement. En conséquence, il est chargé d'expédier au général Désenfans, qui est à Biberach avec les troupes qui étaient au camp de Benzebene, l'ordre de venir prendre position à Bühl, village entre Offenburg et Willstätt. Le général Désenfans commencera son mouvement lorsque les premières troupes de l'avant-garde seront à la hauteur de Zell.

Je vous préviens, en outre, que j'ai donné ordre au général Désenfans de mettre à la disposition du général Vandamme deux escadrons du 1er régiment de dragons et une compagnie d'artillerie légère.

Salut, etc...

Signé : Ernouf.

16 germinal. — Pendant la marche pour me rendre de Zell à la position que devaient occuper les troupes de la 2e division, selon ce qui était énoncé dans la lettre ci-dessus, je reçus la réponse suivante à ma lettre du jour précédent :

Au quartier général à Gengenbach,
le 16 germinal, etc...

Le général de division Ernouf, commandant l'armée par intérim, au général Decaen.

J'ai reçu, citoyen général, votre lettre d'hier par laquelle vous me demandez l'explication et les motifs des ordres que j'ai donnés concernant la marche de la 2e division. Je vais avec plaisir vous donner cette satisfaction.

Les événements arrivés le 14, et la dispersion de la 2e division dont les communications, suivant votre rapport, étaient interrompues sur tous les points, m'ont déterminé à ordonner la retraite, et, pour mettre de l'ensemble dans un mouvement de cette importance, j'avais ordonné aux troupes de la 2e division qui étaient au camp de Benzebene de suivre le mouvement de l'avant-garde; et j'en avais prévenu le général Soult en lui donnant le commandement des deux divisions. J'ignore encore pourquoi, malgré ces ordres, les troupes de la 2e division ont commencé leur mouvement avant celui de l'avant-garde, et j'ai prescrit de nouveau au général Soult de donner des ordres pour la marche de toutes les troupes. Les circonstances ont déterminé, depuis, les différents ordres que j'ai donnés. Il était naturel que j'indique à l'adjudant général Becker la conduite qu'il devait tenir, puisqu'il était exposé à Elzach et qu'il ne pouvait alors correspondre qu'avec moi. J'ai donné aussi un ordre particulier à l'adjudant général Bertrand, parce que cet officier m'apprend qu'il n'a reçu aucun ordre depuis le départ du camp et parce qu'il se trouvait déjà plus loin que la position indiquée au général Soult pour la 2e division. Enfin j'ai fait, dans cette circonstance, ce que j'ai cru capable d'assurer la retraite de l'armée et de mettre de l'ensemble dans ses mouvements.

Je vous répète donc, citoyen général, que jusqu'à ce qu'il en soit ordonné autrement, vous faites partie de la 2ᵉ division et que vous vous trouverez sous les ordres du général Soult qui commande les troupes de l'avant-garde et de la 2ᵉ division, excepté celles qui se trouvent avec l'adjudant général Becker qui resteront provisoirement détachées avec le général Vandamme.

Salut, etc...

Signé : ERNOUF.

Lorsque je fus arrivé à Willstätt, où j'établis mon quartier, j'écrivis au général Ernouf :

J'aurais gardé le silence sur votre réponse à ma lettre du 15, citoyen général, quoique j'aurais pu vous représenter que je n'avais point demandé d'explications sur les motifs des ordres que vous m'avez donnés. La demande que je vous ai faite pour savoir si la 2ᵉ division était toujours la 2ᵉ division était naturelle puisque, dans votre ordre du 14 (1), vous ne m'avez aucunement prévenu que le général Soult en avait le commandement. J'aurais attendu avec sécurité l'autrement ordonné que vous m'annoncez en me disant que je continue de faire partie de la 2ᵉ division, car je puis me dire que je suis satisfait de moi, et, s'il arrive que l'on veuille dénaturer ce qui s'est passé le 14, que je serai dans le cas de rendre compte de ma conduite à qui il appartiendra. Mais, citoyen général, vous m'obligez de vous dire que je ne vous ai jamais fait de rapport que les communications sur tous les points étaient interrompues avec la 2ᵉ division. Je vous ai dit ce qui s'était passé. Je vous ai dit la vérité, et mon rapport, que je vous ai fait de vive voix, je peux le faire encore par écrit. Je n'en ai pas oublié une circonstance, comme je n'oublierai jamais les procédés dont on use à mon égard.

Salut et respect.

A la fin du jour, je reçus l'ordre ci-après :

Au quartier général à Offenburg,
le 16 germinal...

Le général Ernouf au général de brigade Decaen.

Je vous préviens, citoyen général, que l'intention du général en chef est de confier le commandement de la 2ᵉ division au général Vandamme, qui y réunira les troupes qu'il a déjà sous ses ordres.

Je l'ai prévenu de cette disposition (2) en le chargeant d'envoyer à

(1) Voir page 253.
(2) « La 2ᵉ division, dont le commandement vous est donné, mon cher général, doit être composée des troupes qui sont déjà sous vos ordres, et ensuite des 2ᵉ, 7ᵉ et 83ᵉ demi-brigades d'infanterie de ligne ; des 1ᵉʳ et 6ᵉ régiments de dragons ; 3ᵉ et 4ᵉ compagnies du 7ᵉ régiment d'artillerie légère, 2 compagnies d'artillerie à pied et 1ʳᵉ compagnie du 3ᵉ ba-

Kehl un officier de son état-major, qui y attendra l'arrivée des troupes que vous commandez actuellement et qui vous transmettra des ordres ultérieurs.

En conséquence, vous voudrez bien donner vos ordres pour que les corps de la 2e division qui sont avec vous se mettent en mouvement ce soir à 10 heures précises (heure de rigueur). Vous les dirigerez sur Kehl où vous recevrez de nouveaux ordres du général Vandamme.

Le général Soult est prévenu du mouvement que je vous ordonne.

Vous enverrez à Kehl un officier de votre état-major qui y trouvera l'adjudant général Lebarbier et le préviendra du moment de l'arrivée de votre division, afin qu'il donne des ordres pour son passage sur la rive gauche.

Salut.

Signé : Ernouf.

Pour l'exécution de cet ordre (dans le contenu duquel j'étais prévenu que le général Vandamme me donnerait des ordres, et que j'en recevrais de l'adjudant général Lebarbier), je donnai ceux convenables pour mettre en marche les troupes de la 2e division à l'heure précise qui m'avait été prescrite.

Pendant que j'attendais à Willstätt que ces troupes eussent dépassé ce village pour en suivre le mouvement, le général Ernouf et son état-major y arrivèrent après minuit et, comme on désignait la maison que j'occupais pour son quartier, le général Ernouf préféra rester vis-à-vis, à la porte d'un moulin, à attendre que je fusse parti, plutôt que d'entrer dans mon quartier ou de me faire demander si je comptais le laisser bientôt vacant.

On se borna, pendant plus d'une heure, à envoyer différentes fois voir si j'y étais encore. Dans toute autre circonstance, je me serais empressé non seulement de le lui céder, ou plutôt de le lui offrir; mais je ne me gênai point, malgré que je visse de ma croisée l'impatience qu'on éprouvait, parce qu'on voulait se chauffer, ce qu'on fit cependant en allumant du feu à la porte du meunier.

Ce ne fut donc que lorsque les dernières troupes de la division eurent passé que je montai à cheval pour me rendre à Kehl où je devais recevoir les nouveaux ordres qu'on m'avait annoncés.

taillon de sapeurs. » (Ernouf, commandant par intérim l'armée du Danube, au général Vandamme, Offenburg, le 16 germinal an VII, armée du Danube, Correspondance. A. H. G.)

17 *germinal*. — Avant d'arriver en cet endroit, un officier m'apporta la lettre ci-après, datée de Kehl, le 16 germinal :

Le général de division Vandamme au général de brigade Decaen.

A votre arrivée à Kehl, citoyen général, vous ferez faire une halte à vos troupes pour les rallier et les placer à leur ordre de bataille. Vous ferez passer tous les bagages en tête, et vous les dirigerez sur Erstein et les environs en passant par Illkirch. Vous rendrez les chefs de corps responsables, et vous prendrez telles mesures que vous jugerez convenables pour assurer l'ordre de la marche de vos troupes. Vous ordonnerez aux chefs de corps de faire leurs demandes en remplacement d'armes, habits et souliers ou bottes qui peuvent manquer à leurs corps.
Salut.

Signé : Vandamme.

P.-S. — Vous observerez de ne pas vous éloigner de la route de Neuf-Brisach. Personne n'entrera à Strasbourg.

A cette lettre était jointe la note ci-après, signée de l'adjudant général Bertrand, indicative des corps qui composeraient ma brigade, et des villages qu'ils devaient occuper :

2e division.
Brigade de droite.   Pour le général Decaen.

4e régiment de hussards	à Nordhausen.
3e compagnie d'artillerie légère	à Gerstheim.
1er régiment de dragons	à Erstein.
2e demi-brigade d'infanterie de ligne	à Plobsheim et Krafft.

Lorsque ces troupes eurent repassé le Rhin, je reçus l'ordre suivant :

Strasbourg, 17 germinal an VII.

Le général de division Vandamme au général Decaen.

Aussitôt la présente reçue, citoyen général, vous ferez partir vos troupes les moins fatiguées pour se rendre dans les environs de Schlestadt, d'où elles partiront demain au jour pour continuer leur marche sur Neuf-Brisach en faisant les haltes nécessaires. Vous ferez en sorte de faire passer toute votre brigade au Vieux-Brisach le 19 avant le jour.
Je vous préviens que les troupes des généraux Désenfans et Jardon (1) suivront votre mouvement.

(1) Jardon (Henry), né le 3 février 1768, à Verviers (département de l'Ourthe); capi-

Vous ferez distribuer l'eau-de-vie chaque fois que vous le jugerez à propos.

Après avoir ordonné ce qui convenait pour l'exécution de cet ordre, j'entrai à Strasbourg pour voir le général Souham et pour l'informer de tout ce qui s'était passé depuis qu'il m'avait remis le commandement de sa division.

Ce général me communiqua la lettre ci-après, dont il m'a remis, depuis, l'original qui m'est resté :

Au quartier général à Strasbourg,
le 17 germinal an VII...

Jourdan, général en chef, au général de division Souham.

Je n'avais pas prévu, citoyen général, que votre santé vous permettrait de reprendre si tôt le commandement de votre division.

Les preuves trop multipliées que le général Decaen, qui l'a commandée pendant votre absence, a données de sa mauvaise volonté ou de son inexpérience, m'ont forcé de confier ce commandement au général Vandamme.

Que n'ai-je connu plus tôt le général Decaen pour lui retirer un commandement aussi important! Triberg n'eut pas été surpris en plein midi et l'armée occuperait encore la tête des montagnes.

Vous savez, citoyen général, que je ne puis retirer au général Vandamme le commandement d'une division qui lui a été donné dans une pareille circonstance.

Mais aussitôt que les deux divisions qui forment l'aile gauche de l'armée seront organisées, je vous emploierai suivant votre grade.

Salut et fraternité.

Signé : JOURDAN (1).

taine de volontaires en 1789 ; chef de bataillon, le 11 mars 1793 ; général de brigade, le 3 germinal an II ; tué le 25 mars 1809, au combat de Negrellos (Portugal). [A. A. G.]

(1) Le 15 germinal, le général Laroche avait rendu compte au ministre de la guerre de l'arrivée de Jourdan à Strasbourg et de l'affaire de Triberg dans les termes suivants :

« Citoyen ministre,

« Le général Jourdan est arrivé hier à Strasbourg et, de suite, il m'a envoyé un de ses aides de camp pour me prévenir et m'annoncer qu'étant dans son lit, malade et souffrant, il ne pouvait voir personne.

« Le même aide de camp est retourné ce matin chez moi pour me dire que le poste de Triberg, où se trouvait la division Souham, ayant été surpris ou mal défendu, l'ennemi s'en était emparé et avait fait une pointe jusqu'auprès d'Haslach. Le général Ernouf, qui commande l'armée en l'absence du général Jourdan, a ordonné la retraite... » (Laroche, commandant la 5ᵉ division, au ministre de la guerre, Strasbourg, 15 germinal an VII, Correspondance, armée du Danube, A. H. G.)

Le contenu de cette lettre prouve que l'imposture ne coûtait pas plus au général Jourdan qu'au général Ernouf, puisque ce n'était que le 15 au soir que ce dernier m'avait informé qu'il avait réuni au commandement du général Soult les troupes de la 2e division et non au général Vandamme, et que ce ne fut que le soir du 16 qu'Ernouf m'écrivit d'Offenburg que le général en chef avait l'intention de donner le commandement de la division au général Vandamme.

On a vu que, d'après l'ordre de retraite du 14 (1), ce général me disait : « Je me confie en vous, persuadé que vous prendrez toutes les mesures de précaution nécessaires pour assurer votre retraite qui se fera sur Offenburg », et que c'était moi qui, le 15, avais couvert la retraite de l'avant-garde depuis le camp de Benzebene jusqu'en deçà de Hornberg, et que j'en avais fait le rapport au général Ernouf.

Donc, le général Jourdan était un imposteur d'écrire au général Souham qu'il ne pouvait retirer au général Vandamme le commandement d'une division qui lui avait été donné dans une pareille circonstance.

Quant à la surprise de Triberg en plein midi, j'ai dit tout ce qui s'était passé alors. Mais quand bien même cette surprise aurait eu lieu, aurait-on pu m'en attribuer la cause, surtout d'après les dispositions générales et, je dois même dire, de détail que j'avais ordonnées? On n'aurait pu attribuer un pareil événement qu'à une négligence de l'officier qui avait été chargé d'établir les postes qui devaient garder les avenues de Triberg, ou au défaut de surveillance de ces postes; et, dans ces cas, on fait tout ce qu'on peut pour réparer de pareilles fautes, ou on en punit les auteurs, s'il y a réellement culpabilité. Mais l'ennemi les avait attaqués brusquement et il ne les avait point surpris.

La preuve en est qu'il n'avait fait prisonnier que l'ordonnance qui m'apportait un rapport pour me prévenir que l'ennemi avait pénétré entre Furtwangen et Sankt-Georgen, et que je ne m'étais retiré de Triberg, pour m'en éloigner à environ 60 toises et faire ensuite ce qu'il était convenable que je fisse, que parce que Triberg, vu sa situation, ne pouvait pas être défendu, et que j'avais

---

(1) Voir l'ordre d'Ernouf, page 253.

dirigé sur Elzach, pour renforcer le détachement qui y était établi, tout ce que j'avais de forces disponibles que je pouvais y envoyer; enfin que, par l'arrivée de l'ennemi sur Triberg, je n'avais perdu la communication qu'avec le détachement de Furtwangen, au commandant duquel j'avais indiqué où il devait se retirer en cas d'événement, ce qu'il avait exécuté puisqu'il avait rejoint les troupes établies à Elzach, avec lesquelles, si je ne pouvais communiquer par Triberg, je pouvais le faire autrement, puisque le général Ernouf s'était emparé du rapport que m'avait envoyé d'Elzach l'adjudant général Becker, auquel il avait adressé ensuite des ordres directement.

Or, si quelque point de communication avait été intercepté par l'effet de la marche et de l'attaque de l'ennemi dans la journée du 14, il est positif que dans la journée du 15, le seul poste de Furtwangen, qui n'avait pu recevoir d'ordres le 14 au soir, n'était plus séparé de la division.

D'ailleurs, pourquoi le général Jourdan, si fameux en retraite pour sa personne et qui m'avait écrit, le 13 au soir : « Des rapports qui me sont parvenus aujourd'hui, citoyen général, des reconnaissances que l'ennemi a poussées sur tous les postes de la première ligne me font présumer que nous serons attaqués demain », et que je ferais bien de renvoyer à 2 lieues en arrière de Hornberg tous les équipages et munitions qui ne me seraient pas nécessaires, pourquoi, dis-je, n'était-il pas resté à l'armée pour recevoir cette attaque, afin de pouvoir parer autant qu'il était possible à ce qui pourrait arriver de fâcheux, en un mot agir ou faire agir selon les circonstances pour maintenir son armée *sur la tête des montagnes,* et « qui y serait restée, » disait-il au général Souham, « si Triberg n'avait pas été surpris en plein midi », tandis que cette position n'était pas tenable; que l'ordre de renvoyer les équipages à 2 lieues en arrière d'Hornberg et son départ pour se rendre à Strasbourg avec une *catin* qu'il ne quittait pas, ne laissaient pas le moindre doute qu'incessamment *ces têtes de montagnes* seraient abandonnées et que son armée repasserait le Rhin, n'étant pas assez forte pour se soutenir sur la rive droite.

Quant à ses expressions injurieuses « les preuves multipliées que le général Decaen a données de sa mauvaise volonté ou de son

inexpérience;... que n'ai-je connu plus tôt le général Decaen?... »,
je me dispensai alors d'écrire à ce sujet au général Jourdan, à
cause du général Souham qui m'avait communiqué sa lettre;
mais, sur-le-champ, j'écrivis au ministre de la guerre :

> Ma délicatesse ne peut plus m'imposer le silence, citoyen ministre. Les procédés inouïs dont usent à mon égard les généraux Jourdan et Ernouf me forcent à solliciter du gouvernement mon changement d'armée. Veuillez bien, citoyen ministre, en faire la demande.
> Si l'amour de mon pays et de mes devoirs pouvait éprouver quelque altération, certes les généraux Jourdan et Ernouf y auraient porté une cruelle atteinte. Mais non!... Mon courage me fait vouer au mépris leur turpitude.
> Cependant, s'il était arrivé que, pour mettre le comble à leurs outrages, ils eussent prévenu le gouvernement (1), et qu'ils voulussent me faire considérer comme la cause de la retraite de l'armée d'une position qu'elle tenait le 14 de ce mois, ce qu'ils ne peuvent faire qu'en dénaturant les faits, je demanderais à être traduit devant un conseil de guerre, car mon honneur blessé exigerait une réparation aussi éclatante que la délation des généraux Jourdan et Ernouf serait affreuse.

Après avoir écrit cette lettre, je partis de Strasbourg pour aller rejoindre ma brigade. Je pris mon quartier à Erstein où je donnai des ordres pour que les différents corps partissent de leurs cantonnements le lendemain, à 3 heures du matin, pour continuer leur marche sur Vieux-Brisach.

(1) Voir note 1, page 268.

CHAPITRE VI

Decaen rétablit la discipline au 4ᵉ hussards. — Vandamme reçoit l'ordre de défendre Vieux-Brisach. — Réponse un peu rude de Decaen à Vandamme. — Decaen chargé de défendre la route de Fribourg. — Occupation des localités. — Decaen indisposé — Vandamme vient s'informer de sa santé. — Decaen en est touché. — Il réprime des excès de ses troupes. — Ses découvertes observent les Autrichiens. — Vandamme fait emprisonner le chef de la 83ᵉ demi-brigade. — Jourdan quitte l'armée. — Masséna commande en chef les armées d'Helvétie et du Danube.

18 germinal. — Dans l'après-midi, je rencontrai, entre Schlestadt et Markolsheim, le 4ᵉ régiment de hussards qui était en halte, mais en désordre par insubordination; il s'y était même manifesté une sorte d'insurrection excitée par quelques mutins prétextant leurs fatigues. J'ordonnai la mise en marche sur Markolsheim où, dès mon arrivée, j'envoyai l'ordre suivant au commandant du régiment :

L'état d'insubordination et d'insurrection dans lequel j'ai trouvé votre régiment, à mon passage, exige une punition prompte des coupables. Faites donc arrêter les séditieux, et qu'ils soient conduits de suite à Schlestadt. S'il se trouve des sous-officiers qui se soient rendus coupables ou qui n'aient pas témoigné la fermeté convenable pour s'opposer à de pareils désordres, il faut les casser devant le régiment assemblé. Lorsque vous serez arrivé auprès de Markolsheim, village que je désigne pour cantonner le régiment, les compagnies dans lesquelles le trouble s'est manifesté seront au bivouac et de grand'garde aux différents débouchés du village. A la lecture de mon ordre ou pour son exécution, s'il se manifeste quelques murmures, le régiment en entier restera au bivouac, la moitié gardant l'autre.

Cette mesure fut suffisante pour ramener l'ordre et la discipline.

19 germinal. — Je fis cantonner la brigade à Markolsheim et environs. Elle fut mise en marche entre minuit et une heure; la tête de la colonne passa le Rhin avant le jour et, avant 8 heures du matin, toute la colonne était arrivée à Vieux-Brisach.

Le général Vandamme étant arrivé et m'ayant dit que, d'après les ordres qu'il avait reçus de défendre la tête du pont de Vieux-Brisach, il fallait nous concerter à ce sujet, je lui répondis que, d'après tous les désagréments que je venais d'éprouver et auxquels il avait peut-être un peu contribué, je ne me concertais pas; que j'exécuterais ponctuellement les ordres qu'il me transmettrait, et que je ne ferais rien de plus que ce que mon devoir me prescrirait. Alors il m'adressa l'ordre ci-après :

Vieux-Brisach, le 19 germinal an VII.

Le général de division Vandamme au général de brigade Decaen.

Chargé par le général en chef de la position de Vieux-Brisach et de la construction d'une tête de pont, je vous charge, mon cher général, de l'attaque de droite. Vous aurez en conséquence sous vos ordres le 1er bataillon de la 1re demi-brigade légère, la 83e de ligne, le 4e régiment de hussards et la 3e compagnie du 7e régiment d'artillerie légère.

Vous serez particulièrement chargé de la défense de la route de Fribourg et des débouchés qui viennent de ce côté sur Vieux-Brisach. Vous appuierez votre droite au Rhin avec soin d'y faire garder les îles qui s'y trouvent, car l'ennemi pourrait y jeter de l'infanterie, en cas qu'il nous attaque, et cela nous gênerait beaucoup.

Vous établirez vos avant-postes de manière à ce qu'ils soient bien liés par leur gauche à la droite du général Jardon, qui est chargé de l'attaque du centre. Vous placerez votre cavalerie en avant de vous, autant que la circonstance le permettra. Vous indiquerez la position que doit occuper votre artillerie légère et vous aurez soin d'avoir toujours la 83e en réserve, prête à se porter partout où besoin serait. Vous verrez par vous-même, mon cher général, à faire activer les travaux commencés sur les différents points de votre attaque, et vous donnerez à ce sujet les ordres que vous jugerez nécessaires. Il faut surtout exiger que tout le monde soit à son poste et faire punir très sévèrement la moindre négligence. L'ennemi pouvant nous attaquer à tout instant, il faut tout faire pour bien nous défendre et surtout pour prévenir une surprise. Je compte, au reste, beaucoup sur vos soins et votre grande activité. Veuillez bien me faire part dans le jour des dispositions que vous aurez prises pour l'exécution du présent ordre.

Salut et amitié.

Signé : Vandamme.

P.-S. — Ordonnez expressément à tous les chefs de faire retirer leurs voitures de bagages et de ne permettre aux vivandières et blanchisseuses de venir ici que depuis 10 heures du matin jusqu'à 5 heures du soir. Rendez-les responsables, parce que cela peut tirer à conséquence si nous venons à être attaqués.

Veuillez bien donner les ordres aux officiers du génie pour que les ouvriers travaillent jour et nuit; j'en ferai augmenter le nombre et j'y joindrai trois cents conscrits.

Je fis ce qu'il fallait faire pour l'exécution de cet ordre et, à la fin du jour (je mis cependant ma mauvaise humeur de côté), je fis le rapport :

J'ai pris connaissance des localités pour la partie droite de Vieux-Brisach dont la défense m'est confiée, mon général. Ayant jugé de l'ensemble du terrain pour résister efficacement à une attaque qui serait faite par l'ennemi, autant qu'il a été possible jusqu'à ce moment, j'ai trouvé que le village de Hochstetten est très important, tant pour servir d'avant-postes à Vieux-Brisach que pour participer à sa défense parce que :

1° il couvre la route de Fribourg et, en outre, le chemin qui part de ce village à Vieux-Brisach se réunissant au chemin d'Ihringen près de Brisach;

2° avec l'avantage qu'il donne, en l'occupant, de porter des avant-postes vers Rathhaus, il procure l'avantage de prendre en flanc l'ennemi qui, après avoir débouché par Ihringen, s'avancerait dans la plaine pour arriver sur Vieux-Brisach.

Le terrain, à cet égard, donne bien des avantages. J'ai donc jugé nécessaire de faire occuper Hochstetten par cinq compagnies d'infanterie légère, auxquelles j'ai désigné les points qu'elles doivent défendre, sauf à augmenter selon que les circonstances le prescriront.

Si on peut tirer parti de la gauche comme de la droite, il me semble que l'ennemi ne s'engagerait pas, sans y regarder à deux fois, à tenter quelque chose sur Vieux-Brisach, quand quelques-uns des autres moyens de défense qu'on doit employer seront préparés. Au surplus, demain, sur les lieux, je vous ferai part de ce que j'ai recueilli sur le point que je suis chargé de défendre.

Il est 9 heures. La 83ᵉ n'est pas arrivée. Les reconnaissances n'ont pas encore fait leur rapport. Je sais seulement par un homme que j'ai rencontré, qui revenait de Lörrach, qu'il n'a point rencontré d'ennemis sur cette route qui conduit à Bâle.

20 germinal. — Dès le matin, je fis au général de division ce rapport :

La reconnaissance partie dans l'après-midi est rentrée à 10 heures du soir. Elle a poussé jusqu'au delà de Thiengen où elle a rencontré l'ennemi posté à la tête du bois de Thiengen. Ce poste était de cavalerie.

Cette reconnaissance a appris qu'une patrouille autrichienne était venue à Ober-Rimsingen, où elle avait pris des renseignements sur l'armée française et sur sa marche.

Les paysans ont quitté leurs villages tant sur la route qu'aux environs. Ils se tiennent dans les bois et sur les hauteurs, d'où ils tirent sur les Français à leur passage.

L'officier chargé de la reconnaissance a aussi appris qu'il était arrivé beaucoup de cavalerie à Fribourg.

Je reçus du général Vandamme les ordres et lettres ci-après :

Il faut, mon cher général, faire occuper les villages en avant de vous par vos hussards; les chevaux resteront sellés dans les granges, prêts à se replier sur Vieux-Brisach au besoin. En cas que l'ennemi se présenterait, il faudrait à temps le faire reconnaître pour être instruit de sa force.

Ordonnez qu'il y ait toujours des reconnaissances en route.

Il se commet beaucoup de désordres en ville. Veuillez bien prendre des mesures pour faire cesser ceux que vos troupes commettraient.

Le général Vandamme se fit payer une contribution de quelques milliers de francs.

Il me manda par une autre lettre :

J'ai oublié de vous dire de faire mettre dans les écuries ou granges le plus à proximité de vos batteries les chevaux de l'artillerie légère, avec le soin de les tenir toujours prêts à tout événement.

Il m'écrivit :

Je ne reçois qu'aujourd'hui votre lettre d'hier soir relativement au village de Hochstetten. Vous ferez fort bien de le faire occuper par cinq compagnies d'infanterie légère. Lorsque toute notre artillerie sera arrivée, vous pourrez même disposer de deux pièces légères qui serviront très utilement à ce poste.

La 83e, le 6e de dragons et le parc sont restés avec l'adjudant général Bertrand à Erstein, quoique je ne sache point qui a pu leur donner cet ordre. J'ai expédié un officier d'état-major pour les faire arriver ici promptement.

J'adressai l'ordre suivant au commandant Pajol :

Le commandant du 4e de hussards fera de suite occuper par son régiment les villages ci-après :

Ihringen, par un escadron éclairant sur la route d'Eichstetten-Gündlingen, deux escadrons éclairant sur Merdingen et les autres débouchés qui conduisent à Fribourg.

Hochstetten, le 4e escadron, éclairant sur Rathhaus.

Le poste de Gündlingen devra se lier avec ceux d'Ihringen et de

Rathhaus; celui d'Ihringen, avec les dragons qui seront vers Achkarren.

Les commandants, dans chaque village, devront se garder militairement pour éviter toute surprise de la part de l'ennemi. Ils devront toujours avoir leurs chevaux sellés et des patrouilles sur les débouchés, ainsi que des reconnaissances, pour avoir des renseignements de l'ennemi.

Le commandant ne négligera pas de me faire part de tout ce qu'il apprendrait de nouveau.

J'écrivis au général de division :

Les hussards du 4e ont ordre, général, de se rendre de suite dans les villages de Rathhaus, Gündlingen, occupant Merdingen, après la reconnaissance qu'ils auront faite de sa situation, et, s'il est possible, Ihringen. Je le fais occuper pour couvrir la route d'Eichstetten puisque le 6e de dragons n'est pas arrivé. Vous verrez sans doute comme moi qu'il est essentiel que le débouché d'Achkarren sur Eichstetten soit occupé par les dragons du 1er, ainsi que la route du Rhin passant par Rothweil et Burkheim, et que tous ces postes de cavalerie se lient par leur droite et leur gauche.

Un escadron de hussards va aussi s'établir à Hochstetten pour soutenir ceux de Rathhaus et de Gündlingen.

Je voudrais que vous jugeassiez à propos de laisser à ma disposition deux escadrons du 1er de dragons qui me seraient très utiles dans la position qu'ils occupent pour la défense de la route de Fribourg.

Comme la 83e n'est pas encore arrivée et que toute la 2e occupe la partie droite, veuillez bien, général, faire dire au général Désenfans de faire passer toujours à l'avance un détachement à la gauche dans la position qu'il a déterminée à cette demi-brigade, de sorte que nos deux flancs soient provisoirement également gardés.

La rareté du bois et de la paille a pu occasionner du désordre dans les recherches que les volontaires se sont portés à faire quand la pluie a tombé. Veuillez bien, général, mander aux commissaires que ces objets de nécessité puissent être fournis.

Le commandant Pajol m'adressa le rapport ci-après que je transmis au général Vandamme :

J'ai, en suite de vos ordres, occupé le village de Gündlingen avec deux escadrons, de Ihringen avec un, et de Hochstetten avec le 4e. Je vous observe, mon général, que celui de Gündlingen est ouvert sur tous les points et très difficile à garder, avec cent trente hommes de cavalerie; que l'ennemi peut, sans qu'on s'en aperçoive, porter des forces dans le bois qui se trouve en avant de ce village, et l'attaquer ensuite avec succès.

J'ai bivouaqué mes deux escadrons, l'un à la droite et l'autre à la gauche de ce point. Ils se gardent sur leur front et sur Rathhaus, dont ils sont très séparés par une fort belle plaine par où l'ennemi peut facilement pénétrer et les couper dans leur retraite sur Hochstetten, sans qu'ils puissent être arrêtés par la troupe chargée de défendre ce village.

Croyez, général, que ces observations sont faites d'après connaissance du pays, et qu'elles ne sont point dictées par la crainte. Comptez sur ma vigilance et soyez persuadé que je ferai tout ce qui dépendra de moi pour défendre ce point avec succès.

21 germinal. — Après le rapport des découvertes qu'il n'y avait rien de nouveau, et après avoir fait rentrer les troupes qui avaient pris les armes une heure avant le jour, me trouvant très fatigué des jours précédents et surtout par les contrariétés que j'avais éprouvées, j'étais à me reposer, lorsque le général Vandamme, qui venait s'établir à Vieux-Brisach, y arriva. Il se rendit aussitôt à mon logement pour s'informer de ma santé. Je lui en sus gré; et je lui dis que pendant que je servirais sous ses ordres, je lui prouverais que je savais sacrifier à l'intérêt de la République et à mes devoirs l'injustice et tous les mauvais procédés dont on m'avait abreuvé.

Ayant appris que les plus graves excès avaient été commis envers les habitants du village de Gündlingen par des hommes du 1ᵉʳ bataillon d'infanterie légère, j'écrivis à son chef :

Le chef de bataillon Dupont fera faire toutes les recherches pour s'assurer du nommé Pinchon, sergent de la 3ᵉ compagnie du 1ᵉʳ bataillon qui est accusé d'avoir participé, et même commandé des crimes affreux envers des habitants de Gündlingen.

Veuillez, citoyen chef, ramener par les voies que vous jugerez les plus convenables, et dans le plus bref délai, les soldats que vous commandez à l'ordre et à la discipline, qui sont enfreints d'une manière scandaleuse dans votre bataillon, car je me trouverais forcé de solliciter du général de division le renvoi de votre corps sur les derrières de l'armée comme indigne d'être appelé à la défense de la patrie.

Le général Vandamme avait, la veille, passé en revue ce bataillon et avait ordonné de casser plusieurs carabiniers.

Le chef m'adressa le rapport suivant sur l'exécution de cet ordre :

Hier, j'ai fait casser sept carabiniers de la compagnie du bataillon que je commande, d'après les ordres du général Vandamme. Je comptais que cet exemple aurait fait impression au reste. Tout au contraire. La compagnie entière, excepté les sous-officiers et caporaux, se sont dégradés eux-mêmes, en jetant leurs épaulettes et plumets. Comme je les connais depuis longtemps pour insubordonnés, je vous invite à m'autoriser à les renvoyer sur les derrières en attendant que nous formions une compagnie qui les remplace.

Je viens d'envoyer le capitaine de cette compagnie en prison tel que vous me l'avez ordonné, ainsi que le lieutenant Lehongre pour avoir manqué à son service (1).

J'avais donné cet ordre d'après le récit verbal qui m'avait été fait de cet acte d'insubordination. Ayant ensuite communiqué le rapport au général Vandamme, il écrivit au bas :

Je connais les deux officiers dont il s'agit. Le général Decaen est prévenu que je les destituerai aussitôt que j'aurai reçu son rapport, et je l'exige à l'instant. J'invite le général Decaen de faire connaître ces destitutions et d'envoyer ces officiers en prison à Neuf-Brisach, d'où je les ferai conduire de brigade en brigade jusqu'au dépôt, où ils attendront la décision définitive du ministre.

Le général Decaen voudra bien faire assembler cette compagnie de carabiniers, la prévenir de l'exemple fait sur son capitaine et son lieutenant. Si la compagnie ne rentre pas dans l'ordre, il fera arrêter ceux qui seront coupables, les fera désarmer et les enverra à Neuf-Brisach avec un bout de rapport. Ces exemples sont nécessaires et ne doivent pas être négligés.

Mais cette dernière disposition fut changée. Il fut jugé plus convenable de faire rentrer la compagnie à Vieux-Brisach, ce qui ayant été ordonné et exécuté, le chef de bataillon m'écrivit :

Je vous préviens, citoyen général, que le capitaine est en prison. Sa compagnie, d'après les ordres du général Vandamme, est envoyée sur les derrières. Je vous en demande la cassation. Les lieutenants, tous les sous-officiers et caporaux, sont à l'abri de tout reproche. Le capitaine, de tout temps, je l'ai connu brave et aimant à servir, mais trop borné pour conduire l'élite d'un bataillon. A cet effet, je vous demande l'autorisation de former une autre compagnie, ainsi qu'un capitaine. Il serait cependant possible que, dans le nombre, il y eût quelques bons sujets connus par leur bravoure et leur conduite exemplaire. Ce n'est pas que je veuille dire qu'ils ne sont point tous coupables; mais je sais pardonner à l'égarement d'un moment et croire que beaucoup ont suivi l'exemple de la majorité.

Quant au lieutenant Lehongre, il est en prison : je ne puis vous dire aucun bien de cet individu. Il est connu pour insubordonné, ivrogne et inepte. Avec des défauts aussi graves, on ne peut que déshonorer un corps et exciter le soldat, par le mauvais exemple, à l'insubordination. De tels hommes ne méritent aucun ménagement de la part d'un chef qui aime le bon ordre dans sa troupe.

---

(1) « Il était d'une autre compagnie. » (Note de Decaen.)

Ayant appris qu'il s'était commis des désordres dans le village d'Ihringen, j'écrivis au commandant de l'escadron de hussards qui y était cantonné :

> Il est étonnant, citoyen, que vous occupiez un village, et que vous souffriez qu'il s'y commette les plus grands désordres. Je vous ordonne de prendre toutes les mesures convenables pour que je ne reçoive plus aucune plainte : car celles qui me parviendront, je vous en attribuerai la cause comme coupable d'insouciance et participant à ces mêmes désordres; et certes, je vous ferai punir sévèrement. J'aurais dû recevoir un rapport de vos découvertes de ce jour, et il ne m'est rien parvenu. Entretenez le bon ordre, et qu'il n'y ait plus de négligence pour aucune chose.

Je communiquai au général Vandamme le rapport suivant du commandant Pajol :

> L'officier que j'ai envoyé en reconnaissance sur Fribourg vient de me rendre compte, mon général, que l'ennemi, qui avait un poste à Ober-Rimsingen, s'était retiré sur Munzingen qu'il occupe avec un fort piquet.
>
> Nieder-Rimsingen a été évacué et l'infanterie qui était à la pointe de la montagne s'est retirée.
>
> Les hussards qui sont en avant sont du régiment de Ferdinand. On n'a pu savoir de quel régiment était l'infanterie qui s'est montrée cet après-dîner; mais, d'après ce que m'a dit l'officier, je crois que ce sont des paysans qui se sont retirés sur cette hauteur et y ont fait du feu.
>
> S'il n'y a rien de nouveau d'ici à demain, j'irai moi-même reconnaître ces messieurs.
>
> Rien de nouveau du côté d'Ihringen. Nous sommes si faibles que je ne puis y envoyer que de petites patrouilles.

Le général Vandamme ayant passé la revue de la 83ᵉ, et n'en ayant pas été satisfait, m'adressa l'ordre d'en envoyer le chef dans la prison militaire de Neuf-Brisach.

Il m'adressa aussi cette lettre :

> Je vous préviens, mon cher général, que les troupes de la division étant toutes réunies en ce moment, vous devez avoir reçu celles qui composent votre brigade. Veuillez bien vous assurer si chaque corps occupe la position indiquée et si vous jugez à propos d'y faire quelque changement; dans ce cas, vous m'en informerez. Il faut surtout porter votre cavalerie en avant et la faire vivre dans les villages. Exigez que les chefs y mettent de la régularité, et que l'on ne prodigue pas les ressources qui nous restent encore.
>
> Si l'ennemi s'avançait, vous ordonneriez à la cavalerie de se tenir sur ses gardes et d'avoir continuellement des patrouilles et reconnaissances fort en avant. Vous n'exposeriez pas au loin l'infanterie que je veux tou-

jours avoir autant que possible réunie pour défendre les ouvrages et soutenir les batteries.

Les marches forcées qu'on a été obligé de faire faire à la troupe, le désordre qui a existé jusqu'à ce jour dans les distributions, tout semble avoir entraîné le soldat à l'oubli de ses devoirs, à l'indiscipline et au découragement. Beaucoup d'officiers pleins d'honneur et de républicanisme font tous leurs efforts pour maintenir l'ordre, et d'autres, dont le nombre malheureusement n'est que trop grand, ne s'occupent de rien, abandonnent leurs camarades et leurs chefs, et laissent au soldat égaré la latitude de faire le mal, et le service en souffre beaucoup.

Il est temps, mon cher général, que, d'accord avec moi, vous donniez les ordres les plus sévères pour que chacun fasse son devoir et que tout rentre dans les bornes que prescrivent les lois et la discipline. Un plus long délai, la moindre négligence de notre part perdraient nos troupes et nous exposeraient, en nous déshonorant, aux malheurs les plus funestes. Connaissant l'énergie de votre caractère, l'amour que vous avez pour votre pays, je compte que vous réunirez vos efforts pour que chacun fasse son devoir. Prévenez les chefs, parlez aux soldats, et punissez avec sévérité quiconque méconnaîtra votre autorité.

Les punitions que vous infligerez seront approuvées de moi, et je me charge de les faire approuver par le général en chef.

C'est à la bassesse, à l'ineptie et à l'ignorance de quelques officiers, même des chefs, qu'il faut attribuer le mal. Sévissez donc contre eux et faites des exemples; il en est temps.

Les vivres, le prêt, tout sera fourni à l'avenir exactement. Qu'il n'y ait plus de prétexte admissible. Je ferai mon devoir et je ne doute pas que vous ne soyez décidé à faire le vôtre.

Salut et amitié.

Signé : Vandamme.

P.-S. — Ordonnez qu'on nettoie les armes et passez cet après-midi la revue de vos troupes.

Le chef de l'état-major m'adressa l'ordre du jour ci-après :

Du 20 au 21 germinal.

Le général en chef à l'armée.

Camarades,

J'ai demandé au Directoire exécutif l'autorisation de me rendre près de lui, pour l'entretenir d'objets de la plus haute importance. Le Directoire exécutif, en me l'accordant, m'a chargé de remettre le commandement au général Masséna. Ce nom vous est connu par des victoires éclatantes qui l'illustrent. Tout éloge de ma part serait superflu.

Soldats! Si, par des circonstances que je ne puis prévoir, j'étais privé de l'honneur de revenir parmi vous, je n'en conserverais pas moins le souvenir des actions multipliées de courage qui rendent mémorables les premières opérations de l'armée du Danube, et je m'estimerai heureux si vous conservez de même celui des efforts que j'ai faits pour mériter votre confiance et assurer vos succès.

L'armée est prévenue que le général Masséna a pris aujourd'hui le commandement des armées d'Helvétie et du Danube.

Le général en chef :
Signé : JOURDAN.

Ordre particulier de la division dudit jour :

La division est prévenue que l'adjudant général Bertrand remplace l'adjudant général Becker dans les fonctions de chef de l'état-major. Les chefs de corps voudront bien en conséquence correspondre avec lui pour tout ce qui est relatif au service.

Signé : BERTRAND.

Dans la soirée, le général Vandamme m'écrivit :

Je vous préviens, citoyen général, que mon intention est de faire une forte reconnaissance demain avec toute la cavalerie de la division. Veuillez donc ordonner au 4e régiment de hussards, qui se trouve sous vos ordres, de se rendre pour 4 heures du matin à un de ses postes avancés sur la route de Fribourg, en ne laissant dans ses cantonnements que les gardes nécessaires. Vous ordonnerez aussi à une pièce de 8 et à un obusier de 6 pouces de l'artillerie légère de se trouver, à la même heure, en arrière du village de Hochstetten, où ils se placeront en arrière des deux régiments de dragons. Recommandez aux chefs que tout soit en ordre et dans la meilleure tenue.

Je donnai des ordres, mais la reconnaissance n'eut pas lieu.

CHAPITRE VII

Decaen se porte de Neuf-Brisach sur Huningue. — Son entrevue avec Masséna à Bâle. — La brigade Decaen dirigée sur Zurich et Winterthur. — Modification à l'itinéraire fixé. — Justifications fournies à Vandamme. — Decaen sur les bords du Rhin. — Il s'établit à Sankt-Katharinenthal. — Il réclame de l'artillerie de position. — Vandamme ne peut lui en donner. — Les troupes suisses aux ordres des généraux français. — Répartition des cantonnements. — Les troupes françaises à l'étroit.

22 germinal. — Je reçus l'ordre suivant, du général de division :

Vous réunirez de suite, mon cher général, le 4ᵉ régiment de hussards, la 3ᵉ compagnie d'artillerie légère, la 83ᵉ demi-brigade et le 1ᵉʳ régiment de dragons.

Vous conduirez ces troupes près de Neuf-Brisach, à portée de la route de Huningue, et vous ferez prendre de suite les vivres et l'eau-de-vie. Vous vous dirigerez ensuite sur Ottmarsheim, sur la route de Huningue, où vous cantonnerez, et dans les environs.

Vous prendrez telles mesures que vous jugerez convenables dans la marche pour me répondre du bon ordre : les moindres fautes doivent être punies par les peines les plus sévères.

Les troupes reçurent leur ordre de départ avec satisfaction. Je leur fis repasser le Rhin et, après qu'elles eurent reçu leurs distributions, je les mis en marche d'auprès de Neuf-Brisach pour arriver à Ottmarsheim, où je les cantonnai dans les environs.

Elles ne donnèrent lieu à aucune plainte.

Avant mon départ de Neuf-Brisach, le général Vandamme m'avait fait transmettre, par le chef d'état-major, que, le lendemain, je devais mettre les troupes en marche à 4 heures et demie du matin pour arriver à Bâle dans la journée, et d'y envoyer à l'avance un officier pour y recevoir des ordres ultérieurs.

23 germinal. — La brigade fut mise en marche à l'heure prescrite et, avant d'arriver à Huningue, je reçus de Bâle l'ordre d'établir les troupes, savoir : 83ᵉ d'infanterie, à Village-Neuf (1) et Bourg-Libre (2) ; artillerie légère, à Häsingen, route d'Altkirch ; 1ᵉʳ de dragons, à Oberwil ; 4ᵉ de hussards, à Bottmingen ; de placer mon quartier à Bâle ; et je fus prévenu que les fourrages et l'eau-de-vie seraient distribués à Huningue pour un jour, et la viande, pour le 23 et le 24, à Bourg-Libre.

Le général Masséna était à Bâle. Je fus le saluer. Il me demanda quelques explications sur ce qui s'était passé à Triberg, etc... Je les lui donnai. Il me dit de lui adresser un mémoire à ce sujet, qu'il l'enverrait au gouvernement, et qu'en attendant la réponse, je servirais dans son armée dans la division à laquelle j'étais attaché.

24 germinal. — Je reçus l'ordre ci-après :

Le général Vandamme me charge, mon général, de vous informer que la 2ᵉ division se mettra en marche, demain 25, sur deux colonnes.

La première, composée des 2ᵉ et 7ᵉ demi-brigades d'infanterie de ligne, 4ᵉ de hussards, et 3ᵉ compagnie d'artillerie légère, sera sous vos ordres. Elle doit se rendre demain à Rheinfelden ; le 26, à Brugg ; le 27, à Baden et Zurich ; le 28, à Winterthur.

Vous voudrez bien donner vos ordres en conséquence et me dire en quoi je puis vous être utile.

Ces troupes sont fournies de pain et viande jusqu'au 26 inclus.

L'adjudant général chef de l'état-major :

Signé : BERTRAND.

25 germinal. — Je reçus, avant le jour, l'ordre suivant :

J'ai l'honneur de vous prévenir, mon général, que, d'après de nouvelles dispositions du général en chef, la 7ᵉ demi-brigade ne fera pas partie de votre colonne. Elle y sera remplacée par la 83ᵉ, à qui je viens de donner l'ordre d'être rendue ce matin à la porte du faubourg d'Huningue, où elle attendra des ordres ultérieurs que vous voudrez bien lui donner.

La seconde colonne part aussi ce matin pour se rendre le même jour à Sissach ; le 26, à Aarau ; le 27, à Baden et Zurich ; le 28, à Winterthur.

L'intention du général Vandamme est de suivre la marche de cette colonne.

J'ai aussi donné l'ordre à la 2ᵉ demi-brigade de ligne et à la 3ᵉ compa-

---

(1) Neudorf, sur le 1/100 000 allemand.
(2) Saint-Louis, Sankt-Ludwig du 1/100 000 allemand.

gnie d'artillerie légère d'être rendues également à 6 heures à la porte du faubourg d'Huningue.

Signé : Bertrand.

D'après cet ordre, je mis ma brigade en marche pour arriver à Rheinfelden et dans quelques villages au-delà.

26 germinal. — Elle cantonna à Brugg et dans des villages en avant sur la route de Baden. Je restai à Brugg.

27 germinal. — Elle continua sa marche, mais sans être dirigée sur Zurich; les motifs en sont donnés ci-après. Je restai à Baden.

28 germinal. — Je reçus du général Vandamme la lettre suivante, datée de Zurich :

Je ne sais à quoi attribuer, citoyen général, la raison qui a pu vous déterminer de prendre une autre route que celle qui vous était prescrite. Pourquoi donc n'avez-vous pas passé par Zurich? Je ne puis m'imaginer que vous ayez pris sur votre compte de changer la direction de votre troupe. Ici les vivres et fourrage étaient préparés pour plusieurs jours, et l'on ne sait comment faire vivre la troupe à Winterthur. Faites-moi savoir où vous êtes et où sont vos troupes, afin que je puisse vous faire connaitre les positions que vous devez occuper d'après les nouvelles dispositions du général en chef.

Je fis cette réponse :

Je reçois ce matin, 2 heures, votre lettre du 27, citoyen général. Je n'ai point pris sur mon compte de changer la direction de ma brigade, puisque je serai rendu à Winterthur conformément aux ordres qui m'ont été donnés. Si je n'ai pas passé par Zurich, cela tient à la latitude portée dans l'ordre. Le 27, il est dit : à Baden et Zurich. Alors, j'ai cru pouvoir placer mes troupes de manière à ce que, sans faire de marche forcée, elles puissent arriver à leur destination, puisqu'aussi, par le chemin qu'elles tiennent, elles ont une lieue de moins pour arriver à Winterthur.

D'un autre côté, j'avais été informé que l'autre brigade se dirigeait sur Zurich. Enfin, je n'avais point reçu d'avis que les subsistances seraient délivrées à Zurich. Au contraire, le commissaire Gentil, que le hasard m'avait fait rencontrer, m'avait dit que ce serait à Baden que la distribution se ferait et, au lieu de distribution, il me fut communiqué une lettre du commissaire, datée du 26, dans laquelle il invitait la personne chargée d'y pourvoir de s'arranger avec l'administration de Baden pour que les troupes fussent nourries dans les villages; et cette lettre, autant que je me le rappelle, est datée de Zurich.

La crainte que j'avais de ne point avoir de subsistances a donc encore contribué à me faire établir bien dans les lieux que j'ai occupés. Vous voudrez bien remettre vos ordres à l'officier que je vous envoie : il me les rendra à Winterthur où je serai à midi.

Je reçus du général Vandamme cette autre lettre :

Je reçois à l'instant votre lettre, mon cher camarade, à laquelle je m'empresse de répondre, par laquelle vous me dites avoir eu l'ordre de vous rendre, le 27, à Baden et Zurich. On a voulu vous dire, par là, de faire porter votre cavalerie et troupes moins fatiguées jusqu'à Zurich, et laisser les plus fatiguées à Baden. Cela ne devait en rien changer l'ordre qui vous avait été donné. Maintenant, ceci est une affaire finie (1).

Portez vos troupes sur la Thur, la droite à Altikon, sur la route qui mène de Winterthur à Stein, et votre gauche au Rhin, en occupant fortement Andelfingen, où je m'établirai ce soir.

Je fais partir ce matin les vivres pour vos troupes ; ils seront rendus de bonne heure à Andelfingen.

Signé : Vandamme.

P.-S. — Comme il existe des fonds à Zurich, envoyez toucher la solde par les quartiers-maîtres des corps sous vos ordres.

Je fis occuper Altikon et Andelfingen, où je pris mon quartier. La 83ᵉ resta à Winterthur, où resta le général Vandamme, d'où il m'adressa l'ordre ci-après :

Demain, au jour, mon cher général, vous ferez partir la 2ᵉ demi-brigade, le 4ᵉ régiment de hussards et votre artillerie légère pour occuper les bords du Rhin devant Schaffhouse, où votre brigade relèvera celle du général Paillard (2). J'ai donné ordre à la 83ᵉ demi-brigade de partir demain de Winterthur pour se rendre un bataillon à Andelfingen, et un à Altikon, où ils seront à votre disposition.

Vous me ferez part de l'emplacement qu'occuperont vos troupes et des renseignements que le général Paillard aura pu vous donner. Établissez-vous de manière à pouvoir, d'un instant à l'autre, être réuni et à même de vous porter là où l'ennemi tenterait de passer le Rhin, profitant du premier repos pour faire mettre les armes en bon état, et faites votre possible

---

(1) « C'était écrire pour dire quelque chose. » (Note de Decaen.)
(2) Paillard (Nicolas-Augustin), né le 28 août 1756, à Decize (Nièvre); soldat aux gardes françaises, le 17 mai 1775 ; sergent, le 1ᵉʳ mai 1787 ; sous-lieutenant, le 1ᵉʳ septembre 1789 ; lieutenant, le 1ᵉʳ janvier 1792 ; général de brigade, le 5 octobre 1793 ; employé à l'armée d'Espagne, en 1810 ; à la Grande Armée, en mai 1813 ; retraité le 24 décembre 1814. (A. A. G.)

pour obtenir, des troupes qui sont sous vos ordres, la discipline et la tenue convenables. Je serai demain au jour à Andelfingen.

29 germinal. — J'exécutai cet ordre et j'écrivis au général de division, du village de Uhwiesen :

Je n'ai pris que des positions provisoires, jusqu'à ce que vous m'ayez déterminé, citoyen général, jusqu'où doit appuyer la droite de ma brigade : c'est-à-dire si je dois particulièrement m'attacher au passage de Rheinklingen où se trouve le gué du Rhin, ou si ce sera la division de droite qui sera chargée de ce point important.

Il est essentiel que vous vous expliquiez à cet égard, pour qu'après que j'aurai pris connaissance des localités, je fasse ce qui sera convenable à cet égard.

Comme la communication sur la rive gauche de la Thur n'est pas commode et que le front du terrain que je dois garder sur Rheinklingen est très étendu, vous voudrez bien ordonner au général Désenfans de prolonger ses postes jusqu'à la Thur. Moi, je ferai appuyer jusqu'à la rive droite.

Je voudrais aussi savoir, citoyen général, si les troupes suisses qui bordent le Rhin, et qui ont différents établissements, sont sous mes ordres.

Je vous préviens que je vais m'établir à Sankt-Katharinenthal qui m'a paru le point le plus central.

Toutes les troupes du général Paillard, depuis la droite de la Thur jusqu'à Rheinklingen non compris, vont être relevées aujourd'hui.

De Sankt-Katharinenthal, j'écrivis au général de division :

J'attends votre réponse à ma lettre de ce matin, citoyen général, pour que je puisse donner à ma brigade une position définitive et que je puisse vous rendre compte de son établissement.

Je voudrais bien que vous donnassiez ordre que quatre pièces de position me soient envoyées pour être mises sur le point de Schaffhouse, afin que je puisse concentrer ma compagnie d'artillerie légère, pour en pouvoir disposer avec plus d'efficacité.

Deux pièces de 8, un obusier et une pièce de 4, c'est ce qui me serait nécessaire.

Je donne l'ordre au bataillon de la 83e qui est à Altikon de se rendre demain sur la hauteur en arrière de Basadingen, et je lui indiquerai le point qu'il devra occuper. Sans doute que, demain, après la reconnaissance que je ferai, j'ordonnerai aussi au bataillon qui est à Andelfingen de s'avancer pour être en mesure au besoin.

J'ai parcouru la ligne du Rhin, depuis Schaffhouse jusqu'à Rheinklingen. Il y a peu de postes ennemis dans les environs de Schaffhouse ; dans la ville, il n'y a pas beaucoup de troupes autrichiennes, car à peine j'ai vu quelques chasseurs de Le Loup.

Entre Diessenhofen et Rheinklingen, il paraît davantage d'Autrichiens, surtout devant le dernier. Ce sont des troupes réglées, mais je n'ai pu savoir quel régiment. J'ai aussi aperçu quelques postes de cavalerie, mais peu. On m'a dit que l'ennemi avait un camp près de Hohentwiel.

Demain, je me porterai vers la gauche, depuis Schaffhouse jusqu'à la Thur. Mais, d'après les renseignements que j'ai pris du chef de brigade Laval qui connaît parfaitement tout ce pays, il est bien difficile de faire aucune entreprise, depuis Schaffhouse jusqu'à la Thur. Schaffhouse, ce n'est pas là encore où il peut faire quelque chose ; entre ce dernier et Paradies, ce serait plutôt le point où il pourrait oser, ainsi qu'aux environs de Diessenhofen et de Rheinklingen.

Je reçus du général Vandamme cette lettre :

Je rentre à l'instant de Frauenfeld, mon général, où je suis allé pour m'aboucher avec le général Oudinot, lui faire part de mes instructions et connaître les siennes (1).

Le général Soult, commandant l'avant-garde de l'armée, sera établi demain à Guntalingen et chargé de la défense du Rhin, depuis Stein jusques et compris Diessenhofen. Vous resterez particulièrement chargé, avec votre brigade, de la partie de Schaffhouse. C'est à Uhwiesen, Laufen, Furlingen, Feuerthalen et environs, où doivent être vos principales forces. Vous donnerez ordre à un de vos bataillons de la 83e de rester en réserve à Marthalen et Nieder-Marthalen. Vous ferez partir demain, au jour, cette demi-brigade d'Andelfingen et d'Altikon, et vous ne laisserez rien sur la rive gauche de la Thur. Le général Désenfans reste chargé de la garde du Rhin depuis l'embouchure de la Thur jusqu'au Petit-Koblenz.

Les troupes helvétiques qui se trouvent cantonnées dans l'étendue de l'emplacement de votre brigade sont directement sous vos ordres. Vous en disposerez de la manière la plus convenable, et vous leur ferez faire le service que vous jugerez à propos.

Vous leur donnerez ordre de vous adresser sans délai l'état de leurs forces.

P.-S. — J'espère que Heudelet (2) remplacera sous peu de jours le

---

(1) Oudinot écrivit à Decaen, le 30 germinal :

« Crois-tu, cher camarade, qu'il me suffit de te savoir près de moi pour être content? Non, tu es le dernier arrivé, si tu te dois à une démarche que j'aimerai à partager, lorsque tu auras fixé le rendez-vous. Ainsi, dispose-toi, si tu ne veux encourir mes cris à l'ingratitude. J'ai partagé tes souffrances et j'aimerais, en te plaignant, [à te prouver] que l'estime de tes vrais amis est inviolable.

Ton ami,

« OUDINOT. »

(Le général de division Oudinot à Decaen, Müllheim, 30 germinal an VII, papiers Decaen, vol. XVI, folio 8.)

(2) Heudelet (Étienne), né le 12 novembre 1770 à Dijon ; lieutenant au 3e bataillon de la Côte d'Or, le 3 août 1792 ; chef de bataillon, le 30 décembre 1793 ; chef de brigade, le 30 décembre 1794 ; général de brigade, le 5 février 1799 ; général de division, le

général Désenfans. Tharreau (1) reste en réserve avec huit bataillons.

J'établis mes troupes en conséquence de ce qui m'avait été mandé, et je prévins les commandants des troupes helvétiques qu'ils étaient sous mes ordres.

Je reçus du général de division la lettre suivante :

Je ne puis vous envoyer de pièces de position. Disposez de celles des Helvétiens ; ils en ont de tout calibre. Et en cas que vous n'ayez pas de confiance dans leurs canonniers, je donnerai ordre au commandant du parc de vous en envoyer des nôtres.

Les trois compagnies de grenadiers de la 83e restent ici pour réserve et pour le service du quartier général. Les autres auront leur tour. Au premier coup de canon, ils ont ordre de vous joindre. A la moindre apparence d'attaque, vous pouvez compter sur un bataillon de la 1re légère, la 4e compagnie d'artillerie légère et trois escadrons du 1er régiment de dragons. Tout est disposé en conséquence.

Si je puis, cet après-midi, j'irai vous voir (2).

1er floréal. — J'écrivis au général Vandamme :

Je vous rends compte, citoyen général, que, pour me conformer à votre ordre du 29, j'avais fixé l'établissement de ma brigade de la manière ci-après :

La 2e demi-brigade occupant par un bataillon un camp sur la hauteur devant Schaffhouse, en arrière de Feuerthalen, gardant ce village et celui de Langwiesen ; les troupes du camp chargées d'empêcher le débouché de Schaffhouse sur Andelfingen ; l'autre bataillon de cette demi-brigade, je lui ai fait prendre position en arrière du village de Schlatt, ayant une compagnie vers Kundolfingen, et une autre vers Paradies. Ce point de Schlatt est celui qui m'a paru le plus important, dans le cas où l'ennemi effectuerait un débarquement entre Schaffhouse et Paradies, puisqu'à la faveur du vallon de Schlatt, il arriverait aux communications par lesquelles on se dirige sur Frauenfeld, Andelfingen, par deux routes différentes, et sur Schaffhouse passant par Benken et Uhwiesen, et, par consé-

---

24 décembre 1805 ; employé à l'armée d'Espagne de novembre 1808 à mars 1810 ; à la Grande Armée en 1812 et 1813 ; retraité, le 1er janvier 1825 ; remis en disponibilité en 1831 ; inspecteur général d'infanterie de 1831 à 1834 ; major général le 15 août 1839 ; retraité, le 12 avril 1848 ; mort à Paris, le 20 avril 1857. (A. A. G.)

(1) Tharreau (Jean-Victor) né le 15 janvier 1767 à Cholet ; adjudant-major au 2e bataillon de Mayenne-et-Loire, le 17 août 1792 ; adjudant général chef de bataillon, le 8 germinal an II ; général de brigade, le 13 germinal an II ; général de division, le 1er floréal an VII ; employé à la Grande Armée (Contingent westphalien), le 5 mars 1812 ; mort de ses blessures, le 26 septembre 1812. (A. A. G.)

(2) A cette date (30 germinal), le général Chérin était nommé chef d'état-major de l'armée en remplacement du général Ernouf. (Ordre de Masséna, Bâle, 30 germinal an VII. A. H. G.)

quent, pourrait prendre à dos les troupes qui viendraient défendre la sortie de Schaffhouse par Uhwiesen.

La 83ᵉ a un de ses bataillons campé sur la hauteur en arrière de Dachsen. De cette position, on dirigerait ce bataillon sur les points qu'on jugerait à propos, en cas d'attaque, à cause de la facilité des communications, et que c'est, faut-il dire, le point central.

L'autre bataillon, je lui ai fixé sa position à Marthalen. C'est une réserve. J'y ai réuni un escadron de hussards et deux pièces d'artillerie légère. Deux autres pièces sont à Schlatt, et deux autres à Feuerthalen, un escadron de hussards à Schlatt, un autre à Benken, et le 4ᵉ, à Langwiesen et Uhwiesen.

D'après votre avis que les troupes helvétiques disposées dans l'étendue du pays que je dois occuper étaient à ma disposition, j'ai prévenu les chefs de bataillon ; je leur ai fait des demandes afin de connaître leurs forces et les lieux de leurs établissements.

Un d'eux m'a répondu qu'il ne pouvait satisfaire à ma demande qu'il n'eût été forcé par son chef auquel il renvoyait ma lettre, car il n'avait reçu aucun avis à cet égard.

Je voudrais bien que tout cela fût déterminé, afin que je puisse disposer des Helvétiens et de leurs canons, et donner de l'ensemble au service qui est assez bizarre, sur la rive du Rhin, à cause du mélange de postes qui doivent être, pour le bien du service, surveillés par les mêmes officiers.

D'après ce que vous m'avez dit hier, je n'ai fait occuper mes positions que par peu de troupes : et je les ai cantonnées dans les villages à proximité, avec ordre de les reprendre à la première alerte ou au premier ordre.

Je donnai les ordres suivants :

Le commandant de la 2ᵉ demi-brigade de ligne ordonnera que les troupes qu'il commande soient établies aujourd'hui dans les endroits ci-après :

Le 1ᵉʳ bataillon, en arrière de Schlatt, aura une compagnie à Paradies, une à Kundolfingen, deux à Basadingen, deux à Schlatt, deux à Dickehof, une à Wildensbuch. Le rassemblement de ce bataillon, au camp de Schlatt qui devra toujours être occupé par cinquante hommes de garde fournis par les cantonnements voisins.

Les compagnies placées à Kundolfingen et Paradies auront des postes aux petits camps qu'elles vont quitter aujourd'hui et qui, à la première alerte, sont les points de rassemblement de ces compagnies.

L'autre bataillon de la 2ᵉ aura trois compagnies au camp de Feuerthalen à droite, deux à Langwiesen, deux à Feuerthalen, deux à Flurlingen, village à la gauche du camp sur le bord du Rhin. Le lieu de rassemblement de ce bataillon est le camp. A la première alerte, c'est le point où il devrait se porter, excepté une compagnie qui resterait à Langwiesen pour défendre ce village.

Comme il y a deux camps sur la hauteur de Feuerthalen, l'un précédemment occupé par la 23e, et l'autre par la 100e, celui de droite sera occupé par la 2e et celui de gauche, par la 83e. Le service que devait faire le camp de votre second bataillon sera fait par moitié entre la 2e et la 83e.

J'ai donné le commandement du camp au chef de bataillon Coste ainsi que la surveillance du Rhin depuis Diessenhofen non compris jusqu'à Langwiesen. Les troupes helvétiques ont des postes établis sur la rive. Ce n'est donc qu'avec des patrouilles continuelles pendant la nuit, que vos troupes les plus à proximité du Rhin devront exercer la surveillance.

Vous me rendrez compte chaque jour de ce que vous aurez de nouveau.

Le chef de la 83e demi-brigade répartira aujourd'hui, dans les cantonnements ci-après, les troupes qu'il commande.

Le 1er bataillon aura trois compagnies au camp de Feuerthalen, à la gauche de celui qui sera occupé par trois compagnies de la 2e; deux compagnies à Dachsen, deux à Uhwiesen et deux à Rudolfingen. Le rassemblement de ce bataillon est fixé sur la hauteur, en avant d'Uhwiesen. L'autre bataillon, dont Marthalen est le point de réunion, cantonnera deux compagnies à Ellikon, près l'embouchure de la Thur, deux à Rheinau qui auront un fort poste au camp qu'elles occupent maintenant, deux compagnies à Trüllikon et deux avec l'état-major à Marthalen.

Le citoyen Coste, commandant la demi-brigade, est chargé de la surveillance du Rhin depuis la Thur jusqu'à Langwiesen y compris. Il a également le commandement des troupes campées sur Feuerthalen.

Toute la ligne du Rhin est occupée par de fort postes de troupes helvétiques. Il n'a donc besoin, pour assurer cette surveillance, que d'ordonner des patrouilles continuelles d'un cantonnement à l'autre, par les troupes qui occupent les villages sur le bord du fleuve. C'est particulièrement sur les points de Schaffhouse et de Feuerthalen qu'il devra porter son attention. Il ne permettra pas qu'aucun parlementaire, tant dans cette partie que dans les autres lieux, puisse arriver sur la rive gauche avant qu'il n'en ait été prévenu et qu'il n'en ait donné la permission.

Il se fera rendre un compte exact de ce que les commandants des patrouilles auront vu ou entendu du mouvement de l'ennemi. Au surplus, le commandant Coste fera, pour le bien du service, ce qu'il jugera convenable, et d'après ses connaissances et ses talents militaires.

Je reçus les deux lettres ci-après du général Vandamme :

D'après de nouveaux ordres que je reçois, je suis obligé de changer quelques dispositions de ma lettre d'hier. Le général Soult reste avec la 25e demi-brigade légère, la 53e, la 67e de ligne, le 5e de hussards, le 1er de chasseurs, le 17e de dragons, deux compagnies d'artillerie légère à Aarau, Baden et Brugg, et le général Tharreau à Winterthur, vis-à-vis Eglisau; et les troupes du général Désenfans (qui seront au général Heudelet sous peu de jours) occuperont Marthalen, Oerlingen, Trüllikon et Ossingen. Resserrez-vous en conséquence en appuyant un peu à votre droite jusques et compris Diessenhofen. Toute la brigade du général Désenfans vous servira de réserve. Elle a ordre, au premier coup de canon, de se réunir à Trüllikon et d'y attendre vos instructions. Envoyez les trois compagnies de grenadiers de la 83ᵉ à Benken. Voyez où vous jugerez convenable de les placer.

Retirez votre bataillon de Marthalen, et faites bien camper la plupart des Suisses. Cela hâtera leur organisation et leur instruction.

Faites-moi connaître où vous vous établirez ce soir.

Par l'autre lettre, il m'était mandé :

Comme vous occupez Diessenhofen, il faut, mon cher général, étendre vos postes de droite jusqu'à la gauche du général Paillard, qui est chargé de faire surveiller les ennemis jusqu'à Stein.

Faites-moi connaître demain, de bonne heure, les villages que vous faites occuper par votre brigade, afin que je puisse voir s'il est possible d'avancer davantage la brigade du général Désenfans, qui est en réserve derrière la vôtre. J'ai fait mettre à l'ordre ce que les chefs de corps ont à faire pour obtenir des souliers.

Je reçus aussi la lettre suivante du chef de l'état-major :

Le général Vandamme, instruit, mon général, que les cantonnements de Trüllikon, Rudolfingen et Wildensbuch sont encore occupés par les troupes de votre brigade, croit que vous n'avez pas reçu les deux lettres qu'il vous a adressées dans le jour, par lesquelles il ordonnait que vous appuieriez votre droite jusqu'à Basadingen. Dans ce cas, il me charge de vous inviter à faire ce mouvement dès ce soir ou, sans faute, demain à la pointe du jour, afin que la brigade du général Désenfans puisse prendre les cantonnements qui lui sont destinés, et qui sont Marthalen, Rheinau, Ellikon, Oerlingen, Rudolfingen, Trüllikon, Giesenhard, Ossingen, Dachsen et Widen.

Veuillez bien, aussi, avoir la bonté de lui mander si vous avez reçu les susdites lettres et à quelle heure.

CHAPITRE VIII

Correspondance de Decaen avec Vandamme. — Les Suisses tardent à se mettre aux ordres des Français. — Decaen demande une délimitation exacte de son secteur. — Il est chargé de défendre Rheinklingen. — Il réitère sa demande pour avoir de l'artillerie de position. — Vandamme l'autorise à disposer de l'artillerie suisse. — Les Suisses chargés de garder le cours du Rhin. — Les troupes françaises en deuxième ligne. — Les Autrichiens sur la rive droite du Rhin. — Decaen en reconnaissance avec les chefs de brigade Dedon et Marais. — Détermination des points de passage probables. — Vandamme reçu par Decaen à Sankt-Katharinenthal. — Les religieuses du couvent leur donnent un concert.

2 floréal. — J'écrivis au général Vandamme :

J'ai reçu vos deux lettres d'hier, citoyen général, l'une à midi et l'autre vers le soir.

Comme j'avais fait une répartition des cantonnements à ma brigade dans la proximité des positions que je lui ai fixées, positions que je vous ai indiquées dans ma lettre d'hier, et que les troupes étaient en mouvement lorsque j'ai reçu votre ordre de quitter Marthalen pour faire place à la brigade du général Désenfans; enfin, que, pour une nuit, les cantonnements pouvaient être doublés puisqu'il n'y avait autre chose que des changements de quartier, je n'ai fait faire le mouvement que ce matin.

Par mes ordres donnés hier soir, en conséquence, j'avais gardé Rheinau et Rudolfingen, attendu que dans votre lettre vous ne me dites pas que le général Désenfans doit les faire occuper. Mais une lettre que j'ai reçue de l'adjudant général Bertrand m'annonce que vous avez fait d'autres dispositions.

Je vais encore me resserrer. Rheinau et Rudolfingen vont être évacués par mes troupes. Quant aux villages de Wildensbuch et de Dachsen, enclavés dans le terrain qu'occupe ma brigade et qui sont de peu de conséquence puisqu'ils sont de vingt ou trente maisons chacun, veuillez bien les laisser à ma disposition, car je serais obligé de faire faire encore d'autres mouvements aux autres cantonnements qui, encore aujourd'hui, sont tous en marche.

Quoique je laisse des troupes au camp, les autres seront encore bien gênées dans les cantonnements que je leur ai marqués, puisque tous les villages sont remplis de troupes helvétiques.

Je n'ai point reçu de réponse aux demandes d'états que j'ai faites; il faut que les chefs n'aient point encore été informés qu'ils étaient à la disposition des généraux français. Il serait impossible de faire camper les Helvétiens, car ils n'ont point de marmites, etc... Tout ce qu'on pourrait faire, ce serait d'en répartir une partie dans les cantonnements en arrière.

D'après votre lettre d'hier, général, je vous demande une explication, que j'ai déjà demandée par ma lettre du 29 : Rheinklingen, qui est intermédiaire entre moi et le général Paillard, à une lieue au-dessus de Diessenhofen, est-il confié à ma surveillance? Ou bien le général Paillard continuera-t-il d'y avoir un camp?

Je vous assure qu'il est essentiel que j'aie votre décision pour que je puisse faire les dispositions à cet égard.

Dans le cas où vous me direz que Rheinklingen sera de ma ligne, il faudra absolument que vous m'envoyiez deux pièces de canon de position du calibre de 8.

Je joins à la présente, selon votre demande, le nom des villages que j'occupe.

Je reçus cette réponse :

Le général de division me charge, mon général, de répondre à la lettre que vous lui avez adressée ce matin. Son intention est que vous fassiez évacuer les cantonnements désignés par ma lettre d'hier pour la brigade du général Désenfans ; et que vous concentriez par conséquent davantage vos troupes vers le Rhin. Il ne voit, par l'occupation de Rheinklingen par votre brigade, que plus de facilités pour vos cantonnements, et par conséquent il vous autorise à vous étendre jusque-là, sans acquiescer à votre demande de canon de position qu'il croit absolument inutile, étant parfaitement instruit que l'ennemi n'est pas en forces devant nous.

Le commandant des troupes helvétiques, étant, depuis hier, prévenu qu'il est sous vos ordres, ne se refusera sans doute plus à l'exécution de ce que vous lui intimerez. Le général vous invite de l'appeler près de vous, pour conférer avec lui afin de le connaître. Quant aux troupes qu'il commande, si vous jugez absolument nécessaire de les éloigner pour vous mieux cantonner, vous pouvez en envoyer une partie au général Paillard ; et si cela ne suffit pas, nous en placerons d'autres derrière la Thur, ne conservant sur les bords du Rhin que ce qui sera nécessaire pour la garde de quelques postes peu importants. Faites vos dispositions en conséquence et faites-en part au général Vandamme qui les fera exécuter.

Je reçus en même temps la lettre ci-après du général Vandamme :

Il faut, mon cher général, que je vous écrive moi-même pour vous faire connaître la position que votre brigade doit définitivement occuper, et la voici :

Votre gauche à Laufen, votre droite auprès de Stein, liée avec la gauche du général Paillard, occupant tous les cantonnements dans cette étendue le plus près possible du Rhin, afin que je puisse établir la brigade du général Désenfans en seconde ligne, derrière vous, et sur la même étendue. Il y aura demain soir deux demi-brigades, un régiment de dragons et une compagnie d'artillerie légère.

Malgré la longue étendue du Rhin que vous avez à garder et à défendre, je vous invite à ne pas trop disperser vos troupes, de manière que, si vous êtes forcé à quelques mouvements pressés, vous ne soyez pas obligé à mettre trop de temps à vous réunir.

Faites-moi définitivement connaître les cantonnements que vous ferez occuper et où vous serez établi.

Le 5, s'il n'y a rien extraordinairement de nouveau, je serais bien aise de passer la revue de votre brigade. Donnez des ordres en conséquence.

3 floréal. — Les troupes de la brigade furent placées conformément à ce qui était indiqué dans cette lettre.

Le général Vandamme me donna avis qu'il avait ordonné au général Désenfans de réunir, le lendemain à 6 heures du matin, toute sa brigade en avant de Trüllikon et Benken pour me secourir si je venais à être attaqué.

4 floréal. — J'écrivis au général de division, de Sankt-Katharinenthal, où je conservais toujours mon quartier général :

Puisque définitivement, citoyen général, Rheinklingen fait partie des points que je dois garder, je vous réitère la demande que je vous ai faite pour avoir du canon de position, tant pour ce poste que pour Schaffhouse, afin que je puisse rendre mon artillerie légère disponible, ce qui, certes, dans le cas que l'ennemi tenterait sur tel ou tel point, me procurerait des moyens efficaces pour m'opposer à ses progrès.

D'après vos ordres, ma droite a été prolongée jusqu'auprès de Stein. Il m'a été fait le rapport ci-après : l'ennemi a, dans Schaffhouse, un demi-bataillon de Sztaray, 4 compagnies dans le bois en arrière de Buchthalen, un bataillon de chasseurs de Le Loup borde la rive du Rhin depuis Diessenhofen jusqu'à Hemishofen, un escadron de hussards et un de Barco sont cantonnés dans les villages en arrière de Schaffhouse.

Il m'a aussi été rapporté que l'ennemi avait de l'infanterie sur la route de Thengen dans les villages de Herblingen et de Merishausen, ainsi qu'à Bandegg, Bietingen et Singen sur la route de Hohentwiel; mais je n'ai pu en savoir le nombre, ni le nom des corps.

Il me vient à chaque instant des plaintes de la part des habitants relativement aux fourrages qu'ils sont obligés de fournir, ce pays étant totalement épuisé. J'en reçois également du commandant de hussards et du capitaine d'artillerie, qui n'ont pas, avec le peu de fourrage qu'ils se procurent depuis quatre jours, reçu d'avoine. Les chevaux vont tomber dans un état de dépérissement si l'on ne pourvoit pas à leur subsistance. L'adjudant général Bertrand m'a dit qu'il y aurait tous les jours 200 rations de fourrage à ma disposition à Frauenfeld. Cela est à merveille ; mais ne conviendrait-il pas mieux que le commissaire des guerres s'occupe de cette partie? Car je n'entends point du tout à faire ces distributions.

Vous m'avez annoncé, citoyen général, votre intention de passer la revue de ma brigade. Faites-moi connaître le plus tôt possible si votre revue aura lieu, à quelle heure et dans quel endroit. Je vous observe que, vu l'étendue du pays qu'occupent les troupes, il serait assez difficile de les réunir sur un seul terrain ; que, d'un autre côté, je n'en ai pas remarqué qui puisse contenir autant de troupes, à moins que de faire le plus grand tort aux grains.

Si vous tenez, général, à ce que les troupes soient cantonnées dans les villages les plus rapprochés du Rhin, il faut absolument que les troupes helvétiques quittent pour la plus grande partie tous les villages qu'elles y occupent, et même dans tous les cas ; car, qu'il y ait une affaire, ces hommes peu accoutumés à la guerre pourraient donner de l'embarras. Il vaudrait mieux, je crois, ordonner que les deux bataillons, l'un cantonné dans Diessenhofen, l'autre vers Uhwiesen, se retirent en arrière au lieu que vous indiqueriez ; ils pourraient plus facilement s'organiser, en ne gardant sur la ligne qu'une compagnie de bons chasseurs auxquels je ferais faire le service avec mes avant-postes. Si vous adoptez cette mesure, veuillez bien m'en faire part, afin que je donne des ordres aux chefs.

Je reçus du général Vandamme cette instruction :

Depuis les dernières instructions du général en chef qu'il m'a fait connaître par une lettre d'hier, il faut, mon cher général, faire garder tout le cours du Rhin par des troupes helvétiques, en chargeant un officier supérieur français de la surveillance spéciale. Il faut, de distance en distance, et surtout dans les postes les plus importants, mettre de nos troupes. Après quoi, il faut faire baraquer et cantonner tous les Helvétiens en première ligne. Vous voyez, d'après cela, que vous pouvez faire reposer votre brigade ; et pour n'être exposé à rien, vous réunirez tous les jours à 4 heures du matin un bataillon de chaque demi-brigade, tantôt derrière Paradies, Rheinklingen et derrière Schaffhouse, et à la vue de l'ennemi. Il faut ordonner à deux escadrons de hussards de se porter sur le même point avec deux pièces de votre artillerie légère : de cette manière, les troupes seront prêtes à tout ; et, quoique cantonnées, elles ne laisseront aucun avantage à l'ennemi, en cas qu'il voulût tenter un passage.

Le général Désenfans fera le même service derrière vous, avec ordre de vous secourir au besoin.

Disposez de l'artillerie des Helvétiens, entre autre des trois pièces qui sont ridiculement placées sur une montagne près du château de Laufen. Ils ont leurs munitions et canonniers.

Je ne pourrais vous envoyer des pièces du parc sans augmenter votre misère en fourrages; car si, sous deux jours, le général en chef ne m'en fait passer, je serai obligé de vous ôter une portion de votre cavalerie et l'artillerie légère.

Faites surtout reposer vos grenadiers; ces compagnies ne devraient pas faire de service au bord du Rhin : il est bon de les avoir en réserve pour un coup de main.

Si vous continuez de rester encore quelque temps, je ferai passer le général Désenfans à votre place afin que vous puissiez aussi vous reposer.

Vous recevrez aujourd'hui cent quatre-vingts hommes bien armés et équipés pour la 83e, en sorte que vos deux demi-brigades soient complètes. Il doit en arriver à Strasbourg dix mille de Paris et environs; à Mannheim, huit mille de Hollande; et dix mille à Bâle, du Midi, du Jura et de la Côte-d'Or, entre autres le 8e et le 9e de hussards. Puissent-ils nous apporter des fourrages!

Il marche trente mille hommes au secours de l'armée d'Italie. Tout est en mouvement dans l'intérieur de la République, et je crois qu'il en est temps.

6 floréal. — Je donnai des ordres aux troupes de ma brigade en conséquence de l'instruction du général Vandamme. Et enfin, les troupes helvétiques reçurent des ordres pour être établies et faire leur service, conformément à ce qui m'avait été mandé à leur égard, ce qui fut exécuté le lendemain; et je disposai aussi de leur artillerie que je plaçai convenablement (1).

7 floréal. — Je reçus du général Vandamme les trois lettres ci-après, la première datée du 6 :

L'intention du général en chef étant que les troupes de la division que je commande ne s'étendent que jusqu'à Diessenhofen, vous voudrez bien, mon cher général, vous concerter avec le général Paillard, afin qu'il fasse étendre sa gauche jusqu'à Diessenhofen et faire occuper l'intervalle qui aura lieu par l'évacuation de vos troupes dans la partie de Stein à Diessenhofen. Je viens d'écrire à ce sujet au général Oudinot (2).

(1) A la date du 6 floréal, Jourdan écrivait au Directoire : « J'ai déjà eu l'honneur de rendre compte au Directoire exécutif que quelques généraux avaient hautement manifesté leur mépris pour les ordres de leur général en chef : j'ai particulièrement signalé le général Decaen comme un officier dangereux. J'ai dit au Directoire que l'ineptie et la mauvaise volonté de ce général étaient les causes qui avaient obligé le général Ernouf d'ordonner la retraite de l'armée des positions qu'elle occupait en avant des Montagnes Noires... » (Jourdan au Directoire, Paris, 6 floréal an VII, Correspondance, armée du Danube, A. H. G.)

(2) Oudinot se plaignit de cette extension de la zone occupée par sa division : « Le général Paillard a ordre, mon cher camarade, d'étendre sa gauche jusqu'à Diessenhofen; mais je ne conçois pas pourquoi on me laisse cette étendue de terrain, puisqu'elle était assignée explicativement à vos troupes, et il s'ensuit que les miennes sont disséminées à

Deuxième [lettre] :

J'ai ordonné au général Désenfans d'occuper Ellikon, Giesenhard, Rheinau, Marthalen, Oerlingen, Dachenheim (1), Truttikon et Ossingen. Tous les autres villages entre la Thur et le Rhin seront à votre disposition. En cantonnant vos troupes, je ne doute pas, mon cher général, que vous aurez soin qu'elles se trouvent promptement réunies en cas d'attaque; je compte d'ailleurs sur votre prudence.

Le général Désenfans part demain pour aller relever le général Humbert à Kehl; Heudelet arrivera bientôt.

Troisième [lettre] :

Je viens d'envoyer sur la Töss le 1er régiment de dragons afin que plus facilement on puisse pourvoir à la nourriture de leurs chevaux. En conséquence, mon cher général, vous ferez détacher de suite, du 4e régiment de hussards sous vos ordres, un escadron qui se rendra près le général Désenfans.

Je fais écrire dans ce moment aux commissaires des guerres de la division, pour qu'ils aient, en attendant les ressources que nous promet le général en chef, à pourvoir à la subsistance des chevaux du 4e de hussards et de l'artillerie légère.

J'écrivis au général Vandamme :

D'après votre ordre du 5, citoyen général, j'ai donné un nouvel établissement aux troupes helvétiques que j'avais trouvées dans l'étendue du pays désigné pour les troupes de ma brigade. Tout ce que vous me prescrivez, relativement au service que ces troupes ainsi que celles de ma brigade doivent faire, sera ponctuellement exécuté.

D'après votre première lettre de ce jour, je céderai le terrain que je faisais occuper entre Diessenhofen et Stein aussitôt que le général Paillard aura relevé les troupes que j'y avais établies : je vous en informerai.

Cette nouvelle évacuation va augmenter la gêne dans laquelle je me trouve relativement aux cantonnements, parce qu'il va me revenir, entre autres, plusieurs compagnies helvétiques que j'avais fait appuyer à droite.

J'ai peu de villages, et très surchargés. Je reçois continuellement des réclamations relativement aux fourrages. Deux villages, aujourd'hui, ont fait des refus formels de rien fournir, et les paysans ont dit que, si on employait la force, ils opposeraient la force, ce qui occasionne des rixes très désagréables.

Comme vous venez de me prévenir que le 1er régiment de dragons se

---

n'avoir point d'ensemble et surtout que de petites réserves... » (Oudinot à Vandamme, Frauenfeld, 7 floréal an VII, Correspondance, armée d'Helvétie, A. H. G.).

(1) Peut-être Dachsen.

retirait derrière la Töss et que, par conséquent, il va se trouver quelques villages sans cavalerie, ne serait-il pas possible, citoyen général, que quelques-uns de ces villages soient mis à ma disposition? Un petit nombre de chevaux à nourrir serait supporté par les habitants avec moins de répugnance. Mon infanterie aussi est bien serrée, et va l'être encore davantage par le reflux qui va avoir lieu.

L'ordre relatif au départ d'un escadron du 4ᵉ de hussards pour être à la disposition du général Désenfans est exécuté.

Les ennemis ont changé les troupes qu'ils avaient à leurs avant-postes. Je n'ai pu encore être informé du nom des régiments... (1)

8 floréal. — Je fis placer les troupes qui revinrent des cantonnements et des postes qu'elles occupaient sur le terrain que j'avais dû céder à la division de droite.

Enfin, toute les troupes de ma brigade et les Helvétiens furent établis en conséquence des dispositions que le général Vandamme m'avait mandées dans une de ses lettres du jour précédent.

J'écrivis au général de division :

Je vous préviens, citoyen général, que la division à ma droite a fait occuper les postes que j'avais entre Diessenhofen et Stein.

J'ai été prévenu par les rapports des officiers de service que l'ennemi s'occupe beaucoup de la rive du Rhin devant Paradies. On s'est aperçu qu'il y doublait ses postes pendant la nuit et qu'il y conduisait de l'artillerie.

Ce sont des hussards de Barco, avec des chasseurs d'O'Donel qui sont à Stein et environs avec des fantassins du régiment de Sztaray. Il y a à Schaffhouse plus de monde qu'à l'ordinaire; des chasseurs d'O'Donel et des Tyroliens y sont en garnison.

Il est rentré par Schaffhouse un trompette du 7ᵉ régiment de cavalerie, pris vers Offenburg le 1ᵉʳ de ce mois et conduit, de là, à Stockach, d'où il est parti hier.

Comme il est très fatigué, je ne le ferai partir que demain au jour pour se rendre à votre quartier général.

Les seuls renseignements que j'aie pu avoir de lui, c'est qu'il a vu à Lörrach et dans la vallée de la Kinzig, des hulans du 2ᵉ régiment (c'est par eux qu'il a été pris), des hussards de Kaiser et de Ferdinand, des Manteaux-rouges et de l'infanterie de plusieurs régiments dont il n'a pu dire le nom.

Il a trouvé sur la route quatre parcs d'artillerie, un à Lörrach, un à Hornberg, un à Haslach, et un à Krummenschiltach.

---

(1) Une copie de cette lettre existe aux archives historiques de la Guerre. Elle se termine par cette phrase qui n'a pas été reproduite en entier dans le manuscrit de Decaen : « Je n'ai pu être informé du nom des régiments des troupes de ligne; j'ai su seulement qu'il y avait des chasseurs de Loudon et des hussards de Vecsey vers Stein. »

Il a dit qu'il y avait un quartier général à Donaueschingen sans instruire du nom du général. A Engen, il y a également un parc : il n'a aperçu aucun camp dans sa route.

Les cuirassiers de Mack et de Nassau avec les dragons de La Tour sont dans les environs de Stockach, où le prince Charles a établi son quartier général.

C'est dans la vallée de la Kinzig qu'il lui a paru qu'il y avait le plus de monde car, dans plusieurs villages où il a passé en venant hier de Stockach, il n'y a pas vu une aussi grande quantité de soldats. Il m'a aussi dit qu'il y avait un quartier général à Singen ; il n'a pas pu dire le nom du général. Je crois que c'est Fröhlich, car j'ai eu un rapport hier soir qui citait ce nom.

Aux environs de Singen, sont les dragons de Cobourg.

J'ai encore appris qu'aux environs de Schaffhouse, à la droite, il y avait des cantonnements et postes occupés par le régiment de Gränz (1).

Ce trompette a remarqué qu'il y avait une consigne, dans les postes autrichiens, d'arrêter un nommé Meyer, juif, âgé de quarante ans, monté sur un cheval gris, accusé d'espionnage ; que plusieurs habitants de Donaueschingen ont été conduits à Stockach, dont un avec les fers, pour, dit ce prisonnier, avoir témoigné de l'affection aux Français (2).

Nota. — C'est un devoir de donner tous les renseignements qui parviennent, quoique de peu d'importance, parce que souvent ils servent à en confirmer ou bien à en annuler d'autres regardés d'abord comme très vrais et très intéressants.

10 floréal. — Je n'eus de nouveau que la demande faite par un officier autrichien devant Diessenhofen, d'autoriser le passage, pour retourner dans sa famille, à une femme qui était allée chez ses parents avant notre retraite de la rive droite, ce que j'accordai.

11 floréal. — Il me fut fait une demande d'états indicatifs des officiers qui s'étaient distingués.

12 floréal. — J'écrivis au général Vandamme au sujet de cette demande :

Je vous adresse, citoyen général, les états que vous m'avez demandés, d'après la lettre du général Chérin, chef de l'état-major général. Je n'ai

(1) Orthographe donnée par l'*Oesterreichischer Militær-Almanach* de 1800. Il y avait en 1800 17 Gränz-Regimenter.
(2) Une copie de cette lettre, avec légères variantes, existe aux archives historiques de la Guerre.

pas mis d'apostilles sur ces différents états qui m'ont été remis par les chefs de corps sous mes ordres. Les officiers supérieurs commandant ces corps vous étant connus, je me suis abstenu de rien dire à leur égard, persuadé que vous ferez connaître leurs facultés au général en chef. Il est pourtant plusieurs autres officiers dont je vais vous entretenir, et qui méritent certainement d'être distingués en raison des services qu'ils ont rendus, et dont les talents sont tels qu'ils peuvent être appelés à remplir des grades supérieurs, dans lesquels ils se distingueront assurément encore.

Ces officiers sont le citoyen Coste, chef de bataillon de la 83e demi-brigade; sa conduite et les talents qu'il a développés dans quelques occasions où j'ai eu l'avantage de pouvoir le juger, me font le recommander pour être élevé au grade de chef de brigade.

Le citoyen Froment, adjudant-major avec le grade de capitaine dans la 2e de ligne : son intelligence m'a fait le distinguer. Élevé au grade de chef de bataillon, je crois qu'il remplirait ce poste avec distinction.

Le citoyen Solmiac, maintenant capitaine rapporteur et surnuméraire, dont j'ai reconnu les moyens depuis que la 2e brigade a été sous mes ordres, s'est bien distingué, le 5 germinal, lorsque j'ai fait attaquer Aach; j'assure qu'il ferait un bon chef de bataillon.

Le chef d'escadron Pajol, chef d'escadrons au 4e de hussards, surnuméraire depuis trois années, commandant le régiment dans le moment présent : ses talents le désignent pour être élevé à un grade supérieur. Il peut être certainement excellent chef de brigade; mais je crois que ses services seraient plus efficaces s'il était appelé au grade d'adjudant général.

N'ayant pas eu les occasions de pouvoir distinguer plusieurs bons officiers qui sont encore dans les deux demi-brigades, la 2e et la 83e, et le 4e de hussards maintenant sous mes ordres, je n'étendrai pas davantage mes observations, excepté pour les citoyens Gérard et Claro, du même régiment, l'un capitaine d'un mérite rare pour sa bravoure et ses talents, et l'autre lieutenant et surnuméraire. Celui-ci mérite essentiellement d'être élevé au grade de capitaine. Le citoyen Gérard est capable, sous tous les rapports, de faire un excellent chef d'escadrons; mais, dans un état-major, ses services seraient beaucoup plus utiles.

Le temps a été si court, depuis hier soir que la demande des états ci-joints m'a été faite, qu'il ne m'a pas été possible de pouvoir me procurer d'autres renseignements que ceux que j'avais précédemment recueillis.

La note mise par le chef d'escadrons commandant le 4e de hussards est bien acquise à l'adjudant, car plusieurs fois il m'est arrivé d'applaudir à l'activité et à l'intelligence qui le distinguent.

Pendant cette journée, le chef de brigade Dedon et le chef de brigade du génie Marais, particulièrement attachés au général Masséna, m'engagèrent à les accompagner pour faire une reconnaissance des rives du Rhin, depuis Schaffhouse jusqu'à Stein, afin de pouvoir déterminer quels seraient les points les plus favorables pour en effectuer le passage, soit de notre part, soit de celle de l'ennemi.

D'après un examen attentif des localités, nous reconnûmes que les points de Stein et de Paradies étaient les seuls endroits où l'on pouvait entreprendre une telle opération; l'un et l'autre étaient favorables pour nous; et celui devant Paradies offrait à l'ennemi plus d'avantages que celui de Stein, en raison de la localité sur les deux rives.

Peu de temps après, l'ennemi y effectua un passage; et, au commencement de la campagne de l'année suivante, l'armée française en exécuta un à Stein (1).

Paradies étant dans la partie du terrain qu'occupait ma brigade, il fut convenu que j'examinerais avec soin quel serait le lieu le plus propice pour rassembler les troupes que l'on destinerait au passage, s'il avait lieu sur ce point, et quelle était la nature des communications pour arriver au lieu de rassemblement et le faciliter, ainsi que pour conduire et approcher de la rive du Rhin l'équipage de pontons et l'artillerie; reconnaître aussi, à la proximité du point de passage, s'il y avait un endroit pour servir de dépôt de ces objets, et où ils ne fussent pas aperçus de l'ennemi, ainsi que des emplacements de batteries pour soutenir le passage des premières troupes; enfin, l'endroit le plus favorable pour mettre à l'eau les premières barques.

13 floréal. — Je m'occupai de cette reconnaissance.

Le général Vandamme m'écrivit qu'il croyait que pour me déterminer d'aller partager son dîner, il était nécessaire qu'il en vînt prendre un chez moi, ce qu'il ferait le lendemain.

14 floréal. — Ce général étant venu à Sankt-Katharinenthal, comme il me l'avait annoncé, je lui remis la note de la reconnaissance que j'avais faite à Paradies et environs, pour qu'il l'adressât au général en chef. Je ne gardai point le double de cette note.

Lorsque j'étais arrivé à Sankt-Katharinenthal, j'avais reçu un fort bon accueil de la supérieure, que j'avais été assurer de toute protection pour sa communauté.

---

(1) A Rheinklingen et Paradies, en réalité.

Cette dame avait recommandé au religieux, directeur de son couvent, qu'il eût la plus grande attention qu'il me fût fourni tout ce qui m'était nécessaire; ce dont il s'acquitta très bien. Mais pour ne pas trop surcharger la dépense, je lui offris de faire table commune, ce qu'il accepta avec satisfaction; et il suffisait que je fisse prévenir du nombre de personnes que j'avais à dîner; et, le plus ordinairement, nous n'étions que quatre à cinq. Mais, pour recevoir le général de division, je recommandai un plus grand gala.

Comme les religieuses faisaient, presque tous les jours, de la musique instrumentale pendant les heures consacrées à leur récréation, j'avais été les entendre plusieurs fois avec quelques jeunes officiers.

C'était, en vérité, un spectacle assez curieux de voir, sous cet habit de nonnes, une douzaine de femmes, dont quelques-unes assez jolies, jouer du violon, de la basse et autres instruments à cordes, et qui s'en acquittaient très bien, et à notre satisfaction, dont elles paraissaient contentes. Il est même assez probable, si nous n'eussions pas été séparés par la grille du parloir, qu'électrisés par la musique et par des yeux qui n'étaient pas toujours fixés sur les partitions, nous aurions pu faire quelques tours de valse, ce qui aurait été beaucoup plus amusant pour nous et les gentilles religieuses.

Voulant aussi régaler le général de division de l'amusement musical, je fis prévenir; et nous trouvâmes tout disposé pour commencer le concert lorsque nous entrâmes au parloir.

CHAPITRE IX

Mesures énergiques prises par Vandamme. — Decaen adresse à Masséna un mémoire sur l'affaire de Triberg. — Plaidoyer d'Ernouf. — Une lettre de Jourdan. — Vandamme passe la brigade Decaen en revue. — Decaen accompagne Masséna sur les bords du Rhin. — Decaen appelé à Zurich. — Masséna lui apprend qu'il va comparaître devant un conseil de guerre. — Sèche réponse de Decaen au général Chérin. — Decaen part pour Strasbourg. — Rencontre avec Masséna. — Arrivée à Strasbourg. — Decaen presse Masséna de réunir le conseil de guerre qui doit le juger. — Decaen appelé à Paris. — Inculpation dont il est l'objet. — Il remet à Bernadotte un mémoire justificatif. — Il est replacé en activité. — Son affectation à l'armée du Rhin.

15 floréal. — Je reçus la lettre ci-après du général Vandamme :

Je vous invite de vouloir bien réunir toutes les troupes de votre brigade, le 17 à midi, sur la hauteur en arrière de Katharinenthal, afin que je puisse en passer la revue. Ne laissez que les gardes au bord du Rhin; les Suisses suffisent.

J'espère de trouver les troupes toutes bien tenues; il ne peut exister de raisons qui les en empêchent. Je vous prie d'ailleurs, citoyen général, de prévenir les chefs que c'est à eux à qui je m'en prendrai, s'il y a la moindre négligence. Je vous joins ici copie de la lettre que j'ai écrite au chef de la 83ᵉ demi-brigade.

La nouvelle de l'assassinat de nos députés à Rastatt se confirme.

Notre armée d'Italie est toujours sur l'Adige, et le général Moreau a journellement de nouveaux succès; préparons-nous pour en avoir à notre tour. Exigeons une bonne tenue et une discipline sévère de la part de nos troupes, et tout ira bien.

Copie de la lettre écrite au commandant de la 83ᵉ demi-brigade :

J'ai hier traversé, commandant, les cantonnements occupés par votre demi-brigade. J'ai vu avec peine le désordre qui existe dans la tenue du soldat : pas une buffleterie blanchie; pas une giberne soignée; les habits, négligés d'une manière honteuse; le soldat, généralement sale à faire trembler. Je ne dois pas vous dissimuler mon mécontentement.

Aussi suis-je bien déterminé à vous punir d'une manière sévère si, après-demain, à la revue que je passe de la brigade du général Decaen, je n'y trouve un changement total : je n'admettrai aucune excuse. Il ne peut en exister d'admissible.

Le soldat est payé exactement, cantonné et nourri, peu de service à faire, et le temps passablement beau. Les autres corps sont tout autrement tenus, et, je vous l'avoue, jamais je n'ai vu de troupe plus sale et plus dégoûtante. Je n'en attribue la faute qu'à vous; c'est aussi vous seul que je rends responsable et à vous seul à qui je m'en prendrai. Tenez-vous pour averti et donnez vos ordres en conséquence. Faites plus : assurez-vous qu'ils sont exécutés.

L'adjudant général Bertrand m'adressa l'ordre du jour de l'armée du 12 au 13, au sujet de l'assassinat de nos plénipotentiaires à Rastatt.

Je reçus cette autre lettre du général Vandamme :

Je reçois à l'instant une lettre du chef de la 83ᵉ, en réponse à celle dont je vous ai envoyé copie ce matin.

Je lui donne ordre de se rendre ici. Je l'envoie à Huningue pour un mois. Le chef de bataillon Coste commandera pendant ce temps, et je crois que la demi-brigade n'en vaudra que mieux.

16 floréal. — J'écrivis au général Masséna :

J'ai bien tardé, mon général, à vous adresser le mémoire justificatif que vous m'avez ordonné de vous donner.

Je n'avais pas alors avec moi des pièces très essentielles qu'il a fallu que j'envoie chercher auprès du général Souham, ce général n'ayant reçu que tard mes demandes précédentes.

Je suis d'autant plus fâché de ce retard que si je vous avait fait plus tôt connaître ma conduite, le général Ernouf n'aurait pas osé écrire au rédacteur du journal *l'Ami des lois* la lettre qu'il termine par cette phrase : « *J'ai offert la bataille à l'ennemi qui n'a pas osé déboucher pour se mesurer en plaine* » et dans laquelle il a l'impudence de dire : *que les points occupés par l'armée du Danube, le 14 germinal, n'ont été abandonnés que parce qu'un général,* dont il n'a pas osé citer le nom, *s'est laissé surprendre en plein jour,* etc...

Comme le général Ernouf, par cette diatribe, ajoute de plus en plus à ses calomnies, je vous demande, mon général, d'obtenir du gouvernement que je sois traduit à un conseil de guerre, parce que là je ferai connaître à mon pays la conduite odieuse du général Ernouf.

Salut et respect.

Le mémoire justificatif envoyé au général Masséna est annexé ci-après, et les diverses pièces y mentionnées sont ci-devant transcrites (1).

---

(1) Ce mémoire est reproduit à la fin du volume (annexe II).

Voici la copie de toute la lettre du général Ernouf, insérée dans *l'Ami des lois* du 4 floréal.

> Au quartier général à Bâle,
> le 27 germinal an VII

J'ai lu, citoyen, dans un des derniers numéros de votre journal, l'article concernant le changement de position que l'armée a fait d'après un ordre, le 14 courant, à Hornberg : vous y dites, *qu'attaqué aux avants-postes, j'ai de suite ordonné la retraite.* Cette rédaction n'étant point conforme à la vérité, je vous adresse les détails suivants.

Le 14 germinal, les points occupés par l'armée française, et qui couvraient le quartier général, n'ont été abandonnés que parce qu'un général, qui commandait la droite du camp de Benzebene, s'était laissé surprendre en plein jour, dans son quartier de Triberg, et qu'au lieu de m'avertir de suite, il ne l'avait fait que six heures après. Ce silence, ayant donné le temps à l'ennemi d'occuper Triberg en forces majeures, lui avait aussi laissé la facilité de me couper sur mes derrières par Haslach et de s'y établir dans la vallée de la Kinzig. Il ne faut que jeter les yeux sur la carte pour voir que les troupes autrichiennes n'avaient à faire, pour cela, que la moitié du chemin qui me restait à parcourir pour opérer ma retraite.

Triberg a été surpris à 11 heures du matin, et je ne l'ai su qu'à 5 h. 30 du soir. Déjà les partis que l'ennemi poussait vivement se disposaient à insulter le quartier général dont ils s'étaient approchés à une très petite distance lorsque, rassemblant à la hâte deux compagnies, l'une de grenadiers et l'autre de sapeurs, et un faible détachement de guides, j'ai non seulement arrêté leur marche, mais je les ai forcés à rétrograder. Malgré cette surprise inconcevable, j'ai donné mes ordres à toute l'armée, de manière que toutes les troupes se sont retirées dans le plus grand ordre; et, surveillant leur mouvement, je n'ai quitté Hornberg qu'à 11 heures du soir pour venir couvrir avec les troupes de l'avant-garde, le point menacé de Haslach.

C'est moins pour moi que pour l'armée du Danube, que je me plais à rétablir l'exactitude des faits, quoique celui qui a rédigé l'article m'ait donné (sans doute sans le savoir) un air de pusillanimité qui ne me convient point et que je suis très loin d'avouer comme Français et surtout comme militaire. S'il n'eût été question que de moi, j'aurais gardé le silence ; mais vous devez bien sentir que les vingt-cinq mille soldats qui, à Liptingen, ont combattu soixante-quinze mille Autrichiens, fait cinq mille prisonniers, pris deux pièces de canon et campé sur le champ de bataille, ne se seraient pas retirés sur une simple attaque d'avant-postes, si cette même position (peu tenable sous plusieurs rapports) n'avait pas été tournée par des forces majeures et si, d'ailleurs, il n'avait pas été décidé qu'elle devait être abandonnée quelques jours plus tard.

En général, notre retraite s'est opérée dans le plus grand ordre, les troupes gardant toujours leur énergie. On n'a pas laissé en arrière ce qui s'appelle une roue de canon, surtout à partir de Hornberg. Nous nous sommes repliés à très petites journées, pas à pas, et, en arrivant dans les plaines d'Offenburg, j'ai offert la bataille à l'ennemi qui n'a pas jugé à propos de déboucher des gorges pour se mesurer en plaine.

Signé : Ernouf.

Je vais aussi transcrire la copie d'une lettre du général Jourdan au général Souham et que celui-ci m'envoya avec d'autres pièces que j'ai précédemment transcrites.

Au quartier général à Strasbourg,
le 20 germinal an VII, etc.

Jourdan, général en chef, au général de division de Souham.

Je m'empresse, citoyen général, de répondre à votre lettre de ce jour avec toute la franchise qui me caractérise.

Vous n'avez point du tout perdu ma confiance. Je connais trop votre civisme et vos talents militaires pour avoir jamais pensé à vous la retirer. Ayant quitté momentanément le commandement de la 2ᵉ division, la conduite militaire du général Decaen, à qui vous l'aviez remis, ne me permettant pas de le lui laisser plus longtemps, j'ai dû, dans les circonstances critiques où nous nous trouvions, la remettre entre les mains du général Vandamme. Vous concevez aisément que je ne puis maintenant, sans motif, lui ôter ce commandement.

J'ai engagé le général Masséna, qui me remplace par intérim dans le commandement de l'armée, à vous donner celui d'une des deux divisions qui vont être formées. J'aime à vous répéter, citoyen général, que vous n'avez perdu ni ma confiance ni mon estime. Vous conviendrez pourtant que j'ai à me plaindre de la trop grande confiance que vous avez accordée au général Decaen, dont les propos sur mon compte et celui de l'état-major général n'ont pas dû vous laisser ignorer les mauvaises intentions. Persuadez-vous, citoyen général, que je sais apprécier et que mon opinion sur vous est toujours la même.

Pour copie conforme :   *Signé :* Jourdan.
Signé : Souham.

17 *floréal (an VII)*. — J'écrivis au général Vandamme :

La lettre jointe à la présente est venue hier soir par un parlementaire. Le citoyen Stark, capitaine de la 23ᵉ demi-brigade, fait prisonnier à Schaffhouse, a repassé sur sa parole. Il doit se rendre à votre quartier général. Il était accompagné de Sébastien Lemaire, courrier de la légation française à Rastatt. Il fut arrêté, il y a dix jours, par des hussards de Szekler, entre Rastatt et Selz. Ils lui prirent ses dépêches.

Ces deux personnes, qui ont quitté Stockach avant-hier, m'ont assuré que le prince Charles y avait toujours son quartier général, mais qu'il n'était pas en très bonne santé. On y savait déjà, depuis plusieurs jours, l'affreuse conduite tenue envers Jean Debry et ses malheureux compagnons. Le prince Charles, dit-on, en est outré. Il a dû ordonner de faire informer, arrêter, etc., au premier mot de cette terrible nouvelle. Mais, deux jours après, on a répondu que c'étaient des émigrés qui avaient commis ce carnage.

Le général Nauendorf est toujours à Singen. Son général-major, le général Kienmayer, est établi à Thengen. Les chasseurs tyroliens et d'O'Donel occupent toujours le bord de la rive du Rhin devant moi avec des hussards de Barco et de Vecsey. Dans les villages de Singen, Bandegg et Steisslingen, se trouvent les trois bataillons de Lacy avec des dragons de deux régiments ; ce sont toujours, sans doute, La Tour et Cobourg. Nenzingen est occupé par un régiment d'infanterie que cet officier croit être Erzherzog Carl : il a revers et parements bruns. A Orsingen, il y a aussi de l'infanterie ; six bataillons de grenadiers sont aux environs de Stockach.

Toutes les troupes de la brigade furent réunies selon l'ordre du 15. Elles furent passées en revue par le général Vandamme qui m'annonça que sa division était désignée par : 1re division du centre de l'armée du Danube (1).

Après la revue, nous fûmes dîner à Katharinenthal. Le général Heudelet, dont l'arrivée m'avait été annoncée la veille, avait accompagné le général de division.

18 floréal. — L'adjudant général Bertrand m'annonça que, d'après l'intention du général Vandamme, je devais envoyer un escadron du 4e de hussards au général Heudelet, ce qui fut exécuté ; et je fis une nouvelle répartition de cantonnements aux deux qui me restaient.

Le général Masséna vint, dans l'après-midi, sur le bord du Rhin. Il me fit dire d'aller le joindre auprès de Paradies.

Je l'accompagnai dans la visite qu'il fit des principaux points indiqués dans la note de ma reconnaissance précédente ; et je

(1) L'aile droite, sous Ferino, comprenait les trois divisions Mesnard, Lecourbe, Lorge ; le corps du centre comprenait les quatre autres divisions Vandamme, Oudinot, Tharreau, Soult ; l'aile gauche ne comptait que les deux divisions Souham et Legrand. La division du Bas-Rhin, commandée par Colaud, était vers Mannheim. La division de l'intérieur de l'Helvétie était commandée par le général de brigade Nouvion. Klein commandait la cavalerie de l'armée, et Ney la cavalerie légère de l'aile droite et du corps du centre. (Chérin, chef d'état-major général de l'armée du Danube, à Vandamme, Zurich, 16 floréal an VII, A. H. C.)

répondis aux diverses questions qu'il me fit sur cette localité et ses environs, ainsi que sur les diverses communications dans cette partie de pays. Il me témoigna sa satisfaction. Il n'avait pas reçu mon mémoire que je lui avais adressé le 16, car il était absent de Zurich depuis plusieurs jours.

19 floréal. — Je reçus du général Vandamme la lettre suivante :

Les troupes qui composent votre brigade étant au moment de devoir quitter la position qu'elles occupent pour se porter rapidement sur un point quelconque et pouvant être attaquées d'un instant à l'autre, vous voudrez bien donner vos ordres pour vous resserrer davantage et vous tenir prêt à tout événement. Exigez plus que jamais que l'on surveille les mouvements de l'ennemi, et faites-moi part de tout ce que vous pourrez apprendre.

Lorsque je reçus cette lettre, je venais d'envoyer prévenir le général Vandamme que je venais de recevoir l'avis qu'on voyait une forte colonne ennemie marchant sur la route de Schaffhouse à Bâle. Je donnai de suite des ordres en conformité de ce qui venait de m'être mandé.

20 floréal. — J'écrivis au général de division :

Je viens d'être informé, citoyen général, que le mouvement que je vous ai annoncé, hier, s'exécuter par l'ennemi, a consisté en trois régiments d'infanterie, un régiment de cavalerie et quinze pièces d'artillerie qui se sont dirigés de Schaffhouse à Bâle, comme je vous l'avais dit. Je ne sais pas pourquoi le rapport ne m'en a pas été fait plus tôt, qu'un si grand nombre de troupes avait fait ce mouvement.

Je réprimandai le chef de la 83e (le général Vandamme ne l'avait pas envoyé à Huningue) d'avoir attendu jusqu'à l'heure de son rapport ordinaire pour me transmettre l'information du mouvement des troupes ennemies qui avaient passé en vue des postes de sa demi-brigade. Je lui ordonnai qu'à l'avenir il devait me rendre compte tous les matins et tous les soirs de ce qu'il y aurait eu de nouveau, et de suite, de ce qui paraîtrait extraordinaire.

J'écrivis au général Heudelet, qui m'avait demandé de pouvoir disposer au besoin de deux pièces d'artillerie légère placées à Uhwiesen, que j'avais donné des ordres selon son désir, et que je serais toujours prêt à lui porter tous les secours dont il pourrait avoir besoin, dans tous les cas possibles.

Je reçus cet ordre :

Au quartier général, à Zurich,
le 20 floréal l'an VII.

Le général de division, chef de l'état-major général de l'armée, au général de brigade Decaen.

Conformément aux ordres du général en chef, vous voudrez bien, citoyen général, partir au reçu de la présente et vous rendre sans délai à Zurich où je vous remettrai de nouveaux ordres.

Signé : Chérin.

J'écrivis sur-le-champ au général Vandamme pour l'informer que je venais de recevoir cet ordre, et, comme je ne savais pas s'il en avait été prévenu (1), qu'il voulût bien m'indiquer à quel officier je devais remettre le commandement de ma brigade.

21 floréal. — Le général Vandamme m'ayant fait dire que je pouvais me mettre en route pour Zurich et qu'il me verrait à mon passage à Andelfingen, après avoir fait mes adieux à la supérieure du couvent et au directeur, je montai à cheval. Arrivé à Andelfingen, le général Vandamme me témoigna tous ses regrets de ce que je quittais sa division.

Je fus coucher à Winterthur.

22 floréal. — J'arrivai d'assez bonne heure à Zurich. Je fus me présenter au général Masséna qui m'annonça, en m'exprimant le plus vif intérêt, que le Directoire avait ordonné que je serais traduit à un conseil de guerre. Il m'engagea à dîner, et il me dit de demander à son chef d'état-major l'ordre pour me rendre à Strasbourg.

Je fus dîner avec le général Masséna et je pris congé de lui.

23 floréal. — Je fus, dans la matinée, demander un ordre au général Chérin ; mais je ne fus point satisfait de lui et surtout d'u

---

(1) Chérin avait, le même jour, prévenu le général Vandamme de l'ordre qu'il donnait à Decaen. (Chérin à Vandamme, Zurich, 29 floréal an VII. A. H. G.)

ton avec lequel il me dit : « Je devrais vous faire accompagner par la gendarmerie; cependant, vous ne le serez que par un officier que je vais désigner. » Je lui répondis : « Des gendarmes, si cela vous plaît, et même une vingtaine et plus, si vous le voulez. Cela m'importe peu. Au reste, ce sera une bonne escorte pour ma sûreté pendant ma route. Je loge au Corbeau, où je vais attendre vos ordres. » Et je sortis (1).

En attendant ces ordres, j'écrivis la lettre ci-après :

Zurich, le 23 floréal an VII.

Aux membres composant le Directoire de la République française.

CITOYENS DIRECTEURS,

Quoique j'eusse prévu que les généraux Jourdan et Ernouf, d'après les outrages dont ils m'ont accablé, pourraient me faire passer pour être la principale cause de la retraite de l'armée du Danube de la position qu'elle avait, le 14 germinal dernier, je ne croyais pas que, pour s'excuser devant vous sur les motifs qui les ont déterminés à faire repasser l'armée sur la rive gauche du Rhin, ils auraient mis le comble à leurs mauvais procédés en faisant contre moi des rapports qui vous ont fait prendre un arrêté qui ordonne que je sois traduit à un conseil de guerre. Mais je viens de l'apprendre, puisque je reçois l'ordre, à cet effet, de me rendre à Strasbourg.

J'aurais un remerciement à vous faire, citoyens Directeurs, si je ne me trouvais pas privé de combattre, avec mes camarades, les ennemis de mon pays. Car, soyez persuadés que Decaen qui, l'année dernière, fut ignominieusement proclamé à ses concitoyens comme un exacteur, crime dont il ne s'est jamais rendu coupable; que Decaen, pour ne pas dire plus, que vous avez honoré, dans l'an IV, de deux lettres de félicitation, et auquel vous avez fait don d'un sabre pour le salut de la patrie; que ce même Decaen se croit toujours digne de l'estime qu'il s'était acquise; et il vous dit d'avance que le conseil que vous avez chargé d'examiner sa conduite vous l'annoncera.

Mais, citoyens Directeurs, je vous fais une prière. Veuillez bien mettre votre sollicitude pour que l'infamie qui pèse sur moi soit bientôt reversée sur mes dénonciateurs qui en resteront éternellement entachés, en recommandant que le conseil soit au plus tôt assemblé pour me juger.

Dans l'après-midi, un officier des guides du général en chef m'apporta la lettre et l'ordre ci-après, et il m'annonça qu'il était

---

(1) Le même jour, Decaen écrivit à Chérin pour lui demander de lui faire adresser le plus tôt possible l'ordre de se rendre à Strasbourg. (Decaen à Chérin, Zurich, 23 floréal an VII. A. H. C.)

chargé de m'accompagner jusqu'à Strasbourg. Je ne me rappelle pas son nom. Il me demanda de fixer l'heure de mon départ. Je lui dis que ce serait le lendemain matin, et je fus prendre une feuille de route.

Au quartier général à Zurich,
le 23 floréal, l'an VII, etc.

Je vous envoie ci-joint, citoyen général, l'ordre que vous m'avez demandé pour vous rendre à Strasbourg afin d'y attendre votre jugement.

L'officier qui vous le remettra est chargé de vous accompagner jusqu'à votre destination.

Signé : CHÉRIN.

Au quartier général à Zurich,
le 23 floréal, an VII, etc.

Il est ordonné au général de brigade Decaen de se rendre sans délai à Strasbourg.

A son arrivée dans cette place, il se rendra chez le général de brigade Laroche, commandant la 5ᵉ division militaire, qui lui fera connaître les dernières intentions du général en chef.

Par ordre du général en chef,
Le général de division, chef de l'état-major général.
Signé : CHÉRIN.

24 floréal. — Je partis de Zurich vers les 7 heures du matin pour me rendre à Brugg. Je rencontrai, à une lieue de Zurich, le général Masséna, qui avait été se promener à cheval ou faire quelque reconnaissance. Il me donna la main en me souhaitant un bon voyage et en me disant qu'il me verrait avec plaisir revenir sous ses ordres (1). Je lui témoignai toute ma gratitude et je continuai ma route.

Je me trouvai bien dédommagé, par cette nouvelle marque de bienveillance du général Masséna, du procédé du général Chérin.

---

(1) Un mois auparavant, Masséna avait écrit à Ernouf : « Vous quittez l'armée du Danube, général. Je m'empresse de vous annoncer que, depuis que j'en ai pris le commandement, je n'ai recueilli sur vos services que des renseignements satisfaisants qui sont un témoignage certain que les regrets de vos camarades vous suivent et que vous avez mérité leur estime. Tels sont aussi mes sentiments pour vous, général. Je vous en offre, avec franchise, l'expression ainsi que l'assurance de mon attachement sincère. Je vous embrasse et vous regrette. » (Masséna à Ernouf, Bâle, 28 germinal an VII. A. H. G.)

25 floréal. — J'arrivai à Rheinfelden.

26 floréal. — Je fus de bonne heure à Bâle. Je rencontrai, dans l'auberge où j'étais descendu, deux dames de ma connaissance qui retournaient à Strasbourg. Leur ayant dit que j'y allais aussi, elles me dirent qu'elles partiraient le lendemain, et me proposèrent de partager leur voiture. J'acceptai avec plaisir, néanmoins en leur disant qu'ayant un mentor qui avait l'ordre de ne pas me perdre de vue, il fallait auparavant que je le détermine à voyager seul. Et aussitôt, je fus le lui proposer. Il ne fit pas la moindre difficulté.

La manière affectueuse avec laquelle il m'avait vu traiter par le général Masséna, en partant de Zurich, le détermina sans doute à transgresser son ordre, sans faire d'observations, et à ne pas me contrarier.

Je lui indiquai le lieu où il viendrait me rejoindre à Strasbourg.

27 floréal. — Comme nous ne pouvions pas arriver à Strasbourg avant la fermeture des portes, nous ne montâmes pas en voiture de très bonne heure. Ayant fait une halte pour dîner nous n'arrivâmes qu'assez tard à Erstein, et nous y passâmes le reste de la nuit.

28 floréal. — Avant 9 heures du matin, nous étions arrivés à Strasbourg, et ce ne fut que le lendemain dans la matinée que je revis mon surveillant.

29 floréal. — Peu de temps après son arrivée, je me rendis avec lui chez le général Laroche qui, après avoir pris lecture de la dépêche qui lui avait été remise par mon officier, ne me donna aucun signe d'intérêt, mais me demanda froidement où je comptais loger. Je lui dis : « Le plus près possible du Pont Couvert (c'était le nom de la prison militaire qui était à côté), pour n'avoir pas loin à m'y rendre quand j'en recevrai l'ordre. » Et je lui demandai si, en attendant, il me donnerait un ou plusieurs surveillants. Alors il prit un air plus affable et me répondit : « Mais non ! Vous serez absolument libre en ville. Il suffit que je sache le lieu que vous occuperez lorsque vous l'aurez déterminé. » Alors je lui dis que j'étais descendu à l'hôtel de l'Esprit où je resterais provisoirement. Après cette visite obligée, je fus voir mes connaissances.

3 prairial. — Quoique je ne fusse à Strasbourg que depuis fort peu de temps, j'étais bien impatient d'apprendre si on s'occuperait bientôt de mon affaire ; ce qui me fit écrire au général Masséna :

Je suis déjà à Strasbourg depuis plusieurs jours, mon général, et je n'ai point encore été informé que le conseil de guerre qui doit me juger fût formé, et que, par conséquent, il s'occupât de moi. Je suis bien désireux de voir terminer cette affaire, pour, après, retourner à l'armée.

Veuillez donc bien, mon général, ajouter à l'intérêt que vous m'avez témoigné, en ordonnant que la plus grande célérité soit apportée, pour qu'au plus tôt, je sois mis en jugement. Comme je ne connais pas encore les motifs sur lesquels est établie mon accusation, attendu que l'arrêté du Directoire ne m'a pas été communiqué, je vous prie, mon général, d'ordonner qu'une copie de cet arrêté me soit remise.

10 prairial. — N'ayant point reçu de réponse, j'écrivis de nouveau au général Masséna :

Je suis impatient, mon général, d'être aussi longtemps dans l'incertitude de mon sort. Si je savais encore sur quoi est établie mon accusation, je supporterais peut-être plus patiemment l'attente dans laquelle je suis.

Je vous avais demandé, mon général, de me faire communiquer l'arrêté du Directoire qui a ordonné ma traduction à un conseil de guerre, et vous n'avez pas encore fait satisfaire à ma demande. Sans doute que ce sont vos occupations qui vous ont fait perdre de vue ma réclamation. J'aime à me persuader, mon général, que ce souvenir vous engagera de satisfaire à mes vifs désirs, en ordonnant que non seulement il me soit donné connaissance de l'arrêté du Directoire, mais encore qu'il soit procédé sans retard à l'information de mon affaire et à son prompt jugement. Je vous assure que vous m'obligerez infiniment.

27 prairial. — D'après les nouvelles des opérations de l'armée, des combats multipliés en avant de Zurich et de la bataille de ce nom, dans laquelle le général Chérin (1) fut tué, j'attribuai

(1) Chérin (Louis-Nicolas-Hyacinthe), né le 21 octobre 1762, commissaire chargé d'examiner les titres de noblesse des candidats officiers en 1787 ; volontaire, le 1er octobre 1789 ; sous-lieutenant, le 5 février 1792 ; adjudant général chef de bataillon, le 25 octobre 1792 ; chef de brigade, à l'armée des Ardennes, le 15 mai 1793 ; incarcéré du 30 juillet 1793 au 24 août 1794 ; général de brigade, le 13 juin 1795 ; général de division commandant la garde du Directoire, le 28 août 1797 ; il mourut le 8 juin 1799 des suites de la blessure reçue à la bataille de Zurich le 3 juin 1799. (A. A. G.)

naturellement à ces causes de ne pas recevoir de réponse. Mais enfin, je reçus celle-ci :

Au quartier général à Bremgarten,
le 25 prairial, l'an VII, etc.

*Le général de brigade, chef de l'état-major de l'armée,
au général de brigade Decaen.*

Au moment où vous avez quitté l'armée pour vous rendre à Strasbourg, d'après l'ordre du général en chef, le général Chérin, mon prédécesseur, a remis au citoyen Huard, chef de bataillon de la 108e demi-brigade, l'arrêté du Directoire qui vous met en jugement, ainsi que les pièces qui vous concernent. Le citoyen Huard a été invité, citoyen général, à accélérer la fin de cette affaire et à faire de suite, comme rapporteur, les informations nécessaires.

Je vous observe que le conseil de guerre ne peut être convoqué que lorsque le rapporteur aura instruit le chef de l'état-major général qu'il a réuni tous les renseignements propres à éclairer les juges. Alors je donnerai aux trois généraux que la loi désigne pour être membres du conseil de guerre, l'ordre de se rendre à Strasbourg. Jusqu'à ce moment, je ne puis rien faire de plus et j'attends que le citoyen Huard soit prêt. Il y a trois jours qu'il a reçu une nouvelle lettre pour l'inviter à presser la conclusion de l'affaire qui vous concerne.

Signé : RHEINWALD (1).

24 messidor. — En attendant le moment où mon affaire devait se terminer, je m'étais occupé à rédiger la partie de ce journal jusqu'au 10 germinal, lequel se trouvait continué, pour le temps que j'avais commandé la 2e division, par le mémoire que j'avais adressé au général Masséna, ce qui m'avait donné moins d'ennui. Mais, voyant que le mois de messidor allait être bientôt écoulé sans qu'il y eût de changement à ma position que d'avoir seulement appris que le rapporteur avait fait un commencement d'information, j'écrivis au ministre de la guerre :

Ayant été traduit à un conseil de guerre, citoyen ministre, j'espérais

---

(1) Avant de remplacer Chérin, Rheinwald avait été chef de l'état-major de l'aile droite commandée par le général Ferino. (Répartition de l'armée, 16 floréal. A. H. G.)

Rheinwald (Julien-Charles-Louis) né le 22 janvier 1760, à Saint-Julien (Sarre); soldat au 62e régiment, le 9 mai 1777; adjudant, le 1er janvier 1791; lieutenant, le 7 décembre 1791; capitaine, le 29 octobre 1792; adjudant général chef de bataillon, le 1er vendémiaire an III; chef de brigade, le 25 prairial an III; général de brigade le 23 germinal an VII; employé à la Grande Armée, le 24 fructidor an XIII; commandant à Stuttgart en l'an XIV; à Francfort, en octobre 1806; à Glogau (Silésie), en 1809 : mort d'apoplexie à Glogau, le 22 juin 1810. (A. A. G.)

faire connaître à mon pays que des hommes méchants se sont acharnés à me persécuter.

Mais j'ai été trompé dans mon attente, puisque je ne connais pas encore les motifs sur lesquels a été établie ma mise en jugement, quoique je sois à Strasbourg depuis deux mois, et que j'aie fait à cet égard plusieurs réclamations.

Vous dire, citoyen ministre, que ma position est pénible, c'est réclamer de votre sollicitude le terme de l'existence affreuse que je traîne. Aussi, j'aime à me persuader qu'il suffit que vous en soyez informé, pour que vous ordonniez que mon procès me soit fait avec la plus grande célérité : car il faut que mon honneur offensé soit vengé, ou bien que, convaincu des délits qui me sont imputés, je subisse les peines prononcées par la loi.

Ainsi, j'étais dans l'attente d'une réponse au ministre : mais je n'espérais pas la recevoir avant au moins une quinzaine de jours.

30 messidor. — Je fus donc assez surpris lorsqu'on m'en apporta une dépêche, et j'éprouvai une bien vive satisfaction de ce qu'elle contenait.

Le ministre m'écrivait, sous la date du 24 messidor :

Je m'empresse de vous adresser, citoyen général, une expédition de l'arrêté du Directoire exécutif en date du 19 de ce mois. Je vous invite à vous conformer de suite aux dispositions qu'il contient, et à m'accuser réception de la présente.

Signé : Bernadotte.

Extrait des registres du Directoire exécutif, du 19 messidor de l'an VII de la République française.

Le Directoire exécutif, sur le rapport du ministre de la guerre, considérant que les généraux nécessaires pour former les conseils de guerre devant lesquels doivent être traduits les généraux d'Hautpoul et Decaen ne peuvent, en ce moment, quitter les divisions où ils sont employés pour aller remplir les fonctions de juges ;

Considérant que les renseignements que viennent de donner ces deux généraux changent le caractère des faits qui leur ont été imputés et que, sous ce rapport, ils ne sont pas du ressort des conseils de guerre, arrête :

Article premier. — Les arrêtés du 9 floréal dernier, concernant les généraux d'Hautpoul et Decaen, sont rapportés.

Article 2. — Ces généraux se rendront de suite à Paris pour fournir au ministre de la guerre leurs moyens de justification.

Article 3. — Le ministre de la guerre est chargé de l'exécution du présent arrêté.

Pour expédition conforme, le président du Directoire exécutif :

Signé : Sieyès.

Je fis de suite mes dispositions afin de partir pour me rendre à Paris le plus tôt possible.

Je convins avec le général d'Hautpoul qui était, comme moi, à Strasbourg à attendre un conseil de guerre (il avait été dénoncé par le général Jourdan pour avoir refusé de faire une charge sur l'ennemi à la bataille de Liptingen), que nous ferions la route ensemble. Nous partîmes donc dans la journée du 2, et le 4, nous étions à Paris.

5 thermidor. — Je me présentai au ministre qui me fit un très bon accueil. Je lui représentai que pour me justifier des faits qui m'étaient imputés, il fallait qu'ils fussent à ma connaissance; que je le priais d'ordonner que les pièces qui les contenaient me fussent communiquées.

Il me dit de m'adresser au chef de la 8ᵉ division, ce que je fis aussitôt après avoir quitté le ministre.

Ce chef me dit que, l'arrêté du Directoire du 9 floréal contenant les faits dont j'avais à me justifier, il m'en serait délivré une copie. Cette pièce, que je vais transcrire, me fut remise deux jours après.

Paris, le 7 thermidor an VII de la République française.

Extrait des registres du Directoire exécutif, du 9 floréal de l'an VII de la République française une et indivisible.

Le Directoire exécutif, vu deux lettres du général en chef des armées du Danube, d'Helvétie et d'observation, datées l'une de Villingen, le 7 germinal an VII, l'autre de Strasbourg, le 16 du même mois; vu aussi copie certifiée conforme par ce général d'une lettre à lui écrite par le général Ernouf, datée de Gengenbach, le 15 dudit mois de germinal,

Arrête ce qui suit :

Le général de brigade Decaen, prévenu d'avoir montré un mépris ouvert pour les ordres du général en chef Jourdan, de s'être laissé surprendre à Triberg dans la matinée du 14 germinal, et de n'en n'avoir prévenu le général Ernouf, commandant par intérim, que vers les 6 heures du soir, d'avoir refusé d'obéir aux ordres que lui a donnés ce général de marcher pour reprendre ce poste, enfin d'avoir, par cette conduite, forcé l'armée à la retraite, sera traduit devant le conseil de guerre pour y être jugé conformément aux lois.

Le présent arrêté ne sera pas imprimé. Le ministre de la guerre est chargé de son exécution.

Pour expédition conforme, le président du Directoire.

Signé : BARRAS.

Cet arrêté étant enfin en ma possession, j'établis mes moyens justificatifs.

13 thermidor. — Dans le mémoire ci-après annexé (1), je les présentai le 13 thermidor au ministre de la guerre (2) ; et je le fis ensuite imprimer.

23 thermidor. — Je reçus du ministre la lettre suivante :

Paris, le 22 thermidor, an VII de la République, etc.

Le ministre de la guerre au citoyen Decaen, général de brigade, à Paris.

Je vous annonce avec satisfaction, citoyen général, que le Directoire exécutif a rapporté son arrêté du 9 floréal dernier qui ordonnait votre mise en jugement et vous a remis en activité.

Je vous invite en conséquence à faire vos dispositions et à partir dans les 24 heures, pour vous rendre à Mayence où est établi le quartier général de l'armée du Rhin. Vous y recevrez, du général commandant en chef, des ordres ultérieurs.

---

(1) On trouvera ce mémoire à la fin du volume (Annexe III).

(2) Le lendemain, 14 thermidor, Bernadotte écrivit au Directoire :

« Le général de brigade Decaen m'a remis son mémoire justificatif en exécution de votre arrêté du 19 messidor dernier qui rapporte celui du 9 floréal qui ordonnait sa traduction devant un conseil de guerre.

« Cet officier général, s'interdisant toute réflexion sur les événements de la campagne qui ne le concernent point particulièrement, se borne à développer les circonstances dans lesquelles il s'est trouvé. Il combat les inculpations dont il est l'objet en exposant les faits d'une manière qui m'a paru satisfaisante et qui le justifie du reproche d'insubordination et de désobéissance. Il cite les généraux Marceau, Beaupuy, Kléber, Desaix, Moreau dont sa conduite militaire a mérité l'estime dans le cours de la guerre, et proteste de son dévouement à la cause sacrée de la République.

« Je propose, en conséquence, au Directoire la remise en activité du général de brigade Decaen. » (Le ministre de la guerre au Directoire, 14 thermidor, Correspondance, armée du Danube, août 1799. A. H. G.)

Je vous adresse ci-joint votre lettre de service, en vertu de laquelle vous serez employé à cette armée.

Signé : BERNADOTTE.

24 thermidor. — Le lendemain, je fus remercier le ministre qui m'engagea à dîner avec lui. Je lui témoignai combien il m'aurait été agréable de retourner servir à l'armée du général Masséna, et que je désirais bien cette destination. Mais il me dit que cela n'était pas possible. « Eh bien, dis-je, envoyez-moi en Italie, sous les ordres du général Moreau. — Non, il faut à l'armée du Rhin des généraux qui connaissent comme vous les localités. »

Je demandai de rester encore quelques jours à Paris, ce qui me fut accordé.

Ce même jour, je fus offrir mes remercîments à l'abbé Sieyès, président du Directoire. Je fus bien satisfait de sa bonne réception, et surtout de la manière dont il me dit qu'il ne fallait plus penser aux désagrément que j'avais éprouvés; et qu'il était bien persuadé que, bientôt, il apprendrait que je me serais de nouveau distingué en combattant contre les ennemis de la République.

CHAPITRE X

Decaen adresse son mémoire justificatif à Jourdan. — Il le remet à Reubell. — Hostilité de Barras. — Visite antérieure de Decaen à Barras. — Mal reçu, Decaen sort brusquement. — Comment il avait accueilli un émissaire du Directoire. — Départ pour Strasbourg. — Decaen envoie son mémoire justificatif à Masséna, Ernouf et Soult. — Antipathie de Decaen pour Soult. — Arrivée de Decaen à Mannheim.

26 thermidor. — Avant de rendre public mon mémoire justificatif, j'en adressai un exemplaire au général Jourdan, avec la lettre suivante, dont il ne m'accusa pas la réception :

Paris, le 26 thermidor.

Au Représentant du peuple Jourdan.

Les dénonciations que vous avez portées contre moi, citoyen Représentant, m'ayant mis dans la nécessité de donner un mémoire justificatif, je me dois de vous faire connaître les moyens que j'ai employés pour ma défense.

Comme il est dans mon caractère de ne vous laisser aucun doute sur ma franchise et ma loyauté, je vous adresse un exemplaire du mémoire que j'ai présenté au ministre de la guerre, d'après l'ordre du Directoire.

Le *Journal de Paris* ayant commis une erreur qu'il m'importait de faire rectifier, j'écrivis à ce sujet à son rédacteur, le citoyen Rœderer :

Vous dire, citoyen, que je n'ai jamais fait partie de l'armée *révolutionnaire,* ce que vous avez pourtant proclamé dans votre journal, c'est vous en dire assez, je crois, pour que vous annonciez que vous avez été trompé. Autrement vous m'obligeriez de vous classer parmi les calomniateurs qui m'ont mis dans la nécessité de publier le mémoire dont je vous adresse un exemplaire (1).

L'erreur fut relevée le lendemain, et le citoyen Rœderer me fit une réponse que j'aurais transcrite si je ne l'avais pas égarée.

(1) On trouvera ce mémoire à la fin du volume (Annexe III).

Connaissant particulièrement l'ex-Directeur Reubell, je fus lui porter mon mémoire. Il en fit lecture à l'instant. Après m'avoir fait compliment de ma justification, il me dit : « Saviez-vous que vous aviez un ennemi au Directoire? » Ayant répondu négativement et même ajouté en riant : « A moins que ce ne soit vous, car je n'ai l'honneur de connaître de Directeur que vous seul. — Eh bien! c'est Barras. Je vous ai toujours défendu; et j'ai prétendu que les motifs de vos destitutions fussent énoncés dans les arrêtés, persuadé que vous sauriez vous justifier (1). — Qu'ai-je donc fait au citoyen Barras? Je ne l'ai vu qu'une seule fois, mais je me rappellerai toujours son ton impertinent. »

A ce sujet, je racontai au Directeur Reubell que, l'année précédente, en passant à Paris pour me rendre à l'armée du Rhin, venant de Cherbourg, j'avais rencontré le général Boisgérard avec lequel j'étais fort lié; qu'étant convenu de passer ensemble le peu de jours que nous avions à rester dans la capitale, nous avions pris la résolution de nous présenter chez le Directeur Barras, auquel nous n'avions cependant rien à demander, mais seulement pour lui faire une visite, ayant entendu dire que c'était ce Directeur qui recevait le mieux les militaires, et qu'il fallait nous en convaincre; que, le jour fixé, nous étions allés au Luxembourg pour nous présenter après le dîner, selon l'usage; qu'en entrant dans le salon nous avions été annoncés à haute voix; qu'alors Barras se chauffait le derrière en tenant de ses deux mains les pans de sa redingote, et que notre entrée, nos noms cités et notre salut ne lui avaient pas fait changer de posture, que cette incivilité nous avait causé assez de surprise; cependant, que nous ne l'aurions jugée que comme une distraction si, plus tard, il avait été plus poli; mais qu'un instant après, il avait passé devant nous sans nous rien dire, quoique nous fussions les seuls en uniforme parmi le petit nombre de personnes qui étaient alors présentes, pour aller causer avec quelqu'un du débarquement du général Humbert sur la côte d'Irlande; que nous avions regardé comme tout naturel qu'il parlât d'abord à qui il voulait; mais, qu'étant ensuite retourné se mettre le dos à sa cheminée, en passant encore auprès de nous sans nous dire un mot, nous nous étions fait, de l'œil, des

---

(1) « Le Directoire destituait, le plus souvent, sans que ses arrêtés disent pourquoi. » (Note de Decaen.)

signes d'intelligence et que, bientôt, nous étions sortis du salon avec le regret de nous être ainsi présentés chez un des chefs du gouvernement français, et d'y avoir trouvé un tel oubli d'urbanité.

Après ce récit, je dis au citoyen Reubell : « Il se peut très bien que, lorsque le Directoire m'a destitué sur les dénonciations de Jourdan et d'Ernouf, Barras, qui en était alors le président, se soit ressouvenu de la manière dont Boisgérard et moi nous lui avions fait nos adieux. Si ce souvenir a été pour quelque chose dans ma destitution, il n'y a rien de plus stupide. Cependant, il n'avait pas ce motif, lors de ma destitution de l'année dernière, aussi injuste que celle de cette année.

« Mais je crois bien plutôt que sa haine à mon égard peut venir de plus loin, et qu'elle a été, sans doute, excitée par le rapport de la personne qui, avant le 18 fructidor, avait été envoyée par le Directoire pour avoir de moi des renseignements, lorsque je commandais, à Alzey, dans le Palatinat, une brigade de l'armée du Rhin, et qui, pour être accréditée, me présenta un billet de votre part.

« Je ne vois donc que ces deux motifs qui aient pu me faire un ennemi de Barras. Or, il est possible que le souvenir de la visite ait contribué à le faire déclarer contre moi pour ma première destitution, et que, lorsqu'il a été question de la dénonciation Jourdan, il s'en soit encore ressouvenu, ainsi que du rapport de l'envoyé. »

Après cela, il ne fut dit rien de plus au sujet de l'inimitié de Barras.

Mais je vais énoncer ce qui se passa entre l'agent du Directoire et moi ; je ne puis me ressouvenir de son nom, écrivant ceci dans un temps très éloigné de l'époque où il me fut envoyé. Il était adjudant général, du moins il en prenait la qualité. Il arriva à mon quartier général le 21 fructidor, à 2 heures après midi.

Quoiqu'il m'eût déjà présenté sa lettre de crédit, il devint fort embarrassé de son rôle lorsque, à ses questions sur l'esprit de l'armée : pourquoi elle n'avait pas fait d'adresse au Directoire comme celle d'Italie, etc.? quelle opinion elle avait du général Moreau ? quelle confiance le gouvernement devait avoir en ce général en chef? Je lui fis cette réponse :

« Vous direz à ceux qui vous envoient que l'armée du Rhin ne sert point de factions; que, toujours en présence des ennemis de la République, elle ne pense qu'à les combattre et à en défendre ses frontières. »

Néanmoins, après qu'il se fut un peu remis de son étonnement, et qu'il m'eut dit que, s'il avait débuté aussi ouvertement, c'était en raison de sa confiance dans la recommandation qu'il venait de me présenter (1); et que la manière dont je venais de m'exprimer, quoiqu'il en eût été atterré, lui donnait cependant lieu de penser que j'allais lui dire autre chose.

Alors, je lui tins ce langage :

« Je suis bien surpris qu'on s'adresse à moi, le plus jeune officier général de l'armée, pour me demander de pareils renseignements et, surtout, pour en apprendre quelle confiance le Directoire pouvait avoir dans le général en chef. Comment est-il possible que le gouvernement se trouve dans le cas de faire rechercher de tels renseignements? Mais que font donc les Directeurs? » Il dit : « Carnot est le seul qui s'occupe des affaires générales du gouvernement; Reubell pense à la politique; La Revellière ne voit que ses théophilanthropes; Barras est totalement livré à ses plaisirs. Quant à Barthélemy, qui vient d'arriver, on ne sait pas encore quelles sont ses occupations. Les deux Conseils et le Directoire ne sont point d'accord, comme vous le voyez dans les journaux. »

Lui ayant fait l'observation que le récit qu'ils venaient de faire de ce qui s'était passé à la réception des drapeaux présentés au Directoire par le général Bernadotte m'avait fait augurer que la concorde allait renaître, il repartit : « Vous êtes dans l'erreur. Cela ne peut finir sans qu'ils en viennent aux prises, et, d'après ce qui se passait lors de mon départ de Paris, cet événement ne peut pas tarder. »

Après cette digression, je continuai ainsi :

« Quant aux adresses, si l'on ne nous a pas insinué d'en faire spontanément, c'est, sans doute, que le général en chef a considéré que c'était énerver la discipline militaire.

« Le gouvernement devrait bien plutôt savoir bon gré au

---

(1) Elle contient ces lignes (sans date) : *Je vous recommande, mon cher Decaen, le porteur. Ajoutez foi à ce qu'il vous dira. Si vous pouvez lui être utile, vous m'obligerez.* *Signé :* Reubell. (Note de Decaen.)

général Moreau du silence de son armée qui, presque tout entière sur le territoire français, est logée chez l'habitant et soulagée dans ses privations par les citoyens de l'Alsace, et de ce qu'il a préféré la maintenir dans le bon ordre, au lieu d'y exciter l'agitation pour des choses politiques; agitation dont les effets incertains pouvaient être nuisibles tant à son armée qu'aux intérêts de la République.

« Je commande la brigade de la gauche de l'armée du Rhin. Je connais l'esprit des troupes sous mes ordres. Mais, pour que vous jugiez par vous-même de cet esprit, je vais inviter, comme je le fais quelquefois, un certain nombre d'officiers de tous grades et de toutes armes à passer la soirée. Vous serez alors à même de causer avec eux particulièrement, ou de les entendre émettre leur opinion sur ce que vous croirez à propos de dire pour exciter la conversation générale, » ce qu'il accepta.

Après cette première épreuve, je l'engageai à déjeuner le lendemain, en lui disant qu'il y verrait d'autres officiers qui viendraient de leurs cantonnements.

Après cette nouvelle séance, je lui dis : « Si vous avez la mission de prendre ailleurs des informations, je suis persuadé que vous y trouverez les mêmes opinions qui règnent ici, parce que, de la gauche à la droite de l'armée, on y est partout animé du même esprit. »

Il n'avait point d'autre mission. Il me témoigna sa satisfaction de la manière dont je lui avais fourni les moyens de la remplir, en ajoutant que, d'abord, il avait été bien loin de s'y attendre, car, après avoir entendu ma première réponse, il avait cru avoir été envoyé auprès de toute autre personne, et d'une opinion bien différente de la mienne sur tout ce qui se passait. Ensuite, il m'exposa qu'il pouvait bien être arrivé, depuis son départ de Paris, que l'événement auquel il s'attendait eût éclaté, et que, comme on ne pouvait pas en prévoir le résultat, je l'obligerais infiniment de lui donner un ordre qui, selon les circonstances, le dispenserait de produire, pendant son voyage de retour, celui qu'il avait reçu à Paris pour se rendre auprès de moi.

Je lui fis délivrer une feuille de route énonçant qu'il se rendait dans ses foyers pour rétablir sa santé.

Comme sa voiture avait besoin de réparations, il ne put repartir que le 23. Je le chargeai de ces lignes pour le Directeur Reubell :

> Sensible à votre souvenir, citoyen, je me suis empressé d'accueillir celui que vous m'avez recommandé. Il vous dira lui-même quelle satisfaction il a éprouvée. Soyez persuadé de la sincérité de mes sentiments, etc.
> J'ai l'honneur de vous saluer.

Deux jours après, j'appris l'événement du 18 fructidor par la proclamation du Directoire accompagnée de la lettre du général Moreau relative à Pichegru.

29 thermidor. — Mes affaires étant terminées à Paris, je me mis en route pour Strasbourg où j'arrivai le 2 fructidor.

Le quartier général de l'armée du Rhin y était encore. Durant le temps que je séjournai dans cette ville en attendant mon départ pour me rendre à ma nouvelle destination, j'adressai des exemplaires de mon mémoire justificatif au général Masséna, ainsi qu'à plusieurs officiers généraux et supérieurs de l'armée.

4 fructidor. — J'écrivis au général Ernouf :

> Si le général Ernouf avait été à Paris lorsque j'ai donné de la publicité à ma défense, il en aurait eu un avis certain par l'envoi que je lui aurais aurais fait de mon mémoire.
> Je crois qu'il reconnaîtra dans mon intention et dans la démarche actuelle des preuves continuelles de ma franchise et de ma loyauté.
> Un exemplaire de ce mémoire est joint à la présente.

Au général de division Soult :

> Ayant dû apprécier votre conduite à mon égard, citoyen général, et cet intérêt que vous vous êtes tant empressé de témoigner pour moi, je ne veux point rester en défaut. Je m'empresse donc aussi de vous faire connaître que j'ai dit la vérité...
> Il ne me reste plus qu'à désirer de vous donner des preuves non équivoques de mon souvenir ; dès que les circonstances m'en donneront la facilité, je m'acquitterai, vous pouvez en être persuadé.

Ce même jour, je partis de Strasbourg pour me rendre à Mannheim, d'après l'ordre que j'avais reçu et par lequel j'avais été prévenu de me tenir prêt à entrer en campagne le 7.

CAMPAGNE DE L'AN VII

SUR LE RHIN

CAMPAGNE DE L'AN VII

SUR LE RHIN

Journal du général Decaen, commandant une brigade de la division Colaud, à l'armée du Rhin commandée par le général en chef Léonard Muller; ensuite, de celui pendant son commandement à Kehl en vendémiaire et brumaire an VIII; de celui pendant le commandement d'une division de cette armée, commandée par le général Lecourbe, et durant un autre commandement à Kehl pendant frimaire jusque en germinal que je passai au commandement d'une brigade de la division Souham; enfin le journal pendant que j'ai commandé cette brigade.

DEPUIS FRUCTIDOR AN VII JUSQU'AU 14 PRAIRIAL AN VIII

CHAPITRE PREMIER

Decaen commande une brigade de la division Colaud. — Mauvaise humeur de Colaud. — Revue manquée du général en chef. — Rôle du général Baraguey d'Hilliers. — La division Colaud se porte sur Schwetzingen. — La brigade Decaen vers Waldorf. — La division Colaud s'avance sur Bretten. — Les Autrichiens se retirent. — Decaen s'établit à Sinsheim. — Manque de subsistances. — Mauvaise transmission des ordres. — Decaen rejoint Colaud à Wiesloch. — Désarmement des habitants. — Reconnaissance vers Bruchsal. — Decaen pousse une pointe sur Bretten. — Les Autrichiens reculent devant lui. — Bombardement de Philippsburg.

Fructidor an VII. — Dès le jour de mon arrivée à Strasbourg, le 2 fructidor, venant de Paris me justifier des inculpations des généraux Jourdan et Ernouf (1), je fus présenter mes lettres de service au général en chef, et lui demander ses ordres.

(1) Oudinot écrivait à Decaen, le 5 fructidor : « Je n'ai jamais douté, mon cher Decaen, que tu ne te tirasses parfaitement de l'inculpation bizarre dont on te chargea dans le temps; aussi je ne te féliciterai point sur la justice qu'on vient enfin de rendre à ta con-

Je fus prévenu, le lendemain, de me rendre de suite à Mannheim, et de me tenir prêt à entrer en campagne le 7.

Je partis de Strasbourg le 4. J'arrivai à Mannheim le 7, où j'appris que je servirais à la division du général Colaud (1).

Ce général me fit appeler, dans la soirée, pour me communiquer un ordre qu'il venait de recevoir de faire repasser le Rhin, le lendemain, aux troupes de sa division, qui étaient arrivées ce même jour à Mannheim, pour être passées en revue par le général en chef. Un tel motif avait mis le général Colaud de la plus mauvaise humeur : il me chargea de conduire les troupes de sa division de l'autre côté du Rhin, sur le terrain désigné pour la revue, en me disant qu'étant indisposé, il ne pouvait pas s'y rendre.

Cet inconcevable début d'entrée en campagne ne pouvait qu'exciter le mécontentement; car, qu'y avait-il besoin d'ajouter à la fatigue des troupes qui, pour arriver à Mannheim, avaient fait des marches forcées? De leur faire repasser le Rhin, au lieu de les laisser se reposer? Et cela, pour passer une revue du général en chef qui pouvait très bien inspecter chaque division de son armée en dehors de Mannheim, en leur faisant faire une halte lorsqu'elles se seraient mises en marche pour se porter en avant.

Mais le général Baraguey d'Hilliers (2), son chef d'état-major,

---

duite. Donc, je n'aurai pas besoin de parcourir ton mémoire justificatif pour te conserver l'estime et l'amitié que j'aime à te porter. Je t'embrasse. Salut amical, OUDINOT.

« P.-S. — Ma dernière blessure va au mieux, la plaie se cicatrise et j'espère ne quitter l'armée qu'autant qu'on me forcerait à prendre une saison à Luchon, ce que j'éloignerai toujours. Adieu. » (Oudinot à Decaen, Limbourg, 5 fructidor an VII, papiers Decaen, vol. XVI, folios 10 et 11.)

(1) Colaud (Claude-Sylvestre), né le 11 décembre 1754 à Briançon ; dragon au régiment du Roi, le 4 mars 1776 ; adjudant, le 4 septembre 1782 ; sous-lieutenant, le 20 mai 1788 ; lieutenant, le 25 janvier 1792 ; capitaine en 1792 ; commandant la légion du Centre, le 26 janvier 1793 ; général de brigade, le 30 juillet 1793 ; général de division, le 20 septembre 1793 ; employé à l'armée d'Italie, le 4 pluviôse an III ; à l'armée de Sambre-et-Meuse, le 25 prairial an III ; à l'armée de Mayence, le 3 brumaire an VII ; sénateur en germinal an IX ; employé à l'armée d'Allemagne, puis gouverneur d'Anvers en 1809 ; rentré au Sénat, le 22 octobre 1809 ; mort à Paris probablement le 4 décembre 1819. (A. A. G.)

(2) Baraguey d'Hilliers (Louis), né le 13 août 1764, à Paris ; cadet dans Alsace-Infanterie, le 1er avril 1783 ; sous-lieutenant, le 16 août 1784 ; lieutenant, le 23 juillet 1787 ; capitaine, le 20 janvier 1792 ; lieutenant-colonel de la légion des Alpes, le 28 juillet 1792 ; général de brigade, le 4 avril 1793 ; général de division, le 20 ventôse an V ; inspecteur général d'infanterie, le 5 thermidor an IX ; colonel-général des dragons, le 17 messidor an XII ; gouverneur de Venise, le 28 août 1808 ; employé à l'armée de Catalogne, le 22 août 1810 ; à la Grande Armée, le 8 juillet 1812 ; mort à Berlin, le 6 janvier 1813. (A. A. G.)

avait voulu lui présenter l'armée *sur une seule ligne :* et comme le terrain en avant de Mannheim, qui est coupé par des digues, était un obstacle à l'exécution d'une aussi savante conception, il avait choisi la plaine de Mutterstadt, au delà d'Oggersheim, sur la rive gauche du Rhin (1).

8 fructidor (25 août). — Les troupes de la division Colaud, ainsi que les autres de l'armée qui étaient dans Mannheim, furent mises en marche à 4 heures du matin, avec une grosse pluie sur le dos, ce qui aurait dû déterminer à donner un contre-ordre. Mais le chef d'état-major n'était pas sans doute encore éveillé.

Le temps étant si mauvais qu'il y avait tout lieu de croire que la revue n'aurait pas lieu, nous mîmes les troupes à l'abri dans les villages les plus à proximité du lieu désigné pour le rassemblement. La pluie n'ayant pas cessé, nous reçumes à midi l'ordre de retourner à Mannheim.

Ce beau mouvement, qui n'avait servi qu'à faire mouiller les soldats jusqu'aux os, n'excita cependant point de murmures. Mais il donna lieu à la critique et à la plaisanterie.

Les cultivateurs de la plaine de Mutterstadt furent les moins fâchés du contre-temps, parce qu'ils auraient éprouvé un grand dommage : car, si l'armée avait manœuvré sur leurs champs, elle aurait foulé aux pieds leur récolte d'automne.

Nous apprîmes, quelques jours après, qu'un détachement de l'armée avait marché sur Mayence pour, de là, faire une pointe sur

---

(1) Le 7 fructidor, Lecourbe écrivait à Decaen : « J'ai reçu ta lettre, mon cher Decaen, avec le mémoire qui y était joint. Tu ne peux douter du regret que j'ai eu de te voir encore une fois en butte à la malveillance et à l'impéritie. Cette fois, comme l'autre, tu n'avais rien à te reprocher. Il est beaucoup de ces hommes aveuglés par le pouvoir, qui aiment à rejeter sur d'autres les fautes que leur ignorance leur a fait commettre. Tu t'en vengeras en rossant les Austro-Russes qui vont se trouver devant toi.

« Tu es destiné à servir dans un pays ouvert, tandis que moi, j'erre de montagne en montagne. Il faut avoir le diable au corps pour faire la guerre dans un pays comme celui que j'ai parcouru et parcours. Je m'en suis cependant tiré assez heureusement car, depuis le commencement des hostilités de cette campagne, les troupes sous mes ordres viennent, dans les journées des 27 et 29, de compléter les vingt mille prisonniers autrichiens faits par elles.

« Je t'envoie quelques rapports imprimés qui n'ont pas même été corrigés, tant les habitants de Lucerne étaient pressés d'en avoir.

« Donne-moi quelquefois de tes nouvelles ; dis-moi ce que fait et fera votre armée ; écris-moi souvent ; tu me feras plaisir.

« Compte sur l'estime et l'amitié que je te porte. »
(Lecourbe à Decaen, Altdorf, 7 fructidor an VII. Papiers Decaen, vol. XVI, folio 12.)

Francfort pour y lever une contribution; et que le général Baraguey, chef de l'état-major général, qui n'aurait pas dû quitter son général en chef, s'était fait donner le commandement de ce détachement.

Le général Muller (1) n'ayant pas ensuite passé la revue de ses troupes, on en conjectura que, d'avoir fait retourner sur la rive gauche du Rhin la plus grande partie de l'armée qui, la veille, était arrivée à Mannheim, la grande revue commandée n'avait été qu'un prétexte ou plutôt une ruse de guerre pour cacher à l'ennemi la marche entreprise sur le bas Rhin, pour l'expédition d'argent dont le général Baraguey s'était fait donner la direction; tandis que ces marches et contremarches, qu'on ne sait comment qualifier, étaient encore plus insignifiantes pour tromper l'ennemi qu'elles n'étaient fatigantes pour le soldat.

Ne convenait-il pas mieux, sous tous les rapports, d'avoir désigné les corps qui devaient composer le détachement, et de leur avoir donné leur changement de direction en arrivant au pont de Mannheim? Enfin, s'abstenir de faire repasser le Rhin inutilement aux troupes qui devaient rentrer dans cette ville?

Ce qui aurait encore été plus raisonnable, c'était d'avoir fait servir à cette expédition la division de la gauche de l'armée, sauf à l'augmenter, s'il eût été nécessaire. Mais, en prenant ce parti, comme le général Baraguey n'aurait pas pu, à moins de manquer à toutes les convenances, se permettre de déplacer le général commandant cette division pour le remplacer momentanément, il avait sans doute considéré que ce n'était plus la même chose de se composer un détachement avec plusieurs corps qu'il choisirait dans les divisions de l'armée. C'était donc aussi pour opérer ce choix avec plus de certitude de ne pas se tromper, qu'il avait fait adopter au général en chef le rassemblement de toute l'armée sur le même terrain, sous le vain prétexte de lui en faire passer la revue; mais comme elle n'eut point lieu, à cause du mauvais temps, il fut obligé de se contenter de désigner, parmi les troupes qu'il avait

---

(1) Muller (Jacques-Léonard), né le 11 décembre 1749, à Thionville; soldat, le 1er mai 1765; lieutenant, le 2 mai 1779; capitaine, le 4 décembre 1791; colonel, le 14 janvier 1793; général de brigade, le 5 mai 1793; général de division, le 25 germinal an II; inspecteur général d'infanterie en remplacement du général Decaen, le 8 messidor an X; commandant de la légion polonaise, le 16 juin 1808; retraité, le 24 décembre 1814. (A. A. G.).

fait revenir sur la rive gauche du Rhin et sans les avoir vues en parade, les divers corps qui devaient faire partie de son détachement qui fut composé de six mille hommes.

9 fructidor. — La division sortit de Mannheim, et fut dirigée sur Schwetzingen.

Le général Colaud s'était réservé de me désigner les troupes qui seraient sous mes ordres lorsque nous serions arrivés.

L'avant-garde trouva un poste ennemi en avant de Schwetzingen et fit douze prisonniers des hussards de Szekler et des dragons de Bamberg : ceux-ci étaient de la garnison de Philippsburg, envoyés en reconnaissance. On apprit que l'ennemi n'avait, dans le pays, que quelques postes de cavalerie pour l'observation. On eut peu de renseignements sur la garnison de Philippsburg.

La division fut établie sur deux lignes : la première, ayant sa droite à Ketsch, vers le Rhin, et la gauche à Oftersheim; la deuxième, à Schwetzingen et Plankstadt.

Le général Colaud me donna le commandement de l'avant garde composée des deux premiers bataillons de la 11° d'infanterie légère, du 20° régiment de chasseurs à cheval, et trois pièces d'artillerie légère de la 3° compagnie du 4° régiment.

Je reçus l'ordre de me mettre en marche le lendemain à 7 heures du matin et d'aller prendre position à Langenbrücken, de pousser des reconnaissances sur Bruchsal et de faire garder les débouchés des montagnes à ma gauche.

Les autres troupes de la division, qui était bien faible, devaient prendre position à Mingolsheim.

Ces troupes consistaient en un bataillon de la 11° légère, le 3°, la 28° de ligne, le 10° de cavalerie, et les trois autres pièces de la compagnie d'artillerie légère. C'était la division du centre de l'armée.

Je fus prévenu que la division du général Leval prendrait position à Wiesenthal, celle du général Laroche à Sinsheim.

La division de réserve de cavalerie, commandée par le général d'Hautpoul, devait se placer en arrière des deux premières divisions.

Le général Ney avait été détaché, avec un petit corps, sur Heilbronn pour lever des contributions dans le pays et avoir des nouvelles de l'ennemi.

L'objet de notre passage sur la rive droite du Rhin était de faire une diversion favorable à l'armée d'Helvétie commandée par Masséna. On espérait qu'en menaçant Philippsburg, alors le prince Charles, qui était à Zurich avec les Autrichiens et les Russes, se déciderait à venir sur nous pour nous forcer à repasser le Rhin et sauver Philippsburg ou, du moins, qu'il détacherait contre nous, à cet effet, quelques divisions de son armée.

10 fructidor. — Après la réception de l'ordre que je devais exécuter, j'avais ordonné le rassemblement de mes troupes entre Oftersheim et les avant-postes établis sur la route de Walldorf. Elles furent mises en marche à 7 heures du matin et dirigées sur ce village, précédées d'une avant-garde qui, avant d'y arriver, rencontra des hussards de Szekler qui furent chassés. On fit six prisonniers. Ma colonne fut ensuite dirigée de Walldorf, par Roth et Mingolsheim, sur Langenbrücken, où je lui fis prendre position, occupant Zeuthern, Stettfeld et Weiher, ayant des avant-postes entre ces villages et le ruisseau d'Ubstadt (1). Dans mon rapport au général Colaud, je lui dis que l'ennemi s'était retiré sur Bruchsal et que, d'après les renseignements, il y avait sept cents à huit cents chevaux dans le terrain que nous avions parcouru, des hussards de Szekler et des dragons de Cobourg; qu'à 8 heures du matin, il n'y avait aucune infanterie dans Bruchsal et qu'on n'avait point entendu dire qu'il dût y en arriver; que j'avais envoyé une reconnaissance sur cette ville pour avoir des nouvelles, et que j'y enverrais un homme dans la soirée, qui me rendrait compte.

Je lui fis l'observation que si la 11ᵉ demi-brigade manquait d'instruction pour ses devoirs, elle avait de grandes dispositions à commettre le désordre, et qu'elle m'en avait donné la preuve; que le nombre de bons officiers y était rare, que les chefs faisaient tout ce qu'ils pouvaient, mais qu'il leur était impossible d'arriver au but qu'ils se proposaient, parce qu'ils n'étaient pas secondés; qu'il manquait plus de la moitié du nombre des officiers nécessaires; que plusieurs de ceux qui étaient présents n'étaient point à la hau-

---

(1) «... L'avant-garde prendra position à Langenbrücken. Arrivé dans ce village, le général Decaen fera pousser des reconnaissances sur Bruchsal, et aura attention de faire garder les débouchés des montagnes qui sont sur sa gauche. Il est prévenu que la division du général Leval prendra position demain à Wiesenthal et celle du général Laroche à Sinsheim... » (Ordre de la division Colaud, Schwetzingen, 9 fructidor. A. H G.)

teur de leurs fonctions; qu'il faudrait employer des moyens de mettre ce corps en état de faire de bonne besogne, en renvoyant déjà quelques officiers qui étaient démissionnaires et qui ne pouvaient point avoir l'énergie convenable; de vouloir bien demander au général en chef de donner quelques officiers. Je proposai d'en prendre dans les lieutenants et sous-lieutenants de l'armée, pour faire des capitaines et lieutenants dans la 11ᵉ, et de bons sergents-majors pour sous-lieutenants. Autrement, on ne pourrait avoir que des désagréments avec cette troupe. D'un autre côté, les officiers de cette demi-brigade y étant en petit nombre, il leur serait difficile de tenir à faire le service (1).

Je l'informai que les habitants du pays que nous occupions étaient du nombre de ceux qui avaient pris les armes; que le village d'Oestringen, à sa gauche, était de ceux où étaient les plus méchants; qu'ils s'étaient toujours refusés à satisfaire aux réquisitions pour les besoins de l'armée qui avait occupé ce pays à l'ouverture de la campagne.

11 fructidor. — Le général Colaud m'écrivit que, n'ayant point reçu de réponse du général en chef à sa demande d'avoir la division de cavalerie pour pouvoir tenter d'obtenir quelques succès sur celle des Autrichiens, il ne s'était déterminé à ne partir qu'à 7 heures pour nous diriger sur Bretten et y prendre position, et de faire mes dispositions pour me mettre en marche aussitôt que sa colonne aurait rejoint mon avant-garde; que la division Leval devant prendre position sur Bruchsal, il pensait qu'en ne partant qu'à 7 heures, elle pourrait déboucher sur ce point en même temps que nous; et qu'il m'envoyait le 10ᵉ de cavalerie (2).

Lorsque le général Colaud m'eut rejoint, je me dirigeai sur Bruchsal. L'ennemi n'y était plus. Il s'était retiré sur les routes de Durlach et de Pforzheim.

(1) Le même jour, Colaud écrivait au général en chef : «... J'ai été faire une reconnaissance jusque près de Bruchsal. Les ennemis occupent ce poste au nombre de huit à neuf cents chevaux. Peut-être demain en trouverons-nous davantage. Si vous voulez faire avancer la division, nous pourrons faire quelque bonne prise. Si nous l'avions eue aujourd'hui près de nous, nous aurions pris tous les équipages du régiment de Szekler.

« Je suis extrêmement mécontent de l'infanterie légère. Je ne compte pas beaucoup sur cette troupe; ma division est la plus faible de toutes par la manière dont elle est organisée. » (Colaud au général en chef, Mingolsheim, 10 fructidor an VII. A. H. G.)

(2) Cette lettre existe aux Archives de la guerre.

Mon instruction portant de me diriger sur Bretten pour m'y établir, je rencontrai l'ennemi entre cette ville et Gondelsheim. Je le fis poursuivre. On prit deux hussards de Szekler; un autre fut tué. Deux chasseurs qui s'étaient trop engagés dans la poursuite furent faits prisonniers. Je fus informé que trois cents cuirassiers d'Albert s'étaient établis à Knittlingen.

Le général de division vint aussi prendre position à Bretten.

12 fructidor. — Il me donna l'ordre de partir à la nuit tombante avec cinquante sapeurs, le 3ᵉ bataillon de la 27ᵉ de ligne, une compagnie d'artillerie légère, deux bataillons de la 11ᵉ légère, le 10ᵉ régiment de cavalerie et trois escadrons du 20ᵉ de chasseurs, pour me rendre, par Eppingen, à la position de Sinsheim, que j'occuperais jusqu'à nouvel ordre, et de faire toutes les dispositions nécessaires pour m'y maintenir; d'avoir attention de communiquer avec la division de gauche, qui occuperait Heidelberg et Neckargemünd; que cette division, qui était à Eppingen et Sinsheim, ne commencerait son mouvement de retraite que lorsque la brigade de droite parviendrait à leur hauteur; que le général Ney devait être encore à Heilbronn avec de l'infanterie et de la cavalerie, et qu'il serait nécessaire d'y envoyer une reconnaissance pour en être instruit.

Le général Colaud m'avait aussi mandé qu'il marcherait avec la brigade de droite, et établirait, le 13, son quartier général à Wiesloch, où je lui adresserais mes rapports (1).

13 fructidor. — J'informai le général de division qu'après une marche bien pénible, à cause des chemins gâtés par les pluies et du défaut de chaussures de l'infanterie, j'étais arrivé à Sinsheim, et que j'avais pris la position la plus convenable; que j'allais reconnaître le pays; que, si je devais y rester quelques jours et que je puisse trouver une position qui remplît le même but que si je tenais celle de Sinsheim, alors que j'en rendrais compte, et que je la ferais occuper quand j'y serais autorisé.

Je dis que le pain et la viande étaient dus pour la journée et que j'avais toutes les peines possibles à me les faire procurer; que

---

(1) Cet ordre existe aux Archives de la guerre.

la division Laroche, qui avait occupé ce pays pendant deux jours, ne m'avait laissé aucune ressource à la proximité de Sinsheim; qu'elle avait emmené avec elle beaucoup de superflu, tandis que j'étais privé du nécessaire; que le défaut de distributions, comme il le savait, contribuait à faire commettre des désordres; que le général Ney était encore, le matin de ce jour, à Heilbronn; que son aide de camp était arrivé à midi à Sinsheim, accompagnant le produit des contributions levées par ce général, une centaine de mille francs; et que je n'avais point eu connaissance de l'ennemi.

Le général Colaud me répondit qu'il sentait mon embarras pour faire subsister mes troupes; qu'il allait en faire part au général en chef; et, en attendant, de les faire vivre de manière ou d'autre; qu'il faudra bien que le général en chef prenne un parti décisif sur la position qu'il occupe, beaucoup trop étendue pour le nombre d'hommes qu'il avait entre le Neckar et le Rhin; qu'il était impossible (1), avec aussi peu de monde de faire le blocus de Philippsburg, et garder les débouchés du Neckar; qu'il irait, le lendemain matin, le voir à Schwetzingen, où il avait son quartier général.

Il m'annonçait que, pendant sa marche de Mingolsheim à Wiesloch, il avait eu constamment, tant sur ses flancs qu'à son arrière-garde, quatre escadrons de Szekler avec lesquels on avait tiraillé.

Le général Leval avait été chargé de faire le blocus de Philippsburg avec sa division, et la réserve de cavalerie était revenue des environs de Bruchsal pour se placer à Walldorf.

14 fructidor. — Je donnai l'ordre du jour ci-après :

Le général de brigade Decaen croit devoir dire aux troupes qu'il a l'honneur de commander que, si le courage et la bravoure donnent la victoire, une bonne discipline et l'amour de l'ordre préparent les voies par lesquelles elle vient s'attacher aux pas du guerrier.

Mais si la discipline et la conduite du vainqueur, dans un pays que le sort des armes a mis en sa possession, lui garantissent ses conquêtes et lui procurent des avantages qui le dédommagent de ses fatigues, une troupe qui qui se trouve obligée, par des circonstances, d'occuper ou de parcourir un pays avec lequel on est en paix doit, à plus forte raison, faire peser le

---

(1) « Au général en chef, » dit cette lettre qui existe aux Archives de la guerre.

moins possible sur l'habitant paisible le fléau destructeur de la guerre, en respectant sa personne et ses propriétés.

Si on se persuade de ce principe et si on on le met bien en pratique, on engage la victoire à accorder ses faveurs, et ses récompenses sont durables... Le contraire attire l'animadversion des peuples qui s'aigrissent par les excès et qui se révoltent dès qu'ils en trouvent le moment. L'expérience ne permet plus d'en douter.

Pour ne plus faire de semblables épreuves, il faut travailler au rétablissement de cette discipline, sans laquelle il ne peut point exister d'armée. Il faut que chacun, dans le grade qu'il occupe, se pénètre de ses devoirs et que, dans aucun cas, il ne néglige de s'en acquitter.

Le général de brigade demande donc que les chefs des corps préviennent leurs subordonnés de se livrer sans relâche aux devoirs que leurs fonctions leur imposent. Il prévient les chefs de corps que ce ne sera jamais qu'à eux qu'il s'en prendra, assurant qu'il fera tout pour que la punition la plus prompte soit infligée, comme il s'occupera de distinguer ceux qui, par leur conduite, se rendront recommandables.

Le général n'entre point dans des détails sur les différents devoirs ; les réglements sur le devoir des troupes en campagne les a ponctuellement déterminés ; mais il en exige l'exécution.

C'est surtout en présence ou à proximité de l'ennemi qu'il faut mettre toute son attention pour qu'il n'y ait rien de négligé dans les marches, la tenue des camps et tout ce qui leur est relatif, l'établissement des gardes, leur surveillance, les devoirs des officiers à cet égard, les distributions, les patrouilles et reconnaissances, etc...

Le général de brigade aime à se persuader qu'il aura toute satisfaction.

J'informai le général Colaud qu'une reconnaissance que j'avais envoyée le matin sur Eppingen m'avait rendu compte que l'ennemi ne s'y était pas encore avancé, mais qu'on avait appris qu'il était venu jusqu'à une lieue de là par la route de Bretten ; que le général Ney avait quitté Heilbronn, et qu'il était venu s'établir la veille à Steinsfurth.

J'annonçai que j'avais pu faire subsister mes troupes et que j'avais encore des vivres pour la journée et le lendemain, mais que, si je restais quelques jours dans cette position, je demandais une section d'administration avec un chef pour pourvoir aux besoins du soldat.

Je renouvelai la demande de placer ma brigade plus en arrière de Sinsheim, car la position que je tenais n'avait pour moi aucune sûreté dans le cas où l'ennemi m'y inquiéterait ; qu'en arrière, je me trouverais plus resserré, n'ayant point autant de débouchés arrivant sur moi, et que je formerais un lien plus solide entre lui et le général Laroche; que la position à prendre était en avant de Horrenberg, la gauche vers Zuzenhausen, au confluent de l'Elsenz et le ruisseau qui vient de Waibstadt; que l'infanterie était absolument nu-pieds.

Entre 9 et 10 heures du soir, je reçus une lettre du général par laquelle il me mandait :

J'arrive en ce moment de Schwetzingen, mon cher camarade, et, d'après les nouvelles dispositions du général en chef, vous quitterez la position de Sinsheim avec les troupes sous vos ordres, pour vous réunir à la division à Wiesloch.

Vous laisserez en passant à Horrenberg, village situé sur la route de Wiesloch à Heilbronn, cinq compagnies d'infanterie pour garder et observer cette route. Vous y joindrez vingt-cinq cavaliers du 10°, commandés par un officier, qui seront à la disposition du commandant de ce poste.

Aussitôt votre arrivée ici, nous placerons deux compagnies d'infanterie à Dielheim, avec quelques hommes de cavalerie.

Vous voudrez bien remettre l'ordre ci-joint pour le départ du 1er bataillon de la 11° légère.

Salut et amitié.

Signé : COLAUD.

P.-S. — Vous préviendrez le général Ney de ce mouvement.

L'ordre spécial qui m'était envoyé pour le départ de ce bataillon m'ayant fait présumer que je ne devais partir de ma position que d'après un nouvel ordre, j'écrivis sur-le-champ au général Colaud que, son ordre ne me fixant pas d'une manière précise mon départ, je croyais utile d'en redemander un nouveau, ayant pensé que s'il eût voulu que je quittasse de suite ma position, il n'aurait pas envoyé un ordre particulier pour le bataillon de la 11°, puisqu'il devait se diriger sur le même point que mes autres troupes.

12 fructidor. — Le général Colaud me manda (1) que le bataillon de la 11° était arrivé à sa destination, mais qu'il était étonné que je ne fusse pas arrivé à Wiesloch avec mes troupes; qu'il m'avait écrit de partir, et qu'il me l'avait fait dire par un officier qui lui avait remis, à 11 heures du soir, une lettre que je lui avais adressée; et de partir au reçu de ce nouvel ordre. Cet

---

(1) La lettre du général Colaud existe aux Archives de la guerre.

officier, soit oubli, soit qu'on ne lui eût pas donné la mission, ne m'avait rien dit à son retour.

La lettre qu'il avait portée au général de division l'informait que je venais d'apprendre que les habitants de la plus grande partie des communes en avant de Neckargemünd, entre le Schwarzbach et le Neckar, s'étaient armés et rassemblés, au nombre de trois mille, dans différents endroits de la forêt qui les avoisine, entre autres à Dilsberg et Asbach, afin d'attaquer les Français qui voudraient la traverser; que plusieurs communes, entre autres Zell (1) et Helmstadt, n'avaient pas voulu prendre part à ce soulèvement, et qu'ils avaient même fait des représentations pour l'empêcher; que j'avais aussi appris qu'un autre rassemblement, avec lequel devait être une centaine de hussards, s'était formé à Hirschhorn pour empêcher, disaient-ils, l'entrée de leur pays aux troupes françaises; que celui-ci était dirigé par un baron ou comte de Lerbach (2); enfin, que je venais de faire part de ces renseignements au général Laroche.

Mais, avant de partir de Sinsheim, je reçus de ce général l'information que les renseignements dont je lui avais donné avis n'étaient certains que pour Hirschhorn, sur la rive droite du Neckar, d'après un rapport de l'adjudant général Lefol (3), commandant à Neckargemünd, qui, cependant, n'avait pu savoir de combien d'hommes il s'était formé, ni quel était son objet; mais que trois cents à quatre cents, en général assez mal armés, et avec lesquels il y avait quelques hussards de Szekler, s'avançaient jusqu'à Neckarsteinach; qu'au surplus, le rassemblement n'était point du tout à craindre.

Le général Laroche ajoutait que, pour ne pas rester plus longtemps dans l'incertitude, il venait d'ordonner des reconnaissances sur tous les points que je lui avais indiqués; et que, si les rassemblements étaient tels qu'on le supposait, il commencerait par dis-

(1) Peut-être Daudenzell.
(2) Peut-être Lehrbach.
(3) Lefol (Étienne-Nicolas), né le 24 octobre 1764, à Giffamont (Marne); dragon dans le régiment Colonel Général, le 19 juin 1786; capitaine au 3e bataillon de la Marne, le 4 septembre 1791; chef de bataillon, le 17 pluviôse an VII; chef de brigade adjudant général, le 7 thermidor an VII; général de brigade, le 12 novembre 1808; employé à la Grande Armée en l'an XIV; à l'armée d'Espagne, le 12 novembre 1808; général de division, le 30 mai 1813; retraité, le 2 octobre 1816; admis dans le cadre de réserve, le 7 février 1831; retraité le 1er mai 1832 (A A. G.).

siper celui d'Hirschhorn, et successivement tous les autres qui se trouveraient entre le Neckar et l'Elsenz, parce qu'il n'était pas prudent de les laisser se grossir, et qu'il valait mieux les détruire dès leur naissance.

Il m'informait aussi qu'il n'y avait rien de nouveau au quartier général à Schwetzingen, ni au blocus de Philippsburg et qu'il avait chargé l'adjudant général Lefol de me faire part des renseignements qu'il pouvait acquérir.

Aussitôt la réception du nouvel ordre de quitter Sinsheim, j'en prévins le général Ney qui m'écrivit qu'il me remerciait de lui avoir donné avis de mon mouvement; que, comme il lui était impossible d'obtenir du général en chef le précis de ses opérations, il observerait la même conduite que les jours précédents en suivant toujours à une demi-journée les divisions qui couvraient le blocus de Philippsburg; et qu'il occuperait probablement, dans la soirée, la position en arrière de Hoffenheim, gardant Sinsheim par des avant-postes. Il me remerciait aussi des renseignements que je lui avais adressés au sujet des rassemblements dès qu'ils m'avaient été donnés.

En passant à Horrenberg, j'y laissai cinq compagnies d'infanterie selon l'ordre qui m'en avait été donné.

Arrivé à Wiesloch, le général de division me donna l'ordre de les faire rejoindre et d'en faire prévenir le général Ney, de cantonner le 10ᵉ de cavalerie à Baierthal avec deux compagnies d'infanterie (le commandant du 10ᵉ devait pousser des reconnaissances sur la route de Sinsheim); de faire aussi occuper le village de Dielheim par de l'infanterie et de placer le 20ᵉ de chasseurs à Rauenberg avec deux compagnies d'infanterie.

Je reçus ensuite l'ordre de prendre le commandement de toute la ligne en avant de Wiesloch, appuyant sa droite au moulin sur la route de Walldorf et la gauche au village de Rauenberg, ayant sous mes ordres toutes les troupes qui occupaient cette ligne.

Je fus prévenu que le chef de brigade Lefranc (1), commandant

---

(1) Lefranc (Jacques), né le 4 novembre 1750 à Mont-de-Marsan; soldat au régiment de Béarn, le 26 février 1769; adjudant, le 31 mai 1784; sous-lieutenant de grenadiers, le 31 juillet 1787; lieutenant dans la gendarmerie, le 19 juin 1791; chef de bataillon au 3ᵉ des Landes, le 15 janvier 1793; chef de la 40ᵉ demi-brigade, le 30 vendémiaire an II; général de brigade, le 3 germinal an XI; membre du Corps législatif; employé à l'armée

la 27ᵉ de ligne, faisant les fonctions de général de brigade, commanderait la gauche de la ligne depuis Rauenberg, se prolongeant jusqu'au bois au delà du Vieux-Wiesloch qui serait le centre de cette ligne.

Aussitôt après la réception de cet ordre, je montai à cheval pour aller reconnaître les localités et principalement Rauenberg. A mon retour, je fis le rapport au général de division que ce village ne présentait point de moyens pour la défense de la ligne; qu'il était, au contraire, d'un danger extrême de le faire occuper; que, placé à l'entrée de la gorge de... (1) et dominé de toutes parts, les chemins de Bretten, de Sinsheim et celui de Bruchsal par Malsch donnaient toutes les facilités à l'ennemi de l'attaquer et d'y obtenir de grands succès; et que la retraite en deviendrait, faut-il dire, impossible, si l'ennemi combinait bien son attaque.

Je proposai au général Colaud d'en juger par lui-même, et je lui dis que, lorsque je l'accompagnerais, je lui ferais part des observations que j'avais faites dans ma reconnaissance pour la défense efficace de la ligne devant Wiesloch.

16 fructidor. — Ce général ayant changé ses premières dispositions, je plaçai mes troupes en conséquence. Je donnai le commandement de la ligne d'avant-postes au chef de brigade Lacoste (2), commandant le 20ᵉ de chasseurs, dont deux escadrons vinrent cantonner à Wiesloch, et y remplacer deux du 16ᵉ de cavalerie, lequel avait été mis sous mes ordres, et qui furent cantonner au Vieux-Wiesloch. Les deux autres escadrons du 20ᵉ furent placés au bivouac, à la droite et à la gauche de Wiesloch, pour surveiller la plaine conjointement avec une grand'garde du

---

du Nord, le 7 frimaire an XIV; au corps des Côtes de l'Océan, le 5 novembre 1807; mort de maladie à Malaga, le 19 novembre 1808.

En récompense de sa bravoure éclatante et des services importants qu'il a rendus en l'an IX, notamment à Hohenlinden, à Vöcklabruck et Lambach, il lui a été décerné un sabre d'honneur, le 15 ventôse an IX. (A. A. G.)

(1) Le nom manque dans le manuscrit.

(2) Lacoste-Duvivier (Jean-Laurent-Justin), né le 15 avril 1747, à Montélimar; mousquetaire, le 7 juin 1766; capitaine, le 27 juin 1773; lieutenant-colonel au 4ᵉ régiment de dragons, le 23 novembre 1791; colonel, le 21 novembre 1792; commandant du 20ᵉ régiment de chasseurs à cheval, le 14 messidor an III; général de brigade, le 12 fructidor an VII; général de division, le 12 pluviôse an XIII; employé à la Grande Armée, le 24 fructidor an XIII; commandant la cavalerie dans le Frioul; retraité, le 24 décembre 1814. (A. A. G.) Il y avait donc quatre jours que Lacoste avait été nommé général de brigade.

16ᵉ de cavalerie, et couvrir le front de la position occupée par la division.

Le 10ᵉ de cavalerie resta à Baierthal.

L'artillerie légère fut placée en avant de Wiesloch.

La 11ᵉ d'infanterie légère fut campée sur divers points à droite et à gauche de Wiesloch, quatre compagnies occupèrent Baierthal et quatre autres, le plateau à gauche de Rauenberg.

Le surplus de la division campa en seconde ligne en arrière de Wiesloch.

Je donnai des ordres, d'après ceux du général Colaud, pour faire désarmer les habitants de Rauenberg et des villages des environs, ainsi que de faire des réquisitions de souliers, dans ces villages, pour les troupes, qui en avaient le plus grand besoin (1).

17 fructidor. — Je reçus un ordre du jour qui rappelait à l'exécution des règlements, surtout pour empêcher les troupes de s'éloigner de leurs camps, soit pour se faire loger en ville, soit pour commettre des désordres (2).

Le général de division m'ayant ordonné de faire faire une reconnaissance vers Bruchsal, j'en chargeai le chef de brigade Lacoste. Je mis à sa disposition quatre escadrons, quatre compagnies d'infanterie, et une pièce d'artillerie légère.

Je lui mandai que ce détachement serait rassemblé le lendemain à 3 h. 30 du matin sur la route de Bruchsal, et de le diriger vers cette ville; de faire les dispositions convenables pour s'éclairer, et de ne s'avancer qu'avec la plus grande précaution, de manière à être bien en mesure pour chasser les partis ennemis qu'il pourrait rencontrer, faisant surtout attention de ne pas s'engager dans une affaire; que cette reconnaissance, qui avait pour but d'avoir des nouvelles de l'ennemi, devait en outre servir à remplir d'autres vues; que le commissaire des guerres suivrait le mouvement afin de procurer à la division des vivres dont il faudrait protéger la rentrée.

---

(1) Cet ordre existe aux Archives de la guerre. « Les armes, y était-il dit, seront conduites chez le commandant du parc, à Wiesloch, et, de là, envoyées dans les arsenaux de la République. » (Colaud à Decaen, Wiesloch, 16 fructidor an VII, Reg. $\frac{24}{53}$. A. A. G.)

(2) L'ordre de Colaud ajoute : « ... Forcer les habitants à leur donner à boire et à manger, tandis qu'ils ont eu jusqu'à présent les rations que la loi leur accorde... » (Ordre du jour de Colaud, Wiesloch, 17 fructidor. A. A. G.)

Le chef Lacoste fut prévenu qu'il devait s'occuper de faire des demandes, aux baillis des communes, d'en faire rendre les armes; que, s'il n'avait pas le temps de faire faire ces remises, alors il prendrait des otages en proportion de la population; que c'était surtout aux communes dépendantes de l'évêque de Spire qu'il fallait mettre le plus d'empressement à demander les armes; de fournir au commissaire, sur sa demande, le nombre d'hommes dont il aurait besoin pour s'assurer de quelques personnes, afin d'obliger à satisfaire à ses réquisitions. Il fut recommandé au chef Lacoste de s'avancer, s'il était possible, jusqu'à Ubstadt et, s'il avait quelque chose de nouveau, de ne pas négliger à m'en informer de suite.

18 fructidor. — Le chef Lacoste rentra à la nuit avec sa troupe : il n'avait été aperçu que quelques hussards qui s'étaient retirés à la vue de ses avant-gardes (1). Il avait pris des otages dans plusieurs communes pour assurer la remise de leurs armes, et il avait fait escorter les produits des réquisitions faites par le commissaire.

19 fructidor. — A 9 heures du matin, le général Colaud me donna l'ordre de former un détachement : de deux escadrons de chasseurs du 20e, deux du 6e de cavalerie, quatre compagnies d'infanterie légère, quatre compagnies de la 27e, deux pièces d'artillerie légère; de faire, avec ces troupes, ma reconnaissance vers Bretten (2) pour favoriser un fourrage que le général commandant la réserve se proposait de faire vers Bruchsal, ainsi

---

(1) Colaud rendait compte en ces termes de l'expédition de Lacoste au général en chef :

« Le parti d'infanterie et de cavalerie composé de deux compagnies de grenadiers et de quatre cents chevaux, et commandé par le chef de brigade Lacoste, a poussé sa reconnaissance jusqu'à Ubstadt. Il a trouvé le pont de ce village coupé et les entrées du village barricadées de voitures.

« Cent vingt-cinq fusils, provenant du désarmement des villages, ont été cassés et remis au commandant du parc.

« Le général de brigade Decaen partira à 10 heures avec un bataillon d'infanterie, quatre cents chevaux et deux pièces de canon pour pousser une reconnaissance sur Bruchsal. » (Colaud au général en chef, Wiesloch, Rapport du 18 au 19 fructidor, A. H. G.)

(2) Colaud en prévint le général Leval établi à Hockenheim : «... J'espère, concluait-il, que nous aurons des nouvelles positives sur la marche de Sztaray. » (Colaud à Leval, Wiesloch, 19 fructidor an VII. A. H. G.)

qu'une reconnaissance qui devait être faite par les troupes employées au blocus de Philippsburg (1).

Le général Colaud m'ayant dit d'agir selon les circonstances, je me mis en marche à 10 heures et me dirigeai sur Rauenberg, de là, sur Oestringen, passant par Rothenberg et Rettigheim, et d'Oestringen à Gochsheim, passant par Odenheim, laissant à droite Neuenburg et Münzesheim.

Un poste de hussards de Szekler, placé en avant de Gochsheim, se retira en arrière de ce village. Mon détachement y étant arrivé vers les 6 heures du soir, le terrain en avant étant très difficile, et les troupes étant déjà fatiguées d'une marche d'environ 6 lieues pendant la plus grande chaleur du jour, je lui fis prendre position, ayant mes avant-postes en avant de Gochsheim. Les hussards se retirèrent sur la route de Bretten, au village de Flehingen, où ils restèrent en observation.

Je ne pus me procurer que des renseignements vagues sur la quantité de troupes d'observation, et sur une marche annoncée d'un corps considérable détaché des bords du lac de Constance et à la tête duquel devait marcher le prince Charles.

Je rendis compte au général Colaud, et je le prévins que je ferais une marche rétrograde le lendemain, parce que je présumais qu'une marche plus avancée ne me procurerait pas plus de nouvelles et que, d'un autre côté, quoique celles que j'avais pu avoir ne me parussent pas bien certaines, il pourrait bien y avoir du danger de se compromettre; qu'au surplus, j'attendais des ordres.

20 fructidor. — N'ayant point reçu d'ordres du général Colaud, je me mis en marche à la pointe du jour pour retourner à Wiesloch, et je ne fus point suivi par l'ennemi (2).

21 fructidor. — A mon retour, j'appris que le bombardement de Philippsburg avait commencé la veille au soir. On le bombardait de Klein Holland (3), sur la rive gauche du Rhin où, quelques

---

(1) A cette date, la garnison de Philippsburg comprenait deux mille deux cent trente-neuf hommes et trente-deux chevaux, sous les ordres du comte Salm. (*Erzherzog Carl*, II, p. 319.)
(2) Colaud en rendait compte le lendemain à Muller. (Colaud à Muller, Wiesloch, 21 fructidor an VII, A. H. G.)
(3) Aujourd'hui Mechtersheim.

jours auparavant, le commandant de la garnison de Philippsburg avait envoyé un parti pour détruire les ouvrages construits précisément pour le même but de réduire en cendres les bâtiments de cette place. On disait que son commandant avait répondu à la sommation qu'on lui avait faite de la rendre et qu'à son refus, on la brûlerait, que, si on prenait ce dernier parti, on n'en aurait pas les cendres (1). On n'avait fait aucun préparatif d'ouverture de tranchée sur la rive droite.

On disait que la cause de cet acte terrible était d'obliger l'ennemi à détacher un corps de son armée en Helvétie, et que le nouveau mouvement qu'on venait de faire sur Bruchsal avait le même motif, et encore pour faire subsister l'armée aux dépens du pays. Mais on en usait avec si peu de mesure, ou plutôt avec tant de désordre, qu'il semblait qu'on n'avait aucune considération pour l'avenir.

Je reçus l'ordre de mettre à la disposition du général d'Hautpoul commandant la réserve de cavalerie, pour le lendemain 5 heures du matin, un escadron du 20º, deux bataillons de la 11º légère et deux pièces d'artillerie légère (2). Des troupes furent dirigées sur la route de Bruchsal (3).

20 fructidor. — Un bataillon de la 27º me. fut envoyé (4) pour remplacer celui de la 11º qui fournissait les postes de ma première ligne.

23 fructidor. — Il n'y eut rien de nouveau.

(1) Tel est le texte de Decaen.
(2) «... Un obusier et une pièce de 8. » (Colaud à Decaen, Wiesloch, 21 fructidor. A. H. G.)
(3) Le général d'Hautpoul devait pousser une reconnaissance sur Durlach. (Colaud à Decaen, Wiesloch, 21 fructidor. A. H. G.)
(4) A 4 heures du matin. (Colaud au chef de brigade Lefranc, Wiesloch, 21 fructidor. A. H. G.)

CHAPITRE II

Le prince Charles s'avance contre l'armée du Rhin. — Le général Muller bat en retraite. — Bonne entente entre Ney, Colaud et Decaen. — Decaen rentre à Mannheim. — Il repasse le Rhin. — Decaen à Spire. — Il garde le Rhin de Rheinzabern à Lingenfeld. — Mesures prises à cet effet. — Une canonnade vers Landau. — Les troupes de Decaen sous les armes. — Fausse alerte. — Colaud envoyé à Kehl. — Succès du prince Charles vers Mannheim. — Appréciations de Decaen sur les opérations. — Decaen à Strasbourg. — Il commande des ouvrages avancés de Kehl. — Reconnaissance sur Auenheim. — Lecourbe remplace Muller. — Combat de Neumühl. — Surprise d'Auenheim. — Pertes élevées de Decaen.

24 fructidor. — Le détachement qui avait marché avec le général d'Hautpoul rentra à la division. J'appris, par les officiers de ce détachement, que ce général les avait conduits sur Bretten, avec les deux régiments de carabiniers, celui de cuirassiers, etc.; qu'en poursuivant quelques postes de hussards, on avait fait quatre à cinq prisonniers; que, le 22, le général d'Hautpoul s'était avancé sur Bretten; que, le lendemain, il avait fait sa retraite sur Bruchsal et qu'il avait été harcelé pendant toute la route.

Le prince Charles s'avançait avec des forces considérables pour nous forcer à repasser le Rhin.

Le général Muller, ne voulant pas l'attendre à la position qu'occupait son armée, ordonna un mouvement rétrograde.

A cet effet, le général Colaud donna l'ordre qu'une partie de sa division se mettrait en marche le lendemain matin, à 7 heures, pour aller prendre position à Schwetzingen. Il me prévint que je ne devais mettre en marche les troupes sous mes ordres pour aller le rejoindre, que lorsqu'elles auraient été relevées, dans la la journée, aux postes qu'elles occupaient, par celles du général Ney auquel, d'après l'intention du général en chef, je devais laisser un bataillon de la 11ᵉ d'infanterie légère (1); que ma brigade se

(1) Ce bataillon se trouvait partie à Roth, partie à Walldorf. (Colaud à Decaen, Wiesloch, 24 fructidor. A. H. G.)

composait de la 11ᵉ légère, du 20ᵉ de chasseurs, du 10ᵉ de cavalerie, de trois pièces d'artillerie légère (1), et que les équipages de tous les corps devaient partir à la nuit tombante pour se rendre à Schwetzingen.

25 fructidor. — On m'apporta une lettre du général Ney pour le général Colaud. Je crus devoir l'ouvrir et, de suite, je la lui envoyai, en lui annonçant que, comme il le verrait par le contenu de cette lettre, que j'avais jugé à propos de décacheter présumant qu'elle pouvait m'être relative, je ne pouvais me mettre en marche que très tard, puisque le général Ney ne quitterait sa position qu'à midi.

Je demandai au général Colaud de me faire connaître la position que mes troupes devaient occuper, si elles ne devaient pas aller jusqu'à Schwetzingen parce que je pourrais, d'avance, leur désigner leur camp ou quartiers.

Le général de division me fit réponse que j'avais bien fait de décacheter la lettre du général Ney, et que, d'après son contenu, il pensait que je ne pourrais guère partir qu'à 8 heures du soir de Wiesloch; de me rendre au village de Oftersheim avec mes troupes; de leur donner six heures de repos, et [de les] remettre en marche, le lendemain, à 10 heures du matin pour venir occuper le village de Neckarau et les quatre redoutes formant le camp retranché.

Il me prévint que les divisions Leval et Laroche devaient venir occuper, le lendemain matin, la position de Schwetzingen.

Le général Ney étant arrivé et mes postes ayant été relevés, je partis de Wiesloch entre 7 et 8 heures du soir, et je pus prendre position à Oftersheim.

26 fructidor. — Je me mis en marche à 8 heures du matin et, après deux heures de repos à Schwetzingen, je me dirigeai sur Neckarau. A mon arrivée, je reçus l'ordre d'envoyer à Mundenheim, sur la rive gauche du Rhin, mon artillerie légère. Mon infanterie occupa les quatre redoutes du camp retranché de Mannheim. Ma cavalerie fut cantonnée à Neckarau et à Seckenheim.

---

(1) «... Une demi-batterie d'artillerie légère de la 4ᵉ compagnie... » (Ordre de la division Colaud, Wiesloch, 24 fructidor. A. H. G.)

La 27e de ligne entra dans Mannheim et le 16e de cavalerie passa sur la rive gauche du Rhin, et je pris mon quartier à Mannheim avec le général de division.

Je reçus l'ordre de passer le Rhin, le lendemain, à 6 heures, avec les troupes de la division dont chaque corps avait reçu l'ordre de se rendre directement, après son passage, aux camps et cantonnements qui leur avaient été désignés.

27 fructidor. — L'infanterie fut camper à la lisière du bois en arrière de Mutterstadt, la droite vers le chemin de ce village à Spire, et la gauche vers le chemin de Mutterstadt à Neustadt; l'artillerie, au village de Kronau; le 20e, à Schauernheim; le 10e, à Rödersheim; le 23e de cavalerie, qui remplaça le 16e, à Alsheim; et la 60e de ligne, une belle demi-brigade, qui fit partie de la division en remplacement de la 11e légère, campa à la gauche de la 27e.

Le quartier général fut établi à Mutterstadt; mais le général Colaud et moi nous allâmes à Spire.

28 fructidor. — La division fut mise en marche à 6 heures du matin pour venir à Spire, où je reçus l'ordre de prendre le commandement des troupes qui devaient garder la ligne du Rhin, depuis Rheinzabern, inclusivement, jusqu'à Lingenfeld, exclusivement.

Ces troupes, qui furent cantonnées entre Spire et Germersheim, étaient : le 27e de ligne, la 4e compagnie du 3e d'artillerie légère, le 20e de chasseurs, le 10e de cavalerie.

Je devais faire toutes les dispositions que je jugerais convenables pour la sûreté des postes et celle de la ligne que je devais occuper. Je devais aussi faire relever les postes sur la rive du Rhin, tenus par la 1er légère, et diriger cette demi-brigade sur Strasbourg, et envoyer à Landau les postes de cavalerie du 12e que je devais aussi trouver sur cette ligne.

La brigade de gauche, commandée par le chef de la 60e, devait garder le Rhin depuis Lingenfeld jusqu'à Berghausen; et le quartier général de la division devait s'établir à Bellheim.

D'après cet ordre, je déterminai les divers endroits que les troupes de ma brigade devaient occuper, et je leur ordonnai de partir le lendemain matin pour s'y rendre.

29 fructidor. — Le 1ᵉʳ bataillon de la 27ᵉ occupa Rheinzabern; le 2ᵉ, Rülzheim; le 3ᵉ, Germersheim.

Chacun de ces bataillons devait détacher des compagnies pour occuper les villages les plus rapprochés du Rhin, lesquels devaient fournir les postes nécessaires sur le bord du fleuve pour y exercer la surveillance, et ils devaient communiquer respectivement entre eux, à leur droite et à leur gauche, par des patrouilles.

Le 2ᵉ de chasseurs fut cantonné par escadron à Rheinzabern, Leimersheim, Hoerdt et Rülzheim; le 10ᵉ de cavalerie, à Germersheim et Zeiskam.

Chaque escadron des deux régiments devait fournir des patrouilles sur le bord du Rhin pour contribuer à la surveillance.

L'artillerie légère fut placée à Germersheim, Rülzheim et Herxheimweiher. J'établis mon quartier à Rülzheim.

J'annonçai au général Colaud que les troupes allaient être établies sur la ligne, que le service était ordonné, que j'allais m'occuper de la reconnaissance des localités, pour ensuite prendre les mesures qu'elles me prescriraient; et je lui adressai l'état de répartition des troupes.

30 fructidor. — Je mandai au général de division qu'on n'avait trouvé ni infanterie légère, ni cavalerie dans les villages sur les bords du Rhin, depuis Germersheim jusqu'à Rheinzabern; qu'il n'y en avait pas non plus à Jockgrim, où j'étais allé en visitant les localités; et que j'avais envoyé un officier pour s'informer du lieu où se trouvaient les premières troupes qui devaient garder le Rhin à notre droite; que, lorsque j'aurais fini ma reconnaissance de la ligne du Rhin que je devais faire surveiller, je lui ferais part du résultat; qu'en attendant, je l'informais que Germersheim m'avait paru un des points les plus importants, sa situation ne laissant rien à désirer pour opérer un débarquement; et qu'à Leimersheim, il serait à propos d'y faire rétablir une ancienne batterie et de l'armer de deux pièces de canon.

1ᵉʳ jour complémentaire. — En marquant qu'il n'y avait rien de nouveau, je demandai qu'une partie des sapeurs attachés à la division fussent envoyés à Rülzheim où je leur donnerais une destination, pour réparer des ponts et rétablir des passages absolument utiles pour la facilité du service, tous ces objets de communication étant dans un très mauvais état, et même impraticables en divers endroits.

2ᵉ jour complémentaire. — Je donnai l'ordre suivant :

Pour la surveillance et la garde du Rhin par les troupes aux ordres du général de brigade Decaen, dans l'étendue de terrain qu'elles occupent, il a cru nécessaire de diviser ce terrain en deux parties, et d'affecter à cette surveillance deux chefs de bataillon de la 27ᵉ demi-brigade, sous celle immédiate de leur chef de brigade, avec lequel ils correspondront pour tout ce qui est relatif au service; et celui-ci, avec le général de brigade.

La partie droite s'étendra depuis le Vieux Rhin, à son confluent avec le grand courant, à la droite du village de Neupfotz et au delà de l'Otterbach jusqu'à l'île d'Hauwald (1) à la gauche du village de Hoerdt.

La partie gauche, depuis l'île d'Hauwald incluse, jusqu'à Lingenfeld exclusivement, mais compris l'île de Germersheim.

Chaque chef aura, pour ce service, son bataillon, avec un nombre de chasseurs ou cavaliers, soit pour faire des patrouilles sur la rive du fleuve, dans les lieux où il y a possibilité, soit pour être d'ordonnance aux postes éloignés, afin d'avertir plus promptement de ce qui pourrait arriver. Les chefs de bataillon devront dire le nombre d'hommes qu'ils croiront utile d'employer, et le lieu où ils voudront s'en servir, afin qu'il en soit mis à leur disposition.

Le bataillon de droite sera cantonné dans les villages de Neupfotz, Leimersheim, Kuhardt et Hoerdt. Le chef résidera à Leimersheim.

Le bataillon de gauche, à Germersheim et Sondernheim. Le chef se fixera à Germersheim.

D'après cet établissement, le 1ᵉʳ bataillon de la demi-brigade et les grenadiers des deux autres se trouvent en seconde ligne et deviennent disponibles; ils occuperont Rheinzabern, Rülzheim et Bellheim. Le chef sera à Rheinzabern.

Le chef de la demi-brigade et son état-major resteront à Hoerdt. Les chefs de bataillon, pour la partie qu'ils doivent commander, ont dû déjà apprécier, celui de droite, que c'est le point de Leimersheim qui doit particulièrement fixer son attention, vu la facilité qu'il y a d'y opérer des débarquements ; celui de gauche, que c'est aux environs de Germersheim, au delà de Bombel (2), ne négligeant cependant pas de recommander au chef de cantonnement de Sondernheim de bien faire surveiller vers l'île de Hauwald. Si ce chef de bataillon était informé qu'il arrivât quelque chose d'extraordinaire à la brigade de gauche, il ne manquerait pas non

---

(1) Peut-être l'île où se trouve le bras appelé Hundspfot sur le 1/50 000 bavarois, au N.-E. de Hoerdt et au S.-E. de Sondernheim.
(2) Il a été impossible d'identifier ce nom.

plus d'en avertir et de lui porter provisoirement les secours dont il aurait besoin.

Pour mettre de la régularité dans le service qui doit se faire sur la ligne, le général de brigade donne l'instruction suivante :

La surveillance s'exercera plus particulièrement par des patrouilles fréquentes. Ainsi, il y en aura d'établies; elles ne seront chacune que de trois hommes; elles partiront de la droite et de la gauche de chaque partie de commandement pour venir au centre, et du centre aux extrémités, à moins que les chefs de bataillon ne jugent qu'il y aurait une trop grande étendue de terrain à parcourir, ou des difficultés locales; alors, ils les subdiviseront en autant de parties qu'ils le croiront convenable.

Dans chaque poste central, qui devra naturellement être double en force pour son service, il y aura un officier qui sera responsable de la moindre négligence qui serait mise à faire le service.

Il y aura en outre des officiers de visite ou de ronde, au moins deux par bataillon, pour que l'on puisse demeurer assuré que le service se fasse avec exactitude, tant de jour que de nuit.

Il sera bien recommandé aux sentinelles et patrouilles de ne laisser naviguer aucun bateau sur le Rhin; on ne doit y voir que ceux destinés au service.

Dans tous les endroits où il y a des bateaux, ils devront être réunis, et mis sous la surveillance d'une garde. Si, durant le jour, il en arrivait sur la rive, la sentinelle devra crier aux bateliers de s'éloigner, jusqu'à ce que l'officier commandant le poste le plus voisin ait été prévenu, et qu'il l'ait fait reconnaître. Si c'était quelque parlementaire, il serait gardé à l'endroit où il serait abordé; et l'officier commandant ferait prévenir le chef de bataillon.

La nuit, on tirera sur tout bateau qui sera aperçu sur le fleuve.

Il sera recommandé aux sentinelles de bien observer, sur la rive opposée, s'il se fait des mouvements de troupes: si on aperçoit faire ou arriver quelques transports, comme artillerie, bateaux, etc.; si on établit de nouveaux postes; le nombre d'hommes; et, autant que possible, quel est leur uniforme; s'il se fait des changements de troupes aux postes ennemis; si on aperçoit quelques reconnaissances. Enfin il ne doit rien échapper à la surveillance.

Il sera fait un rapport par les postes, tous les soirs après la fin du jour, de ce qu'on aura eu de nouveau dans la journée; et le matin, à la naissance du jour, de ce qu'il y aura eu de nouveau pendant la nuit, à moins qu'il n'arrivât quelque chose d'importance, car on en préviendrait de suite le chef de bataillon.

Jusqu'à nouvel ordre, le général de brigade devra recevoir à 9 heures du matin les rapports de ce qu'il y aura eu de nouveau dans les vingt-quatre heures.

Au surplus, le général de brigade recommande tout ce qui est prescrit pour le service dans le règlement à cet égard. Il aime à se persuader que chacun, dans son grade, s'empressera de l'exécuter, comme ce qui est relatif à la tenue des troupes et à leur instruction, pendant qu'elles vont avoir quelque temps de station, et qu'il y a encore quelques jours de belle saison.

Le chef de brigade pourra faire alterner les troupes qui ne font pas de service avec celles qui en font un pénible sur le Rhin, quand il le jugera convenable. Il aura soin de me prévenir des changements.

Les commandants des cantonnements tiendront la main pour qu'on ne voie aucun soldat aller à la chasse, et qu'on n'entende point continuellement des coups de fusil. Ils préviendront aussi les agents des communes d'avertir leurs concitoyens que cet amusement ne peut être permis, et que ceux qui se trouveront avoir passé cette défense seront arrêtés et conduits au quartier général pour être punis suivant que les lois l'ordonnent.

Comme il existe des communications difficiles qui, par conséquent, empêchent la célérité du service, les chefs de bataillon demanderont, dans les communes le plus à proximité, de faire, sans délai, rétablir leurs communications.

On devra aussi apporter la plus grande surveillance pour que les cartouches soient ménagées avec soin.

Enfin, le général Decaen réitère ses recommandations pour le respect qu'on doit aux personnes et aux propriétés.

3e *jour complémentaire*. — J'annonçai au général de division que l'officier envoyé pour s'assurer s'il y avait des troupes à notre droite était allé jusqu'à Lauterbourg et qu'il n'en avait trouvé aucune ; qu'il m'avait adressé des certificats de plusieurs communes des bords du Rhin qui attestaient qu'on n'avait vu aucun mouvement de l'ennemi ; et que, de l'autre côté du Rhin, des paysans montaient la garde devant Hagenbach.

Le général Colaud me manda que le chef de l'état-major de l'armée venant de lui prescrire, de la part du général en chef, de faire pousser, le long du Rhin, vers Lauterbourg, de fréquentes reconnaissances, je devais ordonner de suite que cet ordre fût ponctuellement exécuté ; que le quartier général de l'armée était à Landau, et que, vu les circonstances, il était nécessaire que mon quartier général fût établi à Hoerdt.

Vers les 2 heures après midi, je fus fort étonné d'entendre une canonnade se prolonger du côté de Landau. Je ne savais à quoi l'attribuer, car, si l'ennemi avait passé le Rhin et se fût avancé vers cette place, on en aurait eu un avis quelconque. J'envoyai aussitôt un officier auprès du général Colaud, pour lui demander s'il avait eu quelques nouvelles et ses ordres, et je fis prendre les armes aux troupes.

Je ne tardai pas à recevoir une lettre de ce général, dans laquelle il me disait :

Le canon continue de tirer du côté de Landau ; je pense que l'ennemi a passé le Rhin à Selz. Tenez-vous prêt à faire un mouvement.

Je n'ai point reçu d'ordres du général en chef, ni aucun avis du général Delaborde (1). J'ai envoyé à Landau et j'attends le retour de l'ordonnance.

Une heure après avoir reçu cette lettre, il m'en fut apporté une autre du général Colaud. Il me mandait de faire rentrer mes troupes, que l'explosion qu'on entendait provenait d'un parc qui avait sauté dans la citadelle de Landau et que, de temps en temps, il éclatait encore des bombes, ce qu'on prendrait pour des coups de canon.

4ᵉ jour complémentaire. — Rien de nouveau.

5ᵉ jour complémentaire. — Le général de division me prévint que, le général en chef l'ayant fait demander, il allait se rendre à Landau. Il me recommanda de continuer les reconnaissances, et il me dit que le commandant de Selz l'avait fait prévenir que les Autrichiens avaient fait doubler leurs postes dans cette partie.

A son retour, le général Colaud m'écrivit :

Je viens de recevoir l'ordre, mon cher général, de me rendre à Strasbourg, pour y prendre le commandement supérieur de cette place et de la division en avant de Kehl, le général Legrand (2) se rendant à Metz pour cause de maladie.

J'ai demandé au général en chef que vous soyez employé dans cette divi-

---

(1) Delaborde (Henry-François), né le 21 décembre 1764, à Dijon; soldat, le 27 mars 1783; caporal, le 3 septembre 1788; lieutenant au 1ᵉʳ bataillon de la Côte-d'Or, le 30 août 1791; chef de ce bataillon, le 19 juillet 1792; général de brigade, le 11 septembre 1793; général de division, le 22 vendémiaire an II; employé à l'armée d'Espagne, le 9 novembre 1808; à la Grande Armée, le 6 février 1812; prévenu de haute trahison, le 24 juillet 1815; retraité le 5 janvier 1820. (A. A. G.)

(2) Legrand (Claude-Juste-Alexandre), né le 29 février 1762, au Plessier (Oise); soldat, le 16 mars 1777; sergent, le 1ᵉʳ janvier 1782; chef de bataillon à Metz, dans la garde nationale; général de brigade, le 20 septembre 1793; général de division, le 1ᵉʳ floréal an VII; commandant la 3ᵉ division du 4ᵉ corps de la Grande Armée en l'an XIV; au corps d'observation de l'Elbe, le 25 décembre 1811; mort à Paris, le 9 janvier 1815. (A. A. G.)

sion. Il me l'a accordé. Vous trouverez ci-joint l'ordre pour vous rendre à Strasbourg. Si, cependant, ce départ était contraire à vos vues, veuillez bien me renvoyer l'ordre, et je changerai le nom, y étant autorisé par le général en chef. Je serais cependant charmé que nous servions ensemble... Si vous pouvez venir demain matin, nous causerons ensemble de différents objets.

Salut et amitié.

Signé : COLAUD.

1ᵉʳ vendémiaire an VIII. — Je fus, dès le lendemain matin, à Bellheim, voir le général Colaud qui m'apprit que le prince Charles était effectivement à la tête du corps d'armée qui s'était avancé contre le nôtre, dont les autres divisions avaient aussi repassé le Rhin, excepté la division Laroche qui avait soutenu un vigoureux combat, à Neckarau et autour de Mannheim, dans lequel il y avait eu, des deux côtés, un assez grand nombre d'hommes tués et blessés ; que les Autrichiens, après avoir forcé Neckarau, avaient manœuvré sur leur droite, entre le Neckar, Mannheim et le Rhin ; qu'ils étaient arrivés juqu'au pont ; qu'on s'était trouvé dans la nécessité de le faire rompre et d'en laisser une partie à l'ennemi ; enfin que Mannheim, le général Laroche et ses troupes étaient aussi tombés en son pouvoir.

On aurait certainement évité un tel échec, si on n'avait pas voulu conserver Mannheim et son camp retranché en n'y laissant qu'une faible division.

Mannheim n'était point en état de défense. Il n'y avait pas une seule pièce de canon sur ses remparts. Ce qu'on appelait le camp retranché n'était autre chose que quatre redoutes qui n'étaient point liées entre elles, et qui n'étaient point armées de grosse artillerie. On avait aussi voulu occuper le village de Neckarau : la tête de ce village est à une lieue de Mannheim. On y avait placé une demi-brigade qui aurait pu faire sa retraite sur la ville si l'ennemi, en forces majeures, ne l'eût point attaquée sur divers points à la fois et surtout pour lui ôter tous les moyens de se retirer sur la place ou sous la protection des redoutes de la droite du camp ; à quoi ayant réussi, le général Laroche se trouva dans une position très difficile.

Sans doute que le général en chef, en se décidant à laisser une division pour conserver Mannheim, s'était persuadé que le prince

Charles se contenterait de nous avoir obligés de lever le blocus de Philippsburg; et qu'il se bornerait, après nous avoir fait rétrograder sous Mannheim, à ne laisser devant nous qu'un corps d'observation.

Il est probable que le prince Charles n'aurait pas entrepris d'en faire davantage si le général Muller, au lieu de ne laisser qu'une faible division sur la rive droite du Rhin, y était resté avec toute son armée, bien établi dans le camp retranché, ayant surtout un pont derrière Neckarau, les redoutes bien armées et seulement quelques pièces d'artillerie dans les bastions de Mannheim; parce qu'en présentant de pareils moyens de défense, le prince Charles, avec toute la supériorité numérique de son armée, quoiqu'elle fût enthousiasmée de ses succès depuis le commencement de la campagne et, en outre, irritée de la destruction qu'on venait de commettre à Philippsburg, ce prince ne se serait sans doute pas décidé à nous attaquer, attendu qu'il aurait aperçu, dans cette entreprise, trop peu de chances pour la réussite; tandis que, de notre côté, nous aurions pu nous flatter de repousser vigoureusement ses attaques et de faire éprouver de grandes pertes à l'armée autrichienne; car, certainement, nos troupes n'auraient pas combattu avec moins de courage et de valeur que le petit nombre qui avait succombé, et qu'on n'avait indubitablement attaqué que parce qu'on avait jugé impossible qu'il pût faire une aussi opiniâtre résistance.

J'ignore quelles pouvaient être les instructions données par le gouvernement au général Muller relativement à la conservation de Mannheim, dans le cas où l'incursion qu'il devait faire sur la droite du Rhin et le blocus de Philippsburg déterminaient le prince Charles à venir au secours de cette place; puisqu'en diminuant les forces opposées au général Masséna en Helvétie, il lui facilitait de pouvoir reprendre l'offensive.

Mais dès que le mouvement exécuté par Mannheim avait produit un effet même au delà de ce qu'on devait attendre, puisque le prince Charles était venu lui-même, en toute hâte, avec une grande partie de son armée au secours de Philippsburg, le général Muller n'aurait-il pas dû, si ses instructions lui prescrivaient de garder Mannheim, prendre d'autres dispositions pour le conserver que d'y laisser une faible division, étant surtout informé des forces majeures qui s'avançaient? Si, au contraire, il devait faire à l'égard de cette place ce qu'il jugerait convenable en raison des circonstances, alors, dès qu'il ne voulait pas y rester avec son armée, dans la crainte d'un événement défavorable en cas d'attaque, il aurait beaucoup mieux valu, plutôt que d'y laisser une faible division qui ne pouvait qu'être compromise, ne faire rester aucune troupe sur la droite du Rhin, à Mannheim : puisque nous avions encore Kehl devant Strasbourg et Kastel devant Mayence, points par lesquels nous pouvions facilement repasser le Rhin pour obliger le prince Charles à ne pas retourner avec toutes ses forces contre le général Masséna et, s'il y retournait, alors rétablir le pont de Mannheim, ou bien revenir sur cette ville en passant à Mayence et en remontant le Rhin.

On perdit donc Mannheim et, ce qu'il y eut de plus fâcheux, trois à quatre mille hommes fort inutilement puisque, lors de ce fatal événement, le but qu'on s'était proposé était rempli à souhait.

Au reste, dès le commencement et pendant cette courte campagne, j'avais remarqué beaucoup d'incertitude, et que tout s'était fait sans impulsion et avec fort peu d'ensemble.

Car, au lieu de tâtonner comme on l'avait fait, il me semblait qu'on aurait dû, aussitôt après avoir passé le Rhin, faire rapidement plusieurs marches pour s'avancer dans le pays avec un corps de neuf à dix mille hommes réunis, masquer seulement Philippsburg avec quelques troupes, et même s'en dispenser, puisqu'on ne pouvait pas s'attendre que cette place ouvrirait ses portes sur des sommations, et qu'on n'avait d'autres intentions que de la bloquer sur la rive droite; bombardement qui n'avait encore commencé que quand on avait déjà des nouvelles que l'armée autrichienne s'avançait sur nous avec célérité. Cette marche précipitée du prince fournit au général Masséna l'occasion de passer la Limmat, de battre les Russes, et ensuite de forcer Souvorof à rétrograder sur l'Italie.

2 vendémiaire. — A mon arrivée à Strasbourg, le général Colaud me donna l'ordre de prendre de suite le commandement des ouvrages de gauche, en avant de Kehl, etc...

3 vendémiaire. — Je me rendis à mon poste. Je connaissais bien les localités dépendantes de mon commandement, ayant été un des généraux de brigade qui avaient défendu Kehl, en l'an V, lorsqu'il fut assiégé par le prince Charles.

Pendant ma résidence à ce poste, où je fus occupé de ce qui était relatif au service pour la surveillance ainsi que de faire activer les travaux de défense, je n'eus que deux petites affaires avec l'ennemi.

L'une (1), le 13 vendémiaire, en faisant une reconnaissance sur le village d'Auenheim. (Le général Colaud m'avait informé, la veille, que le prince Charles était retourné vers la Suisse avec une grande partie de son armée, qui s'était mise en marche, des environs de Mannheim, le 7, et que le prince avait passé par Offenburg.)

Je rendis le compte suivant de la reconnaissance que j'avais faite, au général Souham, auquel le général Colaud avait donné, le 3, le commandement de la division de Kehl :

Conformément à votre ordre d'hier, mon général, les troupes sont arrivées à Auenheim à la pointe du jour, et n'ont point éprouvé de résistance pour y entrer. Un poste ennemi, infanterie et cavalerie, d'environ cent hommes, après une petite fusillade, a évacué le village. Nos tirailleurs ont repoussé l'ennemi, à la faveur d'une digue, jusqu'au village de Leutesheim. J'ai, en tout, reconnu environ cent cinquante chevaux et cinquante hommes d'infanterie. Il m'aurait fallu un plus grand nombre de cavalerie pour pousser ma reconnaissance plus loin dans cette partie. Le chef d'escadrons Levrault, du 6ᵉ de dragons, que j'avais chargé de flanquer ma droite et d'éclairer la route de Rastatt après s'être emparé du moulin de Bodersweier (2), a poussé une reconnaissance vers Querbach et s'était déjà avancé jusqu'au ruisseau le plus près de ce village, dont l'ennemi avait coupé le pont, lorsque j'ai reçu l'ordre du général Colaud de faire ma retraite, ce qui a été de suite fait dans le meilleur ordre.

---

(1) « Je reçois en ce moment, mon cher général, un ordre du général Ney qui me prescrit de faire enlever le détachement ennemi établi à Auenheim par un corps de deux mille hommes commandé par le général Decaen. Cette opération doit avoir lieu le 13 courant à la pointe du jour. Pour mieux vous mettre à même d'en juger, je vous envoie copie de sa lettre.

« Je vous préviens que je donne ordre au général Désenfans de se porter à 2 heures du matin, le même jour 13, à Kehl avec cinq cents conscrits armés, tirés de la garnison de la citadelle de Strasbourg, pour remplacer le général Decaen pendant son expédition.

« Ce général devra rentrer le même jour à Kehl, c'est-à-dire aussitôt après son opération terminée...

« Je n'ai pas besoin de vous dire qu'il faudra, à la même heure, chasser l'ennemi du village de Neumühl et établir un petit corps sur la chaussée entre Auenheim et Querbach pour protéger la retraite de nos troupes... » (Colaud à Souham, Strasbourg, 11 vendémiaire an VII. A. H. G.).

(2 Peut-être l'Auenheimer Mühle, à 1 300 mètres environ au sud-est de Auenheim et à 1 800 mètres au sud-ouest de Bodersweier.

On a tiré plusieurs coups de canon, tant de l'artillerie légère que j'avais à ma disposition que de l'île d'Auenheim où j'ai une pièce de 4, sur des pelotons de hussards qui s'avançaient sur les tirailleurs.

La 9ᵉ légère, dont je suis fort content, et particulièrement du chef de bataillon, a eu un officier blessé mortellement et vingt chasseurs blessés ; la 101ᵉ, un homme ; les dragons ont eu plusieurs hommes et plusieurs chevaux blessés ; dans le nombre de ces derniers, celui du chef d'escadrons Levrault.

L'ennemi a détruit presque en totalité les fortifications d'Auenheim. Ce matin, il devait encore y arriver des paysans pour travailler. Hier, il y en avait deux mille.

On a fait un hussard de Blankenstein prisonnier, mais il ne m'a pas été conduit. Je n'ai vu devant moi que de ces hussards et de l'infanterie esclavonne, et tout au plus quatre cents hommes ont paru.

L'autre affaire eut lieu le 11 brumaire. Le général Colaud m'avait mandé, la veille, que le général en chef Lecourbe, qui avait remplacé le général Muller, lui avait ordonné de pousser une reconnaissance en avant de Kehl et qu'il m'adressait une instruction à ce sujet. Je fis mes dispositions en conséquence et, le lendemain, j'adressai au général Colaud le rapport ci-après :

Le mouvement que vous m'avez ordonné a été exécuté selon vos ordres, mon général.

Le village de Neumühl a été occupé au point du jour. Vous savez que j'avais peu de cavalerie, mais les vingt-cinq dragons, commandés par le capitaine Leloup, ont suppléé au nombre. L'audace qu'ils ont mise pour entrer dans le village avec la compagnie de carabiniers de la 9ᵉ leur en ont bientôt assuré la possession. On a fait une trentaine de prisonniers, dont un officier. Avec plus de cavalerie, je me serais engagé à pousser au premier moment jusqu'à Kork ; mais comme, d'un autre côté, vos instructions, à la suite du rapport que je vous fis hier soir, qui, d'après ce qui s'est passé, doit être jugé réel (1), m'ont décidé à me poster pour seulement inquiéter l'ennemi de manière à ce qu'il fasse apercevoir s'il avait des moyens à m'opposer.

L'ennemi, profitant de la tête du village de Kork et de la lisière des bois qui sont à la droite et à la gauche de ce village, s'est borné, jusqu'à 8 heures, à faire quelques tentatives sur mes tirailleurs, sans doute pour m'obliger à lui faire connaître mes intentions.

Le peu de troupes que j'avais avancées, soutenues par un obusier, ont cependant nécessité l'ennemi de faire usage d'une pièce de 3. Enfin, entre 9 et 10 heures, il a augmenté ses forces et il a mis trois bouches à feu en batterie.

(1) « J'avais informé que les forces de l'ennemi étaient très augmentées. » (Note de Decaen.)

J'ai lutté avec succès contre lui, me tenant alors sur la défensive et m'opposant, à l'aide d'une pièce d'artillerie, aux tentatives qu'il a faites par des attaques assez vigoureuses, surtout sur Neumühl, tantôt de front, tantôt sur mes flancs, jusqu'à midi et demie. Les troupes de la droite, ayant fait leur mouvement pour rentrer et ayant eu une pièce démontée, cinq canonniers tués et blessés, plus une centaine d'hommes, j'ai fait mon mouvement rétrograde.

Mais il m'est arrivé un événement désagréable : l'officier que j'avais chargé de faire une fausse attaque sur Auenheim, auquel j'avais donné des instructions qui, suivies, l'auraient préservé d'être lui-même prisonnier, s'étant laissé entraîner par son courage et celui des troupes à ses ordres, après s'être emparé d'Auenheim, sans avoir la précaution qu'on doit avoir en pareil cas, a réuni à son sort quatre-vingt-trois hommes. Douze hommes des deux compagnies conduites par ce capitaine ont su éviter la captivité. Après s'être battus avec beaucoup de bravoure, ils sont parvenus à s'embarquer sur un bateau qui était au bord de la Kinzig. Mus du même sentiment, ils devaient s'attendre au même bonheur. Mais un d'entre eux a été tué avant d'arriver à l'autre rive.

Ces braves n'ayant aucun moyen pour diriger leur barque, quelques-uns se sont aidés de la crosse de leurs fusils, tandis que deux, les citoyens Lacombe, caporal, et Poisson, fusilier, l'un et l'autre de la 5ᵉ compagnie du 3ᵉ bataillon de la 101ᵉ, ont entrepris de sauver leurs camarades en se jetant audacieusement à la nage et manœuvrant habilement le bateau, malgré un feu très vif de l'ennemi.

Poisson, en faisant cet acte d'intrépidité, ayant été frappé d'une balle à la main, a encore eu le courage de continuer son entreprise. Le chef de brigade Cardenau (1), auquel je me joins, demande que ces deux intrépides soldats soient promus l'un, au grade de sergent, et l'autre, à celui de caporal, d'autant plus qu'ils ont d'autres bonnes qualités.

Je me loue beaucoup du zèle des officiers, de la bonne volonté et du courage des soldats que j'avais à mes ordres. Les canonniers ont aussi bien fait leur devoir.

Mais, mon général, le résumé de notre perte dans cette reconnaissance est, pour moi, de cent soixante-dix-neuf hommes tués, blessés ou prisonniers, dont deux officiers, et onze chevaux, dont deux d'officiers.

Le capitaine de carabiniers du 3ᵉ bataillon de la 9ᵉ légère a eu un cheval tué sous lui. Il appartenait au chef de bataillon.

La perte de l'ennemi a dû être au moins proportionnée. Les prisonniers qui ont été faits sur lui ayant été de suite conduits à Strasbourg, je n'ai pu avoir de renseignements sur ses forces.

(1) Cardenau (Augustin), né à Dax, le 3 août 1766, devint général de brigade le 1ᵉʳ mars 1807. (A. A. G.)

CHAPITRE III

Decaen passe à la division Legrand. — Les événements du 18 brumaire. — Decaen à Mannheim. — Lecourbe annonce le 18 brumaire à ses officiers. — Decaen commande provisoirement la 2ᵉ division. — Ordres de Lecourbe. — Retraite des Autrichiens. — Decaen pousse sur Bruchsal. — Succès du général Delaborde. — La 2ᵉ division établie de Münzesheim à Menzingen. — Les Autrichiens à Weingarten. — Instructions de Decaen à la 2ᵉ division en cas d'attaque. — Decaen presse Lecourbe de donner des ordres. — Il fait prêter serment à la 2ᵉ division. — Le 3ᵉ hussards surpris. — Decaen veut quitter le commandement de la 2ᵉ division. — Observations au général Roussel.

18 brumaire. — Je restai à Kehl jusqu'au 18 brumaire, que je reçus un ordre du général en chef Lecourbe de me rendre à la 2ᵉ division mobile commandée par le général de division Legrand pour y être employé dans mon grade.

19 brumaire. — Étant allé, le matin, pour voir le général Colaud avant mon départ, il m'apprit que le télégraphe venait d'annoncer que le Directoire n'existait plus, que Bonaparte, avec deux autres consuls, était à la tête du gouvernement, que Paris était très tranquille, et que le général Moreau commandait au Luxembourg. Le général Colaud me demanda si je voulais me charger de sa dépêche pour le général en chef. Je l'acceptai. Je montai des chevaux de la correspondance. Arrivé le lendemain, vers midi, au quartier général à Mannheim, je remis cette dépêche au général en chef qui fut aussi fort surpris de la nouvelle qu'elle lui apprenait.

Étant ensuite rentré dans un appartement où se trouvaient plusieurs officiers généraux et d'état-major, on me demanda ce qu'il y avait de nouveau à Strasbourg. Voulant laisser au général en chef d'apprendre lui-même la nouvelle que je lui avais apportée, je dis qu'il n'y avait rien d'extraordinaire. Mais j'ajoutai que, pendant la nuit qui avait précédé mon départ, j'avais fait le singulier rêve que le Directoire n'existait plus, et que c'était le général Bonaparte qui gouvernait la République. Alors le général Lacombe Saint-Michel (1), commandant l'artillerie, m'observa qu'il ne fallait pas dire pareilles choses. Je lui répliquai : « Mais si cela était vrai, qu'en diriez-vous donc? » Dans cet instant, le général Lecourbe parut et annonça la nouvelle. Celui dont la physionomie marqua le plus grand étonnement, ce fut le général Lacombe Saint-Michel qui, malgré la lettre dont il venait d'entendre la lecture, ne pouvait pas se persuader qu'un tel événement fût arrivé. Chacun alors dit son mot et fit ses réflexions, mais sans manifester une grande satisfaction ni un grand mécontentement, excepté néanmoins le général Lacombe Saint-Michel qui ne put pas s'empêcher de s'exprimer de manière à faire juger que le changement annoncé ne lui faisait pas plaisir.

Je restai à Mannheim en attendant que mes chevaux et mes équipages fussent arrivés.

22 brumaire. — Le général en chef me donna l'ordre de prendre provisoirement le commandement de la 2ᵉ division dont le quartier général était à Walldorf où je me rendis le lendemain.

23 brumaire. — Je reçus du général Lecourbe l'ordre ci-après :

Mannheim, le 23 brumaire.

Lecourbe, général en chef, au général Decaen, commandant la 2ᵉ division.

Vous ferez vos dispositions, citoyen général, pour attaquer l'ennemi le 25 au matin sur votre front.

Vous ferez porter une forte colonne, infanterie, cavalerie et artillerie, par Odenheim sur Gochsheim, afin de tourner Bruchsal et menacer Bretten.

Le restant de vos troupes se portera sur Bruchsal, par la Bergstrasse, Kronau et Weiher ; de ce dernier lieu, vous dirigerez une colonne sur Hambrücken pour vous lier avec les troupes du général Delaborde.

(1) Lacombe Saint-Michel (Jean-Pierre), né le 5 mai 1751 à Saint-Michel (Tarn); entré au service au corps de l'artillerie, le 18 mai 1765; lieutenant, le 6 juin 1767; capitaine, le 3 juin 1779; chef de bataillon, le 1ᵉʳ novembre 1792; général de brigade, le 27 brumaire an II; général de division, le 25 pluviôse an VI; commandant à Barcelone, le 20 février 1810; mort, le 27 janvier 1812. (A. A. G.)

Après avoir pris Bruchsal, vous prendrez position en avant de cette ville, occupant Odenheim ou Gochsheim, s'il est possible, par votre gauche.

Le général Ney remontera le même jour l'Elsenz sur Eppingen, du moins à Menzingen. Vous aurez soin de vous lier avec lui par votre gauche.

Vous essaierez de pousser en avant de vous sur la route de Durlach jusqu'à Weingarten, du moins à Obergrombach.

Le général Delaborde devra occuper Graben.

Une réserve de cavalerie et d'artillerie suivra votre colonne de droite. Cette réserve pourra s'établir à Ubstadt et Bruchsal.

Vous devez attendre le plus grand succès de votre colonne de gauche qui doit tourner la position de Bruchsal.

Un bataillon de la 12e légère se rendra demain matin à votre division; vous en disposerez.

Je me trouverai, le matin 25, sur la ligne, à Walldorf, Waghäusel ou Bruchsal. Tenez-moi instruit de vos mouvements et de vos progrès et soyez lié avec les troupes de votre droite et de votre gauche.

Signé : Lecourbe.

24 brumaire. — Après avoir pris connaissance de cet ordre, j'adressai au général en chef les observations suivantes :

Les dispositions que vous me prescrivez pour le mouvement que vous avez ordonné par votre lettre d'hier, mon général, m'obligent de faire marcher la division sur trois colonnes.

Je vous prie d'observer qu'elles seront alors bien faibles pour pouvoir arriver au but que vous vous proposez, d'autant plus que ma colonne de gauche se trouvant, faut-il dire? livrée à elle-même, je suis obligé de la composer de manière qu'elle ne puisse être compromise, attendu les lacunes qui se trouveront sur ses flancs, quelques précautions qui soient prises. Ne pourriez-vous pas augmenter ma cavalerie de deux à trois cents chevaux, afin que je puisse fixer leur emploi dans mes dispositions premières?

J'aurais aussi à vous demander que la réserve, que vous m'annoncez devoir suivre ma colonne de droite, suive plutôt les mouvements de celle du centre; je crois qu'elle pourrait être plutôt utile, attendu que je serais à même de pouvoir, au besoin, détacher de cette colonne pour favoriser les opérations de celle qui se dirigera sur Gochsheim.

Ma colonne de droite se trouvant fortement soutenue par la division du général Delaborde, je ne la considère que comme flanquant les deux divisions; et d'un autre côté, de mon centre, je pourrais au besoin lui partager de mes moyens.

J'ai encore à vous ajouter que, puisque le général Delaborde doit se diriger sur Graben, il lui sera bien plus aisé de détacher sur Hambrücken, que moi de Weiher puisque, me portant encore en avant de ce dernier endroit, s'il n'y a pas d'obstacles, le détachement que je ferais sur Hambrücken se trouverait rester en arrière ; au lieu qu'arrivé à Weiher, le chef de colonne continuerait sa marche sur Bruchsal.

Veuillez, mon général, me répondre si vous accédez à quelques-unes des demandes que je vous fais.

Le général Delaborde m'annonça l'envoi du bataillon de la 12e, selon l'ordre qu'il en avait reçu du général en chef, et il m'annonça qu'à 6 heures du matin sa division attaquerait l'ennemi sur tout son front et qu'il était à désirer que mon attaque commençât à 5 heures et demie.

Le général Ney m'écrivit qu'il comptait s'emparer le lendemain d'Eppingen, d'où il m'informerait de sa position définitive; que je serais probablement à Bruchsal et lui, à Hilsbach; qu'il enverrait des partis sur ma direction pendant l'action pour communiquer avec ma gauche, et qu'il m'engageait à en faire autant de mon côté. Je le remerciai de son avis, et je l'assurai que je ferais ce qu'il désirait.

En attendant la réponse du général en chef, je donnai l'instruction ci-après pour l'exécution de l'ordre qui m'avait été adressé :

La 2e division se mettra en mouvement le 25 brumaire.

La brigade de droite, aux ordres du général Roussel (1), sera composée de six compagnies de la 12e d'infanterie légère, de la 65e demi-brigade, du 2e bataillon de la 29e, de deux escadrons du 3e de hussards, de deux escadrons du 20e de chasseurs, de trois pièces d'artillerie légère, d'une de 4, et de vingt sapeurs.

Cette brigade s'avancera sur deux colonnes, celle de droite composée de deux compagnies d'infanterie légère, d'un bataillon de la 65e, d'un escadron de chasseurs, d'une pièce de quatre et quelques sapeurs.

Cette colonne sera formée près du village de Roth, et dirigée sur Kronau. Son but sera, en poussant les partis qu'elle aura devant elle, de flanquer la colonne à sa gauche et la division de droite. Elle suivra donc progressivement les mouvements des troupes sur ses flancs et particulièrement à sa gauche, prenant la direction de Bruchsal, par Weiher et Forst, pour arriver à Bruchsal par la porte de Graben, si elle ne peut pas parvenir à le tourner, pour s'établir sur le chemin de Durlach.

L'autre colonne, formée du surplus de la brigade, sera rassemblée en

---

(1) Roussel (François-Xavier), né le 3 décembre 1770, à Charmes (Vosges); dragon, le 1er mai 1789; capitaine au 1er bataillon de la Meurthe, le 14 août 1792; lieutenant-colonel, le 5 mars 1793; chef de brigade, le 3 floréal an V; général de brigade, le 12 fructidor an VII; chef de l'état-major du maréchal Lannes, le 18 fructidor an XIII; général de division, le 26 janvier 1807; tué d'un boulet à la bataille d'Heilberg, en Prusse, le 10 juin 1807. (A. A. G.)

avant de Wiesloch pour, après, se diriger sur Bruchsal par la grande chaussée.

La brigade de gauche, commandée par le général Lacoste, sera formée de trois compagnies d'infanterie légère de la 12e demi-brigade, des 1er et 2e bataillons de la 29e demi-brigade, de deux escadrons de hussards, de deux escadrons du 20e de chasseurs, de trois pièces d'artillerie légère et quinze sapeurs.

Cette brigade sera formée à la gauche de la route de Wiesloch à Bruchsal pour ensuite être dirigée sur Gochsheim par Rauenberg, Malsch, Rettigheim, Oestringen et Odenheim.

Le général Lacoste ne négligera pas de se lier par des partis avec la division du général Ney qui marchera à sa gauche dans la direction d'Eppingen et, à sa droite, avec la brigade du général Roussel qui suivra la route de Bruchsal. Toutes ces colonnes se mettront en mouvement de sorte qu'à la naissance du jour, tous les avants-postes de l'ennemi soient attaqués vigoureusement et culbutés.

Chaque colonne, suivant la direction qui lui a été indiquée, mettra dans sa marche tout l'ordre convenable, de sorte que, si l'ennemi se présente pour s'opposer au mouvement ordonné, il puisse être combattu avec avantage.

Si les succès répondent aux efforts qu'il conviendra de faire, la division prendra position, la brigade de droite en avant de Bruchsal, vers Durlach, poussant ses avant-postes jusqu'à Weingarten, s'il est possible.

La brigade de gauche, si elle réussit à forcer l'ennemi jusqu'à Odenheim prendrait alors sa position entre ce village et Gochsheim, ayant un part sur ce dernier endroit, la droite vers Bruchsal et sa gauche se dirigeant sur Eppingen, si la division du général Ney y est parvenue; autrement, vers Menzingen.

Si la résistance de l'ennemi ou la nuit ne permettaient pas à cette brigade de prendre cet établissement, elle prendrait position en arrière d'Odenheim, la droite et la gauche dans les directions sus-indiquées. Au surplus, le général Decaen suivra les mouvements de la colonne du centre. Les généraux Roussel et Lacoste voudront bien l'instruire du résultat de leurs opérations, et il donnera les instructions que les circonstances imprévues pourront nécessiter.

Le chef de l'état-major donnera les ordres nécessaires pour que les ambulances soient prévenues et réparties, et aussi pour que le parc, les administrations, etc., suivent le mouvement de la colonne du centre.

Les équipages ne devront suivre qu'à une distance d'une heure de chemin; ils seront escortés convenablement. Les colonnes seront suivies d'une réserve de munitions proportionnée à leur force.

Les généraux Lacoste et Roussel voudront bien, en faisant leur rapport de la journée, indiquer leur quartier au général Decaen, qui aura le sien à Bruchsal, si rien ne s'y oppose.

Je recommande bien qu'on emploie tous les moyens possibles pour que le pillage, qui est une des causes participant aux insuccès et excite l'animadversion des malheureux chez lesquels nous portons le fléau de la guerre, soit réprimé sévèrement.

25 brumaire. — Toute ma division se mit en marche au point du jour. Tous les postes ennemis qu'elle avait devant elle se replièrent à l'approche des avant-gardes, et sans opposer de résistance. Je continuai de marcher en suivant l'ennemi sur la route de Bruchsal jusqu'à Langenbrücken. Mes colonnes de droite et de gauche ne trouvèrent pas non plus d'opposition sur leurs directions. On entendait le canon et la fusillade à la division du général Delaborde.

Après avoir passé Langenbrücken, mon avant-garde aperçut une centaine d'hommes d'infanterie et, en avant d'elle, environ quatre cents hulans et hussards, rassemblés sur la hauteur à la gauche de la route de Bruchsal, entre Langenbrücken et Ubstadt, ayant seulement quelques tirailleurs devant eux : mais ils se hâtèrent de faire leur retraite dès qu'ils virent s'avancer des troupes pour les attaquer, et que ces troupes étaient soutenues par deux escadrons de carabiniers que j'avais demandés au général d'Hautpoul, qui suivait mon mouvement avec une partie de sa réserve, ainsi que je l'avais proposé au général en chef. L'autre partie de la réserve avait suivi la division Delaborde. Je fis poursuivre l'ennemi ; mais on ne put l'atteindre, ce qui, cependant, facilita la marche de ma colonne de gauche. Celle de droite avait continué de se trouver à ma hauteur; et la direction du feu, que l'on entendait toujours à la division Delaborde, indiquait qu'elle s'avançait.

Je continuai d'avancer sur Bruchsal, ne voyant devant moi qu'une centaine d'hommes de cavalerie qui se bornaient à observer et qui se retiraient successivement de position en position à notre approche.

Les têtes de mes colonnes du centre et de la droite entrèrent dans cette ville entre une heure et 2 heures après midi. Je fis alors diriger une avant-garde sur Grombach, et je fis prendre position à mes troupes (1).

(1) «... La 2ᵉ (division), commandée par le général Decaen, a attaqué sur Roth avec un succès égal et s'est portée avec rapidité, la brigade de droite par Mingolsheim sur Ubstadt. Prévoyant les difficultés qu'aurait à vaincre cette colonne pour enlever les belles positions que devait occuper l'ennemi sur les hauteurs en avant de ce village, avec sa nombreuse cavalerie, le général en chef se porta avec rapidité de Waghäusel, avec les

Le général Lacoste m'informa qu'il était arrivé à 2. h. 30 après midi devant Gochsheim, qu'il allait y envoyer un escadron à la découverte, soupçonnant que l'ennemi l'occupait, qu'il bivouaquait adossé à un bois, ayant Gochsheim devant lui, à trois quarts de lieue, et qu'il tâcherait de s'établir à Münzesheim, entre Gochsheim et Bruchsal.

Le général en chef étant arrivé à Bruchsal, je lui fis le rapport verbal de ce qui s'était passé à ma division en exécutant ses ordres.

Il m'apprit que le général Delaborde avait enlevé à l'ennemi quatre pièces de canon et fait quelques centaines de prisonniers qui voulaient faire leur retraite dans Philippsburg.

Je reçus dans la soirée un nouveau rapport du général Lacoste. Il m'annonçait qu'il était en face de Gochsheim, qu'il n'avait point occupé parce que l'on y arrive par un défilé qu'il faut laisser derrière soi; qu'il n'occupait pas non plus Münzesheim, mais qu'il était un peu en arrière, au bivouac, près d'un bois, et occupant une assez belle position, ayant Odenheim à une grande lieue derrière lui; qu'il n'avait point de nouvelles du général Ney, auquel il avait envoyé un parti vers midi et demie, et qu'on n'avait presque pas entendu tirer de son côté. Il ajoutait que l'ennemi était à Menzingen lorsqu'il avait passé à la hauteur de ce village, mais peu nombreux; et qu'à Münzesheim, d'où il m'écrivait, il y avait passé plus de cinq cents hommes à pied et à cheval venant de mon côté; que ses éclaireurs tiraillaient encore avec l'ennemi au delà de Gochsheim, mais que la nuit allait y mettre fin.

Je communiquai ce rapport au général en chef qui me donna verbalement ses ordres pour le lendemain, et d'après lesquels je mandai au général Lacoste que j'avais bien présumé qu'il ne pourrait pas occuper Gochsheim, vu sa position, mais que, si le général Ney s'était avancé jusqu'à Eppingen et d'après les ordres que j'avais reçus pour établir la division, Gochsheim pourrait lui servir d'avant-poste, au moins pour s'y procurer des subsis-

deux régiments de cavalerie de la réserve aux ordres du général d'Espagne et une compagnie d'artillerie légère, par Weissenthal et Hambrücken, sur Forst et Bruchsal. Ce mouvement détermina l'ennemi à une prompte retraite, et nous entrâmes sur-le-champ dans Bruchsal, d'où nous poursuivîmes l'ennemi jusqu'à Bretten. La brigade de gauche de cette division se porta sur Gochsheim... » (Gudin au ministre, Mannheim, 26 brumaire VIII. A. H. G.)

tances, car il paraissait que nous devions tenir cette position pendant quelques jours ; ainsi, qu'il devait prendre un établissement convenable aux localités, et de sorte qu'il fût lié, par sa droite, avec la brigade du général Roussel qui occuperait Heidelsheim ; que, le général Ney devant occuper Menzingen, il faudrait aussi se lier avec lui ; que, quoique il fût bien essentiel de tenir ses troupes réunies, il n'y aurait pas d'inconvénients d'occuper Münzesheim, d'autant plus qu'il couvrirait la vallée d'Ubstadt ; que je me proposais de l'aller voir, le lendemain, s'il n'y avait rien d'extraordinaire.

Je chargeai le général Lacoste de faire parvenir au général Ney une lettre dans laquelle je lui indiquais la position que devait prendre ma division.

26 brumaire. — Je reçus un billet du général Lacoste, daté à 3 h. 30 du matin. Il me prévenait qu'il n'avait point vu le maréchal des logis de hussards auquel il savait que j'avais remis pour lui une lettre et une pour le général Ney ; qu'il avait envoyé, à 10 heures du soir à Menzingen, à une lieue sur sa gauche, pour avoir des nouvelles de ce général, et qu'on n'y avait vu, des Français, que quatre hommes à pied égarés ; que, d'Odenheim, il lui avait envoyé par Sinsheim un maréchal des logis et dix hommes qui n'étaient pas encore de retour, de manière qu'il ne savait rien du général Ney, sinon que, n'ayant pas entendu baucoup tirer, il n'avait pas dû éprouver une grande résistance ; que l'ennemi avait eu quelque peine à quitter la hauteur de Gochsheim, et qu'il avait dû y revenir, pendant la nuit, au moins en patrouille ; qu'il avait environ cinq cents hommes, cavalerie et infanterie.

Par un autre rapport daté de 10 h. 30, envoyé avec deux hulans faits prisonniers la veille, le général Lacoste m'informait qu'il était toujours au bivouac auprès de Münzesheim et qu'il désirait que je fusse le voir dans la journée. Il me donnait des nouvelles du général Ney, dont je reçus une lettre dans laquelle il me marquait :

J'occupe depuis hier Hilsbach, Steinsfurth, Adersbach et Neckarbischofsheim. Le général Bonet (1), qui est à Hilsbach, a ordre de correspondre avec votre gauche sur Gochsheim.

---

(1) Bonet (Jean-Pierre-François), né le 8 août 1768, à Alençon ; soldat, le 25 avril 1786 ; lieutenant au 1er bataillon de l'Orne, le 27 septembre 1791 ; capitaine, le 9 octobre 1792 ;

L'ennemi a fortement défendu le terrain qu'il m'a cédé hier. Les différents obstacles que j'ai rencontrés m'ont empêché d'aller plus vite et de faire au plus trente prisonniers. Ma perte en morts et blessés se trouve réduite à peu de chose

Le prince de Hohenlohe, que j'ai devant mon front, m'a montré plus de mille cinq cents hommes de cavalerie, plus un régiment de trois bataillons et huit pièces de canon. Il s'est replié sur Fürfeld, route de Heilbronn. Mes reconnaissances ont trouvé l'ennemi à Eppingen. Je compte prendre possession de cet endroit à midi.

Après avoir reconnu les divers points que ma brigade de droite devait occuper, je fus à Münzesheim pour faire établir celle de gauche.

A mon retour à Bruchsal, j'écrivis au général Delaborde qui, dans la journée, m'avait réclamé un bataillon d'infanterie légère que le général en chef m'avait dit de renvoyer à cette division, et qui m'avait demandé de lui indiquer les dispositions que j'avais prises pour que ma droite fut liée avec les troupes qu'il avait envoyées à Graben. Je mandai à ce général que j'avais donné l'ordre que le bataillon lui fût renvoyé. Je lui indiquai comment ma droite se liait avec sa gauche. Je lui fis part de ce que m'avait mandé le général Ney, et je l'assurai que je l'informerais toujours de ce que j'aurais de nouveau.

27 brumaire. — Après avoir reçu les rapports des généraux de brigade, j'écrivis au général en chef :

La 2e division a occupé hier la position indiquée par votre ordre. La brigade de gauche est établie, la droite à Münzesheim, ayant Gochsheim devant elle, qu'on n'occupe que par des patrouilles à cause de sa situation au delà de la Kraich ; la gauche, vers Menzingen occupé par des troupes légères, pour couvrir Odenheim et se lier avec la droite du général Ney.

La brigade de droite est établie à Bruchsal et environs, occupant Heidelsheim dans la vallée de la Saal, se liant avec la brigade de gauche, ainsi qu'avec les postes de Grombach, qui éclairent la route de Durlach et la fausse route de Bretten. La droite de la 2e division se lie avec la première

---

chef de bataillon, le 27 novembre 1793 ; général de brigade, le 29 avril 1794 ; général de division, le 27 août 1803 ; employé à l'armée d'Espagne, le 25 mars 1808 ; au 2e corps d'observation du Rhin, le 16 février 1813 ; à l'armée sur la Loire, le 19 mars 1815 ; gouverneur de Dunkerque, le 30 avril 1815 ; inspecteur général d'infanterie, le 30 décembre 1818 ; retraité, le 1er janvier 1825 ; remis en activité, le 7 février 1831 ; retraité, le 12 avril 1848 ; mort à Alençon, le 29 novembre 1857. (A. A. G.)

par Büchenau que j'ai trouvé susceptible d'être aussi occupé par quelques troupes légères.

Les reconnaissances dirigées sur différents points ont toutes annoncé l'éloignement de l'ennemi. Sur Durlach, on a appris qu'une faible patrouille seulement y était venue; vers Bretten, on a aperçu l'ennemi en arrière de cet endroit, sur la route de Knittlingen.

Ma brigade de gauche, dans sa reconnaissance, a rencontré une patrouille de hulans entre Bretten et Gochsheim. Elle a fait deux prisonniers. Une autre s'est dirigée de Menzingen sur Sickingen. Elle a aperçu quelques pelotons de cavalerie.

Des rapports que je me suis procuré m'ont appris que l'ennemi, d'après l'affaire du 25, s'était retiré jusqu'à Vaihingen dans la vallée de l'Enz, qu'il avait passé une assez grande quantité de blessés par Grombach pour se diriger sur Bretten.

Les hulans, prisonniers aujourd'hui, ont dit qu'il y avait de réunis à Heilbronn un régiment de cuirassiers, des hussards, des hulans du 2ᵉ régiment, de l'infanterie valaque avec 4 pièces de 7, 3 obusiers et 2 pièces de 3, et que les avant-postes étaient entre Knittlingen et Bretten. Ils ont ajouté que les hussards de Vecsey avaient beaucoup souffert à la dernière affaire.

Un autre prisonnier de cette affaire a rapporté que son bataillon, du 1ᵉʳ régiment de Valaques, était parti d'Offenburg pour se rendre à Mingolsheim avec trois bataillons de Manteaux-rouges, mais que ces derniers étaient retournés sur Offenburg.

Le général Lacoste m'envoya une lettre que le général Ney l'avait invité de me communiquer.

Il lui marquait :

Le général Bonet, qui est à Hilsbach, vous fera exactement part de ce qui paraîtra intéresser sur son front. Il occupe Eppingen depuis hier soir. Ma ligne s'étend de ce point sur Reihen, Steinsfurth, Adersbach et Neckarbischofsheim.

L'ennemi occupe, par ses avants-postes, Stetten, Fürfeld et Zimmerhof.

Le prince Charles a donné l'ordre positif au prince de Hohenlohe de tenir dans les positions de Brackenheim et de Lauffen jusqu'à la dernière extrémité; et que, dans le cas qu'il soit contraint à la retraite, le prince de Wurtemberg lui enverrait trois mille hommes d'infanterie de renfort pour défendre les frontières de ce duché. Ces dernières troupes ne marcheront qu'à notre arrivée sur leur territoire. C'est ce qui indispose beaucoup l'archiduc qui ne cesse de demander ce détachement afin de nous expulser des environs de Mannheim, dit-il. Je pense, au contraire, qu'il lui répugne de dégarnir son armée pour remplir cette opération dans la crainte que Masséna n'en profite. Enfin le bruit court parmi les Autrichiens que nous venons de recevoir quinze bataillons de l'armée de Batavie. Puisse cette fiction se réaliser bientôt! Alors nous pourrions autrement contrarier le plan du prince Charles et gagner de bons quartiers d'hiver.

28 brumaire. — J'écrivis au général en chef :

L'ennemi a pris poste aujourd'hui à Weingarten, mon général, avec de l'infanterie et de la cavalerie. Avant de s'établir, il a attaqué la grand' garde en avant de Grombach, et trois de nos hussards se sont laissé prendre. Cette reconnaissance, composée de deux cents hommes d'infanterie Manteaux-rouges et de cent cinquante chevaux, était conduite par un officier supérieur.

Les reconnaissances sur Bretten m'ont confirmé le rapport que je vous fis hier. On m'a dit aussi que le quartier général était à Vaihingen et que... (1) à huit mille chevaux. Mais qu'on ne peut dire le nombre de l'infanterie.

Je donnai l'instruction suivante :

Instruction en cas d'attaque de la 2ᵉ division dans sa position sur la Saal.

Il existe deux points déterminés par lesquels l'ennemi peut se diriger pour obliger la brigade de droite à quitter sa position de Bruchsal. Ce sont les routes de Durlach et celle de Bretten.

L'attaque sur la droite de cette brigade, vu la nature du terrain, ne pourrait pas être bien sérieuse, du moins elle ne présenterait pas à l'ennemi de grands résultats. Celle qui serait faite par le débouché de Bretten pourrait devenir d'une conséquence majeure pour cette brigade, si une surveillance bien active et si une grande attention n'étaient apportées pour suivre les mouvements de l'ennemi qui paraîtrait mettre, dans son début, beaucoup d'intérêt pour s'emparer de Bruchsal, afin d'engager à ce qu'on s'en occupe, pour arriver plus facilement à la réussite de son projet, qui ne présente d'autre avantage pour lui que de pouvoir parvenir à tourner la gauche de la brigade, à la faveur des hauteurs entre la Saal et la Kraich, pour passer entre les deux brigades et arriver au défilé d'Ubstadt avant celle de droite.

Ainsi le général Roussel, qui commande cette brigade, doit choisir son champ de bataille sur les hauteurs en arrière de Bruchsal, pour couvrir la chaussée d'Ubstadt et battre, avec une partie de son artillerie, vers sa droite si quelque colonne, après s'être emparée de Bruchsal, voulait se porter sur Forst. Mais sa principale attention devrait être portée à sa gauche, pour résister vigoureusement à l'entreprise que l'ennemi ne manquerait pas de faire pour tâcher d'atteindre un but que j'ai précédemment exposé. Il ne doit donc point être fait une résistance opiniâtre dans Bruchsal; ainsi il sera donné aux avant postes des instructions en conséquence; comme pour les points de retraite, il sera particulièrement recommandé aux troupes qui occupent la vallée de la Saal qu'il convient, pour toutes causes, d'exécuter leur retraite par la rive droite, pour venir occuper les hauteurs où est établi le camp de la 65ᵉ.

Les avant-postes de Grombach et Büchenau se dirigeraient vers Bruchsal,

(1) Il y a ici une lacune dans le manuscrit.

mais s'ils y trouvaient des obstacles, alors ils se porteraient vers Forst pour venir se remettre en ligne à la première position que devra prendre cette brigade; et cette position est celle en arrière d'Ubstadt, occupant ce village pour le défendre autant que les localités le permettent.

S'il arrivait que le général Roussel fût obligé de faire faire ce mouvement à sa brigade, il aurait également attention de faire occuper les vignes et bois à sa gauche, et de faire éclairer sur Unteröwissheim, seul point où l'ennemi pourrait pénétrer avec son infanterie pour tourner la position.

La brigade aux ordres du général Lacoste occupe une position dont l'ennemi ne cherchera sans doute pas à s'emparer, parce qu'elle présente trop de difficultés. Le débouché sur Münzesheim, devant sa droite, est regardé comme impraticable; celui de Gochsheim présente au moins autant de difficultés. L'ennemi ne pourrait donc hasarder qu'entre la brigade de droite de la 3ᵉ division et la gauche de la brigade, dont il est bien essentiel que le général Lacoste s'occupe, pour être en mesure, soit que l'ennemi voulût pénétrer sur Odenheim, soit que ce général apprendrait que l'ennemi ferait des efforts sur la 3ᵉ division à laquelle il devrait porter tous les secours qui pourraient être à sa possibilité. Dans le cas où le général Lacoste serait dans cette nécessité, il ne manquerait pas d'en prévenir le général Decaen ainsi que le général Roussel.

En cas d'attaque sur la brigade de droite de la 2ᵉ division, le général Lacoste détacherait un parti d'infanterie qui se porterait, en suivant les hauteurs, sur le village d'Unteröwissheim, pour défendre à l'ennemi ce passage et couvrir Zeuthern qu'il est essentiel de faire reconnaître, ainsi que les chemins qui y communiquent du camp de la 29ᵉ, pour que, si la retraite se trouvait embarrassée vers Odenheim, alors le général Lacoste pût se diriger sur Zeuthern afin de couvrir Oestringen, d'où ensuite il suivrait les mouvements de la brigade de droite, à moins que des circonstances imprévues l'obligent à agir autrement; alors le général commandant la division devrait en être prévenu.

Les généraux Roussel et Lacoste voudront bien s'occuper de faire faire, aux chemins qu'ils reconnaîtront pour leur être utiles à une retraite, les réparations qui peuvent être nécessaires, ainsi que de faire jalonner ces chemins, en faisant attacher des liens de paille soit aux arbres, soit à des perches.

Au surplus, les généraux de brigade qui, en cas d'attaque, ne négligeront pas de faire prévenir, chacun de leur côté, aux divisions avec lesquelles ils se lient, feront toutes les dispositions qu'ils jugeront convenables, tant pour la défense des positions qu'occupent leurs brigades que pour la retraite, si elle avait lieu.

Le chef de l'état-major prendra également les dispositions convenables pour ce qui peut le concerner à cet égard, tant pour le parc d'artillerie que pour les équipages, etc., dont il fera part au général commandant la division.

29 brumaire. — Le général en chef arriva à Bruchsal dans l'après-midi, après avoir visité la position où les troupes étaient campées. Il me dit de les faire cantonner.

On n'avait rien appris de nouveau du côté de l'ennemi. Lui ayant exposé que je n'avais pas de troupes suffisamment, il me promit d'augmenter la division.

Je lui avais adressé, le matin, une lettre avec des pièces qui prouvaient que le chef de bataillon Hussenet, de la 29ᵉ demi-brigade, avait levé une contribution de 2 000 francs dont il avait donné reçu, mais il avait signé un autre nom que le sien ; et, après cette rapine, il s'était retiré sur les derrières de l'armée, sous le prétexte de maladie. Il était en outre noté pour le plus mauvais sujet, et tous les officiers de son corps étaient indignés de sa conduite.

J'avais aussi exposé, dans cette lettre, que le chef de brigade de la 20ᵉ, le citoyen Patissier, dont les blessures s'étaient rouvertes, étant obligé de s'absenter, ce corps se trouvait sans officiers supérieurs, et que la 65ᵉ n'avait pas non plus de chef, car je ne considérais pas comme tel celui qui était à sa tête ; qu'il n'avait aucune bonne qualité, pas même celle si naturelle aux Français, l'amour de combattre, au moins quand cela était nécessaire ; que le général Roussel, qui le connaissait depuis longtemps, m'en avait aussi parlé de cette manière ; et que sa demi-brigade était dans le plus mauvais ordre.

Je demandai que le chef de bataillon Henriot, officier que je connaissais pour s'être distingué pendant la campagne du général Moreau et au siège de Kehl, et qui commandait un des bataillons de cette demi-brigade, fût nommé en remplacement de celui dont je désirais l'éloignement.

D'après l'ordre du général en chef, je fis une demande de subsistances aux membres de la régence de Bruchsal, afin que les troupes de la division en fussent pourvues pour plusieurs jours d'avance.

Je mandai aussi à cette régence qu'ayant été informé que plusieurs communes, qui dépendaient de son administration, s'étaient portées à des excès qui produisaient ordinairement les plus terribles effets, puisqu'ils excitaient la vengeance, ils pouvaient aussi faire peser sur l'habitant paisible, déjà assez malheureux par les calamités que portait avec lui le fléau de la guerre, le châtiment que je n'hésiterais pas de faire exécuter contre les communes dans lesquelles on aurait eu le malheur d'attenter à la vie d'un Français. « Ne négligez donc pas, dis-je à ces messieurs, de faire connaître mes intentions à vos administrés. Assurez-les aussi que je redoublerai d'efforts pour que les troupes ne se livrent point aux désordres. »

Je leur mandai en outre qu'il était également essentiel qu'ils ordonnassent que, de suite, toutes les armes à feu existantes me fussent apportées à Bruchsal car, si après deux jours expirés, ces armes n'étaient pas rendues, je prendrais des mesures efficaces pour y obliger ceux qui s'y refuseraient.

30 brumaire. — J'écrivis au général en chef :

Depuis ma dernière, mon général, l'ennemi a été reconnu occuper les mêmes positions. Ses forces, entre les montagnes et le Rhin, les plus rapprochées de nous, sont peu nombreuses. C'est tout au plus s'il y a quatre cents chevaux et deux cents hommes d'infanterie, depuis Durlach jusqu'à Weingarten. Cependant, ce matin, et je n'en accuse que l'inexpérience, il a pris neuf hommes de la découverte qui s'est portée sur Weingarten et ce sont encore des chasseurs de la 12e légère. Je crois bien que demain le général Roussel prendra la revanche. J'attends des nouvelles de l'ennemi par un homme que j'ai envoyé sur Lauffen, Heilbronn et Pforzheim, et je vous ferai de suite part de ce que j'aurai appris.

Je voudrais, mon général, que vous prissiez un parti sur la manière dont on doit faire exister la troupe dans ce pays. Presque tous les villages à la proximité de la position que j'occupe sont, faut-il dire, tous occupés par la réserve, de sorte que cela fait un conflit entre les commissaires des guerres. Presque tous ces villages étant dépendants de Bruchsal, la régence, qui est la seule autorité à laquelle je veuille avoir recours, et à laquelle le commissaire de la division s'adresse, éprouve des difficultés, parce que les troupes de la réserve ne veulent point permettre qu'on enlève rien dans les villages qu'elles occupent. Et la régence qui ne met point toute la bonne volonté à satisfaire aux besoins de la troupe! Aujourd'hui encore, ma brigade de gauche n'a point eu de pain, malgré mes demandes reitérées et une exécution militaire que j'ai ordonnée.

1er frimaire. — J'écrivis au général Lecourbe :

Vous m'aviez annoncé, mon général, une augmentation de forces pour la 2e division. Des fonds de bataillons sont arrivés aujourd'hui pour être incorporés dans la 29e, mais, mon général, vous ne m'augmentez que par le nombre, puisque non seulement ces hommes n'ont point d'instruction et que la majeure partie est sans vêtements, mais encore plus de quatre cents sont sans armes, ce qui est le plus désagréable. Vous savez qu'en cas d'affaire ces hommes seraient on ne peut plus embarrassants. Veuillez, je vous prie, me faire un envoi d'armes ou m'indiquer où je pourrais ordonner au corps d'en aller chercher.

Je reçus une lettre du général en chef, énonçant :

Voulant faire cesser les plaintes portées contre certains officiers généraux sur les sommes exorbitantes qu'ils demandent pour frais de table (1) et voulant concilier les intérêts de ses camarades avec les ressources du pays, [le général en chef] arrête :

Les officiers généraux pourront exiger leur table pour eux et officiers d'état-major.

Lorsqu'elle ne sera pas fournie en nature, les généraux de division pourront exiger huit couverts, à raison de cinq francs chaque, par jour, et les généraux de brigade, six, etc...

Le chef de l'état-major, le général de brigade Gudin (2), m'annonça que des ordres avaient été donnés pour faire arrêter le chef de bataillon Hussenet.

Il m'adressa des lettres de service pour le chef de brigade Senarens, de la 65ᵉ, appelé à d'autres fonctions, et pour le chef de bataillon Henriot qui devait le remplacer dans le commandement de cette demi-brigade.

Le général en chef me manda de faire de mon mieux pour me procurer les fourrages nécessaires dans les communes qui étaient devant mon front; qu'il fallait même, s'il était besoin, les disputer à l'ennemi, pour pouvoir laisser intacts les magasins qui étaient sur mes derrières. Le général en chef savait cependant qu'il n'existait aucun magasin.

2 frimaire. — Ayant reçu un ordre qui me prescrivait de prêter et faire prêter serment aux troupes de la division au sujet de

---

(1) « Ni les généraux de brigade de la division, ni moi n'avions fait de pareilles demandes. » (Note de Decaen.)

(2) Gudin (Charles-Étienne-César), né à Montargis, le 13 février 1768; gendarme du roi, le 28 octobre 1782; sous-lieutenant, le 8 septembre 1784; lieutenant, le 1ᵉʳ janvier 1791; adjudant général chef de bataillon, le 6 nivôse an II; chef de brigade, le 25 prairial an III; général de brigade, le 17 pluviôse an VII; général de division, le 17 messidor an VIII; employé à la Grande Armée en l'an XIV; mort, le 24 août 1812, d'une blessure reçue à la prise de Smolensk. (A. A. G.)

l'évènement du 18 brumaire, j'exécutai cet ordre; et je mis à l'ordre de la division ce qui suit :

Mes Camarades,

Par la journée du 18 brumaire, une faction ennemie de tout ordre de choses est rentrée dans le néant.

Comme nos concitoyens de l'intérieur, nous n'avons pas été exempts de ressentir les effets produits par les nombreuses atteintes portées au pacte social qui devait être l'égide des enfants de la Patrie et surtout de ses défenseurs. Il fallait la révolution qui vient de s'opérer pour abattre la tyrannie la plus odieuse.

Croyez, mes camarades, que les plaies de l'État seront bientôt cicatrisées. La conduite des affaires a été confiée à des mains habiles. L'étonnant Bonaparte ajoutera à sa gloire, en participant à faire jouir le peuple français du bonheur qu'il a dû se promettre quand il a voulu la liberté.

Faisons donc ensemble le serment ordonné par l'ordre :

Je jure fidélité à la République une et indivisible, fondée sur l'égalité, la liberté et le système représentatif.

Le chef de l'état-major de la division adressa le procès-verbal de cette prestation de serment au chef de l'état-major général de l'armée.

Lorsqu'on avait appris que le général Moreau et autres officiers généraux marquants avaient coopéré à la journée du 18 brumaire, cette information avait contribué essentiellement à faire considérer, dans l'armée, que cet évènement ne pouvait être que très favorable aux intérêts de la France; et on en avait manifesté généralement sa satisfaction.

Le général Delaborde m'écrivit :

Forcé par le mauvais état de ma santé à m'absenter momentanément de l'armée, je vous fais mes adieux, mon cher camarade, et je vous aurais beaucoup d'obligation si, dans vos moments de répit, vous consentez quelquefois à me donner de vos nouvelles. Je me rends à Strasbourg et je vous écrirai de cet endroit.

J'ai remis le commandement de la 1re division entre les mains du général Colaud qui est établi ici (à Waghäusel) depuis avant-hier. Un officier de hussards doit se rendre aujourd'hui auprès de vous et y rester à poste fixe, si vous le jugez convenable. Sa mission consiste à avertir promptement le général Colaud, dans le cas où vous seriez attaqué et où votre division serait forcée à se retirer de Bruchsal.

Adieu, mon cher général. Je vous embrasse de tout mon cœur.

Je reçus du général Colaud la lettre suivante :

J'ai pris ce matin, mon cher général, le commandement de la division du général Delaborde qui est parti pour Mannheim.

J'aurais désiré que nous servissions ensemble, mais la chose n'a pas été possible.

L'ennemi nous a pris, ce matin, un maréchal des logis et six hussards du 2ᵉ qui ont été à la reconnaissance sur Blankenloch. Ils ont rencontré un parti de deux cent cinquante ennemis.

Le général Delaborde a dû vous envoyer hier un officier pour rester près de vous, afin que le général Joba, qui est à Huttenheim, puisse être prévenu à temps dans le cas où vous seriez forcé dans votre position de Bruchsal : car vous sentez parfaitement bien que la moitié de nos postes seraient pris si nous n'étions pas prévenus assez à temps.

Salut et amitié.

Je fis le rapport suivant au général en chef :

Deux déserteurs arrivés aujourd'hui ont annoncé que l'ennemi avait reçu un renfort de deux bataillons de Valaques ; que leurs officiers leur avaient dit que ce renfort serait suivi de quatorze autres bataillons et de cinq régiments de cavalerie. Ces déserteurs ont aussi rapporté que nous devions être attaqués demain. Des rapports de paysans, faits aux troupes de ma brigade de gauche, sont semblables. Il est possible qu'il y ait de la réalité.

Comme j'ai recommandé d'être toujours sur ses gardes, nous sommes disposés à recevoir ces messieurs ; mais je crois que, s'ils ont cette intention, ce sera sur le général Ney qu'ils porteront les premiers coups et les plus forts, sa position leur étant nuisible pour qu'ils se permettent de tenter sur le blocus de Philippsburg.

Ma reconnaissance portée sur Weingarten n'a pas produit tout l'effet que j'attendais. L'ennemi n'occupe pas ce poste. En observation et à l'abri à Durlach, il se porte sur divers points pour éclaircir nos démarches dans la vallée du Rhin et nous sommes toujours les dupes : car, encore ce matin, ils ont fait quelques prisonniers à la 1ʳᵉ division. Nos officiers de troupes légères, pour la plupart, sont si peu instruits qu'ils se font fort souvent faire des surprises.

Comme il me semblait assez extraordinaire que le général en chef se tînt toujours à Mannheim, par conséquent aussi éloigné de nous, je crus devoir lui en faire sentir l'inconvénient en lui disant :

Comme il faut un temps long pour vous prévenir d'une attaque, ne pourrait-on pas convenir d'un signal qui serait fait pour que vous fussiez informé promptement avec nos canons, nonobstant les officiers qui seraient envoyés près de vous? Nous pourrions, je crois, établir une ligne télégraphique.

Je suppose que je suis sérieusement attaqué. Si je tirais deux coups de canon, subitement, et qui seraient répétés par la division Colaud? Et les 3° et 4° divisions pourraient avoir un autre nombre. Il partirait des ordonnances pour vous prévenir. Je présume que cela pourrait être utile.

Ne donnerez-vous pas, mon général, quelques instructions sur ce que vous voulez qui soit fait, en cas que telle ou telle division fût obligée de quitter sa position, pour que nous puissions agir tous suivant les événements que vous auriez pu prévoir et qui pourraient arriver?

Nous avons prêté le serment conformément à l'ordre de l'armée. Demain, je vous en adresserai le procès-verbal.

3 frimaire. — Je donnai avis au général Colaud des dires des déserteurs et des paysans, que l'ennemi devait attaquer. Le général Lacoste avait aussi fait passer cet avis au général Bonet, à sa gauche.

En m'accusant réception de ma lettre, le général Colaud me marqua que, dans tous les cas, l'ennemi ne pourrait pas tarder à nous attaquer, étant informé que nous devions recevoir des renforts de la Hollande.

Comme je l'avais invité de faire passer ma lettre pour le général en chef, il me fit la juste observation que, s'il était à Schwetzingen, il serait plus à portée de correspondre avec nous.

4 frimaire. — Mon chef d'état-major annonça au chef de l'état-major général, comme il l'avait fait la veille, que nous n'avions eu rien de nouveau du côté de l'ennemi.

5 frimaire. — Je fus prévenu par le général Colaud que, conformément aux ordres du général en chef, il avait fait partir, le matin, un bataillon pour occuper les villages de Forst et Altenbrück (1), et que je pouvais retirer les troupes que j'avais dans cette partie. Il ajoutait :

Il a gelé ferme cette nuit. Si le Rhin commençait à charrier, adieu les câbles du pont de Neckarau et la communication avec Spire. Nous risquons de faire le voyage de Francfort (2).

(1) L'emplacement de cette localité qu'indique la carte de Devarat (carte du théâtre de la guerre sur le Rhin et la Moselle, 1794-1796, au 1/86 400, par Devarat) est aujourd'hui occupé par une localité appelée Karlsdorf sur le 1/100 000 allemand.
(2) Colaud à Decaen, Waghäusel, 5 frimaire an VIII. (A. H. G.)

Les troupes dont j'avais reçu l'avis du remplacement reçurent l'ordre de se réunir à leurs corps. Le chef de l'état-major de la division en rendit compte à l'état-major général et annonça que, du côté de l'ennemi, il n'y avait rien eu de nouveau.

6 frimaire. — Le général Colaud me fit part des nouvelles dispositions qu'il avait faites sur sa ligne, et me dit : « Vous voyez que la moitié de mes troupes couvre le flanc droit de Bruchsal. Voilà tout ce que je puis faire de mieux en ce moment. » Il me marquait qu'il désirait comme moi qu'un prompt armistice nous fît entrer dans nos cantonnements d'hiver; qu'il ne me disait pas bonsoir, comme au général Freytag, dans la crainte de me fâcher; mais qu'il m'embrassait de tout son cœur. (Quelque temps auparavant, en écrivant à ce général, il avait fini sa lettre par un bonsoir; celui-ci s'en était formalisé.)

7 frimaire. — Je rendis compte au général en chef que, conformément à ses ordres, j'avais ordonné qu'on fût prendre les baillis de Bretten, Gochsheim et Weingarten; que celui de Gochsheim était venu, et que son bailliage ne consistait que dans ce bourg; qu'on ne lui avait pas fait d'autres réquisitions en argent que les 2 000 francs pris par le chef de bataillon dont je lui avais parlé; que les huit meilleurs chevaux de la commune avaient aussi été pris à cette époque, et que, comme ce village avait fourni beaucoup de denrées, je n'avais pas cru devoir le lui envoyer; qu'il n'y avait point de bailli à Weingarten; que c'était une dépendance de Bretten; qu'elle n'avait point payé non plus de contributions régulières, mais qu'elle avait donné 1 536 francs d'une part, il y avait à peu près un mois, et les 628 francs dont je lui envoyais le reçu; que, la veille, on n'avait pas pu se procurer le bailli de Bretten, la découverte chargée de cette mission ayant rencontré un parti ennemi, en avant de Bretten, plus fort qu'elle et qui l'avait empêchée d'avancer; qu'on aurait sans doute ce bailli dans la journée, parce que j'avais ordonné qu'on se dirige, de deux points différents, vers Bretten, avec des partis un peu forts; qu'en allant, la veille, au fourrage à Jöhlingen, on y avait trouvé une centaine de hussards de Szekler qui avaient été chassés du village, et que, de part et d'autre, il y avait eu des hommes de blessés.

8 frimaire. — J'étais allé, la veille, dans l'après-midi, reconnaître si les postes de ma brigade de droite étaient bien liés avec ceux de la division Colaud. J'avais indiqué des points, où le commandant des troupes postées à Untergrombach devait faire placer pour la nuit des postes d'infanterie et de hussards en augmentation de ceux qui surveillaient pendant le jour. J'avais aussi recommandé la plus grande surveillance; et qu'il fût fait de fréquentes patrouilles, et fait l'observation qu'il fallait, à la nuit, changer d'emplacement les postes établis pour le jour. J'avais même dit au chef d'escadrons de hussards qui commandait à Grombach qu'il fallait toujours se défier plus de l'ennemi quand on n'avait pas de nouvelles et qu'il était un peu éloigné.

D'après de pareilles recommandations, je devais certainement être dans la sécurité sur le poste de Grombach, qui couvrait la route de Bruchsal à Durlach. Mais, vers 4 heures du matin, on vint m'apprendre que ce poste avait été attaqué et que des fuyards venaient d'arriver. J'envoyai sur-le-champ savoir ce qui se passait, et le général Roussel marcha au secours avec des troupes. En attendant son rapport et d'après les premiers renseignements parvenus, j'écrivis au général en chef :

Il est arrivé, la nuit dernière, un événement fâcheux, occasionné par la seule négligence. Malgré mes recommandations réitérées, un chef d'escadrons du 3ᵉ de hussards s'est laissé surprendre. On lui a pris quatre-vingts chevaux. L'ennemi, au nombre de quatre cents chevaux et cent hommes d'infanterie partis hier soir de Durlach, a fait ce coup de main entre 2 et 4 heures du matin. J'ai fait arrêter le chef et les officiers de service, tant infanterie que cavalerie. Je vous les enverrai demain escortés par la gendarmerie pour que vous prononciez sur leur sort. Je vais casser tous les sous-officiers qui étaient de service pendant la nuit. Il faut des exemples de cette espèce pour mettre un frein à des fautes aussi graves qui, je vous le répète, ne viennent que de la mauvaise manière de servir de quelques officiers. Je me réserve à vous donner demain des détails à cet égard.

J'avais été informé, ce matin, que la division de Sztaray avait dû se réunir, dès le 26, au prince Lambesc. La personne qui m'a donné cet avis m'a dit qu'à cette époque, cette réunion n'avait point eu lieu. Mais je viens d'apprendre que, hier soir, il était arrivé un corps assez considérable à Pforzheim, tant infanterie que cavalerie, sans qu'on ait pu me dire le nombre des troupes.

J'ai eu un nouveau rapport des troupes qui ont été jusqu'à présent devant nous les régiments de Vecsey-Hussards, le 1ᵉʳ régiment de uhlans, Anspach et Mailand-Cuirassiers, Kaiser et Albert-Carabiniers, deux bataillons de Gradisca, des chasseurs tyroliens, des Manteaux-rouges et un autre bataillon dont on n'a pu me dire le nom.

Les avant-postes vers le Würtemberg sont toujours aux frontières à Knittlingen et autres lieux que je vous ai précédemment désignés.

J'avais fait faire une reconnaissance hier sur Bretten, qui n'a trouvé qu'un poste de hussards. Le bailli de cet endroit se rendra demain chez nous.

Comme je n'apercevais que des désagréments à continuer de commander une division trop faible pour défendre une aussi mauvaise position, je ne me souciais pas, n'étant que général de brigade, d'avoir une responsabilité de général de division, surtout d'après les désagréments que j'avais déjà éprouvés en commandant provisoirement la division Souham. D'un autre côté, j'avais de l'humeur de ce que le général Lecourbe se tenait toujours à Mannheim sans vouloir donner aucune instruction ; alors je lui dis, dans ma lettre :

Vous m'obligerez beaucoup, mon général, de vouloir bien donner le commandement de la 2e division à un autre général, pour plusieurs raisons que le temps ne me permet pas de vous détailler.

Je vous observe que j'appréhende que le salut de l'armée ne soit compromis, si vous tenez à ce que les troupes occupent des cantonnements. Je ne fais que vous répéter ce que j'ai déjà eu l'honneur de vous dire à cet égard. La position que je tiens est trop étendue pour le peu de troupes à ma disposition et leur qualité, dont je viens d'avoir la désagréable expérience. Dès le premier moment qu'il fut question d'occuper Bruchsal, je vous fis l'observation que je trouvais ce poste dangereux et que je ne désirais l'occuper qu'en avant-poste, prenant position à Ubstadt. Je vous ai demandé aussi un mot d'instruction sur ce que vous jugiez convenable que chacun de nous fasse, en cas que les circonstances obligeraient une des divisions à faire un mouvement rétrograde, afin qu'il y ait de l'ensemble dans nos opérations.

En attendant votre réponse aux différentes demandes que je vous fais, mon général, et surtout celle de me faire remplacer, je vous préviens que les troupes vont recevoir l'ordre de reprendre leurs camps.

J'ajoute que le pays devant moi est absolument épuisé. Je me suis fait des ressources à peu près pour huit jours. Après cela, je crois qu'il y aura beaucoup de difficultés à se procurer l'existence, surtout pour les chevaux.

Je mandai au général Roussel :

Vous ordonnerez, citoyen général, que les troupes de votre brigade se reportent dès ce soir, aux camps qu'on leur avait fait quitter d'après les ordres du général en chef. Cette mesure nouvelle est nécessitée par l'événement arrivé la nuit dernière, par suite de la plus grande négligence apportée par les troupes à faire leur devoir. Recommandez de nouveau qu'on ait à se tenir plus que jamais sur ses gardes. Assurez-vous, je vous prie, que le service soit exact. Faites que les troupes à vos ordres soient bien aux postes que vous leur avez assignés d'après les instructions que je vous ai adressées sur ce que votre brigade doit exécuter en cas d'attaque; que vos postes ne soient point nombreux, mais actifs et surveillants. Des patrouilles et des rondes multipliées garantiront d'avoir à rougir d'une nouvelle surprise.

Il faut encore que vous ordonniez que les troupes qui occupaient le village d'Untergrombach, tant infanterie que cavalerie, soient établies au camp en arrière de Bruchsal dès ce soir.

Vous m'adresserez ensuite le nom des commandants de ce poste pour l'infanterie et cavalerie, des officiers de service des deux armes et des chefs de postes. Les officiers, vous les mettrez aux arrêts forcés, et les sous-officiers, en prison. Vous me ferez donner aussi un état exact de la perte en hommes et en chevaux et armes dans cette vilaine affaire. Ceux qui auront perdu leurs armes seront aussi mis en prison. Vous voudrez bien m'accuser réception de la présente. Vous me rendrez compte de l'exécution. Vous y ajouterez le rapport de ce qu'il y aura eu de nouveau à vos autres avant-postes.

J'avais envoyé cet ordre au général Roussel avant d'avoir reçu, de Grombach, le rapport suivant :

Je ne puis en ce moment que vous faire un rapport hâté sur ce qui s'est passé cette nuit au poste de Untergrombach.

Il paraît que l'ennemi, conduit par des paysans, est parvenu sur les grands bivouacs en évitant les postes. Il est tombé sur l'infanterie qui n'a point fait feu, et qui s'est jetée dans les vignes.

L'ennemi a fait couper les longes des chevaux des hussards. Il en a pris environ quatre-vingts. Les hussards de Büchenau se sont portés au secours du cantonnement d'Untergrombach; mais ils sont arrivés trop tard.

La découverte sur Weingarten vient de partir. J'ai changé quelques bivouacs.

Je ne puis encore distinguer si les chefs sont plus malheureux que coupables. J'ai besoin de plus de renseignements. Je vous les donnerai de vive voix à mon retour à Bruchsal. Les postes d'Untergrombach sont replacés. La compagnie qui y était cantonnée s'était portée sur la hauteur en arrière, mais peu éloignée du village.

Je vous renvoie les hussards à pied; ceux à cheval partiront pour Bruchsal lors de la rentrée de la découverte.

L'escadron du 2ᵉ de chasseurs restera ici. Je viens de donner le commandement des avant-postes de droite au chef de brigade Marigny.

L'on évalue la force de l'ennemi à deux cents chevaux et trois cents hommes d'infanterie. Il y a environ douze hussards blessés et un tué. Il y a eu un soldat d'infanterie tué et un blessé, et huit hussards prisonniers. L'ennemi a eu deux tués, et un prisonnier dans le village, lequel est tellement blessé qu'on ne peut avoir de lui aucun renseignement.

9 frimaire. — Je fis réunir au camp les troupes de la brigade Roussel, excepté celles qui servaient aux avant-postes, et j'en passai la revue dans l'après-midi. Je leur exprimai combien il était essentiel de ne rien négliger dans le service; que la surprise qui avait eu lieu n'était due qu'à la négligence des uns et à l'insouciance des autres; qu'ils n'auraient pas le triste spectacle d'un escadron de hussards auquel l'ennemi avait enlevé tous ses chevaux, si chacun avait fait son devoir; que j'espérais bien que, pour éviter à l'avenir de pareils dommages qui étaient d'ailleurs déshonorants pour des Français, on se ressouviendrait toujours de la cause de la surprise de Grombach.

Je fis casser quelques sous-officiers, et je fis camper tout ce qui provenait du poste de Grombach, le dos tourné à l'ennemi.

J'annonçai au général en chef que j'avais déjà eu l'honneur de lui écrire relativement aux hommes dont il avait ordonné l'incorporation dans la 29ᵉ demi-brigade; qu'à son dernier passage à Bruchsal, je l'avais encore entretenu de leur situation et de leur inutilité, puisqu'ils étaient sans vêtements et sans armes; et que comme il m'avait dit alors qu'ils n'avaient été envoyés que pour être incorporés, je le prévenais que, cette disposition ayant été exécutée, ces hommes allaient recevoir l'ordre de se rendre au dépôt de la demi-brigade, car il était impossible et même dangereux pour eux de les garder à la demi-brigade qui pouvait, d'un jour à l'autre, avoir une affaire.

Je mandai au général en chef que, d'après sa lettre que j'avais reçue la veille, relative aux demandes faites à la régence de Bruchsal pour qu'elle envoyât à Neckarau quatre cent quatre-vingt-dix travailleurs et cent voitures, je m'étais informé qui avait donné l'ordre aux gendarmes d'exécution de rentrer; que c'était le général Roussel qui, lui-même, lui en expliquerait le motif; que j'avais fait part de ses ordres à la régence qui devait lui adresser ses représentations; mais que j'étais obligé de lui dire que la demande était exorbitante, parce que son territoire sur la rive droite du Rhin n'était que de vingt communes occupées, pour la majeure partie, par les troupes de l'armée qui avaient un besoin journalier de voitures pour le transport de leurs subsistances, des fourrages, du bois, etc., et que ce service serait dans le cas de souffrir; que, d'un autre côté, ces communes étaient occupées par les troupes des quatre divisions de l'armée; de sorte que chacun tenant pour la sienne, la régence avait fort peu d'autorité pour faire valoir les demandes et que, d'après cela, il déciderait ce qu'il jugerait convenable.

Ce qui venait de se passer à Grombach m'avait donné lieu de faire quelques observations au général Roussel, qui n'était que depuis un mois général de brigade et point accoutumé au maniement des troupes de toutes les armes, ni à reconnaître les localités, choisir les emplacements convenables aux troupes, et surtout au service d'avant-postes, ce qui exige quelque expérience et une certaine activité de la part des officiers généraux qui en sont chargés. C'est une chose bien différente que de commander une demi-brigade de la ligne, et lui, il arrivait de la Hollande où, pendant plusieurs années, il n'avait eu à s'occuper que de l'administration, l'instruction, la tenue et la discipline de son corps, partie dans laquelle il s'était distingué.

Mais, quoique jusqu'à ce moment j'eusse eu tous les égards pour ce jeune officier général rempli d'excellentes qualités pour l'aider à acquérir de l'expérience, cependant son amour-propre, sans doute blessé de mes justes observations, le porta à me dire que je n'avais qu'à lui donner des instructions. Ce qui me fit lui répliquer : « Je suis moins embarrassé d'en donner que persuadé qu'elles seront bien exécutées. » Ensuite, je lui adressai celles ci-après :

Le général Roussel ordonnera que ses troupes destinées à couvrir Bruchsal, s'éclairer vers Durlach, et se lier avec la 1re division, soient placées le plus tôt possible, de manière à ce qu'elles ne soient point de nouveau compromises, et, pour que cela soit ainsi, il ne faudra faire occuper que par des avant-postes, pendant le jour, Untergrombach et Obergrombach, ainsi que Büchenau, pour en conserver les ressources. La nuit, les premiers postes seront en arrière de ces villages, dans l'endroit le plus convenable.

Pour la sûreté des avant-postes, et les protéger en cas de retraite, on devra avoir de forts postes en arrière, et les troupes que le général Roussel destinera à ce service devront avoir leur réserve vers les salines, au lieu le plus favorable S'il se trouvait quelques lieux où cette réserve pourrait être établie à couvert, il faudrait l'y placer. Son but sera de soutenir et de favoriser la retraite des avant-postes s'ils étaient repoussés, puisque c'est vers ce point qu'aboutissent les divers chemins qui viennent des différents points des avant-postes jusqu'à Bruchsal.

Le général Decaen, qui a été sur les lieux, a déjà donné au chef Marigny un aperçu desdites positions qu'il croit nécessaire de faire occuper.

Le général Roussel emploiera au service, dans cette partie, quatre compagnies d'infanterie légère et une de la 65e.

En cas d'une attaque sérieuse et qu'on soit en nécessité de faire retraite, cette troupe devrait l'effectuer entre Bruchsal et les salines, où il y a un chemin bien praticable pour l'infanterie et la cavalerie. Demain, le pont qui existe sur le canal sera rétabli. Après avoir passé la rivière, les troupes seraient dirigées, par leur commandant, par le chemin qui conduit à Kronau, de manière à couvrir cette route et flanquer les 1re et 2e divisions. Les ponts sur lesquels on passerait, en exécutant la retraite, seront détruits.

Le général Roussel préviendra de ses dispositions l'adjudant général Lacroix à Altenbruck (1). Les autres ponts sur le canal, autres que celui indiqué pour la retraite, seront de suite détruits.

Il sera établi au moulin le plus près de Bruchsal, entre cette ville et Heidelsheim, une compagnie de la 65e qui fournira des postes intermédiaires entre elle et Heidelsheim, ainsi que vers Obergrombach, pour avoir connaissance de ce qui se passerait vers ces endroits, afin d'en avertir tant à Bruchsal qu'au camp. Il y aura, à cet effet, un poste de cavalerie près de cette compagnie.

Le poste de Heidelsheim continuera d'être tenu par les deux escadrons de hussards et les quatre autres compagnies d'infanterie légère avec une compagnie de la 65e.

On tiendra en avant-poste Helmsheim et les moulins à la gauche de ce village, de sorte qu'on puisse être lié par la droite avec les postes sur Obergrombach, et par la gauche, avec la brigade du général Lacoste par les bois d'Oberacker.

D'après ces dispositions, le général Roussel devra avoir les quatre compagnies de la 29e réunies au camp en arrière de Heidelsheim, cinq compagnies de la 65e au camp de Bruchsal, un bataillon pour la garde de la ville, avec les compagnies de grenadiers qui, en cas d'attaque, devront de suite se réunir pour devenir disponibles. Il faudra leur indiquer leur place d'alarme en arrière de la porte de Wiesloch.

En cas d'attaque sérieuse de la part de l'ennemi, on ne devra pas mettre d'opiniâtreté à tenir en avant de la Saal. Il faudra faire les dispositions convenables pour se défendre à la position indiquée précédemment par l'instruction donnée à ce sujet.

Si on était nécessité par l'ennemi à une retraite, on recommandera que

(1) Voir la note 1, p. 376.

les troupes qui particulièrement quitteraient Bruchsal se réunissent à un point déterminé, pour former ensuite une masse susceptible d'être portée où le besoin l'exigerait. Celles du moulin se retireraient vers le camp de Bruchsal. Il n'est rien changé pour ce que doivent faire les troupes de Heidelsheim en cas qu'elles soient obligées de quitter cet endroit.

L'établissement des troupes devant avoir lieu le plus tôt possible, le général Roussel est invité d'y mettre toute la célérité.

Les hussards qui ont perdu leurs chevaux, avec les officiers démontés, seront envoyés à Ubstadt, où ils se garderont militairement, puisqu'ils doivent encore avoir leurs carabines. Le parc et les équipages seront mis sous leur surveillance. Ce qui reste d'hommes montés seront réunis à la compagnie qui est maintenant sur Büchenau pour faire le service avec l'escadron de chasseurs.

Je reçus une lettre du général en chef. Il me mandait :

Il est impossible de porter la négligence au point où la porte le 3e régiment de hussards depuis quelque temps (1). J'ai lieu de penser qu'il y a plus que de la négligence. Je vous charge d'examiner s'il n'y a pas malveillance.

Quant aux observations que vous me faites sur votre position et sur les camps, je vous autorise à vous resserrer le plus possible, en tenant cependant toujours Bruchsal, dont la perte entraîne nécessairement la levée du blocus de Philippsburg.

Après-demain, il m'arrive un bataillon de la 43e que je vous enverrai. Dans le mois, je dois recevoir dix-huit bataillons. Ainsi, vous sentez qu'il importe que nous ne puissions être rejetés sur la gauche, afin de pouvoir prendre des cantonnements plus en avant.

Vous devez soutenir votre position jusqu'à l'extrémité, et bien vous entendre avec les généraux Colaud et Ney, afin de pouvoir manœuvrer habilement et avec audace sur les flancs de l'ennemi, s'il n'attaque qu'une division. L'essentiel, dans ce cas, serait de distinguer la vraie attaque de la fausse.

Si, cependant, vous étiez forcé à la retraite par des forces supérieures, dans la position d'Ubstadt, vous prendrez position derrière la Kraich, votre centre à Walldorf, et la gauche à Wiesloch, où appuierait la droite du général Ney. Le général Colaud tiendrait Hockenheim et prolongerait sa gauche sur Walldorf. La position est indiquée. Vous essayerez d'occuper Roth et Sankt-Leon.

Le général Sztaray n'est point encore en présence ; il y a même à douter si le prince Charles osera se dégarnir devant Masséna qui doit avoir passé le Rhin en ce moment.

(1) « Ce régiment s'était laissé surprendre peu de temps auparavant et avait alors perdu une centaine de chevaux et un certain nombre d'hommes, comme à Untergrombach. » (Note de Decaen).

Concentrez donc vos réserves et évitez toute surprise. L'ennemi manœuvre et nous restons dans l'inaction.

Abouchez-vous avec le général d'Hautpoul, et organisez de fortes reconnaissances de trois cents ou quatre cents chevaux et de l'infanterie, et prenez votre revanche. Il est impossible de supporter sans cela la perte que vient de faire votre cavalerie.

Instruisez-moi promptement, dans le cas d'une attaque sérieuse. Enlevez quelques cantonnements à l'ennemi.

Aussitôt la réception de cette lettre, j'écrivis au général Colaud :

Je viens de recevoir une lettre du général en chef, par laquelle il m'autorise de me resserrer le plus possible, en tenant cependant toujours Bruchsal, parce que, me dit-il, sa perte entraînerait la levée du blocus de Philippsburg.

Vous avez sans doute été informé comme moi de ses intentions, puisqu'il me dit de me concerter avec vous et le général Ney pour que je puisse soutenir jusqu'à la dernière extrémité la position d'Ubstadt. Vous vous rappelez bien, mon général, ce dont nous nous sommes entretenus hier relativement à la position qui pourrait être prise, autre que celle que je tiens maintenant, sans que, pour cela, le blocus fût dans le cas d'être levé. Mais, pour que je puisse la prendre, cette position, il faudrait que nous nous vissions, ou qu'au moins nous convenions ensemble de l'instant que nous opérerions notre mouvement pour prendre un établissement plus solide que celui que je tiens maintenant, et bien moins fatigant pour la troupe. Je viens de recevoir une lettre du général Ney qui m'annonce que, comme moi, il a eu des avis de renforts arrivés à l'ennemi. On lui a annoncé six mille hommes.

Le général Colaud me répondit sur-le-champ :

J'ai reçu cette nuit votre lettre. Le général en chef m'a effectivement écrit hier, en me marquant, si votre division ou celle que je commande étaient forcées dans leurs positions, de prendre celle derrière la Kraich et de nous concerter ensemble, ce qui est absolument nécessaire pour nos mouvements. Je serai rendu à midi à Hambrücken. Si vous voulez y venir, nous conviendrons ensemble de ce que nous ferons.

Répondez-moi, je vous prie, par le retour de l'ordonnance.

J'annonçai au général Colaud que je me trouverais au rendez-vous.

CHAPITRE IV

Decaen défenseur de ses subordonnés. — Entente de Decaen et de Colaud. — Bonet débordé par les Autrichiens. — Lecourbe donne des conseils, mais pas d'ordres. — Les divisions de Decaen et de Ney trop éloignées. — Le général Lacoste attaqué. — Combats à Oewisheim et Heidelsheim. — Decaen presque séparé de Ney. — Decaen et Colaud toujours sans ordres. — Decaen attaqué toute la journée. — Retraite de nuit. — Decaen irrité contre Lecourbe. — L'entente des généraux supplée au manque d'ordres. — Les divisions françaises reculent pas à pas. — Combats continuels. — Decaen contient les Autrichiens. — Colaud, d'Hautpoul et Decaen indignés de l'inaction de Lecourbe. — L'armée va repasser le Rhin.

10 frimaire. — J'écrivis, pendant la nuit, au général en chef :

Ce n'est pas la malveillance qui a occasionné l'événement d'Untergrombach. La négligence du chef d'escadrons Lanougarède (1), que je vous envoie, y est pour une grande part. Les postes de la 12ᵉ d'infanterie légère, dont le général Colaud et moi nous avons à nous plaindre, y ont pour beaucoup contribué. C'est une mauvaise espèce de troupes. Je ferai pourtant tout pour la faire bien servir. Mais elle est dans un tel état de nudité et de besoins que je présume que cela lui occasionne du dégoût et de l'insouciance.

J'ai reçu votre lettre d'hier. Je vais voir le général Colaud pour me concerter avec lui.

Le général Ney m'a prévenu qu'il avait les mêmes renseignements que moi sur les renforts arrivés à l'ennemi. Ce sont les hussards de Blankenstein qui sont devant moi. Maintenant, ils ont pris poste hier à Weingarten, à ma droite. Tout ce régiment, d'après le rapport des prisonniers, occupe la vallée du Rhin depuis Rastatt, Ettlingen, etc. (2)...

Les hussards du 3ᵉ régiment ont pris hier un acompte sur la vengeance qu'ils se promettent de tirer sur les ennemis. Ils ont enlevé hier, dans une découverte faite sur Jöhlingen, onze chevaux et huit hussards; ils ont, en outre, tué et blessé plusieurs hussards, et ils n'ont rien perdu (3).

(1) L'original, qui existe aux Archives de la guerre, porte «... du chef d'escadrons Nogaret... » Il faut lire Lanougarède comme Decaen l'a écrit dans son journal.
(2) L'original, qui existe aux Archives de la guerre, porte «... avec des Manteaux-rouges ».
(3) L'original des Archives de la guerre porte «... sans qu'ils y aient, eux, rien perdu ».

Il existe, dans ce régiment, de bons officiers qui sont bien sensibles au malheur arrivé. Les hussards en sont bien affectés. J'espère que, s'il se trouve une occasion, ils feront oublier les événements fâcheux qui leur sont arrivés. Il y a, dans le régiment, un capitaine que j'ai distingué : c'est le citoyen Hollossy. S'il était chef d'escadrons dans ce corps, il ferait beaucoup. Il est brave, intelligent et plein d'honneur. Avec ces qualités, on est bon officier. Je m'intéresse à lui. Il n'y a plus de chef pour commander le régiment, le chef de brigade ayant été blessé il y a quelque temps (1).

Je fus au rendez-vous que m'avait fixé le général Colaud; et nous convînmes d'opérer, le lendemain, le mouvement que nous avions, deux jours auparavant, jugé convenable de faire si l'ennemi, qui venait de recevoir des renforts, ne nous obligeait pas à faire autre chose. Nous causâmes de la ténacité du général Lecourbe à rester de sa personne à Mannheim; et nous nous séparâmes avec l'espoir que les rapports certains des renforts arrivés à l'ennemi, malgré son opinion que le prince Charles n'oserait pas se dégarnir devant Masséna, le décideraient enfin à se rapprocher de nous, pour être plus à portée de recevoir de nos nouvelles et pour ordonner, au besoin, ce qu'il conviendrait de faire.

Lorsque je fus rentré à Bruchsal, j'écrivis au général Ney :

Je vous remercie, mon cher général, de l'avis que vous m'avez donné par votre lettre d'hier. Depuis ma dernière, on m'a dit que Sztaray n'avait point quitté Villingen.

Les hussards de Blankenstein sont arrivés devant moi entre le Rhin et les montagnes. Ils ont pris poste à Weingarten qu'ils n'avaient occupé que faiblement dans les premiers jours de notre arrivée. Bretten est aussi occupé, ce qui me porte de plus à croire aux renforts reçus.

Le général en chef m'a écrit que j'aie à m'entendre avec vous et le général Colaud, dans le cas où l'ennemi n'attaquerait qu'une seule division, afin que, de concert, nous puissions agir.

Vous avez sans doute reçu une semblable missive.

J'avais déjà prévenu le général Lacoste, pour qu'il s'occupe de faire observer votre droite, mais surtout d'avoir attention au débouché de Wiesloch, par Odenheim et Oestringen, d'une très grande importance entre nos deux divisions, et de se mettre en mesure, dans le cas où il faudrait que je fasse appuyer sur vous. Croyez, mon cher général, que je ferai tout mon possible pour vous aider des faibles moyens à ma disposition. Si vous aviez

(1) L'original des Archives de la guerre porte : « ... Je m'intéresse à lui pour ce poste, d'autant plus qu'il n'y a pas de chef au corps, car le chef de brigade a été blessé, il y a quelque temps. »

quelques observations à faire pour ce que vous croyez plus convenable, donnez-m'en avis.

Je me suis entendu, déjà, avec le général Colaud, et nous sommes d'accord sur ce que nous ferons réciproquement, si c'est dans notre voisinage que l'ennemi veuille tenter. J'ai besoin de concert car, avec peu de troupes, j'ai beaucoup à observer. Mais, cependant, je me suis arrangé de manière que je crois pouvoir me tirer d'affaire, ayant choisi un point de défense en arrière du défilé d'Ubstadt, soutenant cependant autant que possible vers Bruchsal et Heidelsheim, afin d'avoir l'avantage d'obliger l'ennemi de me faire connaître ses moyens, parce qu'ensuite je recevrai ses efforts en arrière de la Kraich; et tant que je tiendrai cette position, le blocus de Philippsburg sera entier.

Ma lettre répondait à celle-ci :

J'ai également eu avis, mon cher général, que l'ennemi, sur le front de l'armée, avait reçu un renfort de six mille hommes. Les hussards de Kaiser sont du nombre, que j'ai vis-à-vis de moi, en avant de Kirchardt, route de Heilbronn. Le mouvement que j'avais fait le 5, n'ayant pas été appuyé par les autres divisions, je me suis concentré hier de manière à pouvoir combattre avec fruit si l'ennemi m'attaquait. J'occupe par des postes Rohrbach, Eppingen, Richen, Kirchardt, Grombach (1), Biegelhof (2) et Neckarbischofsheim. L'infanterie de ma brigade de droite, commandée par le général Bonet, occupe Elsenz, Hilsbach et Reihen. Celle de gauche, Steinsfurth et Adersbach. Ma cavalerie légère, à Adelshofen, Ittlingen, Ehrstädt et Hasselbach.

J'ai des émissaires en route. Je vous communiquerai le résultat de leurs démarches.

P.-S. — J'apprends, dans l'instant, que l'ennemi s'est avancé sur Gochsheim qu'il a occupé. A la nuit, on se tiraillait devant.

Cet avis me venait du général Lacoste, dont j'avais reçu un premier rapport et auquel je mandai :

A mon retour d'une entrevue avec le général Colaud, j'ai reçu votre lettre, et vu le citoyen Vatrin (chef d'escadrons du 20e). Comme vous le dites bien, l'ennemi forme sa ligne puisque, depuis hier, il occupe Bretten et Weingarten, ce qui annonce bien l'arrivée de ses renforts, quoique le général en chef en conserve le doute.

Je reçois votre dernière. L'occupation de Gochsheim annonce, de la part de l'ennemi, au moins l'intention de nous empêcher de nous procurer des subsistances. Quant à l'attaque que vous attendez pour demain, je ne la

---

(1) Au nord-nord-est d'Eppingen et au sud-sud-est de Neckarbischofsheim.
(2) Le 1/100 000 allemand porte Oberbiegelhof, à 2 500 mètres au nord-est de Grombach et Unterbiegelhof à quelques centaines de mètres au nord du précédent.

présume pas encore, car il y a eu trop de mouvement, depuis hier, sur la ligne ennemie; à moins que ce ne soit pour nous tromper sur leur principal but. Dans tous les cas, mon cher camarade, il faut nous tenir alertes.

Vous me demandez mes intentions sur ce qu'il est nécessaire de faire en cas d'attaque sur vous. Je vous ai déjà adressé des instructions à cet égard ; mais le principal objet que vous avez à remplir, c'est de défendre fortement le débouché sur Odenheim, en ayant toujours la plus grande attention de vous tenir lié avec moi, vers Oewisheim, et d'observer la droite du général Ney.

Quant à vos avant-postes, vous vous rappellerez ce dont nous sommes convenus à cet égard. Ce sont des postes d'avertissement qui doivent se replier en cas d'attaque sérieuse. La partie vers Menzingen, vous en connaissez l'importance, puisque c'est ce qui couvre votre gauche. Ainsi, mon cher général, faites votre possible pour faire valoir les moyens à votre disposition pour le mieux.

Si, par des efforts de l'ennemi ou par quelque autre circonstance, par exemple une marche rétrograde de la division à votre gauche, vous êtes nécessité d'abandonner votre position, vous vous retirerez à la position d'Odenheim. Il faudrait encore tenir avec vigueur derrière ce village, ayant attention à Zeuthern, ensuite, derrière Oestringen, couvrant Mingolsheim, après cela, la hauteur de Malsch, pour me faciliter, en tenant ces positions successivement, les moyens de passer les défilés de la Bergstrasse. Enfin nous viendrons reprendre la position de Walldorf et Wiesloch où serait la brigade que vous commandez. Tenez-moi averti, ainsi que le général à votre gauche, de tout ce que vous pourrez avoir de nouveau. Dans tous les cas, vous me verrez demain.

Votre troisième rapport m'arrive. N'occupez Oberacker, Menzingen et Münzesheim qu'en avant-postes, et réunissez autant que possible tous vos moyens pour être bien en mesure. La réserve sera avertie et je vous seconderai de mon mieux ; mais, surtout, tâchez d'avoir des nouvelles du général Ney. Faites-lui passer ma lettre; informez-le, de votre côté, de sorte que nous puissions agir ensemble et efficacement.

Le dernier rapport du général Lacoste annonçait :

Rien ne me paraît plus certain, citoyen général, que l'ennemi nous attaquera demain, de bon matin, en laissant tranquille Heidelsheim, Bruchsal et Ubstadt. Il tâchera d'agir fortement par ce point-ci, après avoir eu, à ce que l'on présume, quelques succès sur le général Ney du côté duquel on a tiré le canon aujourd'hui; et ce qui prouve leur succès, c'est de s'être approchés de nous.

Les hussards ont donné à nos chasseurs rendez-vous pour demain matin. Il y a, devant Goschsheim et en arrière, une superbe ligne de feux qui dit le reste, sans compter tous leurs postes d'infanterie qui occupent les vignes, sans feu.

Je dois vous rappeler que, la dernière fois que l'ennemi est venu dans cette partie nous attaquer, il a attaqué à minuit, ce qui prouve bien l'usage qu'il sait faire de la connaissance qu'il a du pays. Cela m'oblige de nous demander vos intentions particulières pour les trois compagnies d'infanterie placées à Oberacker, pour les deux d'infanterie et trois de chasseurs de Menzingen, enfin pour le poste même de Münzesheim. — 10 frimaire, 6 heures passées.

Je ne sais si je me trompe, mais selon ce qui sera arrivé à la gauche, il est possible que l'ennemi tourne Menzingen par Landshausen et Elsenz, et soit à Odenheim, la nuit, en visite. Je serai en communication continuelle avec les carabiniers à Odenheim.

Après avoir expédié mes lettres au général Ney et au général Lacoste, j'écrivis au général en chef :

Tout me confirme de plus en plus, mon général, que l'ennemi a reçu des renforts. Depuis hier, il est en mouvement sur sa ligne, puisqu'ayant pris poste, hier soir, à Weingarten et Bretten, il est venu, aujourd'hui, occuper Gochsheim en force. Il s'est aussi établi à Zaisenhausen. On s'est fusillé au moins une heure aujourd'hui vers Gochsheim. Hier, un poste envoyé par ma brigade de gauche s'avança jusqu'à Ober-Derdingen pour y fourrager; on y trouva quelques hussards, dont un fut tué. Comme on s'occupait à y faire enlever du fourrage, l'ennemi s'avança avec de l'infanterie et quelques pelotons de cavalerie. On se tirailla de part et d'autre jusqu'à la nuit.

Si l'ennemi a des projets d'attaque, son mouvement sur toute la ligne laisse du doute sur le principal point où il veut tenter; peut-être n'a-t-il l'intention que de nous empêcher de tirer nos subsistances en avant. Enfin je mettrai tout en œuvre pour l'observer, et deviner, s'il est possible, quel est son but.

Je vous ai déjà parlé de me faire remplacer par un général de division, parce que j'aperçois qu'un tel commandement est au-dessus de mes forces. Lorsque j'obéis à votre ordre de prendre le commandement de la 2ᵉ division, je ne vous fis pas cette observation parce que vous me dites que le général Colaud allait arriver et que ce n'était que momentanément que vous me faisiez remplir cette tâche (1).

Un nouvel avis que je reçois m'annonce que l'ennemi a une grande ligne de feux vers Gochsheim et qu'en avant, il a des postes d'infanterie sans feu : ce qui me fait présumer que, demain matin, nous serons attaqués dans cette partie, d'autant plus qu'on m'annonce que le canon a tiré vers le général Ney, et qu'on croit que ses avant-postes ont été forcés à la retraite. J'ai recommandé qu'on s'assure de ce dernier fait.

(1) « J'ai dit précédemment ce qui m'avait décidé à demander mon remplacement. » (Note de Decaen.)

11 frimaire. — Je reçus après minuit, de la part du général Bonet, cette relation :

L'ennemi m'a forcé sur le point d'Eppingen et m'a obligé de l'abandonner ainsi que Rohrbach et Elsenz. Cependant, je compte occuper ce dernier endroit demain, par des postes, ainsi qu'Adelshofen.

J'ai avis que l'ennemi a le projet d'attaquer en même temps la droite et la gauche.

L'ennemi ne m'a pas montré beaucoup de forces, mais il m'a attaqué avec impétuosité et du canon.

Je vous prie d'ordonner une découverte sur Elsenz. J'en ferai demain autant et, de cette manière, nous correspondrons.

Le général Bonet m'écrivait de Hilsbach, et le général Lacoste me disait dans sa lettre d'envoi :

J'ouvre la lettre du général Bonet. J'en conclus que ce général ignore que les ennemis occupent aussi Landshausen, et qu'il nous est impossible de correspondre.

Je fis part au général Colaud des renseignements qui m'étaient parvenus. Ce général me répondit qu'il venait d'en prévenir les généraux sous ses ordres; qu'il tiendrait contre l'ennemi dans la position qu'il occupait tout autant que je tiendrais à Bruchsal; que, si je quittais ce poste pour me porter sur Ubstadt, l'adjudant général Lacroix retirerait ses troupes d'Altenbrück (1) et se retirerait à la droite de Forst; que ses troupes de droite occuperaient Neudorf, Russheim et Huttenheim; qu'il tiendrait encore dans cette partie autant de temps que je tiendrais à Ubstadt; que, si j'étais forcé dans cette position, il serait forcé lui-même de lever le blocus de Philippsburg et de se porter derrière la Kraich; qu'il était possible que nous ne fussions pas forcés ni l'un ni l'autre, mais que, si Ney était poussé sur Wiesloch, nous serions obligés de nous porter sur Walldorf et Hockenheim.

Je fis aussi prévenir le général d'Hautpoul, commandant la réserve, de ce qui était arrivé à la division du général Ney.

Je reçus encore pendant la nuit trois autres rapports du général Lacoste, dans l'un desquels il me témoignait des inquiétudes au sujet d'Odenheim (2), ayant appris que l'ennemi y avait égorgé un

---

(1) Karlsdorf.
(2) Inquiétudes justifiées puisque le prince Carl Lothringen, dans le courant de la journée, s'empara après un vif combat des hauteurs boisées entre Menzingen et Odenheim. (*Erzherzog Carl*, II, p. 503.)

poste de carabiniers dont un seul homme s'était sauvé, et qu'il avait envoyé une reconnaissance pour être assuré de ce qui s'était passé dans ce village où il allait envoyer deux compagnies d'infanterie.

Son dernier rapport m'informait que la reconnaissance qu'il avait envoyée avait trouvé, à Odenheim, les carabiniers à cheval, ayant cinquante hommes en avant; que des hussards de Szekler avaient enlevé six chevaux à un petit poste, sans autre événement.

J'avais fait annoncer au général Lacoste par mon chef d'état-major, l'adjudant général Schiner (1), que, décidé à faire prendre à la plus grande partie de la brigade de droite la position d'Ubstadt, j'allais faire occuper Unteröwisheim, tenant toujours Heidelsheim; qu'il n'y aurait qu'un détachement de l'autre côté de Bruchsal, pour y avoir des avant-postes; que, d'après ces dispositions, il devait tenir le plus longtemps possible à Oberacker; de m'adresser ses rapports à Unteröwisheim, et que j'irais le voir dans la matinée.

Je fis donner des ordres au général Roussel en conséquence de cette disposition, dont je prévins les généraux Colaud et d'Hautpoul.

Je me rendis ensuite à Unteröwisheim, où je reçus un nouveau rapport du général Lacoste, qu'il m'avait envoyé à 6 heures, dans lequel il n'était pas question de l'ennemi. Il m'informait des emplacements qu'occupaient ses troupes, et il m'annonçait qu'il avait retenu près de lui, pour la journée, l'adjudant général Daclon et ses adjoints, qui avaient reçu l'ordre de se rendre à la division de réserve.

Étant allé à Münzesheim voir le général Lacoste, il n'y avait rien de nouveau : tous nos postes avaient à leur vue ceux de l'ennemi.

Vers midi, je retournai à Unteröwisheim. Je reçus une lettre du général Lecourbe. Il me mandait de faire arrêter le chancelier de l'évêque de Bruchsal, pour être envoyé sous escorte à Landau, pour y servir d'otage en garantie d'un nommé Leth, arrêté par le prince Charles à cause de son attachement aux Français; et, si ce

---

(1) Schiner (Joseph-Ignace-Maximilien), né le 31 mai 1761, à Sion (Suisse); sous-lieutenant, le 28 mars 1780; adjudant général chef de brigade, le 20 vendémiaire an II; général de brigade, le 16 floréal an VIII; en disponibilité, le 3 février 1808; employé au camp d'Utrecht en 1813; retraité, le 1ᵉʳ avril 1815; replacé à l'état-major général, le 22 mars 1831. (A. A. G.)

chancelier, nommé Wolff, ne se trouvait pas, de prendre le conseiller Lebel.

La fin de cette lettre énonçait :

Depuis le temps que je vous avais dit d'envoyer chercher des armes et des habits pour les conscrits de la 29e, ils devraient déjà les avoir : ils sont tout prêts.

C'était une erreur du général en chef car, s'il m'eût donné cet avis, je n'aurais pas ordonné le renvoi de ces conscrits, renvoi dont je l'avais prévenu.

Je reçus une lettre du général Ney, datée de Sinsheim, à 6 heures du matin. Il me marquait :

Je reçois à l'instant votre lettre d'hier, mon cher général, et je me hâte de vous donner avis que l'ennemi a contraint hier tous mes avant-postes à se replier sur ma ligne, très étendue comme vous le savez. Je viens de concentrer mon infanterie à Hilsbach, Weiler, Steinsfurth, et Sinsheim, ma cavalerie à proximité de ces différentes positions, prête à tout événement. Je pense que l'ennemi m'attaquera ce matin avec des forces que l'on estime assez considérables. Les hussards de Vecsey, de Kaiser et de Szekler sont vis-à-vis de moi avec beaucoup d'infanterie hongroise, sans comprendre les dragons du 13e régiment, les cuirassiers d'Anspach et de Franz-Mailand. Vous voyez, mon cher général, que, d'après cet exposé, ma situation n'est pas brillante; dans tous les cas, je ferai l'impossible pour maintenir ma première position, quoique mauvaise. Mais si j'y étais forcé, je prendrais celle en arrière de l'Elsenz, la droite à Horrenberg, et ma gauche, sur la direction de Baierthal ou Gauangelloch. J'ai prévenu le général Lacoste des mouvements de l'ennemi. Celui-ci a pénétré hier soir jusqu'à Neckarbischofsheim. Je vais tenter de reprendre ce poste très important, pour assurer ma communication avec la 4e division. Cette dernière est malheureusement très faible et a été obligée de se concentrer sur l'Elsenz. Ce mouvement développe déjà mon aile gauche et, si l'ennemi s'avance en force par Helmstadt sur Waibstadt, l'armée sera nécessairement obligée de faire un mouvement rétrograde.

Le général en chef m'a également invité de nous entendre, de manière à pouvoir nous aider mutuellement, chose absolument impossible en considération de l'étendue de terrain qui nous sépare : car, avant de vous faire connaître l'attaque de l'ennemi, son but est rempli avant d'avoir reçu aucune réponse. Et puis, je ne pourrais pas disposer de vos troupes sans votre agrément; les chefs de corps s'y opposeraient. Notre développement, en général, dans la circonstance, est trop grand.

Entre une et 2 heures après midi, on vint m'avertir qu'il se tirait des coups de fusil en avant de Heidelsheim, et qu'on entendait aussi la fusillade du côté de la brigade de gauche. Je me rendis sur le point le plus convenable pour mieux observer ce qui se passerait devant Heidelsheim. La fusillade s'y soutenait sans que l'ennemi fit de progrès. Ce n'était pas sa principale attaque. Le général Lacoste me fit prévenir par une ordonnance qu'à une heure, ses postes d'Oberacker étaient vivement attaqués.

J'entendais déjà une canonnade de son côté, dont la direction me fit juger qu'il opérait sa retraite. J'envoyai sur ce point pour savoir ce qui se passait.

Vers les 4 heures, l'ennemi s'avança sur Unteröwisheim et son attaque sur Heidelsheim devint alors plus vive. On se fusillait aussi de l'autre côté de Bruchsal et à la division de droite. Je fis soutenir les attaques sur Oewisheim et Heidelsheim, et l'ennemi fut contenu. La canonnade était toujours très vive à la gauche, du côté d'Odenheim. A la fin du jour, je fis replier les troupes qui combattaient vers Heidelsheim. Mes troupes, au delà de Bruchsal avaient été forcées de rétrograder ainsi que les troupes de la division de droite qui occupaient Altenbrück (1).

Pendant cet affaire, un aide de camp du général en chef vint voir ce qui se passait; mais il ne m'apporta point d'ordres. Le feu ne cessa qu'à 6 heures 30 à Unteröwisheim. Après avoir donné des ordres pour occuper ce village comme avant-poste, je me rendis à Ubstadt. Je venais de recevoir une lettre de l'adjudant général Daclon, datée d'Oestringen, qui m'annonçait :

Le général Lacoste me charge de vous prévenir qu'il lui a été impossible de tenir la position d'Odenheim, l'ennemi ayant placé deux pièces d'artillerie sur le chemin de Landshausen qui lui a coupé sa retraite, ces pièces étant placées à peu près à demi-portée, ce qui l'a obligé à se retirer par les bois.

Arrivé à la route d'Oestringen, il croyait défendre la route de Zeuthern et garder cette position jusqu'à la nuit; mais l'ennemi, ayant amené quatre pièces d'artillerie dont un obusier, l'a forcé de l'abandonner et de se rendre ici, où il croit passer la nuit.

Il me charge de vous prier, citoyen général, de lui faire connaître la position de la brigade de droite, ainsi que vos ordres sur la conduite qu'il a à tenir, tant pendant la nuit que pour demain.

Le général Lacoste vous rendra compte de notre perte que je ne connais pas encore, et que je ne crois pas être considérable.

(1) Karlsdorf.

Aussitôt mon arrivée à Ubstadt, je prévins le général Colaud, en lui faisant un court récit de ce qui s'était passé, que j'allais donner des ordres pour que ma division allât prendre, le lendemain, la position de Walldorf et de Wiesloch.

Je fis au général en chef le rapport suivant :

Depuis hier, mon général, l'ennemi ayant sans cesse manœuvré entre moi et le général Ney, nos communications ont été tellement interceptées que je n'ai pu avoir, malgré tout ce que j'ai pu faire faire, qu'une seule lettre de ce général, datée d'aujourd'hui à 6 heures du matin. Il m'annonçait que tous ses avant-postes avaient été repliés hier; qu'il s'attendait à être attaqué aujourd'hui ; qu'après avoir défendu sa position autant que possible, il se retirerait derrière l'Elsenz, sa droite à Horrenberg et sa gauche, vers Gauangelloch.

Les entreprises tentées par l'ennemi dans différents endroits de ma ligne et sur Odenheim, d'où l'ennemi menace extrêmement encore mon flanc gauche, l'incertitude sur la position du général Ney qui, quand bien même elle serait celle qu'il m'indique par sa lettre, me mettent toujours dans l'impossibilité de tenir davantage la position d'Ubstadt. Je me suis déterminé à ordonner une marche pour me rendre sur Wiesloch, où, là encore, je ne serai pas de mon mieux, vu le peu de forces que j'ai à opposer à un ennemi assez nombreux, et les grandes lacunes que j'aurai nécessairement entre les généraux Colaud et Ney, quoique, pourtant, je ferai encore occuper Roth. Je ne vous donne pas de rapport de l'affaire qui a eu lieu aujourd'hui ; mais donnez-moi vos instructions pour ce que je dois faire ultérieurement. Le général Colaud m'annonce qu'il n'a pas non plus reçu d'ordre de vous. Je l'ai prévenu; il va aussi se trouver forcé par les circonstances de quitter sa position. J'exécute mon mouvement à minuit, pour quitter la position d'Ubstadt et d'Unteröwisheim où, *ce soir encore*, à 6 heures et demie, nous disputions le terrain : car l'ennemi s'est décidé fort tard à exécuter son dessein.

Je venais de recevoir une lettre du général Colaud, datée de Waghäusel à 6 heures et demie. Il m'écrivait :

Depuis 6 heures du matin, je n'ai pas reçu de vos nouvelles. D'après la canonnade que j'ai entendue, il paraît que vous êtes en arrière d'Ubstadt, c'est-à-dire à Mingolsheim. Dites-moi, je vous prie, si cela est, car si vous étiez forcé demain matin, je ne pourrais pas retirer mes troupes de Russheim et de Huttenheim.

Dites-moi où se trouve Ney. Je n'ai reçu aucun ordre du général en chef, ni de ses nouvelles. Dites-moi où il est, et envoyez-lui copie de ma lettre si vous en avez le temps.

L'adjudant général Lacroix a été forcé de se retirer d'Altenbrück (1)

---

(1) *Karlsdorf.*

sur Hambrücken. Le général Joba occupe Graben avec une compagnie de hussards. Il a été forcé de se replier sur Ziegelei (1) et a repris le poste de Graben à l'entrée de la nuit ; mais la plus grande partie de son infanterie est à Ziegelei et à Huttenheim.

Écrivez-moi, je vous prie, de suite.

Je fis cette réponse :

La lettre que je vous ai écrite, mon cher général, pour vous prévenir du mouvement que j'ai cru devoir ordonner pour la sûreté de la division et même de l'armée, puisque je n'ai encore aucune nouvelle du général Ney depuis une lettre datée de ce matin à 6 heures et demie, malgré les démarches que j'ai fait faire, l'ennemi ayant toujours manœuvré depuis hier entre nos deux divisions, tellement qu'il est parvenu, malgré tous les soins du général Lacoste, à s'emparer d'Odenheim ; cette lettre, dis-je, que je vous ai écrite, doit vous être parvenue.

L'ennemi a cherché pendant tout le jour à pénétrer sur ma brigade de droite, mais infructueusement. La nuit n'ayant même pas empêché ses mouvements, il se trouve dans beaucoup d'endroits à ma proximité. De sorte que toutes ces considérations m'ont mis dans le cas d'ordonner le mouvement que je vous ai annoncé. Ce mouvement commence à minuit ; mais mes avant-postes resteront longtemps pour nous couvrir, pour prendre la position de Wiesloch où, sûrement, je pourrai avoir plus de facilité de me procurer des renseignements sur la position de la 3ᵉ division.

Si je n'étais pas autant fatigué, je serais entré avec vous dans plus de détails ; mais je vous souhaite le bonsoir. Demain, si nous n'avons pas d'inquiétudes de la part de l'ennemi, je me propose d'avoir le plaisir de vous voir.

Après avoir relu la lettre du général Ney, que je suis fâché de ne pas pouvoir vous envoyer en entier, après avoir examiné une carte, je vois que je me trouve dans l'absolue nécessité de faire opérer le mouvement, puisque le général Ney m'annonce qu'il prendra position derrière l'Elsenz, sa droite vers Horrenberg et sa gauche sur Gauangelloch. Vous voyez, mon général, que ma position actuelle ne peut être tenue, et que je me trouverai encore dans une position bien fâcheuse à tenir, celle de Wiesloch, avec aussi peu de monde. Je serai comme un moulin à vent. Pourtant, je ferai de mon mieux. Je n'ai rien reçu du général en chef qu'un aide de camp qui m'a appris qu'il était malade, en m'annonçant que l'ennemi devait manœuvrer sur vous, puisque hier il l'avait fait sur le général Ney. J'ai écrit au général en chef pour qu'il me fasse part de ses nouvelles intentions, puisque le général Ney n'a pu suivre ce qu'il avait indiqué par la lettre qu'il m'a écrite en m'annonçant que Walldorf serait mon centre.

---

(1) Entre Huttenheim et Hambrücken.

Cette lettre venait de partir, lorsque je reçus celle-ci du général en chef :

Mannheim, le 11 frimaire.

Le général Ney, en se rendant sur l'Elsenz, laisse votre gauche un peu en l'air. Il tient sa droite à Weiler.

Pour remplir le vide, je vous envoie un bataillon. Je propose au général Colaud de lever le blocus, et de vous jeter sur Forst et Ubstadt une partie de ses troupes, tandis que vous auriez, par là, la faculté de vous jeter un peu sur votre gauche, sur Tiefenbach et Eichelberg, tenant Bruchsal par des avant-postes.

Je pense que, si Philippsburg était débloqué, l'ennemi nous laisserait tranquilles.

Cette lettre me donna encore de l'humeur : car, si le général Lecourbe avait eu son quartier général plus rapproché, comme cela devait être, les relations auraient été beaucoup plus promptes; ses ordres ne seraient pas parvenus quand les circonstances qui les avaient fait donner étaient changées. D'ailleurs, que signifiaient ces irrésolutions? « Je propose au général Colaud de lever le siège de Philippsburg, etc., et je pense que, si le blocus était levé, l'ennemi nous laisserait tranquilles. » Néanmoins, il voulait encore garder Bruchsal.

Ce contenu de lettre n'annonçait-il pas que la maladie du général Lecourbe influait sur son moral? En levant son blocus comme il l'entendait, il faisait encore mieux juger à l'ennemi que nous n'avions pas de forces suffisantes à lui opposer et, par conséquent, il l'aurait engagé à continuer d'entreprendre de nous repousser.

Il aurait fallu, pour engager l'ennemi à nous laisser tranquilles, comme le désirait le général Lecourbe, se rapprocher de Mannheim, dès qu'on avait appris qu'il s'avançait sur nous avec une augmentation de forces, et se disposer, en nous réunissant, à le combattre avec avantage, s'il prétendait nous forcer à repasser le Rhin; ou bien laisser Mannheim, faire retirer les postes et se placer derrière le Neckar, puisqu'on aurait toujours eu la faculté de se retirer au besoin sur Mayence. Notre armée aurait continué de vivre aux dépens du pays, et nous nous serions rapprochés des renforts qui nous arrivaient de la Hollande.

D'ailleurs, en prenant ce parti, qui aurait obligé l'ennemi à rester devant nous ou à nous suivre sur Mayence, nous aurions encore mieux rempli le but de faire une diversion utile au général Masséna, si c'était ce but qui avait encore déterminé de faire le nouveau blocus de Philippsburg afin d'obliger le prince Charles à détacher encore de son armée pour délivrer cette place.

Enfin, si le général Lecourbe n'était pas resté aussi éloigné de ses divisions, il aurait pu, dès les premiers avis de l'arrivée des renforts de l'ennemi, lever son blocus, réunir toutes ses troupes et marcher pour l'attaquer avec avantage, au lieu de nous laisser, disséminés, attendre l'événement sur un territoire d'une trop grande étendue, avec des divisions trop faibles pour pouvoir se maintenir aux positions qu'il avait indiquées, attendu, encore, qu'elles ne pouvaient pas se donner de mutuels secours; et qu'il devait arriver que, dès que l'une d'elles serait obligée de rétrograder, les autres devraient aussi faire leur retraite.

L'adjudant général Lacroix m'écrivit de lui faire part des dispositions que j'avais prises et de la position que ma division devait occuper; que, forcé de se retirer d'Altenbrück (1), il couvrait avec ses troupes l'embranchement de la route de Forst à Altenbrück, et qu'il attendait avec impatience de mes nouvelles.

Je lui fis part de ce que j'avais annoncé au général Colaud à ce sujet.

Le général d'Hautpoul m'avait aussi écrit de Mingolsheim :

J'attends avec impatience de vos nouvelles, mon cher général, pour savoir les mouvements que vous allez faire; d'après ceux que vous ferez, je réglerai les miens. Il est temps cependant de prendre une décision pour que, demain matin, nous puissions être en mesure, car l'ennemi ne manquera pas, assurément, de nous attaquer.

Mes troupes seront à cheval avant le jour.

Le chef d'escadrons Noizet, aide de camp du général en chef, m'a engagé de décacheter la lettre que vous écrit le général Lacoste. Il attend des ordres. Je suis fort aise qu'il occupe de sa personne Oestringen. Je m'étais proposé d'y envoyer un escadron de carabiniers dans le cas où ce village n'eût pas été occupé.

Sortez-moi de l'inquiétude où je suis, afin que nous sachions quelles dispositions prendre pour demain.

Je l'informe de l'heure à laquelle mes troupes partiraient pour se rendre à Walldorf et Wiesloch.

---

(1) Karlsdorf.

Le général Espagne (1), commandant une brigade de la réserve de cavalerie, m'écrivit de Langenbrücken :

> Je ne sais, mon cher général, si vous aurez été obligé de changer les dispositions que vous m'avez communiquées pour l'emplacement de vos troupes pendant la nuit. Je doute que vous soyez établi à Zeuthern. Donnez-moi, je vous prie, de vos nouvelles, et faites-moi part de la position que vous occupez et de vos intentions pour la journée de demain. Je communiquerai votre lettre au général d'Hautpoul (2).
>
> (9 heures du soir.)

Je lui fis réponse que j'occupais toujours Unteröwisheim et que mes troupes commenceraient à minuit leur mouvement de retraite.

12 frimaire. — Avant de partir d'Ubstadt, je reçus une seconde lettre du général d'Hautpoul, écrite à minuit et demie.

Il me marquait :

> Une lettre du général Ney, mon cher Decaen, court après vous ; ne sachant où vous étiez, je l'ai fait passer au général Lacoste.
>
> Je vais ordonner mon mouvement de retraite et réunir la brigade Espagne dans la plaine de Walldorf, le 19e de cavalerie en arrière de Wiesloch, pour éclairer la Bergstrasse.
>
> J'ai écrit aussi au général Colaud et lui ai mandé que, votre brigade de gauche n'ayant pu occuper Odenheim, je trouvais que la position d'Ubstadt était fort mauvaise.
>
> Vous m'obligerez, mon cher général, de me voir en passant, pour que nous puissions nous concerter ensemble.
>
> Je vous attends.
>
> Je présume bien que, dans le mouvement que vous allez ordonner, vous jetterez un corps de troupes assez conséquent sur Wiesloch en attendant que vous connaissiez les mouvements du général Ney.
>
> Le 19e de cavalerie restera en avant de Wiesloch jusqu'à ce que nos

---

(1) Espagne (Jean-Louis-Brigitte), né le 16 février 1769, à Auch ; dragon, le 6 juillet 1787 ; sous-lieutenant, le 2 août 1792 ; capitaine, le 2 septembre 1792 ; chef d'escadrons, le 29 novembre 1792 ; adjudant général chef de brigade, le 23 septembre 1793 ; général de brigade, le 22 messidor an VII ; général de division, le 12 pluviôse an XIII ; commandant la 3e division de cuirassiers de la Grande Armée, le 22 novembre 1806 ; blessé par un boulet à la bataille d'Essling, le 21 mai 1809, et mort le même jour, à 11 heures du soir. (A. A. G.)

(2) Pendant la journée du 11 frimaire, l'armée française avait eu à combattre, à gauche, le prince Hohenlohe avec sept bataillons, sept compagnies, vingt et un escadrons et dix-huit pièces de réserve ; à droite, le prince Carl Lothringen avec quatre bataillons, dix compagnies, trente et un escadrons, quatorze pièces de réserve. (*Erzherzog Carl*, II, p. 502.)

troupes se soient emparées de cette position. Il passera ensuite en arrière, pour éclairer la Bergstrasse. Voilà le mouvement que je peux ordonner jusqu'à ce que nous nous soyons concertés.

Je vous attendrai ici jusqu'à 3 heures du matin, et si, à cette heure, vous n'êtes pas ici, je partirai pour me rendre à Walldorf.

En passant à Mingolsheim, j'y trouvai encore le général d'Hautpoul qui m'y avait attendu. Nous convînmes ensemble des positions que nos troupes occuperaient.

En me rendant à ce village, je reçus la lettre du général Ney que le général Lacoste, auquel on avait porté des ordres pour venir sur Wiesloch, m'avait renvoyée. Elle était datée de Dielheim, à 9 heures du soir, était de l'adjudant général Ruffin (1).

Il m'annonçait :

Le général Ney me charge de vous prévenir que l'ennemi l'a forcé aujourd'hui dans sa position, et qu'il a été obligé de venir prendre celle suivante :

La brigade de droite occupe la position de Horrenberg et doit communiquer avec vous par sa droite; sa brigade de gauche, en arrière de Zuzenhausen, devant communiquer avec la 4ᵉ division.

Il vous invite à lui donner connaissance de l'emplacement qu'occupent vos troupes.

Notre perte est peu conséquente; l'ennemi a beaucoup souffert.

Avec la lettre du général Ney, le général Lacoste m'avait envoyé un rapport de ce qui lui était arrivé dans la journée.

Il me faisait le détail des divers mouvements auxquels l'ennemi l'avait obligé. Il les avait fait habilement et heureusement. Mais ce n'était pas sans peine et sans vaincre beaucoup de difficultés qu'il était arrivé, avec une partie de ses troupes, rejoindre celles qui l'avaient précédé à Odenheim; que l'ennemi, avec cinq pièces d'artillerie et des forces supérieures en infanterie et cavalerie, l'avait forcé d'abandonner cette mauvaise position pour se retirer sur Oestringen; que l'ennemi l'avait encore poursuivi avec son artillerie; cependant, qu'à force de soins, sa retraite sur cet endroit s'était opérée aussi passablement que le reste de la journée; qu'on

(1) Ruffin (François), né en 1771, à Bolbec (Seine-Inférieure); adjoint à l'adjudant général Ernouf, le 16 août 1792; aide de camp de Jourdan, le 25 septembre 1793; chef de bataillon, le 1ᵉʳ brumaire an VII; chef de brigade, le 12 thermidor an VII; général de brigade, le 12 pluviôse an XIII; général de division à la Grande Armée, le 3 novembre 1807; décédé, le 15 mai 1811, de ses blessures, à bord du vaisseau anglais *Gorgon*, dans la traversée de Cadix en Angleterre. (A. A. G.)

lui avait fait quelques prisonniers à Oberacker, et qu'il avait eu aussi quelques hommes tués et blessés, et quelques chevaux; — il regrettait beaucoup le capitaine Bertin, du 20° de chasseurs, un des plus braves officiers de l'armée; — néanmoins, que ses pertes étaient moins considérables que celles de l'ennemi, malgré ses canons, et quoiqu'il ne lui eût pris que deux hussards de Vecsey.

Il faisait l'éloge d'un escadron de carabiniers qui, avant qu'il eût pu arriver à Odenheim, avait beaucoup retardé que l'ennemi occupe ce village, en faisant avec autant de bravoure que de succès une superbe charge sur les cuirassiers autrichiens qui avaient entrepris d'enlever nos deux pièces de canon, et que, dans cette charge, les carabiniers avait pris onze chevaux, et tué et blessé bien davantage de cuirassiers.

Je fis prévenir le général Ney que j'allais arriver sur Walldorf et Wiesloch, et je fis part au général Colaud de ce que j'avais appris du général Ney.

M'étant arrêté à Mingolsheim pour y attendre l'arrivée de mes troupes qui devaient laisser des arrière-gardes, jusqu'au jour, à Langenbrücken et Kronau, je reçus une lettre du général Lacoste m'annonçant qu'il avait dû partir d'Oestringen à 5 heures du matin, mais que des compagnies de la 12° et des hussards, qui devaient le rejoindre par Zeuthern, n'étaient pas encore arrivés; qu'il craignait que ces compagnies ne le fissent attendre longtemps, et que, peut-être, si elles avaient trouvé quelque obstacle, elles s'étaient dirigées pour arriver sur la grande route; qu'il n'y avait pas de sûreté pour ceux qu'il enverrait pour les retrouver; que, d'ailleurs, il faisait un brouillard à ne voir ni n'entendre que de très près, et que, si je pouvais les dévier, cela lui serait utile. Enfin, il demandait ce qu'il aurait à faire si elles n'arrivaient pas. Avec sa lettre, il y en avait une du général Bonet qui écrivait de Horrenberg :

Veuillez, mon cher camarade, me donner connaissance de votre position et de celle de l'ennemi, et s'il s'est présenté avec des forces très supérieures.

J'ai dû quitter ma position d'Hilsbach, l'ennemi ayant constamment manœuvré sur mes flancs. Il m'a montré quatre pièces et un obusier; sa force n'est pas, à ce que je crois, supérieure. Il cherchait à s'emparer de Balzfeld. Mais une charge ordonnée l'a fait renoncer à ses entreprises. Je crois qu'il cherchait probablement à rompre nos communications.

Ma position actuelle est : le 6ᵉ chasseurs à Balzfeld; trois compagnies à Hoffenheim, que je retirerai demain à 4 heures; mon infanterie adossée au bois en avant d'Horrenberg. Mais je présume que l'ennemi me forcera demain.

Je couvrirai, dans tous les cas, Wiesloch, si vous n'y portez vos troupes.

Le 9ᵉ de cavalerie est à Altwiesloch; le 1ᵉʳ de chasseurs, à Baierthal; le 6ᵉ de cavalerie, à Schatthausen.

Voilà notre position. Notre infanterie a des postes sur la gauche de l'Elsenz, depuis Hoffenheim. Le général Ney est à Dielheim.

Je fis dire au général Lacoste de partir de sa position; que j'avais donné ordre d'attendre, sur Mingolsheim, l'arrivée des compagnies, et que j'avais ordonné que des patrouilles fussent dirigées vers les points par lesquels elles pouvaient venir sur la grande route, et d'envoyer à l'avance son artillerie, avec une escorte, sur Wiesloch, au lieu de la diriger sur Mingolsheim, comme il me l'avait proposé.

Les compagnies dont il est question ayant été rencontrées au jour, elles ne tardèrent pas à arriver à Mingolsheim. J'en fis prévenir le général Lacoste. Ensuite, je fis continuer le mouvement de retraite sur Wiesloch et Walldorf.

Arrivé près de Wiesloch, je fis placer les troupes de la brigade Lacoste que j'avais avec moi, ainsi que le 19ᵉ de cavalerie qui y avait été envoyé par le général d'Hautpoul, de manière à pouvoir protéger les autres troupes de cette brigade qui devaient arriver d'Oestringen.

Les troupes de la brigade Roussel qui, de Mingolsheim, s'étaient dirigées par Roth sur Walldorf, étaient arrivées à leur position. L'arrière-garde laissée à Kronau se replia sur Roth qu'elle devait garder, et celle de Langenbrücken, en arrière de Mingolsheim. L'ennemi n'avait fait qu'observer ces mouvements.

Je reçus du général Colaud la lettre ci-après, datée de Hockenheim :

J'arrive en ce moment, mon cher général, dans la position de Hockenheim. J'occupe Walldorf avec un bataillon d'infanterie légère de quatre cents hommes et deux escadrons du 2ᵉ hussards. Je retirerai ces derniers aussitôt que d'Hautpoul aura envoyé de la cavalerie à Walldorf.

Dites-moi, je vous prie, ce que sont devenues les trois compagnies qui étaient à Forst et qui doivent s'être dirigées, avec les quatre compagnies que vous aviez aux salines, sur Walldorf, par Kronau et Roth. J'attends les ordres du général en chef sur nos mouvements ultérieurs.

Je me suis mis en marche ce matin à 8 heures de Waghäusel.

Le général Lacoste, dont le départ d'Oestringen avait été retardé pour attendre les compagnies qui, pendant la nuit, s'étaient trompées de direction, était venu se placer sur la hauteur de Malsch, pour y attendre, avant d'arriver jusqu'à Wiesloch, l'arrivée de son arrière-garde laissée auprès d'Oestringen pour observer les mouvements de l'ennemi, et ce qu'il paraîtrait avoir l'intention de faire quand il serait arrivé à ce village. Celui-ci, après y être entré, se borna à ne placer que des postes en avant.

Mais, entre une et 2 heures, on entendit le canon vers Horrenberg, et bientôt l'ennemi, sorti d'Oestringen, obligea l'arrière-garde du général Lacoste à se replier sur lui, et lui-même, à hâter la retraite de ses troupes sur Wiesloch. L'ennemi, en même temps, repoussa vivement les postes placés pour observer vers Mingolsheim et attaqua aussi celui de Roth.

Lorsque le général Lacoste m'eut rejoint et que ses troupes eurent été placées en arrière du ruisseau devant Wiesloch, nous y soutînmes un combat très vif pour l'empêcher de passer le pont sur ce ruisseau, tant contre les troupes qui avaient forcé le général Lacoste que contre celles qui arrivèrent par la grande route, et l'empêcher d'arriver presqu'à Wiesloch, ce qui était essentiel pour protéger la droite du général Ney. Mais l'ennemi ayant fait des progrès sur le général Bonet à Horrenberg et ayant également forcé Roth, et menacé en même temps de voir ma retraite coupée en arrière de Wiesloch, ce qui aurait aussi compromis la droite du général Ney si l'ennemi fût arrivé avant lui à Nussloch; que, d'un autre côté, les troupes qui occupaient Roth ayant été forcées de rétrograder, et qu'il pouvait aussi arriver que je fusse tourné par ma droite, l'ennemi ayant déjà coupé ma communication directe avec Walldorf, ne pouvant alors plus tenir en avant de Wiesloch, je me décidai à passer en arrière. Une partie de mes troupes traversa ce village et les autres passèrent à droite et à gauche. L'ennemi nous serrait de très près.

Cependant, fort heureusement, car lorsque, et à propos, les premières troupes arrivèrent de l'autre côté de Wiesloch, ils y rencontrèrent des éclaireurs de l'ennemi qui y arrivaient en même temps, et ils les chassèrent.

Le feu était toujours très vif du côté du général Ney.

Les premières troupes qui étaient arrivées en arrière de ce village avaient pris une position favorable pour protéger la retraite des autres, et pour combattre l'ennemi quand il voudrait déboucher à son tour.

Lorsque je fus arrivé à cette position, je fis placer de l'infanterie sur une hauteur à notre gauche, qui dominait la route. La seule pièce d'artillerie légère que j'avais, et qui avait bien servi à notre défense, prit une bonne position pour servir encore à retarder à l'ennemi sa sortie de Wiesloch. Je la fis soutenir par une compagnie de chasseurs et par le 19ᵉ de cavalerie : ce n'était qu'un escadron, il n'avait que cent vingt chevaux.

Les autres troupes marchèrent promptement pour occuper Nussloch, alors notre seul point de retraite pour l'artillerie et la cavalerie ainsi qu'aux troupes de la droite du général Ney.

L'ennemi, continuant ses efforts contre lui, entreprit, pour déboucher de Wiesloch où le feu de mitraille de la pièce d'artillerie contribuait à le retenir, de chasser l'infanterie de la hauteur où je l'avais fait placer. L'ennemi, repoussé d'abord, parvint cependant à l'obliger de quitter cette position pour en prendre une plus en arrière, ce qui m'obligea aussi à faire rapprocher de Nussloch la pièce d'artillerie et la cavalerie.

Le seconde attaque faite contre l'infanterie l'avait un peu mise en désordre, et il était arrivé qu'une vingtaine d'hommes avaient été obligés de redescendre en fuyant sur la grande route; mais, chose assez singulière, c'est que chacun d'eux tenait un prisonnier, et quoiqu'ils fussent arrivés jusqu'à nous, j'eus beaucoup de peine à les persuader qu'ils n'avaient plus rien à craindre.

Notre éloignement de Wiesloch ayant permis à l'ennemi de s'avancer, nous ne tardâmes à voir paraître un parti de sa cavalerie sans être précédé d'éclaireurs. Il était au moins aussi nombreux que nous. Dès que son commandant nous aperçut, il commença à faire déployer sa colonne, indubitablement pour nous charger.

Mais, saisissant l'occasion qui était alors favorable, je fis charger à l'instant le 19ᵉ, avec la compagnie de chasseurs, pour arriver en même temps sur le flanc gauche de l'ennemi qui se hâta de tourner le dos. On le poursuivit jusqu'auprès de Wiesloch ; mais on ne put faire que quatre prisonniers avec leurs chevaux.

Au retour du 19ᵉ, je témoignai à son commandant, le chef de brigade Saint-Sulpice, et au chef d'escadrons Desmoutiers, que j'avais vu auparavant se distinguer, combien j'étais satisfait. Les chasseurs avaient parfaitement secondé le 19ᵉ. Je les laissai alors en observation et je me rendis à Nussloch.

La fin du jour s'approchait. Pour éviter l'encombrement dans ce village, comme il y a un chemin par lequel on va à Schwetzingen, et qu'il y a plusieurs fermes presque réunies qui forment le triangle entre cette ville et Oftersheim, et environ à la moitié du chemin entre ces deux endroits et Nussloch, j'y dirigeai le général Lacoste avec ses troupes pour aller prendre position à ces fermes. Ensuite, je me portai sur la route de Baierthal, à très peu de distance de Nussloch, où le général Ney soutenait toujours sa retraite.

J'arrivai auprès de lui au moment où il faisait encore repousser vigoureusement l'ennemi. Le général Bonet était avec lui. Nous nous donnâmes la main tous les trois avec bien du plaisir.

Après avoir dit au général Ney que l'ennemi était resté tranquille de mon côté, l'avoir informé de la direction que j'avais fait prendre à mes troupes pour aller aux fermes et pour faire place aux siennes, que je présumais que mon autre brigade s'était retirée sur Oftersheim avec la réserve de cavalerie, et qu'aussitôt que ces troupes auraient remplacé celles que j'avais encore sur la route de Wiesloch, j'allais me rendre à Schwetzingen où, probablement, je verrais les généraux Colaud et d'Hautpoul, et que, sans doute aussi, j'y recevrais des ordres du général en chef, dont toute la journée ni lui ni moi nous n'avions eu aucune nouvelle, je le quittai et revins à Nussloch.

La dernière charge qui venait d'être faite sur l'ennemi ayant mis, avec la nuit, fin au combat, le général Ney ayant fait remplacer mon arrière-garde, je partis avec elle pour aller rejoindre le général Lacoste à la position que je lui avais indiquée.

A mon arrivée, il m'annonça que le général Roussel était à Oftersheim. Après lui avoir recommandé de lier ses postes avec ceux du général Ney, qui m'avait dit qu'il ferait occuper Nussloch pendant la nuit, ainsi qu'avec ceux du général Roussel, que je le chargeais de prévenir que j'allais me rendre à Schwetzingen, d'où je leur enverrais des ordres, je continuai ma route.

Arrivé dans cette ville, j'y trouvai les généraux Colaud et d'Hautpoul. Ils étaient encore de plus mauvaise humeur que moi, et surtout le général Colaud, de ce qu'on n'avait reçu aucun ordre du général en chef qu'une proposition qui n'était plus à exécuter lorsqu'elle était parvenue ; qu'il était fort extraordinaire que le général Lecourbe nous eût laissés combattre, depuis deux jours, sans autres relations de sa part que l'envoi d'un aide de camp qui n'était venu que faire une apparition ; qu'une manière d'agir aussi singulière aurait pu avoir les plus funestes conséquences, si nous n'avions pas, entre nous et le général Ney, mis autant d'ensemble pour nous aider mutuellement ; enfin, qu'il était impossible de continuer à rester dans un tel abandon, et que, si la maladie du général Lecourbe l'empêchait de commander, pourquoi, alors, ne confiait-il pas le commandement par intérim à l'officier qui, selon la hiérarchie, devait le suppléer ?

D'après ces premières réflexions, qui nous étaient suggérées par l'esprit qui nous animait pour l'intérêt de l'armée et celui de la République, je dis au général Colaud que, dans les circonstances où nous nous trouvions, il devait prendre sur lui de nous donner des ordres ; que, d'ailleurs, je le prévenais qu'il me serait impossible, avec des troupes aussi harcelées et aussi fatiguées que les miennes, et encore plus, leur petit nombre, de pouvoir soutenir, le lendemain, un nouveau combat dans la position que je tenais ; que celles du général Ney étaient encore plus fatiguées ; qu'enfin nos positions, à tous les deux, n'étaient pas tenables, tandis que, si nous nous placions de très bonne heure aux environs de Schwetzingen, alors, concentrés à la meilleure position que nous pourrions prendre, ayant toujours la 4ᵉ division entre la 3ᵉ et le Neckar, et placée relativement au terrain que nous occuperions afin de couvrir, de son côté, les débouchés sur Mannheim, il nous deviendrait plus facile, en attendant les ordres du général en chef, non seulement de résister à de nouveaux efforts de l'ennemi, mais encore qu'il pourrait arriver que nous puissions reprendre l'offensive contre lui, et l'obliger à rétrograder.

Le général Colaud ne voulut pas prendre sur lui une telle responsabilité. Il préféra se rendre à Mannheim, pour voir enfin ce que voulait déterminer l'*ours des montagnes,* car c'est ainsi que, dans sa mauvaise humeur, il qualifiait le général Lecourbe, qui venait de faire la guerre avec beaucoup de succès dans la Suisse et les Grisons, mais qui, dans les quinze jours de campagne que nous venions de faire sous ses ordres, n'avait montré ni énergie, ni activité, ni résolution. Nous ne savions si c'était à sa santé où à la différence de la localité qu'il fallait attribuer son inertie.

Il était alors 9 heures. Le général Colaud fit mettre des chevaux de poste à sa calèche, et nous dit qu'il serait de retour pour 3 heures au plus tard. « C'est très bien, lui dis-je en riant; mais, en vous souhaitant un bon voyage, pendant lequel je vais dormir sur ce plancher, enveloppé dans mon manteau, je vous recommande de rapporter des ordres; autrement, je vous promets de vous en donner moi-même. » Il partit.

Un moment après, un officier, auquel on avait fait prendre un long détour pour me trouver, m'apporta une lettre du général en chef. Je m'empressai de l'ouvrir. Je ne puis pas exprimer ce que son contenu me fit éprouver; mais en la lisant, on peut s'en faire une idée. La voici littéralement :

Au quartier général à Mannheim,
le 12 frimaire, l'an VIII, etc.

Lecourbe, général en chef, au général Decaen, à lui seul.

Mon intention étant de repasser le Rhin, vous donnerez des ordres pour que tous vos équipages et parcs de réserve d'artillerie partent de suite pour passer le Rhin cette nuit à Neckarau. Vous donnez un prétexte à ce mouvement, afin que qui que ce soit n'en soit instruit. Vous direz même que des renforts sont arrivés à Schwetzingen.

Vous recevrez des ordres ultérieurs. Vous réunirez demain vos troupes le plus possible.

Salut fraternel.

Signé : Lecourbe.

P.-S. Faites enlever une trentaine de bœufs devant vous.

On m'apporta aussi une lettre du général Roussel, qu'il m'avait écrite après son arrivée à Oftersheim, dont le porteur avait été dirigé, comme le précédent, sur Heidelberg, Rohrbach et Nussloch.

Ce général me prévenait qu'il venait d'arriver à Oftersheim où il allait prendre position provisoirement; qu'il avait avec lui de l'infanterie et de la cavalerie du général Lacoste (cette partie de troupes qui était à la droite, en avant de Wiesloch, n'avait pas pu rejoindre de l'autre côté).

Il m'annonçait qu'il m'avait envoyé un officier pour me porter une lettre intéressante, et qu'il espérait qu'il m'avait trouvé; que le général d'Hautpoul, ayant vu la gauche repoussée et les bois de front occupés, avait ordonné la retraite; qu'il attendait ma réponse et des ordres relativement à sa position; que la cavalerie s'était portée sur Schwetzingen et qu'il ignorait si elle s'y était établie.

Il m'informait que les compagnies de la 65ᵉ et les hussards qui ne l'avaient pas rejoint, le matin, étaient avec la 1ʳᵉ division.

Vers minuit, on était venu me prévenir qu'on avait entendu une fusillade vers Nussloch; j'appris, plus tard, qu'elle n'avait pas eu de suite, que l'ennemi était venu s'assurer si on y était encore.

CHAPITRE V

Colaud rentre de Mannheim. — Sa colère contre Lecourbe. — Decaen annonce les projets de Lecourbe. — Exaspération de Colaud. — Decaen se substitue au général en chef. — Il rapproche la 2ᵉ division de Schwetzingen. — Lecourbe envoie enfin des ordres. Suspension d'armes. — Decaen se rend à Mannheim. — Réponse peu polie de Decaen à Lecourbe. — Decaen envoyé à Strasbourg. — Il prend congé de Lecourbe de façon peu courtoise. — Decaen à Strasbourg sous les ordres du général Tharreau. — Il est chargé de garder l'île d'Auenheim.

13 frimaire. — Le général Colaud fut de retour vers les 3 heures du matin. Il était encore plus en colère qu'avant son départ, le général Lecourbe, auquel il avait rendu compte de ce qui s'était passé dans la journée, lui ayant donné pour toute réponse qu'il allait envoyer des ordres.

Alors, quoique la lettre du général Lecourbe, que j'avais reçue pendant son absence, ne fût que pour moi seul, je la lui communiquai ainsi qu'au général d'Hautpoul, et je leur demandai qu'en attendant ce qu'il plairait à notre général en chef de nous ordonner, ils voulussent bien me seconder pour faire capturer les bœufs que j'avais ordre de faire enlever devant moi.

Le général Colaud était hors de lui. Il reprit à plusieurs fois la lettre du général Lecourbe pour pouvoir se persuader que c'était bien lui-même qui l'avait écrite et signée.

Cependant, comme il était opportun de prendre un parti, sans attendre les ordres incertains du général en chef, et dont le retard à nous arriver pouvait nous faire avoir une mauvaise affaire en continuant à tenir les positions que nous occupions, j'exposai que, puisque toutes les forces ennemies étaient réunies devant le général Ney et devant moi, nous ne nous tirerions peut-être pas d'un nouvel embarras aussi heureusement que nous l'avions fait la veille, car, si nous n'avions pas fait autant d'efforts pour nous soutenir mutuellement, il serait certainement arrivé qu'une partie de l'une ou de l'autre de nos divisions serait tombée au pouvoir de l'ennemi; que je pensais donc qu'il y aurait plus que de la témérité de recevoir ses attaques en restant comme nous étions placés; et je conclus en renouvelant ma proposition au général Colaud de se charger de nous donner des ordres.

Mais ce général s'y étant encore refusé, le général d'Hautpoul n'ayant pas, non plus, voulu accepter ma proposition, je leur dis : « Eh bien! je m'en charge, moi, et j'espère que vous allez obéir. — Qu'allez-vous donc faire? — Remplacer le général en chef, vous donner des ordres. »

Aussitôt, j'écrivis à l'un et à l'autre, ainsi qu'au général Ney, que, d'après tout ce que j'avais eu à faire contre l'ennemi pendant les deux jours précédents, ne pouvant plus espérer de résister à ses attaques dans la position qu'occupait ma division, je les prévenais que j'allais donner de suite des ordres pour que mes troupes se missent en marche pour se rapprocher de Schwetzingen, tenant seulement des avant-postes à Oftersheim et à la ferme de Bruchhauserhof (1).

Ce mouvement, fait au centre, obligeait nécessairement les deux divisions de droite et de gauche d'y obéir.

« Je ne pense pas que vous ayez aucune observation à faire? — Aucune, dirent-ils, nous allons prendre nos mesures. »

On transcrivit seulement ma lettre pour le général Ney, les généraux Colaud et d'Hautpoul m'ayant dit qu'ils n'en avaient pas besoin.

Après avoir fait expédier la lettre au général Ney, j'écrivis au général Lacoste :

Le général en chef ne m'ayant donné aucune instruction sur les opérations ultérieures que doit faire la division que je commande, pour quelque cause que ce soit, il est convenable que vous fassiez prendre position à une partie de votre brigade à la tête du bois qui se trouve entre Schwetzingen et la ferme de Bruchhauserhof (2), pour couvrir ce débouché sur Schwetzingen et rester liés, par notre gauche, avec la division Ney, en tenant en avant-poste la ferme susdite.

Les trois compagnies de la 65e qui n'ont pas combattu hier, avec cinquante chevaux, seront suffisantes. Le surplus de votre brigade, avec le 19e régiment de cavalerie, vous les dirigerez sur Schwetzingen, avec l'artillerie. Vous vous établirez, la droite à la chaussée qui conduit à Oftersheim. Vous laisserez un poste avec un officier intelligent à votre position

---

(1) Carte au 1/86 400 de Devarat. Bruchhausen sur le 1/100 000 allemand.
(2) Voir la note précédente.

actuelle, pour observer le mouvement du général Ney. Votre poste d'observation suivra ses mouvements, et n'opérera sa retraite que progressivement avec celle du général Ney, ou du général Roussel qui gardera Oftersheim avec une avant-garde et qui portera le surplus de sa brigade en avant de Schwetzingen, pour couvrir les routes de la forêt qui arrivent sur cette ville, le général Colaud m'ayant assuré qu'il se chargerait de la droite de Schwetzingen et de Ketsch. Au surplus, je serai à Schwetzingen et je vous donnerai des instructions selon que les circonstances le prescriront.

Des ordres furent en même temps envoyés au général Roussel pour ce qu'il avait à faire.

Le général Ney m'écrivit de Kirchheim :

Je reçois à l'instant, mon cher général, l'avis de vos dispositions. Voici celles que j'ai déterminées pour l'établissement de ma division. Ma brigade de droite se place à l'instant même à Kirchheim ; celle de gauche, en arrière de Rohrbach. Je donne ordre au général Bonet de se lier avec votre gauche sur Oftersheim. Veuillez, mon cher général, faire connaître mon emplacement au général Colaud.

Un parlementaire arrivé ce matin à Leimen pour réclamer un officier supérieur fait prisonnier hier par le 6ᵉ de chasseurs, a engagé sa parole d'honneur que les hostilités ne recommenceraient qu'à 11 heures de ce matin, et que la stagnation durerait peut-être plus longtemps.

J'envoyai des copies de cette lettre aux généraux Colaud et d'Hautpoul, et j'en fis part aux généraux Lacoste et Roussel.

Le général Colaud m'écrivit de Brühl :

Les dispositions dont nous sommes convenus, mon cher général, sont exécutées, en ce qui me concerne. Je viens de recevoir la circulaire du général en chef pour notre mouvement ultérieur. Le général Joba, qui commande mes avant-postes à Ketsch, avec deux forts bataillons et trois compagnies de grenadiers, est chargé de lier ses postes avec ceux du général Roussel et de correspondre avec lui.

Peu de temps auparavant de recevoir cette lettre, et déjà le mouvement ordonné à une division était exécuté, j'avais reçu celle-ci du général en chef :

Mannheim, le 13 frimaire, etc...

Lecourbe, général en chef, aux généraux Decaen et d'Hautpoul, pour se communiquer mutuellement.

La 1ᵉ division occupera, sa droite à Ketsch, sa gauche à Oftersheim ; la 2ᵉ, la droite à Oftersheim, la gauche à Bruchhauserhof (1) ; la 3ᵉ, la droite

(1) Voir la note de la page 410.

à Bruchhauserhof et sa gauche à Pleikartsforst ; la 4ᵉ, Heidelberg, Wieblingen et Edingen.

Le général d'Hautpoul prendra le commandement de toute la cavalerie et couvrira la plaine Plankstadterebene.

Les généraux de division ont l'ordre d'envoyer sur ces villages toute leur grosse cavalerie.

Si cette position était forcée, l'armée reviendrait prendre celle de Stengelhof à Edingen, en tenant cependant la tête des bois. La réserve de cavalerie, dans la plaine en avant de Neckarau et Seckenheim.

Le général d'Hautpoul prendra des mesures pour que toute sa cavalerie ait passé le Rhin à Neckarau, aujourd'hui à 7 heures du soir.

La division du général Decaen prendra ses mesures pour que toutes les troupes de sa division aient passé le Rhin à minuit.

Le général Colaud prendra aussi ses mesures pour que toute sa division soit passée à 2 heures du matin.

Signé : LECOURBE.

Mais, excepté le général d'Hautpoul, auquel je renvoyai le 19ᵉ de cavalerie, nous ne changeâmes rien à nos dispositions.

Entre 9 et 10 heures du matin, l'adjudant général Mangin arriva à Schwetzingen. Il m'annonça qu'il se rendait au quartier général de l'ennemi, de la part du général en chef, pour traiter d'une suspension d'hostilités. Il me demanda de donner l'ordre pour qu'il passe à mes avant-postes et pour qu'il lui fût donné un trompette.

Je donnai avis de cette circonstance aux généraux Colaud, Ney et d'Hautpoul.

Le général Ney m'écrivit :

Je viens de demander au général en chef sa résolution définitive sur le mouvement rétrograde que l'armée devait effectuer. J'avais ordre de passer à 8 heures du soir sur la rive gauche du Rhin ; mais je présume que ces dispositions seront changées en considération de la cessation d'hostilités qui doit avoir lieu jusqu'à nouvel ordre. J'attends l'officier que j'ai dépêché pour connaître la détermination définitive et, s'il n'y a rien de changé au mouvement ordonné, je partirai à 3 heures de cet après-midi de ma position pour passer le Rhin. Je vous en préviendrai plus particulièrement.

Vers une heure, l'adjudant général Mangin fut de retour à Schwetzingen. Il m'apprit qu'il avait conclu une cessation d'hostilités.

Vers 4 heures, je reçus du général en chef cette lettre :

Mannheim, 13 frimaire.

Aux généraux Colaud, Decaen et d'Hautpoul, à Schwetzingen.

Il est convenu que les hostilités cessent de part et d'autre jusqu'à nouvel ordre.

Signé : LECOURBE.

Je reçus en même temps de son chef d'état-major la lettre suivante :

J'ai l'honneur de vous adresser, citoyen général, les ordres de départ pour les 29e et 65e demi-brigades, la 4e compagnie du 3e régiment d'artillerie légère, le 3e de hussards et le 20e de chasseurs à cheval. Je vous prie de les faire mettre sur-le-champ à exécution.

Signé : GUDIN.

P.-S. — Vous voudrez bien vous rendre à Mannheim où vous recevrez une destination. Ci-joint une proclamation dont le général Lecourbe vous prie de donner connaissance aux troupes sous vos ordres.

Je ne cite point l'énoncé de cette proclamation, qui resta au chef de l'état-major pour être transmise aux troupes de la division.

J'adressai aux généraux Colaud et d'Hautpoul des copies de notre avis commun ; et je leur fis part des ordres que j'avais reçus pour la 2e division et pour moi, ainsi qu'au général Ney dont je reçus cette réponse : « Ainsi que vous, mon cher général, je viens de recevoir les ordres positifs pour mon passage du Rhin. Je ne sais encore où les différents corps sous mes ordres se rendront ; je recevrai probablement leur destination d'ici au soir. »

Les généraux de brigade n'ayant point encore reçu leurs ordres, le général Lacoste prit le commandement de la cavalerie et de l'artillerie légère pour les conduire au pont du Rhin, et le général Roussel, celui de l'infanterie, et se mirent en marche.

N'ayant plus rien à faire, je leur fis mes adieux, et, avec mon état-major, je me rendis à Mannheim.

Aussitôt mon arrivée, je fus au quartier général. Le général en chef était au spectacle. J'y allai pour lui rendre compte que son dernier ordre était exécuté. J'étais à peine arrivé dans sa loge que madame son épouse fut tellement indisposée qu'il fallut la reporter chez elle, ce qui ne permit pas de savoir de lui quelle était ma destination. Il me remit au lendemain matin.

14 frimaire. — M'étant présenté au général en chef, notre conversation ne fut pas longue; mais, lorsqu'il me demanda où je désirais me rendre, en attendant de nouveaux ordres du gouvernement (car c'était d'après ses instructions qu'il avait proposé et conclu la suspension d'armes et ordonné la dislocation de l'armée), je lui répondis que je demandais à retourner à Kehl, d'où j'aurais bien voulu ne pas être sorti.

Cette réponse était certainement loin d'être polie; mais le général Lecourbe, avec lequel j'avais toujours été bon camarade, pendant deux campagnes et au siège de Kehl, en servant tous les deux comme généraux de brigade, méritait cette réponse; car il m'avait reçu d'une manière très maussade, et sans me rien dire de satisfaisant sur ce que ma division et les autres avaient fait, surtout pendant les derniers jours qu'il nous avait laissés livrés à nous-mêmes. Il avait probablement cru que sa proclamation devait tout dire. Alors, sans me dire un mot, il prit la plume et écrivit l'ordre que voici :

Mannheim, 14 frimaire.

Lecourbe, général en chef, au général de brigade Decaen.

Vous vous rendrez, citoyen général, à Strasbourg, pour être employé sous les ordres du général de division Tharreau.

Signé : Lecourbe.

A mon tour, je reçus cet ordre, la bouche close, et je lui tournai le dos.

J'appris quelques jours après que le prince Charles n'avait pas voulu ratifier la suspension d'armes conclue par le général Sztaray, et que ce qui était resté de troupes à Mannheim, en attendant cette ratification, avait repassé sur la rive gauche du Rhin.

Ainsi se termina cette campagne du nouveau blocus de Philippsburg, pendant la courte durée de laquelle l'armée ennemie avait fait des pertes plus considérables que la nôtre, et quoique nous eussions été obligés de repasser le Rhin.

A l'affaire du 12, en avant de Wiesloch, j'avais eu un cheval blessé, mais légèrement; et j'avais reçu plusieurs balles dans mes habits.

Je partis de Mannheim pour me rendre à Strasbourg.

18 frimaire. — Le général Tharreau me donna le commandement de plusieurs corps d'infanterie et de cavalerie, dont une partie y tenait garnison; l'autre était cantonnée à l'extérieur. Ces troupes devaient être employées au service de la place, et fournir journellement des détachements de réserve pour celui de Kehl.

Je devais faire garder l'île d'Auenheim.

En conséquence des ordres que j'avais reçus, je passai la revue de ces troupes pour reconnaître leur situation et leurs besoins.

Je m'occupai du casernement de celles qui devaient faire le service de la place sous les ordres du général Jordy. Je désignai celles qui devaient occuper l'île d'Auenheim. Je réglai le tour de service des corps qui devaient, chaque jour, envoyer des réserves à Kehl pour être à la disposition des généraux Beaurgard (1) et Bonnamy (2) qui y commandaient, et je rendis compte de toutes ces dispositions au général de division.

27 frimaire. — Je prévins le général Jordy que la désertion avait lieu dans les troupes de la garnison; que, peut-être, les besoins et la nudité du soldat y contribuaient; que je faisais rechercher s'il n'y avait pas d'autres motifs. Je l'invitai à employer, de son côté, tous les moyens à sa disposition, afin que ces déserteurs trouvassent, le moins possible, la facilité de sortir de Strasbourg.

---

(1) Beaurgard dit Woirgard, né le 16 octobre 1764, à Metz; soldat en août 1782; lieutenant au 1er bataillon de la Seine-Inférieure, le 16 janvier 1792; lieutenant-colonel, le 10 septembre 1792; général de brigade, le 12 avril 1793; destitué par le général Hoche, puis remis à la disposition du ministre, le 12 thermidor an VII; employé en Espagne, le 19 juin 1809; tué, le 19 février 1810, au combat de Valverde, en Espagne. (A. A. G.)

(2) Bonnamy de Bellefontaine (Charles-Auguste-Jean-Baptiste-Louis-Joseph), né le 18 août 1764, à Maillezais (Vendée); sous-lieutenant, le 17 juin 1792; chef de bataillon, le 1er septembre 1794; chef de brigade, le 13 juin 1795; général de brigade sur le champ de bataille, le 15 décembre 1798; réformé, le 11 juillet 1800; lieutenant-général, le 11 janvier 1815; en non-activité, le 1er novembre 1815; décédé à la Flocelière (Vendée), le 7 août 1830. (A. A. G.)

28 frimaire. — Le général Tharreau me manda que la baisse des eaux nécessitait une reconnaissance exacte des bras du Rhin et de la Kinzig ; qu'on l'avait assuré qu'on pouvait facilement communiquer de l'île d'Auenheim avec les ouvrages de la gauche de Kehl ; que, l'ennemi attaquant cette île, il serait dangereux de se retirer par le pont volant, car il ne manquerait pas de profiter de la baisse des eaux, pour se porter directement dans les îles de la Kinzig, et tourner les ouvrages de la gauche de Kehl; qu'il faudrait donc, dans ce cas, que les troupes de l'île d'Auenheim se retirassent sur Kehl, sauf à se mouiller un peu les pieds.

ANNEXES

ANNEXE I

Le général de division Ernouf au citoyen Merlin, membre du Directoire exécutif. (Correspondance, Armée du Danube. 13 mai 1799. — A. H. G.)

Citoyen Directeur,

J'avais cru, jusqu'à ce moment, que la vérité sur les faits qui me concernent parviendrait jusqu'à vous. J'attendais, dans le silence, votre décision sur mon sort. J'ai appris que, bien loin de connaître ma conduite dans son véritable jour, on avait tellement dénaturé mes actions qu'on était parvenu à m'enlever et votre confiance et votre estime. Sous un gouvernement juste comme le nôtre, l'innocent n'a rien à craindre; l'opprimé trouve protection. Le criminel connaît le délit dont il est accusé; l'accusé fournit ses moyens de défense; il doit être puni, s'il est coupable, et une justice éclatante doit lui être rendue, s'il est innocent. D'après ces principes, je sollicite votre justice.

J'ai sauvé l'armée du Danube dans la circonstance la plus critique. J'en appelle à tous mes camarades, aux militaires qui connaissent leur état. Qui pouvait mieux connaître que moi les dangers de la position du camp de Benzebene lorsque la droite a été forcée, puisque j'avais placé les troupes sur le terrain et que j'avais fait la reconnaissance exacte des Montagnes Noires, que tous les défilés m'en étaient connus? Les copies ci-jointes des déclarations de deux militaires présents à mon entrevue avec le général Decaen peuvent vous mettre à même de connaître les coupables. Je puis vous en fournir plusieurs autres qui vous diront la même chose. Ma conduite à l'armée a été irréprochable. A Ostrach, j'ai sauvé un corps de trois mille hommes coupé par l'ennemi; à la bataille de Liptingen, j'ai fait le service de général, d'aide de camp et de soldat.

Citoyen Directeur, je ne vous demande point de place; mais je vous demande justice. Je demande à être puni sévèrement, si je suis coupable de quelque délit, et votre estime, si je suis innocent.

Salut et respect.

Ernouf.

24 floréal an VII de la République.

Note sur les causes qui ont nécessité la retraite de l'armée du Danube des positions qu'elle occupait dans la Forêt Noire à l'époque du 14 germinal an VII, par le général Daultanne. (Correspondance, Armée du Danube, mai 1799. — A. H. G.)

Le 14 germinal, vers midi, le citoyen Becquet, secrétaire de l'adjudant général Becker, se présenta chez le général en chef à Hornberg. Il me dit confidentiellement que l'ennemi s'était emparé de Triberg et qu'il ne s'était sauvé qu'à travers la fusillade. Il m'assura que ce n'étaient que deux cent cinquante hommes qui avaient fait ce coup de main. Je lui demandai ce qu'étaient devenues les troupes qui occupaient ce poste : il me répondit que l'adjudant général Becker, avec deux escadrons de dragons et deux pièces d'artillerie légère, s'était retiré sur Elzach, et que les trois compagnies de grenadiers qui étaient à Triberg se retiraient en tiraillant sur Hornberg. Le citoyen Lefèvre se rendit de suite chez le général Ernouf et lui rendit compte.

Le général Ernouf fit demander sur-le-champ deux compagnies d'infanterie du camp de Benzebene pour la garde du quartier général. Il donna ordre à celle de grenadiers qui y était de se porter sur le chemin de Triberg pour soutenir l'infanterie qui se repliait. L'aide de camp Devaux et l'adjudant général Hastrel furent envoyés de suite pour voir ce qui se passait. Pendant cet intervalle, une compagnie de sapeurs, munie de cartouches et armée de fusils, arriva ; elle fut dirigée sur le même point avec ordre de marcher jusqu'à ce qu'elle eût rencontré l'ennemi.

L'adjudant général Hastrel revint au bout de deux heures et rapporta qu'il avait trouvé le chef de la 2ᵉ demi-brigade, le citoyen Perrin, avec trois compagnies de grenadiers, un peu en arrière de l'embranchement de la route de Sankt-Georgen dans celle de Hornberg à Triberg, situé à un quart de lieue de ce dernier endroit ; qu'il ne voyait devant lui que quelques hommes qui ne faisaient aucune démonstration ; et que le citoyen Perrin lui avait dit qu'il ne s'était retiré que parce qu'il n'avait plus que deux cartouches par homme ; que, dès qu'il en aurait, il se porterait en avant et reprendrait facilement Triberg ; que le général Decaen s'était porté au camp de Sankt-Georgen et que cette affaire serait bientôt terminée. Le général Ernouf chargea sur-le-champ un officier des guides de faire conduire un caisson de cartouches à la disposition du citoyen Perrin. On s'attendait, à chaque instant, à recevoir la nouvelle de la prise de tous ceux des ennemis qui avaient fait cette échauffourée, parce qu'on présumait que le général Decaen, qui s'était porté au camp de Sankt-Georgen et dont le quartier général avait été surpris au beau milieu du jour, prendrait ses mesures pour repousser et même envelopper tout ce qui s'était jeté dans la gorge de

Triberg, surtout lorsque tous les rapports s'accordaient à ne pas en élever le nombre au-dessus de trois cents.

Vers les 5 heures du soir, on vit arriver le général Decaen. Le général se rendit de suite près le général Ernouf qui lui demanda, en arrivant, ce qu'il y avait de nouveau. « Nous sommes joliment tournés, répondit le général Decaen; ils sont arrivés à Triberg, je ne sais comment, et ont fusillé dans mon quartier général. — Mais, lui dit le général Ernouf, vous n'étiez donc pas gardé? — Je n'y conçois rien, dit le général Decaen. Il faut qu'ils soient venus en ballon. Je me suis rendu au camp de Sankt-Georgen pour prendre des troupes et venir les chasser, mais, lorsque j'ai voulu agir, j'ai trouvé une forte colonne ennemie qui me coupait de Triberg et qui m'a obligé à me jeter sur ma gauche, et j'ai passé par le camp de Benzebene pour me rendre ici. » Le général Ernouf lui dit : « Il n'y a pas un moment à perdre; il faut vous porter sur Triberg et le reprendre. Vous allez prendre la route de Hornberg à Triberg. Vous y trouverez une compagnie de grenadiers et une de sapeurs réunies à trois compagnies de grenadiers de la 2ᵉ de ligne, ce qui, avec vos cinq compagnies, vous fera plus d'un bataillon. C'est plus qu'il ne faut pour reprendre Triberg et les positions que vous vous êtes laissé enlever par moins de trois cents hommes, d'après tous les rapports. — Je vous assure, général, répondit le général Decaen, qu'ils sont en force; et puis, je vous déclare qu'il est trop tard. D'ailleurs, les troupes ne veulent pas se battre. Demain, si vous voulez, j'attaquerai par Elzach en passant par Haslach, tandis que vous ferez attaquer par ici. Mais, pour aujourd'hui, il faut y renoncer : quand je reprendrais Triberg, cela ne servirait à rien, puisque l'ennemi, s'assemblant en force dans la vallée de Sankt-Georgen, serait toujours à même de nous couper. — Mais, général, partez donc! lui dit le général Ernouf. Nous perdons un temps précieux que l'ennemi peut employer à renforcer le point de Triberg. Ce que vous proposez ne peut s'exécuter : aller à Elzach en passant par Haslach pour attaquer sur Triberg, c'est faire faire encore 10 lieues à vos troupes qui en ont déjà fait 4; c'est perdre une journée pendant laquelle l'ennemi fera filer de grandes forces de Vöhrenbach, qui s'établiront dans les vallées de Waldkirch et de la Kinzig, et nous ôteront tout moyen de retraite. Enfin, général, partez et tentez tout pour reprendre ce poste. » Le général Decaen partit avec ses cinq compagnies et se porta sur le chemin de Triberg.

Quelques instants après, le général Ernouf reçut une lettre du général Soult, commandant l'avant-garde, qui le prévenait que l'ennemi avait fait une forte reconnaissance sur son front et sur la vallée de la Schiltach, que tous ses rapports lui annonçaient qu'il était très nombreux devant lui et qu'indubitablement il serait attaqué le lendemain de très bonne heure. Cette nouvelle, réunie avec la surprise de Triberg, dont le résultat pour l'ennemi était de s'emparer de la vallée de la Kinzig en filant par Elzach sur Haslach, seul point de retraite de l'avant-garde et de la 2ᵉ division, et la facilité qu'il aurait eue de faire filer d'Elzach sur Waldkirch un corps considérable qui aurait pu arriver à Fribourg avant le général Ferino et, conséquemment, lui couper sa retraite sur Brisach, détermina le général Ernouf à ordonner celle de toute l'armée. Les parcs d'artillerie et les équipages commencèrent à défiler à 10 heures du soir. A une heure du matin, les troupes quittèrent leurs camps respectifs, et se retirèrent dans le plus grand ordre sur Haslach où l'avant-garde prit position, et la 2e division fut établie en seconde ligne derrière le village de Steinach. Le corps des flanqueurs, aux ordres du général Vandamme, fut porté dans la gorge d'Höllenthal pour couvrir le flanc droit de la position de Haslach. Ces troupes restèrent en position toute la journée, et, la nuit suivante, la 2e division vint se poster en arrière d'Offenburg, l'avant-garde en arrière de Gengenbach, et les flanqueurs, sur la Schutter, à la hauteur de Gengenbach. Le 17, la 2e division, celle de cavalerie et les flanqueurs passèrent le Rhin à Kehl; l'avant-garde occupa la position de Willstätt. La 3e division, aux ordres du général Saint-Cyr, qui avait fait sa retraite de Freudenstadt sur Oberkirch, prit position en arrière de la Holzen; le chef de brigade Vandermaësen fut détaché avec un corps qui prit position entre le Rhin et la Schutter, à la hauteur de Marlen : ces troupes occupèrent ces positions jusqu'à l'époque où le général Masséna prit le commandement de l'armée.

Dans toute cette retraite, les troupes composant l'avant-garde, la 3e division et le corps des flanqueurs, marchèrent dans le plus grand ordre et dans la meilleure discipline; je désirerais pouvoir en dire autant de celles de la 2e division (aux ordres du général Decaen) dont la confusion et le désordre contrastèrent d'une manière sensible avec l'ordre qui existait dans les autres.

Je n'ai point parlé de la 1re division, aux ordres du général Ferino, parce que cette division, ayant fait sa retraite sur Brisach par Fribourg, je ne vis pas ce qui s'y était passé; tous les rapports s'accordent à dire que sa retraite s'est exécutée avec ordre et sans avoir essuyé le plus léger échec.

A Winterthur, le 2 floréal an VII.

Signé : DAULTANNE.

Pour copie conforme,
  Le général de division : ERNOUF.

Rapport de la conversation qui eut lieu, le 14 germinal, entre le général Ernouf, commandant l'armée par intérim, et le général de brigade Decaen, commandant par intérim la 2e division de l'armée.

Le 14 germinal, vers 5 heures du soir, le général de brigade Decaen arriva à Hornberg, ayant après lui cinq compagnies d'infanterie. Il se rendit dans la maison destinée au général Jourdan et où était alors le général Ernouf. « Eh bien! général, lui dit le général Ernouf; qu'y a-t-il de nouveau? — Ah! Nous sommes joliment tournés, répondit le général

Decaen. Ils sont descendus dans Triberg à 11 heures du matin, et c'est par leur fusillade que j'ai appris qu'ils arrivaient. — Il faut donc, dit le général Ernouf, que vous ne vous soyez pas gardé? — Enfin je n'y conçois rien, répliqua le général Decaen. Il faut qu'ils soient venus en ballon. — Il est bien étonnant, dit le général Ernouf, que ce soit par vous que j'apprenne un événement aussi important passé dans votre quartier général, et cela, six heures après. C'est par hasard que j'en ai été instruit. Puisqu'ils étaient à Triberg, il fallait de suite prendre des troupes à votre camp de Sankt-Georgen et les tourner à votre tour. Tout ce qui est à Triberg aurait été pris. — Je suis bien allé au camp, répondit le général Decaen; mais quand j'ai voulu agir, je me suis trouvé coupé par une forte colonne ennemie, et je n'ai eu que le temps de me rejeter sur ma gauche avec les cinq compagnies que j'amène avec moi. — En ce cas, dit le général Ernouf, il n'y a pas un moment à perdre. Il faut marcher sur-le-champ avec vos cinq compagnies sur Triberg. Vous trouverez, à un quart de lieue de Triberg, à l'embranchement du chemin de Sankt-Georgen dans celui de Hornberg à Triberg, le citoyen Perrin, chef de la 2e demi-brigade de ligne avec trois compagnies de grenadiers. J'ai fait porter sur ce point une compagnie de grenadiers de la garde du quartier général et une de sapeurs qui est arrivée. Vous trouverez toutes ces troupes sur la route de Triberg. Elles sont à votre disposition, ce qui fera un nombre plus que suffisant puisque, d'après tous les rapports, il n'y a pas plus de trois cents hommes et que cela ne peut être qu'une effarouchée (*sic*). — Je vous déclare, répliqua le général Decaen, que je ne puis reprendre Triberg. Il est trop tard pour l'attaquer maintenant, et puis, les troupes ne veulent pas se battre. Si vous voulez le reprendre, il faut attendre demain; je passerai par Haslach pour me rendre à Elzach; je l'attaquerai par là, tandis qu'on l'attaquera par ici. — Mais, lui dit le général Ernouf, ce que vous proposez est inadmissible; l'ennemi est à Triberg, qui est à 2 lieues d'ici. Vous proposez, après en avoir déjà fait 4, d'en faire encore 10 pour aller l'attaquer. C'est perdre un temps précieux, et c'est laisser à l'ennemi celui de faire filer des forces considérables de Vöhrenbach. Il marchera sur Elzach et Haslach, et s'emparera des vallées de la Kinzig et de Waldkirch, ce qui nous ôtera les moyens de nous retirer. — Général, répondit le général Decaen, je vous assure que l'ennemi est en force à Triberg et que ce serait une folie de l'attaquer avec ce que nous avons ici. Il faudrait, pour le débusquer, une attaque combinée d'Elzach, de Hornberg et du camp de Sankt-Georgen. Il est trop tard; il faut remettre la partie à demain, ou s'en aller. — Mais partez donc! lui dit le général Ernouf. Pendant que nous causons, l'ennemi peut faire filer des forces considérables; il ne faut pas leur en donner le temps. Il faut absolument reprendre Triberg et la position. Enfin, général, partez! » Le général Decaen, après avoir fait encore quelques observations et avoir délayé (*sic*) quelques moments, se détermina à obéir et se porta sur la route de Hornberg à Triberg avec les cinq compagnies qui étaient avec lui.

Peu après, le général Ernouf reçut une lettre du général Soult. Après sa lecture, il se détermina à ordonner la retraite.

A Winterthur, le 1er floréal an VII.

Le capitaine aide de camp,

Signé : LEFÈVRE.

Pour copie conforme,

Le général de division : ERNOUF.

ANNEXE II

Mémoire justificatif que présente au général Masséna le général de brigade Decaen, d'après l'ordre qui lui en a été donné (1).

Il pourrait me suffire, mon général, pour anéantir l'inculpation qui m'a été faite d'avoir été cause de l'abandon qu'a fait l'armée du Danube de la position qu'elle tenait le 14 germinal, de représenter les ordres que j'ai reçus, les instructions que j'ai données, mon rapport du 13 au général en chef, relatif à la position occupée par la 2ᵉ division; et, quant à la faute dont on s'est plu à me gratifier en ajoutant que j'avais fait rapport que toutes les communications avec les troupes sous mes ordres étaient interceptées, je ne demanderais que l'historique remis, à chaque décade, par les chefs de corps. Mais, comme je veux qu'il ne reste aucun soupçon sur ma conduite, je vais entrer dans des détails. Mon honneur blessé me l'ordonne. Je ferai en sorte d'y mettre beaucoup de brièveté en renvoyant aux pièces justificatives, dont je joins des copies au présent, et j'attendrai les réponses que pourront faire mes délateurs, auxquels il ne doit rester que la honte pour prix de leurs iniquités.

La 2ᵉ division reçut, le 10 germinal, l'ordre n° 1 (2) de prendre position à Benzebene. Dans cet ordre, il est dit d'occuper les hauteurs en arrière de Triberg avec le corps qui avait été précédemment détaché sous les ordres du chef de brigade Merlin, pour fermer le passage de Donaueschingen à Vöhrenbach. Ce corps était composé de trois cents chevaux et sept cents hommes d'infanterie formant la 7ᵉ demi-brigade. Il suffit de prendre la carte pour se convaincre que, si on s'en était tenu à la stricte exécution de l'ordre, on laissait à l'ennemi toutes les facilités d'arriver sur la droite du camp de Benzebene, de s'emparer de Furtwangen à volonté, d'arriver à Elzach et Waldkirch, enfin, sur les derrières de l'armée, non seulement sans rencontrer d'obstacle, mais encore sans en être informé.

Mon rapport n° 2 (3) au général en chef, le 13, après que le commande-

---

(1) Ce mémoire n'est pas une pièce détachée : il fait partie intégrante du Journal de Decaen. Cependant il n'est pas de son écriture. Il est probable que ce n'est qu'une copie dont l'original fut envoyé au général Masséna, ainsi que les lettres numérotés de 1 à 19 dont il est question dans ce mémoire.

(2) V. p. 237.

(3) V. p. 245.

ment de la 2ᵉ division m'eut été remis, donne l'éclaircissement de ce que j'avance ci-dessus. Le général en chef avait invité le général Souham, par sa lettre n° 3 (1), à lui faire un rapport de la position de la 2ᵉ division. Dès le 11, les troupes étaient aux postes que j'indique dans ce rapport; le 12 et le 13, après mes reconnaissances du pays, les instructions furent données à chaque chef de poste sur ce qu'il devait faire. Les copies sont sous le n° 4 (2).

Je crois avoir prouvé assez évidemment que j'avais pris toutes les précautions convenables pour la surveillance. Reste maintenant à prouver ma conduite du 14; mais, auparavant, il faut que j'établisse des faits que je ne puis omettre.

Le 13 au matin, le commandement de la division me fut remis.

Je fis mon rapport n° 2 (3) à mon retour du camp de Benzebene. A 11 heures du soir, j'ai reçu la lettre signée Jourdan, n° 5 (4). A 2 heures du matin, le 14, j'ai reçu la lettre n° 6 (5), qui m'annonçait que le général Goullus, auquel j'avais adressé les ordres n° 7 (6), quittait la division et qu'il était remplacé par le général Désenfans, qui arriva à mon quartier à 2 heures du matin pour avoir des instructions. Je lui remis celles n° 8 (7).

Si j'avais été susceptible de crainte, comme l'a osé dire le général Ernouf, sans doute que c'était alors que je devais la manifester. J'avais une tâche pénible à remplir; mais je n'avais pas la mauvaise volonté que m'a prêtée le général Jourdan, qui a quitté l'armée le 14, de grand matin, après m'avoir annoncé que je serais attaqué, après m'avoir ôté le général de brigade qui pouvait me seconder, après m'avoir dit, la veille, à 11 heures du soir, que le camp de Benzebene qui, d'après l'ordre du 11, devait être occupé et défendu par la 2ᵉ division et l'avant-garde qui avait été chargée de fournir les avant-postes de la position, était abandonné aux seules forces de la 2ᵉ division. Les troupes de cette division, alors au camp, formaient à peine deux mille hommes d'infanterie et environ quatre cents chevaux, inutiles, faut-il dire? dans ce pays, surtout à cette époque.

Croyez, mon général, qu'il m'en coûte de donner de tels éclaircissements. Enfin, il faut parler du 14. J'avouerai qu'après mes dispositions, j'étais bien loin de m'attendre que l'ennemi arriverait, ce jour-là, sur Triberg, dans lequel j'avais une garnison de cent et quelques grenadiers, et où j'étais établi. Mais, conduit par des paysans, à la faveur d'un brouillard épais, par des bois et des hauteurs couvertes de neige que j'avais considérées comme impraticables, venant d'écrire au général en chef et lui

(1) V. p. 239 la lettre d'Ernouf au général Souham.
(2) V. p. 240, 241, 242, 243, 244, 247, 441.
(3) V. p. 245.
(4) V. p. 246.
(5) V. p. 247.
(6) V. p. 242 et 247.
(7) V. p. 247.

ayant dit : « Il est 10 heures; mes avant-postes n'ont pas encore fait leur rapport (lettre n° 9), (1) » je fus fort étonné, à 11 heures, d'entendre crier : « Aux armes! » et que l'ennemi arrivait. En effet, les postes établis sur la hauteur en avant de Triberg, aux débouchés qui avaient été reconnus, se retiraient, forcés par l'ennemi en nombre de plus de six cents hommes, ce qui sera attesté si vous exigez, général, que j'indique des témoins.

Ma première démarche fut alors de reconnaître l'ennemi. Je ne pouvais pas penser qu'il avait eu la témérité de passer entre Furtwangen et Sankt-Georgen. Je ne pouvais que présumer qu'il avait forcé un de ces postes de manière que le commandant n'avait pu m'en informer; j'ai su, depuis, que le hussard qui avait été envoyé par le chef d'escadrons Pajol pour me prévenir des mouvements de l'ennemi entre Sankt-Georgen et Furtwangen, avait été fait prisonnier. Un duplicata de la lettre qui m'avait été écrite est joint aux pièces justificatives, sous le n° 10 (2). Sous le même numéro est la copie d'un rapport (3) que je reçus à 10 heures 30 du matin; je l'avais remis à l'adjudant général Becker pour en faire part au général en chef.

Je voudrais bien vous faire une description de Triberg; mais cette description, mon général, quelque détaillée qu'elle serait, il vous serait bien difficile de vous faire une idée de ce lieu bizarre. *Les généraux Ernouf et Jourdan n'ont jamais vu ce pays.*

J'avançai donc sur la route de Furtwangen avec une trentaine de grenadiers. L'ennemi couronnant les hauteurs, son feu m'obligea bientôt à me retirer.

Il y avait dans Triberg deux pièces d'artillerie légère qui avaient fait partie du détachement sur Donaueschingen, et deux escadrons de dragons (cent cinquante chevaux), mais cantonnés là seulement pour subsister, car ils ne pouvaient servir dans ces montagnes inaccessibles à la cavalerie, ni sur le chemin, d'une rapidité extrême et couvert de glace. Ils furent donc dirigés sur Elzach où, déjà, j'avais, depuis le 11, deux compagnies d'infanterie et deux escadrons de hussards. Cette cavalerie et artillerie partant de Triberg devaient se réunir, au village de Schonach, à une lieue sur la route d'Elzach, à deux compagnies d'infanterie que j'y avais établies, et ensuite se retirer sur Elzach, si elles y étaient contraintes par l'ennemi.

Triberg, par lui-même, n'avait point cette importance qu'on a tant fait retentir. C'étaient les débouchés de Furtwangen et de Sankt-Georgen, ainsi que celui de Hornberg, j'ajoute à cela le camp de Benzebene, qui faisaient l'objet de mes sollicitudes. J'ordonnai donc au chef de brigade Perrin, de la 2ᵉ de ligne, qui n'avait avec lui que le cantonnement de Triberg, puisque la demi-brigade avait été disséminée pour occuper différents postes comme il est dit dans l'ordre n° 4 (4), de défendre jusqu'à la der-

---

(1) V. p. 248.
(2) V. p. 250.
(3) V. p. 249.
(4) V. p. 441.

nière extrémité le débouché qui conduit à Hornberg ; et, pour cela, je l'avais établi à l'embranchement des chemins qui conduisent de celui de Hornberg à Sankt-Georgen et à Triberg, à environ 80 toises de ce dernier endroit, ce qu'il a exécuté, puisqu'il y a resté jusqu'au 15, à 10 heures du matin (après s'être fusillé le reste du jour, la veille, avec les ennemis qui avaient attaqué), que je lui ordonnai la retraite. Cet ordre porte le n° 11 (1).

Après ces dispositions, où mon devoir m'appelait-il ?... Aux postes de Nussbach, de Sommerau et Sankt-Georgen, et ensuite au camp de Benzebene, puisque les trois premiers forcés, l'ennemi pouvait arriver au camp par le flanc droit et par les derrières, tandis qu'il aurait attaqué ce camp de front. J'y portai mes pas. Nussbach était tranquille : il n'avait point vu d'ennemi ni entendu la fusillade de Triberg, quoiqu'il n'en fût qu'à trois quarts de lieue. Celui de Sommerau l'était aussi ; mais Sankt-Georgen était attaqué. N'ayant point de rapport de Furtwangen, dont le commandant, au cas qu'il y fût forcé, devait se retirer sur Waldkirch, l'ennemi ayant pénétré sur Triberg, j'envoyai un officier au commandant de Sankt-Georgen pour avoir de ses nouvelles ; et je restai à Sommerau pour observer l'ennemi. Le commandant de Sankt-Georgen exécutait déjà sa retraite car, attaqué par plus de cinq cents hommes, il avait été informé que l'ennemi voulait l'envelopper par sa droite. Et cela était vrai : car à peine arrivait-il, avec les troupes qu'il commandait, aux premières maisons de Sommerau, que l'ennemi débouchait, avec plus de cent tirailleurs, des bois qui sont entre Vöhrenbach, Sankt-Georgen et Sommerau, suivi d'environ six cents hommes d'infanterie et de cent chevaux.

Je pris alors le parti de me retirer sur le camp par le chemin de Sommerau à Benzebene. Je fus poursuivi par l'ennemi jusqu'à l'entrée des bois à la droite du camp. Il y avait encore plus d'une lieue pour y arriver. Parvenu au camp, je prévins le général Désenfans que Sankt-Georgen était évacué ainsi que Sommerau, que le flanc droit était très exposé, et je lui ordonnai ce qu'il était intéressant de faire, d'après les moyens à ma disposition, en lui disant que j'allais marcher de suite sur Triberg avec les cinq compagnies et les deux escadrons placés précédemment à Sankt-Georgen et Sommerau. Mon but était de renforcer le point par lequel l'ennemi pouvait déboucher sur Hornberg puisque, si l'ennemi y avait pénétré, la retraite des troupes, etc., du camp de Benzebene aurait été de la plus grande difficulté.

Il était environ 6 heures du soir lorsque j'arrivai à Hornberg. J'avais devancé ma troupe pour parler au général Jourdan. C'est alors que j'appris, du général Ernouf, son départ. Je rendis donc compte à celui-ci avec les détails aussi sincères que je viens de les exposer. J'ai parlé avec franchise de la position de Benzebene dans le cas où l'ennemi, d'après sa conduite du jour, manœuvrerait entre les 1re et 2e divisions. J'en observai la

---

(1) V. p. 259.

facilité ainsi que celle d'arriver sur les derrières de l'armée, puisqu'il n'y avait point de forces suffisantes à Elzach pour s'opposer à son passage. A tout cela, la plus grande observation qui me fut faite, c'est : « *Ah! si, encore, j'avais été prévenu plus tôt! Mais à cette heure! Comment donner des ordres à l'armée?* » A midi, le général Ernouf avait été prévenu de l'attaque sur Triberg.

Les expressions ci-après me coûtent, mon général; mais je n'ai point de ménagements à garder contre la calomnie et les calomniateurs. Il est faux que j'aie témoigné la moindre répugnance de marcher sur Triberg puisque, sans avoir vu le général Ernouf, je dirigeais des troupes sur ce point; qu'elles ont passé la nuit, d'après mes ordres, à peu de distance du lieu où j'avais laissé, le matin, le chef de brigade [les lettres n° 12 (1) en sont une preuve évidente]; et que, le lendemain 15, moi, chargé par le général Ernouf, dans son ordre n° 13 (2) d'assurer la retraite de l'armée, — voici ses expressions : « *Enfin je me confie en vous, persuadé que vous prendrez toutes les mesures et précautions nécessaires pour assurer votre retraite qui se fera sur Offenburg;* » — de ma personne, j'ai été rechercher auprès de Triberg le chef de brigade et la troupe qu'il commandait : c'était alors un bataillon.

Si le général Ernouf avait dit la vérité, il aurait dit que, quand il avait parlé de reprendre Triberg, ma réponse avait été : « Triberg! Mais on le prendra quand on voudra, » et qu'ensuite, il fit part de cette grande résolution : « *Eh bien! Faisons comme à l'armée d'Italie! On nous tourne, eh bien! tournons aussi; ensuite, le général Soult ira par ici, le général Decaen par là, et l'adjudant général Becker par tel côté.* » Je le répète, mon général, il m'est désagréable de donner de tels détails.

Alors je fis cette réflexion : « Et le camp de Benzebene? Voulez-vous, avec cela, le garder? » Cette réflexion était naturelle. Triberg est à deux lieues en arrière de Benzebene. Si le général Soult avait marché, il aurait fallu qu'il quittât sa position, qui avait été annoncée par le général en chef comme très importante, pour donner une force plus imposante à l'armée, lorsqu'il avait retiré du camp de Benzebene la 53ᵉ demi-brigade (lettre n° 5) (3), alors l'ennemi aurait eu beaucoup plus de facilité à s'emparer de ce camp qui, déjà, par la droite, n'avait point d'appui et n'était plus à couvert puisque, Sankt-Georgen occupé, l'ennemi avait tous les avantages dont je fis l'exposé, en ajoutant : « *Il est probable que l'ennemi nous y attaquera demain.* » Certes, je pouvais le présumer d'après ce qui s'était passé dans la journée, et que, la veille, le général en chef m'avait prévenu qu'il s'attendait à y être attaqué.

J'observai encore que, si on avait des troupes disponibles, il serait utile d'en envoyer vers Haslach pour parer aux événements qui pourraient arriver si l'ennemi forçait le point d'Elzach où je me disposais d'envoyer

(1) V. p. 253, 256, 257.
(2) V. p. 253.
(3) V. p. 246.

un officier pour avoir des renseignements de l'adjudant général Becker qui s'était retiré sur ce point avec les deux escadrons et l'artillerie qui étaient à Triberg. Mais le général Ernouf me dit : « *Je vais y envoyer : alors il est inutile que vous fassiez faire la démarche.* » Je devais croire qu'on agissait de bonne foi, comme moi; mais j'étais trompé. Je m'en suis plaint, le lendemain, comme on le verra par la lettre n° 14 (1). On a ajouté à la méchanceté en arrêtant les rapports qui m'étaient adressés par l'adjudant général Becker. C'est encore un fait dont je puis donner preuve si le général Ernouf veut le désavouer. Ma conduite depuis l'ordre n° 12 (2) que j'ai reçu de faire faire la retraite à la 2ᵉ division est détaillée dans le rapport n° 14 (3), que j'ai fait au général Ernouf, alors commandant par intérim l'armée. Je m'y plains amèrement de la conduite qu'il tient à mon égard : pour cela, je ne donnerai pas de nouveaux détails. A mes plaintes, à mes demandes, le général Ernouf ne fit que des réponses entortillées (lettre n° 15) (4), ce qui me fit lui écrire la lettre n° 16 (5). Après avoir écrit cette lettre, j'ai reçu l'ordre n° 17 (6) de diriger la division jusqu'à Kehl, que le général Vandamme devait en prendre le commandement. Ce n'est donc point dans un moment critique et pour sauver cette division du péril dans lequel je l'avais jetée que le commandement en a été remis au général Vandamme.

Voilà, en vérité, ma conduite, mon général. Je ne parle pas de celle que j'ai tenue depuis la reprise des hostilités, car je n'ai fait que mon devoir; quand on éprouve cette satisfaction, on doit au moins s'attendre à avoir la tranquillité pour récompense. Mais les généraux Jourdan et Ernouf ne l'ont pas ainsi pensé; ils ont tenté de me déshonorer aux yeux de mon pays, puisque le gouvernement vous a dit d'informer de ma conduite. J'avais, général, avant votre ordre de vous donner mon mémoire justificatif, déjà écrit au ministre de la guerre la lettre n° 18 (7) pour me plaindre des procédés des généraux Jourdan et Ernouf. La lettre n° 19 (8) m'y avait obligé. Je laisse les réflexions que je pourrais faire sur cette lettre que le délire seul a pu faire signer au général Jourdan. J'avais demandé à me justifier des inculpations qui me seraient faites. Je crois l'avoir fait suffisamment.

Au surplus, si ce que j'ai dit est contesté par mes délateurs, je vous demande, général, que le gouvernement ordonne que je sois entendu contradictoirement avec les généraux Jourdan et Ernouf.

Sankt-Katharinenthal, le 16 floréal, an VII de la République.

(1) V. p. 262.
(2) V. p. 253.
(3) V. p. 262.
(4) V. p. 264.
(5) V. p. 265.
(6) V. p. 265 et 266.
(7) V. p. 271.
(8) Peut-être la lettre de Jourdan à Souham, citée page 268.

ANNEXE III

Mémoire justificatif présenté au ministre de la guerre par le général de brigade Decaen, en exécution de l'arrêté du Directoire exécutif du 19 messidor an VII (1).

Une dénonciation, faite par les généraux Jourdan et Ernouf, m'impute un grand délit militaire. Ils ont provoqué contre moi l'arrêté suivant, en date du 9 floréal an VII :

« Le Directoire exécutif, vu deux lettres du général en chef des armées du Danube, d'Helvétie et d'observation, datées, l'une de Villingen, le 7 germinal an VII, l'autre de Strasbourg, le 16 du même mois; vu aussi copie, certifiée conforme par ce général, d'une lettre à lui écrite par le général Ernouf, datée de Gengenbach, le 15 du dit mois de germinal ;

« Arrête ce qui suit :

« Le général de brigade Decaen, prévenu d'avoir montré la plus grande insubordination et d'avoir manifesté un mépris ouvert pour les ordres du général en chef Jourdan; de s'être laissé surprendre à Triberg, dans la matinée du 14 germinal, et de n'en avoir prévenu le général Ernouf, commandant par intérim, que vers les 6 heures du soir; d'avoir refusé d'obéir aux ordres que lui a donnés le général Ernouf de marcher pour reprendre ce poste; enfin d'avoir, par cette conduite, forcé l'armée à la retraite;

« Sera traduit devant un conseil de guerre pour y être jugé conformément ux lois. »

Depuis cet arrêté, j'ai attendu avec impatience la formation de ce conseil de guerre pour lui exposer ma conduite, lui démontrer que la dénonciation est calomnieuse et que, s'il y a des coupables, je ne suis pas du nombre. Mais, par son arrêté du 19 messidor dernier, le Directoire exécutif a rapporté celui du 9 floréal ci-dessus transcrit, et m'a ordonné de vous exposer mes moyens de justification.

Je n'accuse personne. Je voudrais même pouvoir me dispenser de citer les noms de ceux qui ont fait peser sur moi la prévention. Je me bornerai donc aux détails que je croirai indispensables à ma justification.

(1) Ce mémoire se trouve, imprimé, dans le volume 8, in-folio 17 des papiers de Decaen.

Dès le commencement de la campagne, il est arrivé des événements fâcheux!... A la suite de grandes fautes, trop bien prouvées par les résultats, on a voulu se justifier. On ne pouvait le faire qu'aux dépens de quelques officiers, et je suis du nombre de ceux qu'on a trouvé commode de choisir.

La guerre étant décidée contre l'Autriche, le général Jourdan fut appelé au commandement de l'armée du Danube. Cette armée, par son nom seul, paraissait être destinée à agir offensivement. On devait s'attendre à la voir favoriser efficacement les opérations des armées d'Helvétie et d'Italie.

L'armée du Danube était belle, bien disciplinée et forte de courage. Elle passa le Rhin, le 11 ventôse, et fut dirigée sur plusieurs colonnes jusqu'au delà de la Forêt Noire. Elle prit position aux sources du Neckar et du Danube. Le 22, elle passa le Danube, et fut dirigée entre ce fleuve et le lac de Constance.

On eut connaissance de l'ennemi le 23; ses avant-postes étaient à Stockach. Quelque extraordinaire qu'il pût paraître, l'ordre de marcher avec ma brigade sur Stockach, d'en déposter l'ennemi, sans commettre d'hostilités, me fut donné. Deux jours après, je reçus celui de m'emparer de Pfullendorf; mais, l'ordre portait, ce jour-là, qu'en cas de refus, je devais employer la force.

Nous n'avions pas encore connaissance, à l'armée, de la loi portant déclaration de guerre. Mais, déjà, nous avions appris que les hostilités avaient commencé dans les Grisons; enfin, le 30 ventôse, le général en chef ordonna d'attaquer l'ennemi.

Je m'impose silence sur les dispositions données à l'armée, sur la manière avec laquelle on s'engagea, sur les fautes et leurs résultats. Je ne parlerai pas de l'attaque faite par les Autrichiens, le lendemain, 1ᵉʳ germinal, qui détermina le général Jourdan à faire faire à l'armée un mouvement de retraite, plus rapide encore que n'avait été celui de la porter en avant.

Je ne parlerai pas non plus de mon étonnement à cet égard, ni de ce qui l'occasionnait; enfin, je ne dirai rien de la bataille du 5, puisque cela n'est pas strictement nécessaire à ma justification.

Pour mettre de l'ordre dans ma défense, il convient de discuter séparément chacun des chefs d'accusation.

PREMIER CHEF D'ACCUSATION

Insubordination et mépris ouvert pour les ordres du général en chef Jourdan.

Celui qui, comme moi, ne désire ardemment que le bonheur et la gloire de son pays; qui, de tous ses moyens, cherche à y contribuer, ne doit-il pas ressentir de fortes impressions quand il voit échouer ses vœux les plus chers, par les fautes de ceux qui étaient chargés de les accomplir?

L'épanchement de son cœur dans le sein de quelques camarades, qu'il croit ses amis, pourrait-il être un crime, même une faute répréhensible?

Je ne connais point les lettres des généraux Ernouf et Jourdan qui ont provoqué l'arrêté du 9 floréal. Si elles m'avaient été produites, j'aurais pu en tirer parti contre mes dénonciateurs mêmes; mais j'ai déjà déclaré que je ne veux accuser personne. Ce n'est que de ma justification qu'il s'agit ici; et j'ai d'autres moyens plus que suffisants pour la démontrer. Je me suis donc abstenu de réclamer ces lettres.

Ce qui constitue le premier chef d'accusation ne doit point avoir, aujourd'hui, un autre caractère que celui qu'il avait le 8 germinal, date d'une lettre qui m'a été écrite par le général Jourdan.

Voici comme il y établissait les plaintes :

« Il m'est revenu, citoyen général, que dans plusieurs circonstances vous vous êtes permis de critiquer hautement les ordres qui émanaient de moi et d'employer des termes peu décents pour désigner les officiers de mon état-major.

« Il m'est parvenu que vous avez dit hautement, plus d'une fois, que vous donneriez votre démission, si vous pouviez penser que les choses restassent dans l'état où elles sont.

« Il m'est enfin parvenu que vous avez manifesté votre peu de confiance dans mes talents militaires.

« Si cela est vrai, citoyen général, vous auriez dû, au lieu de tenir une conduite si peu *loyale,* avoir la *franchise* de venir me le dire, de m'offrir votre démission, et d'aller ensuite à Paris prouver au gouvernement qu'il s'était trompé en m'accordant sa confiance; car moi, je vous déclare que je ne balancerais pas à vous donner l'ordre de vous rendre à Paris, auprès du Directoire, pour lui dire votre opinion sur mon compte, *si je pouvais me persuader que vous avez tenu tous ces propos.*

« Comme je ne veux, à l'armée que je commande, que des hommes qui aient confiance en moi, ou quitter le commandement, si je ne mérite pas cette confiance, *j'attends, dans la soirée, une explication franche de votre part.*

« Je vous salue.

« *Signé :* Jourdan. »

Pour cette explication, demandée par le général Jourdan, je me rendis chez lui, le 8 germinal au soir; j'y portai toute la franchise de mon caractère. Il m'en parut satisfait; et il ne me traita ni comme coupable, ni même comme répréhensible. Cette entrevue eut lieu en présence d'un général de division.

J'ai donc été jugé par le général Jourdan lui-même et reconnu innocent sur ce qui constitue le premier chef de la dénonciation. Il n'est plus possible d'y revenir pour en faire, aujourd'hui, une des bases de l'inculpation.

Si je m'étais réellement rendu coupable du fait *d'insubordination* et de *mépris ouvert* pour les ordres du général Jourdan, celui-ci n'avait-il pas des moyens de répression à exercer contre moi? N'aurait-il pas dû les employer? Ne les aurait-il pas employés, si je m'étais mis dans ce cas?

Dans cette prétendue grande *insubordination* dont je suis accusé, y avait-il *intention préméditée, provocation à la désobéissance?* C'est ce qu'on ne dit pas.

De ma prétendue critique des ordres du général en chef, en est-il résulté *quelque désordre, quelque désobéissance?*

Et vous, général Jourdan! Vous auriez connu toutes ces choses, tous les dangers qui en seraient résultés, et vous ne m'auriez pas suspendu! Non seulement vous m'auriez laissé le commandement de ma brigade, mais encore, vous auriez consenti à ce que le commandement de la 2ᵉ division de l'armée me fût confié!

Si j'avais montré cette grande *insubordination* que vous m'imputez, vous seriez vous-même bien coupable de ne pas avoir usé contre moi des moyens de répression qui vous étaient donnés par la loi. Et, prenez-y bien garde! Personne ne croira que vous eussiez bien voulu vous compromettre par *excès d'indulgence ou par amitié pour moi!*...

Votre calomnie est donc palpable.

Je ne veux plus, sur ce chef, que dire un mot de la *franchise* et de la *loyauté* du général Jourdan.

Le 8 germinal, avant de m'avoir entendu, il me reprochait de n'avoir pas eu la *loyauté* de m'adresser à lui-même. Il m'écrivait qu'il *ne pouvait se persuader* que je fusse répréhensible, et me demandait une *explication franche* (voyez la lettre ci-devant transcrite).

Mais, dès la veille, il m'avait *dénoncé* au Directoire exécutif comme *coupable* (voyez les motifs de l'arrêté du 9 floréal, qui me traduit devant un conseil de guerre, sur une lettre du général Jourdan, du 7 germinal).

C'est depuis cette première dénonciation du 7 et l'explication du 8, que le commandement de la division m'a été remis.

Quelle meilleure preuve de mon innocence pourrais-je apporter sur ce chef? Augmente-t-on de *confiance en un insubordonné?*...

DEUXIÈME CHEF D'ACCUSATION

De s'être laissé surprendre à Triberg, dans la matinée du 14 germinal, et de n'en avoir prévenu le général Ernouf, commandant par intérim, que vers les 6 heures du soir.

On a employé bien de la méchanceté en faisant une telle dénonciation contre moi. Mais je n'en devrais pas être étonné, puisqu'elle était nécessaire à mes dénonciateurs pour se disculper eux-mêmes.

Je dois me livrer à quelques détails, parce que je ne veux laisser aucun soupçon sur moi.

La 2ᵉ division de l'armée fut dirigée, le 11 germinal, sur Benzebene, entre Hornberg et Villingen. Elle fut disposée d'après les ordres du général Souham, qui établit son quartier à Triberg. Ce général, qui, le 5, avait fait une chute de cheval très violente, reçut du général en chef un congé de dix jours, pour se rétablir.

Le commandement de la division me fut remis, le 13 au matin. Le soir, je fis, au général en chef, un rapport de l'emplacement de cette division. (Voyez-le à la fin de ce mémoire, ainsi que les différents ordres et instructions que j'avais donnés aux officiers chargés de la surveillance et de la défense des différents postes, pièces 1, 2, 3, 4, 5 et 6.)

Le même jour, 13, à 11 heures du soir, je reçus une lettre, signée *Jourdan*, qui m'annonçait une attaque de la part de l'ennemi *pour le lendemain*. Voici ce qu'elle contient à cet égard :

« Des rapports qui me sont parvenus aujourd'hui, citoyen général, des reconnaissances que l'ennemi a poussées sur tous les postes de la première ligne me font présumer que *nous serons* ATTAQUÉS DEMAIN. »

Après un tel avis, je pris les mesures convenables. Mais quel fut mon étonnement de voir arriver, le 14, entre 3 et 4 heures du matin, le général Désenfans, pour remplacer le général de brigade qui se trouvait alors sous mes ordres et qui connaissait toutes les positions, mais auquel le général Jourdan donnait un congé de six décades. Le général Désenfans m'en remit l'avis, signé du chef de l'état-major, Ernouf (pièce 7).

La 2e division, composée d'environ quatre mille cinq cents hommes, occupait déjà un front de plus de 5 *lieues ;* car, non seulement il fallait être établi militairement, mais encore de manière à pouvoir faire vivre les hommes et les chevaux, dans un pays déjà épuisé, et dont les productions ne suffisaient pas, à beaucoup près, pour la consommation des habitants. A la droite du camp de Benzebene, il y avait deux débouchés qui n'étaient gardés que par les troupes de la 2e division. Le front du camp de Benzebene était couvert par des troupes de l'avant-garde. Ces débouchés, à la droite du camp, où l'ennemi pouvait bien venir s'établir entre la 1e et la 2e division, et, par conséquent, les attaquer sur leurs flancs ou les inquiéter sur leurs derrières, ces débouchés, dis-je, dont il n'avait point été question dans l'ordre qui avait prescrit l'établissement de la division (pièce 8), devaient être gardés. C'était parce que je savais leur importance que j'y avais mis des troupes ; car, lors de la retraite dirigée par le général Moreau, j'avais eu occasion de connaître ce pays.

Dans la lettre (pièce 9) qui m'avait annoncé l'attaque pour le 14, le général Jourdan s'y exprimait encore de cette manière :

« J'ai chargé le général Soult de porter entre Schiltach et Schramberg la 53e demi-brigade, qui était encore au camp de Benzebene, de manière que cette position sera uniquement occupée par les troupes de votre division. »

J'ai déjà dit que je pris les mesures que je crus nécessaires, dès que j'eus reçu cette lettre. Je parlai aussi au général de brigade Désenfans de la position qu'il allait être chargé de défendre, et je lui remis ordre (pièce 10).

J'avais donc pris toutes les précautions convenables pour assurer la surveillance et la défense de la position de ma division; mais, entre midi et une heure, je fus prévenu de l'approche de l'ennemi sur Triberg, où j'étais établi avec une centaine de grenadiers. En effet, conduits par des paysans, à la faveur d'un brouillard épais, à travers des bois et des montagnes couverts de neige, les ennemis repoussèrent les avant-postes établis aux débouchés, qui avaient été reconnus. Je ne pouvais pas penser que l'ennemi eût pénétré entre Furtwangen et Sankt-Georgen, n'ayant rien négligé dans mes instructions pour y faire surveiller (pièces 3, 5, 6). Je ne pouvais que présumer qu'il avait forcé un de ces postes, de sorte que le commandant n'avait pu m'en informer. J'ai su depuis, que le hussard qui m'avait été envoyé pour me prévenir des mouvements de l'ennemi entre Sankt-Georgen et Furtwangen avait été fait prisonnier. Il m'a été remis un duplicata du rapport que ce hussard avait été chargé de me rendre (pièce 11).

Quelque description que je puisse donner de Triberg et de ses environs, on ne pourrait pas se faire une idée de ce lieu.

A la nouvelle de l'approche de l'ennemi, mon premier mouvement fut de m'avancer, avec une centaine de grenadiers, pour le reconnaître. Mais, dominant Triberg, son feu m'obligea bientôt à me retirer à 60 toises de cet endroit. Il y avait, près de Triberg, deux pièces d'artillerie qui avaient fait partie du détachement qui s'était porté, les jours précédents, par la gorge de Vöhrenbach sur Donaueschingen, et deux escadrons du 1ᵉʳ régiment de dragons, mais cantonnés là seulement pour subsister, car ils ne pouvaient servir dans ces montagnes inaccessibles à la cavalerie, les chemins étant d'une rapidité extrême et alors couverts de glace. Ils furent donc dirigés sur Elzach, où, déjà, il y avait deux compagnies d'infanterie et deux escadrons de hussards. Les dragons et l'artillerie légère devaient se réunir au village de Schönwald, à une lieue de Triberg, sur la route d'Elzach, et, de là, sur Elzach, s'ils y étaient contraints par l'ennemi. L'adjudant général Becker marcha avec cette troupe.

Triberg n'avait point cette importance qu'on a tant fait retentir. C'étaient les débouchés de Furtwangen, de Sankt-Georgen, de Hornberg et surtout le camp de Benzebene qui devaient fixer mon attention.

J'ordonnai donc au chef de brigade Perrin de défendre, avec les grenadiers, jusqu'à la dernière extrémité, la vallée par laquelle on se rend de Triberg à Hornberg. Je l'avais établi à l'embranchement des chemins qui conduisent de celui de Hornberg à Sankt-Georgen et à Triberg, *à 60 toises, environ, de ce dernier endroit* où il est constamment demeuré jusqu'à la retraite générale de l'armée!... *Et voilà ce que le général Ernouf appelle une surprise!...* (1)

Mes occupations ne me permettant pas d'en informer par écrit le général

---

(1) Comparer, pages 420 et 422, les versions de ces événements adressées par Ernouf au Directeur Merlin.

en chef, il est étonnant que le général Ernouf en ait argué pour prétendre qu'il n'en avait point eu connaissance avant 6 heures du soir; tandis qu'il est de fait qu'un officier du génie, attaché à l'état-major de la 2ᵉ division, lui avait annoncé, vers 3 heures, l'attaque faite par l'ennemi; et qu'ensuite, le chef de brigade Perrin ayant fait demander des cartouches, il fut donné l'ordre d'en envoyer un caisson. D'un autre côté, avant de faire un rapport qui eût pu être de quelque utilité, ne fallait-il pas que j'eusse une connaissance exacte des entreprises de l'ennemi sur la division et de ses desseins apparents?

Après cette première disposition, où mon devoir m'appelait-il? Aux postes de Nussbach, Sommerau, Sankt-Georgen, et ensuite au camp de Benzebene puisque, si les trois premiers eussent été forcés, l'ennemi aurait pu attaquer le camp par le flanc droit et les derrières, tandis qu'en même temps il aurait pu attaquer de front. Je me dirigeai de suite sur ces lieux. Nussbach ni Sommerau n'étaient attaqués; mais Sankt-Georgen l'était.

N'ayant point de rapport de Furtwangen, dont le commandant, en cas qu'il y fût forcé, devait, d'après les instructions que je lui avais données, se retirer sur Waldkirch (pièce 3), j'envoyai un officier au commandant de Sankt-Georgen pour avoir de ses nouvelles, et je restai à Sommerau pour observer l'ennemi. Le commandant de Sankt-Georgen exécutait déjà sa retraite car, attaqué par son front, il fut informé que l'ennemi le tournait par sa droite avec plus de huit cents hommes qui débouchèrent des bois qui sont entre Furtwangen, Vöhrenbach, Sankt-Georgen et Sommerau.

Aussitôt que la troupe m'eut joint à Sommerau, je pris le parti de me retirer sur le camp de Benzebene. Je fus poursuivi par l'ennemi jusqu'à l'entrée du bois, à la droite du camp. Il y avait encore plus d'une lieue de là. Parvenu au camp, je préviens le général de brigade Désenfans que, Sankt-Georgen étant évacué, le flanc droit du camp était exposé. Je l'entretins de ce qu'il était intéressant de faire, d'après les moyens à notre disposition. Je lui dis qu'avec les cinq compagnies et les deux escadrons placés précédemment à Sankt-Georgen et Sommerau, j'allais marcher sur Triberg par Hornberg; parce que je n'aurais pu le faire par toute autre direction sans me compromettre. En cela, mon but était de renforcer le point par lequel l'ennemi pouvait déboucher sur Hornberg.

Il était environ 6 heures lorsque j'arrivai à Hornberg. J'avais devancé ma troupe pour parler au général Jourdan. Ce fut alors que j'appris avec étonnement qu'il avait quitté l'armée *dès le matin,* quoiqu'il eût annoncé lui-même, *la veille au soir,* une *attaque générale* de la part de l'ennemi *pour ce jour-là ;* quoique en lui donnant au même moment un congé de six décades, il m'eût ôté le seul général de brigade que j'eusse sous mes ordres et qui, *par sa connaissance du pays,* pouvait le mieux me seconder; quoiqu'enfin il m'eût dit lui-même que le camp de Benzebene, qui, *d'après l'ordre pour l'établissement de la division* (pièce 8), devait être défendu par *les troupes de cette division et de l'avant-garde ensemble,* serait abandonné désormais *aux seules forces de la division* sous mes ordres.

Ne dirait-on pas qu'on avait cherché à me réduire à l'impossibilité physique de défendre ces postes, ou à commettre quelques fautes, pour arriver au but qu'on s'était proposé, de faire supporter par d'autres celles dont on ne voulait pas rester chargé? D'ailleurs, en abandonnant l'armée, *le 14 au matin*, quelles *instructions* le général Jourdan avait-il laissées pour recevoir *l'attaque générale de l'ennemi*, que lui-même *avait annoncée la veille au soir*, ainsi que pour le cas de nécessité d'une retraite? Je n'avais que son avertissement (pièce 9), où l'on trouve : « Vous ferez bien, citoyen général, de renvoyer à 2 lieues en arrière de Hornberg tous les équipages et munitions qui ne vous seront pas nécessaires. » Je rendis compte au général Ernouf, en lui donnant les détails aussi sincères que je viens de les exposer.

Il en résulte sans doute, pour tout militaire, l'entière conviction que, si je me suis retiré à quelques toises de Triberg, ce n'a point été par défaut de précaution et de surveillance, mais à cause des forces supérieures de l'ennemi et de la situation peu tenable de cet endroit.

Donc, sur ce chef, il ne peut m'être imputé de délit, ni m'être fait le moindre reproche.

TROISIÈME CHEF D'ACCUSATION.

D'avoir refusé de marcher pour reprendre Triberg et d'avoir, par cette conduite, forcé l'armée à la retraite.

Si j'avais commis un tel crime, j'en devrais répondre sur ma tête. Une mort ignominieuse m'arracherait à ma patrie, que j'ai servie avec tant de zèle et d'affection, pour laquelle j'ai tant de fois bravé les coups meurtriers de ses ennemis.

Mais si l'inculpation est fausse, si la dénonciation est calomnieuse, les auteurs doivent rester éternellement couverts de l'infamie qu'ils avaient voulu déverser sur moi.

Pour me justifier encore sur ce chef, il me faut continuer le récit des faits.

Le général Ernouf, après avoir entendu mon rapport et avoir *pris l'avis de ses conseils*, revint vers moi et me dit : « Général, *il faut reprendre Triberg!* » Ma réponse fut : « *Dès que les cinq compagnies que j'ai devancées seront arrivées, je vais les y diriger, puisque je viens de vous annoncer que c'était le but de ma démarche.* Mais ce n'est point Triberg qui est le point important. C'est au camp de Benzebene et à la première division qu'il faut penser; car, quand on tiendra Triberg, et qu'on n'aura point de troupes en nombre suffisant pour s'établir en avant, il sera difficile d'empêcher les progrès de l'ennemi. D'après les moyens qu'il a employés aujourd'hui et les tentatives dans cette partie, il est probable qu'il est en force. »

En effet, les généraux autrichiens Merveldt et Gyulai s'étaient réunis pour m'attaquer; et, devant le seul point de Furtwangen, qui n'était occupé que par quatre compagnies d'infanterie française et une centaine de hussards, on leur connaissait déjà trois bataillons (pièce 11).

Sur ces entrefaites, les cinq compagnies que j'attendais arrivèrent avec les deux escadrons du 6ᵉ de dragons. Je quittai alors le général Ernouf pour donner l'ordre (pièce 12) au chef de brigade Perrin de se reporter sur Triberg.

Je remis cet ordre à un officier de mon état-major, qui conduisit les cinq compagnies à ce chef de brigade. Le général Ernouf étant alors occupé, je le prévins que j'allais laisser un officier pour recevoir les ordres ultérieurs qu'il aurait à me donner. J'allai indiquer le lieu où devaient s'établir les deux escadrons de dragons. Et voilà ce que le général Ernouf appelle *une désobéissance, un refus de marcher sur Triberg!*... Et c'est ce prétendu refus qui, *selon lui*, a nécessité *la retraite de l'armée entière!*...

Mais si, réellement, j'ai refusé de marcher sur Triberg, pourquoi n'ai-je pas été suspendu et arrêté sur-le-champ? *Pourquoi n'a-t-on point fait faire par un autre ce que l'on prétend que j'ai refusé d'exécuter?*

Quels hommes que mes dénonciateurs!...

Je m'abstiens de toutes réflexions sur le caractère de leur calomnie; je les livre à la vindicte de l'opinion publique.

Mais, loin de m'être constitué en état de *désobéissance* dans aucun cas, loin d'avoir refusé de *marcher sur Triberg*, il est matériellement démontré que des troupes sont allées, *d'après mes ordres*, jusqu'à l'entrée de ce lieu, dès le 14 au soir, y ont passé la nuit (pièces 12, 13, 14, 15 et 16), et ne *s'en sont retirées, dans la matinée du 15,* que pour *exécuter l'ordre du général Ernouf,* qui prescrivait *la retraite de toute l'armée.*

Il est déjà *matériellement faux* que cette retraite *ait été nécessitée par mon prétendu refus d'obéir.*

Mais veut-on d'autres preuves, émanées du général Ernouf lui-même? Il faut lire : 1° son ordre (pièce 17) dans lequel il me dit : « ... *Enfin, je me confie en vous, persuadé que vous prendrez toutes les mesures de précaution nécessaires pour assurer votre retraite* QUI SE FERA SUR OFFENBURG (à plus de 12 lieues du point de départ) ; — 2° une lettre signée Ernouf, rapportée par *l'Ami des lois,* n° 1 334 (pièce 18), dans laquelle il dit : « Mais les troupes ne se seraient pas retirées sur une simple attaque d'avant-postes, si cette même position, PEU TENABLE SOUS PLUSIEURS RAPPORTS, n'avait pas été tournée par des forces majeures, et *si, d'ailleurs, il n'avait pas été décidé* QU'ELLE DEVAIT ÊTRE ABANDONNÉE QUELQUES JOURS PLUS TARD.

Si la position n'était pas *tenable,* et si, *dès auparavant,* le général Ernouf *avait décidé de l'abandonner,* comment a-t-il pu m'imputer *d'avoir rendu la retraite nécessaire* quand, d'ailleurs, il est prouvé que le fait sur lequel il ose appuyer cette assertion *est matériellement faux?*

Si je voulais entreprendre de discuter cette lettre, je pourrais démontrer qu'elle renferme plusieurs contradictions, et plus de forfanterie que de vérité : par exemple, il est absolument faux que le général Ernouf *ait pu combattre et repousser l'ennemi à* UNE TRÈS PETITE *distance de son quartier général,* établi à Hornberg, puisque, *d'après mes ordres,* cet ennemi a toujours été contenu *près de Triberg* par le chef de brigade Perrin. Ainsi, *la très petite distance* dont parle le général Ernouf, était DE 3 LIEUES AU MOINS (1). Voyez cette lettre (pièce 18).

Je crois avoir suffisamment justifié que je ne me suis rendu coupable d'aucun des délits qui me sont imputés par la calomnie odieuse et *intéressée* de mes dénonciateurs.

Mais, pour joindre aux preuves *écrites que je présente,* je pourrais encore offrir le témoignage de toutes les braves troupes que j'avais l'avantage de commander.

Je n'ai pas besoin de rappeler la conduite que j'ai tenue depuis que j'ai l'honneur d'être défenseur de la patrie ; il me suffit de dire que, pendant que j'ai servi avec les généraux Marceau, Beaupuy, Kléber, Desaix, Moreau et plusieurs autres officiers de distinction, je n'ai reçu d'eux, pour mon zèle, que des marques d'estime et de considération.

Mais, pour être traduit devant un conseil de guerre, il m'a suffi de *commencer* une campagne sous les ordres des généraux Jourdan et Ernouf.

C'était à eux qu'il était réservé d'ajouter, à l'injuste inculpation qui me fut faite l'année dernière (pièce 19), une nouvelle accusation plus *grave et aussi injuste.*

Alors, comme *aujourd'hui,* je sollicitai d'être traduit devant un conseil de guerre, pour en obtenir une réparation aussi éclatante que la délation en était odieuse. *Aujourd'hui,* comme *alors,* je demande l'examen plus rigoureux de ma conduite.

J'exécute avec soumission l'arrêté du Directoire exécutif du 19 messidor an VII qui, en rapportant celui du 9 floréal précédent, m'a ordonné, citoyen ministre, de vous présenter mes moyens de justification. J'attends avec impatience la décision qu'il trouvera juste de prendre dans cette circonstance où mon honneur a été si *gravement* et si *publiquement* attaqué.

Présenté le 13 thermidor an VII de la République française.

Signé : le général de brigade, DECAEN.

---

(1) Decaen fait ici une légère erreur. Il y a environ 9 kilomètres entre Hornberg et Triberg.

PIÈCES JUSTIFICATIVES

1re PIÈCE.

Rapport du général de brigade Decaen au général Jourdan, commandant en chef l'armée du Danube.

Triberg, le 13 germinal an VII, au soir.

Conformément à vos ordres, citoyen général, les renseignements ont été pris sur la position de Benzebene... (Voir *supra*, p. 245.)

2e PIÈCE.

Au quartier général, à Triberg, le 12 germinal, VIIe année.

Le chef de la 2e fera partir sur-le-champ deux compagnies de sa demi-brigade pour se rendre à Elzach, sous les ordres du chef de brigade Merlin. La demi-brigade devra ensuite être établie dans les lieux ci-après :
2 compagnies à Elzach, sous les ordres du chef de brigade Merlin ;
4 compagnies à Furtwangen, sous les ordres du chef d'escadrons Pajol ;
4 compagnies à Sankt-Georgen, sous les ordres du chef du 6e de dragons ;
2 compagnies à Schonach ; 2 à Schönwald ; 1 à Nussbach ; 4 à Triberg. Celles qui seront dans ces derniers endroits devront avoir des postes sur tous ces débouchés qui arrivent aux postes qu'elles occuperont et s'y garderont militairement.
L'état-major de la demi-brigade sera à Triberg.
Le général de brigade :

Signé : Decaen.

3e PIÈCE.

Au quartier général de Furtwangen, le 12 germinal, VIIe année de la République.

Le chef d'escadrons Pajol, du 4e de hussards, établi à Furtwangen, est chargé de la garde de ce poste, avec la troupe qu'il commande et quatre compagnies de la 2e demi-brigade qui sont à sa disposition... (Voir *supra*, p. 241.)

4ᵉ PIÈCE.

Triberg, le 13 grminal an VII.

Au commandant l'escadron du 6ᵉ régiment de dragons, à Nussbach.

J'ai fait donner l'ordre à une compagnie de la 2ᵉ demi-brigade de se rendre demain matin à Nussbach, pour y être, sous vos ordres, réunie à la compagnie déjà établie dans ce village... (Voir *supra*, p. 244.)

5ᵉ PIÈCE.

Triberg, le 13 germinal, VIIᵉ année.

Au citoyen Levrault, chef d'escadrons au 6ᵉ régiment de dragons, commandant le poste de Sankt-Georgen.

Je viens de faire donner l'ordre, citoyen, au capitaine commandant le bataillon de la 2ᵉ demi-brigade... (Voir *supra*, p. 243.)

6ᵉ PIÈCE.

Triberg, le 13 germinal an VII.

Au général de brigade Goullus.

Le général Souham m'a dit vous avoir prévenu, mon cher camarade, de l'absence qu'il va faire... (Voir *supra*, p. 242.)

7ᵉ PIÈCE.

Au quartier général à Hornberg, le 13 germinal, an VII de la République française, une et indivisible.

Le général de division Ernouf, chef de l'état-major général, au général commandant la 2ᵉ division.

Je vous préviens, citoyen général,... (Voir *supra*, p. 247.)

8ᵉ PIÈCE.

Au quartier général à Villingen, le 10 germinal an VII
de la République française.

Ordre du 10 germinal.

... Le général Souham mettra en mouvement sa division demain matin à 4 heures... (Voir *supra*, p. 237.)

9ᵉ PIÈCE.

Au quartier général à Hornberg, le 13 germinal, an VII
de la République française, une et indivisible.

Jourdan, général en chef, au général de division Souham.

Des rapports qui me sont parvenus aujourd'hui... (Voir *supra*, p. 246.)

10ᵉ PIÈCE.

Triberg, le 14 germinal, an VII.

Au général de brigade Désenfans.

Comme vous remplacez dans la division le général Goullus... (Voir *supra*, p. 247.)

11ᵉ PIÈCE.

Furtwangen, le 14 germinal, VIIᵉ année.

Le chef d'escadrons Pajol au général de brigade Decaen.

J'ai l'honneur de vous prévenir... (Voir *supra*, p. 250.)

12ᵉ PIÈCE.

Au quartier général à Hornberg,
le 14 germinal, VIIᵉ année.

Le chef de brigade Perrin, avec les troupes qu'il commande... (Voir *supra*, p. 253.)

13ᵉ PIÈCE.

Au bivouac sur la route de Hornberg à Triberg, le 14 germinal, à 10 heures du soir.

Le chef de brigade de la 2ᵉ de ligne au général Decaen.

J'ai l'honneur de vous rendre compte, citoyen général,... (Voir *supra*, p. 257.)

14ᵉ PIÈCE (1).

Au quartier général à Hornberg, le 14 germinal, VIIᵉ année, à 11 heures et demie du soir.

Au chef de brigade Perrin, commandant la 2ᵉ demi-brigade.

Il faut, mon cher commandant, vous établir... (Voir *supra*, p. 257.)

15ᵉ PIÈCE.

Au quartier général à Hornberg, le 15 germinal.

Au chef de brigade Perrin.

Comme je n'ai reçu aucun rapport de vous... (Voir *supra*, p. 259.)

16ᵉ PIÈCE (2).

Au bivouac sur la route de Triberg, le 15 germinal, à 5 heures du matin.

J'ai l'honneur de vous rendre compte, citoyen général, que j'occupe les mêmes positions qu'hier soir... (Voir *supra*, p. 259.)

---

(1) « Cet ordre fut envoyé aussitôt après que j'eus reçu celui du général Ernouf, qui prescrivait la retraite de toute l'armée, et qui m'était parvenu avant le rapport n° 13. » (Note de Decaen.)

(2) « Ce rapport a croisé mon ordre n° 15. » (Note de Decaen.)

17ᵉ PIÈCE.

Au quartier général à Hornberg, le 14 germinal, l'an VII
de la République française, une et indivisible.

*Ernouf, commandant en chef par intérim l'armée du Danube,
au général Decaen, commandant la 2ᵉ division.*

Je vous préviens, citoyen général, que l'ennemi... (Voir *supra*, p. 253.)

... Enfin, je me confie en vous, persuadé que vous prendrez toutes les mesures de précaution nécessaires pour assurer votre retraite qui se fera sur Offenburg (1).

18ᵉ PIÈCE (2).

Extrait du journal *l'Ami des Lois*, n° 1334.

Le général de division Ernouf au rédacteur de l'Ami des Lois.

Au quartier général à Bâle, le 27 germinal.

J'ai lu, citoyen, dans un des derniers numéros de votre journal, l'article concernant le changement de position que l'armée a fait, d'après mes ordres, le 14 courant, à Hornberg. Vous y dites *qu'attaqué aux avant-postes, j'ai, de suite, ordonné la retraite.* Cette rédaction n'étant point conforme à la vérité, je vous adresse les détails suivants.

. . . .

Triberg a été surpris à 11 heures du matin (3) et je ne l'ai su qu'à 5 h. 30 du soir (4). Déjà les partis que l'ennemi poussait vivement se disposaient à insulter le quartier général, dont ils s'étaient approchés *à une très petite distance* (5), lorsque, rassemblant à la hâte deux compagnies, l'une de grenadiers et l'autre de sapeurs, et un faible détachement de guides, j'ai non seulement arrêté leur marche, mais je les ai forcés de rétrograder. Malgré cette surprise inconcevable, j'ai donné mes ordres à toute l'armée, de manière que les troupes se sont retirées dans le plus grand ordre; et,

---

(1) « Si j'avais désobéi, si j'avais refusé de marcher pour exécuter les ordres du général Ernouf dans la journée du 14, que penser de lui qui, le même jour, au soir, m'a confié de couvrir la retraite de deux divisions? Si le fait de désobéissance qu'il m'impute n'a jamais existé, que penser de lui qui m'en a accusé devant le Directoire exécutif? » (Note de Decaen.)
(2) Cette lettre est celle reproduite page 305, avec de légères variantes.
(3) « Triberg a été *attaqué* entre midi et une heure, et non surpris. » (Note de Decaen.)
(4) « Le général Ernouf en a été prévenu à trois heures. » (Note de Decaen.)
(5) « A 3 lieues au moins. » (Note de Decaen.) On a déjà fait remarquer qu'il n'y a qu'un peu plus de 9 kilomètres de Triberg à Hornberg.

surveillant leur mouvement, je n'ai quitté Hornberg qu'à 11 heures du soir, pour venir couvrir, avec les troupes de l'avant-garde, le point menacé de Haslach.

C'est moins pour moi que pour l'armée du Danube que je me plais à rétablir l'exactitude des faits, quoique celui qui a rédigé l'article m'ait donné (sans doute sans le savoir) un air de pusillanimité qui ne me convient point, et que je suis très loin d'avouer comme Français, et surtout comme militaire. S'il n'eût été question que de moi, j'aurais gardé le silence; mais vous devez bien sentir que les 25 000 soldats qui, à Liptingen, ont combattu 75 000 Autrichiens, fait 5 000 prisonniers, pris deux pièces de canon et ont couché sur le champ de bataille, ne se seraient pas retirés sur une simple attaque d'avant-postes *si cette même position* (PEU TENABLE SOUS PLUSIEURS RAPPORTS) n'avait pas été tournée par des forces majeures, et SI, D'AILLEURS, IL N'AVAIT PAS ÉTÉ DÉCIDÉ QU'ELLE DEVAIT ÊTRE ABANDONNÉE QUELQUES JOURS PLUS TARD.

En général, notre retraite s'est opérée dans le plus grand ordre, les troupes gardant toujours leur énergie. On n'a pas laissé en arrière ce qui s'appelle une roue de caisson, surtout à partir de Hornberg. Nous nous sommes repliés à très petites journées, pas à pas; et, en arrivant dans les plaines d'Offenburg, *j'ai offert la bataille à l'ennemi qui n'a pas jugé à propos de déboucher des gorges pour se mesurer en plaine.*

Salut et fraternité,

Signé : ERNOUF.

19ᵉ PIÈCE.

Paris, le 18 germinal, an VI
de la République française, une et indivisible.

Le ministre de la guerre au général Decaen.

Vous me marquez, citoyen général, par votre lettre, en date du 12 de ce mois, que l'arrêté du Directoire exécutif du 6 germinal ne peut vous concerner, attendu que vous n'avez présenté aucune pétition tendant à obtenir votre réintégration, et que vous n'avez jamais commis d'exactions, ni perçu illégalement aucunes sommes.

Vous m'invitez, au surplus, à faire examiner votre conduite par un conseil de guerre.

Je vous observe, citoyen général, que le Directoire exécutif, *en vous réintégrant,* a suffisamment déclaré *que vous étiez innocent.*

D'après cette détermination, vous sentez, citoyen général, *qu'un conseil de guerre devient absolument inutile pour votre justification.*

Salut et fraternité,

Signé : SCHERER.

CONCORDANCE

DES

CALENDRIERS RÉPUBLICAIN ET GRÉGORIEN

CONCORDANCE DES ANNÉES

CORRESPONDANTS pour les quatre derniers mois de l'année grégorienne (quatre premiers de l'année républicaine) aux années grégoriennes	ANS	CORRESPONDANTS pour les huit premiers mois de l'année grégorienne (huit derniers de l'année républicaine) aux années grégoriennes
A		B
1793	II	1794
1794	III	1795
1795	IV	1796
1796	V	1797
1797	VI	1798
1798	VII	1799
1799	VIII	1800
1800	IX	1801
1801	X	1802
1802	XI	1803
1803	XII	1804
1804	XIII	1805
1805	XIV	,

CONCORDANCE DES MOIS ET DES JOURS

ANS II, III, V, VI, VII

JOURS RÉPUBLICAINS	Vendémiaire	Brumaire	Frimaire	Nivôse	Pluviôse	Ventôse	Germinal	Floréal	Prairial	Messidor	Thermidor	Fructidor
	A				**B**							
1	22 septembre	22 octobre	21 novembre	21 décembre	20 janvier	19 février	21 mars	20 avril	20 mai	19 juin	19 juillet	18 août
2	23	23	22	22	21	20	22	21	21	20	20	19
3	24	24	23	23	22	21	23	22	22	21	21	20
4	25	25	24	24	23	22	24	23	23	22	22	21
5	26	26	25	25	24	23	25	24	24	23	23	22
6	27	27	26	26	25	24	26	25	25	24	24	23
7	28	28	27	27	26	25	27	26	26	25	25	24
8	29	29	28	28	27	26	28	27	27	26	26	25
9	30	30	29	29	28	27	29	28	28	27	27	26
10	1er octobre	31	30	30	29	28	30	29	29	28	28	27
11	2	1er novembre	1er décembre	31	30	1er mars	31	30	30	29	29	28
12	3	2	2	1er janvier	31	2	1er avril	1er mai	31	30	30	29
13	4	3	3	2	1er février	3	2	2	1er juin	1er juillet	31	30
14	5	4	4	3	2	4	3	3	2	2	1er août	31
15	6	5	5	4	3	5	4	4	3	3	2	1er septembre
16	7	6	6	5	4	6	5	5	4	4	3	2
17	8	7	7	6	5	7	6	6	5	5	4	3
18	9	8	8	7	6	8	7	7	6	6	5	4
19	10	9	9	8	7	9	8	8	7	7	6	5
20	11	10	10	9	8	10	9	9	8	8	7	6
21	12	11	11	10	9	11	10	10	9	9	8	7
22	13	12	12	11	10	12	11	11	10	10	9	8
23	14	13	13	12	11	13	12	12	11	11	10	9
24	15	14	14	13	12	14	13	13	12	12	11	10
25	16	15	15	14	13	15	14	14	13	13	12	11
26	17	16	16	15	14	16	15	15	14	14	13	12
27	18	17	17	16	15	17	16	16	15	15	14	13
28	19	18	18	17	16	18	17	17	16	16	15	14
29	20	19	19	18	17	19	18	18	17	17	16	15
30	21	20	20	19	18	20	19	19	18	18	17	16

CONCORDANCE DES MOIS ET DES JOURS
(Suite)

AN IV

JOURS RÉPUBLICAINS	A				B						
	Vendémiaire	Brumaire	Frimaire	Nivôse	Pluviôse	Ventôse	Germinal	Floréal	Prairial	Messidor	Thermidor	Fructidor
1	23 septembre	23 octobre	22 novembre	22 décembre	21 janvier	20 février	21 mars	20 avril	20 mai	19 juin	19 juillet	18 août
2	24	24	23	23	22	21	22	21	21	20	20	19
3	25	25	24	24	23	22	23	22	22	21	21	20
4	26	26	25	25	24	23	24	23	23	22	22	21
5	27	27	26	26	25	24	25	24	24	23	23	22
6	28	28	27	27	26	25	26	25	25	24	24	23
7	29	29	28	28	27	26	27	26	26	25	25	24
8	30	30	29	29	28	27	28	27	27	26	26	25
9	1er octobre	31	30	30	29	28	29	28	28	27	27	26
10	2	1er novembre	1er décembre	31	30	29	30	29	29	28	28	27
11	3	2	2	1er janvier	31	1er mars	31	30	30	29	29	28
12	4	3	3	2	1er février	2	1er avril	1er mai	31	30	30	29
13	5	4	4	3	2	3	2	2	1er juin	1er juillet	31	30
14	6	5	5	4	3	4	3	3	2	2	1er août	31
15	7	6	6	5	4	5	4	4	3	3	2	1er septembre
16	8	7	7	6	5	6	5	5	4	4	3	2
17	9	8	8	7	6	7	6	6	5	5	4	3
18	10	9	9	8	7	8	7	7	6	6	5	4
19	11	10	10	9	8	9	8	8	7	7	6	5
20	12	11	11	10	9	10	9	9	8	8	7	6
21	13	12	12	11	10	11	10	10	9	9	8	7
22	14	13	13	12	11	12	11	11	10	10	9	8
23	15	14	14	13	12	13	12	12	11	11	10	9
24	16	15	15	14	13	14	13	13	12	12	11	10
25	17	16	16	15	14	15	14	14	13	13	12	11
26	18	17	17	16	15	16	15	15	14	14	13	12
27	19	18	18	17	16	17	16	16	15	15	14	13
28	20	19	19	18	17	18	17	17	16	16	15	14
29	21	20	20	19	18	19	18	18	17	17	16	15
30	22	21	21	20	19	20	19	19	18	18	17	16

CONCORDANCE DES MOIS ET DES JOURS
(Suite)

ANS VIII, IX, X, XI, XIII, XIV

JOURS RÉPUBLICAINS	Vendémiaire (A)	Brumaire	Frimaire	Nivôse	Pluviôse (B)	Ventôse	Germinal	Floréal	Prairial	Messidor	Thermidor	Fructidor
1	23 septembre	23 octobre	22 novembre	22 décembre	21 janvier	20 février	22 mars	21 avril	21 mai	20 juin	20 juillet	19 août
2	24	24	23	23	22	21	23	22	22	21	21	20
3	25	25	24	24	23	22	24	23	23	22	22	21
4	26	26	25	25	24	23	25	24	24	23	23	22
5	27	27	26	26	25	24	26	25	25	24	24	23
6	28	28	27	27	26	25	27	26	26	25	25	24
7	29	29	28	28	27	26	28	27	27	26	26	25
8	30	30	29	29	28	27	29	28	28	27	27	26
9	1er octobre	31	30	30	29	28	30	29	29	28	28	27
10	2	1er novembre	1er décembre	31	30	1er mars	31	30	30	29	29	28
11	3	2	2	1er janvier	31	2	1er avril	1er mai	31	30	30	29
12	4	3	3	2	1er février	3	2	2	1er juin	1er juillet	31	30
13	5	4	4	3	2	4	3	3	2	2	1er août	31
14	6	5	5	4	3	5	4	4	3	3	2	1er septembre
15	7	6	6	5	4	6	5	5	4	4	3	2
16	8	7	7	6	5	7	6	6	5	5	4	3
17	9	8	8	7	6	8	7	7	6	6	5	4
18	10	9	9	8	7	9	8	8	7	7	6	5
19	11	10	10	9	8	10	9	9	8	8	7	6
20	12	11	11	10	9	11	10	10	9	9	8	7
21	13	12	12	11	10	12	11	11	10	10	9	8
22	14	13	13	12	11	13	12	12	11	11	10	9
23	15	14	14	13	12	14	13	13	12	12	11	10
24	16	15	15	14	13	15	14	14	13	13	12	11
25	17	16	16	15	14	16	15	15	14	14	13	12
26	18	17	17	16	15	17	16	16	15	15	14	13
27	19	18	18	17	16	18	17	17	16	16	15	14
28	20	19	19	18	17	19	18	18	17	17	16	15
29	21	20	20	19	18	20	19	19	18	18	17	16
30	22	21	21	20	19	21	20	20	19	19	18	17

CONCORDANCE DES MOIS ET DES JOURS
(Suite)

JOURS RÉPUBLICAINS	AN XII – A				AN XII – B							
	Vendémiaire	Brumaire	Frimaire	Nivôse	Pluviôse	Ventôse	Germinal	Floréal	Prairial	Messidor	Thermidor	Fructidor
1	24 septembre	24 octobre	23 novembre	23 décembre	22 janvier	21 février	22 mars	21 avril	21 mai	20 juin	20 juillet	19 août
2	25	25	24	24	23	22	23	22	22	21	21	20
3	26	26	25	25	24	23	24	23	23	22	22	21
4	27	27	26	26	25	24	25	24	24	23	23	22
5	28	28	27	27	26	25	26	25	25	24	24	23
6	29	29	28	28	27	26	27	26	26	25	25	24
7	30	30	29	29	28	27	28	27	27	26	26	25
8	1er octobre	31	30	30	29	28	29	28	28	27	27	26
9	2	1er novembre	1er décembre	31	30	29	30	29	29	28	28	27
10	3	2	2	1er janvier	31	1er mars	31	30	30	29	29	28
11	4	3	3	2	1er février	2	1er avril	1er mai	31	30	30	29
12	5	4	4	3	2	3	2	2	1er juin	1er juillet	31	30
13	6	5	5	4	3	4	3	3	2	2	1er août	31
14	7	6	6	5	4	5	4	4	3	3	2	1er septembre
15	8	7	7	6	5	6	5	5	4	4	3	2
16	9	8	8	7	6	7	6	6	5	5	4	3
17	10	9	9	8	7	8	7	7	6	6	5	4
18	11	10	10	9	8	9	8	8	7	7	6	5
19	12	11	11	10	9	10	9	9	8	8	7	6
20	13	12	12	11	10	11	10	10	9	9	8	7
21	14	13	13	12	11	12	11	11	10	10	9	8
22	15	14	14	13	12	13	12	12	11	11	10	9
23	16	15	15	14	13	14	13	13	12	12	11	10
24	17	16	16	15	14	15	14	14	13	13	12	11
25	18	17	17	16	15	16	15	15	14	14	13	12
26	19	18	18	17	16	17	16	16	15	15	14	13
27	20	19	19	18	17	18	17	17	16	16	15	14
28	21	20	20	19	18	19	18	18	17	17	16	15
29	22	21	21	20	19	20	19	19	18	18	17	16
30	23	22	22	21	20	21	20	20	19	19	18	17

CONCORDANCE DES JOURS COMPLÉMENTAIRES

JOURS complémentaires	An II 1794	An III 1795	An IV 1796	An V 1797	An VI 1798	An VII 1799	An VIII 1800	An IX 1801	An X 1802	An XI 1803	An XII 1804	An XIII 1805
					SEPTEMBRE							
1er	17	17	17	17	17	17	18	18	18	18	18	18
2e	18	18	18	18	18	18	19	19	19	19	19	19
3e	19	19	19	19	19	19	20	20	20	20	20	20
4e	20	20	20	20	20	20	21	21	21	21	21	21
5e	21	21	21	21	21	21	22	22	22	22	22	22
6e	»	22	»	»	»	22	»	»	»	23	»	»

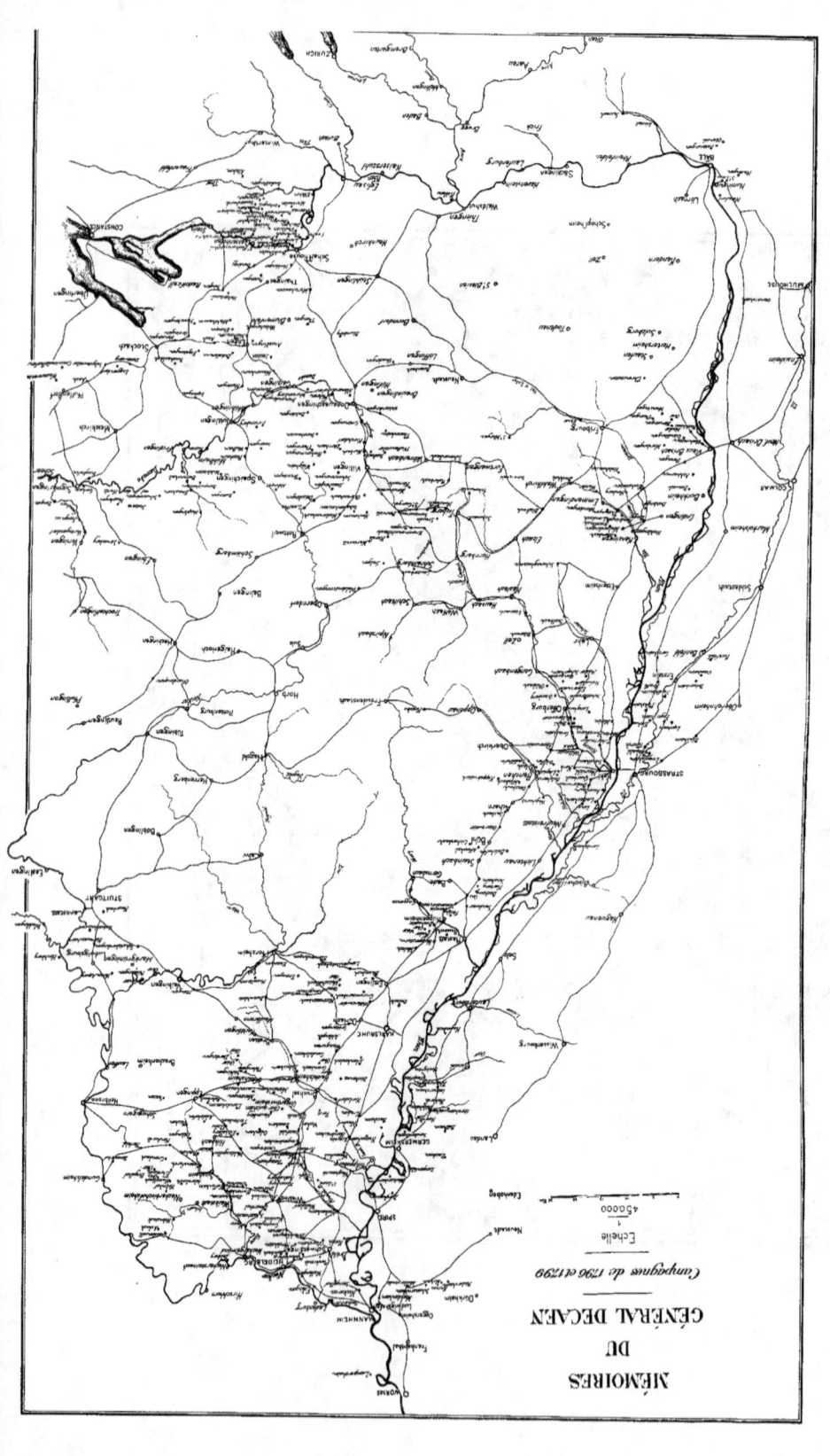

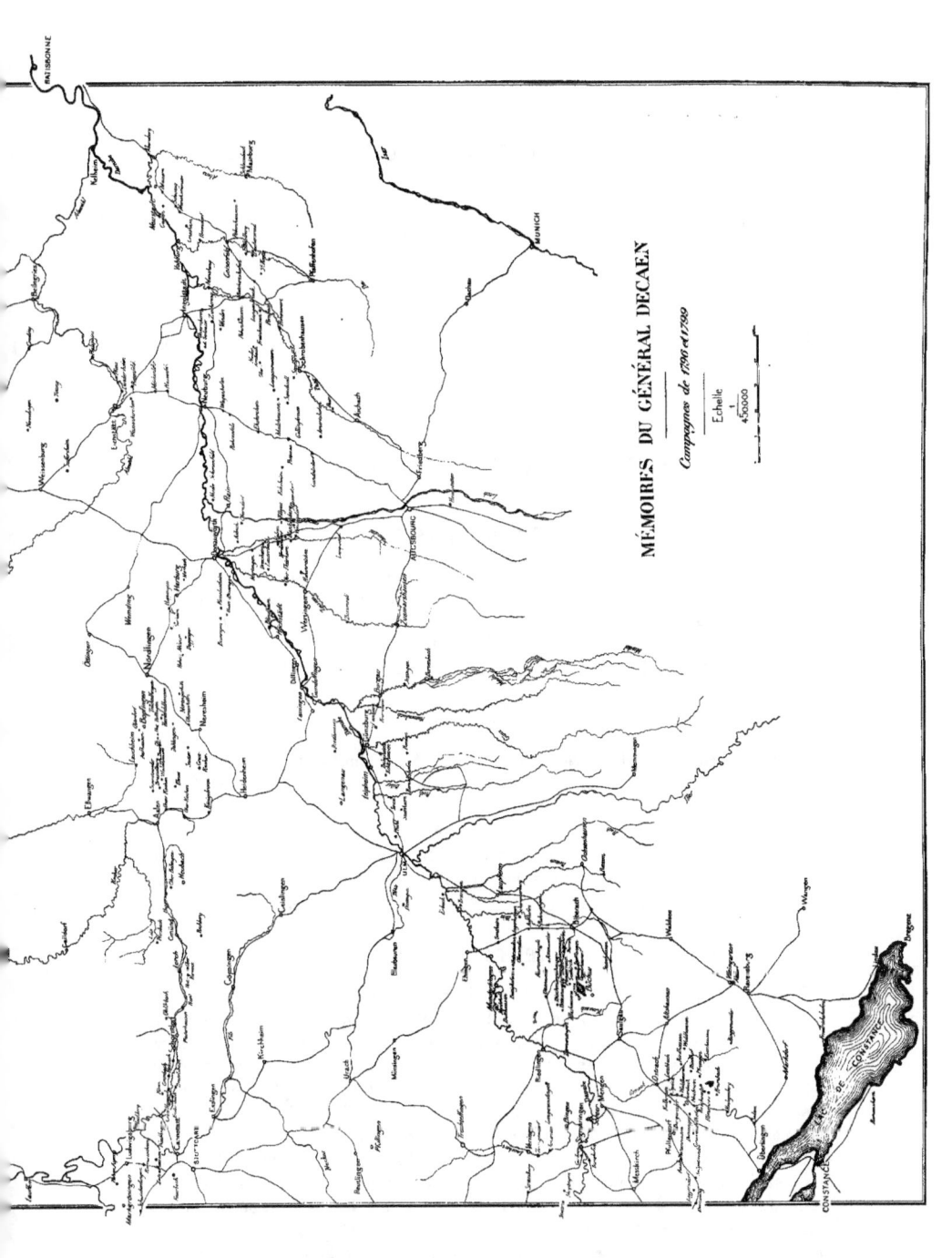

TABLE DES MATIÈRES

	Pages.
Introduction	I
Avant-propos	xxv

DÉPART POUR L'ARMÉE. — SIÈGE DE MAYENCE

CHAPITRE PREMIER

Decaen s'enrôle le premier au 4ᵉ bataillon du Calvados. — Il est nommé sergent-major. — Départ pour Mayence. — Decaen, nommé adjudant sous-officier, entre en fonctions auprès de Kléber. — Début du siège de Mayence. — Officiers et corps de la garnison. — Decaen reçoit le baptême du feu à l'affaire de Dalheim. — Merlin de Thionville assiste au combat..................... 3

CHAPITRE II

Sorties de la garnison de Mayence. — Combats de Kostheim. — Légions des Francs et de Kastel. — Audacieuse expédition du général Meusnier. — Humanité du général Dubayet envers les habitants de Mayence. — Decaen fait le coup de sabre avec des cavaliers ennemis. — Déjeuner offert par Marigny à des officiers prussiens. — Fausses nouvelles répandues par l'assiégeant. — Les Français tentent d'enlever le quartier général ennemi à Marienborn. — Succès de ce coup de main..................... 15

CHAPITRE III

Les Prussiens ouvrent la tranchée devant Mayence dans la nuit du 16 au 17 juin. — Decaen, prévenu, évente leurs projets, les attaque dans la nuit même et les met en fuite. — Il est nommé capitaine adjoint à l'état-major. — Le général Meusnier est blessé mortellement. — Preuve d'estime que lui donnent les Prussiens. — Ceux-ci ouvrent à nouveau la tranchée, mais plus loin de la place. — Nouvelle sortie. — L'artillerie ennemie attaque le fort Sainte-Élisabeth. — Elle commence le bombardement de Mayence. — Sorties pour gêner les travaux des Prussiens. — Le capitaine Vernange enlève une batterie. — Le général de Blou est blessé mortellement par une bombe en se rendant au conseil. — Scènes du bombardement. — Decaen essuie la fusillade du fort Saint-Philippe lors d'une attaque, mais se tire heureusement de ce mauvais pas. — Il conduit l'avant-garde dans la sortie sur Sainte-Croix. — Derniers combats. — Résistance énergique des assiégés. — Decaen constamment en première ligne. — État désespéré de Mayence au milieu de juillet. — La capitulation 29

CHAPITRE IV

La garnison de Mayence, en deux colonnes, prend la route de France. — La première colonne arrive à Sarrelouis. — Aubert-Dubayet et Kléber arrêtés par ordre du Comité de Salut public. — Irritation des officiers et des troupes. — A Metz, un accueil peu sympathique leur est fait. — Motifs de la froideur des habitants. — Exaspération des soldats. — Beaupuy et quelques officiers parviennent à les calmer. — Départ de Metz pour Nancy. — Séjour à Nancy. — La Convention décide que les défenseurs de Mayence ont bien mérité de la Patrie. — Reubell et Merlin de Thionville chargés de conduire l'armée de Mayence en Vendée. — Transport par charrettes et par eau 49

ARMÉE DE RHIN-ET-MOSELLE

CHAPITRE PREMIER

Passage du Rhin par l'armée de Moreau. — Trois attaques sont dirigées sur Kehl. — Decaen commande l'une d'elles. — Cinq bateaux partent avec lui. — Seul, son bateau aborde la rive ennemie. — Les troupes républicaines se maintiennent à grand'peine. — L'infanterie de Montrichard charge la cavalerie autrichienne. — Trait d'audace extraordinaire. — Decaen enlève Neumühl. — Combats de Kork. — L'état-major de Moreau manque d'être enlevé par les cuirassiers de Kavanagh. — Decaen attaque le camp ennemi à Willstätt. — Autre trait d'intrépidité d'un maréchal des logis. — Sainte-Suzanne enlève Linx. — Decaen, secondé par Abbatucci, s'empare de Sand. — Il est chargé d'attaquer la gauche du camp des émigrés. — L'erreur de marche d'une colonne d'infanterie compromet le succès. — Decaen rétablit le combat. — Il prend aux Autrichiens cent hommes et soixante chevaux.. 89

CHAPITRE II

Decaen continue à commander l'avant-garde de la division Beaupuy. — Sa division se porte vers le nord-est, parallèlement au Rhin. — Combats d'Oos et de Förch. — Prise de Rastatt. — Levasseur charge à la tête du 2ᵉ chasseurs. — Il est pris quatre canons et plus de deux cents Autrichiens. — Nouveau trait de bravoure du maréchal des logis Jobert. — Combats de Malsch. — Succès du capitaine Marcognet. — Avantages que possèdent les Français dans les combats livrés dans des bois. — Malsch pris et repris. — Le prince Charles en personne conduit le combat. — Les Français lui abandonnent Malsch à 10 heures du soir........ 104

CHAPITRE III

Decaen arrive à Ettlingen. — Engagement et succès de Gazan à Laugensteinach. — L'armée française occupe Pforzheim. — Decaen se porte vers Ludwigsburg et Cannstatt. — Coup de main des Autrichiens sur Schwieberdingen. — Cette tentative échoue. — Decaen traverse Ludwigsburg. — Combat de Hochberg. — Decaen remonte la vallée de la Rems. — Il occupe Schorndorf. — A Aalen, une canonnade prématurée empêche Decaen de capturer le corps de Liechtenstein. — Il fait néanmoins à celui-ci trois cents prisonniers. — Combat d'Eboat. — Un des bataillons de Decaen manque d'être pris, la pluie ayant empêché les fusils de faire feu 117

TABLE DES MATIÈRES

CHAPITRE IV

Combat de Neresheim. — Decaen fait deux cents prisonniers. — Le 24 thermidor, les Autrichiens qui, jusque-là, s'étaient bornés à se défendre, attaquent à leur tour. — Decaen en situation critique. — Un de ses bataillons le tire d'affaire. — Trois cents Autrichiens sont pris. — La retraite du général Duhesme arrête la marche en avant des Français. — Le manque de munitions empêche Moreau de poursuivre les Autrichiens. — Ceux-ci repassent le Danube à Donauwörth, puis le Lech. — Ils détruisent le pont de Rain et s'établissent en arrière de cette ville. — Ils battent en retraite, les Français ayant passé le Lech plus au sud. — La brigade de Decaen accomplit une marche forcée pour se reporter à la hauteur du reste de la division. — Fatigue et dénuement des troupes.................. 128

CHAPITRE V

Decaen franchit la Paar avec sa brigade. — Combats d'Ingolstadt. — Engagement à Geisenfeld. — Combat de Langenbruck. — Desaix repousse l'attaque des Autrichiens. — Le corps de La Tour échappe aux Français, le corps du centre n'ayant pris aucune part à l'action. — Le général Lambert est tué le 20 fructidor. — Passage du Danube à Neuburg. — Decaen marche sur Eichstätt, puis sur Nennslingen. — Gazan, qui commande l'avant-garde, s'arrête sur les représentations d'un bailli prussien. — La division Desaix reçoit l'ordre de repasser le Danube. — Decaen évacue Eichstätt.................................... 139

CHAPITRE VI

Decaen, à la suite d'une méprise, échappe à grand'peine aux Autrichiens. — L'armée française en retraite. — Decaen recule vers le Lech. — Il repasse cette rivière à Rain, dont il brûle le pont. — Il est harcelé par les Autrichiens. — Il se reporte sur la Mindel, puis sur la Günz. — Les Autrichiens sur les talons des Français. — Decaen arrive à Ulm. — Il y est attaqué le 4 vendémiaire. — Stratagème de Decaen évacuant Ulm — L'ennemi, abusé, canonne la ville abandonnée par les Français. — Moreau continue sa retraite. — Le 9 vendémiaire, Decaen repousse les attaques des Autrichiens et leur fait trois cents prisonniers. — Bataille de Biberach. — Le 6ᵉ dragons, de la brigade Decaen, fait mettre bas les armes à deux bataillons autrichiens. — L'adjudant général Bouland, accompagné de cinq hommes, fait prisonniers environ quinze cents Autrichiens. — La journée se termine par un succès complet des Français.................. 151

CHAPITRE VII

La retraite continue. — Decaen encore au contact des Autrichiens. — Les Français environnés d'ennemis de toutes parts. — Decaen rencontre, aux environs de Villingen, le corps du général Petrasch. — Ce corps s'éloigne, après avoir laissé aux mains des Français une centaine de prisonniers. — Les Autrichiens menacent de couper à l'armée de Moreau les passages de la Forêt-Noire. — Le général Saint-Cyr ouvre aux Français le Val d'Enfer. — L'armée franchit la Forêt-Noire pour reculer vers le Rhin. — Les Autrichiens la poursuivent opiniâtrément. — Ils sont contenus. — Les dragons de la brigade Decaen prennent, vers Kenzingen, quatre compagnies autrichiennes........................ 166

CHAPITRE VIII

Le 27 vendémiaire, les Autrichiens attaquent les avant-postes de Decaen vers Heimbach. — Le 28 au matin, tout semble tranquille. — Dans l'après-midi, les Autrichiens attaquent avec vigueur. — Bataille d'Emmendingen. — Decaen fait une chute de cheval qui l'engourdit un moment. — Mort du général Beaupuy. — Profond chagrin de Decaen. — Combats violents sur l'Elz. — Decaen ramène ses troupes à grand'peine. — Il fait couper le pont de Theningen malgré l'acharnement des Autrichiens. — Violent combat vers Nimburg, le 29. — Decaen toujours aux prises avec les Autrichiens. — Pertes sensibles du côté français. — L'aile gauche de l'armée va repasser le Rhin à Brisach. — Decaen envoyé à Kehl avec sa brigade. 174

CAMPAGNE DE L'AN VII

ARMÉE DU DANUBE

CHAPITRE PREMIER

Decaen commande une brigade de la division Souham. — La brigade passe le Rhin et s'établit vers Willstätt. — La division Souham se porte vers Villingen, puis vers le Danube. — Elle franchit le Danube le 23 ventôse et se porte vers Engen. — Le 25, Decaen fait sortir de Stockach les postes autrichiens qui s'y trouvent. — Le 27, il occupe Pfullendorf. — Première entrevue de Decaen avec Soult. — Decaen en garde une impression peu favorable à ce dernier. — Reconnaissance en compagnie de Jourdan. — Occupation de la position Pfullendorf-Waldbeuren. — Inquiétudes de Decaen 193

CHAPITRE II

Le 1er germinal, les Autrichiens poursuivent la division Lefebvre. — Decaen recueille une colonne de celle-ci. — Il projette de prendre les Autrichiens en flanc ou en queue. — Le général Ernouf l'en empêche. — Retraite de l'armée. — Pfullendorf est abandonné. — Soult manque à une promesse faite à Decaen. — Decaen apprécie en termes peu mesurés des dispositions du général Daultanne. — La brigade de Decaen découverte sans qu'il en soit avisé. — Friponnerie d'un commissaire des guerres. — L'armée va s'établir de Radolfzell à Tuttlingen. — Decaen quitte Stockach. — Il est irrité des procédés du général Soult. — L'armée attaquée sur tout son front. — Réflexions de Decaen sur la versatilité du haut commandement français 208

CHAPITRE III

Decaen s'empare de Aach. — Contre-attaque des Autrichiens favorisée par le brouillard. — Decaen dirige contre eux six compagnies et un escadron. — Le 6e dragons manque de faire un grand nombre de prisonniers. — Decaen poursuit les Autrichiens. — Pertes importantes de ceux-ci. — Entrevue de Decaen avec le général Férino. — Les Autrichiens manœuvrent pendant la nuit. — Ils attaquent Bodman. — Decaen pousse vers Nenzingen. — Il arrête les Autrichiens. — Il reçoit l'ordre de se retirer. — Le général Souham lui prescrit de défendre Eigeltingen. — Decaen reste au contact avec l'ennemi. — Sa division s'éloigne sans qu'il en soit prévenu. — Decaen critique Jourdan et son entourage. — L'armée en retraite vers la Forêt-Noire. — Mauvaise foi du général Ernouf. — Démêlés de Decaen avec Jourdan. — Decaen à Villingen. — Il fait occuper Furtwangen, le camp de Benzebene, Triberg. — Il s'établit à Triberg .. 223

CHAPITRE IV

Le général Souham part en congé. — Decaen prend le commandement de la 2e division. — Le général Goullus chargé du camp de Benzebene. — Instructions détaillées de Decaen pour la défense des passages. — Decaen forcé de faire arrêter l'adjudant général Lacour. — Il témoigne en faveur de celui-ci. — Jourdan semble ignorer que Decaen commande la 2ᵉ division. — Le général Goullus part en permission. — Decaen exécute ponctuellement les ordres qu'il reçoit. — Les Autrichiens attaquent Triberg. — Ils pénètrent entre Furtwangen et Sankt-Georgen. — Le rapport qui l'annonce à Decaen tombe entre leurs mains. — Efforts de Decaen. — Ses dispositions. — Ernouf ordonne néanmoins la retraite de l'armée. — Decaen se plaint de la façon dont on en use avec la 2ᵉ division. — Celle-ci couvre la retraite. — Idées de Decaen sur l'avant-garde générale... 242

CHAPITRE V

La 2ᵉ division se replie. — Les Autrichiens attaquent son arrière-garde. — Ils sont repoussés jusqu'à Hornberg. — La division Vandamme chargée de relever la 2ᵉ division à l'arrière-garde. — Elle y manque. — Decaen va s'établir à Zell. — Il se sent mal soutenu par ses camarades. — Ses plaintes énergiques à Ernouf. — Relations de plus en plus tendues entre Decaen et Ernouf. — Vandamme chargé du commandement de la 2ᵉ division. — Decaen laisse Ernouf se morfondre pendant la nuit à la porte de son cantonnement. — Il voit à Strasbourg le général Souham. — Appréciation peu flatteuse de Jourdan sur Decaen. — Celui-ci discute les griefs qu'on lui impute. — Il accuse Jourdan d'imposture. — Il demande au ministre d'être changé d'armée............................... 259

CHAPITRE VI

Decaen rétablit la discipline au 4ᵉ hussards. — Vandamme reçoit l'ordre de défendre Vieux-Brisach. — Réponse un peu rude de Decaen à Vandamme. — Decaen chargé de défendre la route de Fribourg. — Occupation des localités. — Decaen indisposé. — Vandamme vient s'informer de sa santé. — Decaen en est touché. — Il réprime des excès de ses troupes. — Ses découvertes observent les Autrichiens. — Vandamme fait emprisonner le chef de la 83ᵉ demi-brigade. — Jourdan quitte l'armée. — Masséna commande en chef les armées d'Helvétie et du Danube.. 272

CHAPITRE VII

Decaen se porte de Neuf-Brisach sur Huningue. — Son entrevue avec Masséna à Bâle. — La brigade Decaen dirigée sur Zurich et Winterthur. — Modification à l'itinéraire fixé. — Justifications fournies à Vandamme. — Decaen sur les bords du Rhin. — Il s'établit à Sankt-Katharinenthal. — Il réclame de l'artillerie de position. — Vandamme ne peut lui en donner. — Les troupes suisses aux ordres des généraux français. — Répartition des cantonnements. — Les troupes françaises à l'étroit... 282

CHAPITRE VIII

Correspondance de Decaen avec Vandamme. — Les Suisses tardent à se mettre aux ordres des Français. — Decaen demande une délimitation exacte de son secteur. Il est chargé de défendre Rheinklingen. — Il réitère sa demande pour avoir de l'artillerie de position. — Vandamme l'autorise à disposer de l'artillerie suisse. — Les Suisses chargés de garder le cours du Rhin. — Les troupes françaises en deuxième ligne. — Les Autrichiens sur la rive droite du Rhin. — Decaen en reconnaissance avec les chefs de brigade Dedon et Marais. — Détermination des points de passage probables. — Vandamme reçu par Decaen à Sankt-Katharinenthal. — Les religieuses du couvent leur donnent un concert................. 292

CHAPITRE IX

Mesures énergiques prises par Vandamme. — Decaen adresse à Masséna un mémoire sur l'affaire de Triberg. — Plaidoyer d'Ernouf. — Une lettre de Jourdan. — Vandamme passe la brigade Decaen en revue. — Decaen accompagne Masséna sur les bords du Rhin. — Decaen appelé à Zurich. — Masséna lui apprend qu'il va comparaître devant un conseil de guerre. — Sèche réponse de Decaen au général Chérin. — Decaen part pour Strasbourg. — Rencontre avec Masséna. — Arrivée à Strasbourg. — Decaen presse Masséna de réunir le conseil de guerre qui doit le juger. — Decaen appelé à Paris. — Inculpation dont il est l'objet. — Il remet à Bernadotte un mémoire justificatif. — Il est replacé en activité. — Son affectation à l'armée du Rhin.................................... 303

CHAPITRE X

Decaen adresse son mémoire justificatif à Jourdan. — Il le remet à Reubell. — Hostilité de Barras. — Visite antérieure de Decaen à Barras. — Mal reçu, Decaen sort brusquement. — Comment il avait accueilli un émissaire du Directoire. — Départ pour Strasbourg. — Decaen envoie son mémoire justificatif à Masséna, Ernouf et Soult. — Antipathie de Decaen pour Soult. — Arrivée de Decaen à Mannheim.................................... 318

CAMPAGNE DE L'AN VIII

SUR LE RHIN

CHAPITRE PREMIER

Decaen commande une brigade de la division Colaud. — Mauvaise humeur de Colaud. — Revue manquée du général en chef. — Rôle du général Baraguey d'Hilliers. — La division Colaud se porte sur Schwetzingen. — La brigade Decaen vers Walldorf. — La division Colaud s'avance sur Bretten. — Les Autrichiens se retirent. — Decaen s'établit à Sinsheim. — Manque de subsistances. — Mauvaise transmission des ordres. — Decaen rejoint Colaud à Wiesloch. — Désarmement des habitants. — Reconnaissance vers Bruchsal. — Decaen pousse une pointe sur Bretten. — Les Autrichiens reculent devant lui. — Bombardement de Philippsburg.................................... 327

CHAPITRE II

Le prince Charles s'avance contre l'armée du Rhin. — Le général Muller bat en retraite. — Bonne entente entre Ney, Colaud et Decaen. — Decaen rentre à Mannheim. — Il repasse le Rhin. — Decaen à Spire. — Il garde le Rhin de Rheinzabern à Lingenfeld. — Mesures prises à cet effet. — Une canonnade vers Landau. — Les troupes de Decaen sous les armes. — Fausse alerte. — Colaud envoyé à Kehl. — Succès du prince Charles vers Mannheim. — Appréciations de Decaen sur les opérations. — Decaen à Strasbourg. — Il commande des ouvrages avancés de Kehl. — Reconnaissance sur Auenheim. — Lecourbe remplace Muller. — Combat de Neumühl. — Surprise d'Auenheim. — Pertes élevées de Decaen.................................... 345

CHAPITRE III

Decaen passe à la division Legrand. — Les événements du 18 brumaire. — Decaen à Mannheim. — Lecourbe annonce le 18 brumaire à ses officiers. — Decaen commande provisoirement la 2ᵉ division. — Ordres de Lecourbe. — Retraite des Autrichiens. — Decaen pousse sur Bruchsal. — Succès du général Delaborde. — La 2ᵉ division établie de Münzesheim à Menzingen. — Les Autrichiens à Weingarten. — Instructions de Decaen à la 2ᵉ division en cas d'attaque. — Decaen presse Lecourbe de donner des ordres. — Il fait prêter serment à la 2ᵉ division. — Le 3ᵉ hussards surpris. — Decaen veut quitter le commandement de la 2ᵉ division. — Observations au général Roussel.................................. 359

CHAPITRE IV

Decaen défenseur de ses subordonnés. — Entente de Decaen et de Colaud. — Bonet débordé par les Autrichiens. — Lecourbe donne des conseils, mais pas d'ordres. — Les divisions de Decaen et de Ney trop éloignées. — Le général Lacoste attaqué. — Combats à Oewisheim et Heidelsheim. — Decaen presque séparé de Ney. — Decaen et Colaud toujours sans ordres. — Decaen attaqué toute la journée. — Retraite de nuit. — Decaen irrité contre Lecourbe. — L'entente des généraux supplée au manque d'ordres. — Les divisions françaises reculent pas à pas. — Combats continuels. — Decaen contient les Autrichiens. — Colaud, d'Haütpoul et Decaen indignés de l'inaction de Lecourbe. — L'armée va repasser le Rhin... 386

CHAPITRE V

Colaud rentre de Mannheim. — Sa colère contre Lecourbe. — Decaen annonce les projets de Lecourbe. — Exaspération de Colaud. — Decaen se substitue au général en chef. — Il rapproche la 2ᵉ division de Schwetzingen. — Lecourbe envoie enfin des ordres. — Suspension d'armes. — Decaen se rend à Mannheim. — Réponse peu polie de Decaen à Lecourbe. — Decaen envoyé à Strasbourg. — Il prend congé de Lecourbe de façon peu courtoise. — Decaen à Strasbourg sous les ordres du général Tharreau. — Il est chargé de garder l'île d'Auenheim..... 409

ANNEXES

Annexe I 419
Annexe II 425
Annexe III 431
Concordances des calendriers républicains et grégoriens 447
Table des matières 453

A LA MÊME LIBRAIRIE

Lettres et documents pour servir à l'histoire de Joachim Murat (1767-1815). I. *Lettres de jeunesse. — Campagnes d'Italie et d'Égypte. — Corps et armée d'observation du Midi.* 2ᵉ édition. Un vol. in-8°, avec portrait et fac-similés. . . . . 7 fr. 50

II. *Armée d'observation du Midi* (suite). — *République cisalpine. — République italienne* (1801-1803). Un vol. in-8° avec portrait et fac-similés. . . . . 7 fr. 50

III. *Gouvernement de Paris* (1804-1805). Un volume in-8°, avec un portrait. . . . . 7 fr. 50

IV. *Campagne d'Autriche* (1805). — *Gouvernement de Paris. — Duchés de Clèves et de Berg. — Grand-Duché de Berg. — Campagne de Prusse* (1806). Un vol. in-8° avec portrait et fac-similé . . 7 fr. 50

Histoire militaire de Masséna. **Le Siège de Gênes. 1800. La guerre dans l'Apennin. Journal du blocus. Opérations de Suchet**, par Ed. Gachot. 2ᵉ édition. Un vol. in-8° accompagné de gravures, plans et cartes. . . . . 7 fr. 50

Mémoires du général Griois (1792-1822), avec une introduction et notes, par Arthur Chuquet, membre de l'Institut. Tome I. 2ᵉ édit. Un vol. in-8° avec un portrait en héliogravure. . . . . . . 7 fr. 50
Tome II. 2ᵉ édition. Un volume in-8° . . . . 7 fr. 50

Journal de voyage du général Desaix. Suisse et Italie (1797), publié avec introduction et notes, par A. Chuquet, membre de l'Institut. 2ᵉ édition. Un vol. in-16 avec un portrait et une gravure. 3 fr. 50

Soldats de Napoléon. **Journal de route du capitaine Robinaux** (1803-1832), publié par M. Gustave Schlumberger, membre de l'Institut. Un volume in-16. . . . . 3 fr. 50

Mémoires sur les guerres de Napoléon (1806-1813), par le général Désiré Chlapowski, baron de l'Empire, publiés par ses fils. Traduits par MM. Jan V. Chelminski et le commandant A. Malibran. 3ᵉ édition. Un vol. in-16 . . . . 3 fr. 50

Le Général Duphot (1767-1797), par un de ses arrière-neveux, Georges Boulot, avocat à la Cour d'appel. Un volume in-16 avec un portrait. . . . . 3 fr. 50

Souvenirs militaires du baron de Bourgoing (1791-1815), publiés par le baron Pierre de Bourgoing. Un volume in-18 avec un portrait. Prix . . . . 3 fr. 50

Mémoires du colonel Combe sur les campagnes de Russie 1812, de Saxe 1813, de France 1814 et 1815. Nouv. édit. Un vol. in-18. 3 fr. 50

Un Général hollandais sous le premier Empire. **Mémoires du général baron de Dedem de Gelder** (1774-1825). Un vol. in-8° avec portrait en héliogravure. . . . . 7 fr. 50

Récits de guerre et de foyer. **Le Maréchal Oudinot, duc de Reggio**, d'après les souvenirs inédits de la maréchale, par Gaston Stiegler. Préface de M. le marquis Costa de Beauregard. 9ᵉ édition. Un vol. in-8° avec deux portraits . . . . 7 fr. 50

Journal des campagnes du baron Percy, chirurgien en chef de la Grande Armée (1754-1825), publié d'après les manuscrits inédits, avec une Introduction par M. Émile Longin. 3ᵉ édition. Un vol. in-8 avec un portrait et un fac-similé. . . . . 7 fr. 50

Mémoires de l'amiral Tchitchagof, commandant en chef de l'armée du Danube, gouverneur des principautés de Moldavie et de Valachie en 1812, publiés par Ch. G. Lahovary. Un vol. in-8°. . . . 5 fr.

Mémoires du baron Fain, premier secrétaire du cabinet de l'Empereur, publiés par ses arrière-petits-fils, avec une introduction et des notes par P. Fain, chef d'escadron d'artillerie. 3ᵉ édition. Un vol. in-8° avec un portrait en héliogravure . . . . . . 7 fr. 50

www.ingramcontent.com/pod-product-compliance
Lightning Source LLC
Chambersburg PA
CBHW060221230426
43664CB00011B/1508